KB056996

惠存

삶결따라 이천오백리

芝庵 鄭東珠

저/자/소/개

정 동 주

출생

1944생 진천

학력

1967 충북대학교 농과대학 농학과 졸업 농학사
1981 동국대학교 교육대학원 졸업 교육석사

경력

1967 충북대학교 123ROTC 5기 임관
1970 청주상업고등학교 교사 임용
청석학원 중고등학교 38년 6개월 근무
1994 한국사진.교육지리학회 이사
1996 충청북도 청소년 선도위원
1998 충북대학교123ROTC(123학군단)총동문회 회장
2000 충북대학교 총동문회 감사
2002 청주시교육연합회 부회장
2007 ROTC중앙회 부회장
2007 충청북도 교육지원심사위원
2007 뉴라이트 충청북도교사연합 상임대표
2008 ROTC중앙회자문위원
2008 청주향교 장의
2009 (현)충북대학 총동문회 자문위원
2011 (현)청주시장 공약사업 평가위원

수상

1977 군단장 및 산하기관 공로표창 5회
1970 충청북도 교육감 공로표창 5회
1989 청석학원이사장 공로표창
1995 충북장애인 협회 감사패 2회
2000 한국교육단체연합회장상 수상
2000 대한사립학교중고등학교장 수상
2002 충청북도 교원단체연합회장 수상
2006 충북대학교 총장 감사패
2006 123학군단장 감사패
2007 부총리겸 교육인적자원부 장관
2007 홍조근정훈장
2019 충청북도지사 표창
2021 성균관장 표창

표지 서체

운곡 김동연

발간사

정 동 주

조선 태종 13년(1413년)에 경기, 강원, 경상, 전라, 평안, 함경, 황해, 충청도로 행정구역을 개편하였다. 충청도의 淸은 淸州의 상징이요, 忠州의 상징인 忠 자를 따 忠淸道라 명명하였다. 그 후 高宗 33년(1896년)에 8도를 13도로 나누는데, 忠淸左道를 북도로 右道를 南道로 하였다. 역사적으로 우리 고장은 효자와 효부가 많고, 국난에 처했을 때 국가와 민족을 위하여 몸과 마음을 산화시켜 나라의 위기를 승리로 이끈 先烈들의 産室이었다. 그 證票로 고을마다 정자와 충신들의 넋을 추모하는 발자취가 산재하여 있다. 孝와 忠은 國家의 위기를 극복하고 민족 隆起로 전환 시키는 계기로 만들었다.

바다와 접하지 않은 유일한 내륙도로 인접도와 자연적, 인문적 상이한 점을 재발견하고 우리 도의 독특한 부분을 찾아내는 데 主眼點을 두고 있다. 우리 도의 장점을 발굴하여 육성 · 발전시켜 도민이 자연과 더불어 한 층 살맛 나는 고장, 살고 싶은 마을로 승화시키는 데 그 목적이 있다. 또한 국토의 중앙에 위치하여 육상 교통의 발달로 시간 · 공간의 접근성이 용이한 지역이다. 峻峰으로 형성된 소백산맥과 구릉성 산지가 발달한 차령산맥 주변의 침식평야는 우리 지방의 곡창지대를 이루고 있다.

과거 내륙 수로교통로로 각광을 받던 금강, 한강 주변의 아름다운 자연경관을 보존 활용하여 쾌적한 환경에서 행복한 삶을 영유할 수 있는 기반을 찾아내는 데 있다. 경제발전과 더불어, 삶의 질적 향상을 추구하는 도시민에게 고향 향수를 느끼고, 심신을 달래 수 있는 자연 친화적 환경을 조성하는 것이 도계 탐사의 목적이라고 할 수 있다. 2006년 5월 13일 도 경계에 접근하기 용이한 장소를 선택 도계 탐사 결성식을 가졌다.

청원군 강외면 연제리 낙건정에서 500여 명의 참가인원의 축하를 받으며 출정식과 충청북도 도계 탐사 5개년 계획 선포식을 갖고 첫발을 내딛었다. 충청북도 도계탐사단이 결성되고, 충북 산악연맹과 충청리뷰, 충북 숲 해설협회, 충북학연구원이 참가를 하였다.

진천군 6월 10일, 음성군 9월 23일 충주시 11월 11일 제천시 2007년 2월 24일 단양군 7월 14일에 군계인 동시에 도계에서 탐사를 진행하였다.

우리나라의 지형적 특색인 東高西低를 지금까지는 각종 서적만 접해 오다, 탐사를 통하여 實測을 하니 감탄사가 저절로 나왔다. 청원, 진천, 음성군에서는 해발700m가 넘는 산지가 없고, 차별침식에 의하여 형성된 구릉선 저산지(200m 이하 산)가 발달하였다.

하천이 합류하는 합류 지점에는 지방중심지인 도시가 발달되고, 주변에는 침식평야가 발달되어 主食인 쌀을 생산하는 논농사가 발달하였다. 低山性山地(해발 1,000m 이하의 산지를 말함)에서는 과거에는 蠶業이 盛行했지만, 화학섬유의 발달로 쇠퇴하였다. 지금은 대표적인 환금작물인 과수 농업, 인삼, 담배 농사가 주를 이루고 있다. 충주, 제천, 단양은 高山지역으로 백두대간으로 둘러싸인 산간이지만 아름다운 자연경관 육상교통의 발달로 환경오염에 시달린 도시민들의 휴식 공간으로 각광을 받고 있다. 자연 친화적인 농업발달과 각종 위락시설, 휴양지의 건설로 낙후된 북부지방의 발전 전환기가 될 것이라고 확신한다.

도계 탐사를 하면서 느낀 점은 자연이 준 금수강산을 잘 보존하고 최소의 개발로 최대의 삶의 행복을 추구할 수 있는 고장으로 육성 · 발전시켜야 한다. 또 우리 후손에게 빌리어 쓴 아름다운 자연을 훼손하지 말고 돌려줄 의무가 있는 것을 명심하여야 한다.

충청도계탐사단 단장 **연 방 희**

이 책의 저자인 정동주님은 고등학교시절 은사님으로 오랜 교분을 가지신 분이시기에 함께한 저는 더욱 뜻깊게 생각합니다.

필자는 회갑을 넘긴 젊고 욕심 많은 대원이며, 멀리 타국에 가 있는 손자를 안타까워하는 평범한 할아버지기도 하며 충북도계 탐사 초기에 참여하여 마지막까지 함께 하셨습니다.

저자는 탐사 단원 중 최고령자로 오랜 친구의 모임 약속도 조금은 뒤로 미루고 탐사대 전 일정에 진력을 다하였고, 고등학교 현직에 계시면서 참여 하셨고, 탐사 중에 퇴임을 하시고 탐사를 완결하시였기에 누구보다도 가장 아름다운 시기에 참여하여 보람이 더욱 있었으리라 믿습니다.

봄, 여름, 가을, 겨울이 자연이 주는 변화와 성취를 보며 온 정성을 다한 인생의 한 자락을 글로 모았기에 그 뜻과 정신이 참으로 고결 하십니다.

탐사기록을 쓰도록 권한 사람이지만 이렇게 인생의 한 부분, 목적있는 하나의 행위에 대하여 우리 산하를 직접 보고 가슴으로 정리 해 놓은 필자의 노력이 크고 보람이 많았음을 믿어 의심치 않습니다.

세월을 따랐으며 시간과 함께한 5년의 여정을 다시 못 보고, 다시 못 갈 이 땅의 냄새를 마음 가득 담아놓은 정동주 선생님에 노력과 의지는 새삼 존경을 금치 못 합니다.

좋은 추억 많이 간직하시고 건강하게 행복하시길 또한 기원드립니다.

진심으로 『삼결따라 이천오백리길』 5년의 대장정 탐사의 글 발간을 축하드리며 그간 함께한 탐사대원과 5년을 하루같이 준비해 주신 사모님에게도 출간의 기쁨을 진심으로 축하드립니다

충북도계탐사 대장 **박 연 수**

2006년 초봄 충북산악연맹의 연방희 회장에게 연락이 왔다.

이번 도경계탐사대 스승님이 참여를 원하시는데 대장이 알아서 판단하라는 거다. 퇴직이 3년 남은 선생님이며 고등학교 때 은사라고 전해주었다. 처음으로 정동주 선생님을 만났다. 키가 작으면서 다부진 몸매이고, 눈동자가 크지만 부리부리 했다. 왠지 고집스럽게 보이던 인상은 노년의 신사가 가지는 경륜 속에 묻혀 버렸다. 이게 선생님을 대면한 첫 인상이다.

그리고 5년이 흐른 후, 선생님은 하루도 빼먹지 아니하고 기록을 남겼다. 충북도 경계선을 따라 발로 걸은 선생님만의 기록물이 남은 것이다. 그리곤 한 묶음의 책으로 엮어냈다. 처음에 보았던 고집스러움이 풍기던 중년의 신사는 약 90여회에 달하는 탐사의 모든 기록을 스스로의 영예의 전당에 헌사하는 것이다. 진심으로 감사와 축하의 인사를 드린다.

충북도계탐사대는 『삶결따라 이천오백리』라는 기치를 걸고 2006년 5월 13일 오송의 낙건정을 출발하여 2010년 12월 11일 같은 장소에서 대미를 장식하였다.

충북도의 경계선을 따라 걸으며 자연생태환경 및 우리 고장의 식생, 민속, 전통 등을 조사하기 위한 충북도계탐사단은 부족하지만 5년간의 기록을 모아 보고서도 만들었다.

총 10개시·군, 50개 읍·면, 166개의 법정리 마을을 거치며 5년이라는 시간의 역사를 탐사하였다. 일곱 곳의 삼도 경계를 지나며 충북이 대한민국 국토의 중심이며 유일한 내륙도라는 것을 실감하였다. 백두대간의 줄기가 동서로 뻗어 내리며 남한강과 금강 낙동강의 발원지를 가지고 있다는 것도 체험하였다. 또한 청풍명월 충북의 존재감을 확인하는 계기였다. 2500리길을 걸으며 충북을 지켜온 나무, 풀, 미생물 등의 자연과 오지마을에서 묵묵히 삶의 터전을 일궈온 사람들을 만나며 충북이 미래 대한의 희망임을 확인했다.

다만 너무 가슴이 아팠던 것은 경계선이 주로 산줄기 강줄기로 이루어져 있는데 왠지 우리 충북은 산맥이 흐르는 중간에 잠깐 아래를 침범하였다가 산맥으로 올라가고 강줄기를 흘러 경계선을 이루다가 육지를 조금 삼키고는 다시 강으로 경계를 이루었다. 어쩌면 우리의 땅을 타 자치단체에게 빼앗긴 것 같은 느낌을 받았다.

그곳에 생활하는 타 도민은 생활권은 충북임에도 경기, 강원, 경북, 전북, 대전, 충남의 주소를 가지고 있다. 생활의 불편을 감내하고 살았던 이방인의 모습이 가슴을 아프게 했다. 주변인이라는 이유로 행정의 사각지대에 놓여있는 모습이 너무 안타까웠다. 5년이라는 시간의 탐사는 몸을 가시덤불에 내던지게 하고, 갑작스런 폭염과 폭설 등의 기상악화로 긴급 하산을 하게 만들고, 굵은 장대비는 팬티까지 젖어들게 하였으며, 길을 잃고 다시 찾기를 수번 반복하며 '이 길이 아닌게벼~~'라는 도계탐사대의 유행어를 만들기도 하였다. 우리를 실어 나르던 버스는 탐사를 편하게 하기 위해 비포장 산판길, 논둑길 등을 헤집다 차를 2대나 교체하는 지경까지 이르렀다. 물론 소백산, 백운산, 천태산에서의 장엄한 일출, 신선의 식탁에서의 점심 등을 향유할 수 있는 우리 탐사단원만의 행복도 도계길에 심었다. 청원군 부용면의 8개리는 우리 "삶결 이천오백리 충북도계탐사단"이 충북의 땅으로 탐사하는 마지막 지역이 되었다.

탐사를 하며 서로의 가치·정치색이 달라 마찰을 빚기도 하였다. 하지만 충북도경계에 펼쳐진 수려한 풍경 속에 다 묻고 서로를 이해하며 걸었다. 부족함이 있으면 채우고 넘침이 있으면 나누는 대원들이 함께 했기에 이루어낸 성과였다.

새벽 6시면 충북도청문을 열고 충북도의 새벽을 힘차게 열었던 정동주선생님의 출간을 축하드리며, 늘 지난 5년간 같은 마음을 간직하시길 기원합니다.

전)충북교육감 **이 기 용**

호랑이는 죽어서 가죽을 남기고 사람은 죽어서 이름을 남긴다는 속담이 있다. 길다면 긴세월, 5년 동안 충청북도 도 경계를 답사하여 아름다운 자연 경관과 지역의 특성을 재발견하고 기록한 도계 탐사기행문 출간을 진심으로 축하합니다.

『삶결따라 이천오백리(도경계는 GPS거리 815.1km)』는 필자는 물론 모든 도민과 인접 시도에 살고 있는 주민들에게도 자연지리·인문지리에 관하여 많은 정보를 전달 해 주는 큰 의미를 지니고 있다. 지표면에는 60억이 넘는 만물의 영장인 사람들이 살고 있지만, 불교에서 옷깃만 스쳐도 인연이라고 했는데, 정 선생과는 이 세상에 태어 나면서 천상에 인연을 맺은 것 같다.

面은 다르지만 충청도 시골말로 등갱이 (나지막한 언덕) 하나만 넘으면 만날 수 있는 지척 간에서 살아온 죽마고우다. 그 인연은 산보다 높고 바다 보다 깊은 우정을 쌓게 된 것은 ROTC 5기로 1960년대 임관하여 최전방에 위치한 6사단19연대에서 생사고락을 함께 한 전우이기도 하다.

친구는 최전방에서 (DMZ)소대장으로 불철주야 경계근무에 임하고 본인은 연대 정훈장교로 국민의 4대의무 중 병역의 의무를 충직하게 수행하였다. 본인은 將士兵사기 양양과 정신교육에 필요한 홍보물을 지참하고 부대를 방문 할 때 친구가 근무하는 부대를 최우선으로 선정하여 사기 진작에 기여하였다. 최전방에서 필요한 생필수품과 기호품도 준비하여 위문품으로 전달하고, 전우애와 우정을 나누는 담소의 시간이 되기도 하였다. 예편 후 고향에서 국가 백년대계를 위한 2세 교육을 위하여 교단에서 열과 성의를 다하는 교육동지이다. 친구는 역사와 전통을 자랑하고 많은 인재를 배출한 청석학원 산하 고교에서 40여년 봉직한 것이 나와는 철륜이 되었다. 내에게 큰 일이 있을 때마다 최일선에서 날 도와준 고마운 고향친구이면서 후학양성을 위하여 열과 성을 다 받친 교육동지이기도 하다.

필자는 대학원에서 지리를 공부하였고, 2006년부터2010년12월까지 충청북도 도 경계 2500리를 답사 하였다. 5년 동안 대장정을 한 구간도 빼짐 없이 답사한 의욕과 열정을 간직한 벗이다. 교과서에서 배우고 익힌 우리 도의 자연·인문현상을 확인하는 강인한 정신은 학구적인 열정과 애향심의 발로에서 시작된 것이다.

우리 도의 아름다운 자연경관과 지역의 특성을 재발견하여 '어떻게 하면 도민들이 평화롭고 행복한 삶을 영위하는 데 조금이라도 보탬이 될까?' 하는 깊은 뜻도 담겨져 있다. 우리 향토가 우리 민족은 물론 지촌의 많은 사람들이 살고 싶어 하는 삼천리금수강산으로 진일보 할 수 있을까? 하는 고민도 하였다. 또 우리가 후손들에게 빌려 쓰고 있는 이 아름다운 자연경관을 훼손하지 않고 잘 살다가 후손에 돌려 줄 수 있을까? 먼 장래까지 염려한 점이 역력히 보여주고 있다. 우리 도의 자연환경과 지형적 특징을 파악하여 현재 또 미래에 인정이 넘치고 자연과 더불어 평온하고 행복이 넘치는 삶을 살아가기 위하여 미래를 설계 할 수 있는 기본 틀이 되기를 기대합니다. 그간 친구가 어려운 역경을 이기고 쓴『삶결따라 이천오백리』기행문이 도민들이 읽어 자연을 벗 삼아 풍요롭고 행복한 살에 터전이 되면, 도계의 탐사가 의미 있는 사업으로 마무리 될 것이다. 눈이 오나 비가 오는 궂은 날에도 마다하지 않고 따스한 새벽 밥과 도시락 준비로 뒷바라지 하신 평생 동반자인 如蘭 尹起淑 여사님의 노고에도 치하하면서 지암선생의 가정에 건강과 행복을 기원합니다.

축사

충북대학교 명예교수 **신 영 철**

정동주 선생님과의 만남은 1963년 충북대학교 농학과 입학과 함께 시작됩니다. 저희 집사람 보다 더 긴 48년간의 교류입니다.

대학 4년 동안 항상 명랑하고 매사를 긍정적으로 보는 태도가 대단히 끌리는 일이었지요. ROTC 5기로 임관을 같이 합니다만 2년간의 훈련과정에서 성실히 수행하고 남보다 먼저 솔선수범하는 행동은 커다란 귀감이 되었습니다. 제가 청주상업고등학교(현 대성고등학교)에 잠시 근무하였는데 선생님은 이미 그곳에서 교련교사로 성실히 사도의 길을 수행하고 계셨습니다. 저는 처음 시작하는 교직에 많은 도움을 받았습니다. 항상 몸에 섬김의 리더쉽을 간직하고 계신 분으로 각인되어 있습니다.

그 후 저는 대전의 배재대학에 전임강사로 떠나게 되었습니다. 세월이 흘러 충북대학교로 오게 되었고 선생님은 ROTC 충북대학교 회장, 충북대학교 총동문회 감사로 활발한 활동을 하고 계셨습니다.

잠시 제가 학교의 정책부서에 일을 하게 되었을 때 서로가 상의하고 많은 도움을 받았습니다. 평생을 함께 하여온 대표적인 우정이었습니다. 선생님은 지리교육으로 전공을 바꿔 열심히 연구하시어 석사학위를 취득하시고 한국지리교육학회 이사로 봉직하시었습니다. 이것이 인연이 되어 충청북도 도계 답사에 뛰어든 것으로 사료됩니다.

전공을 하시고 여기에서 얻은 지식으로 출생하고, 성장하고, 봉사하던 충청북도를 더 한층 조명하시기 위하여 5년간의 2500리길을 한결같이 답사를 수행하였다는 것은 선생님의 철학이요, 인생관이었습니다. 전공에서 얻은 지식으로 자연경관과 특성을 재조명하시고 이를 통하여 충북도민의 행복한 삶의 질을 향상시키고자 글로 옮겨 남기고자 하시는 노력에 깊은 찬사를 드립니다. 언제나 한결같은 표정으로 인생항로를 추구하시는 선생님은 이 시대를 사는 모든 이의 귀중한 본보기가 될 것이라 믿습니다.

항상 부족한 이 사람에게 커다란 사랑과 격려로 아껴주신 선생님은 가정에서도 자녀들을 훌륭하게 길러 큰아들 용훈이는 경제학 박사로 고려대학교에서, 둘째 아들 태훈이는 건설회사에서 중견간부로 일하고 있으며 여기에서 출생한 5명의 손자는 보는 이의 커다란 부러움을 주고 있습니다.

한결같이 5년여 시간동안 격려와 도시락으로 후원을 하여주신 부인 如蘭 尹起淑여사님에게도 뜨거운 찬사를 드립니다. 아무쪼록 앞으로도 더욱 건강에 유의하시어 남은 생의 걸음걸이를 힘차게 지내시기를 간곡히 부탁드립니다.

시인 **洪 江 里**

정동주 선생은 좀 특이한 이력을 가지고 있는 분이다. 진천의 어느 농가에서 태어나 농업학교가 아닌 상업학교를 나오고, 그리고 상과대학이 아닌 농과대학으로 진학했다. 대학을 졸업하고 ROTC 장교로 군 복무를 마친 다음에는 청주 청석학원의 교련교사로 부임, 쩌렁쩌렁한 목소리로 학생들의 사열과 분열을 지휘하던 열정과 패기에 찬 열혈 교사였다. 학생들의 학력 신장에는 그 어떤 사회적 장애도, 전통적으로 지켜온 가정적 가치도 인정하려 들지 않는, 한결같은 목적은 "학력 앞으로 돌격!" 오직 그 하나뿐이었던 분이다. 대부분 그의 문하생들도 그렇게 그를 기억해낸다. 교련 담당 교사로서는 학력을 떠받치는 든든한 바지랑대가 되기에 부족함이 있었다고 생각했음인지 뒤늦게 대학원에 진학, 지리교사 자격을 얻어 담당 교과를 교련에서 지리로 전환하는데 성공했다. 이러한 일련의 과정을 통해 인문교과 교사가 된 정동주 선생의 발자취는 주변에 무엇인가를 끊임없이 보여주기에 충분한 교외별전(教外別傳)의 암호가 수없이 곰실거린다. 상업, 농업, 국방, 지리를 망라하는 다양한 상식과 지식, 다각적인 체험을 통해 획득한 폭넓은 지혜를 쉼 없이 추구하는 자강불식(自强不息)의 여행(勵行)이 "강한 정동주의 오늘" 을 만들어낸 것이다.

2,500리의 충청북도 도계를 직접 발품을 팔면서 답사하는 고난의 행군을 자청하여 무려 5년여 세월을 길섶에 묻었다. 그 의지와 집념은 물론이거니와 그 정신력과 체력 또한 높이 평가할 만하다. 이러한 노력의 결정(結晶)으로 영롱한 무지개 색 보물을 우리 지역사회에 한 다발 안겨주게 되었다. 그 무지개가 바로 이 책자다.

우리 충청북도를 애워싸고 있는 자연과 인간, 그리고 과거와 현재, 삶과 전설이 갈피갈피마다 오롯이 젖어 있어 하나의 답사라기보다는 완성된 지리지요, 충북의 미래를 세워 올릴 설계도라 할 만하다. 정동주 선생과 같은 재야 지리학자들이 더 많이 출현하여 더 많은 땀을 흘려준다면, 우리 충청북도는 물론이고 한반도 전체의 지질, 지형, 지맥 등을 온전하게 파악하여 실용화할 수 있을 것으로 판단된다.

아무튼 또 하나의 훌륭한 업적을 남김에, 기꺼운 마음으로 찬사와 박수를 보내면서 이 책의 탄생을 진심으로 축하한다.

전) 충북도지사 **정 우 택**

본인과 정선생은 1990년대 초 慶州 鄭씨 景慕祀 春香祭에서 인연을 맺게 되었다. 景慕祀는 慶州 鄭씨 始祖인 智伯虎 五十三世 邦字絖字 와 五十六世 鳳字男字 鳳字 凰字 후손으로 세 분의 位牌(진천군 이월면 삼용리 헌기에 위치)가 모셔진 사당에서 첫 인사를 나누었다.

사당의 碑文에는 創景慕祀 三賢之義 亶出於患不古謀回革之若忱則景慕 豈俎 豆無廢之謂哉 祀賢 亦豈蠛獻不舛之指哉 必也 景其德慕其行 求其吾之有齊 學其禮效其賢(세 분을 향사하는 뜻이 세상에 옛 같지 않음을 근심하고 세도를 바로잡는 고심에서 나온 것이라면 경모의 뜻이 어찌 향사만 할 것이며 또 어진 이를 예우함이 어찌 꿇어 절함만 할 것이겠는가? 반드시 세 분의 덕행을 사모해 나의 행동 또한 세분과 같음을 구하고 세 분의 어진 뜻을 본받아 나의 마음 또한 세 분과 같음을 구해 어느 한 사람 경모치 않는 이 없고 어느 하루 배우지 않는 날 없어 현가가 다시 羊羊(양양)하고 효우가 다시 林林(림림)한 뒤에야 바야흐로 사당을 건립함이 헛되지 않고 어진 이를 예우함이 도를 다한다 말할 수 있을 것이다.)라 쓰였는데, 그 날의 만남을 더욱 뜻 깊게 해 주는 것 같아서 특별히 기억에 남는다.

저자인 芝庵 鄭東珠 선생은 본인과 宗人이고 同鄕인 관계로 인연을 맺게 되어 음과 양으로 많은 것을 협력하는 사이가 되었다. 지암 선생은 40여년간 청석학원 산하 고등학교에서 2세 교육에 열과 성을 다하여 헌신한 교육자시다. 수많은 제자들이 사회에 진출하여 성실 근면하게 책무를 수행하고 지역사회와 국가발전에 기여하고 있다.

또 교직에 근무하면서 사진지리학회, 한국지리교육학회의 일원으로 학문연구에 몰입하여 다수의 논문을 발표하는 향학열에도 열정을 불태웠다. 청주시 교총, 뉴라이트충북교사연합상임대표와 충북대학교 총동문회 발전을 위하여 활동하였으며, 평생 동안 최 일선에서 교육발전을 위하여 많은 노력을 하였다.

본인이 도지사 직을 수행하기 바로 전에 충청북도 도계탐사가 시작((2006년 5월 출정식)되어 임기 만료 후에(2010년12월 종결) 도계탐사의 대단원이 막을 내렸는데, 살기 좋고 아름다운 고향의 옛 길을 답사하지 못한 것이 큰 아쉬움으로 남는다. 도의 살림을 책임지고 있을 때는 공무상 잠시도 여가를 즐길 수 있는 시간이 없었지만 기회가 된다면『삶결따라 이천오백리』대원들과 함께 금수강산 위에 다른 도와 어깨를 마주하고 있는 도계를 함께 밟아보고 싶은 생각이 간절하다.

아무쪼록 우리 도의 자연과 인문 현상을 실측과 체험을 통하여 전하고 있는 이 책이 배우는 학생들에게나 이 땅을 소중히 여기는 모든 사람들에게 소중히 쓰일 것이라 굳게 믿으며, 芝庵 선생이 앞으로도 청소년들에게 사랑을 베푸는 발걸음을 멈추지 않고 바른 길을 걸어 가 지역사회와 국가 발전에 큰 획을 그을 수 있는 사회의 교육자로 영원히 기억되기를 간절히 기원하는 바이다.

:: 충북 도계 탐사단 사업취지문 ::

'삶결따라 이천오백리' 충북도계 탐사단의 깃발을 올리며

경계를 확인하는 일은 존재의 구체화 작업이다.
충북은 한반도의 중심에 위치하는 유일한 내륙도로서 인접한 6개도와 육지 접경을 이루고 백두대간의 줄기가 굳건히 동서로 뻗어 내려 남한강과 금강 낙동강의 발원지를 가지고 있다.

그러나 지금까지 우리 도계에 대한 체계적 탐사가 이루어지지 않아서 아쉬움으로 남아 있던 중 (사)대한산악연맹충청북도연맹와 (주)충청리뷰가 중심이 되어 프로그램을 만들고 충청북도가 재정 후원을 하여 도계를 따라 자연생태환경을 조사하고 오랜 역사를 통하여 생성된 우리 고장의 언어, 민속, 전통 등을 조사하기 위하여 충북도계탐사단을 조직하게 되었다.

오늘 2006년 5월13일부터 시작되는 탐사는 2010년 말까지 이어질 예정으로 매년 연말 보고서를 내고 2010년 최종 보고서를 냄으로써 5년 동안의 대장정을 마무리할 계획이다.

우리는 이번 탐사를 통하여 학문적 기초 자료를 마련하는데 큰 의미를 두며 아울러 우리 고장의 숨겨진 아름다움을 드러내는 계기가 되도록 노력할 것이다.

삶결따라 걸으며 자연의 소중함과 고장 사랑의 마음을 배워 나가고 탐사가 이 시대 이 고장에 살고 있는 우리의 책무라는 점까지 새겨 나가길 기대한다. 탐사단의 안전을 기원하며 오늘 미래의 땅 오송 낙건정에서 큰 뜻을 품은 발대식을 갖는다.

2006년 5월 13일

삶결따라이천오백리 충북도계탐사단

忠北道界探査

삶결따라 이천오백리
5년의 발자취

CONTENTS

I 개 요

1. 도계탐사 일반 개요

1) 취지

○ 우리나라에서 유일하게 육지로 형성되어 있는 충북지역의 도계를 따라 종주를 진행하며 각 분야별로 탐사를 수행한다.

○ 분야별 탐사의 결과를 바탕으로 충북의 전체지역에 대한 의미를 찾고 향후 생태 및 문화, 환경 등 각 분야에 대한 기초자료를 축적한다.

○ 디지털 시대에 도계지역을 체계적이고 비교 가능한 과학적 생태, 문화, 지표, 식생 등의 탐사하여 기록한다.

○ 도계와 생활권의 분리지역에 관한 기초연구 자료를 수집한다.

○ 인문 및 수계에 따른 경계 구분의 연구를 진행한다.

2) 사업추진기간

○ 전체 사업 : 2006년 1월 1일 ~ 2010년 12월 31일

3) 사업개요

○ 사 업 명 : 삶결따라 2500리 '충북도계 탐사'

○ 기　　간 : 2006년 ~ 2010년(5개년)

○ 사업구역 : 충청북도 도계(GPS거리 815.1km)

○ 주　　최 : (사)대한산악연맹충북연맹, (주)충청리뷰

○ 주　　관 : 충북 도계 탐사단

○ 참여단체 : 백두대간보전시민연대, 충북숲해설가협회, 충북학연구소, 충북대산림과학부

4) 탐사단 운영

가. 탐사단원 명단

탐사단장 : 연방희(충북산악연맹 회장)

<table>
<tr><th colspan="2">분 과</th><th>팀 장</th><th>참 가 자</th></tr>
<tr><td colspan="2">총 괄</td><td>박연수</td><td>충북산악구조대, 김태경, 김학분, 윤태동, 김윤묵</td></tr>
<tr><td rowspan="7">종주</td><td>생 태</td><td>박재인</td><td>윤희경, 이재국, 김학성, 설동대, 오대명, 이경희, 정은주, 주정덕, 이우범, 충북숲해설가협회, 이상경, 신준수, 이주용, 조영아</td></tr>
<tr><td>문 화</td><td>이상기</td><td>연제환(진행), 정순택</td></tr>
<tr><td>산 경</td><td>윤석주</td><td>이진이, 김주영, 정경숙, 박종웅, 오인숙, 김이동, 이우범</td></tr>
<tr><td>기 록</td><td>정동주</td><td>이홍원, 이동수, 한명일, 권현진</td></tr>
<tr><td>미디어</td><td>육성준</td><td>충청리뷰, 방송국, 한덕현</td></tr>
<tr><td>사 진</td><td>박종익</td><td>충청리뷰 사진기자, 윤태동</td></tr>
<tr><td>GPS</td><td>이상희</td><td></td></tr>
<tr><td rowspan="4">마을</td><td>문화</td><td>김양식</td><td>최양재, 이향숙, 구금자, 강현주</td></tr>
<tr><td>마을</td><td>윤석위</td><td>연규상, 김사환, 김명기, 김학성, 김혜란, 신규</td></tr>
<tr><td>미디어</td><td>이재표</td><td>류정환, 강태제, 이재표</td></tr>
<tr><td>사 진</td><td>송태호</td><td></td></tr>
</table>

나. 탐사방식

(1) 구간 종주 방식 + 마을 횡주 조사

◎ 종주조사팀 : 인솔팀, 생태팀, 문화팀, 산경팀

- 조사내용 : 분야별 탐사방법의 내용과 같이 일반적 종주조사 수행
- 조사방식 : 전세버스로 운행, 탐사 시는 도보로 운행

◎ 마을조사팀 : 문화팀, 산경팀

- 조사내용 : 문화, 산경의 지역적 특이점을 조사
- 조사방식 : 종주팀과 같은 일정을 수행, 별도의 차량으로 이동

(2) 격주 탐사(매월 둘째, 넷째 주 토요일)

(3) 분야별 탐사방법

① 생태부분 탐사방법

- 사전 자료 조사, 군락지 조사, 탐사 매뉴얼 작성, 환경 훼손 시설 조사, 보강 조사

② 문화부분 탐사방법

- 사전 자료 조사, 직접 설문 조사, 간접 설문 조사, 탐사 매뉴얼 작성, 역사·문화·민속 등으로 세분하여 조사, 보강 조사

③ 산경부분 탐사방법

- 사전 자료 조사, 직접 조사, 탐사 매뉴얼 작성, 보강 조사

④ 사진 및 영상기록

- 탐사 스케치, 경점, 주요 지점 기록

다. 탐사산행 안전 담당

○ 충북산악연맹 산악구조대

라. 보고 및 홍보

○ 1년 단위의 보고서 발행 (1년 종주거리 200~250km)

○ 종주 완료시에 전체 보고서 발행

○ 홈페이지 및 카페를 활용한 진행 상황 등 실시간 보고

○ 시 군별 산림, 문화, 생태 등 홍보자료 활용

2. 도계 탐사단 5년 진행 사항

1) 년도별 구간 및 거리

년차	출발	도착	거리(km)	비고
1	조천교(청원군강외면)	덕은나루(충주시앙성면)	163.2	청원군, 진천군, 음성군, 청주시
2	덕은나루(충주시앙성면)	소백산비로봉(단양군대강면)	186.4	충주시, 제천시, 단양군
3	소백산비로봉(단양군대강면)	속리산 문장대(보은군 속리산면)	175.7	단양군, 제천시, 괴산군, 보은군
4	속리산 문장대(보은군 속리산면)	천태산(영동군양산면)	183.2	보은군, 옥천군, 영동군
5	천태산(영동군양산면)	조천교(청원군강외면)	106.6	영동군, 옥천군, 보은군, 청원군
합계	GPS 거리		815.1	

2) 구간별 진행 과정

가. 1차년도(2006) 탐사구간별 현황

단위:㎞

회차	답사 일자	출발지	도착지	도상 거리	누적 거리	경유구간	비고
2	5/27	가마소	제2병천교 (경부고속 도로)	15.7	21.7	소죽골, 222m봉, 경부고속철도, 220m봉 240m봉(강외면 상봉리, 옥산면 동림리 경계) 포장도로 동림산(458.3), 자명골고개(도로) 제2병천교(병천천, 옥산면 사정리, 오창읍 성재리 경계)	강외면 (상봉리,공북리) 옥산면 (동림리, 장동리, 사정리)
3	6/10	제2병천교	성산교 (세거리)	14.6	36.4	병천천, 솔림산, 거머산 덜미고개(596지방도) 약사산, 두능고개, 방말고개, 용두천(덕대마을) 세거리(성산교, 오창읍 성산리와 진천군 문백면 도하리, 천안시 동면 화덕리 경계)	오창읍 (성재리,두릉리, 복현리 후기리, 성산리) 집1채가 군과 군사이의 경계
4	6/24	비선골 안부	엽돈재 (34번 국도)	8.8	65.5	510m봉(만뢰산성, 진천읍 연곡리, 백곡면 대문리 경계) 들목 고개 479m봉, 싸리재, 싸리재고개, 411.9m봉, 350m봉 (충북 진천 문백 갈월리, 충남 천안 병천 양대리, 경기 안성 서운면 청룡리 경계) 엽돈재	충북, 충남, 경기, 경계 진천읍 (연곡리) 백곡면 (대문리,갈월리)
5	7/8	성산교 (세거리)	비선골 역탐사	20.4	56.7	사직1교, 218,7m봉, 포장길 거범고개, 400m봉 (문백면 봉죽리, 진천읍 지장리 경계) 지장골고개 덕유산(412m), 장교치(21번국도) 장고개, 질고개 사자골고개 배성고개, 504.7m봉, 482.7m봉, 비선골안부(480m)	도로와 하천을 넘나들며 경계 문백면 (도하리,계산리, 봉죽리) 진천읍 (지암리, 금암리)
6	7/22	엽돈재	윗대명동	16.8	82.3	차령산맥, 395.4m봉, 서운산(547.7m봉), 베티고개(313 지방도), 장고개, 446m봉, 470.8m봉, 456m봉, 윗대명동	백곡면 (갈월리, 양백리, 성대리)

회차	답사일자	출발지	도착지	도상거리	누적거리	경유구간	비고
7	9/9	윗대명동	작은 실원리	7.3	89.6	460m봉(백곡면 성대리, 이월면 신계리 경계) 409.9m봉, 옥정치(587번국도) 445m 봉안부(이월면 신계리,광혜원면 죽현리 경계) 무이산, 470.8m봉 덕성산(506m), 작은실원리	이월면(신계리) 광혜원면 (죽현리, 구암리, 실원리)
8	9/23	작은실원리	수레티 고개 (화봉육교) (583 지방도)	13.3	102.9	192m봉, 두계교(17번국도), 193m봉 220m봉 (광혜원면실원리, 음성군 삼성면 상곡리경계) 백운산(345.4m) 겨티고개, 356m봉, 도고리봉(351.8) 수레티고개(583지방도 중부고속도로)	광혜원면 (실원리) 삼성면 (상곡리, 양덕리, 대사리)
9	10/14	수레티 고개 (화봉육교)	노단대	14.1	117.1	마이산(452m) 396m봉, 327.5m봉, 255봉 농로, 318지방도 석교천, 돌원 160m봉(삼성면 호산리, 금왕읍 관성리 경계) 팔성산, 308m봉 된고개, 노단대	논가운데 경계 삼성면 (대야리, 용대리) 생극면 (관성리, 임곡리)
10	10/28	노단대	단양골지	17.4	134.5	임오산(339.2m) 중퉁말(생극면 송곡리, 감곡면 원당리 경계) 청미천(마천교, 중곡교, 청미천교(3번국도)) 장호원교, 왕장리(육지경계) 노들, 단평교, 청미천 단양골, 단양골지 중부내륙고속도, 일반도로	생극면 (송곡리) 감곡면 (원당리, 주천리) 경계문제
11	11/11	단양 골지	닭이머리 고개	13.1	147.6	오갑산(감곡면 문재리, 충주시 앙성면 모점리 경계), 586m봉, 372m봉 완장고개, 해남고개, 수룡동고개, 마골산, 닭이머리고개	감곡면 (단평리, 상우리,문재리) 앙성면 (모점리,중전리)
12	11/25	닭이 머리 고개	덕은나루	15.6	163.2	335지방도, 205m봉 중간말고개, 204.8m봉 창남나루(충북 충주시 앙성면 강천리 경기 여주군 점동면 삼합리, 강원 원주 부론면 단암리 경계) 남한강(남한강대교-49지방도, 개치나루, 샘개나루, 덕은나루 (앙성면 영죽리, 소태면 덕은리 경계)	앙성면 (중전리, 강천리, 목미리 영죽리) 충북, 경기 강원 경계
		소 계		163.2			

나. 2차년도(2007) 탐사구간별 현황

단위:㎞

회차	답사일자	출발지	도착지	도상거리	누적거리	경유구간	비고
1	2/10	덕은나루	외촌(19번국도)	10.7	10.7	황상천(덕음교, 청파, 세포동, 벌말-논가운데 경계,심재교) 외촌(19번국도)- 마을경계	소태면(덕음리 주치리)
2	2/24	외촌(19번국도)	배재	8.3	19.0	이촌이고개 (소태면 구룡리, 엄정면 원곡리 경계) 갈미봉, 옥녀봉(엄정면 유봉리, 제천시 백운면 화당리 경계)632.2m봉, 호두나무배재	소태면(주치리) 엄정면(원곡리, 유봉리, 백운면(화당리-호두나무배재)
3	3/10	용두재 역탐사	사제울 도로 (군부대 앞)	7.6	26.6	964.6m봉, 백운산(1086.7m) 사제울도로 (890m 군부대앞)	백운면(덕동리) 배재~용두재-보완탐사
4	3/24	사제울 도로 (군부대앞)	구력재	5.0	31.7	백운산(984m) 777m봉, 910m봉 917m봉, 793m봉 구령재(402지방도)	백운면 (운학리)
5	4/14	구력재	광암	11.1	42.8	구학산(983m 백운면 방학리, 봉양읍 구학리 경계) 669m봉, 광암(5번국도)	백운면 (방학리) 봉양읍 (옥전리)
6	4/28	광암 (마을경계)	오미저 수지	9.6	52.3	학산교, 386m봉, 818.6m봉, 936m봉(백련사), 감악산(885.9m), 석기암(902m) 899m봉 (봉양읍 명암리, 송학읍 오미리 경계) 나막신골, 오미저수지	봉양읍 (학산리) 송학면 (오미리)
7	5/12	오미저수지	미고개 (82번국도)	16.5	68.8	503m봉, 636m봉 675.3m봉, 626m봉, 500.3m봉 미고개(82번 국도송한소류지)	송학면 (오미리, 송한리)
8	5/26	미고개	사슬치	6.6	75.4	청룡산(574.6m), 송한천, 송학산(818.1m) 459.9m, 408m, 사슬치	송학면 (송한리)
9	6/9	사슬치	일골교	7.2	82.6	468m봉, 솔미산(389.2m) 평창강, 관란정, 배두둑 일골(마을경계), 일곡교(시곡천)	송학면 (장곡리) 행정구역 마을경계
10	6/23	일골교	느릅재 (38번 국도)	5.3	87.9	용호원저수지, 삽둔(마을경계) 가래골굴, 357m봉 느릅재, (38번국도)	송학면 (장곡리, 입석리)

11	7/14	느릅재	멍앗	6.0	93.8	이치(포장도로), 승리봉(696.1m) 왕박산(598m), 조을치, 바람골 안부 520m봉(송학면 무도리, 제천시 흑석동 경계) 567.8m봉, 524m봉, 708m봉 가창봉(819.6m봉-제천시 자작동, 단양군 어상천면 석교리 경계) 716m봉, 685m봉, 317m봉 멍앗	송학면 (무도리) 흑석동,고명동 단양군 어상천면 (석교리)
12	7/28	멍앗	창원	16.4	110.2	장장골, 초로봉(575m, 어상천면 대전리, 영춘면 유암리 경계) 무덤재, 명전, 창원(59번국도)	어상천면 (대전리) 영춘면 (유암리)
13	9/8	창원	어은동	6.2	116.4	508.9m봉, 498m봉, 517m봉, 473m봉 별방고개, 하원(마을경계)	영춘면 (유암리, 사이곡리, 별방리)
14	10/13	하원	샘골	12.7	129.1	홍교, 1,022m봉 태화산(1,207m), 샘골(595지방도)	영춘면 (오사리)
15	10/27	샘골	노루목교	7.8	136.9	남한강, 531m봉, 661.7m봉 삼봉(665m), 수리봉(753m), 1,046m봉 노루목-김삿갓묘, 노루목교	영춘면 (오사리, 용진리 의풍리)
16	11/10	노루 목교	용담	13.7	150.7	남대천 957m봉, 926봉 어래산 前 1,030m봉(충북 단양 영춘 의풍리, 강원 영월 하동면 와석리, 경북 영주시 부석면 남계리 경계) 용담(935지방도)	영춘면 (의풍리) 충북의 가장 동쪽 충북, 강원, 경북 경계 경계 문제
17	11/24	용담	의풍리 섶밭	10.0	160.7	마흘천, 고치골 마락교, 경계도로	영춘면 (의풍리)
18	12/18	의풍리 섶밭	마당재	5.2	165.9	980.5m봉, 1,032m봉 형제봉(1,207m) 1,005.4m봉, 1,041m봉 마당재	보완탐사 폭설로 후퇴
19	12/22	마당재	비로봉	9.0	174.9	1,031.6m봉, 1,002m봉, 1,045m봉, 1,046m봉 1,265m봉(영춘면 남천리, 어의곡리 경계) 1,396m봉, 국망봉(1,401m) 1,328m봉, 비로봉 (1439.5m)	영춘면 (남천리) 가곡면 (어의곡리) 역탐사

20	1/1	백화산 신년 해맞이 탐사	11.5	186.4		충북의 가장 북쪽 산
소 계			186.4			

다. 3차년도(2008) 탐사구간별 현황

단위:㎞

회차	답사일자	출발지	도착지	도상거리	누적거리	경유구간	비고
1	2/23	비로봉	죽령	10.1	10.1	1,409m봉 (영춘면 어의곡리, 단양읍 천동리 경계) 제1 연화봉, 천체관측소 제2연화봉 1,144m봉, 1,024m봉, 936m봉, 죽령(5, 36번 국도)	단양읍 (천동리, 수촌리, 마조리)
2	03/08	죽령	묘적재	6.3	16.4	군부대, 1135m봉, 도솔봉(1315.6m) 묘적봉(1,186m), 1149m봉, 묘적재	대강면 (성금리, 사동리)
3	03/22	저수령	모녀티	15.7	45.4	소백산 목장, 문봉재, 여래원, 눈등, 적성교(59번국도) 단양천(황장산 쉼터), 오목내, 저자거리, 삼거리(대강면 방곡리, 단성면 벌천리 경계) 명천교, 명창별천교, 벌천교, 벌내 새점, 모녀티	대강면 (올산리, 방곡리) 단성면(벌천리) 백두대간이탈 행정구역 문제 (마을경계)
4	04/12	모녀티	대미산	11.6	57.1	727.5봉(단성면 벌천리, 제천시 덕산면 도기리 경계) 모녀재, 810m봉 826m봉, 803m봉, 879.3m봉, 1,083m봉 문수봉 1,161.5m), 999m봉, 1,046m봉, 대미산(1,115m)	단성면 (벌천리) 제천시 덕산면 도기리,월악리 백두대간 합류
5	04/26 역탐사	묘적재	저수령	13.3	29.7	1,103m봉, 1,064m봉, 뱀재 971m봉, 984m봉, 995m봉, 1,049m봉, 1,007m봉 싸리재, 1,059m봉, 배재, 1,084m봉, 추대봉 (1,116m), 저수치, 저수령(소백산목장)	대강면 (사동리, 남천리, 남조리
6	5/10 역탐사	대미산	하늘재	13.0	70.1	1,038m봉, 1,034m봉, 843m봉, 809m봉, 899m봉, 888m봉, 941m봉, 920m능선(덕산면 월악리, 충주시 한수면 송계리 경계 858m봉(한수면 송계리, 수안보면 미륵리 경계)835m봉, 842m봉, 805m봉, 963m봉, 포함산(961.7m), 하늘재(522m)	(용하구곡) 덕산면 (월악리), 한수면 (송계리) 수안보면 (미륵리)

7	5/24 역탐사	하늘재	조령	9.3	79.4	766m봉, 856m봉, 853m봉 960m봉, 917m봉 부봉(917m), 760m봉, 마폐봉(922m, 수안보면 미륵리, 괴산군 연풍면 고사리 경계) 조령삼관문	수안보면 (미륵리) 연풍면 (원풍리) 경계 문제
8	6/14	조령	이화령	8.4	87.8	812.5m봉, 753m봉, 신선암봉(928m) 887m봉, 946m봉 조령산, 1,026m), 758m봉, 이화령(3번국도)	연풍면 (원풍리, 행촌리)
9	6/28 폭우 후퇴	이화령	황학산 안부	5.4	93.2	조봉(671m), 784m봉, 862m봉 황학산 안부	연풍면 (분지리)
10	7/12 역탐사	사다리재 (고사리 밭등)	은티재	9.9	109.4	이만봉 990m봉, 967m봉, 희양산(999m), 지름티재, 구왕봉, 효리골재, 은티재	연풍면 (분지리, 주진리)
11	7/26 역탐사	황학산 안부	사다리재 (고사리 밭등)	6.3	99.5	황학산, 914m봉 백화산(1,063.5m), 1,013m봉, 874m봉, 사다리재	연풍면 (분지리)
12	8/9	은티재	완장 제4교	8.8	118.2	782m봉(연풍면 주주리, 칠성면 쌍곡리 경계), 막장봉 780m봉(칠설면 쌍곡리, 청천면 관평리 경계), 백두대간이탈 완장4교(상관평)	연풍면 (적성리) 청천면 (관평리)
13	9/27	완장 제4교	고모재	17.1	135.3	상관평, 중관평, 홍주막, 하관평, 제비소, 521m봉, 716m봉 대야산(930.7m), 밀재, 고모재	청천면(이평리)
14	10/11 역탐사	고모재	송면초교 (장담마 을)	14.9	150.2	조항산(961.2m), 갓바위재, 청화산 의상저수지, 의상골 수계경계(큰 말, 중간 말, 언덕 말), 장담마을, 송면초교(992지방도)	백두대간 나누어짐 청천면 (삼송리) 행정구역문제
15	10/25	학골재	487m봉 안부	8.2	161.8	597m봉, 수안재, 백악산(856m) 487m봉 안부	청천면 (이평리, 사담리)
16	11/08	활목 고개	묘봉, 북가치	5.4	171.8	656m봉, 593m봉, 상학봉(830m), 862m봉 묘봉(874m, 산외면 신정리, 속리산면 북암리 경계) 북가치	산외면 (신정리)

17	11/22 역탐사	묘봉 북가치	문장대	3.9	175.7	840m봉, 880m봉, 803m봉, 속사치 관음봉(963m), 977m봉 문장대(1,013m)	속리산면 (사내리) 백두대간 합류
18	12/13 역탐사	487m봉 안부	활목고개	4.5	166.4	풍산석재도로 (37번국도) 398m봉, 469m봉, 688m봉 (청천면 상신리, 보은군 산외면 대원리 경계) 활목고개 (37번국도)	청천(사담리) 산외(대원리)
19	12/27 역탐사	장담 마을	학골재	3.4	153.6	601.7m봉, 490m봉 학골재	청천면 (이평리)
20	1/1	문장대 신년 해맞이 탐사		175.7			
소 계							

라. 4차년도(2009) 탐사구간별 현황

단위:㎞

회차	답사일자	출발지	도착지	도상거리	누적거리	경유구간	비고
1	2/14	문장대	680m봉	5.4	5.4	문장대(1,013m), 청법대 신선봉(1,016m) 입석대, 비로봉, 천왕봉(1057.7m) 703m봉, 726m봉, 680m봉	속리산면 (사내리, 대목리)
2	2/28	680봉	동관	9.9	15.3	667m봉, 639m봉, 803.3m봉, 형제봉(828m) 559.3m봉, 삼가리(포장도로)	속리산면 (대목리 만수리, 삼가리) 형제봉- 백두대간 이탈
3	3/14 행정 구역 문제	동관	임실	6.7	22.0	500m봉 느진목이, 720m봉, 750m봉(속리산면 구병리, 마로면 적암리 경계) 538m봉, 565m봉, 시루봉(431m) 적암리 25번 국도, 임곡리 임실	속리산면 (삼가리,구병리) 마로면 (적암리,임곡리) 마을경계
4	3/28 보완탐사 예정	임실	큰곡재 (포장 도로)	7.7	29.7	527m봉, 차돌광산, 윗소여, 중눌리 고개 259m 큰곡제 (포장도로)	마로면 (임곡리 소여리, 변둔리)
5	4/11 역탐사, 폭염	큰곡재	별재	6.9	42.2	팔음산(762.3m) 525m봉, 별재	청산면 (명치리,삼방리)
6	4/25	별재	미전 저수지	9.2	51.4	천금산(464.9m)	링반대룽 현상에 의해 길을 잃음

7	5/09	별재	대관 (901지 방도)	11.9	63.3	천금산(464.9m) 463m봉(청산군(효목리, 영동군 용산면 미전리 경계) 374.3m봉(청산면 청화리, 황간면 금계리 경계) 대관(901지방도)	청산면(의지리 효목리)용산면 (미전리 청화리)
8	5/23	대관 (901 지방도)	수정재 (오도재)	9.9	73.2	765m봉, 주행봉(862m), 800m한성봉(포성봉, 933.8m), 731m봉 석천(반야사), 662m봉수정재(오도재, 366.3m)	황간면(금계리 우매리)
9	06/13	수정재 (오도재)	반징계 (마을, 포장 도로)	6.2	79.4	398m봉, 515.6m봉 426m봉, 453m봉, 486m봉 685(황간면 난곡리, 추풍령면 신안리 경계), 지장산(772.4m) 연습림, 반징계(포장도로)	황간면 (난곡리) 추풍령면 (신안리) 마을경계
10	06/27	반징계	국수봉	17.1	96.6	676m봉, 543m봉 국수봉(795m)	추풍령면 (신안리,웅북리) 용문리 하산
11	07/11	국수봉	추풍령	10.1	106.7	맷돌봉(708.5m) 687m봉, 갈현고개 무좌골산(474m), 작점재(장동재) 시멘트도로, 739m봉 시멘트도로, 사기점고개 435.7m봉, 498m봉, 매봉재, 금산(376m), 추풍령 당마루고개 4번국도, 경부고속도로	추풍령면 (신안리,웅북리 죽전리 작점리 추풍령리)
12	07/25 역탐사	추풍령	괘방령 906 지방도	12.8	119.5	눌의산(744.5m), 690m봉, 580m지점 (추풍령면 추풍령리, 매곡면 옥전리 경계) 장군봉(625m), 가성산(730m) 417m봉, 괘방령-906지방도	추풍령면 (추풍령리) 매곡면 (공수리)
13	09/12 역탐사	괘방령	우두령 901 지방도	11.5	130.9	여시골산, 천덕산(665m봉), 황학산(1111.4m봉, 영동군 매곡면 어촌리, 상촌면 궁촌리 경계) 바람재(임도) 경희대 연습림 조림지, 955.6m봉) 우두령(질매재)	매곡면 (어촌리) 상촌면 (궁촌리,흥덕리)
14	09/26	우두령	삼도봉	3.9	134.8	814.6m봉, 1058m봉1195m봉, 1172m봉, 1089m봉, 1123m봉 삼도봉(영동군 상촌면 물한리, 김천시 부항면 해인리 해인동, 무주군 설천면 미천리 안골경계)	상촌면 (흥덕리,물한리) 충북, 경북, 전북 경계

15	10/10	삼도봉	민주 지산	18.9	153.7	삼도봉, 석기봉, 민주지산 (상촌면 물한리, 용화면 안정리 경계)	상촌면 (물한리)
16	10/24	민주 지산	여의리 (여의교)	9.7	163.4	665.6m봉, 남대천, 월전리 남악 (충북의 가장남쪽마을), 여의교, 강으로 진행하다 육지 다시 강으로	용화면 (안정리,월전리, 용화리,용강리, 여의리) 용강리경계 문제
17	11/14	여의교	압치 (학산재) 19번국도	10.6	174.0	지구별 여행 480m지점(용화면 여의리, 학산면 아암리경계) 백하산(633.9m), 압치(309.7m)	용화면 (여의리) 학산면(아암리, 봉소리)
18	11/28	압치(학산재)	지내 저수지 안부	7.4	181.4	칠봉산(535m), 안압재, 361m봉 390m지점 (충북 영동군 학산면 봉산리, 전북 무주군 무주읍 내조리, 충남 금산군 부리면 어재리 경계) 609m봉, 617m봉성주산(620m) 450m봉, 250m지점	학산면 (봉소리,봉산리, 지내리) 충북, 전북, 충남 경계
19	12/12	지내 저수지 안부	장선리	1.9	183.2	545m봉(용산면 지내리, 양산면 호탄리 경계) 68지방도(가선마을) 금강, 실개천, 장선	학산면 (지내리) 양산면 (호탄리, 가선리)
20	2010년 01/01	장선리 ~ 천태산 도민과 함께하는 도계탐사 및 2010년 해맞이 탐사		183.2		깊은장성 천태산(714.7m), 570m안부	양산면 (가선리 누교리) 마을경계
		소 계					

마. 5차년도(2010) 탐사구간별 현황

회차	답사 일자	출발지	도착지	도상 거리	누적 거리	경유구간	비고
1	2/27	천태산 570m 안부	꼬부랑재	6.9	6.9	706m봉, 650m지점 (양산면 누교리, 옥천군 이원면 개심리 경계) 709m봉, 꼬부랑재(630m)	양산면(누교리) 이원면(개심리)
2	3/13 역탐사	꼬부랑재	상곡천	6.3	13.2	대성산(704.8m), 581m 매봉, 지내재 금산고개574m봉(이원면 장찬리, 군서면 금산리 경계), 562m봉, 상곡천	이원면(의평리, 윤정리, 강청리 장찬리)

4	4/10	상곡천	도계교 (소욱천)	8.4	21.6	597m봉, 780m안부, 546.1m봉 작은사목, 새말재, 닭이치, 도계교	군서면 (금산리, 상지리)
7	5/22	도계교	곤룡재	7.6	29.1	지경리, 지경소 명지봉(415m 충북 옥천군 군서면 함양리, 충남 금산군 추부면 신풍리, 대전광역시 동구 삼괴동 마달촌 경계) 505m봉, 325m봉, 망덕봉(425m) 곤륭터널, 곤륭재	군서면 (사양리) 충북, 충남, 대전 경계
8	6/12	곤륭재	마달령 (4번 국도)	9.6	38.8	426m봉, 586.5m봉, 580m지점 (군서면 함양리, 군북면 자모리 경계) 355m봉, 경부선(철도) 155.1m, 마달령(4번국도)	군서면 (사양리) 군북면 (자모리)
9	6/26	마달령 (4번 국도)	의정 마을	9.6	38.8	마달령, 251m봉 중약터널 대덕터널, 꾀꼬리봉 밤나무단지 231.7m봉, 의정마을	군북면 (증약리, 항곡리)
10	7/10 일부구간 선박이용	의정 마을	법수리	9.5	56.4	꽃봉(284.1m) 160m지점 (옥천군 군북면 대정리, 보은군 회남면 사음리 경계), 대청호	군북면 (대정리) 회남면 (사음리, 법수1리)
11	7/24 도민과 함께하는 도계탐사	법수리 국사봉	대청 호반	20.5	76.09	국사봉(319m), 우무동 - 571지방도로, 법수리-대청호 어부동, (법수분교 시작~국사봉 호반주위~법수분교)	법수1리
12	9/11	현도교 (17번국도)	아시아제지 입구	11.1	87.9	경부고속국도 , 강정 특미나루 지전(현도면 죽전리, 부용면 노호리 경계) 말미개나루, 신일나루 아시아제지입구	현도면 (양지리 중척리), 부용면 (노호리 금호리)
15	10/23	아시아제지 입구 (구들지) 경계모호 강에서 지천으로)	594 지방도	11.2	99.1	새뜸, 구들지, 퇴뫼 , 백천교 매바위, 삼거리 57m지점 65m지점(부용면 산수리, 강내면 저산리 경계) 편바우, 아미산, 594지방도	부용면 (부강리, 갈산리 부용면(산수리) 강내면 (저산리, 당곡리, 사곡리)

16	11/13	대청호 뱃길탐사	대청댐 현도교			대청호반 (보은군 회남면 법수리, 청원 문의면 가호리 경계) 가호리, 후곡리 , 신대리, 대청댐前(문의면 덕유리, 현도면 하점리 경계) 대청댐 용화교, 용정리 나루, 현도교(17번 국도)	문의면 (가호리, 후곡리, 신대리) 수몰지역 (가호리 신대리 현도면(하석리 노산리)
18	12/11	594 지방도 도민과 함께하는 도계탐사	조천교	7.5	106.6	미호천(강내면 사곡리, 강외면 서평리 경계) 수몰두강다리 샛뜸 조천교	강내면 (사곡리) 강외면 (서평리)
소 계				106.6			
총거리					815.1		

3. 충북 도경계선의 문제

한반도의 유일한 내륙도인 충북은 대전광역시, 충남, 경기, 강원, 경북, 전북 등 6개 시도와 경계를 이루며 구성되었다. 인접도와 경계는 흔히 산계(山系)와 수계(水系)로 나누어진다. 충북의 경우, 백두대간의 중심축이 흘러가는 경계는 동쪽 경계의 중심축이며, 남서쪽은 금강 줄기가, 서북쪽은 한남금북정맥이 경계의 토대를 이루고 있다.

그럼에도 불구하고 충북의 경계를 돌아보면 산계, 수계의 중심축을 벗어나 이상하게 도계가 그려진 곳을 여러 군데 발견할 수 있었다. 이는 이곳이 오래 전 삼국시대부터 오늘에 이르기까지 삶의 터전으로 더없이 좋은 여건을 갖춘 곳으로, 여기를 차지하려는 세력들 간의 힘의 각축장이었던 까닭이 크다. 거기에다가 인접 행정관청의 민감한 이해와 득실, 무사안일한 행정구역 개편 작업, 사찰 등 지방 토호 세력의 입김이나 압력도 어느 정도 작용했으리라고 생각된다.

산줄기와 물줄기, 이 자연적인 경계를 따라 독특한 삶의 모습과 문화가 나타난다. 민초들의 생활공간이 도계라는 이름으로 확정되었을 때 엄청난 변수가 생겨난다. 생활은 충북에서, 주민등록은 타도인 이상한 현상이 벌어진다. 또 수계, 산계를 따라 흐르는 문화가 동질감이 있는 곳이 타도로 나뉘기도 하고 어떤 곳은 그 반대 현상도 나타나게 된다. 이런 지역에 사는 이들은 중앙으로부터의 소외와 현실 생활의 불편으로 인해 삶 자체가 설움이요 핍박이었다.

이번 충북도계탐사를 계기로 잘못된 행정구역을 바로잡아 삶의 생활양식과 공간이 일치하는 곳을 하나로 묶는 지혜가 필요하겠다.

1) 한 마을이 도계로 갈린 곳

가) 충북 중원군 생극면 송곡리 중퉁말(경기도 이천시 율면 총곡리 경계) - 임오산에서 도루미산을 거쳐 청미천 합수머리로 경계짓는 것이 합당해 보임.

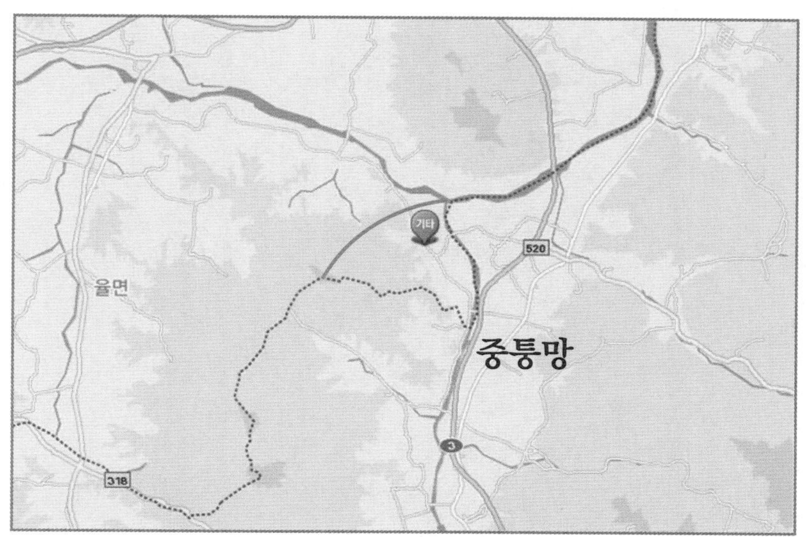

나) 제천시 봉양읍 학산리 광암(원주시 신림면 용암리 경계)- 좌측으로 주천에 합류하는 큰 지천이 있음에도 마을 수로를 따라 경계선이 이루어져 있다.

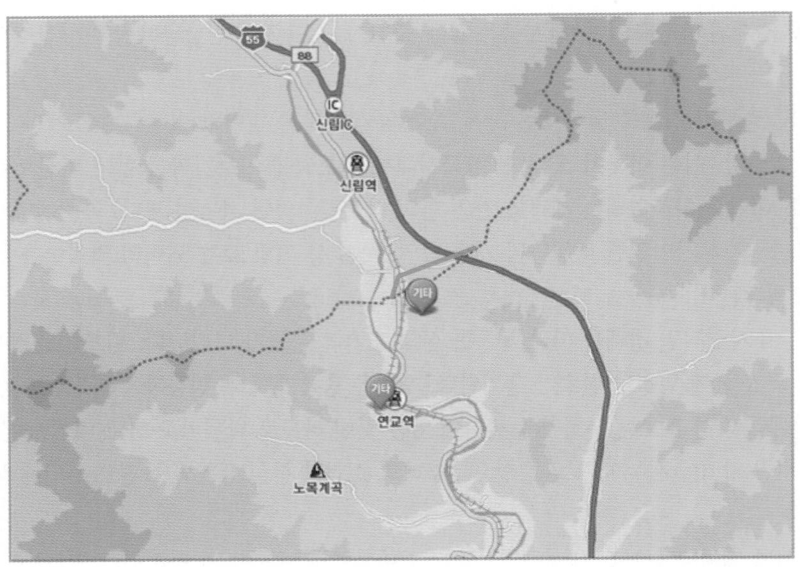

다) 제천시 송학면 장곡리 일골(영월군 한반도면 옹정리 경계) - 평창강을 약간 내려가면 무도천과 합류하는 지점이 나타남에도 마을을 가로질러 경계를 이룸.

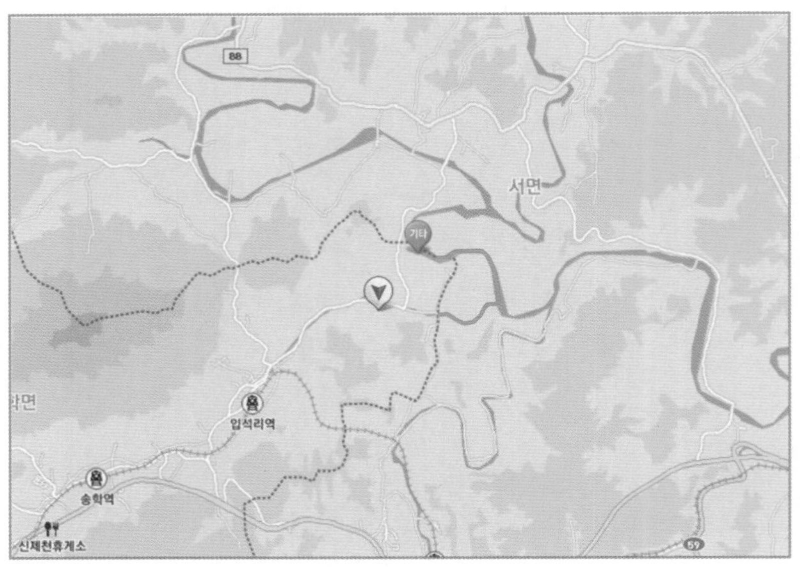

라) 단양군 어상천면 대전리 멍앗, 장장골(강원도 영월군 남면 창원리 경계) 능성에서 하천으로 경계가 내려 왔다 충북쪽 지능으로 경계를 삼고 장장골에서 하천으로 경계가 내려갔다가 초로봉으로 올라 무덤재로감

* 무덤재까지 지천을 따라 경계가 이루어 져야함.

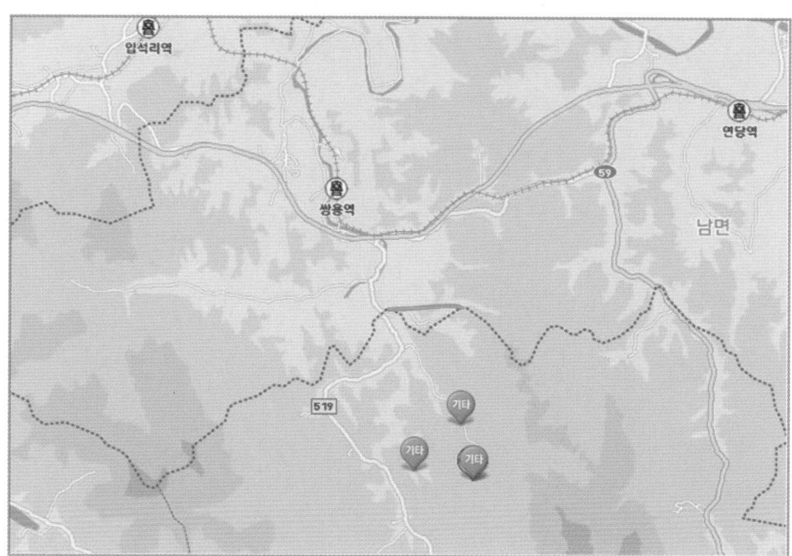

마) 단양군 단성면 벌천리 모녀티(문경시 동로면 명전리 모녀티 경계) - 모녀티마을은 마을중간의 경계는 아니고 윗마을과 아랫마을이 집단으로 구획정리- 백두대간에서 갈라짐(3-2)

바) 보은군 마로면 임곡리(상주시 화남면 임곡리 경계) - 마을 안 하천이 경계 (백두대간 전체경계 오류 구간에서 화령벌판 안에 있음.)

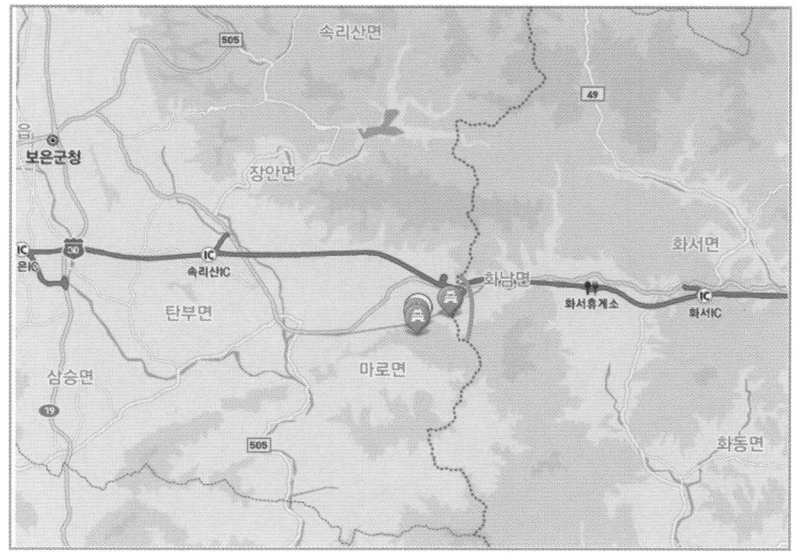

사) 영동군 추풍령면 신안리 반징계(상주시 모동면 반계리 경계) - 마을 지천을 따라 경계지역으로 호두 및 포도농사.

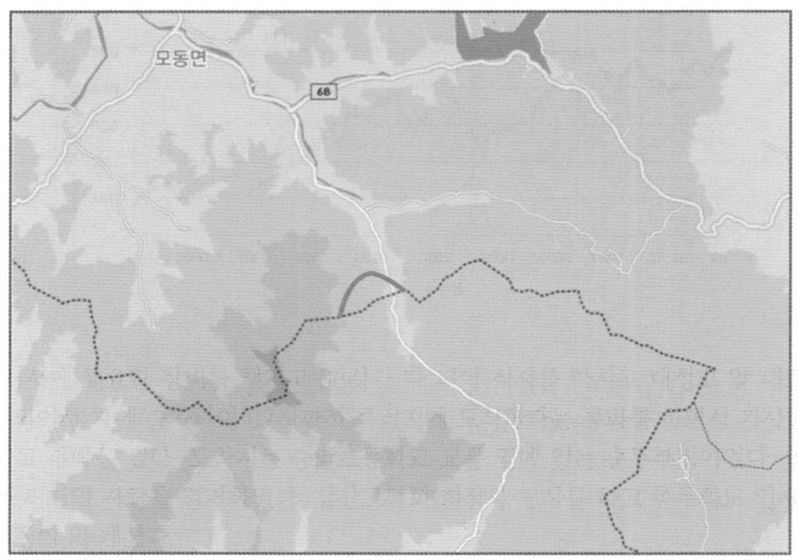

아) 영동군 양산면 가선리 깊은 장선(충남 금산군 제원면 길곡리 장선) - 마을의 지천을 중심으로 경계를 이룸.

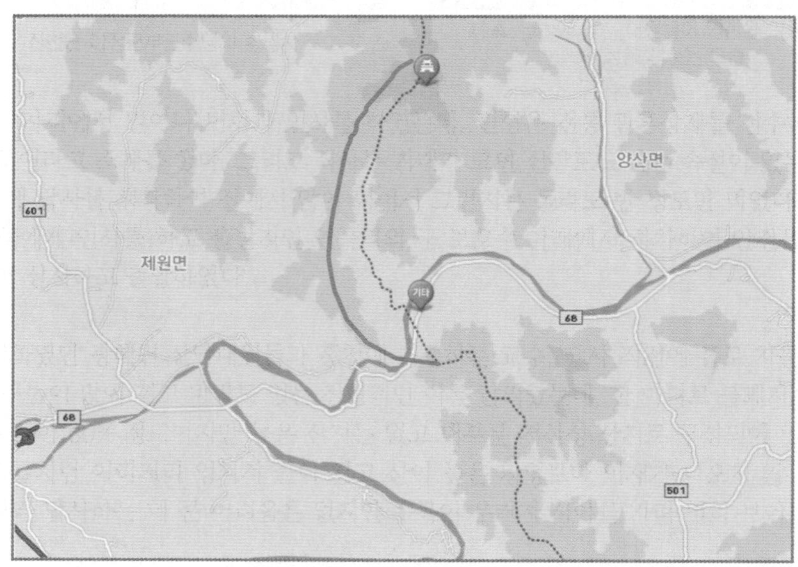

2) 자연재해로 인해 행정구역이 변한 곳

가) 음성군 감곡면 단평리(이천군 장호원읍 노탑리 경계)- 청미천 하천에서 충북 쪽 땅을 점유- 감곡을 거쳐 장호원교를 건너야 경기도로 진입 가능.

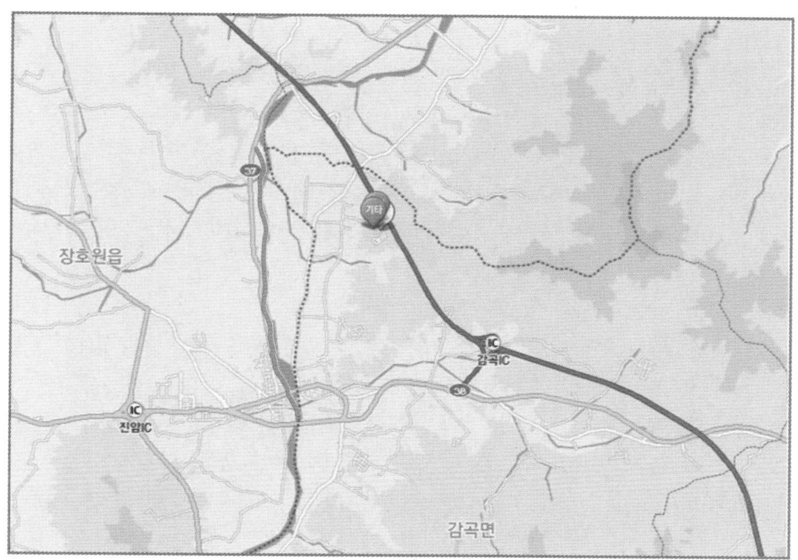

나) 충주시 소태면 덕은리 세포동(원주시 단강면 부론리 벌말, 귀래면 용암리경계) - 충주 소태면과 원주 단강면, 귀래면 경계지역으로 논 수로가 경계 우측으로 충북지역의 세포동이 보인다.

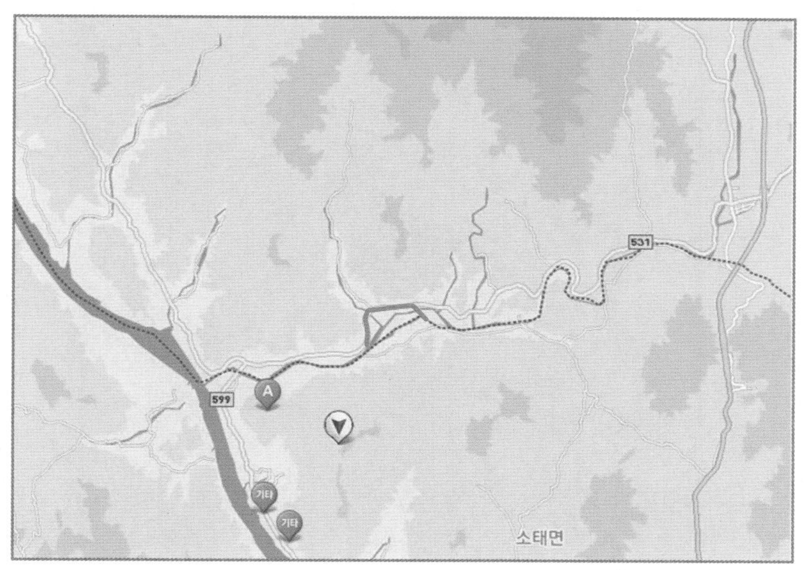

3) 백두대간이 충북지역으로 들어왔다가 돌아간 경계 지역

가) 단양군 영춘면 의풍리 어래산 전(강원도 영월군 김삿갓면 내리 경계) - 20m 직진하면 어래산에 닿고 300m 직진하면 백두대간 선달산(1235m)에 닿는다. 이곳 백두대간을 따라 고치령을 지나면 백두대간을 중심으로 한 경계가 이루어지나 하천으로 내려갔다가 지능을 타고 형제봉으로가 다시 백두대간에 닿는다.

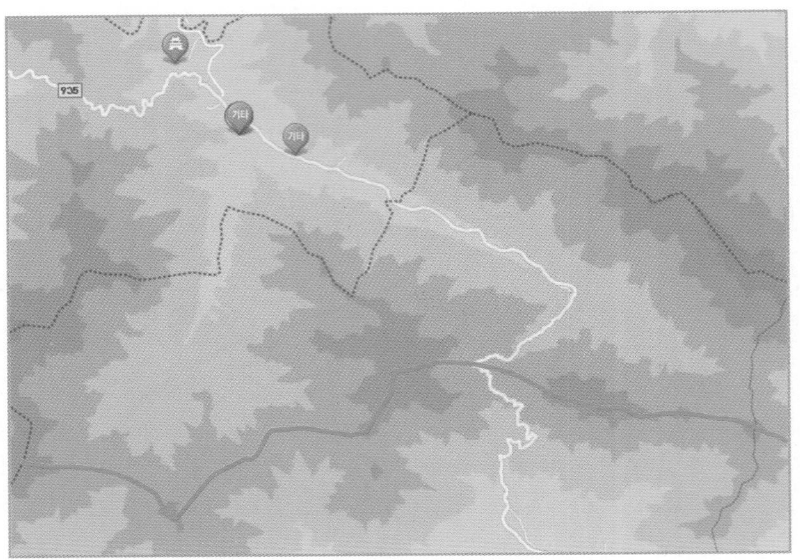

나) 단양군 대강면 올산리 문봉재(문경시 동로면 석항리 경계) - 백두대간 저수령을 지나 문봉재에서 우측 골짝으로 경계가 틀어짐. 적성교에서 59번 국도와 단양천을 만나 단양천을따라 모녀티까지 이동한 후 다시 능선으로 올라섬(천(川) 너머 경북쪽으로 외딴 가옥이 산밑으로 자리 잡음.) 모녀재 문수봉을 지나 대미산 전 1,046m봉에서 백두대간 주능선과 만남.

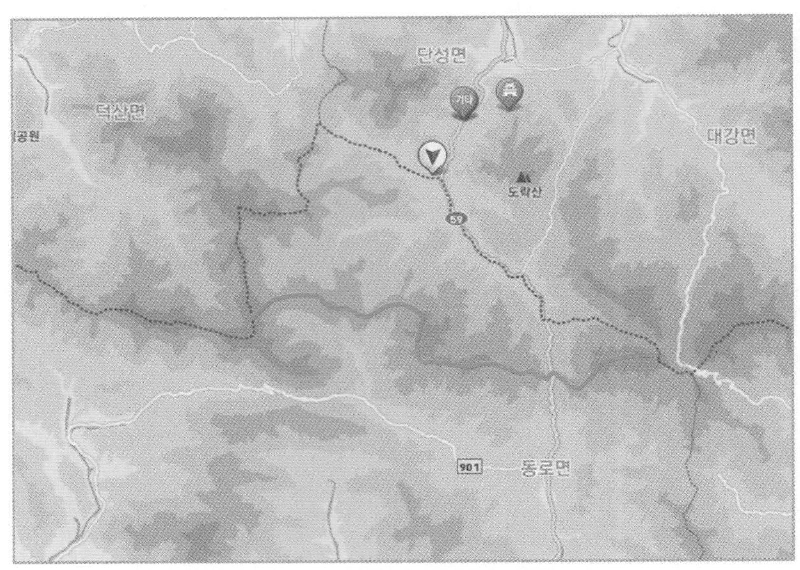

다) 괴산군 연풍면 고사리 조령삼관문(문경시 문경읍 상초리 조령삼관문) - 백두대간 주능선에 조령삼관문이 자리잡고 있는데 행정구역이 충북쪽으로 약 200평 가량 넘어와 경계를 이루고 있음.

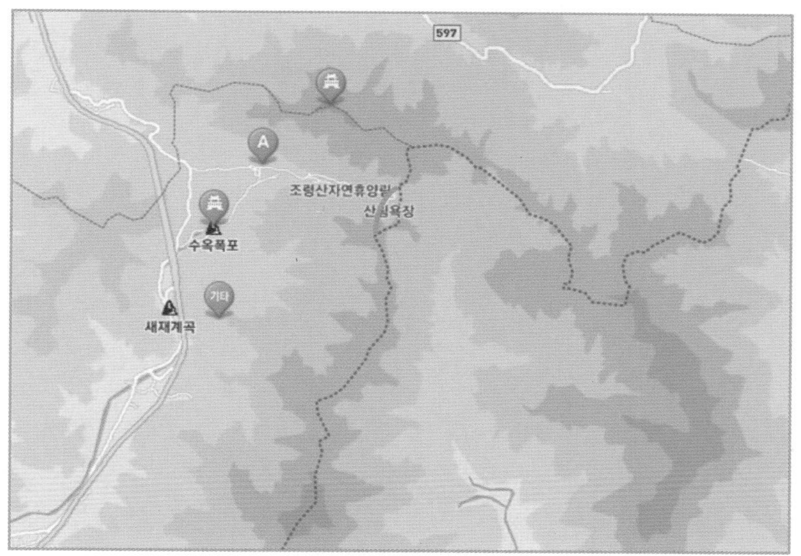

라) 괴산군 칠성면 쌍곡리 장성봉 전 (문경시 가은읍 완장리 경계) - 장성봉 전 780m봉에서 백두대간을 벗어나 막장봉을 지나 관평리로 경계를 이룸. 화양천을 따라 상관평에서 중관평, 하관평으로 내려와 제비소에서 왼쪽 능선을 타고 올라 대야산에서 백두대간과 합류- 백두대간은 장성봉 ~ 버리기미재 ~ 대야산으로 이어짐.

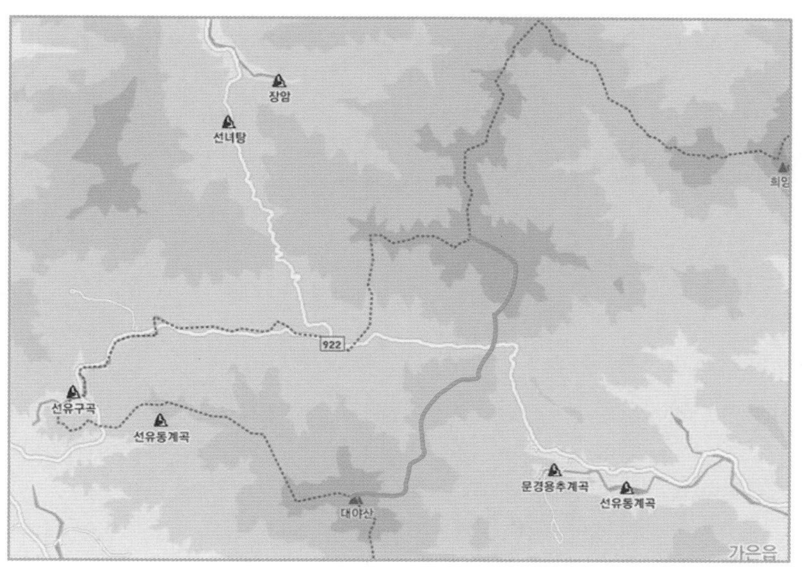

마) 괴산군 청천면 삼송리 청화산(상주시 화북면 용유리 경계) – 청화산에서 송면저수지로 내려와 지천을 따라 경계를 이루며 장담마을, 송면초(992지방도)에서 학골재 ~ 백악산 ~ 487m봉 ~ 37번국도 ~ 활목고개 ~ 묘봉 ~ 관음봉 ~ 문장대 밑에서 백두대간과 합류.

– 백두대간은 청화산 ~ 눌재 ~ 밤티재 ~ 문장대 밑

* 백두대간에서의 경계선 이탈로 송면지역의 일부와 용화지역이 경북쪽에 편입되어 있음

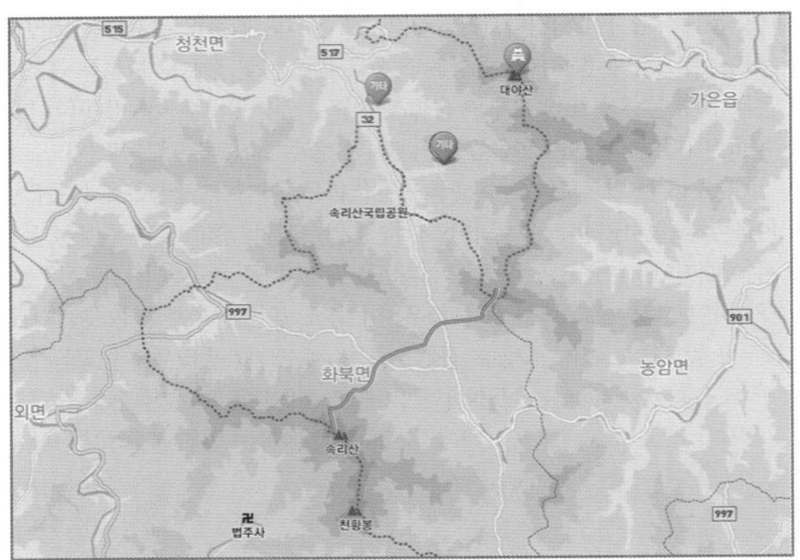

바) 보은군 속리산면 만수리 형제봉(상주시 화북면 상오리 경계)에서 백두대간을 이탈하여 구병리 ~ 구병산 안부 ~ 적암 ~ 한중리 ~ 큰곡재 ~ 팔음산 ~ 천금산 ~ 대관 ~ 한성봉 ~ 수정재 ~ 반징계 마을 ~ 국수봉에서 백두대간과 합류.

– 백두대간 : 형제봉 ~ 갈령 ~ 못재 ~ 비재 ~ 봉황산 ~ 화령재 ~ 윤지미산 ~ 무지개산 ~ 선교리 ~ 신의터재 ~ 지기재 ~ 개머리재 ~ 백학산 ~ 개터재 ~ 회룡재 ~ 큰재 ~ 국수봉

* 백두대간의 흐름으로 경계를 잡으면 화령벌판 상주시 화남면, 모서면, 화동면, 모동면이 보은 영동지역에 편입되는 것이 바람직함.

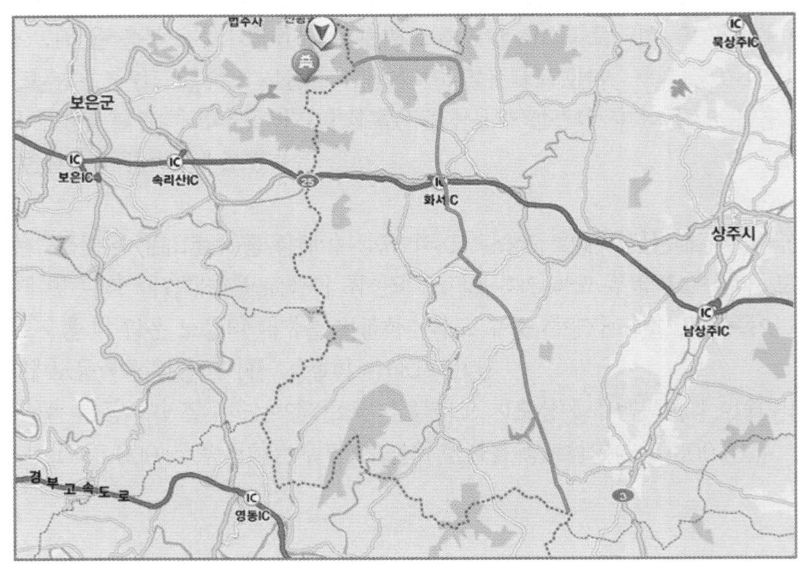

4) 수계가 흐르다 육지를 접하고 들어간 경계지역

가) 영동군 용화면 용강리(무주군 설천면 기곡리 경계) - 남대천을 따라 경계가 이루어지다가 길산리에서 능선으로 경계를 이루며 남대천으로 내려옴(지형이 한반도 남쪽 지형을 닮았음)

* 앞산이 기곡리에 사는 밀양박씨 선산이라 함.

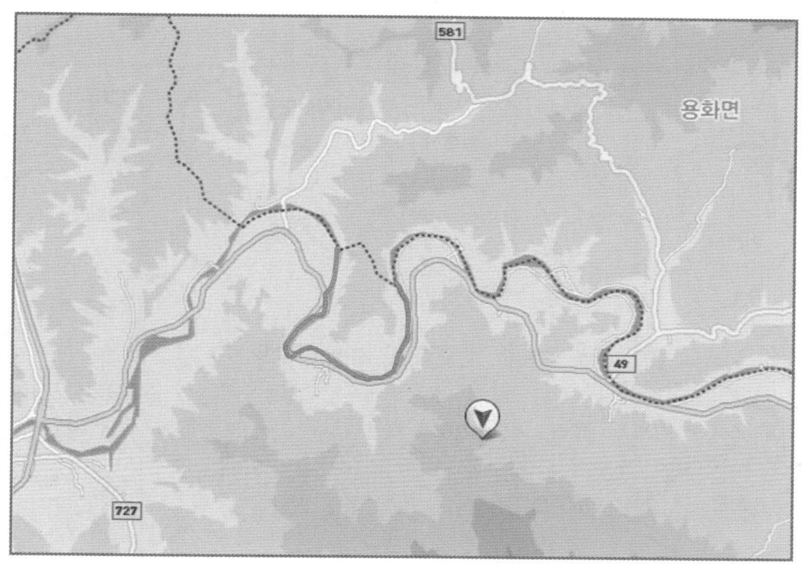

나) 청원군 부용면 금호리(연기군 금남면 부용리. 동면 명학리 경계) - 금강 줄기를 따라 경계를 이루다 아세아제지 입구에서 육지로 이동하여 지천을 넘나들다 지능을 타고, 새뜸 ~ 구들지 ~ 매바위 ~ 편바우 ~ 아미산 ~ 594 지방도 ~ 미호교에서 금강 합류.

* 금강 하천을 따라 경계가 이루어져야 하며, 연기군 동면 지역이 충북에 편입되어야 함.

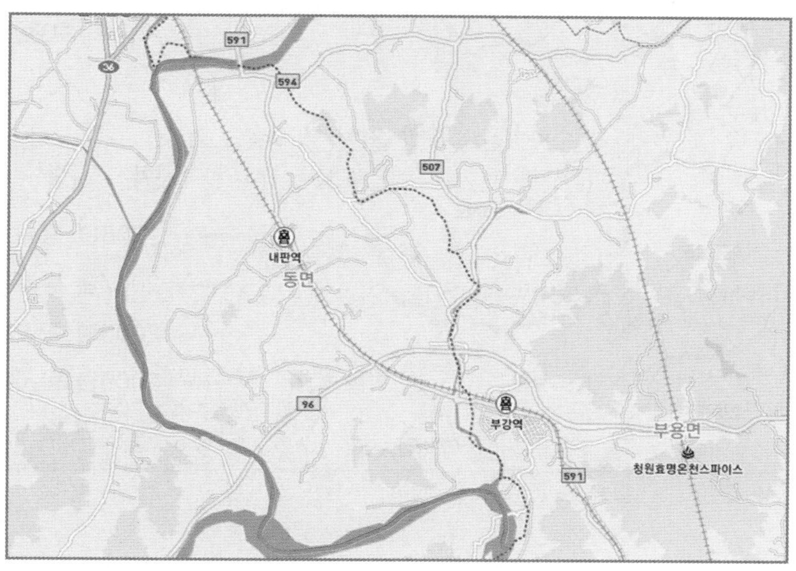

Ⅱ 년도별 도계탐사

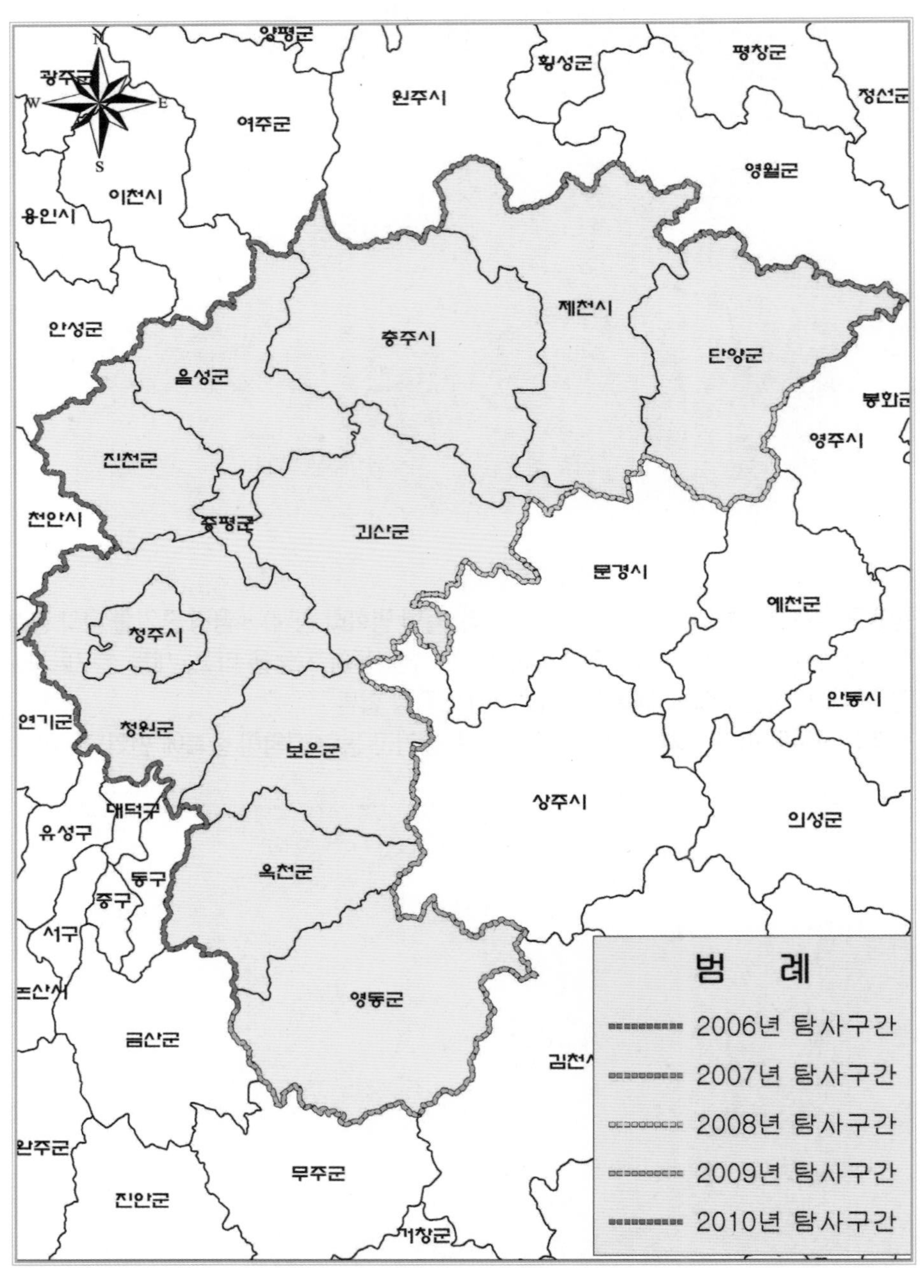
양평군
광주군
여주군
원주시
횡성군
평창군
정선군
영월군
이천시
용인시
안성군
음성군
충주시
제천시
단양군
봉화군
영주시
진천군
천안시
증평군
괴산군
문경시
예천군
청주시
청원군
연기군
보은군
안동시
상주시
의성군
대덕구
유성구
동구
중구
옥천군
서구
논산시
영동군
금산군
김천시
완주군
무주군
진안군
거창군
범 례
2006년 탐사구간
2007년 탐사구간
2008년 탐사구간
2009년 탐사구간
2010년 탐사구간

1차년도 탐사(2006년)

청원군 강외면 정중리 조천교 ~ 충주시 앙성면 영죽리 덕은나루

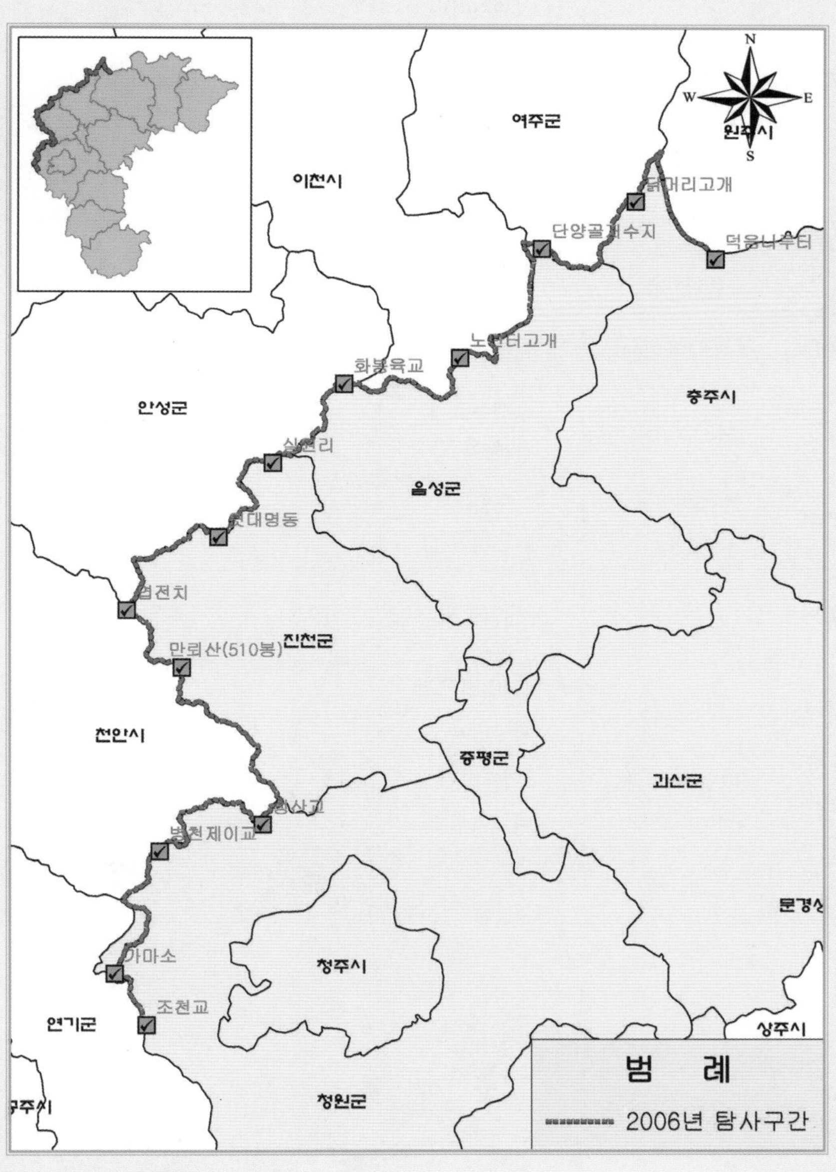

◆ 구간 진행사항

년도	답사일	탐사코스		거 리(km)			비 고
		출발지	도착지	도상	실제	누적	
2006	5/13	조천교	가마소	6.0	6.0	6.0	
	5/27	가마소	병천 제2교	15.1	15.7	21.7	
	6/10	병천제이교	성산교 (세거리)	14.2	14.6	36.4	
	7/8	성산교 (세거리)	비선골	19.9	20.4	56.7	역탐사
	6/24	비선골	엽돈재 (엽전치)	8.5	8.8	65.5	34번 국도
	7/22	엽돈재 (엽전치)	옥정치(옥정재)	16.2	16.8	82.3	
	9/9	옥정치(옥정재)	작은실안리	7.0	7.3	89.6	
	9/23	작은실안리	수레티고개 (화봉육교)	12.9	13.3	102.9	583번 지방도
	10/14	수레티고개 (화봉육교)	노단대 (노단터고개)	13.7	14.1	117.1	
	10/28	노단대 (노단터고개)	단양골지	17.3	17.4	134.5	
	11/11	단양골지	닭이머리고개 (닭머리고개)	12.7	13.1	147.	
	11/25	닭이머리고개 (닭머리고개)	덕은나루 (덕음나루터)	15.4	15.6	163.2	
소 계				158.9	163.2		

○ 구　간 : 청원군 강외면 조천교 ~ 강외면 상봉리 가마소
○ 일　시 : 2006년 5월 20일
○ 발대식 : 청원군 강외면 蓮堤里 樂健亭

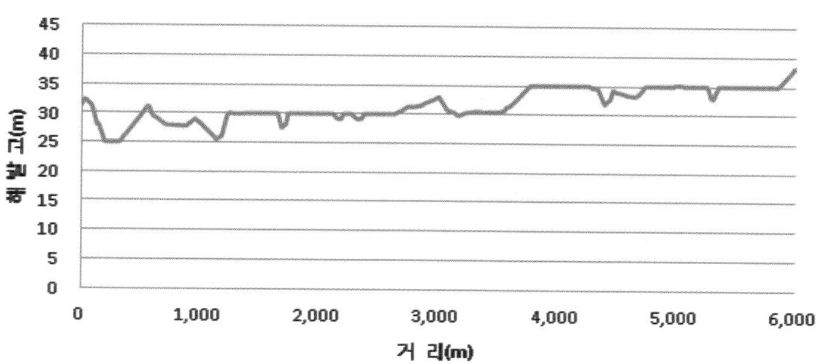

▣ 경계탐사

『삶결따라 이천오백리』 답사는 우리 도의 경계를 따라 산경(지형의 특색과 자연경관의 아름다움을 파악), 문화, 식생의 특징을 파악하여 우리 도와 인접도의 차이를 발견하고, 우리 도의 발전 방향을 모색하는 데 그 목적이 있다.

또한 새 천년을 맞이하여 자손만대에 우리 고장의 좋은 점을 알려주고, 향토를 사랑하는 마음을 간직해 향토발전에 근원이 되고, 한 발짝 더 나아가 국가 발전에 기여할 수 있는 계기가 되는 시점으로 삼고자한다. 우리 고장에서 태어난 것에 대한 자긍의 힘을 길러주는 데 조그마한 주춧돌이 될 수 있다면, 이 답사가 더욱 뜻깊은 행사가 될 것이다.

2006년 5월 13일, 시발점인 충북과 충남의 경계선에 위치한 청원군 강외면 연제리 낙건정에서 『삶결따라 이천오백리』의 발대식을 성대히 거행하였다. 도계 답사 관계자 및 귀빈들이 다수 참석하여 성공리에 도계 답사가 유종의 미를 거둘 수 있게 기원하였다.

▲ 2006년 5월 13일 청원군 강외면 연제리 낙건정에서, 도계답사 대장정을 성공리에 끝맺을 수 있게 해 달라고 천지신명에게 기원한 고사

▲ 2006년 5월13일 청원군 강외면 연제리 낙건정에서 백두대간보전시민연대 김태경사무국장이 도계탐사 일정을 설명하고 있다.

▲ 2006년 청원군 강외면 연제리 낙건정에서 도계탐사 대장정의 첫 출발에 앞서 성공리에 마칠 것을 다짐하고 있다.

○ 구　간 : 청원군 강외면 가마소 ~ 옥산면 사정리 제2병천교
○ 일　시 : 2006년 5월 27일

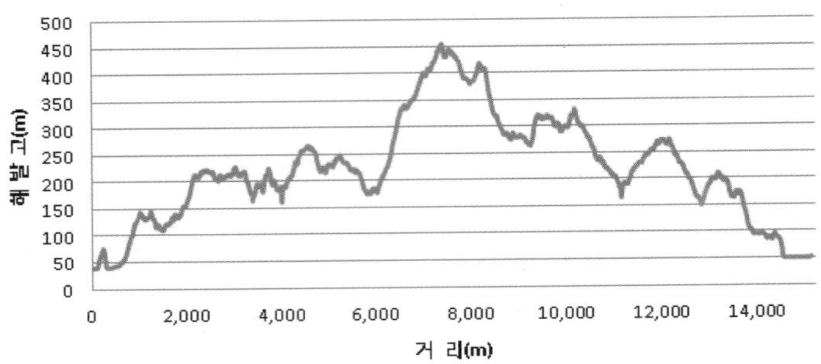

▣ 경계탐사

평소와 같이 05시 전에 일어나 안식구에게 도시락 준비와 등산장비 준비를 부탁하고 양변산(흥덕사지 뒷산) 운동을 하고 간단하게 식사를 한 후 버스로 도청에 도착하였다(06시30분경), 탐사단장인 연방희 회장과 김주영 도착하여 반갑게 나를 맞아주므로 즐거운 마음과 가벼운 몸으로 25인승 버스에 승차하였다.

충북과 충남의 접경지역에 도착하여 오늘 일과에 필요한 지도를 받고 답사에 안전을 기하기 위하여 간단한 준비 운동을 한 뒤, 8시에 첫발을 힘차게 내딛었다. 정상을 향하는 출발지는 길도 없이 억센 잡초와 가시덤불 속을 헤치고 스틱으로 이리저리 치면서 대원들이 안전하게 접근할 수 있는 통로를 만들어 나가는 것이 보통 어려운 일이 아니었다.

▲ 우거진 숲을 지나 경사지를 오르는 대원들

우리나라의 지형은 포항에서 신의주 혹은 영덕에서 신의주를 연결하는 대각선을 기준으로 남서방향은 저산성 산지이고(500m 이하), 북동부는 1,000m를 넘는 높은 산 지형이 발달하였다. 우리 도계는 대부분 저산성 산지가 발달하였다. 산의 능선을 따라 도계가 설정되어 있어 답사하기가 용이하였다.

능선을 따라 접근하기 좋은 곳에는 우리나라의 전통 장묘문화를 엿볼 수 있는 묘소들이 불규칙하게 산재하여 있고, 이름 없는 묵묘에는 잡초와 수목들이 꽉 들어서 생(生)의 무상함을 느끼게 했다.

풍수를 하는 분들은 매장 문화 때문에 자연 훼손을 걱정하는데 걱정할 필요가 없다고 한다. '오천년의 역사를 간직한 매장 문화인데, 그러다 온 국토가 한 세상을 살다가 가신 분들의 묘지로 덮여 있을 것이 아니냐'고 반문을 하고 있다. 그러나 묘소 앞의 석물은 수백 년이 지나도 자연으로 돌아가지 않을 것이다.

오늘의 답사는 고도의 차이가 있는 구릉선 산지의 능선을 따라 실행되었다. 좌우로 보이는 경관은 우리 국토의 아름다움을 한층 더 돋보이게 전개되었다. 농경지에는 알맞게 내린 초여름의 비에 흠뻑 젖어 한껏 더 푸름을 자랑하고 있었다. 그리 높지 않은 경계선에서 올무와 덫에 걸려 죽은 어린 고라니, 노루의 두개골과 뼈 등을 관찰할 수 있었다. 그 현장에서는 우리 답사대원들이 의문점을 갖지 못하였지만, 하산하면서 '왜 두개골이 두개였을까?', '혹시 암수 한 쌍이었는데 그 중 한 놈이 덫에 걸려 죽어가는 애달픈 광경을 지켜보면서 운명을 같이한 애틋한 동물의 사랑이 아닐까?' 하는 상상을 하기도 했다.

초여름이라도 고도가 높아 (300m ~ 400m전후) 취나물이 산재되어 있어 채취도 할 수 있었다. 가끔은 길을 잃고 헤맨 적도 있었는데, 그럴 때 마다 대원들은 의기투합하고 지도와 네비게이션을 활용하여 도경계의 올바른 길을 찾아 답사를 진행할 수 있었다.

귀향하려고 차량이 있는 곳까지 가는 길이 멀어서 지름길을 택하였는데 산사태를 방지하는 위한 토목사업 및 사방공사를 하는 곳을 선택하였다. 산 정산에는 고압선이 남북과 동서로 교차했고, 고압전선 철주 건설에 필요한 장비 운반을 위해 도로를 개설하여 자연을 훼손한 흔적이 있었으며, 산사태를 방지하기 위하여 대대적인 수로 공사와 사방공사가 진행 중이었다.

우리 대원들은 궂은비가 내리는 초여름에 경사진 산비탈을 내려오는 동안 발목과 무릎이 아파 발을 디디기를 어려워했고, 우산을 쓰자니 시야를 가리고 경사가 급하여 미끄러질 염려가 있었으며, 만약에 넘어지기라도 하면 내 몸이 다치는 것도 걱정이지만, 다른 대원들에게 큰 부담을 주는 것이 더 걱정이 되곤했다.

등산화에는 진흙이 붙어서 무겁고 발을 옮기기가 더욱 어려웠다. 도로에 흐르는 물로 손발에 묻은 흙을 씻고 승차하니 천국에 도착한 느낌이었다. 처음 참석한 충북 도계 답사는 뜻깊고 즐거웠고 많은 것을 배울 수 있어 좋았다.

○ 구　간 : 옥산면 사정리 제2병천교 – 오창읍 성산리 성산교(문백면 도하리)
○ 일　시 : 2006년 6월 10일

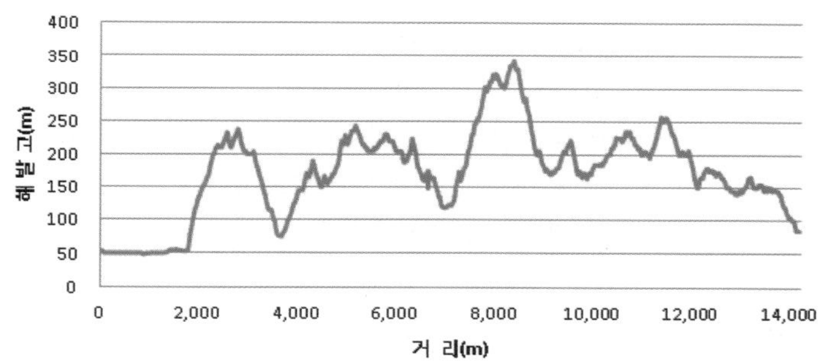

▣ 경계탐사

금년 여름은 무더위와 지루한 늦장마, 연속으로 몰려오는 태풍때문에 남서해안가에 많은 피해를 주었다. 밭작물의 피해가 더 커서 채소류 가격이 평소보다 4~5배 높아 생산자는 생산자 나름대로 소비자는 소비자 나름대로 걱정이 많다. 개인 사정으로 탐사하지 못한 구간을 언제 어떻게 탐사 할 것인가 걱정하다가 박대장하고 상의 하던 중 부지런하고 지명과 지리에 밝은 연대장이 동참해 주겠다는 말을 듣고 쾌재를 불렀다. 날짜와 만날 장소, 시간까지 약속한 후에는 마음까지 평온하였다.

07시 30분에 옥산 시내버스 주차장에서 만나기로 약속을 하고 집에서 1시간 전에 출발하였는데 청주역에서부터 옥산까지 정체 현상에 30분 이상 늦었다. 언젠가 이곳을 지나는데 도로확장공사를 하는 모습을 보았는데, 그 광경이 이상하다는 생각을 하고 옥산에서 연대원을 만났다 택시를 타고 제2병천교까지 가는 도중에 운전기사가 우리가 나누는 환담에 가세하면서 청주·청원통합에 반대하던 기초위원들에게 육두문자로 잘못된 점을 지적하는 것이 우리 생각과도 일치하여 난상토론을 하면서 출발지에 도착하였다.

출발 지점에서 사진 촬영을 하려고 생각하니 사진기를 배낭에 넣은 생각이 나지 않아 '오늘의 탐사는 반이 잘못되는구나' 걱정을 하였다. 오늘의 날씨는 쾌청하다고 하였으나 짙은 안개와 밤에 내린 이슬 때문에 시야도 나빴고, 등산화와 바지가 이슬에 젖어 탐사에 어려움을 주었다. 출발지인 병천천 중앙이 도계라 편안히 탐사에 임하였으나 잠시 후 산 능선을 따라 도계를 탐사하는 동안에는 어려움이 많았다. 야산이라도 굵은 잡목이 우거져 있는 도계 능선에는 소로가 있는데 이곳은 전혀 그렇지 않았다. 처음에는 산주가 벌목을 하고 잣나무를 심은 것으로 생각하였다. 아주 어린 잡목과 가시덤불 이 탐사에 많은 지장을 주었다. 앞선 연대원이 맨손으로 나뭇가지를 정리하다 마음에 차지 않았는지 내가 들고 있는 스틱하나를 달라고 하였다. 스틱으로 세차게 가시덤불과 숲에 맺힌 이슬도 털고 거미줄까지 제거 하면서 진행의 속도를 속행하였다.

9시가 넘어 향도 임무를 수행하느라 많은 고생을 한 연대원이 땀도 많이 흘린 것 같고, 안개 때문에 시야는 좁아 이름 없는 산봉우리(해발195m)에서 잠시 쉬어 갈 것을 청하였다. 뒤 따라 가는 필자도 힘이 부치고 목이 말라 쉬는 것이 좋을 것 같았다. 지난해에는 몰랐는데 금년에 들어와 탐사 시작한 1~2시간은 팔다리에 힘이 없고 기운도 없어 기진맥진하는 경향을 종종 느꼈다. 이러한 현상이 오늘도 찾아온 것 같다. 또 탐사대원들 보다 늘 앞장서는 연대원을 쫓아가자니 힘이 부치는 것이 자명한 사실이다. 배낭에서 음료수 2개를 꺼내 나누어 먹으니 그 맛은 진짜 꿀맛이었다. 연대원은 맛있다는 표현은 하지 않지만 미소를 짓는 것으로 화답하는 것 같다.

10시경 완만한 경사 아래에서는 오창-병천간 도로확장공사가 진행되고 있고 도로를 건너서 도로 확장 공사로 만들어진 절개지를 오르니 도계 능선 주변에는 김해김씨의 묘소들이 잘 가꾸어져 있고 금초가 되어 있다. 필자의 생각으로는 공사를 맡은 회사에서 묘소에 접근하기 좋게 철근 계단을 만들어준 것 같았다. 지도에 약사봉이라고 표시 되어 있는 곳에서 잠시 휴식을 하였다. 표지석 하나 없는 (해발245m) 곳에서 연대원이 준비한 따뜻한 커피와 영양갱의 맛이 진미였다. 흔적만 남아 있는 박말고개(11시 반경 오창 후기리-동면 구도리를 왕래하는 고개) 지나 산성 흔적을 알 수 있는 서림산성에 도착하였다. 오늘 탐사지역에서는 평소에는 볼 수 없는 돌무더기가 있고 누가 세워는 지 알 수 없지만 정성 들여 쌓은 돌탑이 3개나 있다. 또 탐사 중 본 송전선의 규모가 어마 어마하여 가위가 눌릴 정도이다. 출발지에서는 송전탑 자체가 없었다. 어느 발전소에서 어느 도시 어느 공장지대로 송전되는 것이며 몇 십만kw인지 이것저것 알고 싶지 만, 알 방법이 없어 주변에서 일을 하는 농부한테 물어 보니 모른다고 고개를 젓는다.

정오가 지나니 햇살이 한여름 같이 무덥고 상수리나무가 우거져서 그늘은 있지만 바람도 불지 않고 찌는 듯한 더위가 기승을 부린다. 지난번에 비가 많이 내려 질퍽질퍽한 지표면이 탐사를 힘들게 한다. 도계를 벗어나 걷기 좋은 곳은 선택한 것이 고압 송전탑을 건설하기 위하여 닦아 놓은 길을 택한 것이다. 도계를 완전 벗어나 다시 GPS와 지도를 일치시키고 도계를 찾아 능선으로 올라가는 중앙에 배과수원을 통과하게 되었다.

무슨 품종인지는 몰라도 화분(개량되지 않은, 수정용)용으로 심어놓은 것에 가지가 찢어질 정도로 결실을 맺은 배 한 덩어리를 따 먹으니 시원하고 수분도 많고 맛도 좋은 편이다. 정상적인 토계에 도착하여 탐사를 진행하였다. 논두렁과 밭두렁(인삼밭)을 지나 오창면 후기리에서는 가시덤불이 없는 길을 다시 선택하였다. 경계를 벗어나 걷기 좋은 길을 선택한 후 다시 도계로 접근 하려고 마음을 먹었지만 야산이라 그런지 칡덩쿨, 가시박, 찔레덩쿨이 엉켜 도저히 접근할 수가 없어 소로에서 도계 능선 바라보면서 농로를 선택하였다.

13시경에 목적지에 도착할 예정으로 점심 준비도 하지 않아, 힘들고 피곤하고 시장하기도 하여 주민에게 도계를 쉽게 접근 할 수 있는 길을 묻기 위하여 농가에 들렀다. 부부(후기리 김태호 70세)가 배를 수확하여 판매하기 위하여 즙을 내어 포장을 하고 있었다. 우리 말을 경청한 후 친절하게 안내해 주면서 물로 목을 축이는 동안 배를 깎아 주면서 먹기를 권한다. 시장이 반찬이라 고맙다는 인사를 몇 번하면서 맛있게 잘 먹었다.(13시 반경)

연대원이 GPS와 지도를 보면서 오늘의 목적지에 도착하려면 넉넉잡고 2시간 이상 탐사를 해야 된다면서, 앞장을 선다. 2006년5월에 처음 시작할 때에도 도계탐사의 앞 길을 막는 장애물이 많고 야산이라 등산로 흔적도 없고 동물들이 다니는 길목도 연결되지 어려움이 크다.

오창면 화덕에서 도계는 아니지만 농로를 따라 걸으면서 늦여름 자연의 풍광과 들녘에 잘 익어가는 곡식들과 무언의 정담을 나누면서 오늘의 답사 종료를 눈짓으로 알리며 귀가길에 올랐다.

젊은이들이 타고 가는 승용차를 세워 오창까지 부탁하니 이곳에서 상당히 멀다면서 승차를 허락한다. 점심준비도 하지 않아 잠시 쉬는 동안에 과일과 과자로 시장기를 면한 것이 천만 다행이다. 오창에 도착하니 15시 반이 되었다.

▲ 도계를 알리는 삼거리에 이정표와 각종 홍보물이 어지럽다.

○구 간 : 진천군 진천읍 금암리 비선골 보탑사 ~ 백곡면 갈월리 엽돈재
○일 시 : 2006년 6월 23일 ~ 24일

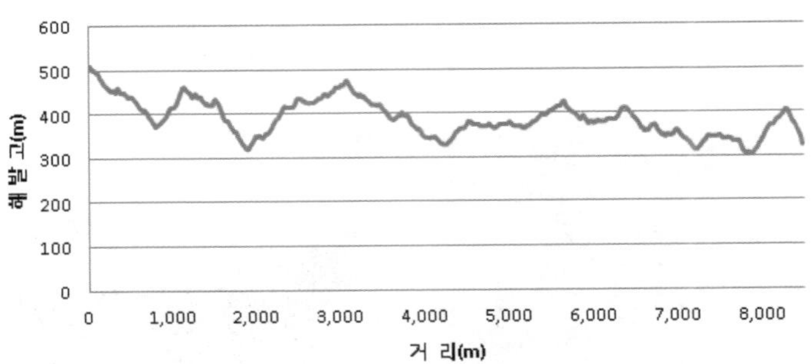

▣ 경계탐사

충북 도계답사단의 성공적 실천을 위하여 연곡리에 있는 마을회관에서 21시부터 워크숍을 하기로 결정을 하고, 청주에서 20시에 출발한다고 연락을 받았다. 나는 충북교육청에 근무하는 청석 제자들을 음식점에서 19시에 만나기로 약속하고, 30분 후에는 우암동 평화아파트 앞에 있는 음식점에서 청석 제자들을 만날 것을 약속하였다.

퇴근하여 안식구와 운동을 한 후 답사에 필요한 장비를 준비하고 음식점 도착하였으나, 온다던 제자들이 늦어져서 환담을 나누다가 시간이 많이 지났기에 음식을 먹으면서 나의 생각을 전달하고 청석 제자들이 기다리는 다음 장소에 도착하였다. 화기애애한 분위기 속에서 환담으로 시간을 보내고 있었다. 나의 명함과 프린트를 한 장씩 나누어 주고 내가 참석한 취지를 설명하며 출마하면 당선될 수 있게 도와 달라고 당부하고 그곳을 나왔다. 청주대성고 입구에서 20시가 넘어 차를 타고 진천으로 향하였다. 내 고향 진천을 달리면서 진천의 자랑거리를 설명하였다. 송강선생, 문백 한봉수 대장 충절비, 도지사 정우택, 동의보감의 허준의 일화, 이거이 장군, 김유신 생가 등을 설명하니 어느덧 목적지에 도착하였다.

낮에만 다니던 길을 초여름 밤에 달리니 공기도 더 신선하고 도로도 잘 정리되고 포장까지 되어있어 감회가 새로웠다. 초·중·고 시절에 어머니가 외갓집에 보내면, 삼용리에서 진천을 거쳐 잣고개를 지나 문안산을 끼고 가는 길이 멀고 험하여 어려운 점이 많았다.

특히 6.25 후 국민학교 2~3학년 때 잣고개를 혼자 넘으려면 이름모를 포탄이 여기저기 산재하여 있고, 고개를 다 넘을 때까지 1~2대의 군용트럭만 지나다닐 뿐 인적이 없어 무서움이 많은 등에서 진땀이 날 정도로 겁에 질려 후끈후끈 달아오르는 느낌을 갖게 되었다. 어린 마음에 외갓집을 가고픈 마음에 집을 떠나왔지만 그 두려움이란 말로 표현할 수 없을 정도였다.

▲ 진천읍 연곡리 마을회관에서의 워크숍

▲ 진천읍 연곡리 보탑사를 견학하는 대원들

연곡리 마을 회관을 현대식으로 신축하여 보탑사에 불공 및 관광을 왔다가 하루 쉬어가는 사람들을 위하여 민박을 할 수 있게 구상한 건물인 것 같았다. 그 수입금은 마을 발전기금으로 적립된다고 한다. 21시가 되어서 워크숍을 시작하였는데, 뜻밖에도 인터넷을 통해 충북 도계탐사에 관심을 가진 충남 홍성 전기공학교수가 참석하여 도계 탐사가 참으로 뜻깊은 계획이라는 자긍심을 갖게 하였다. 또 광혜원 산악동호회원 3명이 참석하였다.

24일 일정을 25000 : 1 지도를 복사하여 분배하고 설명하였다. 그리 어려운 코스가 아니라고 설명하였다. 2006년 전반기(8월까지) 탐사보고와 후반기 답사 계획을 설명하고 분과별로 준비사항과 계획을 설명하였다.

11시가 되어 워크숍이 끝나고 간단한 회식이 화기애애한 분위기 속에서 진행되었다. 새벽에 있을 월드컵 스위스 전의 필승을 기원하면서 진행되었다. 12시가 다 되어 회식까지 끝내고 각자가 쉬고 싶은 장소에서 잠을 청하였다. 나는 앉았던 자리에 배낭을 베개삼아 누웠지만 자는 둥 마는 둥하면서 시간을 보냈다. 창문을 살짝 열어놓으니 시원하고 상쾌한 바람이 솔솔 들어와 마음까지 상쾌하였다. 누워서 월드컵 응원을 하는데 다른 대원들의 함성과 탄성에 따라 눈을 떴다 감았다 하면서 TV를 시청하였다. 결과는 아쉽게도 0대 2로 패하고 말았다. 7시에 일어나 세면을 하고 둥구나무(느티나무: 군목) 밑에 있는 비닐하우스에서 아침식사를 한 후, 답사하기 전에 간단한 준비운동을 하고 출발하는 것을 보면서 난 산림안내자 박대원의 차를 타고 귀가하였다.

○ 구 간 : 진천군 진천읍 연곡리 비선골 – 청원군 오창읍 성산리 성산교(문백면 도하리)
○ 일 시 : 2006년 7월 8일(역탐사)

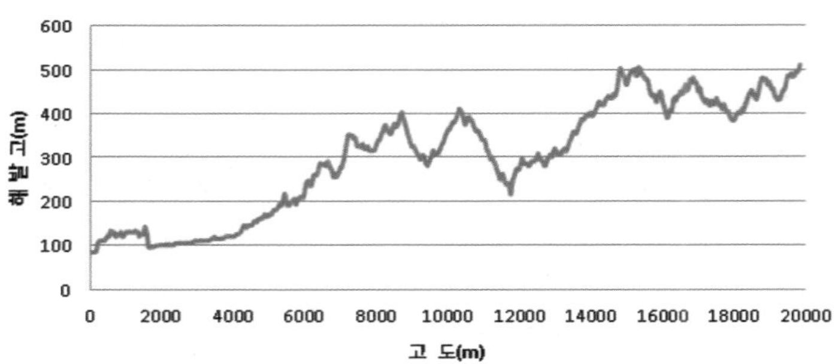

▣ 경계탐사

05시 30분에 답사에 필요한 장비를 챙기고 06시가 다 되어 식사를 마치고 대성고 앞 대로에서 차를 기다렸고, 40분이 다 되어서 차에 승차하여 07시까지 목적지에 도착한다는 통화를 하면서 기사한테 시간이 촉박하니 서둘러 달라고 부탁을 했다. 도착지는 승암초등학교 교문 옆에 있는 순두부집이었다. 안으로 들어가 인사를 하고 앉아서 진천의 자랑을 열거하였다. 상산고적회 회장과 인사를 하고 총무와도 인사를 하는데, 나하고 동문수학한 변형이 와 계셨다.

▲ 진천군 이장근부군수님의 환영사

▲ 답사에 앞서 대원들이 안전을 기원하며 함성을 지르는 모습

반가움에 나는 자리에서 일어나 변형과 인사를 하였는데, 변형은 전통 관혼상제를 전수하면서 지역 발전에 기여하시는 분이라고 소개를 했다. 그리고 식사는 기대가 크면 실망도 크다는 속설이 있는 것처럼 맘에 들지 않았다. 새벽에 답사를 생각하여 집에서 많이 먹어서 그런지는 몰라도 반 정도만 먹었다. 탐사 일행은 환영 나온 관계자들에게 인사를 하고 출발지인 연곡리의 군 보호수 아래에서 하차하여 안전을 위한 준비 운동을 구령에 맞추어 실시하고 출발하였다.

지난번에 동참하였던 광혜원 산악대원들과 홍천에 거주하는 교수, 답사 직전에 홀로 차를 몰고 참가한 여성분도 있었다. 구름이 많이 끼고 바람도 없는 전형적인 여름 날씨였는데, 한 마디로 불쾌지수가 높은 편이었다. 우리 충북은 산이 80% 정도이지만 높은 산지는 없고 대부분 저산성 산지로 구성되어 있다. 풍수를 하는 사람들은 수박덩굴처럼 이리저리 엉켜서 골이 깊고 산이 높은 지형보다 인재가 나오지 않는다고 말하고 있다. 산 능선을 따라 답사하는 데 큰 어려움은 없지만 수목이 우거져 시야를 가려 멀리 보이는 자연경관을 만끽할 수 없는 아쉬움이 있었다. 지도상에 상계리 멱수 남산골이 있어 현 위치와 지도를 비교해 보면서 먼 옛날의 추억을 회상하였다.

휴전(1953.7.27)후 필자가 국민학교 3~4학년 때 생각난다. 왜 그렇게 외갓집을 가려고 어머니한테 졸랐는지 모른다. 방학 때면 상계리 멱수 외갓집에 가는 것이 소원이었고, 다녀오지 않으면 허전한 방학이라고 생각되었었다.

집에서 출발하여 진천을 지나는데 제일 무서웠던 것은 경찰서 앞에 총을 들고 서 있는 순사였다. 봉화산(지도상에는 소흘산)과 문안산 사이의 고개 명칭은 잣고개(목화 씨앗을 분리하는 틀이 잣이라고 함)이다. 대관령의 고개처럼 99구비는 아니지만 우리 지방에서는 험하고 역사적으로도 명성이 있는 고개이다. 전쟁을 치른 지 얼마 되지않아 도로 주변에는 이름 모를 포탄들이 (지금 생각으로는 박격포탄으로 간주됨) 여기 저기 산재하여 있었고 상산초등학교 앞 소하천에는 파손된 탱크가 있어서 전쟁의 참상과 무서움이 가득하였다. 도탐을 출발한 지 1시간 정도 경과 한 후, 답사 로를 분별하기 어려운 곳에서 잠시 쉬고 있을 때 수목사이로 멀리 보이는 경관이 잘 알고 있는 곳인 것 같았다.

연곡리와 상계리의 갈림길과 멱수로 들어오는 입구가 보이고 지도에는 남산골이라는 마을 명칭이 있었다. 언제인지 확실한 연도와 날짜는 기억이 나지 않지만 국민학교 때 외갓집에서 본 광경은 군인들이 후생산업 명목으로 이곳에 울창했던 적송을 벌목하여 산 정상에서 도르래를 이용하여 도로까지 운반하였다.(당시 일반 사람들이 부르던 명칭은 '십발이' 혹은 '제무시' 라고 호칭하였는데 바퀴가 10개인 것을 말하며 미국의 자동차회사 GMC를 말한 것이다.)

▲ 진천읍 연곡리 마을회관에서의 워크숍

▲ 우거진 개망초꽃밭을 헤치고 답사를 진행하고 있는 대원들

송전선 건설을 위한 도로건설 후 송전탑을 세우고 작업이 끝나면 도로를 개설한 곳에는 조경 사업을 성의 없게 한 흔적이 역력하다. 산불로 인하여 나무가 쓰러져 발에 걸렸고 잘못 밟으면 습기가 많아 넘어지기가 일수였다. 답사하는 동안 맡은 임무에 따라 관찰하고 서로 동식물의 명칭을 알려주고 아름다운 꽃과 이름모를 식생이 있으면 사진도 찍고 도감을 꺼내 이름과 특징을 비교하기도 하면서 답사가 진행되었다.

▲ 지장 고개 마루의 신당

진천군과 천안시를 연결하는 쾌적하게 개통된 도로를 넘어서 대원들이 점심식사하기 편안한 장소에서 각자 준비해 온 식사를 꿀처럼 맛있게 먹으면서 답사 중에 몰랐던 것을 질문하고 대답하면서 식사시간을 끝냈다.

지장고개를 지나면서 정체모를 비닐하우스를 발견하였다. 하우스가 잘 열리지 않아 힘있는 대원이 출입문을 여니 그 안에는 부처와 기도에 필요한 도구들이 있어 음산스럽기까지 하였다. 각종 과일들이 부패하여 냄새까지 풍겨 어릴 때 무속인 집에서 느낀 감정이 다시 한 번 살아났다.

대원들은 자연의 중요함을 만끽하면서 목적지를 향하여 부지런히 발을 움직였다. 지난번보다 무릎과 발목이 편안하여 육체적 고통이 없어 다행으로 생각하였다.

차량이 있는 장소까지 가는데 북쪽에서 남쪽으로 가는 것인데 나는 방향감각을 착각하여 북쪽으로 계속 올라가는 것으로 생각되어 대원한테 질문까지 하였다. 목적지에 도착하여 차량으로 귀가하였다.

○ 구 간 : 진천군 백곡면 갈월리 엽돈재 - 진천군 이월면 신계리 옥정재(15㎞)
○ 일 시 : 2006년 7월 22일

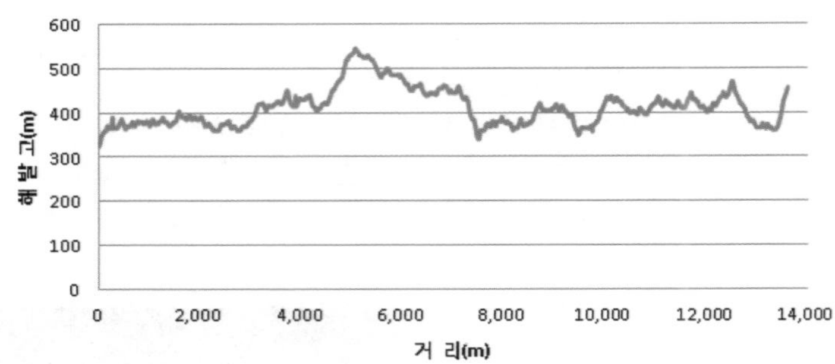

▣ 경계탐사

아침을 운천동 해장국으로 해결하였다. 진천 백곡을 경유하여 (진천친구 김동렬) 07시 반 경 엽돈재에 도착하여 이정표가 있는 곳을 선택하였다. 돌 하나 없고 작년에 떨어진 낙엽이 썩어 발바닥의 촉감도 부드럽다. 비까지 많이 내려 먼지 하나 없는 산행에 전형적인 가을 날씨가 전개되어 하늘에는 구름 한 점 없다.

오늘의 출발점은 충북·충남·경기도가 만나는 3도재(고개)이다. 하늘과 맞닿는 지평선에 올라서니 9부 능선(해발 349m)에는 추석을 앞두고 후손들이 정성들여 가꾼 산소가 있었다 그런가하면 몇 년만 지나면 흙더미인지 우거진 숲인지 알 수 없을 정도가 될 묵 묘가 눈에 들어와 격세지감을 느끼게 한다. 이곳 산능선은 눈을 크게 떠도 찾아 볼 수 없는 것이 소나무다. 이곳도 6.25후에 군인들의 후생사업으로 난벌이 되었는지 알 수 없지만 낙엽수림이 울창하여 탐사 길에는 대부분 하늘이 보이지 않을 정도로 숲이 우거졌다.

많은 등산객이 찾는 곳인지 탐사로에는 길을 막는 잡초와 가시덩굴이 하나도 없고 등산객들이 잠시 쉬어 갈 수 있도록 정성들여 만든 의자가 자연을 훼손하지 않고 먼 훗날 자연으로 돌아 갈 수 있는 방법을 선택한 것을 알 수 있다.

▲ 엽돈재 입구의 이정표

▲ 환경오염을 생각한 나무의자

▲ 나무의자와 식생 게시판

▲ 활엽수의 군락

또 상수리나무를 철사로 맨 간이 의자가 있는가 하면, 휴식을 하는 동안 자연 공부라도 하라고 의자 앞에는 주변에 있는 식생의 종류와 특성을 쉽게 이해하도록 설명한 게시판을 제작 설치하여 놓았다.(층층나무 조릿대 소나무에 대하여.)

어느 시군에서 설치하였는지는 몰라도 등산객의 안전과 편의를 위하여 많이 생각하고 노력한 점이 역력히 보여 이런 것이 선진국으로 가는 길이라고 단정하게 되었다. 인접한 지방자치 단체와 협조하여 등산객을 위한 모든 시설물을 설치 및 사후 관리를 한다면 더 좋을 것 같다. 또 인접 주민 간에도 우정을 나눌 수 있는 장이 되고, 우리 속담에 있는 것처럼 이웃사촌이 될 수 있을 것이 아닌가 생각이 든다.

오늘 탐사 중 가장 높은(해발 547m) 선운산에 다다르니 정상 부근에는 바위가 있고 9부 능선에는 잘 정비가 된 헬기장도 있다. 몇 발짝을 옮기니 등산객들이 쉬어 갈 수 있는 장소에 의자까지 준비되어 있는데 목마른 방문자들에게 간단한 음료수를 판매하는 것 같았다. 간이음식점 주인처럼 보여, 어디에 사느냐 물으니 입장에서 왔다 하는데 신체에 장애가 있는 것 같았다.

우리 일행은 너무 이른 시간이고 간식을 충분히 준비해 와 구입할 것이 없었다. 선운산 정상은 두 곳인데 경기도에 위치한 봉우리의 큰 바위 위에 올라가니 가까이는 안성이요 멀리보이는 APT단지는 평택이 아닌가, 지형을 확실히 아는 등산객이 없었다. 바위 위에서 간식을 먹던 부부는 천안에서 왔다면서 잘 모른다고 답을 하면서 우리 일행한테 과일을 권하여 맛있게 먹었다.(우리는 이 문인이 준비한 순대와 간식을 먹고 바위에 올랐다) 충북 쪽에 있는 선운산 정상에는 숲이 우거지고 아무런 표시도 없다.

주변 경관을 만끽하는데 날씨가 일조하였다. 구름 한 점 없는 전형적인 우리나라 가을 날씨이다. 이곳 까지 오면서 등산객이 잠시 휴식을 하면서 주변 경관을 만끽 할 수 있도록 시야가 넓고 깊은 곳을 선택하여 조감도도 설치하고, 시야를 가리는 잡목도 벌채를 하면 얼마나 좋을까하는 생각이 들었다. 쉬는 동안 맛있는 간식도 먹고 자연경관을 벗 삼아 피로도 풀어 10시 경에 출발을 하였다.

이티재(안성 금광면-백곡 양백리를 넘는 고개)까지 자연작물이 하나도 없고 등산객의 안전을 위하여 심혈을 기울인 흔적을 발견할 수 있다. 자연훼손을 적게 하기위하여 다른 곳에서는 볼 수 없는 배수로를 두꺼운 각목으로 제작하여 설치한 것을 보면 그 노고를 알 수 있다.

▲ 선운산 정상에서

▲ 태양열을 이용한 경보스피커

▲ 배수로와 토사 방지 벽

▲ 만개한 물봉선화

백곡 양백리는 천주교 성지로 이름이 나있는 곳이어서 성지순례 계획도 있었지만 참배하지 못한 아쉬움이 있다. 후미에서 부지런히 따라가는 데 발 아래에 십자가가 보이고 주변에는 묘소가 있어 가까이 가 보니 안내판에는 무명의 성인 6분이 안장되어 있다는 내용이다. 오늘의 도계탐사 중 한 손에는 스틱 한 손에는 묵주를 들고 출발할 때부터 종료할 때까지 우리 가족의 건강과 하는 일이 잘되게 해 달라는 기원을 하면서 기도를 했다. 산 중에 십자가를 보고 지나칠 수 없어 걸음을 멈추고 기도를 하니 몸과 마음이 홀가분하다.

참배 후 5분이라는 시간도 흐르지 않아 앞에 전개되는 도로는 이티재이다. 주변이 잘 정돈되고 도계를 알리는 조형물이 있고 많은 투자를 한 각종 홍보물들이 세워져 있다. 또 도로변에 심어진 나무들도 잘 가꾸어지고 다듬어진 명품이었다. 이 문인과 나는 여러 번 셔터를 누르면서 조화로운 조형물들을 사진기에 담았다.(10시 반 경.)

이티재를 출발하면서 등산로는 있는데 지나온 도계와는 천연지차가 있어 선두에 선 연대장이 많은 고생을 하였다. 지도와 GPS를 통하여 도계를 찾는 일과 각종 장애물을 제거하면서 앞으로 나가는 일은 보통 사람이 하기 어려운 일이다. 이곳은 상록수림과 침엽수림이 조화를 이루고 있고 울창한 수목 때문에 잘 보이지는 않지만 골프공 치는 소리가 딱~딱~ 들린다. 주말이라 많은 사람들이 여가를 즐기기 위하여 골프장을 찾은 것 같다. 오늘 탐사는 3곳의 골프장을 지나가야 목적지에 도착할 수 있다고 예고를 하였다.

11시 반 경에 많은 돈을 들여 건축한 납골당, 잡초 하나 없이 잘 관리된 잔디밭, 후손들이 앉아서 잠시 휴식을 할 수 있게 만든 원두막, 정성이 안 들어 간 곳이 없다. 또 중앙 골프장이 내려다보이는 곳에 위치하여 멀리 보이는 자연경관과 발 아래 보이는 인공 조경이 어우러져 한 폭의 그림처럼 보이는 곳에서 잠시 쉬었다. 백곡 성대리와 안성 금광면 한운리를 넘나드는 던 장고개를 지났다. 여느 고개처럼 돌무덤과 고목이 지금까지도 있어 옛 정취를 느끼게 한다. 친절하게도 고개 이름과 이곳을 지나는 등산객을 위하여 금북정맥이라는 글씨를 정교하게 써서 부착해 논 것이 마음에 들었다.

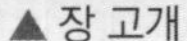
▲ 장 고개

▲ 잘 관리된 헬기장

▲ 6인의 무명 성인 안내판

▲ 잘 꾸며진 도계 도로

해발 467m에 만들어 놓은 헬기장은 시멘트 보드블록을 깔아놓은 것과는 판이하게 다른 두꺼운 철판을 여러 개 연결하여 만들었다. 시계(視界)를 넓히기 위하여 주변의 잡목을 제거하여 사방의 경관을 감상하는 기회도 가졌다. 동쪽으로는 산 능선 따라 고압선 철탑이 보이는데, 이것은 내 고장 진천의 발전상을 알려주는 신호기 같기도 하다. 진천은 충북도에서 면적은 두 번째로 적지만 산업화로 인해 70년대에 비하여 인구가 두 배 이상 증가하였고 경제 자립도도 어느 시군에 뒤떨어지지 않는다고 한다.

필자가 초중고에 다닐 때만 하더라도 전기의 혜택은 진천읍과 전선이 지나가는 초평면 일부만 보았고, 또 초평인근에 있는 변전소가 신기하게 보였다.

훌륭한 통치자는 치산치수(治山治水)를 잘해야 성군이라고 학창시절에 배웠는데, 우리 국토의 70%가 임야이므로 통치자에게 이 나라 백년대계를 위하여 최선의 노력을 해달라고 부탁하고 싶다. 도시에서 휴지조각 수집하는 생계근로자를 더 많은 노동의 대가를 지불하더라도 수종 개량과 간벌, 또 수목이 성장하는 데 장애를 주는 잡초제거에 노동력을 전환하기를 간절히 바라고 있다.

산 아래 도로에서는 자동차가 질주하는 엔진소리가 들리고 지도상에서 백곡면과 이월면의 경계에 세워진 송전탑을 쳐다보면서(765,000kw 송전하는 철탑) 오늘의 탐사를 종료하였다.(14:00경)

○ 구　간 : 진천군 이월면 신계리 옥정재 - 광혜원 작은실안리(11.5㎞)
○ 일　시 : 2006년 9월 9일

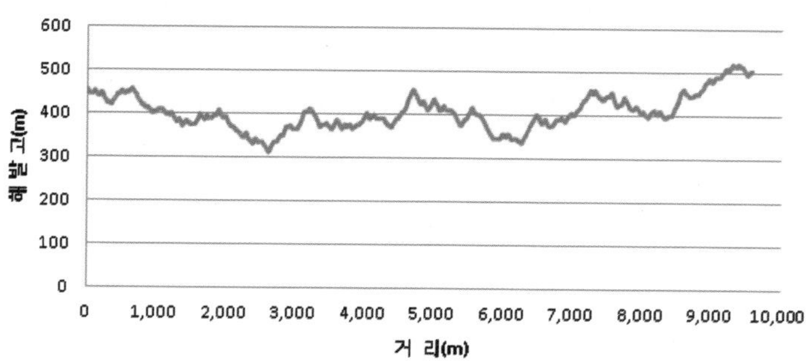

▣ 경계탐사

06시30분에 도청 정문에서 출발하기로 계획되어 있었지만, 하늘은 잔뜩 흐리고 안개비가 내려 시야가 나쁘고 가슴이 답답하고 마음까지 어둡게 한다.

한 여름의 더위를 피하고 산행하는데 어려움을 덜기 위하여 9월 둘 째 주부터 답사는 시작되었다. 오늘의 계획은 진천군과 경기도 안성군의 경계인 '옥정이 고개' 에서 출발을 하였다. 출발지에서 개인 장비 점검을 마치고 안전을 위하여 준비운동을 산악대장의 지휘 하에서 열심히 따라하고 08시에 출발하였다.

▲ 장비를 정비하는 모습

▲ 노부부가 쌓은 향토를 사랑하는 마음과 산행 안전을 위한 탑

▲ 사유지 산지에 외인 출입을 금하는 철조망

첫 출발지는 등산로도 없는 가운데 산악대장이 이슬 맺힌 숲을 헤치면서 산 능선을 찾으면서 답사를 시작하였다. 가끔 가랑비가 내려 우산을 쓴 대원, 우비를 입은 대원 등 취향에 따라 답사에 안전을 위하여 노력을 하였다.

제일 높은 무이산(519m) 11시에 도착하여 주변 경관을 관찰하려고 하였으나 날씨가 흐리고 수목이 우거져 시야가 앞을 가렸다. 등산로 옛 고개에 광혜원을 사랑하는 xxx씨 내외가 정성을 다하여 쌓은 돌탑이 우리 답사대원을 반기었다.

도계답사 대원들이 산행을 진행하는 산 정상을 따라 철조망이 수십미터 쳐 있어서 여러 측면에서 좋지 않은 감정을 주고 있었다. 설치 방법이 자연 樹 줄기에 못을 박아 미관상 흉측하고, 성장에 지장을 줄 뿐만 아니라 먼 훗날 成木되여 임산 자원으로 활용할 때 상품가치가 떨어질 수 있고, 벌목 시 안전을 위협할 요소도 다분해 보였다. 도계 답사 전부터 금수강산을 어떻게 활용하면 국익에 활용 할 수 있을까 하는 생각에 몰두하기도 하였다.

특히 1967년 최전방에서 철조망 작업 전에 시야를 넓히기 위한 視界淸掃作業(최전방에서 적의 접근을 방지하기 위한 벌목 작업)시 휴전 이후 인간의 손이 미치지 않은 비무장지대에서 곧게 성장한 수목들을 쓰러뜨리면서 그 용도가 군들의 체력 단련장의 장애물 훈련 장비로 사용되거나 화목으로 이용하는 것이 고작이었다. 155마일의 휴전선에서 군 작전상 회손된 자연림이 얼마나 컸을까?

답사 처음부터 느낀 것은 “우리나라 국토의 70%가 산지이고 산지 중에 70% 이상이 구릉성 산지이라, 이러한 지형을 현실에 맞게 개발하면 좋은 자연환경으로 각광을 받을 수 있을 터인데……” 하는 아쉬움을 갖게 된다. 또한 산지마다 많은 예산을 들여 실행하고 있는 임도(林道 : 국토 관리와 임산자원의 적절한 관리를 위하여 개설하는 도로를 말함)가 xx산부터 시작하여 진천 백곡저수지까지 연결 되어, 산지 관리뿐만 아니라 스포츠(레이저 자전거 도로 = 산악자전거 도로)를 통하여 신심 단련은 물론이요, 아름다운 자연경관을 만끽 할 수 있는 장으로 활용할 수 있다고 현지 행정에 밝은 대원이 설명을 덧붙였다.

광혜원면 작은 실안리에서 하산하였다. 경사가 완만한 어느 산주가 잡목을 제거하고 잣나무를 열과 행을 맞추어 심어 놓았는데, 대원들이 한마디씩 하였다. 먼 훗날이 아니라 10년 후에는 경관도 아름답고 인간에 필요한 것은 많이 제공하고 농가 소득도 올릴 수 있는 자연자원으로써 그 몫을 톡톡히 할 것이라고 칭찬하는 것을 들었다. 초가을 비를 촉촉이 맞으며 싱싱하게 자라는 김장용 배추와 무가 풍성하게 자라고 있는 농촌의 경관을 감상하면서 목적지를 향하여 부지런히 걸었다. 광혜원면 작은 실안리에서 오늘의 답사를 종료하였다.

○ 구　간 : 진천군 진천읍 보탑사 비선골 – 엽돈재(11.8㎞)
○ 일　시 : 2010년 9월 18 일(보완탐사)

▣ 경계탐사

도계에 도착하여 천안시 동면과 비선골, 보령골의 갈림길에서 잠시 숨도 고를 겸 초가을 자연을 만끽하는 시간을 가졌다. 이문인의 정성어린 간식 준비와 연대장의 간식 먹는 시간이다(진천에서 비선골까지 택시 해장국, 돼지수육. 영양갱) 청주에서부터 긴장하고 시간에 쫒기던 긴장감을 풀어 가면서 오늘의 일과에 대하여 환담도 나누었다.

대원들이 걷기에는 너무 좋은 산등성의 길이다. 낙엽이 많이 쌓인 탐사로에 비까지 많이 내려 화창한 날씨에 먼지도 나지 않았고 침엽수는 거의 없고 활엽수가 우거져 그늘까지 우리에 도움을 주었다. 200~400m를 약간 넘는 산봉우리가 연속되는 도계이고 백곡에서 병천 천안을 연결하는 옛 고개 정취를 느낄 수 있는 고개마루에 아직도 그 흔적이 남아 있다. 지도상에 나타난 돌목 고개에는 약간의 돌무덤과 느티나무가 있는데 고사한 이유는 알 수 없지만, 그 등걸로 보아 살아 있을 때 나무의 크기를 짐작할 수가 있다.(09시 30분을 지나서)

이 고개를 넘으면 병천면에는 유관순청소년 수련관에 도착할 수 있는 지름길이라 역사적 의미도 있는 것 같다. 이곳에도 도계 중앙에 묘소가 2곳이 있는데 지금도 후손이 금초를 한 것으로 보아 대원들은 명당이라고 단정해도 좋다고 입을 모은다.(해발 약 400m)

오늘 탐사로에는 언제 무엇 때문에 철조망을 쳤는지 알 수 없지만 수십미터에 철조망이 처 있는데 지주목으로 활엽수 줄기에 박아 놓은 철조망 줄이 1/3이상 속에 박혀 있는 것을 보고 마음이 아팠다.

오늘의 최고봉, 산봉우리 이름도 없는 곳인데(해발 472m) 이곳은 삼면의 접경지대이다.(진천백곡면, 천안시 동면 병천면의 경계 명명을 삼면봉이라 하면 어떨까) 이런 곳에 작은 표지석이라도 세워 등산객에 알려주면 의미가 있고 뜻이 있으며, 망각하지 않을 장소인 것 같다.

초가을인데 햇살이 뜨겁고 바람 한 점 없어 땀이 비 오듯 한다. 준비한 수건으로 연신 땀을 씻고 여유가 있으면 배낭 겉주머니에 있는 물로 목을 적시었다. 준비한 물 2병도 적을 것이라고 집에서 이야기를 했지만 배낭 무게가 무게인지라 힘들지 않게 준비한 것이 잘못이었다. 지금 와서 준비해 준 사람한테 무엇이라고 말할 수 없어 배낭을 메고 나온 내가 잘못이다. 지도상에 있는 싸리재에서 잠시 휴식을 하고 오늘의 목적 엽돈재를 향하여 발걸음을 재촉하였다.

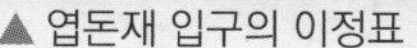
▲ 엽돈재 입구의 이정표

▲ 환경오염을 생각한 나무의자

▲ 나무의자와 식생 게시판

▲ 활엽수의 군락

앞에 보이는 산, 7부 능선에 무엇을 하기 위하여 벌목도 하고 표토까지 긁어내고 있는지 의문점이 생겼다. 탐사를 하는 동안 향도 역할을 하는 연대원이 GPS와 지도를 확인하더니 잘못 온 것 같다면서 발걸음을 되돌렸다. 10분을 되돌아가니 풀섶에 앉아 '이곳이 맞다.'면서 방향을 돌렸다. 12시 반이 넘어 엽돈재에 도착하니 마음이 홀가분하고 이 구간을 잘 끝마친 것이 고마운 생각이 들어 스스로 자축하였다.

엽돈재에서 차가 있는 곳까지 가는 것이 문제였다. 택시를 부르면 2만원 이상의 경비가 날 것 같아서, 고민 끝에 지나가는 자가용를 보면 무조건 손을 들고 공손히 인사를 하면서 목적지를 이야기 하였다.

수십 대가 지나치는 동안 나도 모르게 모자까지 벗고 인사를 했는데, 승차하고 보니 젊은 여성 운전자라, 몇 번이고 고마움을 표현하고 우리의 목적을 설명하니 운전자는 연세가 들어 보여 동승하게 되었다고 환담한다. 정말로 고마움을 전하는 동안 무사히 진천에 도착하였다.

○ 구 간 : 진천군 광혜원 작은실안리 - 음성군 삼성면 수레티(11.8㎞)
○ 일 시 : 2006년 9월 23일

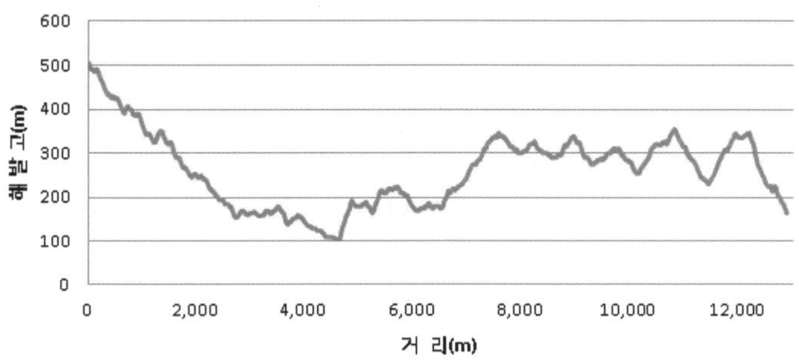

감기 때문에 컨디션이 영 좋지 않아서 답사에 참석여부를 놓고 나 혼자 많이 고심을 하였다. 여하튼 안식구에게 부탁을 하여 출발에 지장이 없도록 답사에 필요한 준비를 당부하였다. 아침은 목적지에 07시 30분에 도착하기로 계획되어 있었지만 저번에도 그랬고, 이번에도 약속을 이행하지 못한 대원을 이구동성으로 탓하는 눈초리가 차안을 꽉 찬 분위기였다.

오늘의 출발 지점은 속리산 천왕봉에서 경기도 안성 칠장사에 이르는 한남금북정맥이 연결된 지점이다. 광혜원면 실안리에서 답사에 필요한 장비 점검과 안전을 위한 준비운동을 철저하게 하고 답사의 첫 발을 힘차게 내딛었다. 하늘은 전형적인 우리나라의 초가을 날씨! 쾌청하고 구름 한 점 없는 좋은 날씨이고, 오곡도 탐스럽게 익어가고 있어 풍년을 약속하는 계절, 풍요로운 농촌으로 만들 것을 약속한 계절인 것 같았다.

▲ 충북진천군 광혜면과 경기도 안성시 죽산면의 경계를 횡단하는 대원들

▲ 급경사를 계단으로 만들어 조성한 묘역

드넓은 벌판을 쳐다보면서 올해 여름철은 유난히도 무더웠고 자연재해도 잦았지만, 우리 고장은 풍수해가 적은 편이었다. 대원들은 풍성한 가을을 만끽하면서 07시 50분에 출발을 하였다. 야산이라 잡목이 우거지고 가끔 산밤나무에서 밤송이가 바람이 불어 밤 알이 땅에 떨어져서 줍기도 하였다.

08시 40분경에 충북과 경기도 경계를 횡단하는 도로에 도착하였다. 이곳에서 잠시 휴식을 가졌고, 자연경관에 어우러진 늙은 적송이 심어져 있고 잘 꾸며진 정원에 음식점이 있었다. 이곳에서 한가로이 식사를 한다면 훌륭한 식사가 될 것 같았다.

진천군을 뒤로하고 음성군에 접하게 되었다. 초가을이라도 한낮에는 25도가 넘는 따사로운 햇살이 우리 일행의 답사를 힘들게 하였다. 음성군 삼성면 윗점 골에서 잠시 휴식을 취했다. 과거에는 여러 농가가 살았지만 현재는 거의 빈집이고 사람이 살고 있는 두 집에서 70이 넘은 노부부가 마을을 지키고 있다. 힘든 농사일은 하지 못하고 채마전에서 심심풀이로 약간의 채소를 재배하고 있다. 또한 農家(농가)는 여느 농가와 달리 깔끔하고 잘 정돈된 살림살이가 농촌의 정감을 한층 더 느끼게 했다. 좁은 앞마당과 담벼락 아래에는 여러 가지 꽃들이 잘 어우러져 만발하였다. 이 아름다운 경관이 마치 우리 일행을 반겨 주는 것 같았다.

마을 입구에는 사람의 힘이 많이 감미한 묘소가 있다. 위쪽 산소에는 잘 정돈된 석물이 있었고, 아래쪽엔 여러 개의 묘가 있는데 그 위쪽 산소의 자손들인 것 같았다. 나도 조상을 숭배하고 있지만, 자연을 많이 훼손하면서 조상을 흔적을 남기는 것은 국가적으로 득보다 실이 큰 것 같다는 생각이 들었다.

하산하는 등산로를 따라 인삼밭에서 채광막으로 사용되는 흙 비닐 천을 외부인들이 출입을 방지 할 목적으로 2m 높이로 자연림의 줄기에 철사로 묶어 놓고, 때로는 지주도 세웠다. 흰 판자에 검은 글씨로 '접근금지'라고 팻말까지 달아 놓았다. 산주가 경제적 으로 고소득을 올릴 수 있는 작물을 식재하였는지는 모르지만 자연 훼손이 클 것 같았고, 농작물을 수확 후 시설물을 그대로 방치한다면 환경오염은 물론 미관상 나쁘고 자연적으로 원상복귀가 되려면 많은 시간이 필요 할 것이 아닌가 하는 염려스러운 마음을 가지면서 하산을 서둘렀다.

12시가 넘어 우리 대원들이 둘러 앉아 맛있는 점심을 먹을 수 있는 장소를 골랐다. 숲 때문에 잘 보이지는 않았지만 능선 아래에는 자연 환경 보존운동을 외치는 시민 단체가 가장 큰 소리로 반대하고 있는 '골프장'(썬벨리)에서 한가로이 주말을 즐기는 일행도 눈에 띄었다.

지금은 사람들의 왕래가 끊어진 '저티 고개'가 지도상에 명시되어 있었다. 이 고개 마루에는 과거에 얼마나 많은 사람과 물자가 왕래되었을지 짐작할 수 있는 돌무덤이(성황당) 있었다. 흩어져있는 돌무덤 위에는 오래된 고목(古木) 팽나무 한 그루가 서 있었다.

옛날 사람들이 이곳을 왕래할 때에는 이 나무에 홍, 청, 백색의 실 혹은 천을 동여매거나, 혹자는 침을 세 번 뱉거나, 발로 땅바닥을 세 번 구르기를 하여 여행하는 사람들이 이곳을(성황당) 지나면서 안전무사와 소원 성취를 빌며 혹자는 작은 돌멩이 하나 하나를 쌓으면서 기원도 하고 혹은 두 손을 합장하여 기도하는 옛 선인들의 모습을 머리에 그려보면서 답사를 재촉하였다.

▲ 저티 고개마루에 성황당 흔적

▲ 답사 중 상상봉 도리리봉에서 기념 촬영

▲ 답사 대원의 환영 건배와 우건도 부군수님의 건배 장면

오늘 답사 중 제일 높은 봉우리(도고리 봉 518m)에서 기념 촬영을 하고 잠시 휴식을 취하였다. 14시가 넘어 충북 음성군 삼성면과 경기도 안성시 죽산면 경계 도로에 도착하였다. 이곳도 옛날에는 야트막한 고개인 것을 짐작 할 수 있었다. 이 고개의 지명은 수레티고개. 지금은 왕복 이차선도로가 개설되어 많은 차량들이 쉴 새 없이 왕래하고 있다.

도계답사 대원들이 음성군에 입성한 것을 축하하고 답사의 좋은 결과를 기원하는 음성군 관계자들(부 군수 우건도, 삼성면장 손달섭, 삼성면 군의원 윤창규)과 여러분들이 음료수와 간식(김밥, 백설기, 막걸리, 안주, 식수)을 준비하여, 피로를 달래는 시간을 가졌다. 도계(충북과 경기도)를 연결하는 도로 한편에 비닐 장판과 신문지를 펼쳐 놓고 우리 일행을 환영하였다. 간단한 환영사와 답사, 기념촬영을 하고 담소를 나누면서 도계답사의 취지를 간단히 설명하였고, 부군 수는 음성군 정책을 심도있게 설명하자 우리 대원들은 경청하였다.

그 내용은 다음과 같다. 첫째, 군민들이 언제 어디서 만나면 칭찬하기 운동을 전개하여 생활의 활력소를 불어 넣어 주는 운동. 둘째, 군의 시민 단체원들과 군민이 합심 단결하여 읍, 면사무소를 순회하면서 깨끗한 거리 만들기 운동을 전개.(최신의 청소차 2대도 구입) 셋째, 깨끗하고 청결한 화장실 신축 및 이용하기. 넷째, 고소득 농산물을 생산하여 살기 좋은 농촌 가꾸기.(고추, 인산, 복숭아, 수박, 사과) 다섯째, 기업하기 좋은 군 만들기 등 음성군이 전국에서 제일 살기 좋은 고장으로 발전시킬 대안을 야심차게 설명을 하였다. 작별의 아쉬움을 남기고 평소보다 오늘의 일정이 짧아 16시쯤 청주에 도착하였다.

○ 구 간 : 음성군 삼성면 대사리 수레티 - 음성군 무극면 임곡리 노란터고개
○ 일 시 : 2006년 10월 14일

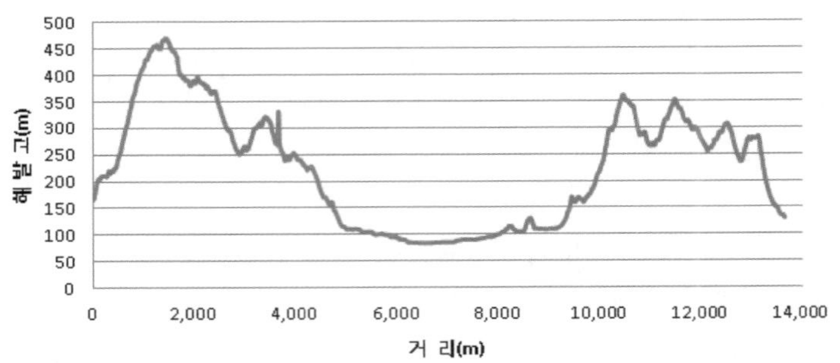

▣ 경계탐사

일기예보에서 오늘도 전형적인 가을 날씨가 지속되어 야외 활동하기가 좋을 것이라고 한다. 대성고 교문에서 승차하여 목적지까지 가는 도중에 차창 밖에 전개되는 농촌의 풍경은 오곡이 풍성하게 익어가는 황금 들판이었다. 쳐다만 보아도 배가 부른 결실의 계절이다. 직접 농사일에 종사하는 농부들의 마음은 얼마나 풍요로울까?

음성군 삼성면 수레티 고개는 국도와 고속도로가 교차하는 지점이라 많은 차량들이 시원스럽게 달리고 있는 지점이기도 했다. 답사에 안전을 위한 준비 운동을 끝내고 첫 출발을 하였다.(07시 40분) 대원들이 젊어서 그런지 속도가 빠른 편이었고, 더욱이 급경사라 따라가기가 힘에 벅찼다.

한 시간 정도 지나서 도착한 곳은 지도상의 지명은 馬耳山(472m) 정상이었다. 이곳은 조선시대의 중요한 통신 수단인 봉수대였다고 한다.

▲ 윤석위 대원 : 망이산 봉수대 중요성을 설명

▲ 전답(田畓)에는 인삼포가 산재해 있다

▲ 도계 들녘을 횡단하는 대원들

마이산 정상에서 사방을 바라보니 남동쪽은 음성, 남서쪽은 진천의 뜰이 한눈에 들어오고, 북동쪽으로는 이천과 여주를 연결하는 평야가 시원스럽게 전개되어 누가 보아도 군사적으로 요충지인 것을 짐작할 수 있었다.

윤석위(충북 숲 해설가협회 대표)에 의하면 우리나라 봉수는 직봉 봉수와지선 봉수, 보조 봉수로 구분하였다고 한다. 직봉은 경남의 다대포봉수대 → 응봉 → 경상남북도 봉수 → 수안보 → 음성 가석산 → 마이산(마이산) 봉수대로 이어지고, 지선 봉수(보조 봉수)는 남해 금산이 시발점으로 → 경남 사천→ 경북 김천 → 추풍령 → 대전 → 청원 문의 → 청주 것대산 → 진천 소흘산 → 망이산으로 연결되는 중요한 봉수대였다고 한다.

봉수의 신호 방법과 신호체계는 다음과 같이 실행하였다. 낮에는 연기로, 밤에는 불빛으로 전달하는데 연기는 동물의 배설물을 이용하면 연기가 퍼지지 않고 둥근 원을 형성하여 공중으로 피어오른다고 한다. 하나의 연기는 평온한 상태이고, 둘은 적을 발견한 것이고, 셋은 적이 국경에 접근하고 것이고, 넷은 적이 침투한 것이고, 다섯은 적과 교전을 뜻하는 것이라고 설명하였다. 이러한 통신 수단이 발달하여 현재는 우리나라가 세계적으로 IT산업의 강국이 되고 반도체 대국이 되는 원천이 되었다.

마이산 중턱에는 봉수대원들이 기거했던 흔적들이 남아 있고 그 당시 사용했던 우물은 현재에도 등산객들이 약수로 사용하고 있었다. 마이산 정상에는 세월을 증명하는 노송이 자태를 자랑하고 답사 대원들을 반갑게 맞이하여 주었다. 우리 일행의 이마에 맺힌 땀방울 씻어주는 그늘을 마련하여 주기도 하였다.

도로 교통이 발달하기 전에는 지역 주민들의 왕래가 잦았던 이름 없는(지도상에 명칭이 없음)고개를 지나면서 세월의 무상함을 달래기도 하였다. 지금까지 산등성을 따라 도계를 답사하였다. 삼성면 용대리에서 과수원을 경영하는 박노철 부부는 도로 위쪽은 경기도 이천시 죽면 사양리라고 하며, 도는 달라도 일상생활은 협동하며 살아간다고 한다. 농촌의 정감을 만끽할 수 있게 부인한테 커피라도 대접하는 것이 어떠냐고?

답사 대원들은 목적지에 도착할 시간 계획이 있어 고맙다는 인사로 회답하고 답사를 계속하였다. 시간적 여유가 있으면 잘 가꿔진 정원에서 차 한 잔을 나누면서 평화롭게 살아가는 모습과 충청도의 인정이 넘치는 삶의 모습을 듬뿍 받으며, 답사의 의미를 더듬어 보면서 더욱더 뜻깊을 것이지만 시간이 촉박하여 발걸음을 재촉하였다.

지금까지 경사가 급하고 가시덤불을 제거하면서 답사길을 만들어 가면서 답사하다가 드넓은 농경지 한가운데 도로를 따라 진행을 하였다.

대원들은 충청북도와 경기도의 경계인 평야를 가로질러 개통된 도로를 따라 부지런히 발걸음을 옮겼다. 아스팔트 위를 걷기란 더욱 어려운 것 같았다. 지열과 내리쬐는 태양 빛, 가로수도 없는 도로를 활보하는 것은 너무나도 힘이 들었다. 또한 질주하는 차량에서 내뿜는 매연 때문에 어려움이 더 큰 것 같았다. 도로변에 널려있는 각종 쓰레기는 운행 도중 운전자가 무심코 먹고 버린 폐기물들이 나뒹굴고 있어 미관 상도 좋지 않을 뿐더러 영농에도 나쁜 영향을 미칠 것 같았다.

음성군 경지면적 중 밭이 60.72㎞이고 그 중 1,018ha가 인삼을 재배한다.

충북인삼농협협동조합 '김진하'에 의하면 우리 도가 인삼 재배를 시작한 것은 1940년대부터이며 2007년 현재 전국 인삼재배 면적은 약 4,800만 평이고 음성군은 1,200만 평 정도로 총생산량의 25%가 충북 음성군에서 생산된다고 한다.

인삼은 연작이 되지 않아 5~10년이 경과 해야 다시 생산할 수 있으며, 홍삼제품은 6년 근이어야 상품가치가 있다. 또한 과거에는 재배되지 않았던 남부지방에서도 재배를 하는 것은 인삼재배 기술이 발달했기 때문이라고 한다.

2006년 10월 음성군 소이면에 인삼약초 연구소가 착공이 되어 2010년까지 288억 원이 투자 청사를 비롯하여 재배 시험포, 온실, 컨벤션센터 등이 완공되면 우리나라에서 생산되는 약초 중 가장 효능이 좋은 인삼이 한층 더 국익에 보탬이 될 것이다. 또한 인삼약초연구소 설치로 인해 인삼, 약용식물의 새로운 품종육성과 자생식물 연구, 환경친화적 생산기술 개발, 천연식물 자원의 효력 개발 및 기능성 자원 탐색 연구와 인삼 관련 창업보육센터를 설치해 인삼재배 농가의 소득은 물론, 지역 내 일자리 창출에 기여할 수 있게 된다. 그렇게 되면 세계적인 인삼의 메카로서 명성을 떨치게 될 것이다.

대원들은 육체의 피로와 정신적 피곤도 겹쳐 잠시 휴식 공간으로 도로변에 있는 주유소를 선택하였다. 진행을 책임진 박 대장이 목도 축이고 잠시 휴식을 취하고자 하면서 빙과류를 돌렸다. 그 맛은 정말로 꿀맛이었다.

12시 30분 경 점심을 먹고 13시 40분에 오늘의 목적지를 향해 부지런히 걸음을 재촉하였다. 팔성산(377.4m)을 지나 14시 30분에 휴식을 가졌다.

답사를 하는 동안 옛 고개 흔적이 있는 곳을 지났다. 도로 교통이 발달하면서 옛 고개가 폐쇄되고 마을과 마을, 지역과 지역의 생활 터전이 변화를 가져왔고 인정까지도 메마르게 한 것이 아닌지 모르겠다는 생각이 들었다.

팔성산 7부 능선에는 습지가 형성되어 숲이 우거지고 야생동물들이 물도 먹고 풀도 뜯는 흔적이 남아 있었다. 근래에 볼 수 없는 가뭄 때문에 수목이 메말라 단풍이 들지 않고 나뭇잎이 희미하게 낙엽이 지는 기형상이 생겨서 울긋불긋한 아름다운 단풍을 볼 수가 없었다. 발을 내디디면 지표면에서 흙먼지가 날 정도로 가뭄이 심했다.

○ 구　간 : 옥산면 동림리-제2병천교
○ 일　시 : 2006년 10월 28일-보완탐사

▣ 경계탐사

출발지에 도착하여 간단한 준비운동을 하고 07시 30분이 되자 오늘의 답사를 시작하였다. 5월 27일(2차 답사)에 가마소부터 제2 병천교까지 계획을 세웠는데 일기가 나쁘고 경험이 부족하여 목적지까지 답사를 다 하지 못하고 귀가하였기 때문에 오늘은 보강 답사를 하였다.

들녘에는 벌써 벼 수확이 거의 끝나고 가축의 엔스러지(동절기 소의 김치)를 위하여 흰 비닐로 둥그렇게 말아 논바닥에 갈무리를 해 놓았다. 과거에는 없었던 들녘의 풍경이었다. 이국적인 냄새가 나는 것 같았다. 옛날 같으면 벼를 베어서 논바닥에서 조아렸다가(벼를 말리기 위하여 두 줄로 엇갈려 세워놓은 것) 볏단이 마르면 소질이나 소달구지에 실어 집 마당으로 끌어드려 타작을 했는데, 지금은 농지 정리가 잘 되었고 영농이 기계화되어 현장에서 탈곡을 한다. 농촌의 들판은 벼가 누렇게 익었을 때가 좋아 보이지만 수확을 하면 썰렁해 보이고 쓸쓸해 보인다.

강외면 동림리에 있는 동림산(458.3m)에 08시 10경에 도착하여 휴식을 가졌다. 주변에서 가장 높은 지형이고 시야가 좋아 등산로에는 등산객들을 위한 의자가 설치되어 있었다. 이곳은 1995년까지는 청원군 땅이었으나 행정구역 변경에 따른 충남 연기군으로 편입되었다는 안내가 옥석에 정교한 글자로 새겨져 기념비로 세워져 있었다. 지난 답사 때에는 못 보았던 '천안시 경계 종주 서바위 011-431-9455'라고 쓰인 리본이 나뭇가지에 매여 있었다. 천안시가 우리 도계 답사 대원들보다 먼저 이곳을 답사한 것 같았다. 전라북도에서도 도계 답사를 하여 이미 그 답사 내용이 책자로 나와 있다. 우리 도계 답사는 타도보다 더 좋은 결과를 얻어야 한다는 사명감이 생겨났다. 자명골 고개라는 명칭이 지도상에 있는 것으로 보아 옛날에는 충북과 충남의 물질문화 교류의 중요한 교통로라는 것을 알 수 있었다. 그러나 현재는 도로교통의 발달로 왕래가 뜸한 것 같았다. 잠시 휴식을 취하고 (11시 00분) 답사를 계속하였다. 산등성에 도로가 개통되어있고 잣나무가 식재되어 있었고, 나무의 수령을 따져보니 10여 년이 넘은 것 같았다. 식재한 잣나무와 자연수의 가지에는 글자 한 자 없는 좁고 긴 흰 비닐 리본이 불규칙하게 부착되어 있어 용도가 무엇인가 의아했지만 답은 바로 나왔다. 고압선을 용이하게 찾아 사후관리를 하기 위해 관리하는 사람들이 표시한 것이었다. 도로도 고압선 보수가 필요할 때 장비를 운반하기 위한 개설한 도로인 것을 직감할 수 있었다. 그늘이 있는 평평한 곳에서 점심을 맛있게 먹고, 식곤증이 와서 잠시 휴식을 취하는 데 걱정이 되었다. 유행성 출혈과 쓰쓰가무시병이 만연하고 있다는데 대원들이 누워 있으니 염려 되었다. 12시 30분이 넘어 답사는 계속되었다. 지도와 GPS를 이용하여 도 경계를 확인하면서 진행한다는 것이 쉬운 일만은 아니었다. 산 능선이 갈라지는 곳에서는 몇 번씩 확인하고 진행을 하였다. 답사길에는 야생동물을 잡기 위한 올무가 설치되어 있었는데 지형지물을 잘 이용하여 설치되어 있었기 때문에 답사 대원들도 발견하기가 어려웠다. 야생동물들이 이곳을 지나가면 틀림없이 덫에 걸릴 것이다. 한 곳은 올무에 걸려 죽은 동물의 머리뼈를 비롯하여 여러 종류의 뼈가 산재하여 있는 것도 발견하였다. 또 옆에는 오래전에 설치되어 있는 것으로 보이는 망사가 군데군데 찢겨 있었다. 그것은 여러 종류의 뱀을 포획하기 위하여 설치한 것으로 보였다. 주변 산지가 국유림인지, 사유림인지는 몰라도 잡목을 제거하고 잣나무가 식재되어 있었다. 먼 훗날에 중요한 자원이 될 것이라는 생각이 들었다.

나는 중·고등학생들이 아침에 일찍 등교하여 학교 주변을 청소하면 봉사 점수로 가산하여 주는데 자기가 생활하는 곳을 청소하였다고 봉사 점수를 주는 것은 잘못인 것 같다. 자기가 잔 잠자리 정리 정돈하였다고, 집 안 청소하였다고 봉사점수를 줄 수 있는 것은 아니다. 70%가 넘는 산야를 점진적으로 유용한 품종의 나무들로 식재를 하면 얼마나 좋을까. 청소년들이 얼마든지 산림녹화에 동참할 수 있다고 생각했다.

오늘 대원들은 '답사에 고고학을 공부한 분이 있으면 얼마나 좋을까' 하는 안타까움을 한마디씩 하였다. 언뜻 보기에는 얕은 산등성이 같은데 내려와서 봉우리를 쳐다보면 사람들이 만들어 놓은 언덕, 아니 무덤같이 보였기 때문이다. 백제시대의 묘들이 충청도 지방에서도 발견된다는 것을 매스컴을 통하여 들은 적이 있기 때문에 답사 대원들은 올라가서 내려다보기도 하고 밑에서 올려다보기도 하면서 사진기를 가진 대원들에게 잘 촬영하라고 당부도 하였다. 그러나 수목과 장소가 장애물이 되어 촬영하기가 어렵다고 하였다.

오늘 오후의 답사길은 한전에서 세워놓은 고압선에 접근하기 쉽게 개설해놓은 도로를 따라 했기 때문에 그다지 힘이 들지 않았다. 제2 병천교는 국도와 고속도로가 연결되어 있어 많은 차량들이 분주하게 통행하고 있었다. 하천과 인접한 지형에는 평탄 작업을 하고 공장 신축공사가 한창이었고, 인접한 산은 절개하는 바람에 급경사가 형성되어 산사태 방지를 위한 계단이 만들어져 있었다. 보강 답사이기 때문에 13시가 넘어 종료하고 귀가하였다.

○ 구 간 : 노란터고개 - 감곡면 단양골지(16.8㎞)
○ 일 시 : 2006년 11월 11일

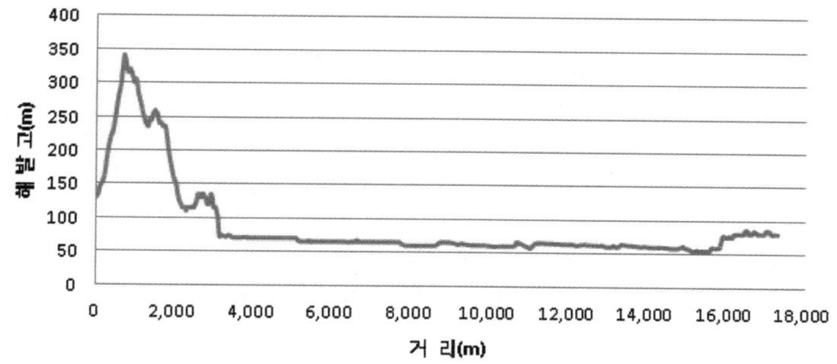

▣ 경계탐사

오늘의 탐사계획은 음성군 삼성면 노란터에서 목적지까지는 17km로 여느 때와 달리 거리가 멀어서 아무 탈 없이 완주할 수 있을까 염려되었다. 안식구는 시간에 늦을까 봐 새벽 4시부터 일어나 도시락 준비를 하였다고 이야기를 하면서 남편의 안전 무사 탐사를 기원하는 것 같았다.

오늘은 06시 40분경에 차량이 도착하였고 나는 대원들에게 반갑게 인사를 나누면서 승차하였다. 차창 밖으로 보이는 농경지는 쓸쓸해 보였다. 산에 단풍은 들었지만, 예년에 비하여 아름답지가 않았다. 가을에 가뭄이 들어 수목에 수분이 없고 나뭇잎들이 고운 단풍은 들이지 않고 말라 버려 잎이 떨어졌다. 도시나 도로의 가로수는 공해에 오염되어 단풍이 잘 들지도 않을 뿐더러 썩지도 않는다고 한다. 이것은 대기 오염이 얼마나 심한가를 입증하는 것임을 알 수 있다.

▲ 삼성면 임오산 정상(341m)

▲ 대원들이 웅천변 달뿌리풀숲을 가로지르고 있다.

안전 탐사를 위하여 준비운동을 잘한 것 같다. 준비 운동을 충분히 하지 않으면 신체 근육에 손상이 오는 경우가 종종 있다. 나이가 먹으면서 준비라는 것이 얼마나 중요하고 삶의 질을 향상시키는지를 알게 된다. 오늘의 준비운동은 다른 탐사 때보다 심도 있게 하였고 특히 하체의 근육을 충분히 풀어주었다.

08시에 삼성면 노란터에서 출발하여 임오산 정상에 08시40분에 도착하였다. 늦가을이라 낙엽이 많이 떨어져 종종 탐사에 지장을 초래하는 경우가 있지만, 올해는 나뭇가지 제거가 수월하고 잡초가 시들어 시야가 넓어져 마음이 편안해졌다.

임오산 정상에서 북쪽으로 보이는 드넓은 농경지에는(경기도 이천시 장호원 평야가 전개됨) 가축 줄 사료를 갈무리해 놓은 흰색, 검은색의 비닐뭉치(곤포 싸일리지라고 함. 한 뭉치의 무게는 약 0.5t이고 2003~4년부터 많이 사용함)가 논바닥에 나뒹굴고 있었다. 이런 모습은 2000년 초반까지 볼 수 없었던 장관인데, 2000년 중반부터 널리 보급되었다. 이것은 겨울철에 비육우나 젖소의 조사료로 이용되며 들녘에 널려 있는 양을 보더라도 우리나라에서 사육되고 있는 가축의 수를 알 수 있을 것이다.

탐사로에서 동물의 배설물을 보았는데 너구리인지 오소리인지는 몰라도 배설물에 은행알이 있었다. 은행은 냄새가 고약하여 야생동물들은 먹지 않는데 가을철엔 먹을 것이 없어서 먹은 것 같다. 묘지가 산 정상에도 가끔 있지만 고도가 낮은 지역에는 조상의 넋을 위로하고 자손만대의 부귀영화를 위하여 잘 가꾸어 놓은 묘소들이 있다. 묘소 앞에는 많은 돈을 드린 석조물들이 질서 정연하게 자리를 잡고 있었다. 흔하지는 않지만 웅장하게 꾸며놓은 납골당도 눈에 띄었다. 먼 미래를 내다보는 대원들은 많은 돈을 들여 만들어 놓은 납골당이 전통의 묘소보다 더 자연을 훼손하고 차후에, 관리에도 큰 문제가 있을 것이라고 걱정을 한다.

평야 지대에 접어들면서 농경지에 인접한 웅천(충북과 경기도 경계를 표시한 음성 송곡리와 장호원 총곡리)천 제방을 따라 도계 탐사를 진행하는 동안 하천(남한강의 지류인 청미천의 실개천) 둑과 하천 바닥에 핀 갈대에 푹 파묻혀 대원들은 늦가을 정취에 흠뻑 젖었다.

한 시간 이상 탐사를 하여 힘도 들고 피곤하여 대장한테 쉬었다 가자고 건의를 하여 하천의 흰 모래 위에서 각자 준비한 간식을 나누어 먹으면서 담소도 나누었다. 10시 20분경에 하천 제방의 도계를 따라 우측은 웅천(남한강 청미천의 지류인 웅천)이 좌측은 감곡면의 농경지를 따라 탐사를 계속하였다. 감곡면 원평 3교까지 가려고 하였으나 급경사와 잡목이 우거져 앞으로 더 진행하지 못하고 농로로 사용되는 도로를 따라 1시간 30분 정도 탐사를 하였다.

많은 사찰들은 이름난 산속에 위치하고 있는데 자운정사는 넓은 들 한가운데 마을과 어우러져 있었다. 주지 스님에게 뜰에서 점심이나 먹고 가겠다고 고하러 사찰 이곳저곳 찾아봐도 스님이 없어 마당 한 곳에 둥그렇게 모여 앉아 시장한 배를 채웠다.

사찰 담 구석에는 서리병아리를 부화한 어미 닭과 병아리 2마리가 모이를 찾는지 삐약거리고 있고 2층 누각에 있는 종각에서는 대원의 타종 한번에도 은은한 종소리가 대원들의 마음속에 울려 퍼져 그 종소리가 우리 대원들의 가슴속을 맴돌았다. 자리를 누가 다녀갔는지를 모를 정도로 깨끗이 정리 정돈하고 13시 40분에 승차하여 도로 경계를 따라 약 4km 되는 감곡면 소재지로 향하였다.

감곡과 장호원읍을 가로질러 흐르는 청미천 동쪽 제방이 도로경계인데 약 500m 제방을 따라가다 제방이 아닌 도로가 나오는 곳이 경계이다. 이곳은 과거에는 하천의 유로가 현재 도로까지였는데 홍수로 인하여 유로가 변경되면서 1:25,000지도가 제작된 것이 아닌가 생각할 수 있다. 도 경계를 실측하여 다시 조정한다면 이곳은 경기도가 아니고 충북이 될 것이라고 확신한다.

경계선을 따라 탐사하다 보니 굴착기가 수로 작업을 하는데 그곳에서 나오는 흙은 큰 모래나 자갈이 아니고 고운 하천의 모래(일명 명개흙이라고 함: 보수력이 좋은 비옥한 토양이라 강 하류에서는 삼각주가 형성되어 곡창지대를 이룬다)가 2~3m 깊이에서도 나오고 있었다. 이는 과거에 이곳이 하천이었던 것을 알 수 있게 해준다.

하천 바닥 중앙이 도 경계인데 동쪽 제방을 따라 답사를 진행하다가 어린 시절을 회상하면서(옛날에는 놀이 공간이 없고 있어도 비좁아 추수가 끝난 논바닥에서 공을 차거나 자치기를 하였음) 추수가 일찍 끝나 벼의 그루에서 움이 터 논바닥이 푸른 풀밭같이 보이는 대지를 탐사대원들은 부지런히 횡단하였다. 하천 너머는 경기도 이천시 장호원들이다. 동쪽 산기슭에는 극동정보대학과 적십자 혈액원 건물이 보인다.

▲ 도경계선의 빈 논, 벼그루에서 움이 터서 풀밭 같다

▲ 감곡면 매산 중턱에 위치한 유서 깊은 성당 (100년이 된 명성황후 피난처이기도 하였다)

감곡 시가지 동쪽에는 매산이 있고 매산 중턱에는 자연과 잘 어울리는 성당과 매괴 중·고등학교가 자리를 잡고 있어 살기 좋은 고장이라는 것을 입증하고 있다.

오늘의 탐사계획이 마무리 단계인 음성군 감곡면 단평리 마을에 들어서니 길가에 있는 농가 마당에 있는 들마루 위에 김치 박스가 수북하게 쌓여 있고 주인 아낙네들이 뒷정리를 하고 있었다.

팔다리도 쉴 겸 목도 마르고 피곤도 하여 잠시 목을 축이기 위하여 주인의 허락을 얻었다. 주인 아낙은 고춧가루가 범벅이 된 손으로 김치를 한 쌈씩 말아서 대원들의 입에 넣어주면서, 맛있게 담가졌는지 맛이나 보라고 한다. 대원들이 맛있게 먹은 모습을 보면서 미소 짓는 웃음이 전형적인 어머니 정감이 듬뿍 담겨 있는 것 같다. 또 농촌 사람들의 풍성한 가을 냄새가 나고 삶의 행복이고 평화스러운 생활을 영위하는 것이 아닌가 생각했다.

대원들이 맛있게 먹는 것을 보더니 젊은 아낙(며느리)보고 동동주까지 대접하려고 하는 것을 뿌리치고 정감의 아쉬움을 뒤로 하고 작별 인사를 하면서 마을을 빠져나왔다. 도로에서 마을을 쳐다보니 뒷동산에는 붉은 사과가 마을을 휘감고 있어 넉넉함이 우리 탐사대원들의 마음을 한층 더 흡족하게 하는 것 같았다.

○ 구 간 : 음성군 감곡면 주천리 단양골지 ~ 충주시 앙성면 중전리 닭이머리고개(17.5㎞)
○ 일 시 : 2006년 11월 25일

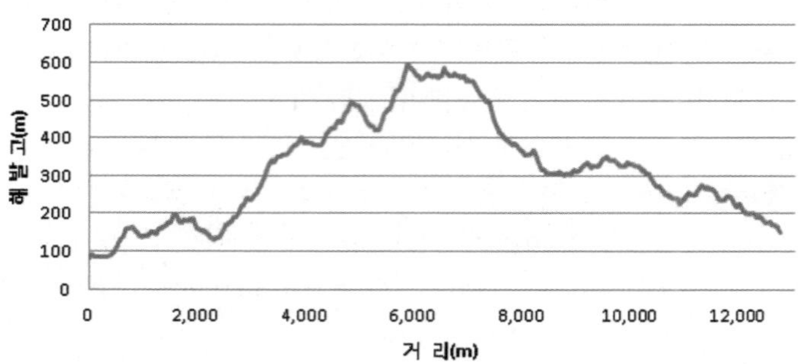

▣ 경계탐사

06시 30분이라도 여명이 트지 않는 어두운 늦가을, 초겨울이라 날씨가 쌀쌀하다. 대성고 교문 앞에서 노란스쿨버스가 오지 않아 손에 들고 있던 신문을 가로등을 찾아가 큰 글자만 읽으며 시간을 보냈다. 기다린 지 30분이 다 되어 차가 도착하였다.

반갑게 인사를 하고 주위를 둘러보니 좌석이 꽉 찼다. 목적지를 향하는 차는 과속을 하는 느낌이 들었다. 8시가 되어 탐사 지점에 도착하여 등산화 끈을 단단히 매고 배낭을 벗어 놓고 준비 운동을 철저히 하였다. 지난번 예고에 우암산의 두 배가 넘는 산을 처음부터 넘어야 한다고 탐사 대장이 이야기하여 나보다 다들 젊고 힘이 넘치는데 내가 좇아가려면 힘에 겨울 것 같아 겁을 먹었다. 마음을 단단히 먹고 나 나름대로 준비를 단단히 하였다.

출발 지점은 전번 도착 지점인 음성군 감곡면 단양골지(중부내륙고속도로 교량 밑, 옆에는 인공저수지가 있고 유료 낚시터로 시설이 잘되어 있었고 개장은 하지 않은 것 같다.)복숭아 과수원을 지나 도계길을 찾아서 첫발을 힘차게 내디뎠다.

60년대 헐벗은 국토를 빠른 시일에 푸른 국토로 가꾸고 표토 유실을 방지하여 식량 증산에 기여할 목적으로 식재하였던 수목이다 산림녹화 운동으로 각광을 받아 아름드리나무로 자라 우리가 탐사하는 좌측에 빼곡히 심어져 있다. 은사시나무는 성냥이나 소독저로 사용되었다고 하지만 지금은 화목으로 밖에 용도가 없다고 한다.

능선에서는 쾌청한 날씨 때문에 시야가 넓고 깊게 보여 자연경관의 아름다움을 한층 더 깊게 만끽하였다. 또 봄, 여름에 느껴 보지 못한 색 다른 늦가을 정취도 맛보았다. 도 경계 길에는 활엽수 낙엽이(주로 갈참나무 잎)쌓여 발목까지 푹 파묻히고 때로는 낙엽 때문에 미끄러지기도 하였다.

오늘도 탐사 길에 가장 많이 보이는 것은 묘지였다. 도 경계 한 중앙에 묘지가 있는데 시신의 반은 충북에 반은 경기에 나누어져 있는 것을 보고 대원들이 한 마디씩 자신의 느낌을 이야기하였다. 나는 풍수(지관) 하는 사람이 이곳이 도경계의 중앙이라는 것을 알고 시신을 안장했을까 하는 의문점을 가졌다. 또 충북과 경기도에 걸쳐있는 필지를 소유하고 있고 자손만대에 길복 할 수 있는 명당이라 묘자리로 잡은 것이 아닌지 하는 생각이 들었다.

잠시 휴식을 한 후에(08 시55분) 옥녀봉을 거쳐(10시 45분) 오늘의 탐사 중 가장 높은 오갑산에(609.4m, 11시 30분) 당도하였다. 梧(오)甲(갑)산이라는 명명은 옛날에는 오동나무가 많아서 지어졌다고 한다. 이른 시간이지만 점심 먹을 좋은 장소를 찾았고 정상 표식비석이 중심으로 둥그렇고 평평하게 만들어 놓아 20여명

▲ 도경계의 중앙에 쓴 산소

이 앉아서 휴식을 취할 수 있도록 만들어 놓은 것이 등산객이 잠시 쉬어가기가 좋은 장소로 생각되었다. 그곳에서 우리 일행은 집에서 맛있게 준비해 온 식사를 하였다.

표지석 주위에는 갈참나무와 소나무가 있어 한여름에도 그늘 밑에서 등산객들이 쉬어갈 수 있게 잘 만들어 놓았다. 표지판에는 1999년 2월 25일 여주군(현재는 여주시) 청안산악회에서 건립을 하고 성신석재에서 후원을 하였으면 이곳은 음성군과 충주시와 여주시의 경계이며 임진왜란 시 초소로서 주변에서 마구와 철판이 출토되고 있고, 치성을 드리면 소원 성취를 이룰 수 있어 지금도 치성드리는 사람들이 있다고 쓰여 있었다.

오늘 탐사 길에는 다른 때와 달리 헬기장을 4곳이나 보았다. 날씨가 쾌청하여 탐사 주변의 경관이 너무나 아름다웠으나 한 곳은 관리가 되지 않아 표지판으로 사용하였던 시멘트 블록이 자연을 훼손하고 있었다.

영동군의 민주지산 정상에 있는 표석은 충청북도와 경상도 전라도의 화합과 발전을 위하여 이 지역의 기관장과 주민들이 참석하여 기념식을 매년 실시하고 있는데, 이곳은 표지석까지 두 개로 나누어져 있어 석연치 않다는 느낌이 든다.

이 안내문을 읽고 주변을 살펴보니 산 아래에는 남한강이 굽이쳐 흐르고 산이 가려 보이지는 않지만 산 넘어가 신립 장군이 배수진을 친 달래강과 탄금대가 아닌가 싶었다. 서쪽으로 탐사 길 산봉우리에 다른 표석이 있는데 이것은 1999년 11월 6일에 세워졌고 충주시 양성면 충주시 기관 단체장 협의회라고 쓰여 있었다. 경도와 위도가 쓰여 있는데 GPS(Global Positioning System) 에 나타난 숫자와 달랐다.

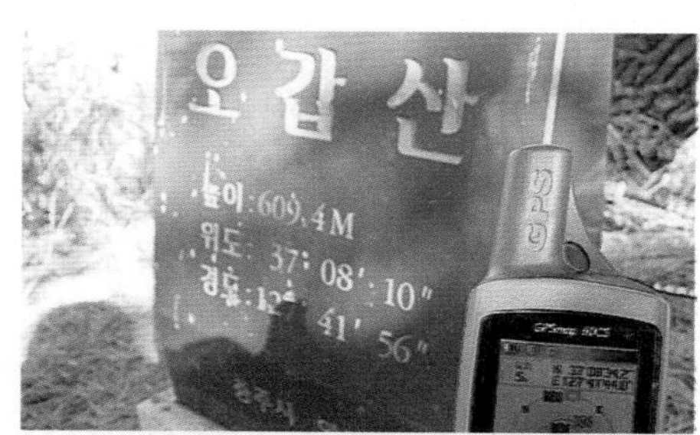

▲ 충주시 앙성면에서 건립한 정상표석
(GPS숫자와 표석 숫자가 다름)

우리나라의 산야의 아름다움과는 대조적으로 희미하게 멀리 보이는 석회 광산으로 인하여 망가지는 백두대간의 일부분을 볼 때, 내 마음은 양면성으로 갈등을 느낀다.

국토 건설(새마을운동)과 자연 파괴라는 지금까지 탐사한 지역에서는 보지 못한 갈참나무의 군락지, 수령은 얼마 되지 않았지만, 넓은 지역에 군락을 형성하고 있다. 낙엽이 저서 앙상한 나뭇가지가 숲을 형성하고 있는 것도 장관이고, 시야가 넓고 깊어 주변에 보이는 산야가 한층 더 정감이 가고 우리나라가 산지가 많다는 것을 실감할 수 있다.

산림을 경제 발전에 이바지할 수 있게 국가 정책을 세워 전 국민이 참여 기회를 만들고 특히 중. 고등학생들에게 실시하는 봉사 점수를 산림보호(나무 심기, 가지치기 등)에 적용하면 어떨까 생각한다. 지표상의 수목 면적은 줄어들고 사람들의 생활 수준이 높아질수록 나무 소비는 증가한다고 한다.

일본은 가급적이면 국내에서 생산되는 나무는 소비하지 않고 수입에 의존한다. 아프리카(사헬지대 : 사바나주변에서 확대되는 사막화 현상)와 중국은 사막화 지대가 확장되면서 주변에 미치는 영향이 클 뿐만 아니라 앞으로 닥쳐올 자연재해에 대책을 세워 매년마다 막대한 경제적 투자를 하고 있으며 우리나라도 사막화 확산 방지에 참여하고 있다.

▲ 아름다운 자연경관(발아래 푸른 남한강과 멀리보이는 백두대간에 석회광산)

도계 탐사 시 경계를 따라 재목으로 사용할 수 있는 정도의 소나무를 지표에서1.5m 높이에 흰 비닐을 맨 것을 관찰할 수 있고, 어느 장소에서는 붉은 천으로 수십 주 또는 몇 주를 묶은 것이 있다. 또 탐사 도중에 고도가 낮은 지역에 林道(임도)인지 고압선을 관리하기 위하여 개설한 도로인지는 몰라도 오늘 탐사지역에 있는 임도로는 개설 후 관리가 너무 허술하여 여러 곳이 무너지고 산사태까지 나 산에 있는 큰 소나무가 도로를 가로질러 넘어져 있어 산불이 나거나 다른 위험한 사항이 벌어지면 대책 수립이 어려울 것 같았다.

산지가 사유지인지는 몰라도 잣나무를 식재하여 보기도 좋고 활엽수(낙엽송)와 잘 어울려 늦가을의 정취를 한껏 느끼게 해주었다.

도계를 따라 수형이 좋고 여러 가지 용도로 사용할 수 있는 큰 소나무에 지표면에서 1.5m ~ 2m 높이로 10cm내외의 흰 비닐을 맨 것을 수시로 볼 수 있다.

이 표시는 간벌이나 가지치기, 천연 보호림 표시 솔잎혹파리 방제, 우량목 보존 표시 등 산림 육성을 위하여 이용되는 표지이다. 또 산야에 건설한 임도는 산림을 위한 도로도 있고, 산림 보호 작업에 필요한 장비를 운반하기 위한 도로, 한전에서 고압선 관리를 위한 도로를 개설한다.

▲ 충북과 경기도 경계인 닭이머리 고개의 전경

1 : 2만 5천 지도를 복사하여 대원들이 참고할 수 있게 하고 GPS와 지도를 활용하여 선두에서 첨병 역할을 하면서 집행부가 진행을 맡고 있다.

지도에는 경계표시가 되어 있지만 실제 탐사를 하는 대원들이 진행하는데 크고 작은 장애물과 정확한 실제 지형을 판독하기가 어려워 탐사진행 중 한 두 번은 도계를 헤맬 일 때가 있다고 한다.

오늘 일정을 맺는 충주시 앙성면 닭이머리고개에 도착하니 경기도 여주의 도계표지 판과 이정표가 우리 일행을 반기여 주고 있었다. 경기도 여주 땅에서 충북으로 넘어오는 고개 마루 오른편에 청풍명월의 고장이란 문구와 충청북도를 알리는 큼지막한 자연석이 우리를 반기고 있어 내 마음이 한결 홀가분해졌고 더욱 가벼운 발걸음으로 탐사를 종료하였다.

금년에 실행한 탐사 일정을 제일 늦은 시간에 종료하고(16시 30분 경) 청주에 도착하니 땅거미가 져 밝은 가로등이 나를 반기는 것 같았다.

회장을 비롯하여 탐사를 주관하는 박 대장과 진행을 일괄하는 김 사무장을 수고를 치하 드린다.

금년 탐사 중 11차가 제일 기억하고 싶은 날인 것 같다. 이번 탐사는 날씨도 좋고 만추를 만끽할 수 있었고 활엽수가 낙엽이 져 앙상한 나목을 감상하는 느낌은 속세를 등진 도인이 입산수도하며 자연을 벗 삼아 생을 영위하는 것 같은 생각이 들었다.

정말로 오늘 탐사는 자연과 더불어 즐기는 하루였고 오랫동안 간직 할 수 있는 뜻있는 날이다.

○ 구 간 : 충주시 앙성면 중전리 닭이머리고개 ~ 충주시 앙성면 영죽리 덕은음나루(12.8㎞)
○ 일 시 : 2006년 12월 09일

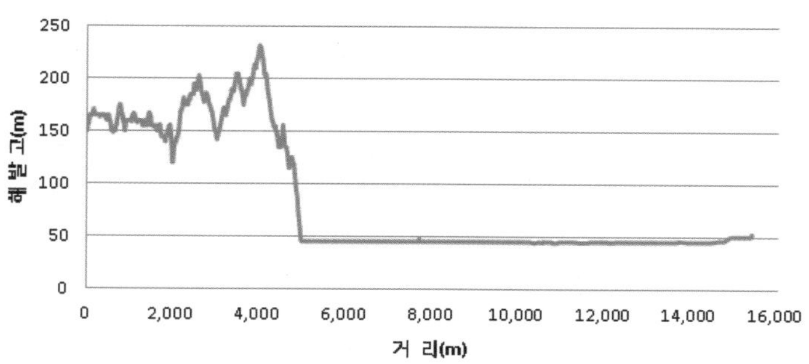

▣ 경계탐사

일찍 일어나 창문으로 밖을 내다보니 빗방울이 떨어지고 안개가 끼여 시야가 좋지 않은 것 같다. 오늘 탐사에는 점심 준비를 하지 않아도 된다고 하니 아내는 홀가분하다면서 탐사 갈 때 마다 점심 반찬 때문에 신경이 쓰인다고 처음 고충을 털어 놓았다. 배낭이 비에 젖지 않게 커버로 둘러친 후 조그만 우산을 손에 들고 아내의 배향을 받으며 06시 20분이 넘어 집을 나섰다. 가다 생각하니 스틱을 잊고 나와 아쉬움이 들었다.

도청에서 늦게 떠나 시간적으로 여유가 있으려니 하고 여유를 부리면서 도로 건너편을 쳐다보니 탐사대원을 출발지까지 실어다 주는 미니버스가 막 도착하는 것이 아닌가? 교통신호를 위반하면서 뛰어가니 총괄하는 김 사무국장이 버스에서 내려와 두리번거리며 나를 찾는 것 같았다. 늦어 미안하다고 인사 겸 죄송함을 이야기하면서 자리에 앉았다. 맛있는 떡과 사과 음료수까지 나누어 주어 오늘의 탐사는 더욱 알차고 뜻있는 일정이 될 것 같았다. 차창에는 겨울비가 내리고 안개 때문에 시야가 나빴다. 지난번의 목적지인 닭이 머리고개에 08시가 넘어 도착하였고 비 때문에 준비운동만 간단히 하고 출발하였다.

▲ 소나무 잎 끝에 맺힌 빗방울 (육성준기자 촬영)과 대원의 배경이 아름다움을 더 한다

비가 와도 우산도 우비도 없이 가는 대원도 있었고 우산과 우비 두 가지를 다 입고 쓰고 걸어가는 대원도 있다. 충청리뷰의 편집국장도 산림과장과 계장도 동참하여 평소보다 대원의 인원이 많았고 산림관계자가 참석하여 우리 도의 산림자원 보존과 앞으로의 임산자원의 개발방안을 위한 논의를 했다.

날씨가 좋지 않아 시야가 나쁠 뿐만 아니라 낙엽이 져서 낙성하기도 안성맞춤일 뿐 아니라 나뭇가지가 우산에 걸리어, 탐사에 불편한 것이 한 두 가지가 아니다.

08시 50경에 충북과 경기도를 연결하는 이름 모를 고개 마루에 있는 옛 성황당 자리에는 돌덩이와 주변에는 늙은 나무가 있어 선인들의 마음의 안식을 찾아볼 수 있었다.

길손들의 안녕과 소원 성취를 위한 기도와 어떤 행인들은 민족과 국가 안녕까지 빌면서 이 고개를 넘나들었을 것이라고 생각하니 도계 탐사의 의미가 여기에 있지 않은가 하는 생각도 들었다. 우거진 소나무 위에 걸쳐있는 비닐을 쳐다보니 사람이 도포를 입은 것처럼 보여 "마음 약한 행인이 쳐다보면 얼마나 흉측스러울까" 하는 생각도 들었다.

차령산맥의 한 줄기인 경기도에 위치한 봉우재를(안개가 시야를 가려 지도상에 표시됨) 멀리하고 이름없는 208m봉우리에서 남한강을 내려다 보니 청명한 날씨에 보는 것과 달리 그런대로 운치가 있고 묘미가 있는 듯하다. 또한 기후의 변화니, 이상기후니 하면서 지구 표면의 기온 상승을 걱정한 자연과학을 연구하는 학자들을 대변하는 것처럼 탐사로에 진달래 봉오리가 필듯 말듯 하는 현상을 관찰한 대원들은 자기 생각을 한 마디씩 말하였다. 희미하게 보이는 남한강 대교, 유유히 흐르는 크고 작은 하천 유역에서 인류의 문화가 시작되었고 지금도 물을 근원으로 삼아 많은 도시가 발달하고 물질 문화가 융성하고 있음을 알 수 있다.

이곳은 남한강을 끼고 도계를 형성하여 지명도 경기도 여주시 占東(面(점동면) 三合里(삼합리) (충청북도 경기도 강원도의 물이 합쳐지는 합수머리)이라고 행정단위를 명명하였다. 도계는 남한강 물줄기의 한 가운데를 중심으로 갈라놓았다. 1960년대 초 축성 되었다는 공용화기 및 개인 방어 진지는 강변에 동서로 있으며, 군 복무를 필한 일등 국민이라면 누구나 알 수 있다.

이곳은 강 건너에 적이 침투할 경우 이곳에 적이 접근 할 수 없도록 철근 콘크리트로 견고하게 만들어진 방어 진지이다. 지금도 예비군들이 진지를 관리하고 있는 흔적이 남겨져 있다. 진지 위에는 오랜 된 산 벗 나무가 있어 그 연륜을 짐작할 수 있을 것 같았다. 어느 대원은 벙커 안에 들어가 보기도 하고 주변을 살펴보기도 하였다.

▲ 1968년 1월 21일 김신조 일당이 청와대 기습 사건 후 축성된 듯 보이는 공용화기 방어진지

필자가 강원도 철원지방에서 1960년 말 군복무를 할 때 12월~1월의 평균 기온이 -10℃ 정도 였던 것으로 기억한다. 그 때 당시 눈도 많이 내리고 더 추위를 느끼게 된 것은 방한복과 기거하는 막사도 현재와는 천연 지차이다. 그 당시 국토방위를 위한 모든 시설들은 군인의 팔다리의 힘과 등으로 만들어졌기 때문에 그 고충을 체험하지 못한 사람들을 상상하기도 어려울 것이다.

청와대 기습을 위하여 남침한 "김신조"일당은 폭설이 내린 날 철주 기둥에 접한 부분을 절단하여 침투하였다. 이런 한 사실은 "김신조"가 생포되어 폭로하였기 때문에 알려진 사실들이다. 그 후 최전방 뿐 만 아니라 전군이 경계 근무, 대간첩 작전, 방어 진지 구축에 피땀을 흘려 국가 안위에 공헌하였다.

원래 계획은 보트를 타고 앙성면 덕은나루까지 가는 것이 오늘의 목표였는데, 수위가 낮고 여울목이 있어 역류로 운행할 수가 없어, 삼합리에 사는 사공한테 부탁하여 보트로 충북 쪽에 있는 제방 인접지역까지 (운행시간 7~8분 소요) 실어다 주었다.

우리 일행은 깊은 수심에 약간의 위험을 느끼면서 오른쪽의 절벽과 우거진 산림을 바라보며 자연의 힘과 아름다움을 만끽하였다. 깎아지는 바위 위에 암자인지, 무속인들의 기도원인지는 몰라도 작은 건물이 하나가 초라하게 보였다.

남한강 대교 옆 마을 명칭이 "衣岩마을"이라고 한자로 큰 자연석에 쓰여져있고, 풀이에는 옷을 입은 바위처럼 생긴 바위라고 해석하고 있었다. 10시 50분경에 승차하여 강둑을 따라 거슬러 가는 데 우리가 살고 있는 지방에서는 보기 힘든 고니떼(백조)가 한가로이 강에서 먹이를 잡기 위하여 자맥질을 하고 있는 광경을 발견하고 우리 일행은 환호했다. 고니는 백색만 있는 것으로 알았으나, 재색을 띈 고니도 있다.

▲ 남한강에서 발견된 고니(재색)와 백조(천연기념물 201호)

11시 40분경 덕은나루에 도착하여 지금은 아무 흔적도 없는 백사장에서 나루의 옛 명성을 찾아보려고 애를 썼다.

작게는 강 건너 원주시와 충주시 경계를 크게는 충북과 강원의 경계를 가리키면서 2006년의 탐사 계획을 끝마치고 2007년 丁亥의 첫 출발점이 되기도 한 지점을 대원들에게 "박"탐사 대장은 설명하면 둥글게 서서 "덕은나루"를 세 번 합창하여 함성을 외치는 데, 마지막 3창에서는 "덕은나~~~루"로 하였다 기념포즈와 기념 촬영으로 대단원의 막을 내렸다.

필자는 큰 뜻을 품어 몇 번 참석하지 못한 것을 아쉬움으로 간직하고 적지 않은 나이에 동참한 것을 자부하면서 앞으로 남은 탐사에도 건강한 육체와 젊은 생각으로 대원들과 함께 내 인생에 뜻깊은 『삶결따라 이천오백리』에 유종의 미를 걷을 것을 마음 깊이 다짐하면서 승차를 하였다. 오늘의 점심은 앙성면 소재지에 있는 진선미 식당에서 오찬을 하기로 약속 되어 있었다. 산악대장의 사회로 행사가 매끄럽게 진행되었다.

12시가 넘어 식당 벽에 충청북도 지도에 지금까지 탐사한 일정과 앞으로의 계획 일정을 명료하게 부착하여 처음 참석하는 대원들도 알아보기 쉽게 요약하였다.

▲ 덕은나루에서 박대장이 금년을 마무리하고 내년 계획을 설명하고 있음

▲ 정무 부지사님의 격려

▲ 덕은 나루에서 금년 대탐사를 종료하면서 함성을 외치고 있다.

격려차 노하욱 정무 부지사가 참석하여 오늘의 자리는 더욱 빛났다. 도계탐사가 우리 도민이 건강하고 행복하게 잘 살 수 있는 기틀을 마련하고 자손만대에 길이 남을 원초적 재료가 되길 바란다는 격려사가 있었다.

연방희 단장의 인사, 윤이사의 『삶결따라 이천오백리』의 해석도 있었고 대원들은 자기소개도 하였고, 시인의 시 낭송도 있어 화기애애한 분위기가 한 층 더 고조 되었다. 부지사의 건배 제의가 뜻있는 것 같았다 "살기좋은"하고 선창을 하면 대원들은 "충북"을 "행복한"을 하면 "도민"이라고 합창을 하였다. 14시가 넘어 기념촬영을 하고 청주로 출발하였다.

2차년도 탐사(2007년)

충주시 소태면 덕은리 덕은나루 ~ 단양군 영춘면 어의곡리 소백산비로봉

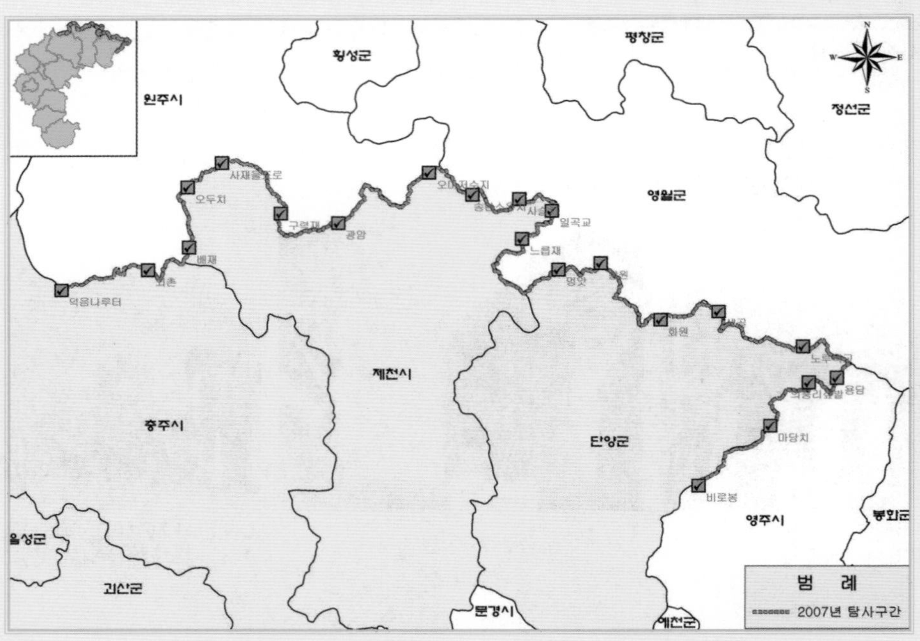

○ 구　간 : 정해년(丁亥年) 해맞이
○ 일　시 : 2007년1월1일, 제천 백운산에서(1,087m)

▣ 경계탐사

지난 달 2006년 도계 탐사 대단원을 마무리 하면서 귀가하는 차 속에서 새해맞이 행사를 충청북도의 최북단인 제천 백운산에서 할 예정이라고 공고하여 큰 버스를 준비하면 한 달에 한 번씩 모임을 갖는 다사모 회원들도 동참하면 좋겠다는 생각을 하였다.

일주일 전에 전화로 해맞이 축제 참석 여부를 물어보니 호응도가 좋치 않았다. 12월 30일에 문자 메시지로 동참 여부를 확인하고 간다고 전하여 주었다.

12월 31일에는 초저녁부터 자던 내가 졸음이 오지 않아 TV에 정신이 팔려 심야 타종까지 보고 그 중간에 미국에 있는 손자가 보고 싶고, 수술한 것이 궁금하여 화상 채팅을 하니 언제 아팠는가 할 정도로 잘 놀고 있어 마음이 편하였다.

2007년 00시 30분에 준비한 배낭을 들고 대문을 나서니 밤하늘에는 별빛이 밝아 일출을 볼 수 있겠다는 기대감을 갖고 백두대간 보존 사무실로 행하였다. 흥덕대교를 건너 제1 운천교를 지나서 예술의 전당 광장에서 행한 정해년 해맞이 축제를 관람하고 귀가하는 낯에 모르는 행인하고 새해 인사를 나누니 정겹게 답례를 한다. 너무 일찍 산행을 가는 것이 아니냐고 반문을 하여 새해 해맞이를 하려 제천으로 가는 것이라고 이야기를 나누면서 헤어졌다.

사무실에 도착하니 기대에 어긋나게 소수 대원들이 기다리고 있었다. 회장도 안 보이고 낮선 젊은 사람들이 몇몇이 있어 인사를 하는 둥 마는 둥하면서 미니 버스에 몸을 싣고 목적지를 향해 출발을 하였다. 한숨도 자지 못하여 배낭을 베개 삼고 입고 간 오리털 잠바를 이불삼아 2인승 의자에 누우니 잘만 하였다. 목적지까지 편한 자세로 누워 잠을 자면서 도착하였다. 04시 50분경 하차하여 등산을 한다고 하여 복장을 단단히 하고 차에서 내려 박대장 구령에 간단한 준비 운동을 맞추고 출발하면서 하늘을 쳐다보니 구름 한 점 없고 밝은 하늘에 별이 초롱초롱해서 '좋은 해맞이가 되겠구나. 하는 기대를 하면서 기상예보를 하는 아나운서를 원망하였다.

임도를 따라가다 보니 잘못된 것 같아 다시 뒤돌아서서 산 능선을 찾아 산으로 올라가야 하는데 잡목이 우거지고 급경사라 어디가 좋은가 알 수 없었다. 우선 잡목이 많지 않은 곳을 찾아 오르기 시작하였는데 능선을 찾지 못하여 고생을 했다. 목적지인 백운산 정상(1,087m) 일출 전인 07시 40분까지 도착해야 된다는 생각으로 부지런히 발걸음을 옮겼다. 야간 산행은 장교임관 후 광주에서 도피 도망이란 유격훈련을 받은 후 처음인 것 같았다. 그 때는 전등이 어디 있었으며 간식거리가 어디 있었나. 개인 장비뿐. 화순의 동북훈련장을 누비며 일주일간 낮에는 강의를 밤에는 훈련을, 취침은 4~5시간 밖에 되지 않아서 어려웠지만 젊음이 있기 때문에 생활 한 것 같았다. 선두에 섰지만 힘들어서 얼굴에 땀방울이 맺힌 것을 보고 박 대장이 한마디 한다. 산행 때는 추운 듯한 느낌으로 산행을 하고 쉴 때는 두터운 방한복을 입는 것이 겨울 산행의 원칙이라고 한다. 목도리와 장갑을 벗어 점퍼주머니에 넣고 부지런히 쫒아갔다. 후미에서는 건강하고 산행에 자신이 있는 젊은 대원이 탐사대원들의 안전을 지켰다.

지도가 없어서 멀리 보이는 도시가 나의 짐작으로는 제천이 아닌가? 대원들에게도 제천일 것이라고 강조를 하였지만 대답하는 대원은 없었다. 멀리 보이는 전기불은 마치 어릴 때 밤하늘에서 반짝이는 은하수처럼 수많은 불빛이 비치고 있다.

목적지로 진행하는 도중에 멀리서 반짝반짝 보이는 전기불을 보면서 옛날 전설의 고향이란 TV프로를 연상하면서 "과객이 저 불빛을 보고 찾아 가면은 하얀 소복을 한 여인이 한 밤중에는 구미호로 도섭하여 해고 지를 할 것이다."라고 했더니, 그런데 왜 구미호로 변신하는 사람이 꼭 여인이냐고 반문하는 젊은 여성의 질문에는 대답이 궁핍하였다. 진행 중에 하늘을 가끔 쳐다 보니 구름이 점점 많아져 좋은 일출을 보기는 어려울 것이라고 짐작을 하면서 백운산 정상에 도착한 것이 07시 20분이 넘었다. 동서남북 방향도 판별이 되지 않고 구름도 많이 끼고 바람은 불지 않지만 겨울이라 날씨가 쌀쌀한 편이었다. 점퍼, 목도리를 꼼꼼하게 입고 동쪽을 바라보니 일기가 심통을 부리는 것 같아 미웠다.

정상에는 예비군이 구축해놓은 호도 있고 통신 시설이 가운데 있어 고사 드리기에는 장소가 비좁았다. 우리 다사모의 산신제에 비하면 너무나 초라했고 어떻게 천지신명에게 고할까 걱정이 되었다.

삼사 실과도 아니고 주과포도 없다. 잔도 향도 물론 없다. 그러한 생각이 있었다면 출발 전에 예고라도 하였으면 간단하게 준비할 것이 아닌가. 산악대장의 명에 의하여 내가 제주가 되었다. 초헌은 내가 하고 아헌은 산악대장이 종헌은 나와 참석한 전 대원이 동시에 하였다.

▲ 정해년 새해에 제천 백운산 정상에서 도계 탐사의 안녕을 기원하는 고사

▲ 백운산 정상(1087m) 정해년 새아침에 도계탐사 대원의 힘찬 함성

08시가 넘어 정해년 해는 한발 이상 높이 솟아 우리를 반겼다. 육 기자는 기념촬영을 하려고 애를 썼다. 필자는 건전지가 얼어서 사진기가 작동을 하지 않아 여러 번 시도를 하는데 많은 수고를 하였다. 여러 가지 준비는 극히 부족하지만 생각이 부족하여 그러하오니 하해와 같은 도량으로 굽어 살펴 주시길 간절히 바라옵고 다음에는 그러한 잘못이 없을 것을 다짐하면서 해맞이 행사를 진행하였다.

2007년 도계탐사 대원들의 건강과 좋은 결과를 얻어 충청북도 발전에 큰 획을 그을 수 있게 해달라는 기원을 천지신명에게 올렸다. 또한 경신년 새해에는 우리 도민뿐만 아니라 모든 국민들이 잘 살 수 있고 선진대열에 진일보할 수 있는 황금 돼지해가 되길 기원하였다

대원들이 준비해 온 간식과 뜨거운 물을 이용하여 컵라면을 간단히 먹은 것으로 음복을 하였다. 늦은 감은 있지만 촬영하기 좋은 지점을 찾아 대원들은 포즈를 취하고 함성까지 지르면서 기념 촬영을 위한 셔터를 수도 없이 눌러댔다. 육 기자 사진기도 날씨가 추워서 건전지가 작동을 하지 않아 사진기에서 꺼내 문지르기도 하고 품 안에 넣어 온기를 불어 넣기도 하였다. 육 기자의 좋은 실력으로 새해 해맞이 기념 촬영을 성공리에 끝내고 하산을 시작하였다.

하산길을 잘 몰라 주변에서 올라온 등산객들에 물어 보았지만 확실히 알고 있는 사람들이 없고 그렇게 가면 목적지에 도착할 것이라고, MBC 송신탑을 기점으로 부지런히 하산하였다. 음지에는 눈이 하얗게 쌓였고 우리가 내려오는 등산로에도 눈이 녹지 않아 상당히 미끄러운 곳이 많았다. 08시 40분경에 송신소에 도착하니 정문에는 현역군인이 경계근무를 하고 있는데 하산길을 물으니 알지 못하고 군사기밀을 민간인 한테 알려

줄 수 없다고 한다. GPS를 가지고 하산 길을 찾아도 잘 나타나지 않아 여러모로 모색을 하다가 제천시 백운면 쪽으로 가기로 하고 하산을 시작하였다.

처음에는 산길이 평탄하고 낙엽이 쌓여 산행하기가 좋았다. 또 잔설이 있어 겨울의 정취를 느낄 수 있고 동절기이라도 산속의 공기는 엄청 맑은 것 같았다. 내려 갈수록 골짜기는 깊고 아름드리 낙엽송이 하늘을 찌르는 듯 한 기세로 빼곡히 들어서 있어 미관상도 좋고 목만 보다가 울창한 숲을 보니 마음이 한결 가벼워진 느낌을 받았다.

또한 계곡에 흐리는 맑은 물소리는 탐사대원들의 발걸음을 경쾌하게 하는 것 같았다. 지루한 계곡을 빠져나오니 입구에는 잘 정비된 하상에 적은 저수지가 있고 안내판에는 다목적댐이라고 쓰여 있다.

각종 사고를 미연에 방지하고 접근을 방지하기 위하여 잘 짜여진 녹색 철조망으로 둘려 쳐 있다. 차량이 다닐 수 있는 도로 주변에 있는 밭에 수학하지 않은 배추가 하얗게 있는 것을 보고 내 마음이 안쓰러웠다. 많은 노력으로 농사를 짓 여는 지, 지난해 날씨가 좋아 김장 농사가 풍년이라 노동의 대가도 나오지 않아 농부가 수학을 포기한 것이다. 주민에게 물어보니 백운면 문막1리이고 골짜기 이름은 입구터 계곡이라고 한다.

또한 촌부 한 사람이 사냥에서 잡았는지 아니면 집에서 사육하는 멧돼지를 잡아 고기를 판매를 하고 머리를 해 먹으려고 멧돼지 머리(털색이)를 가스로 그을리고 있었다. 이 마을은 노래말처럼 산 좋고 물 맑은 우리마을 같았다. 우리나라 평지에서는 잘 볼 수 없는 묘지가 잘 가꾸어져 있는 것을 발견하고 자세히 보니 본이 경주 정씨라 정감이 갔다.

현감이나 관찰사 등 관직의 공적비는 흔하게 보았지만 마을 이장님의 공적비는 희소한 것이다. 윤병영이라고 씌어져 있고 1975년 9월 20일에 건립한 것이다, 그 때는 김신조 일당의 서울 난입과 거국적으로 새마을운동을 전개하던 시절이었다.

또한 마을 입구 도로변에는 많이 훼손된 예비군 마크와 4H를 상징하는 크로버 잎이 그려져 있는 입석표시판이 있었다. 70년대 초에는 '잘 살아 보자'는 구호 아래 새마을 운동과 반공사상을 주입하는 시대였기 때문에 전국 어디에서나 그러한 마크를 흔히 볼 수 있었다. 혹자는 그 시대 정권을 욕하지만 전쟁의 아픔을 경험하지 못하고, 설움 중에 제일 큰 설움은 배고픈 설움인데 그러한 것을 경험하지 못한 젊음 세대는 자유와 평화를 갈구한다는 미명 아래 '독재 정권'이니 '군사 정권'이니 하면서 비판을 하는것을 나는 동의하지 않는다.

힘들고 허기진 배고픔을 참아가면서 11시가 다 되어 버스에 올랐다. 아침도 못 먹고 강행군을 하였으니 온몸이 피곤하였다. 식사할 수 있는 곳을 찾아 백운면 소재지에 도착하여 대원들의 마음에 드는 식당을 찾았다. 혹자는 충주가 어떠냐고 하였지만 마침 식단표에 해장국이 있어 그곳으로 정하였다. 십여 명이 넘는 일행이 들어가니 양력 정월 초하루부터 많은 손님을 받니 식당 주인이 우리를 반기는 기색이 역력히 얼굴에 나타났다.

된장찌개와 김치찌개를 반 반씩 주문을 하고 식사가 나오기 전에 반주를 하였다. 김치가 맛이 있어 짠대에도 젓가락이 자주 갔다. 시장이 반찬이라고 하지만 음식이 정갈하기도 하고 맛도 마음에 들었다. 또 집에서 손수 빚은 식혜(단술)까지 주인장이 서비스를 하는데 이것이 고향의 정감이 아닌가. 맛있고 배불리 먹고 목적지인 청주로 향하였다. 오후 2시가 안되어 도착하였다.

○ 구 간 : 충주시 소태면 덕은리 덕은나루~ 소태면 주치리 외촌
○ 일 시 : 2007년 2월 10일

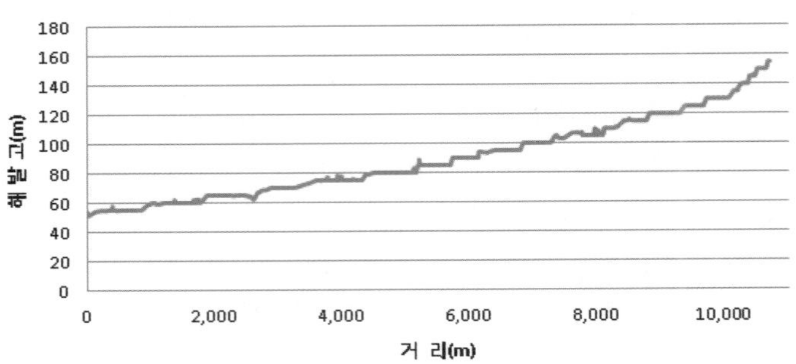

▣ 경계탐사

2007년 2월 10일, 명성만 있는 덕은나루에서 정해년을 맞이하여 힘찬 첫 발자국을 내디뎠다. 지난 일 년 동안 한 달에 두 번씩 도시락 준비와 간식 준비를 하여 숙련되었지만, 금년에는 처음이라 분산하게 준비를 했다. 06시가 넘어 대성고 앞에 도착하니 멀리서 오는 버스가 맞는 것 같아 도로에 인접하여 손을 들어 승차하니 평소보다 이른 06시 15분이었다. 차창 밖은 아직 동이 트지 않아 어두움이 깔려 있다.

▲ 천지신명에 고사를 드리고 있다

지난해의 차량보다 넓고 차창에는 커튼까지 있어 깨끗해 보였으나 의자는 부실하였다. 남한강 강변을 따라 목적지를 찾아가는 동안 백조가 3~5마리씩 무리를 지고 한가롭게 자맥질을 하고 있는 광경을 보니 평화스럽고 여유로웠다. 08시 15분경에 충주시 소태면 덕은나루 건너편에 도착하였는데 회장단에서 생각지도 못한 시무식 고사를 준비하였는데 너무 허술한 것 같았다. 삼사 실과는 물론 향도 준비를 못 했다. 우리나라 전통 제례는 주과포와 향이 기본인 것을 알지 못한 아쉬움을 남겼다.

예년 같으면 강바람에 얼굴을 에는 듯한 추위가 우리 대원들을 움츠리게 할 것인데 지구 온난화로 강가에는 버들개지가 하얗게 피어 발밑에서부터 봄이 온 것 같았다. 탐사대원들은 자유롭게 서 있고 박 대장의 진행에 따라 회장, 연장자순으로 잔을 올리고 끝으로 대원 전원이 묵념을 하여 금년에도 대원들의 안녕과 충청북도 발전에 기여 할 수 있는 뜻 있는 탐사가 될 수 있도록 천지신명에게 두 손 모아 빌었다.

▲ 도계탐사 대원들이 첫 발을 내 딛고 있다

연 회장이 탐사 때 옷은 가볍게 입고 휴식 때에는 체온이 떨어지지 않게 덧옷을 입고, 탐사 때에는 덧옷을 벗고, 항상 식수를 충분히 준비하고, 비상식량은 목적지에 도착하여 남아 있어야 한다고 대원들한테 주지시켰다. 08시 45분에 탐사 때 준비할 사항을 듣고 2007년 탐사를 시작하였다. 금년 첫 출발은 일년 동안 대탐사 준비를 위한 일정으로 하천의 둑과(모든 지역 경계는 통상 하천의 중앙과 지형이 높은 곳은 산등성이를 하고 있다.) 도로를 따라 탐사를 하기

때문에 힘은 들지 않지만 지루한 감이 있어 군대의 향도 격인 박 대장과 김태경 씨가 아기자기하게 탐사 길을 헤쳐 나갔다. 남한강의 지류인 황산천이 흐르는 지역은 긴 골짜기에 흐르는 하천 양변에 발달한 농경지를 토대로 발달한 전형적인 우리나라의 농촌이다. 이곳은 지형이 높아 겨울에 다른 지역보다 기온이 낮아 3~4전 복숭아가 동해(凍害)를 입어 줄기를 볏짚으로 쌓았다.

황산천은 원주시 귀래면 부론면과 충주시 소태면을 갈라놓은 도계이지만, 생활권과 농경지는 도간 구분 없이 소유, 경작하고 있다. 귀래면 용암리에 살고 있는 이명세(71세)씨에 의하면 80여 년 전(확실한 연대는 알지 못하지만 웃어른들에게 들었다고 함)큰 홍수로 인하여 유로가 변경되었다고 한다. 마을 앞 실개천이 과거에는 하천 주류로 도계였다가 현재는 마을 뒤로 황산천 본류가 흐르고 있다.

또한 귀래면 단강리 벌말은 마을 한 가운데 소로가 면 경계로 원주시 귀래면과 부론면으로 나누어져 있어 주거지(주택)는 귀래면에 있고 텃밭과 강아지 집은 부론면에 위치하는 기현상도 발생하게 되었다. 충주시 소태면에 거주하는 일부 주민들은 하천을 사이에 두고 행정 단위를 분류할 것이 아니라 하천 주변에 발달한 농경지와 마을을 행정단위로 하고 도계나 면계는 산 능선으로 하는 것이 주민들의 행정이나 생활에 어울리는 것이 아닌지 의문점을 갖고 있었다.

▲ 이명세 할아버지가 지형과 마을 현안을 설명하고 있다

탐사 대원들은 하천의 제방을 따라 답사를 하는 동안 지구 온난화를 체험할 수 있는 자연 현상이 한두 가지가 아닌 것을 실감하였다. 버들가지는 물론, 하천가에 있는 버드나무의 가지들을 멀리서 바라보면 생동감이 있게 푸름을 더하고, 하천에는 음지에만 얼음이 남아 있고 주변 산지에는 잔설이 있을 뿐이다. 옛날 같으면 이 고장은 우리나라 지형 특색인 동고서저로 아직 한겨울이라 두툼한 방한복과 방한모를 써야 탐사에 알맞은 복장일 것이라고 대원들이 한 마디씩 환담을 한다. 11시 10경에 제방 잔디 위에서 간식을 먹으면서 휴식을 하고 변화가 없는 하천 제방을 따라 탐사를 하는 동안 상류에 축사가 있는지 오염이 많이 된 것 같다. 물이 고여 있는 곳에는 물고기 치어 들이 분주히 돌아다닐 것인데 별로 눈에 띄지 않는 것은 오염이 되었다는 것을 증명하는 것이 아닌지, 의문점을 갖게 한다.

▲ 계절에 맞지 않는 버들가지가 피었다

11시 50분경 하천 주변에 자연석에 앉을 만한 장소를 찾아 맛있는 점심을 하였다. 컵라면을 준비한 대원 김밥 또는 빵을 준비한 대원들이 옹기종기 모여서 정감있게 식사를 하였다. 각자 특별히 준비한 음식물을 나누어 먹는 모습이 인정이 넘치는 탐사원들의 화기애애한 모습이 4년 후에는 좋은 결과를 가져올 것이라고 단언할 수 있는 모습이다. 도계 탐사를 지금까지는 능선을 따라 주행하였지만 오늘의 도계는 도로와 하천 인공 제방을 따라 실행한 것이 더 피로함을 느꼈다.

하천 건너 도로변에 흰 장승이 서 있는 것을 발견하고 발걸음을 재촉하여 근래에 건설한 다리이고 난간이 회색의 알루미늄으로 되어 있어 견고하면서도 깨끗하게 보였다. (2001년 9월 충주시 준공이라고 충북은 물론 원주 쪽에도 각인되어 있다. 도계를 연결하는 교량은 정부에서 어느 도에 건설비용을 부담하느냐에 따라 주관시도가 책임을 진다고 한다.)

원주시 주포리 입구에 서 있는 것은 장승은 몇 개 되지 않고 통나무에 여러 나라의 국기를 페인트로 그려 놓았고 그 안쪽에는 우리나라 수목을 대표하는 적송이 자연경관을 한층 더 아름답게 하기 위한 것처럼 자태를 자랑하고 있다. 나그네들이 특정 국가를 상징하는 국기 밑에 표현하기가 부끄러워할 정도의 모욕적인 그림을 그려 놓아서 낯이 뜨거웠다.

도로를 따라 탐사를 계속하여 강원도 땅에서 충주시 쪽으로 운포교를 건너서 운계천 제방은 충주시이고 하천 너머는 잡목이 우거진 산지였다. 하천 상류로 올라가면서 바닥은 큰 바위와 돌들이 많아 운치가 더욱 아름다워 보였다.

○ 구　간 : 충주시 소태면 주치리 외촌 - 제천시 백운면 화당리 배재(7.7㎞)
○ 일　시 : 2007년 2월 24일

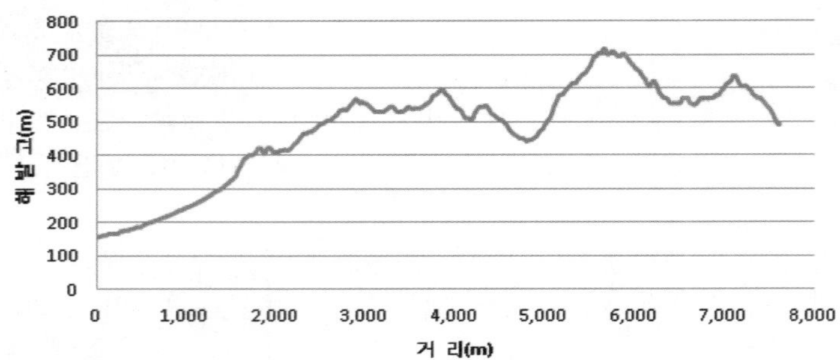

▣ 경계탐사

늦잠이 들어 허겁지겁 탐사 준비를 하여 등산화를 대략 신고 뛰기 시작하였다. 평소에 타던 장소를 쳐다보니 차가 막 도착하는 것이 눈에 들어왔다. 숨을 헐떡거리며 올라타니 자리가 여유가 있어 이상하게 생각하였다. 급하게 달려왔기 때문에 숨도 차고 땀이 나서 점퍼를 벗고 있는 동안에 대원들끼리 이야기하는 것을 들으니, 도계에 있는 마을 탐사(역사와 풍속 탐사) 팀이 처음으로 충주시 엄정면 소림리 마을로 떠나고, 종주 팀만 전번 목적지인 19번 국도에 도착하여 간단히 준비운동을 하고 탐사를(08시경에) 시작하였다. 계곡을 따라 탐사하는 곳은 소태면과 엄정면의 경계인 골짜기를 따라 진행하였다.

실개천을 따라 진행하는 입구에 아담하게 꾸며진 조그마한 산신당과 고목이 어우러져 있다. 꺼진 촛대가 있고 둥구나무 줄기에는 새끼줄이 매여져 있고 흰 문종이가 끼어 있는 것으로 보아 지금도 마을의 안녕과 풍요로운 삶을 영위하기 위하여 정성을 다하여 제를 올리는 모습을 그려 보았다. 몇 장의 기념사진을 담고 답사를 진행하였다.

경기도 광주와 강원도 춘천까지 번져서 나라 전역의 소나무류와 잣나무를 위협하고 있다. 전염병을 거의 앓지 않던 참나무도 치사율 20%나 되는 시들음 병이 전국적 확산으로 산림당국을 긴장시키고 있다. 소나무와 참나무에 대한 병충해의 확산을 우려해야 하는 이유는 우리 숲의 25%씩을 각각 구성하고 있는 대표 수종이기 때문이다.

가난하고 곤궁했던 시절에 앞선 세대가 나무를 심은 덕분에 오늘의 심리적 안정과 정서적 평안을 숲에서 되찾고 있다. 이런 숲이 조금만 방심하면 우리 곁에서 사라질지도 모른다. 지구온난화로 인한 기후변화와 생태계의 교란은 지금껏 경험해 보지 못한 새로운 병충해의 발생 가능성을 한층 높이고 있다. 숲을 누리는 우리들이 병충해의 발생과 방제, 고사목의 불법 이동에 관심을 가져야 하는 이유도 여기에 있다.

앞선 세대가 우리에게 누리고 즐길 수 있는 오늘의 숲을 물려주었으면 우리도 내일의 세대에게 지금보다 더 나은 숲을 물려줄 책무가 있다. 1인당 국민소득 수백 달러일 때 만든 숲을 일 인당 2만 달러라는 이 시점에 잃는다면 후세의 사람들은 과연 무어라 할까, 우리 모두 숲을 누리는 만큼 숲의 안위에도 관심 가져야 한다. 탐사 총책임을 맡고 있는 연회장이 깊은 산속에서 식수가 떨어졌을 때 대처하는 방안을 설명하였다.

▲ 산신제를 올리는 제당의 전경

▲ 백운산 산신령 신주와 제를 올린 흔적(초대)

도계 탐사가 우리 도의 북부지방인 북쪽으로 갈수록 고도는 높아지고 경사도 급하여 안전을 요하고 지난해와 달리 청주에서 거리가 멀어 여러 가지 제약이 많은 것 같다. 우리나라 숲은 1970년대 까지만 해도 헐벗은 산이었다. 일제 강점기에 수탈되었고 6.25전쟁으로 헐벗은 국토를 푸르게 복구하고자 온 국민이 합심하여 나무를 심었다. 그 결과 우리의 산림녹화를 세계의 성공작이라 평했다. 산림의 혜택은 세월에 따라 조금씩 변했다. 석유와 가스를 감당할 수 없었던 가난했던 시절에 우리 숲은 난방과 조리에 필요한 임산연료 창고였다. 산업화의 여파로 전 국토가 대기 오염과 수질오염으로 몸살을 앓을 때 숲은 깨끗한 공기와 맑은 물을 제공하는 거대한 자연정화 장치였다.

오늘날은 세계화와 극심한 생존경쟁으로 강박해진 심성을 어루만져주는 치유의 공간이 되고 있다. 또 한 자연 휴양림을 찾은 사람이 500만 명을 넘어섰고 국민의 40%가 매월 1회 이상 산을 찾는다는 보고는 오늘날 숲이 우리에게 어떤 존재인지를 잘 설명하고 있다. 그러나 안타깝게도 우리 숲이 당면한 위기 상황을 정확하게 알고 있는 이는 많지 않다. 치사율이 100%라는 소나무 재선충병은 병을 옮기는 매개충을 솔수염하늘소에서 북방수염하늘소로 바꾸어 재선충병에 감염되지 않는다고 믿었던 잣나무까지 고사시키고 있다. 남부지방에서만 확산되던 재선충병은 이제 다른 수목에 비하여 수분이 많은 다래와 자작나무와 너들 지대(잔돌 더미)를 파헤치면 식수를 얻을 수 있다고 한다. 또한 침엽수림 지역에서는 거의 물 얻기가 어렵다고 한다. 능선 정상은(외촌리 고개는) 원주시 귀래면과 충주시 엄정면 소태면의 경계 지점이다. 탐사 주변에는 칡넝쿨 같은 다년생 목초가 길게 나무에 매달려 있는데 낙엽이 져서 어떠한 형태를 하고 있는지 알 수가 없다. 줄기는 거무튀튀하고 매달린 나무를 휘감거나 기생 뿌리가 나와 있는 것도 아니다. 산은 그리 높지 않지만 600m 내외의 고도로 160m 높이를 오르고 내리는 정도인데 전번주엔 평탄한 제방과 도로를 따라 탐사를 하여서 그런지 힘이 평소보다 배 이상 드는 것 같다. 잡목이 우거진 곳을 벌채를 하였는데 잡목을 이리저리 잘라 놓아 탐사에 더욱 어려고 뾰족뾰족한 나무 등걸이 장애가 되어 발자국 떼기가 더욱 힘들고 위험을 느꼈다. 09시 15경에 휴식을 하고 산 능선에 있는 묘지가 강원도 원주시와 충북 충주시 경계 중앙에 묘지가 있는데 약간 원주 쪽으로 기울어져 있다.

10시 05분 해발 593m 갈미봉 정상에는 충주, 원주 두 시에서 세운 표지석이 있는데 충주시는 석주로 원주시는 알루미늄으로 표지를 하였다. 충주시에서 세운 석주에는 고도 표시도 없다. 원주시에서는 광고회사가 협찬한 것을 알 수가 있었다. 영동군에서 주관하여 삼도 봉에 기념물을 건립하였으면 어떨까? 하는 아쉬움이 남았다 지도에도 표시되어 있지 않는 도로를 횡단하여 높은 곳에서 내려다보니 충북과 강원도 경계가 뚜렷하게 나타났다. 산사태를 방지하기 위하여 시공한 공법이 다르기 때문에 그러하다고 도청 산림과에 근무하는 대원이 설명을 덧붙인다. 강원도에는 근래에 자연재해가 많기 때문에 중앙정부로부터 재정적 지원이 우리도에 비하여 크다고 한다. 그 공법은 녹생토 공법과 종자 살포공법이라고 한다. 이곳에 콘도가 들어서면 자연 훼손은 물론, 생태계 파괴와 콘도에서 사용되는 일일 용수를 지하에서 퍼내면 지하수가 고갈될 뿐만 아니라 백운면 일대의 주민들의 생활용수가 (식수, 농업용수 등) 부족하게 되고 주민들의 생존에도 위협을 느끼게 될 것이라고 걱정을 하였다. 종주 팀은 이 화백을 만나지 못하여 백운산 개발 문제점을 더 청취하지 못하고, 14시 15분경에 제천시 백운면 평동리를 출발하여 청주로 향하였다. 오늘은 급박한 아침 시간에 쫓겨 마음의 준비가 부족하였고 복사본 지도를 받지 못하여 지형을 이해하는 데 많은 어려움이 있었다. 다른 때와 다르게 고도가 높은 등산로였지만 천연림이 남아 있는 지역은 고지대였고, 이등변 삼각형을 형성하는 소나무는 거의 없고 이리 삐뚤어지고 저리 삐뚤어진 고목이 있는데, 그런 대로 운치가 있고 무게가 있어 보였다.

▲ 갈미봉 정상주변에 노송이 우거져있다

▲ 충북과 강원의 도계지점 : 도로 공사 시 절토 마감공법상 드러난 확연한 차이

능선을 따라 잘 어우러진 노송들은 탐사대원의 마음을 편안하고 즐거움을 가득하게 해 준다. 산 전체가 아름드리 적송으로 꽉 들어차 있으면 얼마나 운치가 있을까? 갈미봉을 지나 평탄한 곳에서 대원들은 옹기종기 모여 앉아 준비해온 점심을 맛있게 먹으면서 각자 특색 있는 음식물은 나누어 먹으면서 환담과 곁들여 즐거운 시간을 보냈다.

오늘 탐사로 에는 전에 못 보았던 진달래, 물푸레, 물 박달(나무줄기에 자작나무에 있는 나무껍질이 더덜더덜하게 부착 되어있다)의 군락을 보았고 산 능선에 많은 엄나무도 눈에 많이 보였다. 632m의 산봉우리를 마지막으로 탐사를 하고 배재고개로 내려왔다.

14시 15경에 승차하여 백운면 평동리에 있는 화가 이철수 댁에 들려 녹차 한잔에 피로를 풀면서 화실에 있는 작품을 감상도 하고 우리나라 마을에는 마을 자체 공유 토지를 보유하고 있는 마을 드문데 이곳 평동마을에는 100만 평이 넘는 산지가 공유토지로 되어 있는 것이 어떻게 된 것인지 군 유림에서 시 유림으로 넘어가고 백운산 주변에는 콘도를 설립하여 시 수익 사업체로 발주하려고 계획을 하고 있다. 이러한 노송을 보고 대원들이 가끔 탄성으로 극찬하는 소리를 들을 때마다, 이곳에 울창한 송림이 어우러져 있다면 우리 국토가 금수강산임을 여실히 증명할 것인데 하는 아쉬움을 남겼다.

▲ 배재 : 원주시 귀래면과 제천시 백운면의 도계를 안내하는 등산로 표지판

▲ 원주시와 제천시 백운면 경계인 배재를 탐사하는 대원들

▲ 화가 이철수 댁에서 환담을 나누고 있는 마을 탐사팀

○ 구　간 : 제천시 백운면 덕동리 사제울도로 - 백운면 화당리 배재로 (11.8㎞)
○ 일　시 : 2007년 3월 10일 (역 탐사)

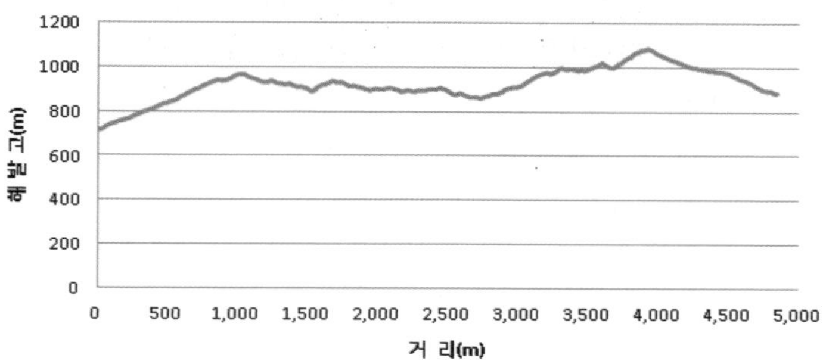

▣ 경계탐사

오늘의 일기예보는 오전에는 탐사에 좋은 날씨이고 오후에는 중부지방에는 눈이 오고 강한 바람이 불 것이라고 하여 배낭에 우산과 우비를 넣으면 어떠냐고 탐사 장비와 도시락을 준비하는 안식구가 물어, 우비만 넣고 여유 있게 대성고 앞에 06시가 넘어 도착하였다.

어느 정도 시간이 지나는데, 100m 선수 달리듯이 탐사대원(시인) 다가오고 있는 것이 아닌가? 차를 놓쳐 같이 가려고 그러는 줄 알았는데, 차가 지나서 앞에 있다고 하여 같이 뛰어가는 데, 박 대장이 우리 쪽으로 오고 있었다. 앞을 보니 비상등을 반짝이면서 나를 기다리고 있는 것이다.

연회장이 환담을 나누다 보니 깜박 잊고 지나쳤다고 한다. 전번에 대천을 같이 간 버스인줄 알았는데 지난해에 탐사에 동참한 운전기사가 새 차를 구입하여 다시 도계 탐사에 봉사하기로 했다.

첫 승객을 맞이하고 운행에 안전을 기원하기 위하여 고사떡까지 준비하여 탐사 대원들에게 배분하였다. 일찍 출발하는 관계로 아침 식사를 제대로 하고 참석하는 대원들이 많지 않기 때문에 고마움과 '부자 되세요.'란 말로 덕담을 나누며 맛있게 먹었다.(차량 번호 충북 바73 3811)

08시10분경에 19번 도로를 지나 귀래면을 지나 큰양아치고개를 넘으면서 목적지를 찾아가는데 약간 문제가 있었다. 도상연구를 충분히 하지 않아, 원주시를 들어서면서 군사도시(1군 사령부가 있는)를 상징하는 군용차량들이 왕래하는 것이 눈에 들어왔다.

연세대 분교를 지나 큰 글씨로 쓴 한라대를 보면서 원주대를 끼고 좁은 도로로 들어서면서 백운산 입간판과 백운산 휴양림 안내표지판을 따라서 백운산 정상 부근에 위치한 군 통신 중계소 입구까지 차량으로 이동하여 탐사를 시작할 예정이었다.

이 도로는 군용도로 사용하기 위하여 콘크리트 포장도로가 가설되었다. 도로변에 흐르는 하천 주변에는 자연석과 수목이 잘 어우러진 한 폭의 동양화처럼 느꼈다. 특히 주변에 남은 잔설이 있어 그러한 느낌을 더하게 하였다 깨끗하고 맑은 물소리 또한 자연과 조화를 이루는 듣기 좋은 자연의 소리이다. 관리사무소에 근무하는 안내자에 따르면 도로에 빙판이 깔려 차량 진입 어려움이 있을 것이라고 하였다. 1/4정도 까지 접근하다가 빙판 때문에 더 이상 진입을 못하였다. 대원들이 하차하여 도로변에 준비해놓은 방설용 모래를 어디에서 구하였는지 몰라도 비닐봉지에 담아서 차바퀴 앞과 진행 방향에 살포하였다. 차가 앞으로 수십 미터를 진행하니 차를 안전하게 돌릴 수 있는 곳이 있었다. 박 대장한테 얼마나 더 가야 도계 출발 지점에 도착하느냐고 물어보니, 3/4을 더 가야만 탐사를 시작하는 것이라고 한다. 도로 곳곳에 빙판이 덮여 있어 진행 속도도 느리고 위험도 따랐다. 9시 30분경에 등산로 입구 이정표 앞에서(해발 430m) 대원들이 진행할 산을 쳐다보니, 급경사이고 발목이 빠질 정도로 눈이 쌓여 이번 탐사를 더욱 어렵게 만들었다.

백운산 정상까지 도착하는 데는 급경사와 자연의 제약 많아 시간이 많이 소요되었고, 오늘의 목적지까지(배재) 탐사를 완료하려면 넉넉잡고 오후 4시가 넘어야 한다고 진행 맡고 있는 박 대장이 걱정을 한다. 능선을 따라 백운산 정상으로 향하는 등산로 서쪽으로는 천연의 물푸레나무가 우거져 있고 동쪽에는 조밀하게 조림을 한 잣나무가 무성하게 자라고 있다. 이상한 것은 이리 삐뚤, 저리 삐뚤한 소나무조차 찾아보기가 힘들고 잡목만 무성하였다. 11시가 좀 넘어 백운산(1087.1m) 정상에 도착하여 동서남북의 경관을 구경하고 탐사를 계속하였다. 해발 1002m 높은 곳에 한 장의 묘소가 있는데 합장한 경주 최씨이고 상석 건립 연대도 20여년(1986년) 된 것이다. 그 당시 이곳까지 상석을 올리기가 그리 쉬운 일은 아닐 터인데, 그 자손의 노고를 치하하고 싶다. 일 년에 한 번씩 하는 금초까지 걱정하는 대원도 있었다. 집행부에서 하산하는 것이 좋을 것이라고 판단하여 오두치(용두재)에서 도면상의 임도를 찾아 방향을 바꾸었다. 등산로 소로 길을 내려오는데 산딸기 덩굴과 잡목이 많아 진행 속도를 느리게 하였다. 제천시 백운면 덕동 계곡에는 임도가 개설되어 있는데 지금까지 보았던 임도와는 많은 차이가 났다. 산에서 흐르는 물이 임도를 파괴는 것을 방지하기 위하여 수로를 잘 만들었고 계곡에 흐르는 물줄기를 배관과 교량이 튼튼하게 건설되었다. 또 경사가 다른 곳보다 급한 곳은 도로에 콘크리트로 포장되어 도로 유실을 방지하는 역할을 하였다.

날씨는 탐사하기에 좋은 날씨 같다. 일기예보에는 오후에 바람이 많이 불고 비도 온다고 하였는데 아직까지는 구름 만 약간 끼였다. 점심을 먹을 만한 장소를 찾는데, 대원들이 둘러앉아 담소를 나눌만한 평탄하고 바람을 막아줄 만한 곳을 찾는데, 그러한 장소가 없었다. 진행하면서 이곳저곳을 눈여겨보아도 없어서 바람을 막아주고 옹기종기 앉을 만한 곳에서 12시가 좀 넘어서 점심을 먹었다. 탐사 때의 점심은 집에서 늘 먹는 반찬인데도 정말 맛이있다. 뜨거운 물을 보온병에 담아 왔는데 대원 한 사람이 물이 없어 라면을 어떻게 먹느냐고 걱정하여 덕을 쌓았다.

▲ 통신중계소 연결 군사도로

연회장은 추운 날씨에 라면을 맛있게 끓여서 먹는데 오늘은 뜨끈뜨끈하고 맛있는 라면 국물이 먹고 싶었다. 미안하게 생각하면서 청하니 쾌히 답을 하므로 얻어먹으니 온몸에 온기가 들고 생동감이 넘치었다. 13시가 가까워 탐사를 진행하는 데 산 능선에 눈이 쌓이고 바람도 약간 불고 눈발까지고 날려 어려움이 더하였다. 소나무는 거의 없고 잡목만 꽉 들어차 마음 한구석에 서운함을 느끼면서, 왜 이곳은 적송이 없을까? 일제시대와 6.25를 겪으면서 남벌이 행하여진 것은 아닌지? 시간이 흐르면서 눈보라가 치는데, 근래에 이러한 눈보라를 격은 적이 없는 것 같았다. 눈보라가 앞이 안 보일 정도로 휘몰아쳐 하산하는데 어려움이 더하였다. 방수가 되지 않는 점퍼는 눈에 젖어 속옷까지 찬기가 돌았다. 박 대장은 계속 차량과 전화 연결을 하였지만 잘되지 않아 어려움이 있는 것 같았다. 도로변에 흐리는 하천은 밑으로 내려올수록 더 수량도 많아지고 하천의 바닥에는 크고 작은 돌과 바위가 우리 일행을 유혹하는 것 같았다.

금년 여름 피서를 이곳으로 오고 싶은 충동을 느끼었다. 마을 입구에는 차량 통행을 막는 시설이 되어 있었다. 주변에는 노송이 있고 안내문과 경고문이 너저분하게 있어 자연의 미를 해치고 있어 마음이 꺼림칙하다.

흰색 렌터카가 올라가는 것을 보고 어디에서 본 차라고 하지만 관심 둘만한 여유가 없어 하산 속도만 빠르게 발걸음을 옮겼다. 정신없이 걸어가고 있는데 아까 올라갔던 차량이 옆에 서면서 차 문이 열리고 타라고 하는데 뒤에 처져서 내려오던 대원들이 타고 있었다. 적정 승차 인원이 넘었지만 끼여서, 마을 입구에 도착하니 우리 반겨주는 사람들이(운전사 내외) 기다리고 있다.(14시 반이 넘어 청주로 향하였다.)

차창에서 내다보는 덕동계곡은 더욱 좋은 것 같았다. 민박을 알리는 간판과 새로 지은 건물은 운치가 있고 준비 시설도 잘 정돈되어 있다.

계곡을 빠져나오는 동안 눈발도 가늘어지고 바람도 잔잔해지는 것 같았다. 청주까지 오는 동안 날씨가 좋아져 끝까지 탐사하지 못한 아쉬움을 남기고 귀가하였다.

○ 구　간 : 백운면 덕동리 사제울 도로 – 백운면 운학리 구력재 (10.5㎞)
○ 일　시 : 2007년 3월 24일

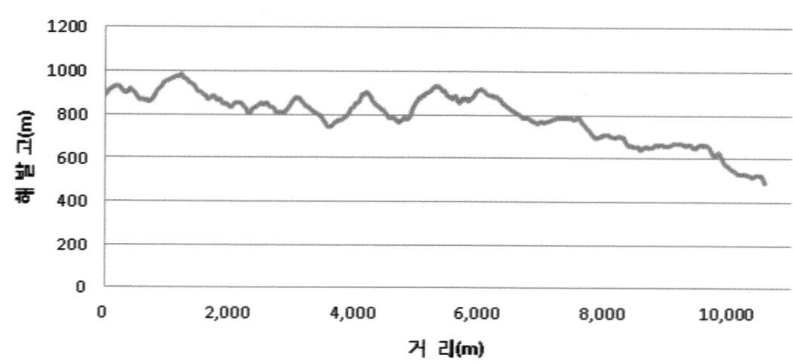

▣ 경계탐사

일기예보에는 오늘 늦게부터 내일 하루 종일 비가 내리고 오후에는 강풍까지 동반한다고 한다. 전번 탐사 시“연” 회장이 우천 시 탐사에 준비할 사항을 뇌리에 새기면서 갈아입을 겉옷, 속옷, 양말 등을 준비하고 잠자리에 들었다. 자다가도 비가 오는지 몇 번씩 확인하였다. 빗줄기는 굵어지고 세차게 내리고 있었다. 05시가 넘어 아침상을 차리면서 오늘 같은 날도 탐사를 하는지 알아보라고 성화가 대단하다. 밥상을 앞에 놓고 핸드폰을 열어보니 문자 메시지에 탐사를 강행한다고? 하여 체온이 떨어질까? 염려를 하고 겨울 파-카까지 배낭에 넣고 출발하였다.

비오는 새벽공기가 더욱 상쾌하게 느껴져다. 대성고 앞으로 가는 도중에 생각이 났다. 우비가 바람에 펄럭거리면 나뭇가지에 걸릴 우려가 있을 것 같았다. 그것을 방지하기 위하여 허리띠가 필요한데, 끈을 준비하지 못하여 편의점을 두 곳에 들렸지만 헛수고였다. 쓰레기 더미에서 부드럽지 못한 노란 끈을 쪼개어 매듭을 졌다. 대성고 앞 도로에서 06시가 넘어 승차하니 대원들이 반갑게 맞이해 주었다. 즐거운 마음으로 답례하고 인사를 나누었다. 차창에는 봄비가 계속 내리고 있었다. 탐사하는 데는 많은 지장을 주겠지만 만물한테는 생동감을 주는 좋은 활력소일 것이다.07시 50분 경에 휴게소에 잠시 들려 마을팀과 만나고 준비 못한 물건을 구입하였다.

▲ 봄비와 안개 때문에 탐사에 어려움 컸다

▲ 학구적 태도가 보이는 학생들 탐사모습

비는 더욱 세차게 내리고 안개가 산을 덮어 산봉우리가 보이지 않는다. 전전 주일에 눈보라가 쳐 목적지까지 탐사를 하지 못하고 덕동계곡을 따라 하산을 하였던 백운면 덕동리 교차로에서 오늘의 일정을 어떻게 할 것인지? (전번 탐사하지 지역을 보강 탐사할 것인지, 계획대로 할 것인지?)망설이고, 대원들에게 의견을 묻기도 하였다. 회장을 비롯하여 다른 대원들도 계획대로 실천하는 것이 좋고, 여름철 우기에 대처하는 능력도 배양하는 효과도 있을 것이라고 단정 짓고 강행하기로 하였다. 비는 더욱 세차게 내리고 안개가 짙게 깔려 10m 앞을 내다볼 수 없을 정도로 시야를 가렸다.

08시 45분에 해발 628m 배재고개에서 간단한 준비운동을 하고 급경사를 올라가니 산등선에 도계를 따라 사람들이 다닌 흔적이 있고 탐사에 도움을 주는 리본을 발견할 수가 있었다. 탐사 주변에는 주로 잡목들이 우거져있다. 탐사로 주변에는 물푸레나무와 진달래 군락을 볼 수 있었다. 드문드문 서 있는 노송은 푸르름과 웅장함이 대원들 입에서 탄성을 자아내게 한다. 이등변 삼각형으로 소나무의 붉은색으로 잘 자란 나무도 있지만 대부분은 이리 비틀 저리 비틀한 생김새 때문에 산을 지키고 있었다. 우리 속담에 못난 자식이 가정을 지킨 다"는 것처럼 생김새를 하나씩 보면 볼품은 없지만 서 있는 그 자태의 위용은 어딜 갖다 놓아도 우리나라를 대표할 수 있는 수목 중에 왕이라고 이야기할 수 있다. 우리 강토의 아름다움을 지키고 이어가고 있는 느낌을 준다.

충북대 임학과 학생들이 "지도 교수"를 따라 2명이 처음 참가하였는데 연회장이 하나씩 자세히 설명을 해주는데 듣는 사람과 교육하는 사람의 자세가 너무 진지하게 진행하였다.

학교에서 배운 것도 있겠지만 현장에서의 설명도 잘 듣고 우천에도 불구하고 기록을 하면서 사진도 번갈아 촬영하면서 동참하는 태도가 보기도 좋고 학구적은 태도도 돋보였다.

10시 30분 경 한 대원이 탐사로 밑에서 "처녀치마"가 있다고 외쳐 이 산중에 무슨 처녀치마 냐! 고 반문하면서 "과부치마는 없는냐" 고 농담까지 하면서 탐사의 지루함을 달랬다. 해발 700m~900m 오르내리면서 위험함과 힘든 역경을 이겨낼 수 있는 힘은 산 능선에서 전후좌우로 볼 수 있는 아름다운 자연경관을 감상하면서 호연지기를 배양하는 것에서 나오는 것인데 오늘의 탐사는 비와 짙은 안개 때문에 10m 앞도 볼 수 없기 때문에 힘이 평소보다 몇십 배 힘이 들고 지루한 감이 들었다.

"처녀치마"는 깊은 산 중에서 많이 발견되는 1년 초로써 꽃이 만개하면 미니스커트처럼 꽃잎이 아름답다고 한다. 지금까지는 본 적이 없지만 탐사에 참석을 하면 볼 수 있는 계기가 있을 것이라고 윤 선생님이 설명에 덧붙인다.

11시경 해발 827m 산 정상에 있는 소나무 3그루가 죽었고 그중 한 그루가 표피가 벗겨져 가고 있고, 잎이 축 쳐 져 있는 것을 보고 "연" 회장이 소나무 재 선충에 대하여 교육받은 내용과 지금의 소나무 고사 형태가 같다고 하면서 사진 촬영도 하고 위치도 추적하여 도 산림과에 보고할 수 있는 자료 수집에 분주히 움직였다.

주변에 수령이 얼마나 되었는지는 몰라도 웅장한 굴참나무 군락 지역을 지나는데 이상하게도 몇 그루가 사람에 의하여 베여있었다. 간벌도 아니고! 의아심을 갖고 대원들과 의견을 나누는데 해답이 바로 나왔다. 주변을 살펴보니 높은 굴참나무 끝에는 겨우살이가 띄엄띄엄 붙어 있는 것을 발견하고 답을 얻었다. 또한 답사 하는 중 눈에 잘 띄지 않던 자작나무가 짙은 안개 속에서도 희끗희끗하게 보였다. 자작나무 군락지는 처음 보는 것 같았다.

안개와 비! 정말로 오늘 일정을 힘들고, 어렵게 만들고 있었다. 일기예보에서는 오후에 강한 바람이 불 것이라고 예고하였지만, 그 때까지 기다릴 수가 없어서 대원들이 편히 앉아 점심을 먹을 수 있는 장소를 찾았지만 좋은 장소가 없었다.

▲ 우산과 우비로 빗물을 막으며 점심을 먹고 있는 탐사 대원들

11시 40분경 자리를 잡고 준비한 점심을 먹는데 불편하기가 그지없었다. 비는 오고 우산은 써야 되고 반찬을 놓을 장소는 마땅하지 않고 옆 사람이 쓴 우산에서 빗물은 솟아져 내리고, 정말로 점심을 먹는 것인지, 빗물을 먹는 것인지 알 수 없었다.

연 회장이 고맙게도 라면 국물하고 같이 먹으라고 성화를 하여 밥그릇에 뜨끈뜨끈한 국물을 부어 먹으니 "라면"의 진미를 오늘 발견한 것 같았다. 라면 국물 때문에 추위에도 이기고, 짧은 시간에 점심을 먹을 수가 있었다.

▲ 자연림과 조림한 수목이 잘 어우러저 있다

물과 커피가 필요한 대원들에게 나누어 주고 주섬주섬 배낭을 꾸리고 탐사를 시작하였다. (12시 20분) 도계를 따라 탐사하는데 잣나무를 밀식한 곳을 발견하였다. 식재를 한지 꽤 오래된 나무이라 하늘을 찌를 뜻한 기상으로 성장하였는데 너무 밀식하여 나무들이 햇빛을 많이 받아 생존경쟁에서 이기기 위하여 피나는 노력을 한 결과로 나무들이 너무 가늘게 잘랐다. 강원도 도계 탐사 리본을 몇 군데에서 발견하였다. 또 흰 천에 마산: 전 수배, 진 희자 리본을 여러 곳에서 발견하였다.

대원들에 따르면 이 사람들은 부부 같은데? 충북 괴산 명산에서도 리본을 볼 수가 있다고 한다, 마산에서 이곳까지의 거리는 가까운 거리도 아니지만 무엇 타고 와 탐사를 하고 어떻게 귀가하는지? 많은 의문점을 제기하면서, 한편으로 이러한 생각을 갖게 되었다.

우리 강토의 아름다운 산들을 너무 좋아하는 부부인 것 같다. 자연에 흠취한 그 정기를 받아 가정의 화목, 지역사회, 국가 발전에 기여할 수 있는 모범 가정을 이루길 기원하는 맘도 생겼다.

오후 2시가 넘어 해발 759m에 성황당 흔적을 발견하였다. 지금도 고개를 넘어 다인 소로 길이 나 있고 돌무덤, 고사 직전의 노목이 서 있어 옛날 길손들이 지나가면서 주변의 작은 돌을 주워서 쌓기도 하고 침을 3번 뱉고 발로 땅바닥을 세 번 힘차게 내려 딛는 풍속을 마음속으로 그려보았다.

지도상에는 고개 이름이 없어 지도에서 강원도와 충북(내 생각으로는 강원도로 들어서면 원주가 있으니까? 제천 백운면 사람들이 주로 이 고개를 이용한 것으로 생각된다)의 마을을 찾아 어느 동리에서 어디로 넘어 다니던 고개였다고 단정할 수밖에 없을 것이다.

오늘의 탐사는 일기가 불순하여 힘들고 어려웠다. 헤아릴 수 없을 정도로 높고 낮은 산능선을 넘어도 끝이 없는 것 같고,더 힘들게 한 것은 앞이 안 보일 정도의 안개와 비 때문이다.

산 능선 정상 주변에는 아직까지 잔설이 남아 있고 경계선의 소로에는 얼음이 깔려 대원들 중에는 가끔 낙상하는 사람들도 있었다. 시야가 나빠 쾌적한 느낌을 주지 못하는 자연 현상 더 원망스럽고 얄밉기까지도 하였다.

다른 한편으로 생각하면 충주 댐 건설로 인한 그 피해가 있는 것으로 생각된다. 1980년대 초 지리 교수님들과 충주 지역을 답사한 적이 있는데 짙은 안개가 12시가 넘어 햇빛을 볼 수가 있었다. 이것이 다 인재가 아닌가 생각된다.

강원도 쪽에는 낙엽송을 많이 심었는데 충북 제천 땅에 심은 잣나무보다 관리가 잘 되어 나무들이 잘 자라고 굵기도 굵어 자산의 가치가 큰 것 같고 미관상으로도 좋아 보였다.

지루한 탐사가 계속되는 동안 어디서 굴착기 작업 소리가 들려 이제 목적지가 가까워진 것을 알게 되니 힘이 솟는 기분이 들었다.

박 대장이 운전기사와 통화 내용을 설명하는 데 군 통신 중계소까지 버스가 접근하지 못하여 부대 밑 삼거리에서 대기 중이라고 대원들한테 안내를 한다. 통신부대 철조망에 불순분자의 접근을 사전에 탐지하게 부착해놓은 깡통과 자갈에 녹이 쓸어 있었다.

지휘관과 장병들의 근무 상태를 짐작할 수 있었다. 정문에서 근무하는 병들한테 수고한다는 인사를 나누면서 (해발 923m 16시 20분) 하산을 서둘렀다. 오늘 처음 참가한 대학생 왈 하는 말이 우리 일행의 귀를 거슬렸다.

그 이유는 작년 11월에 제대하였는데! 아주 먼 옛날에 제대한 것처럼 이야기하여 대원들의 웃음을 자아냈다. 비는 내리지 않았지만 안개는 여전히 걷히지 않아 상쾌한 기분은 아니었지만 지루한 탐사가 끝났다는 것을 생각하니 발걸음이 가벼웠다. 지저분한 등산화와 바지를 대략 씻고 17시가 다 되어 차에 오르니 피로가 확 풀린 기분이 들었다.

귀가 중에 대원들이 시장하다고 하면서 시원하고 텁텁한 막걸리 한잔이 생각이 난다고 하니 원주시 외곽지를 지나 면사무소가 있는 곳에 들여 빵과 막걸리를 구입하였다.

그때 막걸리의 진미를 처음 느껴본 것 같다. 날씨도 그렇고 옷도 젖어 술 한잔하기에 딱 좋은데? 막걸리를 먹으면서 연 회장한테 미안한 마음을 전하면서 귀가를 재촉하였다.

상당구청 앞으로 19시까지 식구들을 나오라고 연락을 하였다. 내일은 안식구 귀빠진 날이기 때문에 각과 함께 만찬을 하기위하여 약속을 한 것이다.

○ 구　간 : 백운면 운학리 구력재 – 봉양읍 옥전리 광암광암(8.37㎞)
○ 일　시 : 2007년 4월 14일

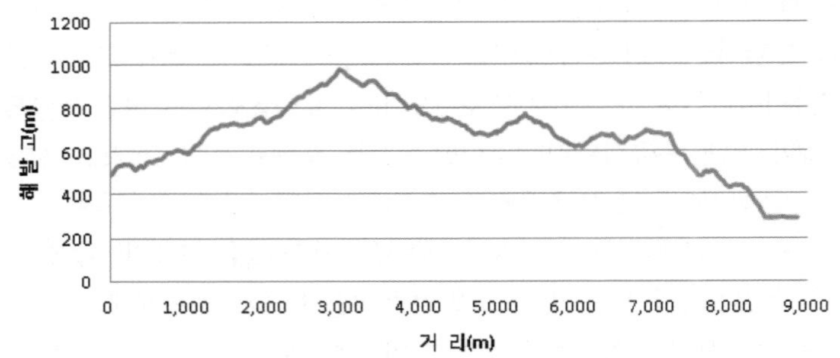

▣ 경계탐사

지난 번 탐사에서 날씨 때문에 너무 고생을 하여 출발하기 전부터 심신이 움츠려졌다. 부지런히 탐사대원을 수송하는 버스를 타기 위하여 대성고 앞까지 뛰다시피 하여 도착하였지만 06시 20분이 넘어 승차하였다. 버스 안에서 충청리뷰를 일 부씩 나누어 주면서 작년 탐사 시 폐가에서 수집한 책에 대하여 윤 대원이 대담한 내용과 사진이 게재되었고, 내용은 100여 년 전에 (일제강점기 때)금지 되었던 지리책으로 역사적 가치가 있는 귀중한 내용을 담고 있다고 대원들에 일러주었다. 몇 번 빼먹은 탐사 필수 자료인 지도를 복사 분배하여 뜻있는 탐사가 될 것이라고 예감이 들었다. 짙은 안개가 시야를 가려 상쾌한 기분은 아니었다. 일기 예보에서 주말을 보내기 좋은 날씨라고 강조하였지만 마음이 놓이지 않았다.

백운면 구력재(530m)에 08시 10분 경에 도착하여 출발 전"연"의 구령에 따라 준비운동하고 전번 출발시점은 급경사라 처음부터 고생을 많이 하였지만 오늘은 쉽게 도계를 접근하여 마음이 가벼웠다. 탐사를 시작한지 얼마되지 않아 강원도 산 계곡에서 흰 차량이 보이고 기계소리가 들리는데, 무엇을 하는지 알 수가 없어 대원들이 궁금하게 생각하고 있었다. 그 답이 바로 나왔다. 급경사에서 포크레인 2대가 벌채해 놓은 나무들을 정리하고 있었다.

▲ 급경사에서 작업을 하고 있는 중장비

▲ 오늘 탐사 중 높은 구학산 정상

경사가 급한데 위험해 보였다. 도계 옆에서 인부 두 사람이 작업을 하고 있어 원주시에서 하는 작업이냐고 물으니 사유지라고 한다. 갱신 수종을 물으니 알지 못한다고,....

경사가 급하고 잠시 휴식하는 동안에 각자 준비한 간식이 너무 다양하여 내가 준비한 눈깔사탕은 너무 초라한 것 같았다.

10시 35분경 오늘 탐사 중 제일 높은 구학산(970m)도착하여 자연 경관도 감상하고 기념사진도 촬영하였다. 구학산 기념비석은 2000년 12월 28일 산림청 헬기로 설립하였다고 쓰여있다. 구학산을 기점으로 제천시 백운면과 봉양면의 경계가 된다.

제천시 봉양면 쪽으로 잘 자란 낙엽송 밀집하여 있는데 줄기가 일반 낙엽송과 달리 검은색을 띠고 있어 산불이 나서 탄 것인지 아니면 다른 병이 발생하였는지는 알 수는 없어도 새싹의 망우리가 전부 맺어있는 것으로 보아 죽지는 않을 것 같았다 구학산을 뒤로하고 하산하면서 도계주변에는 다른 탐사지역보다 철쭉나무의 군락을 볼 수 있었다. 청주 주변에는 진달래가 만개하고 개나리는 잎이 나오고 있지만, 철쭉은 꽃봉오리를 감추고 있어 어느 때에 만개할지 의문점이 생긴다. 급경사 하산 길목에서 처녀치마 꽃이 만개한 것을 처음 보았다. 잎은 주름 잡은 치마폭 같고 꽃봉우리는 분단장도 하지 않고 다소곳이 고개 숙인 처녀처럼 화려하지도 않으며 온화한 감을 주는 전형적인 한국의 어머니상인 것 같다.

대원들은 주변의 처녀치마꽃을 찾기도 하고 가장 만발한 처녀치마꽃을 촬영하기에 여념이 없었다. 그 현장을 떠나 탐사로 양 옆을 보니 90도 가까운 급경사이고, 원주시 쪽에 침엽수림이 많으면 제천시 쪽에는 활엽수가 많아 대원들 사이에 이구동성으로 이상하다고 하였다. 같은 수종이 시 경계로 함께 군락된 모습은 찾아 볼 수가 없다.

지도상에 이름없는 고개들의 흔적이 지금도 남아 있어 도로 교통이 발달하기 전에는 얼마나 많은 행인들이 이 고개를 넘어 다니면서 전설과 애환이 전해졌을까? 하는 생각이 든다, 그것도 같은 도나 시가 아니라 더욱 더 많은 화제거리가 되었을 것이 아닌가.

해발 780m에서 12시 10경 대원들이 둘러앉자 담소를 나누면서 각자 준비해온 점심을 맛있게 먹을 장소를 잡았다. 지난번 탐사 때에 날씨와 거리 때문에 나뿐만 아니라 전 대원들의 맘 고생이 컸다는 것을 재인식하게 되었다. 점심은 라면국물이 최고다.

날씨는 더워도 뜨끈뜨끈한 라면국물은 전 대원이 즐겨 먹을 수 있게 "연" 회장이 준비를 하여 더욱 맛이 있는 것 같다. 50분 남짓 동안 점심을 먹고 탐사가 진행 되었다. 14시 15분경 어디에서 왔는지 알지는 못 하였지만 남녀 등산객들을 만났다. 구학산을 얼마나 가면 되느냐고 물어 보면서 목적지를 향하여 부지런히 발걸음을 옮겼다. 등산객들과 가벼운 마음으로 인사를 하면서 서로 다른 목적지를 향하여 산행을 계속하였다.

▲ 대원들이"변이종 황금소나무이라고 소리친 현장

원주시 쪽에서 아주머니들이 올라오면서 콧노래도 부르고. 누구를 향하여 소리를 치는지 몰라도 큰소리까지 치면서 올라오고 있어 어디에서 출발하였느냐고 물어보니 서울에서 왔다면서 우리가 알고 싶은 원주시 마을 이름은 알지 못하였다. 그 일행을 만난 곳도 지도상에는 소로길만 표시되어 있고 고개 명칭이 없어 궁금하였는데 혹시 현지 주민이면 지도상에 없는 고개 이름이라도 알 수 있을까 기대를 걸고 물어 본 것이고, 그 일행이 탐사로까지 올라오기를 기다린 것이다.

▲ 수많은 등산객들이 달아 놓은 이정표들 환경오염물이 아닌지!

13시 55분경 해발705m에서 잠시 휴식을 하는 동안에 햇볕이 잘 드는 탐사로 앞에 다른 적송과 달리 잎이 노란색을 띠고 있어 변이 종 "황금소나무"가 아닌가 의아심을 갖고 사진도 찍고 힘들게 솔잎도 채취하여 대원들이 쉬고 있는 그늘에서 감정도 하였다. 멀리 보이는 고속도로가 중앙고속도로 대구에서 춘천까지 연결되는 도로이고 아래는 전철화된 중앙선에 화물 열차들이 왕래하고 그 중간에는 국도가 있어 차량 통행이 빈번하였다.

하산길은 경사가 급하여 위험하기까지 하였고 전에 없었던 바위까지 있어 난코스였다. 대원들이 잠시 쉬는 동안 주의를 살펴보니, 홑잎이 예쁘게 먹음직스럽게 펴서 부지런히 훑어 주머니에 넣는 것을 보고 대원 한 사람이 비닐봉지를 주면서 많이 따라고 격려까지 하여 준다. 짧은 시간에 딴 나물로 한 끼는 충분히 먹을 수 있다.

지금까지는 못 보았던 수종이 있어 서로 묻고 주변을 찾아보았지만 답이 나오지 않았다. 의문점을 제기하면서 하산하는 도중 어느 대원이 답을 하였느지는 몰랐지만 "헛개나무"라고 하였다. 표피가 검은색이고 세로줄은 길고 가로줄은 짧으며 가는 줄기들은 약간 붉은 색을 띠고 있다.

잎은 다 져서 볼 수는 없지만 출근하여 동료한테 알아보니 잎이 오리나무 잎과 흡사하다고 하면 작은 헛개나무는 난벌하여 거의 없고 고목만 군락으로 있는 곳이 있다면서 중요한 한약재로 많이 쓰인다고 덧 붙여 설명을 하여 준다.

마지막 도계에서 가시덩굴이 우거지고 경사도 급하여 안전한 길로 접어들으니 원주시 용암리 수련 마을 거쳐 충북과 강원도 경계에 도착하니 멀리 보이는 충북의 상징 마스코트가 더욱 친밀하게 느껴진다. 실개천을 사이에 두고 양쪽 편에 설치한 비닐하우스가 충북과 강원도를 대표하는 전형적인 농촌인 것 같고 포근한 느낌까지 주는 듯하다.

도로 주변 불규칙하게 부착해 놓은 각종 간판이 너무 무질서하여 미관상도 나쁘고 자연경관을 해치는 주범으로 간주된다. 농촌의 내실은 변해도 자연과 멀리 떨어지는 농촌으로 변하지 않기를 기대하는 마음이 간절하다. 16시가 넘어 승차하여 청주에 도착하니 18시가 넘었다.

○ 구　간 : 제천시 봉양읍 옥전리 광암 ~ 제천시 송학면 오미리 오미저수지(나막신골)(14.825㎞)
○ 일　시 : 2007년 4월 28일

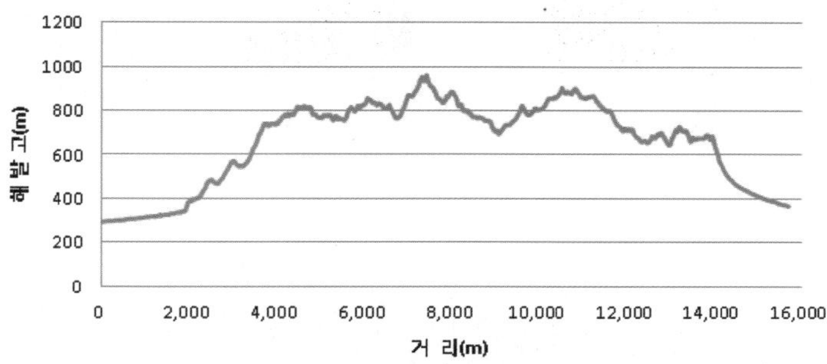

■ 경계탐사

탐사준비를 하러 새벽 4시 30에 일어나보니 벌써 안식구는 주방에서 식사 준비를 하느냐고 부산하게 움직이는 소리가 났다. 현관문을 열고 혹시 신문이 왔는지 대문을 바라보니 언제 넣는지 벌써 조선 동아일보가 놓아져 있는 것이 아닌가? 그 사람들은 몇 시에 일어나 신문을 돌리는지 궁금하다.

토요일 신문은 신문사에서 권장하는 신간도서 때문에 평소보다 장수가 많은 편이다. 맘에 닿는 기사만 골라 대략 읽고 안식구가 정성들여 준비한 아침을 부지런히 먹는 동안 안식구는 탐사에 필요한 장비와 도시락을 배낭에 넣는다. 식사를 마치고 배낭만 메고 6시가 약간 넘어 대성고 앞에 까지 도착하면 탐사 대원을 수송하는 버스를 승차 할 수 있다.

오늘은 산행하기에 좋은 날씨이고 화창한 봄 날씨가 될 것이라고 예고를 하였다. 전번에도 궂은 날씨는 아니라고 예고하였지만 안개 때문에 시야가 좋지 않아 상쾌한 기분은 아니었다.

“박” 대장이 복사본 지도를 나누어 주면서 오늘의 탐사일정을 알려주는데 하산 장소를 확실하게 결정하지 못하여 예상지점을 넓게 원을 그려놓았다. 정확한 장소는 현지에서 결정한다는 것을 알려주었다. 차안을 살펴보니 낯선 얼굴들이 보여 충북대 산림자원학과 학생들이라는 것을 직감하였다.

전전번에도 대학생 2명이 동참하였다. 대원들은 지그시 눈을 감고 탐사를 위한 마음의 준비를 하는 것으로 생각되고 일부는 주변경관의 아름다움에 심취하고 있는 것 같았다.

충주에서 제천으로 연결되는 고속화 외곽도로에서 차들이 정체하는 것을 목격하고 큰 사고가 나지 않았는지 탐사대원들은 의아한 생각이 들어 현장을 목격한 결과 교통순찰차와 현장검증을 행하는 교통순경과 트럭 운전수로 보이는 사람이 대화를 나누고 있고, 장애자 3륜차가 도로에 있어 교통사고라는 것을 직감 할 수 있었다.

직선도로가 개설되면 인근에 사는 노인들이 과거에 도로 횡단하는 습관이 있어 사고 다발지역으로 낙인이 찍히고 인근 마을에 거주하는 노인들이 교통사고로 인하여 세상을 뜬다고 한다.

제천시 봉양읍 학산리 광암 중앙고속도로 교각 밑에 도착한 시간은 08시 10경, 연회장의 지휘에 따라 간단한 준비운동을 하고 탐사를 시작하였다. 처음에는 수월한 농로를 따라 진입을 하는 동안 주변에서 아담하게 잘 꾸며진 가옥들이 있는 마을 지나 실개천을 건너서 진행하였다. GPS에 표시된 고도는 370m 이였다. 초목에는 예쁜 새싹이 움트고 참꽃(진달래)은 지는 것도 있고 흐드러지게 활짝 핀 것들도 있었다. 지난주에 진달래가 만개 했을 것이라고 대화를 나누었다.

▲ 마을입구 봄 냄새가 물씬 나는 전경

▲ 외딴집 입구의 아름다운 꽃길

▲ 가시덤불을 헤지는 대원들

산 능선 주변에는 취나물이 눈에 띠어 채취를 하는데 대원이 그것보다 더 좋은 고사리가 있다면서 채취에 동참을 하였다. 오늘 탐사는 날씨도 좋고 기온도 탐사에 알맞아 발걸음이 가벼운 것 같았다. 산 능선에 따라 충북과 강원도의 경계로 나누어지지만 모든 산들이 이어져있다. 우리 강토 우리 강산은 분명히 하나이다. 사람들의 정치란 명분 때문에 이리 갈리고 저리 갈린 것이 아닌가? 고도가 높아질수록 멀리 보이는 자연경관은 정말로 아름답다. 우리국토가 왜 금수강산인지를 알 수가 있다. 9시 반이 가까워 570고지에서 아픈 다리를 쉴 겸 흘린 땀을 닦으면서 준비한 간식을 나누어 먹었다.(9시 20분경)

고도가 높아 질수록 힘들고 어려움이 많았다. 오늘의 탐사길에는 산림녹화를 위한 조림한 산지는 거의 없고 자연림이였고 침엽수는 찾아보기 어렵고 잡목만 우거져 있다. 10시 20분경에 해발 739m지점에서 잠시 휴식을 하고 탐사를 계속하는 동안 주변에 있는 취나물과 고사리를 채취하면서 부지런히 탐사를 계속하였다. 산 능선에는 많은 진달래꽃이 지고 가끔 만개한 것이 있어 꽃잎을 따먹어 보기도 하였다. 그 맛은 어릴 때에 먹던 느낌이 그대로 있다. 약간 떫고 신맛도 있다. 오늘의 탐사 길에는 다른 때와 달리 바위가 많은 편이다

▲ 백양사 안내 표시판

오늘 탐사지역에서 월악산이 얼마나 되는지는 몰라도 이곳까지 산양의 생활 범위가 될 수 있을 것이라고 이야기를 나누었다. 또 산양은 바위나 절벽에 잘 적응하는 습성을 갖고 있어 이런 한 장소에서 충분히 살아갈 수 있을 것이라고 단언을 하였다.

▲ 감악산 아래의 백양사 전경

12시 20분 경 백양사에서 각자 준비해 온 점심을 맛있게 먹었다. 오늘도 연 회장이 준비한 라면 국물은 일품이다. 점심을

먹는 도중 다람쥐 한 마리가 분주하게 움직이는 것을 발견하고 사과조각을 던져 주니 도망가지 않고 잠시 주시하다가 주워서 먹는 자세가 너무 맛있고 부지런히 먹는 것을 보고 대원들은 자연의 묘미를 터득하는 것 같았다. 그리고 그 놈은 절에 불공드리어 오는 신도들에게 한두 번 얻어먹은 경험이 있는 것 같지 않다. 석간수에서 목도 축이고 다 먹은 물병에 가득히 물을 가득히 채우고 앉았던 자리도 정리한 후 오후 탐사를 계속하였다.(13시)

오늘의 탐사 중 최북단에서 잠시 휴식을 하고(11시 30분경 해발 829m 지점에서) 진행을 하는 도중 바위 위에서 염소 똥처럼 생긴 배설물을 여러 무덧기로 발견하였다.(11시 45분경 해발 849m 산양 똥으로 간주함.) 언론 매체에 의하면 몇 년 전에 산양을 월악산에 방사하여 성공하였고, 금년에도 방사하였다는 뉴스를 들은 것 같았다. 충북 중남부 지방에서는 보기 드문 피나무 군락지를 보았다. 잔가지가 별로 없고 미끈하게 생긴 모습이 수목의 미목 같았다.

16시 45분 지점에서 잠시 쉬는 동안 우리와 반대로 산행하는 사람을 만나 소바위까지 소요되는 거리와 시간을 알아보았는데 멀지 않다는 말을 듣고 잠시 쉬었다.

탐사 집행부에 소지하고 있는 GPS와 지도상에 기록된 고도가 다르다. 오차범위는 ±5m이라고 하는데 여러 지점에서 그 이상의 오차가 나고 주민들이 알고 있는 지명과 지도상에 표시된 지명도 다른 곳이 있다. 지도상에는 704m로 적어 있는데 GPS에는 712m나타나 어느 것이 정확한 것인지 의문점이 제기되기도 하였다.

▲ 대원들이 던져준 사과를 주시하고 있는 다람쥐

▲ 지도를 읽고 있는 필자와 박대장

산능선을 따라 감악봉으로 올라갔다. 평상시 峰(봉)하면 제일 높은 곳을 말하는 것인데 지도상의 감악봉은 891m이고 감악산은954m로 GPS에 나타나 잘못된 것이 아닌가 하는 문제제의 하였다. 14시 25분경에 과거에 고개 마루였던(충북 봉양읍과 강원도 신림리를 왕래하던 고개로 추정됨)장소에는 등산객을 위한 이정표가 있다. 지도상에는 소로길로 연결되어 있고 고개 이름은 없다. 잠시 휴식을 하고 해발 905m 석기암을 향하여 탐사를 하는 동안에 모양이 책을 쌓아 놓은 것처럼 생긴 바위가 목격되었다. 그 주변에는 바위가 없고 숲만 우거져 있기 때문에 신기하게 생각되었다.

석기암은 봉양읍과 송학면의 경계 기준점이 되고 산 정상에는 오석에 산 이름과 높이가 새겨져있다. 대원들은 자연경관을 감상하고 멀리 보이는 석회광산을 보면서 자연 파괴의 현장을 안타까워하는 모습들이겼다. 단양에는 客山이라는 이름 있는 산이 있는데 석회석 광산 개발로 인하여 현재는 거의 다 없어졌다고 한다.

우리 지방에도 비상리 비하리에서는 비행기가 뜨고 착륙하고 쌍수리에는 공군사관학교가 있어 우리 선조들이 선경지명이 있다고 나는 덧붙였다.

지금까지 도계탐사 때에 본 적이 없는 흔적을 보았다. 석기암을 지나 도계에 있는 노송 줄기 하단부에 예리한 칼자국이 V자 모양으로 그어져 있고 껍질은 아직 아물지 않은 채 흉상을 나타나고 있어 일본이 침략상을 대변하고 있는 것 같다. 일본 수상 아베는 위안부 문제를 我田引水로 표현하여 당사자들은 "아베"총리가 미국을 방문 시 그 참상을 정계는 물론이요, 언론을 통하여 그 아픔을 만방에 고하고 있는 실정이다. 송진 채취는 일제가 태평양전쟁 전후에 부족한 연료를 대체하기 위하여 소나무 껍질을 벗긴 후 줄기에서 흘러나오는 송진을 채취했던 소나무들이다.

▲ 석기암 정상에서 도계탐사대원들

▲ 바위틈을 통과하는 필자 -연회장 촬영

▲ 피나무의 군락지

일제는 마을주민들을 동원, 송진채취에 혈안이 됐으며 심지어 나무 뿌리까지 캐내 삶은 뒤 송탄유까지 짜낸 것으로 전해지고 있다. 백운면에 사는 정영진씨(77세 백운면 평동리)에 의하면 소년 시절에 수 없이 송진채취에 동원되었으며, 현 백운중학교 위쪽에 송탄유를 만들던 공장터라고 한다. 이는 충북뿐만 아니라 전국적인 현상이었다고 전한다. 또 "당시 충북도내 일본 학생들이 모두 백운면으로 동원 되었으며 마을 주민들도 새벽에 불려 나가 밤늦게까지 송진을 채취했다"며 "송진을 어디에 사용했는지 정확히는 알 수 없지만 일본 학생들이 자기들끼리 말하는 소리를 듣고 비행기 기름으로 사용한다는 것을 알게 됐다"고 전한다.(05년 08월 11일 중부 매일 서병철 기자 인용)

16시 55분에 수리봉에서 어디로 하산할 것 인가를 두고 우왕좌왕하고 결론을 내리지 못하였다. 대원들은 함구하고 집행부에서 결정하는 데로 따르기로 하였다. 해는 넘어가고 갈 길은 멀고 많은 시간과 긴 여정으로 전 대원들은 피곤하였지만 불평불만을 이야기는 대원들은 없었다. 나막신골까지 얼마나 시간이 소요될 것이며 몇 km가 남았는지 알 수가 없다.

소바위까지 가려고했는데 하산하는 길도 멀고 마을까지 내려가서 도로까지 가려면 거리와 시간이 많이 소요될 것이 예상되므로 오미지 저수지까지 지름길을 택하기로 결정하였다.

등산로도 없는 경사진 곳으로 하산하니 잡목과 가시덤불을 헤치고 골짜기를 찾아 부지런히 발걸음을 옮겼다. 실개천에 흐르는 맑은 물로 목을 축이고 빈병에 물도 채웠다. 나는 주변에서 두릅 순을 발견하여 한 주먹 따서 주머니에 넣었다. 이때의 시간은 18시 10분이다.

▲ 힘든 탐사를 종료하고 하산하는 대원들

▲ 봄을 알리는 화사한 산벚나무꽃

▲ 일제 잔재 - 송진 채취 흔적

힘든 곳을 빠져나와 소로길을 찾으니 발걸음도 가볍고 마음도 한결 상쾌하다. 도로는 포장되지 않았지만 길옆에 민박촌이 있고 그곳에는 관광객들이 저녁 파티를 하고 있는 광경이 목격되었다. 저수지 상류지점에는 도로는 포장되어 있어 마지막 하산 길에서 가시덤불을 헤치고 내려오던 생각을 하면 이 장소가 얼마나 편한지 알 수 있을 것 같다. 오늘 총 탐사 거리는 GPS에서 14.8Km이고 실제 거리는 0.3을 곱하면 된다. 소요시간은 10시 08분이다.

18시 30분에 현지를 출발하여 청주로 향하였는데 대원들이 많은 육체적·정신적 고생을 하였다면서 "연" 회장이 송학면 호전리 구판장에서 맥주와 안주를 사 손수 따라주면서 위로 겸 격려를 하였다. 그 분위기는 화기애애 하였으며 처음 참석한 대학생들은 단단한 준비도 하지 않아 더 많은 고생을 하였을 것이다. 마지막 "연" 회장의 호의 때문에 피로가 완전히 가시고 다음 탐사가 더욱 빛을 나게 할 것이다.

도로변에 있는 이정표에 지역명칭과 점말 동굴선사 유적지이라고 고적 안내표지가 있다. 이 동굴은 지방기념물 제116호 지정되어 있으며 동굴, 곰, 짧은 꼬리원숭이 등 동물 화석이 20여종이 발견 되었다 이 동굴의 소재지는 제천시 송학면 포전리 산 68-1호 이다. 도로변의 가로등과 충주 음성의 밝은 전기 빛의 야경도 그런대로 아름답게 보인다. 피로감 때문에 눈을 감았다 떴다 하는 사이에 대원들을 실은 버스가 청주에 도착한 시간은 21시가 넘었다. 오늘의 탐사는 정말로 어렵고 힘들고 지루한 탐사였다.

○ 구 간 : 제천시 송학면 오미리 오미저수지(나막신골) - 제천시 송학면 송한리 미고개 (6㎞)
○ 일 시 : 2007년 5월 12일

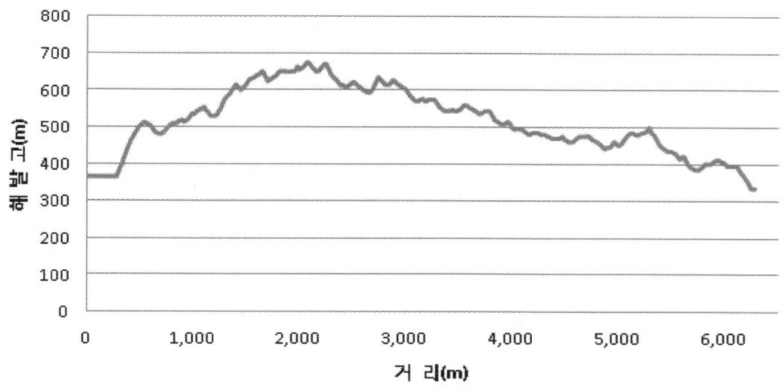

▣ 경계탐사

일기예보가 많은 양은 아니지만 비가 온다고 하고 참가해야 할 행사는 42회가 주간하는 대성고의 체육행사와 매월 첫 째, 넷 째 주에 실시하는 도계 탐사 중 택일을 하여야 되는데, 경중을 가릴 수 없어 마음의 결정을 내리지 못하다가 체육대회 개회 행사가 오후 4시부터 한다고 하여 비가 오더라고 도계 탐사에 참석하기로 마음을 먹었다.

전날 연 회장 한테 전화를 하여 나의 입장을 설명하니 탐사 도중에 도로를 횡단하는 코스가 있어 운전기사한테 청주행 차를 탈수 있는 곳까지 차를 운행 할 수 있게 해준다는 배려를 받았다. 아침에(04시 전) 일찍 일어나 신문을 보는 동안 안식구는 점심 준비와 등산에 필요한 장비와 배낭을 챙겨주워 탐사 일에 출근하지 않은 요일이라 늦잠을 자는 시간인데 일찍 일어나 준비를 하여 주는 안식구한테 미안함 감이 없지 않다(놀토).

배낭을 짊어지고 대문을 나서니 빗방울이 떨어져, 안식구가 우산을 쓰고 가라고 잔소리를 하였지만 옷이 젖을 만큼 오는 비가 아니라 발걸음을 재촉하여 대성고 앞에 도착하니 06시가 약간 넘은 시간이었다.

요새는 일출시간이 빨라 이 시간에는 전기불이 없어도 밖에서 신문을 읽을 정도로 밝다. 우암산이 인접하여 벌써 등산을 다녀오는 사람, 이제 올라가는 사람 등 분주하게 아침을 맞는 사람들의 발걸음이 가벼워보였다. 시간이 좀 흘렀는 데 자주 참석하지 않는 대원 한 사람이(윤태동씨) 승용차에서 내려 왜 이곳으로 왔느냐고 물으니, 시간이 늦어 도청에서는 차가 출발하여 안식구한테 이곳까지 동행하자고 하였다고 한다.

▲ 변화하는 농촌의 풍경(선바위 마을)

06시 30분이 다 되어 멀리서 우리 탐사대원을 수송하는 노란버스가 오고 있는 것을 발견하였다. 승차하니 대원들이 반갑게 인사를 나눈다. 도계 탐사를 시샘하듯이 계속 빗방울이 차창 밖에는 내리고 있어 오늘도 전번처럼 고생을 하겠다고 생각을 하니 몸서리를 치게된다. 일기예보에는 많은 비는 내리지 않을 것이라고 예보하였지만 걱정이 앞선다.

▲ 경운기를 개조하여 다목적으로 활용하는 농기계

전번에 심적 육체적 고생을 많이 하고 도착한 미주저수지 앞 도로 건너편에서 차를 정차하고 비를 피해 마을회관 출입문에서 신발과 우의를 단단히 챙기고 오늘의 등정 준비를 하였다. 날씨도 우중충한데 조금 더 마을 깊숙이 진입하자고 박 대장이 의견제의를 하였다.

버스는 08시 30경에 선바위길 83번지 앞에 넓은 마당에서 (버스를 돌릴 수 있는 공간)하차 하였다. 미비한 복장을 다시 가다 듬고 앞마당으로 들어서니 주인장이 방에서 나와 우리 일행을 맞이하면서(김경수 74세 3살 때 충주에서 이사 왔다고 함, 처 이옥순씨 부부) 어디에서 왔느냐, 날씨도 좋지 않은데 산행을 왜 하느냐 하는 의문점을 던지니 대원 중 한사람이 의문점을 풀어주었다. 몸이 아파 제천병원에 치료하러 간다고 하면서 부인도 따라 나선다. 외양간에는 옛날에는 농가의 자산목록 1호인 누런 소 2마리가 있는 전형적인 우리나라의 농가이다.

의견이 분분할 때에 연회장이 모든 일정은 현지에 임박하여 결정하기로 하였다. 식사 중에도 주위를 살펴보니 엄나무순이 나왔는데 숲이 우거지고 등산로가 아니기 때문에 이곳은 인근에 사는 주민들이 채취한 흔적이 있고, 높은 곳에는 처음 나온 순이 쇄고 두 번째 나온 순은 너무나 어려 보였다. 대원 중 한 사람이 가시덤불을 헤치고 순을 채취하면서 쇤 것도 섭취할 수 있다면서 높은 곳에 있는 순을 채취하기 위하여 스틱으로 나무를 휘어잡으면서 순을 따고 있어 나도 동참하고 점심먹기 전에 보았던 장소에 가서 가시 덤풀을 헤치고 들어가 보니 기대했던 것보다 좋은 순이 아니었다. 엄나무는 海桐木 혹은 刺秋木라고 불리며 약성은 독이 없고 신경통, 만성간염, 요통, 부종의 치료에 효험이 있고, 중풍에도 효과가 있다. 엄나무 기름, 뿌리의 즙은 늑막염에, 대체적으로 염증성 질환, 간과 신의 병을 치료하는 약이라 여기면 틀림없다.

오늘도 점심은 비가 오고 옷이 젖어서 그런지 맛있고 특히 라면 국물은 더욱 그 진미를 느끼게 하였다.

3~4명씩 둘러 앉아 점심을 먹는데 앉다 보니 오늘은 나 홀로 둥굴레 군락지에서 옆에서 젖은 신발과 양말을 벗어는 되도 편하지 않았다. 둥글레는 어린순을 나물로 해먹고 뿌리를 된장이나 고추장 속에 넣는다 흔히 둥글레 뿌리를 살짝 볶아서 차 대용으로 많이 먹기 때문에 가정이나 직장에서 즐겨먹는다 맛과 향이 은은하여 기분이 좋다. 북한에서 펴낸 동의학사전에 의하면 폐경, 위경에 작용한다. 음을 보호하고 생기게 하고 기침을 멈춘다. 폐, 위의 조열로 음이 상하여 열이 나고 마른 기침 식은 땀, 골증 등에 쓴다. 당뇨병, 심근쇠약 고지혈증에 쓸 수 있다고 한다.

왜 마을 이름이 '선바위'이냐고 질문하니 선비가 바둑을 두는 형상을 한 바위가 산 중턱에 있다고 한다. 해발 402m에서 시작한 오늘의 탐사지형은 그리 높지 않고 비만 그치면 상쾌하고 즐거운 답사가 될 것이라고

▲ 탐사에 앞선 장비를 점검하는 대원들

산악대장인 '박연수'씨가 대원들을 위로 겸 힘을 불어넣어준다. 빗줄기는 점점 굵어져서 바짓가랑이가 젖어 올라오고 양말까지 축축한 감촉을 준다. 오늘의 탐사를 어렵게 하는 예고인 것 같다.

주위를 살펴보니 여러 가지 산나물들이 비에 젖어 잎이 한층 더 싱싱한 것 같았다. 한 잎, 두 잎 채취하니 탐사대원들도 십시일반이라고 하면서 모아준다. 일기예보에는 오전에만 비가 내리고 오후에는 갠다고 하였는데 하늘을 쳐다보면 쾌청한 날씨를 기대하는 것이 어리석은 것 같다. 잔뜩 흐린 하늘과 세찬 바람만 간혹 불어 모자까지 덮어쓴 비닐우비가 바람에 날려 나뭇가지에 걸려 찢기고 시야를 가린다.

▲ 선바위

그러한 와중에도 발아래 보이는 취나물, 고사리를 뜯고 모르는 풀이 있으면 대원들에게 물어보면서 탐사에 임하였다. 대원 중에는 야산에서는 볼 수 없는 각종 식물의 이름과 야생화를 알려주었지만 기억 감퇴로 금방 잃어버린다. 또 잔대와 자연산 더덕을 채취하는 대원도 있는데 전번에는 점심에 한 뿌리씩 나누어 주어 자연의 채취를 한껏 더 느끼게 한다.

염색의 장인인 연 회장은 신나무를 가리키며 염색하는 방법과 색깔까지 자세히 설명한다. 옛 우리 조상님들은 어떻게 그러한 방법을 알게 되었는지 정말로 신기하고 우리 전통 문화 형성에 감탄하지 않을 수 없다. 탐사하기에 아주 나쁜 날씨 때문이라고 단정짓고, 지도에는 정확히 표시되어 있는데 GPS에는 조금만 움직여도 감지되지 않는 도계 때문에 3시간 이상을 허비하였다.

▲ 늘 선두에서 고생하는 박대장

이런 지형은 여러 갈래의 구릉지가 있어 실제로 탐사하기가 어렵고, 더 애를 먹이는 것은 녹음이 우거지고 잡목이 시야를 가려 더욱 더 어려울 것으로 생각된다. 나는 그 시간을 이용하여 산물채취에 열정을 퍼부었다. 대원들한테 약간은 미안한 생각이 들었다. 진행자는 마음이 조급한데 나물 채취에 여념이 없으니 예쁘게 생각하겠는가. 이리 왈 저리 왈 하다가 12시가 넘어 둘러 앉아 점심을 먹을 수 있는 산소를 발견하고 점심을 먹는 데 주변 두릅나무 순은 약간 쇠었지만 그런대로 먹을 것 같아 높이 있는 것은 스틱을 이용하여 나무를 휘어잡아 순을 땄다. 내가 앉은 자리 주변에는 둥굴레가 다른 곳에서 본 둥굴레와는 다르게 무성하고 군락을 이룬 것이 장관이었다. 대원들이 나를 배경으로 기념사진을 찍고 맛있는 점심을 먹으면서 오늘의 탐사를 계획대로 할 것인지 아니면 도로에 접하면서 일정을 종료할 것인지를 상이했다.

▲ 애기나리의 군락지

점심을 먹고 13시가 넘어 언제쯤 도로에 도착 할 수 있을까 많이 궁금하였는데 대원들의 의견이 오늘은 일찍 마치는 것이 좋겠다고 이구동성으로 의견 제시를 하여 대성고 동문체육대회에 참석할 수 있다고 생각이 들었다.

오후 답사의 시작이 순탄하여 내가 생각한대로 시간 계획이 될 것이라고 예상하였는데, 또 빗나가고 말았다. 도 경계를 찾기가 오늘 같이 어려운 것은 처음이다. 선봉에서 진행을 맞고 있는 박 대장이 안쓰럽게 생각이 들은 것은 이번이 처음이다.

15시가 넘어 출발하여 운전기사한테 나의 사정을 이야기하고 잠을 청하였다. 청주대성고 운동장에 도착하니 축사하는 스피커 소리가 울려나왔다. 집에서 간단히 옷을 갈아입고 운동장에 도착하니 친구가 마침 순회를 하고 있어 동참하였다.

▲ 탐사에 동참한 충북대학 학생

▲ 산나물을 채취하는 필자

▲ 싱싱하고 흐드러진 둥글레 군락지

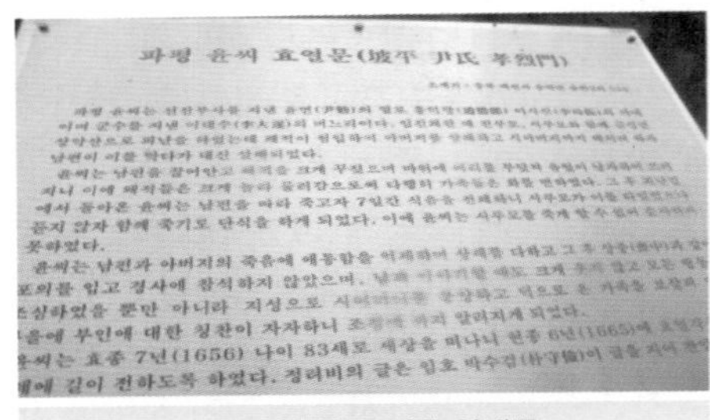

▲ 파평윤씨 효열문 안내문

▲ 관리가 소홀한 모습

제일 높은 봉우리에서 하산하다 또 다른 길로 접어들었다, 처음 접한 밭은 무엇을 심으려고 하는지는 몰라도 트렉터로 잘 정리하였고 내려오다 보니 밭에서는 옥수수 싹이 돋아 나오기 시작하였다.

대원들은 밭둑으로 하산하면서 오늘의 어려운 답사를 환담으로 서로 위로하면서 다음 도계 답사 시 우리의 탐사를 전 도민에게 홍보하는 계기를 마련하기 위하여 계획한 탐사에 각계 각층의 도민이 참석할 수 있게 홍보 방안을 논의하기도 하였다.

마을 입구에 오니 효자비의 안내문과 효자문이 눈에 들어와 사진을 촬영하면서 요즘의 메스컴에 보도되는 부모에 대한 학대가 남의 일이 아닌 것 같이 느껴 남은 여생을 어떻게 하면 건강하고 자식들에게 짐이 되지 않으면서 살다가 생을 마감할 것인지 염려하면서 사진을 찍었다.

안내문에는 임진왜란 때의 훌륭한 효부로 전해지는 파평윤씨의 효부문인데 철문은 완전히 녹이 슬고 사당의 앞마당과 주변은 잡초에 둘러 싸여 있어 이곳을 지나는 나그네의 마음을 서글프게하였다. "후손이 없으면 마을책임자를 정하여 관리하는 것이 어떨까?" 하는 마음도 든다.

늦어도 청주에 16시 30분 경에는 도착하여야 친구들과(이기용 교육감) 함께 제자들을 만나는 시간이 될 터인데 시간이 촉박하였다.

○ 구　간 : 송학면 송한리 미고개- 송학면 송한리 사슬치(6.66㎞)
○ 일　시 : 2007년 5월 26일

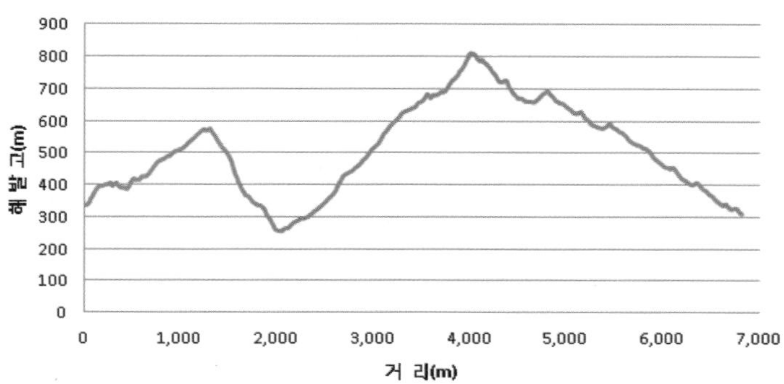

▣ 경계탐사

오늘은 도민과 함께하는 도계 탐사라 차를 타고 도청에 06시 전에 도착하니 낯선 분들이 등산복을 차림으로 우왕좌왕하는 모습이 눈에 들어왔다. 탐사 대원들이 일찍 나와서 안내하고 일정표도 나누어 주었으면 하는 생각이 들었다. 홍보가 제대로 되지 않았는지 기대보다도 적은 사람들이 눈에 띄었다. 출발 예정시간보다 늦게 대형 버스와 늘 함께한 미니버스가 도청을 뒤로하고 목적지로 향하였다. 오늘은 한 가지 서운한 것이 있다. 그 요지는 한 달에 한 번씩 친구부부가 만나서 등산을 하는데(모임 명칭 : 다사모, 다함께 사랑하는 모임, 10여 년 전부터 같이한 등산모임) 금년 초에 도계 탐사에서 이러한 행사계획이 5월에 있으니 전원 참석하는 것이 어떠냐고 제의를 했는데 그때에는 전원 참석하는 것이 좋다고 하여, 탐사 때마다 전원 참석이 가능하다고 하여 자랑을 하였고 박 대장도 21명이 참석을 하면 다른데 홍보 할 필요가 없다고 하면서 우리의 모임을 부러워 할 정도 였다.

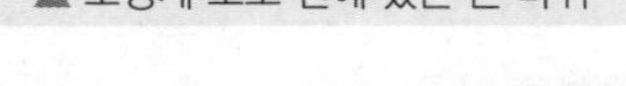
▲ 도경계 도로 변에 있는 큰 바위

▲ 도민과 함께하는 도계 탐사 첫 만남

그런데 현실은 전원 불참이니, 나의 체면이 말이 아니다. 도청 앞에서 택시를 내렸는데, 오늘은 이것저것 좋은 기분이 아니었다. 운전기사도 오늘은 왜 이곳까지 왔느냐고 물으면서 의아하게 생각하였다. 내 나름대로 '도민과 함께하는 탐사라 첫 만나는 사람들과 인사도 할 겸, 즐거운 탐사 산행을 하기위하여 시발지인 도청까지 온 내 마음을 알아주는 사람은 나 뿐이다.

전번 탐사에는 숲이 우거져 지도 읽기가 어려워, 많은 고생을 하였고, 목적지까지 탐사를 하지 못하였다.(산봉우리 하나를 남기도 귀가하였다.)

박 대장이 대형버스에 승차하여 오늘의 일정과 주의사항을 교육하기로 하고 연 회장은 우리와 함께 동행 하였다. 목적지를 향해 가는 도중에 내덕동, 증평, 도안, 중원탑, 제천 시내에서 오늘 탐사에 동참하는 사람들을 태웠다.

오늘 탐사할 코스 지도복사본을 나누어 주는데 생각나는 것이 있어 주머니를 찾아보니 늘 등산 조끼에 넣고 다니던 필기도구가 없는 것을 알고 운전기사한테 빌렸다. 상의 등산복 앞자락에 볼펜을 달아맬 수 있는 고리가 있어 천만다행으로 생각하였다.

08시가 넘어 목적지에 도착하니 주변 경관이 아름다워 보였다. 실개천과 주변에서 볼수 없는 평평한 큰 바위가 주변과 너무나 잘 어울리는 것 같아 기념사진이나 한 장 찍으려고 접근하였는데, 상쾌한 기분이 아니었다. 사람들의 접근을 금지하기 위하여 철조망이 둘러 처져 있고 다리 옆에는 종교 단체의 수도원 건물이 있는데 자연을 망각한 건물인 느낌을 주었다. 또 사람들이 둘러 앉아 휴식을 취할 수 있는 반석이 아니고 유수에 의해 바위 표면이 울퉁불퉁해진 것이 아니라 예리하게 파헤쳐져 놀 장소가 되지 못하였다.

제천 시청과 제천 산악연맹 회장일행이 탐사대원을 환영하여 주었다. 간단하게 인사 소개를 하고 제천관계자가 준비한 음료수를 받고 도로에서 준비운동을 하고 08시 30분경에 출발을 하였다. 사전 답사 시에는 밭에 농작물을 심지 않아 직선거리로 도계에 접근할 수 있었으나 지금은 밭에 옥수수와 콩을 심어 밭둑을 따라 접근할 수 밖에 없다. 밭이 있는 언덕이 도계라 (밭의 중앙이 지도상으로는 도계이다) 같은 마을인데도 시,읍, 면이 다른 것이 아니라 행정구역상 '도'가 다르기 때문에 민원상 어려움이 많을 것으로 생각된다.

밭이랑 끝부분에 아스터이지(투명하고 두꺼운 비닐)에 매를 그려놓은 것을 보고 농민의 지혜를 알 수 있다. 옥수수, 콩류를 파종하면 산비둘기를 비롯하여 새들이 씨를 쪼아 먹기 때문에 농촌의 고충을 한층 더 어렵게 한다고 한다. 늘 처음에는 힘이 들고 숨이 가쁘고 오늘은 날씨까지 더워 어려움이 컸다. 09시 30분에 휴식하는 장소에서 메모를 하려고 볼펜을 찾으니 없어 주변에 있는 대원들한테 부탁을 하니 필기구를 준비한 사람이 없어 육 기자한테 용기를 내어 볼펜 이야기를 하니 자기도 한 자루뿐이라고 하면서 공동으로 쓰자고 하면서 쾌히 답을 하였다.

전번에 야생화 군락지에서 촬영하여 글 올렸지만 꽃 이름을 알지 못하여 빈 공간으로 남겨 둔 것이 생각이 나 윤 선생한테 물어보니 은대난초라 하여 또 이름을 망각할까봐 메모지에 메모를 하였다. 700m가까운 경사면을 답사하기가 쉬운 것은 아니었다. 숲이 우거지고 시원한 바람이 간간히 불어도 힘이 부친 것은 비바람이 불고 안개가 낀 날씨와 크게 다르지 않다. 쉬는 동안에 김주용 대원이 밀크 캬라멜을 주어 맛있게 먹었다. 정상을 향하여 (송학산)한 걸음 두 걸음 발자국을 떼면서 힘은 더 드는 것 같았다. 10시 20경 평평한 곳에 도착해서 주위를 살펴보니 무덤인데 각종 야생화가 빼곡히 있고 혼란스럽지 않는 색으로 몸단장을 하고 있어 한적한 어느 농촌에 아낙네들을 만난 기분이 든다. 내가 아는 꽃 이름은 흰색으로 핀 둥굴레뿐이다.

▲ 휴식을 하면서 담소를 나누는 대원들

식물에 대하여 조예가 깊은 윤 선생에 의하면 쥐오줌풀(자주색)과 솜방망이(노란색) 꿩의다리 등 여러 종류의 식물들이 어우러지게 밀집되어있다.

▲ 계절의 여왕을 뽐내고 있는 탐사로 전경

도산림과에 근무하는 (이재국 대원)대원이 소나무의 종류와 구분 방법, 불행 중 다행으로 아직 우리 도까지는 전염되지 않은 재선충에 관한 최초의 오염지역(부산 금정산에서 발견) 전파, 방제, 증세 등을 간략하게 설명을 들었다.(재선충 1쌍이 일 년에 20만 개의 알을 낳고, 재선충 약값이 상당히

▲ 송학산 정상에서 장도를 기원하는 함성

▲ 송학산 정상의 표석

고가라고 설명을 덧붙였다.) 또 지구의 온난화와 생태계의 변화로 소나무류는 100년 후 신갈나무에 치여 우리나라에서 사라질지도 모른다고 한다.(생태계의 변화)

11시가 넘어 송학산 정상에 도착(819m)하여 단체 기념 촬영을 하고 제천 시청에 근무하는 박진수씨의 지형 설명도 하였는데 풍수지리 이론에 의하면 송학산은 문필봉(붓 봉처럼 생긴 지형)이라 송학면에서 훌륭한 선비가 많이 배출되었다고 한다.

정상 주변에서 이른 점심을 먹고 12시가 넘어 하산을 하기 시작하였다. 이곳은 3년 전에 농부가 밭에서 일을 하다 점심을 먹고 담배를 피운 뒤 담배불을 썩은 나무 등걸에 비벼 끈 후에 오침을 하다 보니 불이 나, 불을 끄고 귀가하였는데 잔불이 남아있어, 불씨가 다시 살아 넓은 임야를 잿더미로 만들고 아름다움을 자랑하던 노송들이 고사하여 흉측한 모습으로 변하였다.

또한 하산 길에 멀리 보이는 경관은 주변에 있는 시멘트 공장으로 인하여 헐벗은 산야로 변해가고 있었다. 30여 년만의(5월 하순의 황사 현상은 1975년도에도 발생) 황사 현상 때문에 선명하게 보이지는 않지만 여러 군데가 희게 보였다.

산불이 난 곳에서 난생 처음 내 손으로 더덕을 몇 뿌리 캤다. 가끔 등산을 할 때 더덕 싹을 아는 친구들이 가르쳐 주어도 며칠 지나면 잊어버렸는데 이제는 확실히 알 것 같다. 어제는 토요일이라 집 정리를 하면서 산나물을 채취할 수 있는 연장을 만지면서 배낭에 넣을까, 말까 하였는데. 오늘 가져 왔으면 더덕을 채취하여 대원들에게 인심도 썼을 터인데 하는 아쉬움이 남았다.

▲ 하산하는 대원들경

▲ 오늘의 탐사 시작과 끝

목적지는 2차선 도로인데 많은 시멘트 전용차들이 왕래하고 있고 경사지에서는 큰 차들의 단점은 속도를 줄일 수 없다면서 위험한 곳에서 차를 세웠다고 운전기사가 한마디한다.

13시가 넘어 사슬치에 도착하여 박 대장은 다다음 주에 탐사할 예정지를 지도에서 찾으며 길고 먼 탐사가 될 것이라고 걱정을 한다. 마지막으로 도계를 넘는 이벤트 사진을 육 기자가 연출하고 제천시 관계자와 산악회원과 석별의 정을 나누고 승차하였다.

○ 구　간 : 제천시 송학면 송한리 사슬치에서　- 제천시 송학면 장곡리 일곡교 (4.8㎞)
○ 일　시 : 2007년 6월 9일

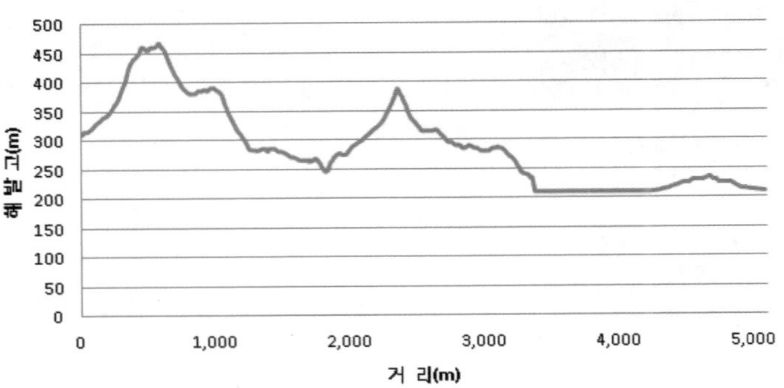

▣ 경계탐사

쾌청한 날씨에 초여름 기온이 계속된다고 한다. 일찍 일어나 조간신문을 읽는 동안 안식구는 등산에 필요한 장비와 도시락을 준비하느라고 분주하다. 대문을 나서면서 생각하니 나누어 먹을 간식을 준비하지 않았다. 편의점에 들러 몇 가지 과자를 사서 배낭 속에 넣고 늘 차를 타는 장소에 도착하였다. 6시가 넘어 차에 오르니 대원들이 반갑게 맞이하여 준다. 늘 동참하던 대원들이 보이지 않아 의아한 생각이 들었다. 오늘은 맨 뒷 자리가 텅 비어 있어 누워서 가도 되겠다는 생각이 들었다. 박 대장이 오늘도 복사본 지도와 연 회장이 사전에 판독한 내용을 프린트하여 나누어 준 후 탐사계획을 설명하였다.

지난번 탐사 시에 오늘 탐사로가 꽤 힘들 것이라고 예고하여 그날부터 마음의 준비를 단단히 하였는데 10여km되는 도로가 도계라 차량으로 이동할 것이라고 예고한다. 평소에는 잘 느끼지 못하였는데 뒷좌석에서 누워 잠을 청하니 차의 움직임이 대단하였다. 출발해서 목적지까지 차에서 잠을 자기는 처음이다.

제천시 송학면 입석리와 강원도 영월군 주천면 용석리를 경계로 하는 사슬치에 도착하여 간단한 준비 운동과 환담을 나누고 08시 30분경에 출발을 하였다. 탐사를 시작한지 몇 분 지나지 않아 취나물 군락지를 발견하였는데 도구가 없어 채취하지 못하고 지나치면서, 전번에는 도구 없어서 채취하지 못하여 오늘은 큰마음을 먹고 작은 괭이를 준비하였다고 하니 대원들이 합창하듯이 다음번에는 낫도 준비하라고 하여 웃음바다가 되었다. 오전이라 그런지 신선한 바람이 얼굴을 스치고 구름 한 점 없는 청명한 날씨 때문에 산 능선에서는 주변의 준봉들과 석회석 노천광으로 인해 자연이 훼손된 경관이 눈에 들어 왔다. 9시 10분경에 해발456m지점에서 첫 휴식을 하였다. 불참한 대원들은 숲에 관한 행사가 있기 때문에 오지 못했다고 하여 의문점이 풀었다.

▲ 현대시멘트 전용선

도계를 탐사하는 동안에 탐사로 주변에는 이름도 모르는 야생화들이 만발하여 여름의 자태를 만끽할 기회를 제공하고 우리 대원들을 맞이하는 것 같았다. 숲 해설가로 활동하고 있는 윤선생은 대원들에게 자상하고 친절하게 이름과 특성을 설명하여 주는데, 그 자리에서는 재미있게 듣고 보지만 몇 발짝 지나지 않아 잊고 만다. 나이 탓보다는 집중하여 기억하지 않는 내 자신의 불치라고 생각한다.

▲ 솔메산 정상의 운동기구

늘 느끼고 있지만 우리나라 산야에 있는 야생화는 보면 볼수록 우리 민족의 특징을 한 아름 품고 있는 것 같다. 색상이 화려하지 않고 순박하면서 소인묵객들이 표현하는 것처럼 달빛 아래서 있는 청초한 미인들 같은 기분이 든다. 다른 나라 산야도 그런지는 몰라도 우리 국토의 봄, 여름, 가을은 선인들이 입버릇처럼 이야기한 사자성어가 정확히 맞다는 것을 실감하는 때가 한두 번이 아니다. 생동감이 넘치고 이 지구상에서 높고 깊게 자연을 만끽할 수 있는 금수강산이라는 것을 절실히 느낄 수 있는 것 같다.

녹음이 우거져 탐사하는데 많은 도움이 되고 산에서 부는 시원한 바람은 평소에 느껴보지 못한 신선하고 상쾌한 느낌을 주워 대원들의 힘과 용기를 불어 넣어 주었다.

주변 준봉은 석회암 지대이라 노천광으로 인하여 멀리서 보는 경관은 험상궂게 보이기도 하고 계단상의 농경지로 착각할 정도로 층층으로 석회석 광산의 현장이 눈에 보인다. 오늘은 쌍룡시멘트 공장을 품에 안은 지형을 탐사하여 처음 등정할 때부터 하산 직전까지 멀리로 회색 만연한 공장 건물이 시야에서 떠나지를 않았다.10시 25분경 영월군 추천면과 서면의 경계지점을 지나면서 잠시 쉬었다가 지도상의 솔미산을(해발 389.2m) 향하여 탐사를 계속하였다.

급, 완경사를 오르내리면서 250m까지 내려오니 절벽에 가까운 인공 와지가 있는데 기찻길이었다. 태백선의 지선으로 현대시멘트에서 시멘트 제품을 태백선으로 연결하여 전국으로 수송할 목적으로 회사 자금으로 개설하여 건설교통부에 기증한 것인데 개통 후 관리는 철도청에서 하는 전용선이다. 11시가 좀 넘어 솔미산 정상에 도착하니 주변의 자연 경관을 즐기면서 심신을 단련할 목적으로 운동기구를 설치했는데, 운동기구에 녹이 난 것으로 보아 자주 사용하지 않는 것 같았다.

제천에 살고 계신 분이 주변을 설명하는데, 산 아래 흐르는 강은 평창강, 이 강의 대부분이 강원도에 편입되어 제천시의 상수원 이용 문제 때문에 영월군과 마찰이 있었다고 설명을 덧붙인다.

이곳 탐사로에는 다른 곳에 없던 노간주나무가 많았다. 굵고 키가 큰 나무들이 군락은 아니지만 도계 탐사를 하는 동안 처음으로 많이 본 것 같다. 한 대원이 멀리 산 7부 능선에 버스가 정차하여 있는 곳을 가리키면서 지형이 한반도를 닮았다고 한다.

산 능선을 따라 직선거리 1km가 약간 넘는 지점의 숲속에 기와만 보이는 것이 관란정이라며 이 정자는 조선 단종의 충신 원호가 단종의 유배지인 청령포로 농사지은 채소와 과일을 소쿠리에 담아 강물에 띄워 보낸 곳이라고 한다. 원호는 생육신의 한 사람으로 세조가 등용하려하였지만 응하지 않고 초야에 묻혀 생을 보냈다고 한다.

▲ 나나벌이난초

▲ 산해박

▲ 노란물봉선

▲ 엉겅퀴

대원들은 발걸음을 재촉하여 관란정을 향하였다. 하산하여 도계를 따라 전진하려 하였지만 농가에서 야생동물 피해 방지를 위하여 철조망과 비닐천으로 막아 놓아 차로 이동하다가 정자 입구에서 하차, (3~5분으로 이동) 400m 진입로를 따라 관란정에 도착하였다.

관란정 표석에서 몇 미터 떨어지지 않은 곳에 웅장한 비석과 납골당이 있는데 처음 관란정을 찾는 관광객은 원호의 유적지로 착각할 정도로 산소가 크고 주변에 있는 비석도 옥석에다 큼지막한 한자로 잘 꾸민 묘소인데, 鳳山 지씨 문중에서 1995년에 건립한 것이다.

이곳을 지나치는 동안 마음이 편치 않았다. 관란정은 문화재요, 만인이 우러러보는 생육신 중의 한분인데 생각하니 마음이 쓸쓸하였다.

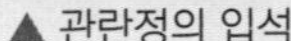

▲ 관란정의 입석

▲ 관란정의 입석 뒷면

▲ 관란정

정자 잔디밭에 배낭을 풀고 고단한 몸을 쉴 겸 도시락을 맛있게 먹었다. 도시락을 들면서 주변 경관 감상도 하고 환담도 나누었다. 관란정에서 내려다보는 절벽은 부여 낙화암 못지않고 한반도지형을 휘어 감도는 평창강이 있어 한층 더 돋보였다. 관란정 입구 안내 입석 뒷편에 새겨진 한시의 구절은 나그네의 발걸음을 멈추게 한다. 버스에 승차하여 절벽 아래 푸른 강물 한 가운데가 도계인 것을 확인하기 위하여 강가 제방에서 지형 설명을 듣고 옛날의 강줄기를 상상해 보면서 도계를 다시 확정해야 한다는 생각을 했다.

버스에 승차하여 마을 안길 도로가 도계인 일골 마을 지나면서 왜 이렇게 도계가 어색하게 그어졌는지 설명하는데, 웃어야 할 지 울어야 할 지, 그 이유는 주민들이 서로 감시하여 일제 관계당국에 고발하라는 음모가 숨어있었다고 한다. 버스로 10분 남짓하게 이동하는 차 안에서 지난번에 듣기로는 오늘의 탐사길이 쉬운 것이 아니라고 하여 본인은 많이 긴장하였다고 하니 도보로 탐사하면 한 시간 이상 소요될 것이고 실제 길이는 10여km가 될 것인데, 그늘도 없는 도로를 걸으면 얼마나 힘든지 지난 해 음성에서 겪어보아 잘 아시지 않는냐고 하면서 버스로 이동하니 시간은 물론 대원들의 고생을 한결 덜게 되었다고 한다. 차창 밖으로 내다보니 우거진 숲과 논이 아닌 밭 정도 있을 장소에 뜻밖에 낚시터가 시야에 들어온다. 우리 일행이 지나온 곳은 그래도 높은 고개길을 통과한 장소인데, 자가용이 여러 대 있고 물고기를 낚으려는 강태공들이 물가에 둘러앉아 한가롭게 낚싯대를 드리우고 있는 모습이 퍽이나 평화스럽고 행복하게 보인다. 늘 탐사를 할 때는 아무 생각하지 않고 자연을 벗 삼고, 대원들과 환담을 나누는 것이 즐거움인데, 버스를 타고 차창 밖을 내다보면 이런 생각 저런 생각을 하면서 자문자답도 하고 희망을 찾아보기도 하는 시간이 된다. 요새는 미국서 손자와 아들 큰며느리가 귀국하여 삶을 느끼는 것 같지만 그놈이 잘 되어야 할 텐데 하는 걱정이 늘 앞선다.

큰 놈과 대화 중에 의견이 대립되어 어느 때는 안타깝기도 하고 어느 때는 나보다 생각하는 것이 훨씬 앞선다는 생각도 들지만 그것이 현실과 너무 동떨어져 걱정으로 변화하기도 한다. 그 놈 말대로 되면 얼마나 좋을까 긍정적인 생각을 하면서 녹음이 짙은 푸른 산과 6월의 드높은 하늘을 쳐다보면서 혼자 미소도 띠고 한 숨도 쉬어본다. 그러는 동안 버스는 도계를 찾아 정차를 하였다.

13시 25분경에 삽둔마을 입구에서 하차하여 지도상의 도계를 파악하고 있는데 마을 주민인 듯 한 분이 다가오면서 도계에 대하여 여러 차례 질의 응답을 하였다고 하면서 앞에 보이는 담벽과 파란 지붕 사이가 도계라고 한다.(강원도 영월군 삽둔마을 고병택 67세) 살아가는 데에는 어려움이 없고 마을의 애경사 및 농사철의 두레에는 보통 마을과 같으나 (마을회관이 강원도 서면 삽둔 땅에 건립을 하였지만 사용은 도경계와는 상관없다고 함) 행정상의 불편한 점과 양도에서 지원하는 차이는 있다고 한다. 마을 안길에 잘 꾸며진 현대식 가옥이 도계를 설명하여 준 고씨댁인데 담벼락 안쪽에 경사지게 흙을 쌓고 화단을 만들어 나름대로 아름다운 운치가 있다. 마당에는 분재도 있는 것으로 보아 자연을 벗 삼아 노후를 멋있게 살아가는 느낌을 주었다.

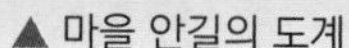
▲ 마을 안길의 도계

▲ 가옥의 담벽이 도계

▲ 마을 뒷산 나무에 묶은 삽

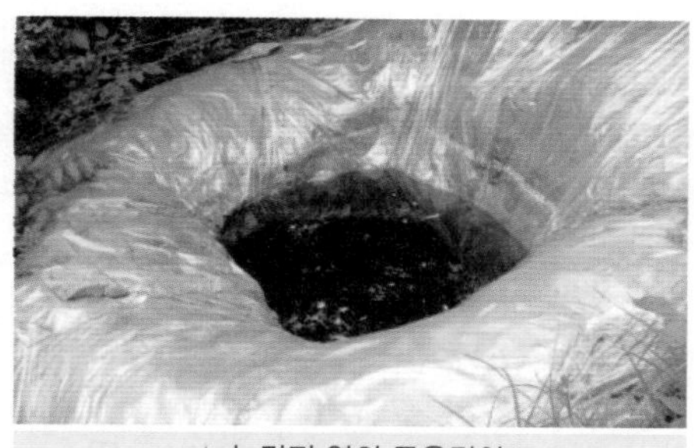
▲ 농경지 옆의 물웅덩이

▲ 정원이 잘 가꾸어진 농가 주택

우리 사는 고장에서는 볼 수 없는 모습이 눈에 들어왔다. 밭가에 웅덩이를 파고 물이 새나가는 것을 막기 위하여 비닐을 깔고 진하지 않은 검은 색깔 물을 담아 놓았다. 본인 생각으로는 비료를 넣어 후숙시켜 농작물에 뿌리는 것 같다. 이 고장에는 주로 밭농사를 하는데 옥수수, 고추 재배를 많이 한다. 시멘트 공업이 발달하지 않았으면 많은 농가가 폐가가 되고 인구도 줄고 경지가 황폐하게 될 것인데 시멘트 산업이 발달되어 농촌의 경관이 현대화 된 것 같다.

삽둔 마을을 뒤로하고 탐사를 계속하였다. 지루하고 힘들고 아직은 계절적으로 초여름은 아닌데 30℃를 오르내리는 더위가 기승을 부려 속옷과 겉옷 까지 땀에 젖었다. 14시 50분경에 시원한 산바람으로 땀도 식히고 피곤한 다리도 쉴 겸 이름모를 산봉우리에서 환담의 시간을 가졌다.

산나물을 마음이 흡족할 정도로 채취하여 그만하려는데 자꾸만 눈에 띄는 것이 산나물이라 또 한 잎, 두 잎 따다보니 비닐봉지로 가득 찬다. 제천 분이 저 멀리 보이는 시멘트 공장은 이 산봉우리를 내려가면서 보이지 않을 것이라고 한다. 다음 탐사 때도 시간이 허락하면 동참 하겠다고 하면서 좋은 계획에 좋은 결과가 있기를 바란다고 하였다.

▲ 땅비싸리 ▲ 매화노루발풀 ▲ 흰제비난

▲ 은대난초 ▲ 노루발풀 ▲ 백미꽃

15시 15경에 임도인지 묘소로 통하는 길인지 지도상에 없는 지형을 지나 그늘 밑에서 마지막 휴식을 취했다. 이곳 주변에도 산나물이 있어 쉬는 동안 채취를 하면서 시간을 보냈다. 오늘의 목적지까지 가는데 마지막 경사는 90도에 가까운 급경사였다.

쌓인 낙엽 때문에 바닥이 미끄러워 한 발짝 한 발짝 옮기는데 무척 조심스러웠다. 도로와 인접한 곳에는 콘크리트 옹벽을 쳐서 내려갈 수 없는 곳인데 마침 오래된 등나무 줄기가 있어 그것을 밧줄 삼아 대원들이 무사히 내려왔다. 도착한 시간은 16시 25분인데 오늘 총 걸은 시간은 3시간 54분 정도이고, 점심시간을 포함해서 휴식시간은 4시 30분 정도이고 탐사 거리는 11.1km로 GPS에 나타났다.

▲ 시군경계와 강원도 상징물

▲ 충절의 고향에 오신 손님을 반기는 글

▲ 도로 개설로 폐허가 된 휴게소

강원도의 상징인 반달곰 조형물이 제천과 영월의 경계에 서 있다. 이 고장의 방문을 환영하는 문구와 현재의 위치를 알리는 입간판이 크게 있어 기념 촬영을 하였다. 그러나 쓸쓸한 광경이 있어 세월의 무상함을 말해 주는 것 같다. 느릅재 정상에 있는 주유소와 여행객의 피로를 풀어 줄 수 있는 휴식 공간이 녹슨 자물통으로 닫혀있고 주인 없는 주유기는 옛날을 그리워하는 것 같다.

○ 구　간 : 제천시 송학면 장골리 일곡교 – 제천시 송학면 입석리 느릅재
○ 일　시 : 2007년 6월 23일

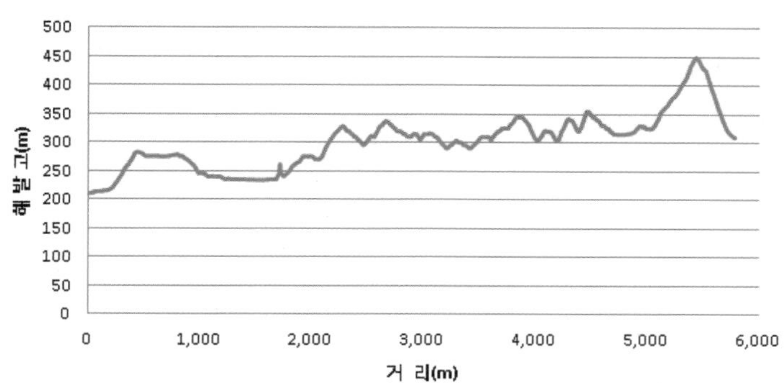

▣ 경계탐사

도계 탐사일이 늘 기다려진다. 새벽에 일어나 조간 신문을(조선일보, 동아일보) 읽다가 안식구의 말을 듣고 부지런히 출발 준비를 하였다. 오늘도 대성고 앞에서 버스를 타고(06시 20분경) 목적지를 향하여 부지런히 질주하였다.

어제까지만 하여도 여름 장맛비가 내려 대지를 촉촉이 적시고 가뭄을 타던 밭작물들이 생기가 나고 푸르름을 자랑하는 느낌이 들었다.

일기예보에 의하면 장마전선이 북상하여 한 달 동안 우기에 접어들고 때와 장소에 따라 폭우가 내릴 것을 대비하여 재해예방에 만전을 기하라고 수시로 당부하였다.

하늘도 도계 탐사에 힘이 되어 주시느라고 구름이 많은 날씨가 되고 비는 내리지 않는다고 예고하였다.

버스 안에서 만남의 반가움을 나누면서 연회장이 사전에 탐사로를 판독해온 내용을 설명하고 긴 여정이 될 것이라고 예고한다. 또 덧붙여서 설명을 하는데 도상거리가 10여km가 넘어 약간 힘들고 어려울 것이라 한다.

탐사 인원이 너무 적어 의아하였는데. 증평, 충주 보조 댐 휴게소, 봉양, 제천에서 탐사 대원들이 동참하여 오늘도 10여명이 넘었다. 고마운 일은 제천 산악인들이 동참하여 우리 고장 북부지방의 지형과 현지상황을 탐사대원들에게 상세히 설명한 것이다.

지도상에 알지 못한 지형이 있어 지도를 읽는데 어려움이 있었다고 고충을 털어 놓았다. 내가 가만히 생각하니 이곳은 석회암 지대라 빗물에 의하여 용식된 지형이라는 것을 직감하였는데, 수업시간에 수도 없이 학생들에게 강조한 내용이 떠오르지 않아 나 혼자 골똘히 생각을 하였지만 허사였다.

08시가 넘어 목적지에 도착하여 간단한 준비 운동과 기념촬영을 하고 8시 30분경에 전번 탐사 시 마지막 급경사를 자연환경에서 발아한 오래된 등나무줄기를 잡고 내려오던 때를 생각하면서 그 경사지의 맞은편에 있는 경계로를 찾아 힘차게 첫발을 옮겼다.

초여름인데도 날씨가 덥고 어제까지 비가 내려 대기 중에 습도가 많아 더 더운 느낌이 든다. '무엇 눈에는 무엇만 보인다.'고 싱싱하고 잘 자란 취나물들이 눈에 띄어 그냥 지나칠 수가 없어 한 잎, 두 잎 따기 시작하였다.

내가 생각하여도 탐사를 온 것인지 나물을 채취하러 온 것인지 알 수가 없다. 지난주 탐사 시 꽤 많은 양의 취나물을 뜯어 효소 만드는 방법을 연 회장한테 설명을 듣고 집에 도착하여 설탕과 버무려 항아리에 담그면서 먼 훗날 건강을 위하여 가족도 먹고 대원들에게도 나누어 줄 생각을 하면서 배운대로 정성을 다하여 안식구와 함께 작업을 하였다,

차고에 그리 크지 않은 항아리을 갖다 놓고 차곡차곡 정성들여 채웠다. 오늘도 더 많은 효소를 만들기 위하여 출발 전에 빈 비닐주머니를 챙겨 배낭 옆에 넣었다. 9시 20분경에 잠시 쉬었다가 다시 탐사를 진행하는 동안 구름과 우거진 숲에 가려 강한 햇빛은 없으나 기온과 습기 때문에 힘들고 고통이 따르는 탐사가 계속되었다. 간간이 부는 산들 바람이 평소에 느껴보지 못한 시원함으로 초등학교 때 부르던 노랫말이 생각이 나 혼자 흥얼거렸다.

아침에 버스 안에서 이야기한 석회암 지형이 생각나 교실에서 설명하듯이 용식작용에서부터 큰 골짜기를 이루는 폴리네 석회동굴과 제주도의 용암동굴의 차이까지 자세히 설명을 하였다. 또한 석회석이 발달한 지형에는 왜 밭농사가 발달하고 제천 단양지방의 특산물이 마늘이 왜 유명한지도 설명을 덧붙였다.

지도상에 나타난 등고선과 실제의 지형과는 많은 차이가 나는 것 같았다. 급경사를 내려가 다시 급경사로 오르는 데는 힘과 노력이 평상시보다 배 이상 드는 것 같다. 이러한 탐사가 계속되면 끝까지 동참할 수 있는 여력이 있을까? 고도를 계산 하면 200~300m의 차이가 나지만, 내 스스로 오늘처럼 힘들고 어렵고 힘든 것을 처음 느낀 것 같고, 내 자신의 건강까지도 의심이 간다.

승리봉 정상에 올랐다. 대원들이 둘러 앉아 환담도 나누고 간식도 나누어 먹을만한 평평한 장소를 찾아 무거운 배낭을 내려놓고 휴식을 취하는 기쁨이란 말로 표현 할 수 없었다. 대개 1시간 정도 탐사를 하고 10여분 정도 휴식하는 것이 우리 탐사대원의 통례로 되어 있다.

안식구가 간식으로 넣어 준 삶은 달걀 20여 개를 나누어 먹었다. 피로가 얼마나 풀렸는지는 알 수 없지만 탐사길에 널려 있는 취나물 채취를 시작하였다. 먼저 채취한 취나물을 비닐주머니에 넣고 다시 운반하기 좋게 배낭에 꾹꾹 눌러 넣고, 비닐주머니를 찾으니 어디에서 빠졌는지 아무리 찾아도 없어 채취할 수 없었다. 그렇다고 양심상 대원들에게 비닐봉지를 얻을 수도 없는 처지였다. 대원들이 도계탐사를 온 것인지 나물채취하러 온 것인지 알지 못하겠다고 속으로 험담하는 것 같았다

힘들고 지친 몸을 이끌고 12시 40분 경에 무등산(해발620m)에 도착하여 대원들이 둘러앉았는데 앉다보니 나만 홀로 가운데 앉아 점심을 먹게 되었다. 그래도 각자 준비해 온 각 가정의 맛있는 반찬을 나누어 주면서 탐사의 어려운 점과 재미있고 특이한 상황을 이야기 하면서 즐거운 식사시간을 가졌다.

나는 발이 무거워 등산화와 양말까지 벗어 옆에 놓고 가장 편한 자세로 점심을 먹었는데 내가 생각하건대 미관상 좋지는 않은 것 같았다. 신발과 양말, 발에서 발생한 습기를 자연에서 건조시키면 피로가 풀리고 감각도 좋을 것이라고 생각하기 때문에 가끔 그렇게 한다.

▲ 산딸기

▲ 기린초

▲ 털중나리

▲ 도계를 지도상에서 찾아보는 대원들

30여분 동안 식사를 하고 13시 10분경에 오후 탐사를 시작하였다. 처음에는 탐사로에 드문드문 산딸기가 눈에 띄어 대원들은 딸기를 많이 따먹기 위하여 부지런히 손을 움직여 딸기를 따먹기에 급급하였다.

오후 탐사는 대부분 급경사였고, 등산로도 없는 도계라 진행하는데 어려움이 많았다, 업친데 겹친다고 14시 30분지나 도계에는 산불로 잡목과 숲으로 우거져 보이는 것은 하늘이요 앞 길은 가시덤불이라 진행 속도도 느리고 도계 찾기도 어려웠다.

앞에 선 박 대장의 어려움을 대원들은 알고 있는지 모르고 있는지 잘 익은 딸기 따먹기에 정신을 팔고 있었다. 본인은 사람 키만큼 큰 취나물을 보면서 채취하지 못하는 안타까움과 딸기채취를 위하여 맨 뒤에 떨어져서 많은 양의 딸기를 따먹었다.

가면 갈수록 탐사가 어려워지고 고통스럽고 힘든 것 같다. 그 이유는 우리 충북의 북동부 지형이 소백산맥으로 인접도와 경계를 하고 있기 때문이다. 오늘 탐사계획의 갈 길은 아직 많이 남아 있는데, 더 진행할 것인지 버스 접근이 용이한 이곳에서 마무리할 것인지 산 능선에서 대원들과 상의를 하는 동안 골짜기에서 불어오는 바람은 정말로 우리 대원들의 피로와 땀을 시켜주는 고마운 바람이었다.

아침에 제천 산악인이 말한 것이 생각이 난다. 오늘의 계획은 너무 무리다. 멀고 험난한 코스이기 때문에 힘들 것이라고 예견을 한 것이 적중하였다.

오늘 탐사에도 자연이 준 아름다움을 만끽하였고, 특히 우리 국토 강산에 핀 꽃들은 화려하지 않고 뽐내지 않으며 자연과 잘 어울리는 색상과 자태로 우리 민족성을 잘 나타내고 있는 것 같다. 산 능선 아래 보이는 제천시의 성불사로 버스를 오라고 하고 우리 일행은 발걸음을 재촉하였다. 물이 다 떨어져 목이 타고, 시원한 석간수에 세수라도 하고 싶어 성불사에 들어가니 스님과 보살, 처사님들이 정원에서 작업을 하고 있다.

▲ 멀리 보이는 제천 시가지

▲ 진행여부를 놓고 심사숙고하는 대원들

우리 일행에게 합장하는 스님에게 목례로 답하고 수돗가로 발걸음을 옮겼다. 들마루에 배낭을 내려 놓고 목을 축이고 손발을 씻었다. 보살님 한 분이 다가와 대야와 바가지를 건네며 이 물은 수돗물이 아니라 약수라고 하면서 산 아래 사람들이 이 곳 에서 물을 길어간다고 친절히 설명해주었다. 잠시 쉰 후 5시 40분경에 성불사를 출발하였다.

윤태동씨가 봉양에서 운천동까지 태워줘 고맙다는 인사를 몇 번하고 하차하였다.

○ 구 간 : 제천시 송학면 입석리 느릅재 - 단양군 어상천면 석교리 멍앗(14.77㎞)
○ 일 시 : 2007년 7월 14일

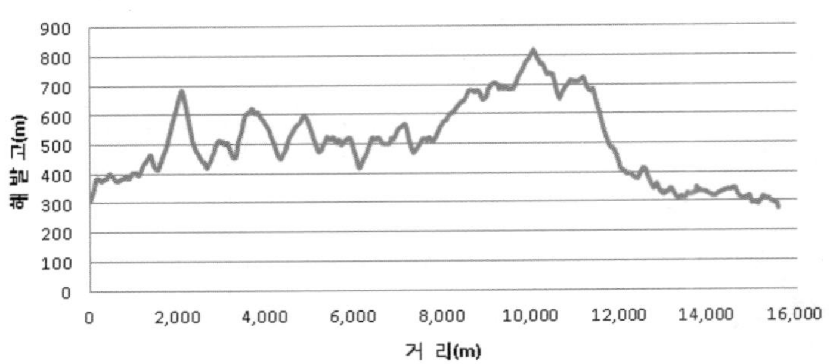

▣ 경계탐사

지난 탐사에 많은 고생을 하여 오늘의 탐사는 자신감이 없다. 그래도 참가하여 심신을 연마하고 호연지기를 길러보자는 마음이 한 구석에 있어 일어나면서 조간신문을 부지런히 읽고 나서 밥맛이 없어 물에 말아 먹고 안식구가 준비하여 준 배낭을 짊어지고 대문을 나섰다. 6시가 넘어 대성고 앞에서 버스를 승차하니 오늘도 탐사 대원들이 10여명이 되지 않았다.

내일 수 만 리 밖 파키스탄 무명봉에 청주시를 상징하는 직지봉 명명을 위해 출정할 박 대장이 오늘도 참여하여 맨 앞자리에 앉았다. 연 회장이 도상분석표를 나누어 주고 설명을 했다. 탐사 횟수를 거듭할수록 지휘부가 달라지는 것 같았다.

지난번에 비해 거리도 짧고 고도의 변화도 크지 않다는 설명을 하였다. 대원들을 위하여 '숲 사랑단체' 행사에 참석한 회장이 톱과 전정가위가 든 종이 상자를 하나씩 나누어 주면서 제품을 설명하였다. 도안에 있는 중소기업 제품인데 잘 만들었다고 하면서 일상생활에 요긴하게 쓰라고 하였다. 증평에서 김주용이 승차하였고 충주 보조 댐 휴게소에서 2명이, 산탄 진입로에서 윤 선생 2명이 승차하여 처음보다는 탐사대원이 늘었다.

제천시 송학면 무도리 성불사에 도착하니 제천에서 산악활동을 하는 3명의 대원들이 동참하여 대원의 식구가 더 늘었다.(장재우, 서병선, 박준규) 출발지에서 간단한 운동과 탐사의 안녕을 비는 기원식을 하고 기념촬영을 하였다. 8시 30분에 출발하였다.

오늘도 첫 출발부터 눈에 띄는 것이 산딸기! 전번 탐사에는 잘 익은 산딸기가 대원들의 탐사에 지장도 주고 힘도 주었지만 진행 속도에 발목을 잡았다. 건강에 좋다는 이야기를 들었는지 아니면 힘들고 어려운 탐사를 위로하는 시간으로 생각을 하였는지는 몰라도 도계를 따라 붉게 익은 산딸기를 많이 따먹었기 때문에 피로를 회복하는 데 많은 도움을 준 것 같았다. 산 능선에 올라서니 강한 바람이 불어 오늘의 탐사는 무더운 날씨 때문에 고생은 덜 할 것 같았다. 남쪽에는 태풍의 영향으로 비와 바람이 많이 불 것이라고 일기 예보를 하였다. 우리 지방에는 중심 세력에서 벗어나 바람만 불고 있는 것 같다.

9시 30분경에 지도 상에 '점재'(해발 429m)에서 성황당을 발견하였다. 주변 나무에는 무속인들이 사용하였던 청, 홍, 황색의 천들이 찢겨 나무에 걸려있고 돌무덤이 어지럽게 쌓여 있다.

오늘도 산나물을 채취하고 점심이나 먹은 후에 채취를 하려고 마음을 먹었는데 너무나 취나물이 많고 신선하여 그냥 지나칠 수가 없어 한 잎 두 잎 따기 시작하였다. 10시 40분경에 무덤 주변에서 제천의 장선생이 용담이라는 약재를 알려주면서 그 효능이 좋다고 한다. 또 잔대가 주변에 널려있다고 하면서 장소를 알려주고 채취까지 도와주었지만 흥미를 느끼지 못하였다. 이곳의 지형은 카르스트지형으로 석회석이 많아 시멘트 공업이 발달하였지만 지리학에서 나오는 돌리네, 우발라, 폴리네 등 용이하게 발견할 수가 없었다. 우거진 숲과 농작물이 무성하게 자라고 있기 때문에 어렵고 전문적 지식이 많이 부족하기 때문이다.

우거진 숲 때문에 시야가 답답하고 진행 속도도 느리고 도계를 찾는데도 어려움이 많았다.

천만다행인 것은 시원한 바람이 불어 몸과 마음이 훨씬 가벼웠다. 오늘 탐사로에는 어여쁜 하늘말나리가 만개하여 우리 일행을 반겨주었다. 나물 채취하랴, 사진 촬영 하랴 분주하였다. 몇 장을 찍은 후 윤태동대원에 사진기를 건네주면서 좋은 것을 많이 촬영하라고 부탁을 하였다. 마음씨 고운 윤 대원은 쉴 사이도 없이 셔터를 눌러 대고 대열의 제일 후미에서 소재를 찾느라고 분주하였다.

무엇을 그렇게 촬영하느냐 질문하니 이름도 모르는 버섯을 소재로 하였다고 한다.

12시도 안되어 점심시간을 가졌는데, 등산화와 양말을 벗고 편한 자세로 앉아 밥을 빨리 먹으려 마음을 가져는데 밥이 잘 넘어가지 않아 물에 말아서 일찍 먹고 배낭에 취나물을 넣고 있는데 대원 중 한사람이 돌복숭아가 많다고 나에게 알려 주었다. 슬그머니 일어나 등산 조끼 주머니와 바지주머니에 부지런히 따넣었다.

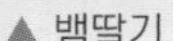
▲ 뱀딸기

▲ 왕고들빼기

▲ 기린초

▲ 박쥐나무 꽃

약이 되는 우리 풀, 꽃, 나무1.2권(최진규 저, 한문 하)에 수록된 내용을 읽어보니 기침, 천식, 기관지염, 신장염, 안면신경마비, 류마티스성 관절염, 개고기 먹고 체한데, 만성간염 등에 효험 있다고 한다.

탐사가 계속되는 동안 취나물 채취에 몰두하여 배낭에 가득 채우고 비닐봉지에 또 채워 한 손에는 스틱을 들고 한 손에는 취나물 봉지를 들고 우거진 숲을 헤치고 걸어가는 모습이 안스러운지 멀리 홍성에서 오는 이교수가 본인 배낭에 넣을 수 있다고 하면서 짐을 덜어준다 얼마나 고마운지 마음으로 고마움을 전하고 비닐봉지를 주었다.

오늘의 탐사도 전번같이 어려운 탐사였다. 평지가 아니고 높낮이가 많고 우거진 숲과 가시덤불이 다른 도계보다 많아 힘이 배 이상 들었다. 마지막 산 능선 아래 보이는 밭이 왜 그리 반가운지 나도 모르게 미소를 지으며 부지런히 하산을 하였다. 넓은 밭에서 눈에 잘 보이지 않는 녹두 싹이 움트고 있었는데, 연 회장이 농부는 아니지만 농촌이 생활에 익숙하여 농작물에 피해가 가지 않도록 대원들에게 주지시켜 내 마음에 들었다.

이 지역은 밭농사 중심으로 특용작물을 많이 재배하고 있었다. 특히 이곳은 약초인 황기를 대단위로 기르고 있었다. 이 약초를 보니 어릴 때 조부님께서 약초농사를 작은 밭에 심어서 수확한 기억이 새록새록 났다. 이 약초는 뿌리가 직근이라 캐기가 상당히 어려웠다. 또 수학 후 뿌리 표피를 제거하고 건조시켜야 상품 가치가 있는데, 그 과정이 쉽지 않다. 주변에는 담배, 고추, 옥수수, 수박밭이 있는데 잘 가꾸어서 풍요로운 삶을 영위하는 농촌이길 기원도 하였다.

마을 입구에는 자두와 오얏(우리나라 토속종인 오얏, 자두는 개량종이다)이 나무가지가 찢어지도록 달려있고 , 붉은 빛으로 잘 익었다.

농촌에서는 일손이 바빠 수확을 하지 못하여 길바닥에 잘 익은 과일이 떨어져있고, 떨어진 과일을 먹을 어린이들이 없어 아쉬움이 있었다.

내가 어릴 적에는 마을마다 많이 어린이들이 있어 그들 나름대로 문화가 있고 마을이 떠들썩하였는데, 지금은 청장년들이 이촌향도하여 농촌에서 유아 울음소리가 끝난 지 오래되었다.

마을에는 70년대 국가 정책이었던 새마을운동의 결과가 곳곳에 보존되어 농촌의 푸근함을 느낄 수 있었다. 탐사 대원들은 신발을 벗고 상의를 빨래 터에 벗어 손발을 흐르는 물에 시원하게 씻고 피로를 풀었다. 이곳은 충북이 아니고 강원도 영월 땅이다.

○ 구 간 : 단양군 어상천면 석교리 멍앗 - 영춘면 유암리 창원(4.56㎞)
○ 일 시 : 2007년 7월 28일

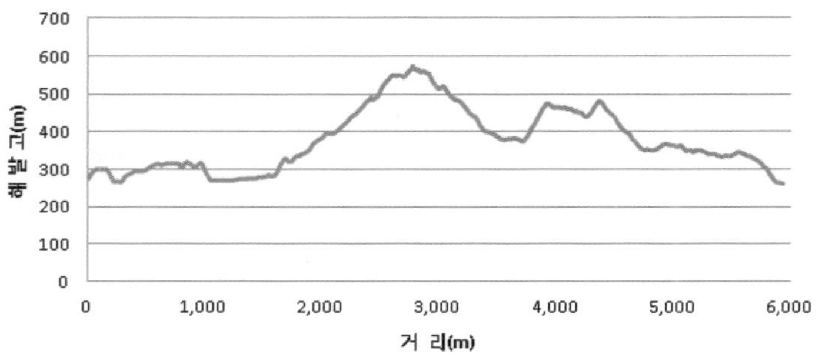

▣ 경계탐사

새벽에 잠이 오지 않아 일찍 일어나 (02시경) 대문에 나가보니 벌써 신문이 와있다. 큰 글씨만 먼저 읽고 내가 필요한 것은 하나도 빠짐없이 읽는 습관이 있다. 04시가 넘어서 또 한 가지 신문이 도착하여 읽는 둥 마는 둥하다가 졸음이 와 잠깐 잠이 들었다. 안식구가 깨워 눈을 뜨니 5시가 조금 넘었다. 06시 50분까지 출발하면 된다고 말을 하였다.

시간의 여유가 있어 자리에서 일어나지 않고 TV에서 나오는 아프가니스탄에서 납치된 사람들이어떻게 될 것인지 무척 걱정되었다. 뉴스 시간 마다 신경을 곤두세우고 경청을 하고 있지만 시원한 답은 없고 모든 뉴스가 안개 속에서 헤매는 느낌을 주어 불안하기만 하다. 안식구가 준비해 놓은 배낭을 메고 전과 다르게 신바람이 나지 않는 걸음으로 대성고 앞까지 터벅터벅 힘없는 걸음으로 도착을 하여 인도에 있는 경계지주에 걸터앉아 버스를 기다렸다가 승차하였다.

오늘도 적은 인원이 동참하고 있어 간단히 인사를 하고 앞 자리에 앉아 박 대장이(파키스탄 무명 봉을 등반하고, 직지봉으로 명명하기 위해 지난 7월 15일 운천동 고인쇄박물관에서 출정식을 가졌다.) 없는 관계로 연회장이 일정에 관하여 설명을 하였다. 목적지까지 가는 중에 늘 쉬어가는 충주 보조댐 휴게소에서 외국인이 동행하여 약간 의아하였다. 또 한 사람도 초면이었다. 목적지에 도착하여 인사를 시키는데 까무잡잡한 사람은 인도 남부에 위치한 대학교수로 충대 산림자원학과에 3개월 동안 연구하러 온 사람이라 한다. 또 한 사람은 한국외대 이 교수이고 도계 탐사뿐만 아니리 인문지리에 관심이 많다고 본인 자신이 소개를 하였다.

인도 사람은 백지에 이름을 적어 달라고 하니까.narayanasamy tayabalan으로 적어 주면서 앞 단어는 아버지 성이라고 설명을 덧붙였다. 이러한 것이 문화의 차이가 아닌지? 우리나라 사람들은 성이라고 하지 아버지 성이라는 표현은 하지 않는다. 도로변에 있는 이정표의 입간판은 흔히 볼 수 있는 것이지만 마을을 소개하고 있는 입석은 잘 다듬어진 화강암으로 마을 이름을 크고 선명하게 쓰고 주변의 도로와 인근 마을까지 새겨져 있어 다른 마을 입구에 있는 마을 유래 혹은 마을 이름을 설명한 것과는 차이가 있다.

08시 15분경에 간단한 준비 운동한 후에 포장된 좁은 도로 옆에는 맑은 시내물이 흐리고 주변 경관은 전형적인 강원도 농촌의 풍광이 전개되고 있었다. 아직 익지 않은 옥수수와 풍성하게 익어가는 풋고추가 주렁주렁 열어 농민들의 부지런함과 가을 풍성함을 예고하는 것을 느끼게 한다. 전에는 보지 못한 야지에서 수박밭을 많이 볼 수 있었는데 일교차가 커서 그런지는 병해충이 없고 크고 맛 좋은 수박을 생산하는 것 같다. 주야의 온도 차가 크면 과일 맛이 좋을 것이 아닌가(사과가 그렇다고 함.) 생각이 든다.

도계 탐사를 시작한지 30분도 되지 않아 휴식을 하였는데 이유는 산을 처음 접하는 인도인 때문이라 한다. 그가 살고 있는 인도는 불모지이고 거의 사막화가 된 대지라고 한다.

▲ 충북과 강원도 제천과 단양의 경계 이정표

▲ 마을 이름의 입석

▲ 석회석지형인 우발라

▲ 가시덤불을 헤치고 개망초꽃 길로 들어섰다

앞에 나타난 곳은 능선에 길도 없고 칡덩굴과 찔레와 딸기나무로 뒤덮여 앞으로 갈 수 없는 상황이다. 이리저리 통행할 수 있는 곳을 찾아 봐도 길이 보이지 않았다. 연 회장은 앞에 스틱으로 이리 치고 저리 쳐 대원들이 안전하게 탐사를 진행할 수 있도록 길을 만들어 나갔다.

우거진 숲을 지나 앞에 가던 대원들이 모여 무엇인가 사진을 찍고 신기한 눈으로 관찰을 하고 있어 가까이 다가가 보니, 아름다운 자태를 자랑하고 있는 영지버섯을 보고 있었다. 그 곳에서 반대 쪽을 바라보니 그리 멀지 않은 곳에 움푹 파인 곳이 보이는데 이곳은 분명히 석회석 지형 즉 우발라이다.

나는 이곳을 사진에 담았다. 충북 북부지방은 조선계 지층이 발달한 석회석 지대이지만 폴리에 우발라. 라피에 등 석회석 지형을 발견·확인하기가 좀처럼 용이하지 않다. 특히 폴리에 작은 것은 발로 밟으면 보이지 않을 정도로 작은 것이 있는데 지금까지 시멘트 공장 지대를 탐사하면서 발견하지 못하였다.

9시 05분경에 평탄한 지형에서 오늘 첫 휴식시간을 가졌는데, 연 회장이 산악인답게 처음 같은 휴식시간은 정비시간으로 복장 및 모든 장비를 점검하는 시간이어야 한다면서 대원들의 모든 것을 정비하라는 명령을 은연중에 지시하였다.

이동수 대원이 배낭을 열면서 대원들을 위하여 수박을 지고 왔노라고 하면서 수박 2통을 꺼내었다. 준비성이 많은 윤태동 대원이 옆에서 칼을 꺼내어 먹기 좋게 쪼개서 대원들에게 고루 분배까지 하였다. 수박밭에서 일하는 아주머니들한테 판매를 하라고 하였는데 밭떼기로 매각을 하고 1~2통씩은 판매하지 않는다고 하여 비닐하우스에서 수박 끝물을 정리하는 농부한테 허락을 받고 얻어 온 것 같았다. 그리 크지는 않지만 달고 시원하여 대원들이 땀을 시키고 힘을 얻는데 큰 기여를 하였다.

1시간 정도 우거진 숲을 헤치면서 탐사를 하는데 지난번 보다 어려움이 적은 것 같았다. 오늘도 날씨가 흐리고 간혹 부는 바람은 대원들의 사기를 진작시키는 좋은 약이 되었다. 날씨가 더울까봐 물을 3통씩 준비를 하고 또 비가 올지 몰라 우비까지 준비를 하였다 출발하는 데 비가 올 것 같으니 작은 우산을 가지고 가라는 안식구의 말을 못 들은 척하고 출발한 것이 잘한 것 같았다.

초롱봉(해발 570m 탐사 중 제일 높은 산)에서 40분 정도 휴식을 하였다. 이 초롱봉은 영춘면과 어상천면의 경계이기도 하다. 탐사로의 오른쪽은 우리 도이고 왼쪽은 강원도이다. 가끔 등산로에 경계 탐사한 기록을 띠지(주로 천으로)를 나무에 달아 자취를 남겼다.

지금까지 도계탐사를 하는 동안 이렇게 긴 시간을 휴식시간을 가진 적은 없었다. 오늘의 탐사로가 짧기도 하고, 처음 참석한 인도인이 이 세상에 태어나서 산에 등정을 한 것이 처음이고 몸까지 뚱뚱하여 더 힘들고 어려움이 더한 것 같아 긴 휴식을 가졌다.

11시 20분경에 옛 고개의 흔적과 산마루에는 성황당의 돌무덤과 돌무덤 한 가운데에서 그 위용을 자랑하던 성황당 직주는 죽어 나무줄기만 남아 있다. 출발한지 수십 분이 경과하였는데 후미에서 따라오지를 못하여 휴식 장소도 아닌 급경사에서 휴식을 하는데 어떤 대원은 나무를 등받이하여 쉬고 어느 대원은 엉거주춤한 자세로 뒤에 떨어진 대원을 기다리면서 잠시 쉬었다. 이곳에서 출발한지 몇 분되지 않아 대원들이 둘러앉아서 점심을 맛있게 먹을 수 있는 지형에 자리를 잡고(해발 488m) 환담을 나누면서 시간적 여유를 갖고 유유자적하게 시간을 가졌다.

13시경에 장비를 재정비하고 10분 후 출발하여 해발 500m 산봉리에서 멀리 보이는 우리 고장의 농촌 자연경관을 감상하면서 완경사의 도경계를 따라 진행 속도를 조절하였다.

마지막 하산 길은 90도에 가까운 급경사라 하산하는데 어려움이 많았다. 지도상의 도계는 아니지만 이곳으로 하산하여야 승차하기가 좋은 곳으로 지도를 읽었기 때문에 선택한 것이다. 마음에 도착하여 한 농가에서 손과 얼굴을 씻고 주인아주머니에게 도계를 물으니 지도상의 도계와 현지의 도계는 완연히 달라 마을 앞에 흐리는 개천이 도계이며 현재 우리가 있는 곳은 강원도 영월군 남면 창원리라고 한다. 강원도 남부의 맛 좋은 나물이란 현수막이 새로 건물 벽에 걸려 있는 것을 윤 선생이 보고 가격을 물어보니 1만원이라 한다. 나는 처음 본 나물이며 맛을 본적도 없다. 선전물까지 인쇄하여 일반인들에게 홍보도 하고 있었다. 청주 한 음식점에서는 곤드레밥 한 그릇에 6~7천원이라고 하며 1봉지(꽁꽁 얼은 1관)를 구입하여 다른 대원들도 구입을 하였다. 원명은 고려엉겅퀴이며 국화과 다년초이며 약리작용으로는 정맥확장, 정맥 종, 지혈작용, 소염작용, 이뇨작용 등에 효험이 있다고 한다.

07년 상반기 탐사를 종료하는 뜻에서 기념 촬영을 하고 14시 20분경에 9월 둘째 주에 건강한 모습으로 07년 하반기 탐사를 성공리에 시작할 것을 다짐하고 청주로 기수를 돌렸다.

○ 구　간 : 단양군 영춘면 유암리 창원(하유암) - 연춘면 별방리 하원 별방고개 (㎞)
○ 일　시 : 2007년 9월 9일

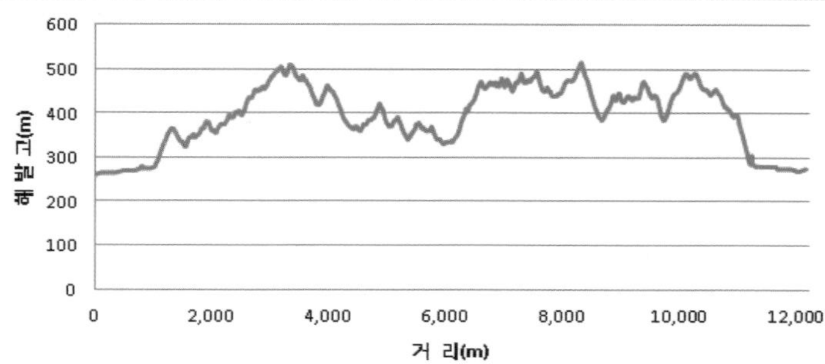

▣ 경계탐사

무더위 때문에 한 달 이상 쉬었다가 시작하는 것이고 9월이라고 하지만 삼복더위가 다 가지 않은 것처럼 느꼈다. 늦더위가 기승을 부리고 예년에 볼 수 없었던 장마와 많은 강우량 때문에 농촌이고 도시고 생활에 많은 어려움이 있는 해이다.

06시 10분전에 안식구가 준비해 준 배낭을 메고 늘 버스를 타는 대성고 앞으로 부지런히 걸음을 재촉하였다. 오늘 일기예보에는 다행히 비가 온다는 예고는 없고 흐리다하여 한시름 놓았다. 버스에 승차하니 탐사대원 인원수가 너무나 적어서 나 혼자 의아하게 생각하였다. 연회장이 나누어 주는 지도와 사전에 지형을 독도한 설명서를 받아 들고 설명을 들으면서 목적지를 향하여 버스는 부리나케 달리고 있었다. 증평에서 제자이자 동문인 김주영이 승차하자마자 한달 전에 창암에서 빌린 만 원을 주었다. 곤드레나물 한 봉지를 사려고 지갑을 찾으니 집에 놓고 온 것을 알고 1만 원을 빌린 것이다. 메세지로 통장번호를 말해 달라고 몇 번을 독촉을 하였지만 알려 주지 않아, 잊지 않으려고 늘 생각하고 있다가 버스에 승차하자마자 돈을 건네주었다. 멋쩍어 하면서 받지 않으려하는 눈치였다. 충주 보조댐에서 차 한 잔씩 먹고 간식 준비를 하지 못한 대원이 간식을 구매하는 동안 한 사람을 더 태우고 목적지에 08시 15분에 도착하였다. 영춘면 도로변에 있는 하유암 엄병용씨 댁 마당에 하차하니 지붕 처마에 청주에서는 볼 수 없는 제비집이 있고 처마 밑 벽에는 제비가 집을 짓기 용이하게 새끼줄을 몇 가닥 틀어서 매어 놓은 것을 보면서 제비와 농부의 자연 사랑을 생각하면서 사진기에 담아 보았다.

우리나라가 산업화가 되기 전 9월 하순경이면 제비 새끼가 강남으로 날아 갈 수 있을 정도로 성장하여 전기줄이나 빨래줄에 수십 마리 혹은 몇 백 마리가 앉아 지저귀이고 있는 풍경을 목격하였는데 농약과 환경오염으로 인하여 도시에서는 제비를 보기가 어렵다.

우리 대원들은 보기 어려운 진풍경을 카메라에 담고 마당에 둘러 서서 간단한 준비 운동을 하고 출발을 08시 30분에 하였다. 마을 입구에서는 농로에 접한 농수로 정리 작업을 하기 때문에 마을 입구 콘크리트 포장된 도로 주변에는 마무리가 되지 않아 어수선한 광경이 그대로 남아 있다.

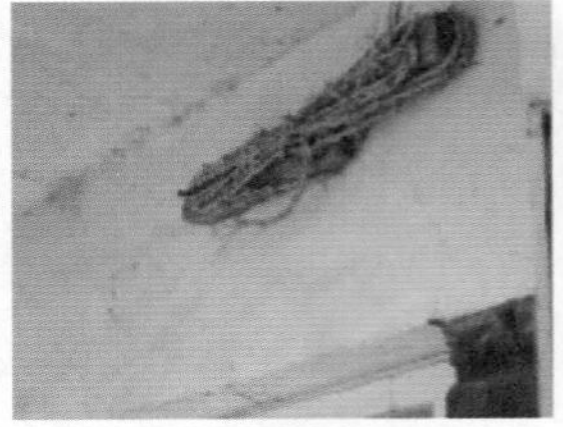

▲ 용이하게 제비집을 짓게 하기 위한 주인의 마음

▲ 출발 전 준비운동

▲ 담배 건조실

마을에 들어서니 전형적이 농촌의 냄새가 대원들의 훈기로 느낄 정도로 몸에 와서 닿았다. 마을 중앙에는 잘 보존되어 있는 건조실이(농가보다 높은 건물로 건물 바닥에는 열을 전달할 수 있는 철로 제조한 파이프가 연결되어 있고 벽과 벽을 연결하여 담뱃잎을 새끼줄에 꼬여 겹겹이 매달고 모든 창문을 밀폐한 후 아궁이에서 장작으로 열을 가한다. 작은 유리 창문에서 볼 수 있게 온도계를 달아 놓고 건조에 알맞은 온도를 유지하는 데 최선을 다한다.) 있어 카메라에 담았다. 지도상의 도계를 찾아서 입산한 초입에서 천연 영지를 발견하여 흡족함을 표현하는 대원들까지 있었다. 이 보물은 대원들을 위하여 약술을 담아 피로함을 덜어주는, 음료수로 만들겠다고 하면서 자진하는 대원이 파손되지 않게 배낭에 조심스럽게 넣었다. 이 지역은 석회석지형이지만 지금까지 지리 교과서에 수록한 사진처럼 발달한 석회석 지형을 발견하지 못하여 아쉬움을 늘 간직하고 주변을 살펴보아 왔다.

야생화에 관심이 지대한 윤 선생이 뒤처져서 열심히 무엇인가 카메라에 담고 있는 광경을 보았다,

오늘의 탐사로는 연회장이 작성한 도상 분석 자료에 의하면 험한(산의 경사가 심하지 않아 탐사에 어려움이 없는 것 같고, GPS를 이용하여 도계만 잘 찾아 진행한다면 어려움이 없을 것으로 예상 하였다)지형이 없어 탐사는 평탄할 것으로 예상하였다.

09시 반경에 휴식하는 장소 앞에 다른 솔잎보다 노란색을 많이 띤 소나무를 발견하고 대원들은 황금소나무가 아니냐며 카메라에 담았다. 각자 준비해 온 간식을 나누면서 환담을 나누기도 하였다.

10여 분 후 다시 탐사를 진행하는 도중 11시경 소나무 밑 등걸에 붉은 진흙과 함께 털이 반들반들하게 묻어 있는 것을 발견하였고 주변 물웅덩이에는 물이 고여 있어 산짐승들이 목욕을 할 수 있는 곳이라는 것을 직감할 수 있었다. 뻣뻣하고 억센 긴 털로 보아 멧돼지들이 다녀간 흔적으로 동정하였다.

탐사 진행 중 과거에 고개이고 성황당 흔적이 남아 있는 돌무덤과 성황당 한복판에서 고사한 나무를 보니, 어릴 적 생각이 났다. 길옆에 있는 성황당을 지나라면 왜 그렇게 무서운지 온 몸이 오싹하고 등에서 진땀이 날 정도로 무서웠는데, 지금은 도로변에서 눈을 크게 떠도 찾아볼 수 없는 현장이다.

12시 반경 대원들은 준비한 점심을 먹으면서 휴식도 취하였다. 13시 50분경 오늘의 최고봉(해발 449m)에서 휴식 겸 주변 경관을 만끽하고 하산하기 시작했다. 산능선이 여러 갈래로 나누어져 있어서 지도를 읽는데 몇 번이나 착각을 하였다.

오늘의 탐사는 버스가 대기하고 있는 곳에 일찍 도착하여 도경계의 기념물 사진도 찍고 16시 경에 귀향길에 올랐다.

▲ 황금색 소나무

▲ 멀리보이는 석회암 지형

▲ 웅덩이에 고인 물을 관찰하는 대원

▲ 멧돼지의 흔적

○ 구　간 : 영춘면 별방리 하원 – 영춘면 오사리 샘골 (13.85㎞)
○ 일　시 : 2007년 10월 13일

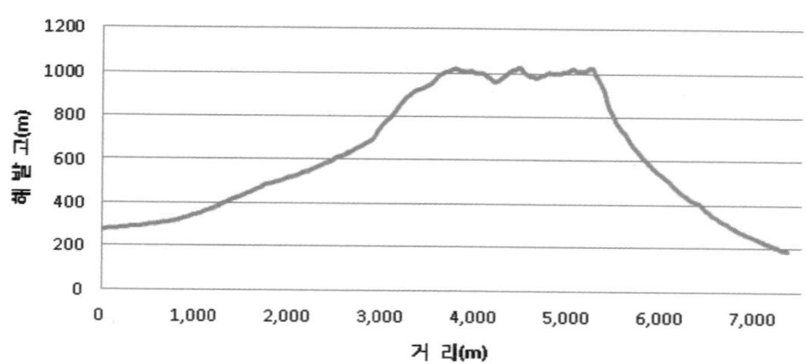

▣ 경계탐사

한 달 반 만에 도계 탐사를 하는 것이라 여러 가지로 마음이 복잡하다. 전번에도 쉬운 탐사는 아니었는데 시간이 갈수록 힘든 것 같다. 약간 불안한 생각도 들었지만 일찍 잠에 들었다. 눈을 떠보니 안식구가 일어나 식사 준비를 하고 있었다.

시간적 여유가 있는 것 같아 늦장을 부리다 05시 50분경에 배낭을 메고 버스를 타기 위하여 상쾌한 아침공기를 마시며 청대 교문에 다다랐을 때 탐사대원을 수송하는 미니버스가 늘 내가 타던 장소에 도달하는 것이 아닌가? 깜짝 놀라 신호등을 무시하고 횡단보도를 건너서 차량 문을 보니 박 대장이 하차하여 나를 찾고 있는 것이 아닌가? 인사 겸 미안하다는 말을 하니 대원들이 반갑게 맞이하여 마음이 한결 가벼웠다. 또 박 대장이 나의 정년퇴임을 축하해 주는 인사말까지 곁들어 소개하니, 고맙기도 하고 쑥스럽기도 하면서, 내 가슴에는 38년 동안 교사 생활을 반성하기도 하였다.

진정 2세들을 위하여 열심히 가르치고 짧은 지식이라도 정확히 전달하였는지 주마등처럼 스쳐 간다. 은박지에 싼 것을 나누어 주면서 아침 식사를 하지 못한 대원들은 식사대용으로 먹으라고 한다. 이 선물은 오늘 처음 탐사대원으로 참석한 정여사가 준비한 것이며, 따끈따끈하니 지금 먹는 것이 제 맛이 날 것이라고 하면서 먹기를 재촉한다. 나는 안식구가 정성스럽게 준비한 식사를 하였기 때문에 배낭 옆에다 넣으면서 마음속으로 힘들고 배고플 때 간식으로 먹을 생각을 하였다. 전번보다 대원의 수가 늘었지만, 연회장이 보이지 않아 궁금한 차에 건강상 문제가 있어 불참한다는 이야기를 듣고 의문점이 풀었다.

08시가 넘어 등산화 끈을 매고 사진기를 배낭에서 꺼내고 등산에 필요한 장비를 다시 한 번 점검하는 사이에 버스는 목적지에 도달하였다. 목적지에 08시 30분에 도착! 전번 도계 기념 촬영을 한 기억났다. 준비 운동을 가볍게 하면서 준비운동의 중요성을 강조하는 박 대장이 마음에 들었다. 단체 기념사진도 촬영하고 개별적으로도 도계를 표시한 상징물을 배경으로 촬영을 하였다.

▲ 도계에서 장비점검을 하는 대원들

▲ 자연을 훼손하는 납석광산

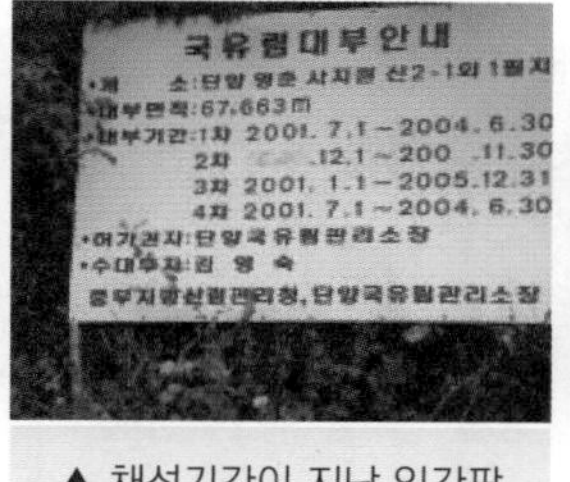

▲ 채석기간이 지난 입간판

▲ 산사태 방지를 위한 사후 관리가 잘 됨

탐사 대원들은 소로를 따라가면서 수십m 좌측 편 숲에 쌓인 계곡이 강원도와 충북의 도계이지만 울창한 숲과 가시덤불 때문에 그곳으로 탐사하지 못하는 것을 서로 양해하면서 발걸음을 재촉하였다. 지난달에 마을팀이 이곳을 탐사하였다며 마을의 형태와 도로 등 주변 시설을 설명하였다.

차량이 잘 통과할 수 있도록 도로포장이 되어 있고 입간판에는 납석 광산임을 알리는 표지판이 세워져 있는데 광산채굴의 유효기간이 지난 것을 입증하는 간판도 세워져 있다. 주변에는 채석에 필요한 장비가 어지럽게 산재하여 있는 것으로 보아 현재도 채광을 하는 것 같다.

돌무덤의 급경사를 따라 올라가니 채광 후에 토사 방지를 위하여 사방공사를 잘하였다. 그곳에는 잣나무를 심었은데, 비 때문에 여러 그루가 쓰러져 있었다. 나는 몇 그루를 발로 밟고 돌을 쌓아 반듯하게 세웠다. 계곡을 사이에 두고 충북 흥교와 강원도 흥교로 구분하는데 생활권은 영월이라고 한다. 초중학교는 물론 고등학교까지 영월에 있는 학교로 진학을 한다고 한다.

▲ 광산 사후관리가 잘됨

09시 40분경에 충북 단양군 영춘면 사지원리 흥교에 살고 있는 김형배 씨(74세, 부인 조춘자 씨) 댁에 들어 삶의 애환을 물어 보면서 우리 일행의 목적과 지금까지의 과정을 간단하게 설명하니 친근감을 갖고 여러 가지 대원들의 질문에 응했다.

이곳에는 충북 땅에 4가구 강원도 땅에 6가구가 살고 있다고 한다. 아주머니가 먹음직스럽게 찐 고구마를 양은그릇에 가득히 담아 들마루에 내놓으셨다. 좋지는 않지만 맛이나 보라고 하면서 냉장고에 있는 시원한 냉수까지 내놓으니 인정 넘치는 우리 농촌의 아름다운 삶을 맛보는 느낌이었다.

▲ 사방공사 후 잣나무를 심었다

남편은 몸에 병이 들어 일을 하지 못하는 것이 안타까워하면서, 가슴 깊은 곳에서 우러나오는 부부애를 느낄 수 있었다. 심장병이 발병하여 모든 집안일을 부인이 하는 것 같았다. 탐사를 위하여 출발하니 뒷산에 있는 밤나무 밑에는 토실토실한 밤이 널려있을 것이라고 하면서 이 고장의 맛을 보면서, 오늘의 탐사를 무사히 마치라고 마음속으로 기원하는 느낌을 갖게 되었다. 밭둑을 지나면서 끝머리에 주렁주렁 달린 방울토마토를 하나씩 맛보면서 등산로 겸 도 경계로 접어드니 길바닥에 토종밤이 즐비하다.

토종밤 알을 주워 등산 조끼 주머니에 담기도 하고 그 자리에서 까먹기도 하며 농촌 가을의 풍요로움을 만끽하면서 도계탐사의 의미를 생각 하였다. 탐사길에서 몸을 돌려 내려다 보는 풍치 또한 우리 강산의 아름다움을 느끼게 한다.

▲ 촌로 부부

▲ 뒷뜰에 있는 토종 벌통

▲ 소구유(일제 송진 채취 흔적이 선명함)

▲ 자연경관이 아름다운 흥교마을

밭에서 동네 아낙들이 모여 수수를 수확하는 모습이, 내 어릴 적 고향의 옛 모습이 생각났다. 농사철에는 마을 사람들이 모여 벼 이앙부터 베어 탈곡할 때까지 품앗이를 (두레-오늘은 갑돌이네 내일은 개똥이네로 돌아가면서 일손을 돕는 형태를 말함. 품삯을 받는 노동은 날품팔이라고 한다.

농토가 없거나 소작농을 경영하는 사람을 말함.)하는 풍속을 지금은 찾아보기가 어렵다. 또한 들판에 새참을 먹게 되면 주변에서 혼자 일하는 사람들을 불러서 텁텁한 막걸리 한 잔이라도 나누어 먹든 풍광이 진솔한 삶을 맛볼 수 있던 시절이었다.

도시직장 생활도 자동차가 없고, 걸어서 혹은 자전거로 출퇴근을 할 때 눈으로 말하여 목로 집에서 연탄불에 연기를 쏘여가면서 정담을 나누고 동료애를 돈독히 하는 시절이 진솔한 삶의 맛을 나게 하는 것이 아닌가? 컴퓨터와 자동차로 인하여 삭막한 직장 생활이 젊은 세대에는 좋을지 모르나 6~70년대부터 사회생활을 시작한 나에게는 거부감을 갖는 것이 당연하고 직장에서 물러나는 것이 자연의 이치인 것 같다.

화창한 가을 날씨! 구름 한 점 없는 새파란 가을 하늘! 자연과 잘 어우러진 촌락과 전답이 우리 국토의 아름다움을 탐사 대원들에게 말해주고 있었다.

도계를 따라 탐사로에는 도토리가 수북하게 떨어져 있어, 아까운 생각이 들었지만 경사로라 허리를 굽혀 주우면 힘도 들고 시간이 걸려 대원들하고 떨어질 염려 때문에 탐사에 전념하기로 하였다.

오늘의 최고봉인 태화산(해발 1,022m)을 넘어 하산할 때부터 줍기로 마음을 먹고, 탐사하는 동안 대원들하고 여러 가지 화두로 담소를 나누면서 탐사를 하는 데 동참하면서 즐거운 시간을 보냈다. 도경계 산에는 소나무는 거의 없고 갈참나무와 상수리나무가 밀집되어 있는 자연경관은 금년 도계 탐사에서는 처음 보는 것이었다. 임업을 전공한 대원은 주변의 상수리나무들이 참나무시들음병으로 고사하고 있다면서 상세하게 관찰하며 도계 탐사의 임무를 다하고 있었다.

다른 대원은 평지에서 볼 수 없는 야생화에 지대한 관심을 갖고 있어 금년에 거금을 들여 사진기를 구입하였는데 9월 하순에 추석연휴 때문에 탐사를 하지 못하여 많은 종류의 아름다운 야생화 모습을 담지 못한 심정을 털어놓기도 하였다.

▲ 향유

▲ 동자꽃

▲ 산부추

▲ 겨우살이

12시가 넘어 오늘의 최고봉인 태화산 정상에서 충대 박 교수(임학 전공)와 번갈아서 기념 촬영을 하고 내려가니 대원들이 평평한 장소에 둘러앉아 점심식사를 하면서 먼저 먹어 미안하다고 인사한다. 오면서 흰떡과 고구마, 토마토, 밤을 먹어서 그런지 밥 생각이 별로 없었다.

물에 말아서 부지런히 먹어 대원들하고 함께 식사를 끝마치니 각자 준비해온 과일과 과자를 후식으로 나누어 먹는 광경이 결속을 다짐하는 모습으로 보였다.

▲ 자주쓴풀

▲ 불쟁이 딸이 죽어 피어났다는 쑥부쟁이

▲ 연리목

▲ 귀한 노루궁뎅이버섯

도계 탐사 중 '충남, 경기도, 강원 접경지점 인접도가 합의하여 예술적 가치와 화합의 장소로 느낄 수 있는 표석을 세웠으면 얼마나 좋을까?'하는 아쉬움을 간직하게 하였다.

대원들은 최고봉 표석을 보고 이구동성으로 한마디씩 하면서 이 표석은 강원도에서 건립한 것이 여러모로 좋다고 칭찬하였다. 점심도 든든히 먹고 기념 촬영도 하였고, 이제는 하산하는 것만 남아 가벼운 기분으로 출발을 12시 50분에 시작했다.

현재까지의 탐사는 길 좋고 일기 청명하고 산바람이 간간히 불어 땀도 식혀주어 모든 것이 산행하기에 만점인 것 같다. 주변의 이름 모를 산들과 울창한 산림은 대원들에게 신선한 산소를 공급하여 건강 증진에 한몫하는 것이 아닌지? 오늘의 탐사는 즐거운 탐사요, 힘을 솟게 하는 일정이었다.

길에 떨어진 도토리를 부지런히 주워 등산 조끼에 가득히 채우고 다른 대원들이 휴식하는 동안에는 나는 편히 쉬지 못하고 주머니에 있는 도토리를 배낭에 넣는 데 여념이 없었다. 주머니가 불룩하면 걸음을 걷는데 이만저만 불편한 것이 아니다.

▲ 등산로에 있는 이정표

▲ 오늘의 최고봉 강원과 충북도표지

▲ 이정표인가? 환경오염인가?

▲ 맛있는 점심시간

연장자라 약간 대원들한테 미안한 점도 있다. 산짐승들의 먹이가 되고 일부는 싹이 터 울창한 숲을 형성하는 씨앗인데, 나이 먹은 사람이 땀을 뻘뻘 흘리면서 줍는 모습을 어떻게 생각할지? 내 스스로가 약간은 거시기 한 생각이 들었다.

박 대장은 GPS를 가지고 오지 않았다면서 아침에 버스에서부터 안달을 하였다. 대원 한 사람이 늘 챙겨왔는데 오늘도 가져왔을 것이라며 전화로 확인을 하는데 GPS 대신 망원경을 챙겼다는 회답이 왔다. 탐사 도중에 지도를 읽으면서 대원들과 상의를 몇 번씩 하였다. 지도상에서 마지막 하산 길을 찾는데 틀림없이 어려움이 있을 것이라고 예견을 하였는데 그것이 들어맞았다.

GPS를 가져와서 탐사 길을 헤맨 적은 많았으나 오늘은 박 대장이 걱정한 것 보다 쉽게 하산길을 찾았다. 대원들과 몇 번 지도를 읽은 결과인 것 같다.

하산길은 급경사이고 잔돌까지 깔려 있어 내려오는데 어려움이란 말로 표현할 수 없었다. 대원들 중에는 몇 번씩 넘어지고 심지어 구르는 불상사도 있었지만 천만다행으로 하나도 다치지 않고 탐사하는 데 불편이 없었다. 급경사를 내려오는데 30분 이상의 시간이 소요되었다. 예상시간보다 1시간 이상 지체되어 도착한 시간은 16시였다. 영춘면 오석리 샘골에 도착하기 전에 길옆에 노랗게 핀 산국을 따서 음지에 건조한 후 봉지에 넣어 차에 보관하면 그 향기가 좋다는 대원들의 이야기를 듣고 채취하였다.

흥교 마을을 지난 후 탐사로 주변에는 산국들이 만발하여 우리 일행을 반겨주었는데 샘골 마을 주변에는 많지 않아 아쉬움이 컸다. 샘골 앞에 흐르는 강 한가운데가 강원과 충북을 나누는 도계라 배로 탐사할 수 없어 버스 편으로 약 2.5km를 탐사하고 10월 27일에 출발할 지점을 확인한 후 귀향을 시작하였다.

청주에서 이곳까지의 거리는 153km로 가장 먼 곳이라고 하였다. 오는 길에 연회장이 집에서 잠시나마 자리를 함께 하기를 원한다고 하여 김주영 대원과 함께 도안에서 하차하려고 밖을 내다보니 도로변에서 우리를 기다리고 있었다. 염색실습장에서 맛있는 두부와 막걸리를 몇 잔 먹으니 오늘의 피로가 확 가시는 느낌이 들었다.

연 사장이 집 앞까지 차를 태워다 주어 고맙다는 인사를 나누고 집에 도착하니 20시 30분이 넘었다.

○ 구 간 : 단양군 영춘면 오사리 샘골 – 영춘면 의풍리 노루목교
○ 일 시 : 2007년 10월 27일

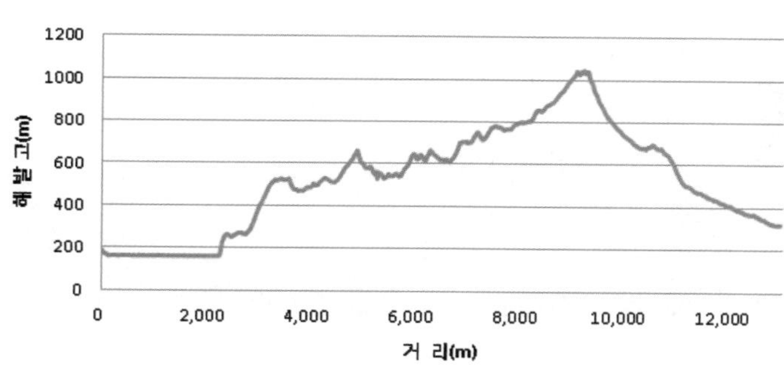

▣ 경계탐사

일기예보는 안개가 조금 끼는 전형적인 가을 날씨를 통보했다. 자연을 벗 삼아 좋은 탐사가 될 것을 예상하며 배낭을 메고 안식구 배웅을 받으면서 집을 나섰다. 06시 30분이 되어도 차가 도착하지 않아 지루한 시간을 보냈다.

우암산에 일찍 갔다 오는 등산객들이 눈에 띄었다. 전에는 보지 못한 광경이다. 버스에 승차하니 탐사 대원이 평소보다 적어서 그런지 대원들의 표정이 침통해 보였다. 버스에서 복사본 지도와 도상 분석표를 박 대장이 나누어 주면서 주요 대원들의 참석 여부를 확인했다. 은박지에 싼 흰떡을 주면서 참석자가 적어 떡이 여유가 있다고 한다.

나는 늘 안식구가 준비한 따뜻한 식사를 하고 출발하기 때문에 더 먹고 싶은 생각이 없었다. 나누어 준 떡을 배낭에 넣고 지그시 눈을 감고 명상과 휴식을 하는 시간을 가졌다.

08시 30분이 넘어 단양군에 들어서면서 도로에 세워진 이정표를 보아도 머리에 지형이 그려지지 않아 감을 잡을 수 없었다. 제천에서 단양 영춘으로 들어가는 다리를 건너면서 옛날(1979~80년)생각이 났다. 청주상고 훈련부 간부와 밴드부(지도 교사 이진호) 합동으로 영춘초등학교 운동장 주변에 텐트를 치고 학생들에게 호연지기의 기상을 불어넣어 주던 일이 엊그제 같은데 벌써 정년퇴직을 하였으니, 세월의 무상함을 느낀다. 특히 기억에 남는 것은 충청북도 제일 끝자락에 위치한 영춘면에서의 시가행진이었다. 청소년들이 늠름한 기상으로 밴드를 앞세워 시가행진을 하는 모습을 처음 본 주민들의 모습이 지금도 눈에 선하다. 이 일은 밴드부와 훈련부 학생들의 기억에도 오래 남아 있을 것이다. ('구인사'와 온달성, 온달동굴)

전번 탐사 종료 지점은 강 건너에 있다. 종료 지점을 찾기 어려웠다. 강가에는 숲이 우거지고 인가도 없고 도상에서 찾는 것보다 현 지점을 확인하기가 어려웠다.

09시 반경에 준비 운동을 간단히 마치고 해발 220m에서 도계를 따라 탐사를 시작하였다. 강 건너 산에는 안개가 걸쳐있어 가을의 풍경을 만끽할 수 없고 아름다운 지형을 사진기에 담으려고 몇 번 시도 하였지만 숲이 우거져 마음에 드는 사진을 남기기 어려웠다.

다른 지역에서 볼 수 없었던 회양목(내가 어렸을 때에는 도장나무라고 했다.) 군락이 보였고 소나무가 적고 잡목이 많았다. 10시 25분경 해발 526m 지점에서 잠시 휴식을 취하고 주변의 아름다운 경관을 촬영하였다. 수업 시간에 학생들에게 가르치던 지형의 융기와 유속의 하방침식으로 형성된 감입곡류천이 잘 발달한 지형을 사진기에 담았다.

11시 25분에 해발 661.7m에서 잠시 휴식을 한 뒤 12시 50분 삼봉 해발 643m 지점에서 준비해 온 점심을 맛있게 먹고 13시 25분에 오후 탐사를 시작하였다.

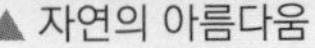
▲ 자연의 아름다움

▲ 자연의 아름다움

▲ 감입곡류하천

▲ 가을 단풍

오후 2시에 수리봉을 거쳐(해발 759m) 2시 40분에 해발 859m 무명봉을 지나 3시 20분에 마대산(해발 1050m) 앞에 있는 1,040m봉에 도착한 후 잠시 쉬었다가 소로도 나있지 않은 도계를 찾아 험한 산길을 내려오기 시작하였다.

계곡의 하천이 도계이며 소로를 따라 내려오다보면 김삿갓 생가의 이정표가 나타난다. 이곳이 영춘면 의풍리 노루목이며 김삿갓 묘가 있는 곳이다. 오후 6시가 넘어 주변이 어둑어둑해졌지만 시재이고 풍운아인 김삿갓 묘를 참배하지 않을 수 없어 대원들은 묘소를 찾았다. 자리를 함께 한 관광객은 소주 한잔 올리면서 '김삿갓'에 담긴 애환을 그려보는 것 같았다.

▲ 김삿갓 묘지 입구의 성황당

▲ 김삿갓 묘

▲ 김삿갓의 상징의 조각물

▲ 김삿갓 시비 군상

▲ 김삿갓 묘지의 주변경관

▲ 김삿갓 묘지의 주변경관

▲ 김삿갓 연구에 평상을 받친 박영국 비

▲ 김삿갓을 알리는 조형물

'김삿갓' 본명은 김병연이다. 1807년(순조11년) 함경도 용강 사람 홍경래가 서북인을 관계에 등용시켜주지 않는다는 조선 역대의 그릇된 정책과 안동김씨의 심한 세도정치에 따른 횡포에 반감을 품었다. 극심한 흉년으로 민심이 혼란해지자 스스로 평서대원수라 칭하고 난을 일으켰다. 평안도 일대를 거의 장악하였을 때 김병연의 조부인 서천부사 김익순(김삿갓 조부)이 무조건 항복하여 반역자로 낙인을 찍혔다.(그 당시 반역이면 3족을 멸함.)

그 후 일족은 이곳 강원도 영월 땅에 피신하여 생계를 유지 하다가 영월골에서 실행하는 백일장에서 장원급제 하였다.(시재는 홍경래난의 충신과 역적에 대한 내용 :역적이 김삿갓의 조부인 김익순)

○ 구　간 : 단양군 연풍면 의풍리 남대천 – 의풍리 용담마을
○ 일　시 : 2007년 11월 10일

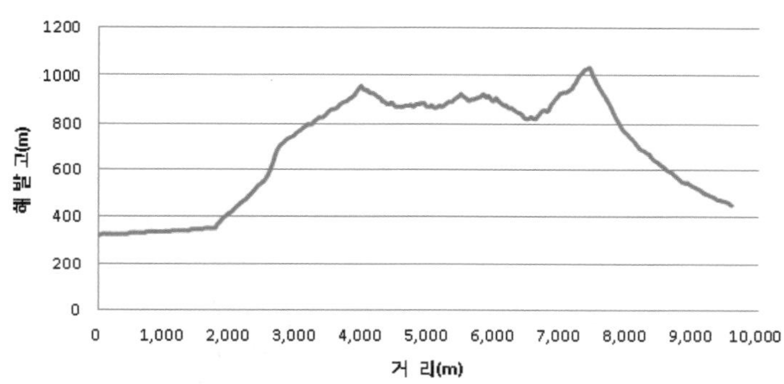

▣ 경계탐사

일기예보는 적은 양의 비가 밤사이에 온다고 하였다. 배낭을 메고 대문을 나서니 가을새벽 하늘에 별빛이 눈에 들어왔다. 부지런히 대성고 앞 도로에 도착하여 버스에 승차하여 시계를 보니 06시 15분 이었다. 달이 바뀌어 대원들 간에 인사는 모습이 한층 더 반갑게 느껴졌다. 무릎에 이상이 있어서 참석하지 못한 연 회장의 모습이 눈에 들어와 더 생기가 도는 것 같았다. 복사본 지도와 도상 분석표를 받고 간단한 설명을 들었다. 오늘은 날씨도 좋고 답사에 큰 어려움이 없을 것이라고 설명을 들었다. 07시 40분경에 제천 송학 휴게소에서 잠시 휴식을 하는 동안 커피 한 잔씩을 맛있게 마셨다. 단양 거쳐 영월에 들어서면 산과 강에 어우러진 단풍은 가을의 향취를 느끼기에 부족함이 없었다. 특히 도로변 단풍나무의 단풍은 더욱더 아름다움을 자랑하는 것 같았다. 지난번 귀향길에도 지나간 도로였지만 그때는 날이 저물어 산천초목을 감상할 수가 없었다. 남한강의 상류 동강은 역사적으로 애환이 서린 곳이다. 어린 단종의 유배지인 청령포와 장릉이 주변 영월에 있다. 또한 지난번 하산길에 대원들과 함께 참배하였던 김삿갓을 상징하는 모형들이 다리의 난간에 세워진 것은 이색적인 느낌을 주었다. 도로변 조형물의 명칭이 김삿갓을 상상하게 하는 이름들이 많았다. 묘소를 지나 오늘의 출발점에 도착하니 08시 반 정도였다. 간단하게 준비 운동을 하고 탐사에 접어들은 곳은 자연과 잘 어우러진 철다리였다.

다리를 건너 하천의 공유지에는 주민들이 정성을 다하여 세운 비석이 있다. 그 비석에는 건립한 이유가 향토 학자가 사재를 털어 가면서 김삿갓에 관한 연구를 공헌한 것을 후세에 알리기 위한 글과 영월공고를 졸업

하고 우체국과 영월화력발전소에 근무했다는 학력과 경력이 쓰여 있다. 지도상에는 도계가 선명하게 표시되어 있지만 탐사하는 대원들이 찾아가기에는 어려움이 많았다. 바위와 세차게 흐르는 물이 탐사대를 힘들게 하였다.

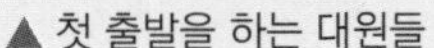
▲ 첫 출발을 하는 대원들

▲ 자연과 어우러진 다리

▲ 향도사학자 박영국비

▲ 숲속의 별장

이 아름다운 곳에 별장처럼 보이는 건물이 보였다. 강 건너서 보기에 사람이 거주하지 않는 것 같았다.이러한 아름다운 경관에 별장인지 아니면 주거를 목적으로 건립한 건물이 있는데 강 건너서 보이는 풍경을 사람이 거주 하지 않은 것 같았다. 급경사를 오르는 데 많은 힘이 들고 어려움이 많았다. 해발 464m 지점에서 (10시 05경) 잠시 휴식을 하는 동안 대원들에게 내가 준비한 사과 반쪽씩 나누어 먹었는데 그 맛이 달고 시원하여 잠시 동안이나마 피로를 회복한 것 같았다.

▲ 급경사를 탐사하는 대원들

▲ 굴피나무 표피를 채취한 흔적

▲ 아름다운 낙엽송의 단풍

오늘 탐사하는 동안 다른 지형에서 볼 수 없었던 꽃 동백과 다른 수목들은 잎이 다 곱게 물들어 있는데 유난히 잎이 푸르름을 자랑하는 꼬리진달래가 무척 많았다.

11시 05분경에 잠시 휴식을 한 후 탐사로 주변에는 굴피나무 줄기를 채취한 흔적들이 많이 눈에 띄었다. 과거 이 주변에는 화전민들이 살면서 가옥의 지붕으로 사용한 것이 아닌 가? 생각된다.(해발 742m 주변) 12시 20분경에 해발 886m에 양지바른 곳에 있는 산소에 자리를 잡고 각자 준비해 온 점심을 맛있게 먹으면서 이러한 생각을 했을 것이라고 생각한다.

이 높은 곳에 조상을 모신 자손들은 대대손손 후손들의 복을 위하여 지금도 중추절을 기하여 금초를 하는 후손들의 정성에 감탄을 하였을 것이라고......

점심을 먹은 후 13시 20분경에 출발하여 926m 지점에서 간벌작업을 하다가 목마름을 추기기 위하여 먹은 소주병과 막걸리 병을 한군데 모아놓은 것을 보고 사후처리가 마음에 들지 않아 카메라에 담아 보았다. 멀리 보이는 아름다운 낙엽송의 단풍이 너무 아름다운 풍경을 자아내고 있었다.

또한 멀리 보이는 단풍색상이 우리나라 지도처럼 보여 사진기에 담았지만 화상에는 잘 나타나지 않아 약간 서운한 감이 들었다. 2006년 마지막 탐사와 2007년 첫 출발한 곳이 3도(경기도 가원도 충청북도)지점이었다. 2시 30분경의 뜻깊은 시간 장소! 오늘은 강원도와 헤어지는 마지막 장소이고 경상북도와 첫 대면을 하는 곳, 삼도봉이다.(충청북도 강원도 경상북도) 기념사진을 촬영한 후 잠시 휴식하는 동안 도계인데 하산길이 없어 '박' 대장과 연 회장이 도상과 지형에서 대원들이 안전하게 하산할 수 있는 곳을 찾는데 심혈을 기울였다. 박 대장은 선두에서 대원들의 안전을 위하여 널여있는 장애물을 제거하면서 진행하는 것이 보통 어려운 것이 아니다.

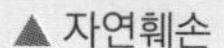

▲ 자연훼손

▲ 삼도봉에서 대원들의 기념촬영

▲ 삼도봉에서 기념촬영

▲ 지방보호수마을 수호수로 당제를 올린 띠

우리 대원들은 그 고충을 아는지 모르는지 하산하는데 많은 어려움이 있다. 특히 자연재해로 인하여 쓰어진 나무와 바위에 낀 이끼, 나무토막 등이 대원들의 위험 요소들이다.

오후 3시 35분경 골짝에서 흐르는 계곡합수머리에서 잠시 휴식을 한 후 4시 20분에 도로에 도착하니 반가운 것은 잘 정돈된 도로, 이정표, 도로변에 도계를 알리는 표시판이었다. 이곳은 경상북도 영주시 부석면 남대리 마흘천과 단양군 영춘면 의풍리 용담마을이다. 우리가 도착한 곳은 경북 땅이다.

잘 정돈된 도로변 경관(돌탑과 쉼터와 화장실, 마을 보호수(한 장소에 노송 200년, 엄나무 300년, 이렇게 오래 된 엄나무는 처음 보는 것이다. 물푸레)! 음력 정월 대보름에 마을을 안녕과 풍년기원을 위한 치정을 드린 흔적이 지금도 남아 있었다. 4시 30분이 넘어 귀향길에 올랐다. 급경사를 오르는데 힘이 들고 어려움이 많았다. 해발 464m 지점에서 (10시 05경) 잠시 휴식을 하는 동안 대원들에게 내가 준비한 사과 반 쪽씩 나누어 먹었는데 그 맛이 달고 시원하여 잠시 동안이나마 피로를 회복한 것 같았다.

○ 구　간 : 영춘면 의풍리 용담-의풍리 섶밭
○ 일　시 : 2007년 11월 24일

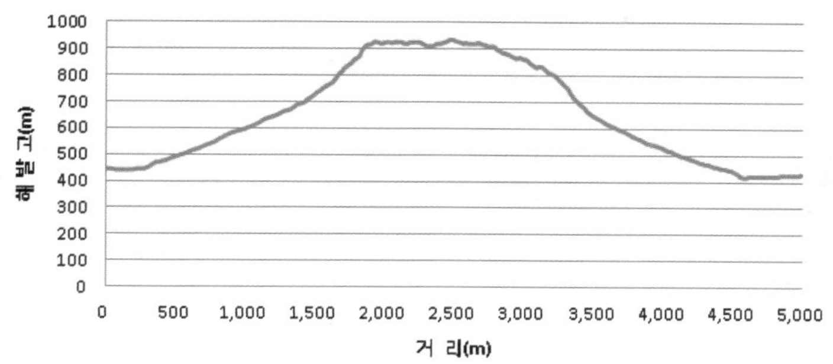

▣ 경계탐사

초겨울이라고 해도 날씨는 그리 춥지 않을 것이라고 일기예보 예상 통보를 하고, 영동 산간 지방에는 간간히 비가 올 것이라고 하였다. 하늘에는 별이 하나도 없고 구름만 잔뜩 끼어 있어서 상쾌한 기분은 아니었다. 비닐우비를 입으면 끝자락이 나풀거리고 나무에 걸리어 보행에 지장을 줄 뿐만 아니라 우비가 찢어질 우려가 있어 집에서 고무줄을 준비한다는 것을 잊고 나왔다. 청대 앞까지 가는 도중에 묶을 수 있는 끈을 찾아 주머니에 넣었다. 06시 15분경에 버스가 도착하여 승차하니 탐사 인원이 몇 명되지 않았다. 전번에 탐사 때도 무릎이 좋지 않다고 한 연 회장이 동참하지 않은 것을 보면 더 쉬어야 할 것 같다. 증평에서 김 사장이 타면서 반갑게 인사를 한다.

오늘의 일정과 도상 분석표를 보며 설명 듣고 비스듬히 앉아 강원도 영월군 강승월 휴게소까지(08시) 잠을 잤다. 대원들은 간식도 구입하고 식사를 하지 못한 대원들은 식사도 하였다. 주변 산에는 잔설이 있어 청주보다는 춥다는 것을 느낄 수 있었다. 출발한 지 얼마되지 않아 안개가 시야를 가리고 진행에 안전을 요하는 도로 표시판이 눈에 들어왔다. 그곳은 영월 땅! 단종의 애환이 서려있는 동강이다.

자동차 전형 도로를 빠져나와 김삿갓의 생가와 묘소가 있는 곳! 충북과 강원도의 도계를 향하여 우리 탐사 대원을 실은 미니버스는 힘차게 달렸다. 전번에 내가 촬영하지 않은 김삿갓 묘소의 전경을 촬영하기 위하여 하차하였다. 부지런히 몇 장 사진을 찍고 영춘면 의풍리 용담마을과 영주시 부석면 남대리 마흘천이 도계인 곳에서 하차했다. 장비 점검과 간단한 준비 운동, 날씨가 좋아 기념 촬영까지 하고 09시 20분경에 출발을 하였다. 남대리 마을 자랑 비에 이곳 하천은 경상북도에서 흐르는 하천 중 유일하게 한강수계라고 쓰여 있고 두 임금 (단종 임금과 세조)을 함께 모시는 사당이 있고 이 지역에서 출생한 인물들의 행적이 간단히 기록되어 있었다. 도계를 찾아 하천으로 내려가니 보기 드문 흔들다리가 있는데, 공공기관에서 세운 것이 아니라 하천 너머에 있는 농가에서 놓은 것 같았다. 이 흔들다리를 건너는데 그 흔들림이 커서 재미도 있었고 몇몇 여자 대원들은 무서워했다. 지도상에는 분명히 소로길이 있는데 실제는 소로길은 없고 낙엽만 쌓여있어 도계탐사에 어려움이 많았다.

우리는 수목이 우거진 골짜기보다 급경사를 선택하는 것이 좋을 것이라고 판단하였다. 450m 지점에서 출발하여 550m 지점에서 잠시 쉬었다가 능선을 따라 진행하는 동안 상수리나무 끝부분에 좀처럼 볼 수 없었던 겨우살이 군락이 눈에 띄었다. 제천 부근에서 본 후 오늘처럼 많은 겨우살이를 군락을 본 적이 없었다. 사진기에도 몇 장 담았다. (해발 937m) 잠시 쉬는 동안에 주변의 있는 모든 소나무에서 송진 채취 흔적을 보면서 일제 강점기에 민초들의 고달픈 생활을 상상하기도 하고, 자연 파괴가 국가 흥망성쇠에 달려 있다는 것을 젊은 후손들에게 알려주어야겠다는 생각이 들었다.

송진채취 흔적은 하산할 때까지 도 경계 주변의 크고 굵은 적송에 거의 나타났다. 한 대원이 죽은 상수리에서 예쁜 자태를 간직한 노루궁뎅이버섯을 발견했다. 전번에 발견한 것보다는 작았지만 고와 보였다. 주변 가지에서도 아주 작은 노루궁뎅이버섯을 볼 수 있었다.

▲ 돌담

▲ 자연이 살아있는 오솔길

▲ 전통적 농촌의 부엌구조

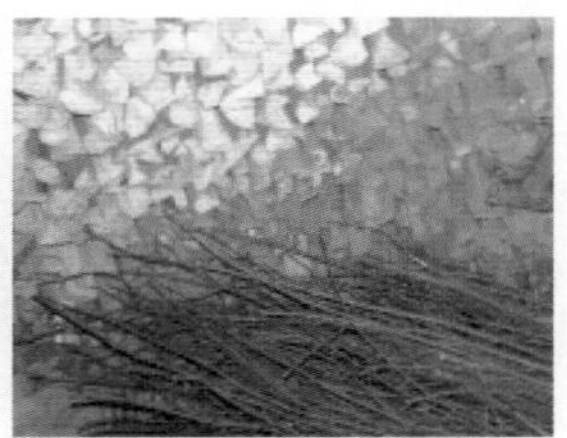
▲ 추운겨울을 대비한 장작(화목)

12시 15분경에 해발 735m 지점에서 햇살이 잘 드는 양지바른 장소를 선택하여 점심시간을 가졌다. 12시 50분경에 출발을 하여 13시 40분경에 하천 주변에 도착하였다. 과거에는 밭으로 사용하던 곳에 다년생인 오갈피나무를 심었는데, 가지에는 오갈피 열매가 주렁주렁 달려 있어, 채취를 하다가 파종을 하면 발아되지 않을까 생각을 하였다. 비닐봉지에 부지런히 씨를 채취하였다. 탐사에 동참한 정 여사가 협조하여 무척 고마웠다. 비닐봉지에 가득히 채워서 배낭에 넣고 대원들이 쉬고 있는 곳에 늦게 도착하였다. 오갈피나무를 지나 아래로 내려오니 어린 옻나무를 열과 오 간격을 잘 맞추어 심어 놓은 것을 볼 수가 있었다. 운전기사가 늘 혼자 버스에 있자니 심심하다고 하면서 출발지점에서 도착지점까지 거리가 가까우니 대원들이 도착지점에서 휴식을 하는 동안 달려가 차를 가지고 오겠다고 하면서 오늘 탐사에 동참했었다. 김 기사는 평소에 운동을 좋아해 보디빌딩, 마라톤, 등산을 한다면서 경험담을 재미있게 이야기하였다. 준비해 온 보온 도시락을 이 화백 배낭에 넣고 자진하여 본인이 배낭을 메고 가뿐하게 탐사대원의 일원으로 앞장서서 동참을 하였다.

▲ 다음 탐사는 백두대간으로

▲ 세분의 임금님을 모신 삼신각

도로변에 흐르는 시냇물은 깨끗하고 맑아 한 여름에 이곳에서 목욕을 하면 얼마나 좋을까? 하고 생각을 하였다. 몇몇 대원들은 양말을 벗고 발을 씻으며 찬기가 뼛속까지 스며든다고 했다.

이 산신각의 특징은 우리나라 역대 임금 세 분을 모신 산신각으로 이곳 이외는 전무후무 한 곳이라고 한다. 필자의 생각으로는 조선의 역사 중에서도 가장 애환이 서려 있는 영월 땅이라, 그러한 발상을 하지 않았을까 생각된다. 이곳부터는 백두대간이다. 다음의 도계 탐사는 고치령에서 시작하여 역으로 탐사를 할 예정이라고 했다. 출발 지점이 너무 급경사이고 숲이 우거져 탐사하는데 어려움이 있어 고치령부터 출발하면 등고선의 고도 차이가 그리 크지 않아 수월할 것 같아서다.

앞으로는 백두대간을 따라 도계를 종주할 것이다. 2008년 茂子年에의 최종 목적지는 속리산까지이다. 주변의 자연 경관과 이정표, 천하대장군을 구경하고 다음 탐사에 출발점으로 잠정 결정을 하고 풍기-단양-제천을 경유하여 집에 도착하니 18시 30분이 되었다. 오늘도 무사히 도계탐사를 마치고 집에 도착하니 피로가 싹 가시는 느낌이 들었다.

○ 구　간 : 영춘면 의풍리 마락교 ~ 영춘면 남천리 마당재
○ 일　시 : 2007년 12월 8일 고치령에서형제봉섶밭
(폭설 때문에 일정 취소 조선민속미술관 관람)

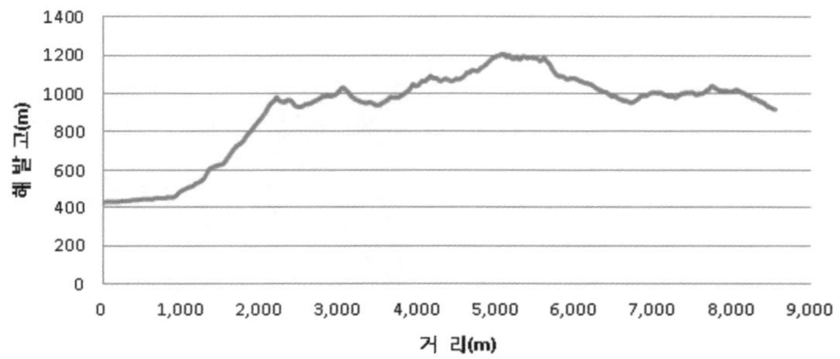

▣ 경계탐사

주중에 눈이 꽤 많이 내렸다. 이기용 교육감 후보가 음성에서 거리 유세 때 참석하였는데, 구두가 빠질 정도로 도로에 눈이 쌓였다. 청주 도로변에는 눈이 다 녹았는데 음성은 청주보다 북부이고 눈이 많이 온 것 같다. 여러 가지 바쁘다 보니 눈에 대한 준비도 하지 않고 생각조차 못 하고 도계 탐사에 참석을 하였다. 오늘의 탐사로는 백두대간에 위치한 고치령에서 출발하여 역으로 형제봉(해발1178m)과 980m의 봉우리를 경유하여 섶밭까지 탐사할 예정이다. 05시 45분에 집에서 나와 06시 20분경에 승차하여 증평에서 김 사장이 동참하고 괴산(맛 올갱이 집, 7시에 도착 7시 30분에 출발)에서 맛있는 올갱이해장국을 먹었다.

단양을 거쳐 영주를 지나는 동안 고치령까지 가는데 지리에 밝지 못하여 시간을 지체하였다. 영주시 단산면 좌석리의 고치령 입구부터 빙판길이라 정상까지는 버스가 진입할 수 없는 것으로 판단하여 입구에서 하차하였다.

▲ 빙판위에서의 준비운동

▲ 산신각의 정경

▲ 천하대장군에 조각된 성기

▲ 휴식 겸 환담을 하는 대원들

09시 45분에 장비를 점검하고 간단한 준비 운동한 후에 오늘의 계획을 취소하고 고치령(해발 780m)을 넘어 지난번에 하산한 곳까지 도로를 따라 탐사하기로 하였다. 도로가 빙판이라 올라가는 데 어려움이 있어 고치령까지 가는데도 도로에서 두 번 휴식을 하고 정상에 도착하니 11시 20분경이 되었다. 새로운 맛으로 산신각의 사진을 찍었는데 대원 중 한 사람이 천하대장군 아랫부분에 사진기 렌즈를 갖다 대면서 여러 번 셔터를 연속으로 누르고 있어 다가가 보니 전번에 보지 못한 광경이 눈에 들어왔다. 천하대장군을 제작할 때 소나무에 있는 옹이를 잘 다듬어 남자 성기 모양으로 만들어 놓았다. 우리 토속신앙 정신과 잘 어우러지는 것 같았다. 하산길은 응달이라 눈이 도로에 쌓였지만 비포장이어서 눈 덮인 포장도로보다 걷기가 수월했다. 길가에 등산객을 위한 샘에는 플라스틱 바가지까지 준비해 놓았다. 바가지에 눈이 소복이 쌓여 있은 것으로 보아 다른 등산객이 지나가지 않았다는 것을 알 수 있다. 비닐 자루가 있으면 미끄럼 타기가 제격일 텐데 준비한 것이 없어 아쉬웠다.

12시 반경 마락리 청소년수련장에서 마을탐사팀과 합류하여 점심을 함께할 의향이 있어 여러 번 마을 탐사팀과 전화 연락을 하였지만 통화가 되지 않아, 경계 탐사팀은 13시 10분경에 하천에서 돌을 밥상 삼아 둘러앉아 식사를 하고 버스에 올랐다.

▲ 빙판으로 하산하는 대원들

▲ 섶밭마을에서 버스를 기다리면서

▲ 도로변에 서있는 장승

▲ 자연과 어우러진 출렁다리

조선민화 전시관을 관람하는 것도 도계 탐사에 의미가 있겠다는 의견이 있어 생각지도 않은 견문을 넓히게 되었다. 14시가 지나 평소에 한국화에 관심이 좀 있는 나는 좋은 기회라 마음먹고 전시장에 도착하였다. 넓지 않은 계곡에 자연을 잘 살려 전통 한옥으로 건축한 전시실이 마음에 들었다.

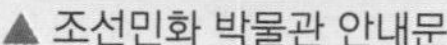
▲ 조선민화 박물관 안내문

▲ 전통가옥형식의 박물관

▲ 민화를 설명하는 안내자

▲ 민화 전시실의 전경

도로변에는 장승을 돌로 만들어 놓았고 돌층계도 주변 자연과 잘 어울렸다. 민화 해설사는 한군데 막힘도 없이 설명을 해주었다. 목소리 또한 은쟁반에 옥구슬 구르듯이 그렇게 청명할 수가 없다. 민화 한 점의 가격이 이곳 건물을 다시 증축할 수 있을 정도의 고가인 것이 있다고 한다. 후세 교육을 위하여 훌륭한 일이라고 생각했다.

매주 일요일 KBS에서 방영하는 진품 명품 프로그램은 집에 있으면 빠지지 않고 시청하는데 그렇게 고가인 것이 있는 줄은 몰랐다. 또 아픈 역사를 가진 우리나라는 얼마나 많은 문화유산이 강대국에게 약탈당했을 것인지 아픔을 가슴에 새기면서 감상을 하였다.

복사본인 잉어가 그려진 '등용문'은 '예부터 중요한 시험을 치르는 사람이 간직하는 부적으로 쓰였다.'고 하여 손자들을 위해 구입할 생각이 많았지만, 너무 어려 다음 기회로 미루고 발걸음을 돌렸다. 15시 15분경에 승차하여 귀가를 서둘렀다. 이곳은 영월 땅이라 김삿갓에 관한 일화가 무수히 많고 다리의 난간까지 김삿갓 모습의 조각을 세웠다. 이곳을 지날 때마다 이른 아침이거나 늦은 저녁이라 사진기에 담지 못하였는데 오늘은 날씨까지 좋아 촬영하기에 참 좋은 시간이었다. 큰맘 먹고 운전기사한테 잠시 시간을 달라고 하여 '김삿갓' 조각을 촬영하였다.

◑ 2010년 10월 09일 보완탐사 ◑

전번 탐사에 추석명절이 있어 9월 25일은 쉬고 10월 둘째 주는 눈이 많이 내려 탐사하지 못한 구간을 보강탐사하기로 약속을 했는데 금요일 오전까지 연락이 없어 궁금하던 차에 연회장으로부터 문자를 보았느냐는 전화가 와 못 받았다고 답을 하니 큰일 났다면서 탐사에 대하여 답을 주었다. 오후에 이 문인으로부터 내일 답사가 어떻게 되느냐 질문을 받아 전과 동일하게 도청에서 출발한다고 답을 주었다. 나는 대성고등학교 앞에서 동참하겠다는 의사도 전하였다. 가족들이 온다고 하여 오늘의 일정이 일찍 끝났으면 하는 생각을 하면서 오늘이 한글날이라 태극기를 대문에 계양하고 발걸음을 재촉하였다. 새벽공기를 마시면 안개 낀 흥덕대교를 건너면서 오늘의 무사고를 비는 묵주기도를 바쳤다.

06시가 넘어 승차하니 박 대장은 네팔에 가고, 연 회장이 오래간만에 참석하였다. 07시가 넘어 중앙 고속 도로 제천IC로 들어가 영주IC을 빠져 나와 고치령에 도착한 것은 08시 20분이다. 고치령은 오늘까지 3번을 넘나들게 되었다. 정상에서 오늘 처음 온 대원들을 위하여 산신각과 주변 경관을 구경하고 오랫동안 등산을 하지 못한 몸을 위하여 철저하게 준비운동을 하였다. 전번에 없었던 기념비 앞에서 기념사진을 찍은 후 탐사에 임하였다.

고치령(해발 780m) 기념비는 금년에 건립하였다. 이곳에서 도계인 1041고지까지는 서쪽 방향 전위봉 868고지를 지나 1.7Km 정동 진행하면은 도달한다.

일기예보에서는 가는 비가 약간 온다고 하였는데 비는 오지 않고 구름과 안개가 많이 끼고 우거진 숲이 아직 낙엽이 지지 않아 시야를 가리고 있어 초가을의 운치를 느끼지 못하게 하는 방해꾼이 된다. 천만다행인 것은 비가 오지 않은 것으로 만족을 해야 한다. 비까지 내리면 탐사 속도도 느리고 안전 산행에 어려움도 크기 때문에 한두 가지가 고통스러운 것이 아니다.

한 시간 정도 탐사를 하고 관리가 전혀 되지 않은 헬기장에서 잠시 휴식을 하면서 오늘의 일정과 짧다면 짧고 길다면 긴 5년 동안 정든 세월을 어떻게 견고하게 이엇갈 것인가? 하는 화제(話題)로 시간을 보내었다. 탐사를 하면서 "시원한 바람이 불어주고 안개와 구름이 걷히면 얼마나 좋을까?" 하는 희망을 안고 부지런히 탐사를 임하였다 평소 내가 좋아하는 윤 박사가 참석하여 제일 뒤에서 자연의 아름다움과 신비를 사진기에 담으면서 하는 말이 늘 예쁘고 가슴에 와닿는다. "선생님 이것 보세요 정말 예쁘지요, 초가을이고 높은 산이니까 이런 것을 볼 수 있지요" 오늘 탐사에 제일 많이 눈에 띄는 것은 산앵두 였다. 몇 알 따서 입에 넣으며 필자한테도 권하면서 "참 맛있지요, 이런 곳이 아니고는 이런 자연의 맛을 볼 수 없다"면서 탐사에 임하는 의미를 간직하기위하여 크고 무거운 사진기를 꼭 지참한다.

▲ 산성의 흔적

오늘은 내가 제일 뒤에서 따라가면서 윤박사의 자연의 애정과 살아 있는 자연사 박물관과 동행하는 기분이 들었다. 전에는 윤박사가 자연을 사진기에 담으면 나도 따라 담았는데 그것이 쉬운 것이 아니고 힘에 겨워 오늘은 설명만 들었다.

오소리와 너구리 들은 변소를 자기 집 앞에 만들어 놓고 무더기로 변을 보면 다른 곤충들이 모여들면 잡아먹기가 용이하다는 설명까지 하면서 공동변소를 사진기에 담았다. 백두대간에 속하는 소백산맥에는 곳곳에 산성 터가 있는데 학자에 따라 견해차가 있고 백제와 신라, 고구려 형태의 산성들이 있다고 한다. 필자는 산성에 대하여 무례한 이기 때문에 무엇이라고 논할 수은 없지만 도계 탐사하는 동안산 정상 부근(군사용어로는 고지)에서 돌무덤을 많이 보아왔고 사진기에 담았다

오늘의 최고봉인 형제봉(해발 1,177m)까지 가는 도중 1시간 정도 탐사를 하고 10여분 쉬는 것이 통례이다. 오늘도 잠시 쉬는 동안 대원들이 준비해 온 맛있는 간식을 나누어 먹는 재미와 즐거움까지 있으니 이러한 것도 도계 탐사의 진미라 할 수 있다.

형제봉에 도착한 시간은 12시경인데 바위에 올라서서 주변 경관을 보는 즐거움이라는 말로 표현할 수 없을 정도로 아름다웠다. 멀리 보이는 소도시가 단양의 끝자락에 위치한 영춘면 소재지라 한다. 대원들은 입을 모아 유럽의 아름다운 알프스의 어느 경관과도 비교할 수 있는 아름다움을 지고 있다고 강도 높게 찬사를 보낸다. 지형에 밝은 연대원이 구름에 가린 국망봉과 신성봉이라고 이름을 알려 주면서 자연의 신비에 찬사와 경탄을 보낸다.

▲ 형제봉에서 내려다 본 단양군 영춘면

정상에서는 대원들이 둘러앉아 점심을 먹을 장소가 없어 앞서 내려간 대원들이 평탄한 장소를 정하고 뒤에 남은 대원들에게 자리를 함께할 것을 권한다.

도시락을 펼쳐놓기 전에 어느새 자리를 잡고 대원들에게 빈대떡을 권하는 연 대원이 이것은 김 기사 부인이 대원들을 위하여 손수 메밀가루를 구입하여 정성 들여 만든 것이라고 전한다. 필자가 먹어 보니 정말로 꿀맛이다. 5년 동안 안전하게 대원들을 목적지까지 실어다 준 고마움을 간직한 대원들이다. 몇 번 우리와 동참할 때도 손수 간식을 장만하여 대원들로부터 찬사를 받은 적이 있다. 이런 따끈따끈한 빈대떡을 모닥불 옆에서 막걸리에 곁들인다면 그 맛이 우리 민족의 진국이요, 향수를 불러일으키게 할 것이다.

식사를 맛있게 먹고 난 후 간식이 더 대원들을 즐겁게 한다. 커피는 물론이거니와 포도 사과 배등 계절을 대표하는 과일을 풍성하게 준비해오는 그 정성이 더 진국이다. 오늘의 답사 중에 여러 가지 자연의 신비에 대하여 공부를 하다 보니 많이 뒤떨어져 앞에 가는 대원들과 합류하기가 쉽지 않다.

이 문인이 뒤쳐진 우리에게는 탐사로의 길 안내자이다. 어떤 대원은 이 문인을 “사람 이정표”라고 찬사를 아끼지 않는다. 하산 길은 급경사고 많은 등산객이 찾는 곳이 아니라 어려움이 많았다. 하산 중에 산 정상 부근에서 볼 수 없었던 송진 채취 흔적도 보았고 노루 궁둥이 버섯과 이름 모르는 많은 버섯들이 눈에 띄었다. 또 엉성한 이정표와 산봉우리 명패를 보았는데, 우리 도민이 만든 것이 아니고 저 멀리 경남 마산 사람들이 제작한 것을 보았을 때 마음 한 구석이 허전함을 느끼었다. 마지막에 지도를 잘못 읽어 영춘면 의풍리로 하산할 것을 동대리로 하산하여 거리와 시간이 멀었다. 17시경에 차를 불러 귀가 길에 올랐다.

○ 구　간 : 영춘면 남천리 마당재 ~ 가곡면 어의곡리 비로봉
○ 일　시 : 2007년 12월 22일　　금년총누계 : 180.25 총누계 : 341.45㎞

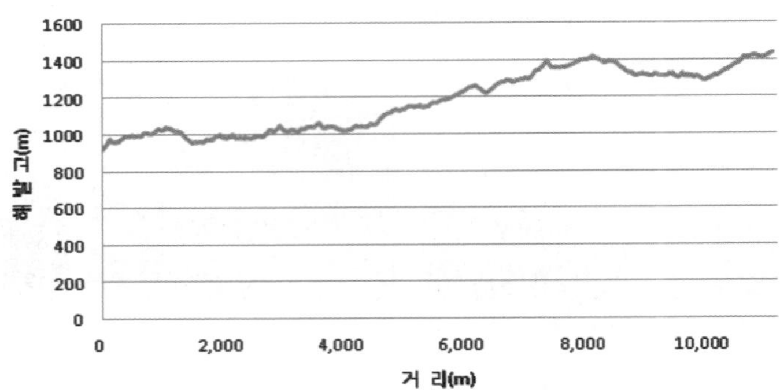

▣ 경계탐사

황금 돼지 해(丁亥年) 마지막 도계 탐사이고 탐사로가 다른 때와 달리 길어 무박으로 일정을 잡았다. 새벽 02시에 도청에서 출발하기 때문에 초저녁부터 잠을 청하였으나 잠이 오지 않았다. 신발에 눈이 들어오는 것을 방지하기 위한 스패츠와 아이젠을 준비하고 1시 50분에 출발하였다. 밤하늘을 쳐다보니 구름 한 점 없는 맑은 날씨였다.

▲ 05시 비로사 일주문

▲ 새벽공기를 만끽하면서 도계탐사 출발 전에 환한 웃음을 짓는 대원들

2시 15분경에 버스에 승차하니 대원들이 박수로 맞아준다. 내가 박수를 받을 만한지 답례를 하고 자리에 앉아 오늘의 계획표와 지도를 받았다. 박 대장이 오늘의 일정에 관하여 설명을 하였다. 충주 보조댐 휴게소에서 생리현상을 해결하고 충주에서 참석하는 대원과 합류하였다. 오늘의 특별 손님은 안전운전을 돕기 위하여 동승한 김 기사 부인이었다.

04시 30분경에 풍기읍내 관심해장국집에서 콩나물해장국을 한 그릇 먹으며 옛말을 되새겨 보았다. '경상도 보리 문동이'라는 말. 경상도는 평야 지형은 적고 태백산맥과 소백산맥으로 둘러싸인 큰 분지이기 때문에 논농사보다 밭농사가 발달하였기 때문에 보리밥을 먹으면서 공부하는 지방이라는 특징을 대별한 문구가 아닌가 생각한다. 그 대표적인 인물이 이황 선생이고 그 후학들이 조선을 300여 년 동안 좌지우지한 것이 아닌가? 생각된다. 과거나 현재나 미래에도 공부한다는 것이 얼마나 중요한지 깨닫고 노력하는 청소년들이 얼마나 있는지? 늘 염려스럽다. 전라도 음식에 비하여는 그저 그렇지만, 새벽같이 준비하여 더운 음식을 먹게해

준 아주머니에게 고맙다는 인사를 하고 05시경에 소백산 비로봉 밑에 있는 비로사로 향하였다. 새벽 공기를 가르면서 달리는 차 속에서는 식사 전과 달리 화기애애한 분위기 속에서 환담을 나누는 가운데 05시 15분경에 목적지에 도착하였다. (버스가 갈 수 있는 곳까지) 하늘을 쳐다보니 청주에서 볼 수 없는 청천 하늘에는 잔별이 총총하게(은하수는 보이지 않지만, 대원들은 북두칠성이 보인다고 이구동성으로 탄성으로 환호한다) 빛나고 있다.

간단한 준비 운동을 하는 둥 마는 둥 하고 해발 525m에서 05시 25분경에 출발하였다. 새벽공기가 차고 등산로가 어두웠지만 각자 준비한 전등으로 길을 밝히니, 멀리서 보이는 광경은 옛날이야기에 나오는 도깨비 불빛처럼 보일 것 같다. 해발 1,100m에서 (06시20분경) 잠시 휴식을 했다가 다시 비로봉을 향하여 등정을 시작하였다. 등산로는 나무계단과 견고하게 기둥까지 세웠다. 계단 바닥은 폐타이어로 공들여 만들어 놓았기 때문에 더 안전한 것 같았다. 나름대로 장비를 준비를 하였는데 전등을 준비하지 않아 불편했지만 대원들이 앞뒤에서 전등 빛을 밝혀주어 등산하는데 큰 불편이 없었다. 07시 10분경 (해발 1,256m) 잠시 휴식을 취한 후 오르다보니 선두에서 두 번째에서 서게 되었다. 그 순간 오늘의 등정은 내가 제일 먼저할 욕심이 생겨, 규칙에 어긋나는 행동이지만 부지런히 정상을 향해 질주하였다. 07시 30분경에 오늘의 도계 탐사(충청북도에서 제일 높은 비로봉(해발 1,439.5m)를 제일 먼저 정복하고 내 나름대로 기념 촬영도 하였다.

▲ 비로봉의 이정표

▲ 자연보호를 위하여 잘 꾸며진 등산로

▲ 비로봉의 표석과 필자의 지팡이

그순간 집에서 준비해 온 영양갱을 평평한 돌 위에 놓고 두 손 모아 참배를 하면서 자손들의 건강과 무궁한 발전을 위하여 기원을 했고, 우리 부부의 건강과 행복을 비는 마음으로 기도를 하였다. 또 우리 대원 모두가 일 년 동안 무사히 도계 탐사를 마치게 된 것을 감사하는 뜻에서 동서남북의 신에게 공손히 절을 하였다. 그렇게 나 혼자 의식을 진행하였는데도 대원들이 도착하지 않았다. 비로봉을 배경으로 사진을 촬영하는 동안 대원들이 서서히 도착하기 시작하였다.

육 기자가 오랜만에 동참하여 일출을 배경으로 기념 촬영을 하였다. 좋은 작품이 나왔으면 하는 생각이 간절하다. 기념 촬영도 하고 눈과 빙판에서 안전한 탐사를 위하여 장비를 재정비하고 출발을 하였다. 비로봉에 오르니 찬 바람이 강하게 불어 준비한 목도리로 얼굴을 감쌌다. 소백산의 특징이 강한 칼바람이다. 08시가 넘어 아침 겸 점심을 먹을 수 있는 장소를 찾았다. 철쭉이 우거지고 흰 눈이 무릎까지 쌓인 평평한 장소에 자리를 잡았다.

박 대장의 배낭은 늘 유난히 크고 무거워 보였다. 점심 준비를 하는데 버너를 둘씩이나 꺼냈다. 라면과 물도 여유 있게 가져왔다. 역시 대장이다. 나는 찬밥을 보온 물병의 따뜻한 물에 말아 먹었다. 늘 반찬은 넉넉하여 다른 대원들에게 나누어 줄 수 있었다. 탐사할 때 마다 각자 준비해 온 간식과 점심때 먹는 반찬을 서로 나누어 먹는 모습은 대원들 간에 우정을 돈독하게 하고 따스한 정을 느끼게 한다. 한 대원이 종이팩 소주까지 준비해와 추위에 언 몸을 녹이는 데 일조를 하였다. 한 대원이 중간 발에 쥐가 나 하산한 후에는 환자가 발생하지 않았다. 그런 병고가 생지기 않았으면 처음에 계획한 목적지까지 탐사를 했을 것이라는 농담까지 하였다. 그 목적지는 고치령이었다. 소백산 능선에는 눈이 발목까지 푹푹 빠지고 빙판까지 있어 오늘 탐사에서는 넘어지지 않으면 비정상이라는 농담을 하여 대원들이 박장대소하였다. 이재국 대원은 넘어져 보온병이 많이 우그러졌다. 이 대원은 보온병이 완충작용을 하여 몸이 다치지 않았다고 말했다. 오늘의 탐사 길에는 철쭉이 군락을 이루어 소백산 철쭉제를 하는 이유를 알았다. 또한 물푸레나무 군락이 있었고 참나무들이 주종을 이루고 있다.

선두 진행 속도가 너무 빨라 내가 오늘의 탐사는 도계 탐사가 아니라 경보 탐사냐고 한마디 하여 대원들이 박장대소했다. 시간을 보니 여유가 있는 것 같아 더 진행을 한 후에 하산을 하자고 하니(연령이 제일 많은 내가 억지를 부리는 것을 알고) 대원들이 한마디씩 거들었다. 청주까지 거리가 멀고 오늘 저녁에는 대원들의 단합과 한 해를 보내는 망년회가 있을 예정이기 때문에 다른 때보다 일찍 도착할 예정이라고 하는데 나이 많은 내가 어깃장을 놓으니 다른 대원들이 약간 답답하게 생각하고 있는 것이다.

▲ 국망봉을 향하는 대원들

▲ 국망봉 정상의 표지석

▲ 소백산 도계에 위치한 이정표

▲ 아침 겸 점심을 눈 위에서

해발 1,000m의 등산로에는 다른 곳보다 많은 이정표가 있어 탐사하는 데 희망을 주고 있었다. 13시 해발 1,020m에 연화동 이정표가 있는 곳에서 하산하기로 하였다.

지도상에서는 그리 멀지 않고 소로길을 따라 하산하면 목적지에 쉽게 도착할 것 같았으나 오늘의 하산길은 멀고도 험하였다. 소백산 정상에서 볼 수 없는 노송들이 드문드문 있는데 그 기상이 하늘을 찌를 것 같다고 대원들이 입을 모아 한마디씩 칭찬하면서 자연의 신비로움에 감탄했다.

▲ 나목 경관

▲ 처음 보는 우량경보기

▲ 하산길을 안내해 주는 이정표

▲ 심마니의 쉼터(아궁이와 비닐이 보인다)

다른 지역에서 볼 수 있었던 일본의 수탈 흔적인 송진 채취 흔적이 없어 더 아름다운 것 같았다. 설악산 부근에서 종종 눈에 띄는 심마니들의 휴식 공간인 심마니 모듬터가 도계 탐사에는 오늘 처음으로 발견되었다.(해발 917m에서) 구들을 놓고 평평한 바닥에는 비닐을 깔고 불 땐 흔적이 있는 아궁이도 있다. 썩은 상수리에 기생하는 노루궁뎅이버섯을 찾으려고 사방을 둘러보았지만, 눈에 뜨이지 않았다. 오늘 하산길에서 처음 눈에 뜨인 겨우살이를 카메라에 담고 부지런히 발걸음을 옮겼다.

14시 30분경에 경북 영주시 단산면 상좌리에 도착하여 농가에서 목도 축이고 세수도 하였다. 청주에 도착하여 연회장이 특별히 준비한 술과 맛있는 안주로 회식을 하고 2차로 김 사장이 낸 시원한 보리술로 2007년 대단원의 도계 탐사를 마치고 귀가하니 21시였다.

3차년도 탐사(2008년)

단양군 영춘면 어의곡리 소백산비로봉 ~ 보은군 속리산면 사내리 속리산문장대

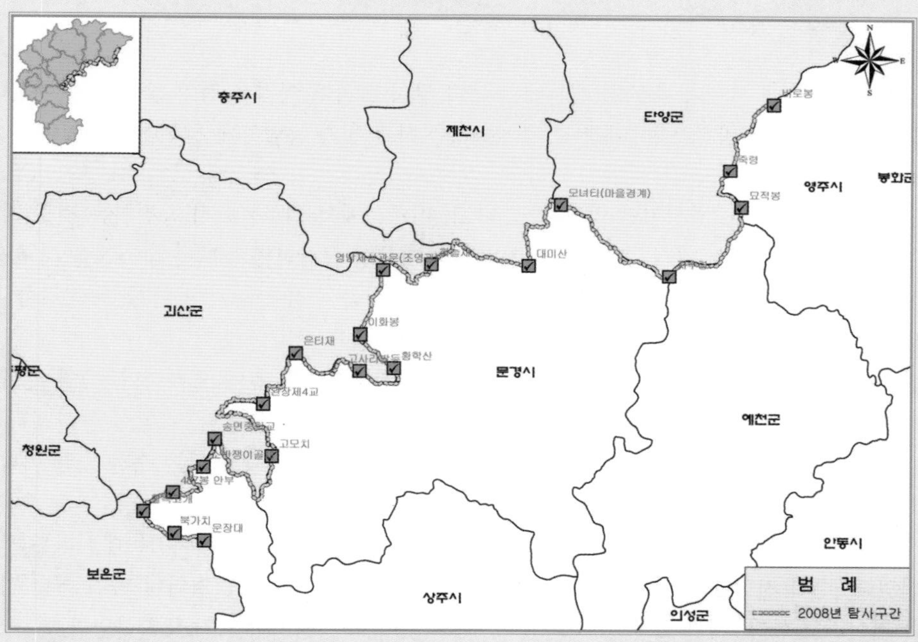

○ 구　간 : 단양군 가곡면 어의곡리 소백산 비로봉 - 단양읍 마조리 죽령휴게소
○ 일　시 : 2008년 2월 23일

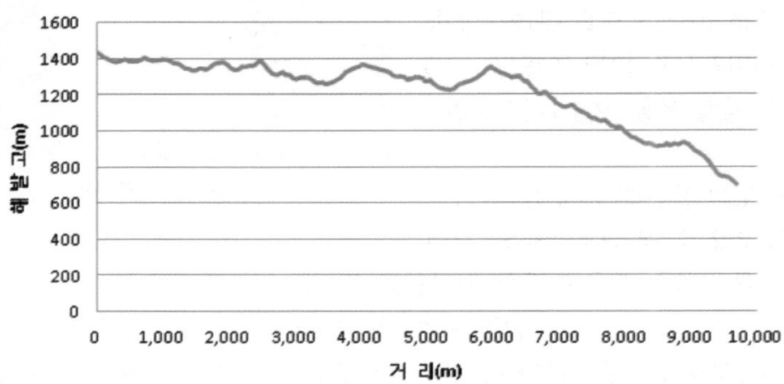

▣ 경계탐사

무자년 첫 도계 탐사 때 날씨가 춥고 소백산에는 눈이 쌓여 탐사에 어려운 점이 많을 것을 예상하여 박 대장으로부터 메시지가 왔다. 방한복, 아이젠, 스패츠를 준비하고 전과 동일하게 청주대학교 앞에서 06시에 출발 할 것이라고.

맘으로 단단히 준비를 하고 있었지만 약간 겁도 나고, 비로사에서 비로봉까지 등정하는 것도 지난번 경험으로 볼 때 수월하지가 않을 것 같다, 또한 전날 저녁부터 기온이 급강하였기 때문에 걱정을 더 하였다. 무엇을 어떻게 준비를 할 것인지, 이것저것 물어보면서 필요한 장비를 주섬주섬 거실 한 곳에 정리한 후, 새벽에 간단한 식사 준비를 당부하고 잠자리에 들었다.

차보다 먼저 도착해야 한다는 생각으로 걸음을 재촉하여 청주대학교 앞에 도착하니 20여 분이 소요되었다. 지루하게 차를 기다려도 오지 않아 왔다 갔다 하면서 시간을 보내고 있었다. 우암산 등산객과 아침에 일터로 나가는 사람들이 눈에 띄었다. 우암산을 바라보다가 도로로 시선을 막 돌리는 순간 노란 미니버스가 비상등을 깜박이며 설 듯 말 듯 하다가 북쪽으로 질주하는 것을 보고 깜짝 놀랐다.

조금 전에 휴대폰이 울려 속주머니에서 꺼내느냐 늦게 받아서 전화가 그냥 끊어졌는데, 나를 찾는 전화가 아니었나 싶었다. 즉시 전화를 꺼내서 박 대장한테 나를 떼놓고 가느냐 소리쳤더니 가긴 어딜 가느냐면서, 이제 출발할 것이라고 한다. 내가 잘못 본 것이었다. 06시 30분이 넘어서야 차가 도착하였다.

아침 인사 겸 새해 인사를 하고 좌석에 앉아 박 대장이 나눠주는 도상 분석표와 지도를 받았으나 잘 보이지 않아 주머니에 넣고 잠을 청하였다. 아침 일찍 일어나서 그런지 피곤하여 잠을 청하였는데, 버스가 정차하는 느낌이 들어 눈을 떠보니 제천 박달령 휴게소였다. 07시 43분경 대원들이 간식도 할 겸 준비물이 부족한 것을 구입을 하는 시간이다. 오늘 도계탐사단에 신입 회원 2명이 첫인사도 하였다. 07시 50분 다시 출발. 가는 도중 터널을 통과했는데 시간이 꽤 걸렸다. 터널 명칭은 안 봤지만, 느낌으로 죽령터널인 것 같았다. 교직에 있을 때 수업 시간에 수없이 이야기한 영남에서 한양으로 가는 교통로, 죽령 정상에서 풍기로 내려가는 도로는 경사가 무척 가파른 길인데 이렇게 험준한 고개를 토목공사의 발달로 4.6km 터널을 만들어 우리나라 내륙 발달에 기여하고 있다. 중앙고속도로 총연장은 대구 금호동 분기점에서 춘천IC까지 280km이며 우리나라의 어느 고속도로의 주변 경관에서 볼 수 없는 아름다운 경관을 간직하고 있다.

▲ 주변경관이 아름다운 중앙고속도로

▲ 풍기 소백산 관리사무소

▲ 흰눈이 덮힌 소백산 전경

▲ 관리사무소를 지나는 대원들

▲ 소백산 국립공원 범위와 지도상의 위치

버스가 관리사무소에 도착하기 전에 등산화와 방한복을 다시 한번 점검하였다. 박 대장이 관리사무소에 가 버스로 비로사까지 통행을 사정하였지만 허사였다. 승용차는 가능한데 대형차는 안전상 문제가 있어 어렵다는 것이다. 우리는 도보로 09시 30분경에 비로사 일주문에 도착, 복장과 장비를 재정비하고 소백산 비로봉을 1차 목표로 하여 출발하였다.(비로봉까지의 거리는 이정표에 5.5km)

국립공원이라 등산로가 잘 정비 되었지만, 적설량이 많아 등정하는 데 어려움이 많았다. 통상 정상까지 소요되는 시간은 1시간 30분이라고 한다. 우리 일행은 11시경에 휴식을 하면서 정 사장이 준비한 곶감을 맛있게 나누어 먹고 다른 대원들도 준비한 간식을 먹으면서 즐거운 시간을 가졌다.

▲ 소백산 비로봉 정상 한파 속에서

언제 등정을 하였다 내려오는지 몰라도 초입부터 하산하는 등산객과 마주쳤다. 우리가 휴식을 취하고 있을 때 만난 등산객은 정상에는 강한 바람이 불어 사진기 셔터를 누를 수 없을 정도라고 한다. 비로봉에 12시 전에 도착하여 사진을 2~3장 찍는데, 차갑고 강한 바람이 불었다.

몇 년 전 중국 하얼빈의 추위는 예리한 칼로 베어가는 듯한 느낌을 주었다. 탐사 기념 촬영을 하는 둥 마는 둥하고 칼날 같은 바람도 피하고 점심도 먹을 겸 대피소로 이동하는데 차고 강한 바람 때문에 시선을 정면에서 볼 수가 없었다. 대피소에 들어서니, 우리 대원들이 둘러앉아서 먹을 장소가 있었다. 비로봉에서 대피소까지는 자동차 폐타이어를 등산로에 깔아 자연 보호도 되고 안전하게 등산도 할 수 있게 잘 만들어 놓았다. 차가운 손으로 배낭에서 점심을 꺼내는 것조차 어렵고 힘에 겨웠다. 찬밥을 보온병 더운물로 한번 헹구어 내고 다시 물을 부었는데도 따스한 감이 없었다. 배낭 겉주머니에 있는 물이 꽁꽁 얼었다. 어떤 등산객은 대피소 실내 온도가 -10℃라고 한다.

▲ 대피소에서 중식 먹는 대원들

▲ 엄동설한 속 탐사활동 모습

식사가 끝날 때쯤에 한 무리의 등산객들이 들어왔는데, 어찌나 떠들고 시끄럽든지 밥이 입으로 들어가는지 코로 들어가는지를 알 수가 없을 정도였다. 그 북새통에도 컵라면에 더운물을 부어 먹는 대원도 있고 약간의 소주를 준비하여 나누어 마시는 대원도 있었다.

▲ 비로봉 주변 경관에 심취한 대원들

12시 30분에 대피소에서 나와 인원 점검을 하고 차갑고 세찬 바람 때문에 바람 반대 방향으로 얼굴을 돌리고 탐사를 하였다. 오늘 탐사는 힘들고 고생스럽지만 참가한 대원들 마음속엔 뜨거운 애향심으로 가득 차, 이 모든 것을 다 녹일 것이다.

등산로 주변에는 주목 군락지와 관리사무소에서 작성한 동·식물도감이 있었는데, 자세한 설명까지 있어 자연의 소중함을 일깨워주는 역할을 하고, 특히 초·중고생들에게 자연공부를 하는데 훌륭한 교육적 자료가 될 것 같았다. 비로봉에서 천문대를 지나 연화봉 중계소까지 등산로에는 철쭉이 빼곡히 들어서 철쭉제 때 오면 왕래하기가 어려울 것이라는 생각이 들었다. 철쭉 가지에 핀 눈꽃 송이가 긴 터널을 만들어 이곳을 지나는데, 바로 이곳이 천국이요 지상의 낙원이다

14시경에 늘 사진과 TV에서 보던 소백산 천문대를 그냥 지나칠 수 없어 견학하려고 했는데, 출입금지 구역이라서 주변에서 기념 촬영만을 하고 하산을 재촉하였다.

▲ 눈으로 덮힌 소백산 천문대를 배경으로 한 필자

▲ 눈이 쌓인 도로

▲ 멀리 보이는 천문대와 송신소

평소에는 차량이 다닐 수 있는 도로이지만 눈이 많이 쌓여 사람들조차 다니기 어려울 정도로 적설량이 많았다. 14시 45분경에 송신소를 지나서 죽령으로 가는 도로에는 눈이 녹아 빙판으로 변해서 하산하는데 어려움이 많았다. 도로에서 귀대하는 군 장병들을 만나 반갑게 인사를 나누면서 위로의 답하였다. 지루한 탐사 때와 다르게 오늘 탐사는 육체적으로 힘은 들었지만 겨울 풍광을 만끽한 일정이었다. 죽령에 도착한 것은 16시 전후였다. 혈액순환을 위하여 복장을 느슨하게 하고 승차하여 청주를 향하여 출발하였다. 충주 조정지댐 중앙탑 휴게소에서 이 화백이 찐 계란과 음료수로 대접하니, 화기애애한 분위기가 피로를 풀어주는 보약으로 변하였다. 또한 차에서는 한파에 찌든 육체를 따스한 공기까지 피로를 푸는 데 한 몫을 했다.

○구　간 : 단양읍 마조리 죽 령 ~ 대강면 사동리 묘적재
○일　시 : 2008년 3월 8일

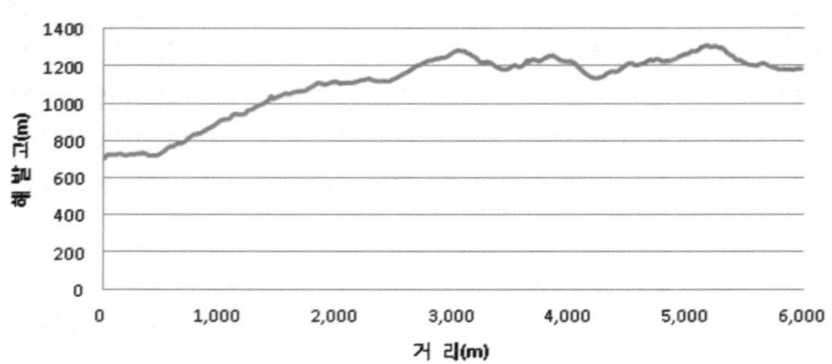

▣ 경계탐사

박 대장으로부터 전번과 동일하게 방한복과 눈발과 빙판을 대비하여 만전의 준비를 하라고 문자 메시지가 하루 전에 왔다. 도계 탐사를 위한 물품 준비는 늘 아내가 챙겨줘 마음속으로 미안한 감이 들었다. 오늘의 일기예보는 전형적인 우리나라 봄의 특징을 만끽할 수 있다고 하였다. 어두컴컴한 밤하늘에는 잔별들이 반짝이는 것을 보면서 나는 배낭을 메고 버스를 타기 위해 부지런히 걸음을 옮겼다.

06시 반경 우리 탐사대원을 실은 버스는 찬 새벽공기를 가르면서 힘차게 달렸다. 충주 조정지댐 중앙탑휴게소에서 잠시 쉬었다. 죽령에는 08시 20분경에 도착하여 탐사를 위한 준비운동과 함께 오늘의 안전을 위한 우렁찬 함성을 외쳤다.

▲ 탐사 전 준비운동을 하는 대원들

▲ 옹달샘 앞에 있는 죽림문 석주

충북 단양 대강면 보국사에 竹(대나무 죽) 모양으로 만들어진 돌기둥이 여러 개 있는데(정식명칭은 죽림 문석주) 그중 일부를 고개 정상의 우물 입구에 불법으로 이전해 놓았다. 누가 그랬는지는 몰라도 분명한 것은 대나무 형태의 돌을 우물 입구로 옮겨 놓았는데, 바로 충북이 아닌 경북 풍기읍 수철리라는 것이다. 죽림문석주가 원래의 자리에서 그곳에 있다는 것이 충북 사람으로 마음 한구석 허전한 감이 들었다. 또 하나 느낀 점은 도 경계 구간에 도의 상징물과 자랑거리를 너무나 많이 세워 너저분한 생각이 들어 국가적 차원에서 간단하고 명료하게 그 도의 특성을 잘 나타내고 방문객의 호감을 살 수 있는 상징물로 대체하면 얼마나 좋을까 하는 생각이 들었다.

탐사 초입에서부터 잔설을 밟으면서 탐사를 시작하였다. 대원들이 처음 휴식을 한 곳은 09시 20분경 820m 지점에 있는 헬기장인데 10분간 환담을 나누면서 쉬었다. 눈에 발이 빠지고, 또 눈 밑에는 얼음이 있어 아이젠을 착용하지 않으면 낙상하기 쉬운 탐사로였다. 천만다행인 것은 백설 덮인 산을 좋아하는 사람들이 탐사로를 미리 단단하게 다져 놓았기 때문에 우리 대원들은 그다지 힘들지 않게 탐사 하였다.

가끔 찬 바람이 불어 모자를 푹 눌러 쓰게 하였지만 탐사에는 많은 지장을 주지는 않았다. 강한 햇살이 비치면서 온몸에는 땀이 흘러 입었던 방한복을 벗어 배낭에 넣고 수건으로 땀을 닦으면서 발걸음을 재촉하였다. 09시 40분경 해발 1,010m 지점에서 잠시 쉬었다

아침을 일찍 먹어 배도 고프고 다리에 힘도 없어 대원들이 입을 모아 간식을 먹고 가자는 합창을 하였다. 오늘도 정 사장님이 준비한 곶감이 최고의 인기를 끌었다. 보기도 좋고(불그스레하고 표면에는 흰 가루가 펴) 단맛도 많아 더 꿀맛이었다. 곶감을 먹으면서 대원들의 똑같은 질문은 어떻게 하면 이러한 맛을 만들 수 있냐는 것이었다.

정 사장의 대답에 의하면 추석 전에 영동에서 구입을 한 건데 적당량을 비닐 주머니에 넣고 압축하여 냉동실에 넣었다가 꺼내 먹으면 색깔과 맛이 변하지 않고 숙성되어 먹기 좋다고 한다. 전 대원이 맛있게 잘 먹었다고 인사를 나누었다. 대부분 휴식 시간은 환담과 각자 준비해 온 다양한 음료와 간식을 나누어 먹으면서 대원들 간의 정을 나누는 계기가 되었다.

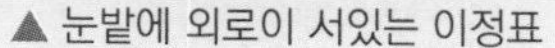

▲ 눈밭에 외로이 서있는 이정표

▲ 쌓인 눈을 헤치며 탐사에 임하는 대원들

11시 30분경에 대원들이 둘러앉아서 점심을 먹을 수 있는 장소를 선택하였다. 오늘의 탐사로에 있는 최고봉인 도솔봉을 눈앞에 두고 각자 준비해 온 반찬을 나누어 먹으면서 즐거운 시간을 보냈다. 점심을 먹은 장소가 주변 경관을 볼 수 있는 전망이 가장 좋은 곳이었다. 10여 명이 둘러앉기에는 약간 비좁은 곳이었지만 동서남북이 확 트인 지점이었다. 특히 지난번 탐사 때 지나온 비로봉, 천문대, 송신탑이 먼 발치로 보이는 장소이고 능선을 따라 흰 눈이 쌓여 탐사대원이 걸어갈 탐사로를 안내하여 주는듯한 느낌을 받았다. 햇빛이 많이 드는 양지쪽에는 눈이 다 녹았고 눈이 녹은 경사지에는 장마가 진 것처럼 물이 흘러내리고 있었다. 식사 후 주변 경관이 너무 아름다워 기념 촬영을 하고 13시 10분경 다시 탐사를 계속하였다. 오늘의 탐사로는 험한 편이었다. 급경사와 비좁은 바위틈을 지나가야 하고 눈이 녹아 질퍽질퍽 하지만 밑은 빙판이라 더욱 힘이 들었다. 또 점심을 먹은 후라 몸이 무거웠다. 박 대장의 핸드폰으로 연락이 왔는데, 멀리 보이는 도솔봉 정상을 향하여 손을 흔들어 보라고 한다. 우리가 하산할 장소에 버스를 주차해 놓고 오늘의 탐사 코스 중 제일 높은 봉우리에 김 기사가 먼저 올라와 우리를 기다리고 있었다. 반가움으로 손을 흔들면서 답례를 하였다.

▲ 손바닥에 놓은 먹이를 쪼고
주변을 살피는 동고비

탐사 대원이 도솔봉에 도착한 것은 13시 10분경, 김 기사는 1시간 전에 도착하여 점심을 먹고 주변에서 재잘거리는 동고비를 유인하여 간식으로 준비한 땅콩을 잘게 부셔 손바닥에 올려놓으니 겁도 없이 날아와서 먹이를 먹는다면서 우리에게 자랑을 하였다. 대원 중 남은 먹이를 손에 올려놓고 동고비가 먹는 광경을 사진에 담았다. 사람들이 해치지 않으면 자연에 사는 동물들과 친숙할

수 있다는 것을 증명하는 것이 아닌가? 내가 파리 몽마르트 언덕을 구경하고 내려오는 도중에 노인이 팔을 벌리어 손바닥 위에 모이를 올려놓고 의자에 앉아 있으니 한·두 마리씩 날아와 모이를 쪼는 참새들이 노인의 몸에 앉을 수 있는 곳에는 빈틈없이 앉았던 모습이 떠올랐다.

인간과 자연의 친화력은 사람이 어떻게 자연을 대하느냐에 따라 변화할 수 있다는 것을 증명하는 것이 아닌가 생각되었다. 도솔봉의 높이는 1,314m이고 주변 경관과 잘 어울리는 자연석을 표지석으로 세워놓았다. 뒷면에는 '國泰民安'이라고 새겼는데, 그 아래쪽에 '부산 산 사람들' 이란 글이 있는 것으로 봐서 그 지역 사람들이 국토를 사랑하고 국가 발전을 기원하는 마음으로 표지석을 세운 것 같다.

기념 촬영을 하고 탐사를 진행하는 도중에 헬기장을 발견하고 그곳에는 충청북도에서 세운 정상 표시석을 발견하고 우리 대원들은 불만 섞인 말투로 한마디씩 건넸다. 분명 그곳은 정상이 아니고 (부산 산 사람들이 표석을 세운 곳보다 10여m 낮은 곳 - 박 대장이 소지한 GPS에 나타난 숫자로 재확인함) 무엇 때문에 정상도 아닌 지점에 표석을 세웠는지를 알 수 없었다. 표지석을 정상으로 옮기던지, 아니면 아예 없애든지 하는 것이 좋을 것 같았다.

▲ 도솔봉 기념사진과 충북도에서 잘못 세운 표지석

▲ 묘적봉 정상 등산객들이 쌓은 돌탑과 탐사로를 뒤 돌아 보는 대원들

낮은 등산로를 따라 탐사를 하는 동안 땀은 계속 흘러 수건으로 닦으면서 대원들이 모여 환담하기 좋은 장소에 14시 10경에 잠시 쉬었다가 묘적봉(해발 1,010m)에 도착한 것이 14시 30분경이었다. 지난번 탐사는 강한 한파 때문에 힘들었지만 걷기에는 평탄하였다 오늘의 탐사는 경사가 급하고 눈이 쌓여 있어 미끄럽고 많은 위험이 도사리고 있다

▲ 가파른 계단과 비탈길을 내려오는 대원들

하산길은 급경사이고 눈이 녹아 미끄러워 더 어려웠다. 나는 진흙 바닥에 넘어져 바지와 배낭이 젖고 흙이 묻었는데, 여성 대원들이 보기 안쓰러운지 눈으로 닦아 내라고 했지만, 힘들고 시간이 급박해서 고맙다는 말로 답례를 하였다. 40여 분간 급경사를 내려오니 林道(나무를 관리하고 산불 발생 시 접근하기 용이하게 개설한 도로-내가 알고 있기에는 독일이 임도를 제일 잘 만들었다고 함)에 도착하였다. (15시 40분경)

아래로 내려가 김 기사보고 위에 있는 林道까지 차가 올라 올 수 있었는데, 왜 시내버스가 다니는 도로변에 주차를 했냐고 반문하니 마을 사람들이 도로가 협소하고 도로 지반이 파손될 수 있다면서 더 이상 진입하지 못하게 하였다는 답을 들었다. 흐르는 계곡물에서 물통에 물을 담아 대원들 간에 나누어 먹으면서 생수의 진가를 이야기하면서 잠시 휴식을 하였다.

▲ 임도에 세워진 이정표

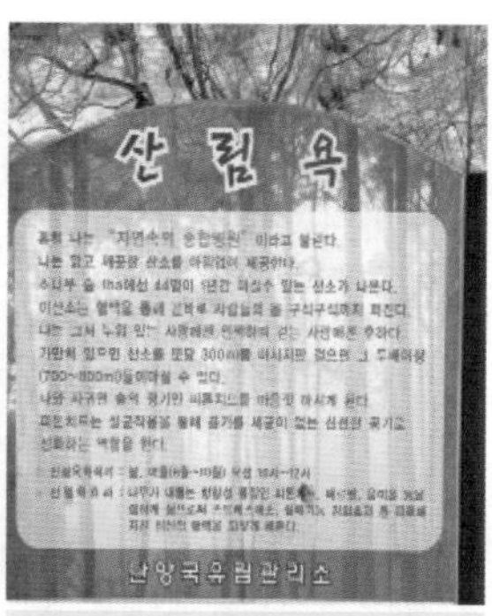

▲ 삼림욕의 중요성을 명시

임도에서 사동리까지는 소로로는 3.2km이고 임도로는 8.9km라고 이정표에 있어 우리는 소로를 따라 하산하는데 평탄하지 않아 고생을 하였다. 그래도 국립공원이라 그런지 등산객을 위하여 나무계단 위에 폐 타이어판을 깔아 통행에 어려움을 덜어 주었다. 마을에 인접하여 있는 하천은 깨끗한 물이 흐르고 (상수원보호구역이라는 팻말이 붉은 글씨로 몇 군 데 있음) 바위와 수목이 잘 어우러져 있어 무더운 한여름에 피서지로 각광을 받는 곳이라는 것을 알 수 있었다. 또 주변 가옥에는 민박을 할 수 있다는 표시판이 부착되어 있었다.

▲ 임도에서 잠시휴식

▲ 너덜지대를 통과하는 대원들

나보다 늦게 승차한 대원들이 전하는 말은, 먼 옛날 이곳에 많은 사찰들이 있었다고 한다. 그래서 많은 유물들이 출토되어 이지방문화재로 지정하고, 출토된 유물은 마을사람들이 한곳에 보관해 놓았다고 한다. 지나가는 나그네와 등산객들에게 모아놓은 유물을 판매한다고 한다. 사동리에서 17시경에 출발하였다.

청주에서 이곳까지 거리는117km이고 제일 먼 곳은 180km 정도이고 앞으로는 점점 청주에서 가까운 거리가 될 것이라고 한다.

○ 구 간 : 단양군 대강면 남조리 저수령~ 대강면 벌천리 모녀티 마을
○ 일 시 : 2008년 3월 22일

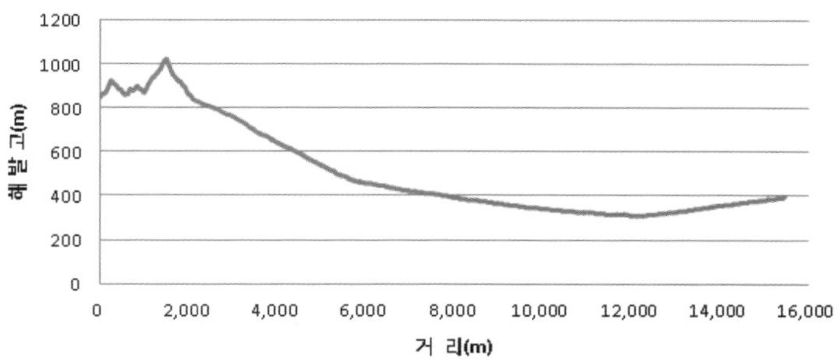

▣ 경계탐사

어제 도계 탐사단의 워크샵이 가경동 농우촌에서 있었다. 보름정도 시간이 지나갔지만, 만나는 대원들간에 서로 반갑게 인사도 나누고 담소도 나누면서 집행부의 당부를 들으면서 즐거운 시간을 가졌다. 2007년도에

도계 탐사시 100% 참석한 윤희경 대원 그리고 내가 칭송을 받았다. 음식도 한우에다 특별 손님들에게만 대접한다는 옻나무 술까지 마셨다. 어떻게 알았는지 정경숙 사장은 소고기에는 와인을 곁들어야 제맛이 난다고 하면서 좋은 포도주까지 준비하여 한층 더 즐거운 만남이 되었다.

일기예보는 구름이 끼고 오후 늦게부터 약간의 비가 온다고 하였다. 작은 아들(址亨)의 돌잔치를 18시부터 한다고 하여, 시간 전에 도착, 옷도 갈아입고 식장도 점검해야 되기 때문에 다른 날보다 일찍 귀가할 수 있는지 출발 하루 전에 문의하니 가능하다고 답을 주었다.

오늘은 평소보다 늦게 버스가 도착하였다. 빈자리가 있어 배낭을 내려놓고 편히 앉아 탐사 지역 지도를 받았다. 연회장이 오늘 일정에 대하여 간단히 설명하면서 나의 의견을 눈으로 물어보니 오후 4시까지 청주에 도착할 예정이라는 것을 발표하였다.

달리는 차 안에서 편히 쉬다 보니 07시 30분경에 차가 멈춘 곳은 큰 비석이 있고 주변에는 마음에 들지 않는 군인 조각이 있어 하차하여 주변을 살피고 오는 대원들에게 물어보니 참전비라고 하면서 석연치 않게 대답을 한다. 그래도 의미가 있어 보여 카메라에 담고 출발하면서 다시 쳐다보니 한문으로 연풍면이라고 큰 글씨가 눈에 들어왔다. 이곳에서 잠시 차가 정차한 것은 충주의 이 대원을 태우기 위함이었다

▲ 연풍에 세워진 참전비

육감으로 남쪽으로 내려가다가 진남휴게소에 들려 볼일도 보고 길 안내도 받으려고 하였지만 이른 아침이라 사람 구경을 할 수가 없었다. 지도를 펴고 도상 연구를 한 결과 문경온천지대를 거쳐 동쪽으로 방향을 돌리는 것이 맞는 것 같았다.

단양 대강면 방향으로 가다 보니 큰 토목공사가 한창 진행 중인데 주변 산 하단 합판에 ▽표시가 있는 것으로 보아(1980년 중반에 충주댐 건설 시 수위 예정 표시와 같은 모양) 틀림없이 댐을 건설하기 위한 토목공사임을 즉감할 수 있었다.

주변에는 자연과 잘 어우러진 마을이 한 폭의 동양화 같았는데, 특히 노송의 붉은 줄기와 한파에도 견딘 푸른 솔잎은 우리 도계탐사 대원들의 어려움을 어루만져 주는 것 같았다. 08시 15분경 여우목고개를 넘어 좁은 골짜기에 이르자 그곳에는 메마른 오미자 농장이 많이 있었다.

다른 지방에서 볼 수 없는 경관이라 사진기에 담고 싶었지만, 다음 기회로 미루었다. 단양의 신성봉가든에 도착해서 잠시 휴식을 하기로 했는데, 건물에 부착해 놓은 광고 (문구-연송이 칼국수-)를 보고 구미가 당겼는데, 박 대장이 점심은 이곳에서 뜨끈뜨끈한 칼국수로 하겠다고 하여 속으로 좋아했다. 도계지역이라 그런지는 충북 경북지역 전화번호가 공동으로 적혀 있었다. (043-422-6011. 054-555-8486)

오늘의 도계는 시간적 여유가 있어, 단양 8경 중 하나인 사인암을 관광할 수 있는 기회가 있었다. 이곳을 몇 번 다녀갔지만, 오늘처럼 자세히 살핀 것은 처음이다. 사인이라는 명칭이 이곳의 지명인 줄 알았는데 그게 아니였다.

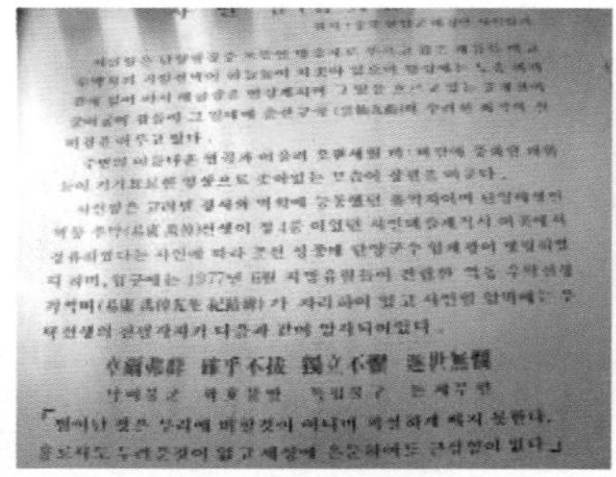
▲ 사인암의 유래

▲ 사인암의 풍경

▲ 사인암 표적비

이 안내문을 보고 잘 알지 못했던 것에 대해 부끄러웠다. ** 舍人:조선시대 의정부의 정4품 벼슬

09시 15분경 승차하여 올산리를 거쳐 경북 예천과 경계 지점인 해발 850m 저수령에 도착한 것은 9시 30분경이었다.

포장된 넓은 장소 한편에 소백산 한우 목장 연구소와 어디서 관리하는지는 몰라도 주유소가 있는데 무척 한가하게 보였다. 소백산 한우 농장은 원대한 꿈과 희망을 가지고 단양 농협에서 많은 자금을 투자하여 운영하였는데, 수익을 내지 못하고 빚만 잔뜩 안고 말았다고 한다. 이곳만 그런 것이 아니고, 항간에는 정부에서 하라는 농촌사업은 절대로 해서는 안 된다는 말이 있다. 누렇게 마른 초지에 한우 몇 마리가 따스한 봄빛을 쬐면서 한가로이 되새김을 하고 있는 것이 더 애처로운 마음이 들었다.

▲ 한우 방목장과 연계된 주유소

▲ 단양과 예천을 넘는 저수령

용두산 등산로 안내표지판을 따라 도 경계인 백두대간을 따라 탐사를 시작하였다. 도상 연구 결과 봉우리를 따라 탐사를 하면 십여km가 도로를 따른 경계이기 때문에 오늘의 답사는 수월할 것으로 생각했지만 막상 접해보니 용이한 것이 아니었다. 장구재(이정표에 충북과 경북의 경계 해발 860m)를 지나 오늘의 탐사 최고봉인 문복대(해발 1,074m)에 도착한 것은 10시 50분경이었다.

대원들이 기념촬영을 하고 아름다운 우리 국토를 감상하면서 잠시 휴식을 취하였다. 이 표지석은 문경 산들 모임에서 2001년 11월 건립한 것이다.

11시 10분경 도계가 문복대 정상에서 북쪽으로 이어져 있어 급경사이고 음지라 잔설과 땅바닥이 얼어 아이젠을 착용하지 않으면 위험하기 때문에 대원들의 안전을 위하여 착용하는 것이 좋다고 격려를 한다.

또 급경사를 내려오니 바위가 산재되어 있는 너덜지대라 탐사가 더 어려웠는데, 이곳을 통과하는 중에 등줄기에서 땀이 흐를 정도로 힘들었고 위험이 도사리고 있어 안전을 요하는 탐사로였다. 도로가 가까이 보이는 너덜지역에서는 산토끼 배설물이 어떻게나 많은지 이렇게 많은 산토끼 배설물을 본 것은 처음이었다.

도로에 인접한 도랑에는 인적이 없는 상류에서 흘러 내려오는 물이라 오염되지 않은 천연의 생명수를 알고 엎드려서 물을 먹는 대원들도 있다. 물통에 물을 담아 배낭에 넣는 대원들도 있었다. 흐르는 물소리가 자연과 잘 어우러져 잠시나마 심산유곡에 사는 선비로 만든 것 같았다.

▲ 오늘의 최고봉인 문복대에서
기념 촬영

▲ 쓸쓸한 나목과 백두대간의 주변 삶 때문에 파손된 자연경관

12시 10분경 확장 중인 도로에 도착하였다.

도로 폭이 넓어, 이러한 시골길에 통행량이 얼마나 많을지 몰라도 자연훼손이 너무 큰 것이 아닌지 의문점이 생겼다(방곡-올산 간). 아직 포장되지 않았고 차도 다니지 않는 길이었다.

버스가 주차하여 있는 대강면 오목리까지 오는 도중 폐가가 있어 들어가 보니, 살림살이가 아직 그대로 있고 책도 산재하여 있었다. 각종 서적에 남은 흔적으로 보아 공주사범대학 출신이 있는 것을 알 수 있었다. 도로를 따라 하산길 주변에서는 내가 살던 진천에서는 볼 수 없는 형태의 입담배 건조실을 사진기에 담았다. 이곳에서 본 건조실은 2층 구조였다. 버스로 아침에 잠시 쉬었던 신성봉가든에 도착한 것은 13시였다. 메뉴에 자연산 송이칼국수가 있어 먹기 어려운 자연산 송이라는 것이 더 중요한 것 같았다. 송이 칼국수는 인원의 반만 시키고 각자 준비해온 점심과 함께 따뜻하고 시원한 칼국수를 맛있게 먹었다. 이곳은 도계라 충북과 경북의 지역전화 번호를 개설한 것이 특이했다.

우리가 점심을 먹는 동안 마을 주민들도 점심을 먹다가 우리에게 더덕과 도라지를 사라고 권하여 처음에는 듣는 둥 마는 둥 점심 먹는데 정신이 없었다.

식사 후 이곳에서 생산되는 농산물은 환경오염이 덜 되고 인공으로 재배한 농산물이라도 신선한 맛이 있을 것이라고 생각하여 구입을 하였다. 신선봉 가든 옆에 흐르는 단양천이 충북과 경북의 도계이면서 충북 단양군 대강면을 따라 도로가 접해 있기 때문에 차량으로 주변 경관을 감상하면서 9km 정도를 탐사하였다.

하천은 벌천리(벌래리)에서 90도 이상 꺾여 모녀티(모녀티-경상도에서 명명하는)에서 흘러내리는 천과 합쳐진다. 모녀티까지 버스로 탐사를 하였다. 14시 10분경에 도착, 다음 달 3월 마지막에 이곳에서 출발을 할 것이다.

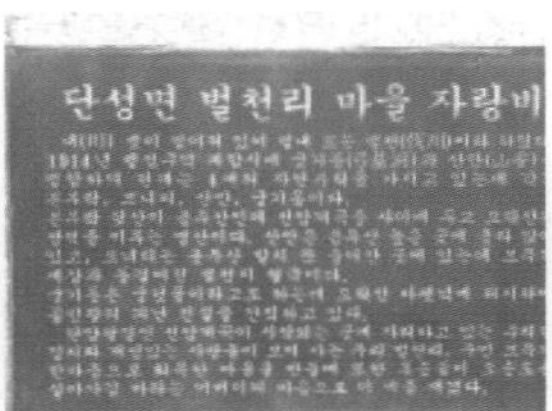

▲ 모여티 마을과 벌천리 마을의 유래비

▲ 도계가 90도 꺾임

▲ 정비가 잘 된 바위와 맑은 하천

박 대장의 설명을 듣고 귀가길에 벌천교에서 깨끗한 물과 잘 어울리는 큰 바위들(흐르는 물에 매끄럽게 깍인)과 송림을 보니 자연의 아름다움에 흠취되어 신선이 된 느낌이 들었다

14시 35분경에 출발하여 17시 전에 청주에 무사히 도착하였다.

○ 구 간 : 단양군 단성면 벌천리 모녀티 ~ 제천시 덕산면 월악리 대미산
○ 일 시 : 2008년 4월 12일

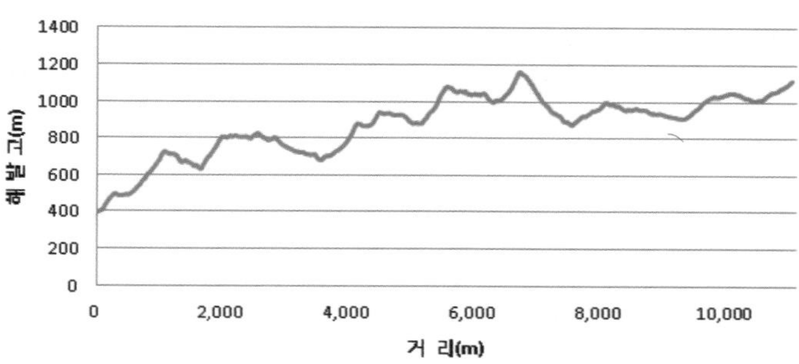

▣ 경계탐사

비는 오지 않고 구름만 잔뜩 끼는 흐린 날씨로 예고를 하여 천만다행이다. 안식구가 준비 다 했다고 하면서 배낭을 출입문에 가져다 놓으면서 건강을 걱정한다. 끝까지 잘 참석할 수 있을지 걱정된다면서 무리하지 말라고 당부를 한다.

예감에 1,000m를 넘나드는 산악지대 인지라, 한기를 느낄 것 같아 겉옷을 하나 더 챙기고 05시 55분경에 대문을 나섰다. 별들이 보이지 않는 어두컴컴한 새벽 공기를 마시며 버스를 타기 위하여 부지런히 걸음을 옮겼다.10분이 지나고 20분이 지나도 차가 도착을 하지 않아 불안하던 차에 전화벨이 울려 받아보니 박 대장이 늦을 것이라고 하여 안도의 숨을 내쉬었다.

06시 35분이 넘어 차가 도착하였다. 어제 123 ROTC 회장 이·취임 식장에서 과음을 하여 차 뒷좌석에서 편히 쉬면서 가려고 생각을 하였지만 늘 그 자리를 먼저 차지하고 오는 대원이 있어 허사였다. 신흥고 앞에서 윤 선생이 승차하고 증평에서 김 선생이 동승하였다.

오늘의 탐사는 약간 어렵고 시간도 10시간 가까이 소요될 것이라고 사전에 도상 연구 결과를 예고했다. 지난해 한 번도 빠지지 않은 나와 윤 선생의 노고를 치하하면서 다음 탐사 시에는 시상을 한다는 화제로 화기애애한 분위기로 이어졌다.

▲ 새벽 공기를 가르며 도계탐사를 위해 달리는 버스 안

김태경 대원한테 내 기행문이 미미하고 부실한 점이 너무 많으니 공개하지 말고, 수정·보완해 주기를 간절히 당부하였다. 그러나 오늘 아침 탐사대원들 앞에 내 이야기를 하면서 그동안 어려운 여건 속에 한 번도 빼먹지 않고 답사기를 기록한 것을 치하하여 전 대원들로부터 격려 박수도 받았다.

눈을 감고 휴식하고 있는 동안 버스는 어느새 수안보 휴게소에 도착하여 잠시 쉬었다. 휴게소에는 누가 제작을 했는지는 몰라도 전통의 장승이 만들어져 있고, 구부러진 소나무로 자연미를 그대로 느낄 수 있도록 제작한 원두막이 서너 채 있었다. 이러한 장승과 원두막을 시골에 가져다 놓으면 농촌 풍광과 잘 어울리는 조형물이 될 것 같았다.

08시가 임박하여 탐사대원을 태운 버스는 자연경관이 빼어난 충주 호반을 따라 달리고 있는데 벚꽃이 만개하여 대원들을 환호하며 맞이하는 것 같았다. 아침 햇살이 호수에 반사되는 햇빛과 벚꽃이 어울려 눈을 뜰 수 없을 정도로 눈이 부셨고, 노란 개나리꽃까지 만개여 탐사대원들을 반겼다. 제천시 덕산면에는 벚꽃은 아직 활짝 피지 않은 것으로 보아 이곳은 고도가 높아 온도 차이가 있는 것을 직감할 수 있다.

지방도로에서 제천시 덕산면 도기리 다락골의 좁은 농로를 따라 차가 진입하였는데 비포장도로이고 큰 돌들이 지면에 있어 주행하는 데 많은 어려움이 있어 대원들은 차를 돌릴 수 있는 곳이 있으면, 안전을 위하여 하차하여 걸어가자고 이구동성으로 말하였다. 8시 30분경 하차하여 준비운동은 어정쩡하게 하였지만, 오늘의 안전을 위한 함성은 그런대로 잘한 것 같았다.

탐사를 시작한 지 몇 분이 지나지 않아 윤 선생이 쥐방울덩굴이라는 풀방울을 주면서 꽃도 아름답다면서, 방울처럼 예쁘게 생긴 풀방울을 풀섶에 세워놓고 사진기에 담았다.

가시덤불을 헤치고 들어서니 오래된 밭이 있었는데 예전에 이 밭에서는 약초를 재배한 것 같았다. 봄이라 농부가 수확한 후에 이삭들이 남아 새싹이 나오고 있는 것을 보고 약초에 조회가 있는 대원이 황기인 것 같다고 한다.

능선을 올라가니 옛날에 이곳이 고개인 것을 알 수가 있었다. (잠시 휴식을 함. GPS에서는 635m) 모녀재에서 지난번에 탐사한 단양군 단성면 벌천리 마을의 지붕이 보이고 이곳은 평평하고 오래된 나무가 몇 주 있는 것으로 보아 서낭당이 있었던 느낌이 들었다.

▲ 장비를 점검하는 대원들

▲ 탐사를 위하여 함성을 외치는 대원들

▲ 가냘픈 제비꽃과 쥐방울꽃의 흔적

이 고개는 현재 제천시와 단양군의 경계가 되는 곳이기도 하다. 주변에 철쭉과 잡목이 우거져 있었고, 특히 회백색 철쭉 나뭇가지가 숲을 형성하고 있어 양력 5월 하순부터 6월 초순까지는 철쭉꽃으로 뒤덮여 이곳을 다시 탐사한다면 천국이 따로 있는 것이 아니고 지상낙원임이 입증될 것이다. 시인 묵객이 이곳에서 잠시나마 시간을 갖는다면 자연의 신비로움을 표현하는 글귀가 자연스럽게 나올 듯하다.

오늘의 탐사는 해발 1,000m를 오르내리는 경사로 100m~300m를 넘나드는 능선을 오르고 내려가는 힘든 탐사로도 있었다. 날씨만 좋으면 멀리 보이는 백두대간의 준령들과 주변에 펼쳐진 농경지와 농촌의 풍광이 우리 대원들의 마음과 몸이 자연으로 돌아가게 할 것인데 구름에 가려 모든 것이 어둠으로 장막을 쳤다

10시경 급경사 오르막에서 잠시 휴식을 하는 동안 오늘도 정 사장이 맛있는 영동 곶감으로 대원들의 피로를 풀게 해줘 이구동성으로 고마움을 전달하면서 담소까지 나누어 즐거운 시간을 갖게 되었다. 금년 답사에서 처음 보는 겨우살이가 참나무에 기생하여 군락을 이룬 것을 목격하였다. 굵은 상수리나무 한 그루가 밑동이 잘려 있는 것을 보고 암에 특효라서 병을 고치고자 채취를 위하여 절단한 것으로 생각하였다 누구인지는 몰라도 환자의 쾌유를 속으로 빌면서 겨우살이 군락지를 사진에 담았다.

11시가 넘어 해발 879m 지점에서 잠시 휴식하는 동안 오늘 처음 참석한 대원이 준비한 시원한 오이를 나

눠줘 그걸 먹으면서 갈증을 해소했다. 그 시원함과 맛은 한여름 아이스크림에 비교할 정도가 아니었다. 탐사로에는 제비꽃이 만개하였고 다른 꽃들은 찾아보기가 어려웠다. 오르는 길이 급경사라 온몸에서는 땀이 났지만 쉬는 동안에는 쌀쌀한 찬바람 때문에 배낭 속에 있는 겉옷을 꺼내 입어야 체온을 유지할 수 있었다. 필자는 장갑을 끼지 않아 손이 차가운 감이 들었다.

문필봉(붓처럼 뾰쪽한 산을 일컬음)을 앞에 놓고서 대원들이 둘러앉을 수 있는 장소를 선택하여 점심시간을 먹었다. ** 해발 1,083m 12시 20분~12시 50분

소백산을 중심으로 한 탐사 시에 한 번도 볼 수 없었던 조릿대 군락지를 발견하였다. 조릿대 군락지는 양지가 아니고 음지에는 수분이 많아 군락지가 형성되는 것 같았다.

▲ 문수봉 정상에서

문수봉 정상에 도착한 것은 13시 35분경, 월악산 국립공원 지역에서 제일 높은 1,162m에 도착하여 기념사진도 찍고 주변 경관도 살펴보았지만, 안개와 구름 때문에 시계가 좋지 않았다.

정상의 표지판은 문경 산들 모임에서 새긴 듯한데 병자년, 즉 서기 1996년, 단기 4329년에 건립하였고 다른 표지판과 달리 단기까지 써서 우리 민족의 역사를 사랑하는 모임임을 직감할 수가 있었다. 문수봉에서 하산하다 도 경계를 잘못 판단하여 헤맸다.

전열을 가다듬고 대미산을 향하여 탐사를 계속하는 동안 도계 주변에 쌍분이 있는데 주변의 상수리나무를 벌목하고 잔디까지 심은 것을 보아 금년 한식날 후손이 조상 묘지를 찾아서 정리한 것으로 생각이 들었다.

이 묘소 주인은 젊어서 고향을 떠났다가 경제적으로 성공하여 선조 묘소를 찾아 성묘한 것 같은데 그것은 베어낸 나무의 굵기로 보아서 미루어 짐작할 수 있었다.

5공화국 때부터 권장한 납골당이 더 자연을 훼손한다고 이야기하면서 우리나라 전통 묘소를 쓰고 삼사년 정도만 관리를 안 하면 자연의 형태로 돌아가지만, 많은 경비를 들여 만든 납골당은 수백 년 수천 년 가도 부식되지 않고 흉물로 남을 것이라고 걱정들을 하였다.

지도상에는 대미산까지 그리 힘든 탐사로가 아닌 것으로 나타나고 있지만 실제로 이 답사로도 만만치가 않았다. 급경사와 낙엽이 쌓여 지표면에 있는 장애물들을 파악할 수가 없었고, 큰 바위가 대원들을 더욱 힘들게 하였다. 몇몇 대원들은 압박붕대와 반창고를 이용하여 아픔을 참고 견디면서 힘들고 어려운 탐사에 임하였다.

▲ 어려운 하산 길

▲ 대미산 정상에서

이전에 대미산을 등산한 대원에 의하면 주변 경관도 아름답다고 시계도 넓어 경관을 즐길 수 있는 곳인데 오늘은 날씨 때문에 좋은 구경은 할 수 없을 거라며 안타까워했다.

오늘의 대미를 장식할 대미산 정상에 16시 40분경에 도착하여 기념 촬영도 하고 다음 탐사에 대하여 걱정도 하면서 16시 45분에 문경읍 중평리를 향하여 출발하였다. 하산길의 처음은 능선 양편은 급경사이고 잡목만 우거져 있었다. 오늘의 탐사로에는 위풍이 당당한 크고 굵은 소나무가 드문드문 서있었다. 저런 소나무들이 이 강토에 빼곡히 들어차 있으면 얼마나 좋을까! 또한 국토의 값어치도 돈으로 환산할 수 없을 텐데 하는 아쉬움을 남기면서 17시 50분경에 하산하였다. 하산하는 동안 대원들의 건강에 약간 문제가 있어 걱정을 하였지만 아무 사고 없이 전원이

무사히 도착하였다.

박 대장이 오늘의 탐사가 너무 힘들고 어려웠기 때문에 대원들의 건강과 다음번 탐사를 대비하기 위하여 도가니탕을 먹어야 한다면서, 충주 지리를 잘 아는 이 교수한테 식당 예약을 부탁하여 수안보 휴게소를 지나 자연가든에 40분 후에 도착할 예정이라고 선약을 하였다.

밖에서 보기에는 그리 좋은 식당이란 느낌이 들지 않았는데 막상 들어가니 상당히 큰 식당이었다. 충주에 있는 직장인들이 회식을 할 때는 이곳에서 한다고 하니 음식솜씨가 괜찮으리라 짐작하였다. 차려 놓은 반찬이 정갈하고 먹음직스러웠다. 만 이천 원 값어치가 있는 것 같았다. 더덕, 능이버섯 청국장까지 입에 맞았다. '시장이 반찬이다'라는 말도 있지만 마음에 드는 식당이었다. 나오면서 명함을 얻어서 주머니에 넣고 차에 타니 19시 30분이 넘었다. 연 회장이 도립의료원에 입원해 있어 어떻게 문병을 갈까 걱정하던 차에 김 대원이 간다고 하여 증평에서 정 사장과 동승하였다.

병문안을 가기로 했지만, 빈손으로 가기가 부담스러웠는데 음료수가 지천이라 다음 기회에 물질적으로 위문하기로 했다. 병원에서 오늘의 일과에 대하여 이야기를 하고 있는데 윤 선생 남매가 들어와 잠시 환담을 나누다 귀가하니 21시가 넘었다.

○ 구　간 : 단양군 대강면 남조리 저수령 - 대강면 사동리 묘적재
○ 일　시 : 2008년 4월 26일(역탐사)

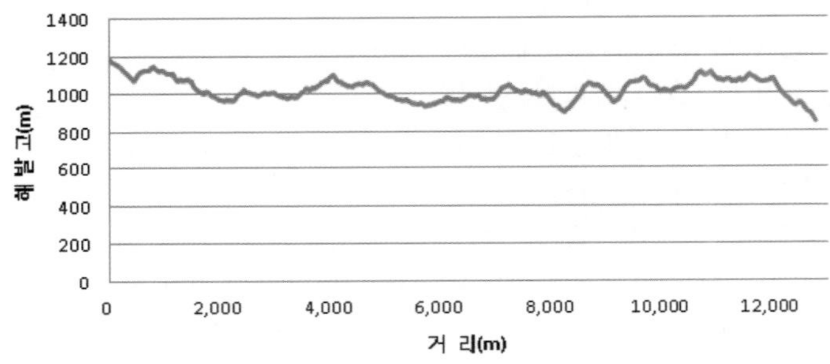

▣ 경계탐사

등산 장비를 점검하는 안식구가 우비까지 넣었다고 하면서 일기예보에 깊은 관심을 가지고 너무 무리하는 것이 아니냐면서 걱정까지 하여 맘으로 고맙다는 인사를 하였다.

배낭을 메고 대문을 나서니 비는 오지 않고 잔뜩 흐린 날씨였다. 흥덕대교를 지나고 있는데 정 사장으로 부터 전화가 와 받아보니, 오늘 탐사하는 것이 맞느냐는 내용이었다. 부지런히 발걸음을 옮겨 간선도로에서 20여분 이상 기다렸다. 06시 30분이 임박하여 승차하니 운전사까지 7명이었다. 지금까지 탐사하는 동안 제일 적은 인원이었다. 흰 떡을 나누어 주면서 오늘도 마음씨 착한 정사장이 준비한 것이라고 한다.

오늘 처음 참석한 사람을 소개하는 데 백두대간 탐사에 참석했던 연제환을 박수로 환영하였다. 공직 생활을 하다가 정년퇴직했다고 한다.

박 대장이 지난해 개근한 나에게 상품으로 보온 방수가 잘된다면서 8만 원대 가격의 우의를 주어서, 대원들의 박수를 받으면서 입어보니 잘 맞는 것 같았다. 나를 제외한 모든 대원들에게는 판초 우의를 나누어 주었는데, 가볍고 부피도 작아 입기에도 편할 뿐만 아니라 배낭에 넣고 다녀도 부담이 전혀 없을 것 같았다. 나에게 준 우비도 가볍고 부피도 적어 보관 주머니가 송편보다 작은 것 같았다.

07시가 넘어 연풍에서 대원을 태우고 중부내륙고속도로(여주-구미)경유하여 문경과 점촌을 지나는 동안에 낙동강 상류인(영강) 하천 주변의 초목과 바위가 잘 조화를 이루어 아름다운 경관이 어제 내린 봄비를 맡아서 그런지 한층 푸르러 보였다.

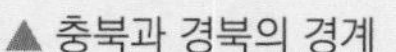
▲ 충북과 경북의 경계

▲ 소백산단양한우 방목장의 촛대봉

문경시와 예천시 경계에 인접해 있는 풍년 휴게소에서 잠시 쉬었다. 오늘의 도계 탐사 시발점인 저수령까지 가는 동안 흰떡을 먹으면서 환담을 나누었다. 차창 밖으로 보이는 도로 주변은 사과 과수원이 자연과 잘 어우러져 더욱 아름다워 보였다.

우리가 자동차로 올라온 도로는 1994년 서울·충북·강원도를 경위 하는 관광·산업도로이다. 개통된 지 13년이 되었는데도 차량 통행이 적은 것으로 보아 경제적 효과가 과대평가 된 것이 아닌지 의문점을 갖게 되었다. 저수령에 8시 50분경에 도착하여 지난번에 사진 촬영했지만 새로운 마음으로 주변 경관을 다시 담고 간단한 준비 운동을 하였다

오늘의 탐사는 접근하기 용이한 서쪽에서 동북 방향으로 선택하여 왼쪽은 충북이고 오른쪽은 경북이다(탐사는 거의 시계방향으로 이루어져 오른쪽은 충북 왼쪽은 우리 도와 인접한 타도였다.)

탐사로 초입에 단양군이 자랑하는 소백산 한우 목장(해발 850~924m)의 시설에 세운 3줄의 철삿줄이 보였다. 안타까움과 농촌의 잘 살기 운동이 얼마나 어려운지를 다시 한번 생각하게 되었다.

길고 긴 5년 도계를 탐사하는 동안 도시 아닌 농촌에 사는 도민들이 잘 살 수 있을 방안까지 모색한다면 도계 탐사의 목적달성뿐만 아니라, 충북의 도세가 커질 수 있으리라고 자부한다

탐사를 시작한 지 몇 분 지나지 않아 싸라기눈이 내리면서 봄을 시샘하듯이 찬 바람까지 불었다. 탐사로 주변에는 제비꽃이 만개하여 흰색, 자주색, 노랑색의 자태로 대원들을 환한 미소를 지으면서 환영하는 것 같다. 청주 주변에서는 진달래가 거의 졌는데 이곳에는 이제 피기 시작하여 진기에 담았다.

백두대간은 산을 사랑하는 사람이라면 누구나 다 등산할 수 있는 곳이다. 아쉬운 것은 이른 봄의 짙은 안개와 싸락눈이 세차게 내리고 (09시 25분경에 해발 1,080m) 촛대봉에서 장비와 배낭을 단단하게 점검한 후에 힘찬 발걸음을 옮기었다. 나는 백두대간에서 처음 이정표를 보았는데, 나무에 단단히 부착된 표지기를 대원들에게 가리키니(둘산악회 해발 1,084m 2002년 10월 13일) 그들은 종종 보았다고 한다.

강한 바람과 짙은 안개가 우리 대원들의 발걸음을 빠르게 재촉하였고, 일기가 방해하여 지도 판독도 어려웠다. 경북 쪽으로는 직경이 10~15cm 정도의 잣나무가 보기 좋게 성장하고 있었다. 옛날 건설하고 관리가 되지 않아 파손이 심한 헬기장에 비가 와서 앉지도 못하고 서서 잠시 쉬었다.(보도블록이 있어 헬기장임을 알 수 있었다.)

▲ 등산객에게 힘을 주는 이정표

해발 100~200m를 오르내리는 탐사는 쉬운 것이 아니었다. 배재를 지나 또 폐쇄된 헬기장을 통과하여 해발 950m의 싸리재를 지나면서 대원들이 둘러앉아 점심 먹을 장소를 찾았다. 한 대원이 새벽 4시부터 준비하고 나왔더니 시장하다고 하여, 11시 반경에 자리를 잡고 식사를 하였다. 흰떡을 먹어서 그런지 밥맛이 없어 밥을 먹다가 물을 말아 먹었지만 그래도 맛이 없어 남은 밥을 낙엽을 헤집고 버렸다.

12시 10분경 배낭을 메고 탐사를 계속하는 동안 다른 탐사로에서 볼 수 없었던 주목을 보았는데(해발 1,033m) 처음에는 자연 발아로 성장하는 것으로 알았는데 같은 크기로 여러 그루가 있는 것으로 보아 소백산 주목군락지처럼 인위적으로 만든 것이 아닌가 생각이 들었다.

13시경에 본 헬기장은 잘 정비 정돈이 되어 있고 50-123-2-3이란 숫자가 보도블록에 쓰여 있는 것으로 보아 해당 관공서에서 관리하는 것으로 짐작이 갔다.

이른 봄이라 봄꽃이 많지는 않았다. 모르는 것을 대원들에게 물어보았지만 아는 대원이 없어 답답하였다. 윤 선생이 참석하지 않아 사진기에 담아 물어보는 방법만이 해결책이라고 이구동성으로 이야기를 하면서 탐사는 진행되었다. 모르는 야생화를 촬영하면서 불참한 윤선생의 자리가 얼마나 크고 중요한지 느꼈다.

오늘의 탐사 최고봉(해발 약1,102m)을 찾는 데 어려움이 있었다. 통나무로 만들어 놓은 계단을 쳐다보면서 저기가 오늘의 최고봉이라고 하면서 올라갔는데, +측량 위한 표지판만 있어, 최고봉이 아니라면서 대원들이 내려오면서, 무엇인가 이상하다면서 다시 지도판독을 하였다 계단 옆에 부착하여 있는 둘산악회의 표시판을 보니 〈솔봉 해발 1,101.8〉이라고 적혀 있는 것으로 보아 최고봉임을 확인하고 다시 올라가 기념 촬영을 하였다.(13시 35분경)

▲ 관리과 잘 된 헬기장

▲ 최고봉을 알리는 이정표

▲ 표지석도 없는 곳에서 기념사진

바람은 강하게 불고 가랑비는 오락가락하고 안개까지 피어올라 탐사에 어려움을 더하였다. 등산객이 앉아 잠시 휴식을 할 수 있는 곳에 의자를 두 군데 만들어 놓은 것이 마음에 걸리었다.

내 생각에는 자연을 만끽하면서 심신 연마를 위해 이곳을 찾는 등산객이라면 의자에 앉아 쉬는 것보다 낙엽을 방석 삼아 쉬는 것이 더 좋을 거라는 생각이 들었다. 그 의자는 세월이 지나면 낡고 파손되면서 환경 오염물로 남지 않을까?

도착 예상 시간은 오후 5시가 넘을 것이라고 했는데 바람 타고 날아왔는지 경보시합을 하였는지 알 수 없을 정도로 일찍 도착하였다.

이곳은 3군 경계 지역이다. 즉 영주시와 풍기읍과 단양군의 군계 지역이다. 임도까지 내려오는 급경사에 자연 훼손 방지를 위하여 나무로 만든 계단 위에 폐타이어를 쪼개서 깔아 놓았는데 보기도 좋고 등산객의 안전에도 큰 도움을 주는 것 같았다. 임도에 도착하여 잠시 쉬었다. 절골까지는(버스가 주차하여 있는 곳) 직선거리는 3.2km이고 임도로는 8km가 넘어, 부지런히 하산하니 40분 정도가 소요되었다.

헝클어진 장비와 옷매무새를 고치려고 잠시 물가에서 휴식한 후, 오후 4시 귀갓길에 올랐다. 오늘도 전 대원들이 무사히 귀가하였으며, 이번 탐사 역시 즐겁고 뜻깊은 길이었다.

○ 구 간 : 충주시 수안보면 미륵리 하늘재 – 제천시 덕산면 월악리 대미산
○ 일 시 : 2008년 5월 10일(역탐사)

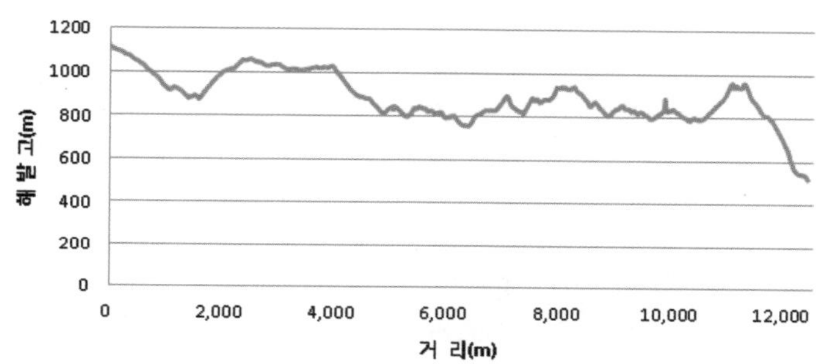

▣ 경계탐사

일기예보에서, 쾌청한 날씨가 계속된다고 하여 옷과 장비를 최소로 줄이고, 05시 55분 배낭을 메고 집을 나섰다. 06시경에 손자가 일어나면 재롱부리는 것을 보면서, 배웅까지 받을 터인데 어제 늦게 잠을 잤는지 우는 소리도 들리지 않았다.

해가 상당히 일찍 떠 06시 전에도 신문을 읽을 정도이다. 오늘도 정 사장이 준비한 흰 떡을 먹으면서 박 대장이 나누어 준 복사본 지도 도상을 분석한 설명지로 일정에 대하여 이야기 나누었다.

▲ 하늘재 관리사무소

수안보 휴게소에서 대원 한 명이 더 승차하고 잠시 쉬었다가, 07시 20분 출발하였다. 이 대원이 오늘의 비경은 하산하는 동안 만나게 될 제천 월악리의 용하구곡에 대하여 상세하게 설명을 했다. 조선시대 毅堂 박세화 (1831~1910년) 선생이 덕산면 억수리의 아홉 군데 계곡에 이름을 붙였다는 설명과 함께 그 내용을 적은 설명서를 대원들에게 나누어 주었다. 문경 시내를 통과하여 댐 공사로 토목공사가 한창인 도로를 통과하면서 주변을 살펴보니 바위와 오래된 적송이 한 폭의 동양화 같았다. 또 실록이 우거져 가고 있어 생동하는 만물 이 활력을 찾는 것 같다.

들녘에는 부지런한 농부들이 농사일로 분주하다. 오늘의 출발지 하늘재에 08시 20분경 도착하였다. 해발 522m 국립공원 관리사무소에는 이른 시간이라 근무자가 없었다.

▲ 경북에서 설립한 계립령 유허비

만약 근무자가 있었다면 생태계의 훼손 방지를 위해서 입산을 금지하였을 것이고 그럼 우린 도계 탐사의 임무를 설명하고 사정했을 것이다. 08시 반경 준비운동도 간략하게 한 채 안전을 위한 기도와 함성도 없이 바로 출발을 하였다. 출발점은 급경사인데, 이른 아침이라 기온이 높지 않아 대원들의 탐사에 많은 보탬이 되었다. 백두대간은 많은 등산객들이 다녀서 탐사로를 제대로 찾지 못해 헤매는 경우가 없고 고도 변화가 적어 어려운 점이 없을 것이라고 경험자들이 이야기를 한다. 09시에 주변 경관이 아름답고 시야가 넓은 해발 656m에서 잠시 쉬면서 눈앞에 펼쳐진 아름다움을 감상하였다.

▲ 멀리 보이는 주흘산 부봉과 월악산 영봉

문경의 주흘산. 부봉을 비롯하여 멀리 보이는 월악산 영봉과 첩첩이 겹친 백두대간의 봉우리와 자연을 만끽하면서 학창 시절 지리시간에 배운 국토의 70%가 산지라는 것을 새삼 실감할 할 수 있었다. 09시 50분에 포암산(베를 펼쳐진 모양이라 布巖이라 명명하였다)에 도착하여 기념 촬영을 하고 잠시 휴식을 하였다.

주변 경관은 인공 조림한 곳은 없고 거의 잡목들로 무성하며 간간이 구부러진 노송들만 산을 지키고 있어 못난 자식이 선산을 지킨다는 속담이 떠올랐다.

지난번 탐사 때에는 철쭉 꽃봉오리도 눈에 띄지 않았는데 지구의 온난화 때문인지 활짝 개화하였고 어떤 놈은 벌써 꽃잎을 떨구고 있었다.

백두대간에서 조릿대 군락이 가끔 눈에 띄었는데 어떤 자연조건이 조릿대 성장에 좋은지 궁금하였다. 70년~80년대 까지만 하여도 마을 청년들이 복조리를 음력 정월 초하루 새벽에(설날) 담 너머로 던져 놓고 명절이 지난 후 가가호호 방문하여 복조리(충북 방어 - 조랭이) 값을 받아 가는 풍속이 있었다. 가정에서는 복조리 두 개를 엇갈리게 묶어서 안방 벽에 달아 놓고 그 안에 돈을 넣어서 가정에 복을 비는 풍속이 있었다. 과거에는 각 가정에서 조리는 필수품이었는데 정미소의 기술 발달로 쓸모없는 물건이 되었고, 관광지의 기념품쯤으로 위상이 바뀌었다.

▲ 포암산의 정상에서 기념 촬영

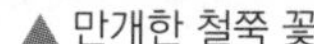

▲ 만개한 철쭉 꽃

▲ 조릿대 군락

해발 899m 지점에서 대원들이 모여 앉아 점심 먹을 수 있는 장소를 선택하고, 짐을 풀고 힘들고 지루한 탐사를 잠시 멈출 수 있는 시간을 가졌다.

탐사로가 길어(약 12km) 점심을 약 30분 만에 끝내고 해발 760m 지점에서 옛 고개 마루를 지나면서 성황당 돌무덤과 오래된 서어나무와 박달나무를 보았는데 옛 명성을 그대로 간직한 채 있었다.

▲ 병꽃나무 꽃 ▲ 쇠물푸레나무 꽃 ▲ 문경시의 저수지 공사현장 ▲ 고향 길을 연상 하게 하는 도로

▲ 족두리풀 꽃 ▲ 산앵도나무 꽃 ▲ 고갯길의 서낭당 ▲ 당개지치 꽃

내려가던 도계에서(서낭당) 오르막에 접하면서 문경 방면을 쳐다보니 저수지를 건설하는 현장이 자연을 파손 하는 것으로 느껴졌다.(댐이 완공되어 담수를 하면 물과 주변의 경관이 잘 조화를 이루는 좋은 관광지로 변모할지 모르지만)

포장되지 않은 도로는 옛 추억을 회상하는 시간을 마련해 주는 것 같았다. 해발 923m 지점에서 잠시 휴식했는데, 포암산을 넘어서 오르내리는 봉우리를 14개를 통과해야 오늘의 목적지인 대미산 아래에 도착할 수 있다고 도상 연구에서 밝히고 있다. 언제 목적지에 도착할 것인지 휴식 시간에 대화의 논제로 등장하였다.

나는 지난번과 마찬가지로 탐사가 아닌 올림픽 경기에서 경보 시합이라고 말해 한바탕 웃음을 자아냈다. 15시 40분에 부리기재라는 이정표를 발견하였고 이곳에서 포암산까지는 12Km, 대미산까지는 1.2Km라는 것을 보고 박 대장이 1:25천 지도를 살펴보더니 이곳에서 하산하면 된다고 하여 잠시 휴식시간을 가졌다.

▲ 바윗길을 내려오는 대원들 ▲ 줄딸기 꽃 ▲ 노루삼 꽃 ▲ 이정표에서 하산

하산하면서 배낭에서 비닐봉지를 꺼내어 취나물을 채취하기로 마음을 먹고 후미에서 부지런히 주변을 살피면서 취나물이 눈에 잘 보이지 않았다. 대원들이 하산하다가 오늘의 최고 발견품이라고 찬양을 하여 다가가보니 꽤 오래된 물박달나무와 서어나무가 밑동에서 연리목으로 자라고 있었다. 모두들 나무에 둘러서서 기념 촬영을 하였다. (좌표: N36.49.094, E128.12.260)

또 그 부근에서 여자가 분만하는 형태의 오래된 신갈나무까지 있어 사진기에 담았다. 대원들과 떨어져 하산하는데 빨리 오라는 전갈이 와 뛰다시피 도착하니 이장한 산소 주변에서 고사리를 채취하여 비닐봉지에 넣어주어 고맙다 인사하였다.

16시 30분경에 용화 계곡의 상류 지점에 도착하여 간단히 세수를 하고 목마른 목을 천연수로 축이면서 잠시 휴식 시간을 가졌다.

버스 안에서 이 대원이 나누어 준 용하구곡 프린트를 가지고 첫 9곡 豁然臺를 찾아 글자도 읽고 내용도 살펴보니, 우리 선조님들이 자연을 얼마나 사랑하였는지를 알 수 있을 것 같았다. 제8곡 活來潭, 제7곡 洗心瀑까지 사진기에 담고, 계곡이 깊고 험하여 더 이상 찾아는 것을 포기하고 부지런히 목적지를 향하여 발걸음을 옮기었다. 이곳은 제천시 월악리로 언제 수해를 입었는지 산사태도 나고 등산로도 훼손되어 혼자 이곳을 찾기는 어려울 것이다.

오늘따라 많이 피곤하고 특히 왼쪽 장딴지 부근에 통증이 있어 약간의 고충을 참아가면서 윤 선생과 동행을 끝까지 하면서 안전하게 하산하였다.

▲ 도계탐사 대원들이 찾은 용화구곡의 일부

내 앞에서는 연 대원이 우리를 도와서 덕산면 월악리에 18시 30분경에 도착하여 오염되지 않은 깨끗한 남한강 상류에서 손발을 씻고, 피로를 덜기 위하여 탁족도 하였는데 물이 어찌나 찬지 오랫동안 발을 담글 수 없었다. 오늘은 다른 때와 달리 야생화를 사진기에 담느라 더 힘들고 어려웠다.

소요된 시간으로 보아 하늘재에서 이곳까지 20km쯤 될 것 같다. 김 기사에 의하면 청주에서 이곳까지는 200km가 되지 않을까 한다.

오늘도 서로 아끼고 격려하면서 힘들고 어려운 탐사를 무사히 마친 것을 기쁘게 생각하면서 19시가 다 되어 청주로 향하였다. 다음에는 도민이 참여하는 도계 탐사를 할 것이다.

○ 구　간 : 괴산군 연풍면 원풍리 조령삼관문~ 충주시 수안보면 미륵리 하늘재
○ 일　시 : 2008년 5월 24일

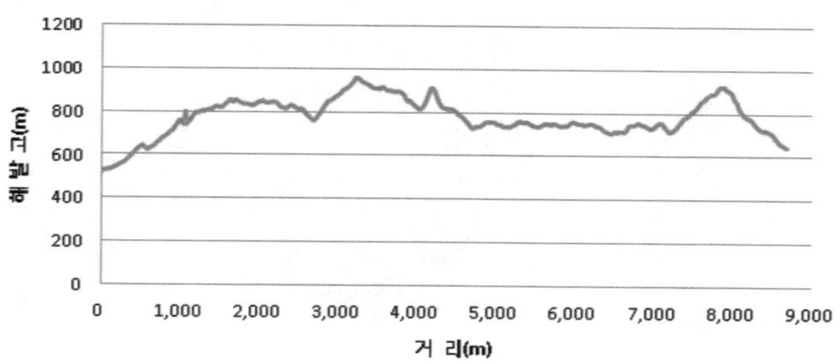

▣ 경계탐사

지난번 탐사 때 무리했는지 왼쪽 다리 근육이 특별히 아픈 데는 없고 오금 주변이 뻐근하고 앉았다 일어나면 당기는 감이 있어 불편하다. 한의원에 가 침을 맞아야 한다고 생각하면서도 차일 피하다가 일주일이 지난 후에 한의원에 갔는데(명진한의원) 다녀도 별 효과가 없었다. 시간이 갈수록 통증이 심해져서 도계 탐사에 참석하지 못할까 두려웠다. 등산용품점에서 압박붕대를 구입하여 사용하는 데도 효용이 없다. 지금까지 대원들이 무릎이 아프다고 해도 큰 관심이 없었는데 내가 직접 당해보니 도계 탐사를 끝마치지 못하면 어떻게 하나 하는 걱정이 앞선다. 일기예보에서 탐사 날에는 구름만 끼고 비는 오지 않는다는 예고가 있어 한시름 놓았다.

▲ 충북 도청 광장 : 도계탐사 지원 도교육청 버스와 미니버스

오늘은 도민이 함께하는 탐사 일이라 차를 타러 도청으로 갈까 망설이다, 늘 차를 타는 청대 앞에서 10여 분 기다리다 승차를 했는데 버스 안 인원이 너무 적었다. 대원들이 도 교육청의 대형 버스에 동승한 것으로 생각하였다. 오늘도 정 사장이 흰 떡을 준비해 와 나누어 주는데 나는 시장할 때 주면 고맙겠다고 하면서 사양을 했다.

오늘의 탐사로는 백두대간이고 많은 대원들이 몇 번씩 등산한 코스라 힘도 적게 들고 거리도 짧다고 하여 큰 걱정을 하지 않았다.

7시가 넘어 괴강 휴게소에 잠시 쉬는 동안 모처럼 대원들에게 커피 대접을 하였다. 잠시 후 출발하였는데 같이 있었던 김 대원이 보이지 않아 대원 한 명이 없다고 하니 뒤 차로 올 것이라고 하였다.

연풍을 지나면서 등산화 끈과 압박붕대를 착용하는 동안 버스는 이대별장을 거쳐 조령3관문을 향하였다. 주변의 경관은 바위와 우거진 소나무, 가로수가 어울려 아름다움을 한 층 더 하는 것 같았다. 차를 잠시 멈추게 하고 카메라에 담고 싶은 생각이 들었다.

8시가 다 되어 3관문 앞에서 하차하였고 큰 차는 여기까지 올라올 수 없어 우리가 타고 온 25인승이 입구까지 내려가 참석한 도민을 데리고 온다면서 내려갔다. 우리가 이곳까지 버스로 올라 올 수 있었던 것은 국립공원 관리인이 아직 출근을 하지 않았기 때문이었다. 아름다운 주변 경관과 이름 모를 꽃과 나무에 대해 물어 가면서 바쁜 시간을 보냈다. 층층나무의 흰 꽃과 엉겅퀴꽃이 예쁘게 피었다. 큰 비석이 서 있는데 관광객들에서 백두대간 지형도와 하단 부분에는 백두대간 조령 유래비에 대한 설명이 적혀있었다. (2006년 12월 10일 건립)

조령 3관문을 지나 넓은 잔디밭에서 오늘 참여한 분들의 인사소개를 하고 이상기교수로부터 역사고증 설명을 들었다. 기념 촬영을 하고 준비운동을 한 후 안전을 기원하는 함성까지 외치고 8시 30분에 출발을 하였다.

▲ 대간과 정맥을 그려놓은 표지석

▲ 도민과 함께하는 도계 탐사 조령 제3관문에서

조령은 영남에서 한양을 잇는 중요 교통로로서 이곳은 양반들만 넘어 다녔던 곳이고, 하늘재는 보부상과 천인, 가축(우마차)의 통로였다고 한다. 탐사 시작하는 곳이 매우 급한 경사이고 바위가 있었는데, 안전을 위한 밧줄이 매여 있어 등정하기가 용이하였다. 햇빛은 나지 않았지만 땀이 온몸을 적시고 이마에서는 구슬땀이 흘렀고 등산복이 흠뻑 젖었다. 오늘 참석한 초등학생 3명(초등학교 1학년 여학생 포함)은 힘도 들지 않는지 벌써 앞으로 얼굴조차 보이지 않았다.

▲ 마역봉 정상의 표석

▲ 도계 탐사 성공 기원탑 축적

마역봉(937m)에 도착한 것은 9시 15분경이었다. 급경사인데도 성을 쌓은 흔적이 있었다. 이 성은 남쪽에서 성을 구축한 것으로 북쪽에서 침략하는 오랑캐를 방어하기 위한 것이라는 것을 짐작할 수 있었다. 이번 탐사에는 각계각층에서 활동하는 사람들이 참여했는데 다양한 지식을 가진 분들이 있어 조령에 대하여 간간히 설명을 덧붙였다. 잘 알려지지 않은 북암문과 동암문이 있었는데 비정상적인 이 통로를 열어 주면서 아전들이 통행료를 받았다고 한다. 마역봉에서 기념 사진도 찍고 주변 경관에 대하여 환담을 나눴는데 쾌청한 날씨가 아니어서 시야가 선명치 않았다.

백두대간 등산로에는 많이 훼손된 석축들이 있어, 성에 대해 지식이 없어도 사람도 옛 성터라는 것을 직감할 수 있었다. 오늘도 도계에 접근하기 용이한 곳을 선택하여 역으로 탐사를 시작하여, 왼쪽은 충북 충주시와 제천시를 접하고 오른쪽은 경상북도 문경시를 접하는 도계이다. 하늘재에서 조령으로 향하는 것이 통례인데, 하늘재에는 국립공원 관리인이 있어 출입을 통제하는 바람에 탐사를 역으로 출발하였다. 무너진 성곽과 녹음이 우거진 식생과 울긋불긋한 대원들의 복장이 잘 어우러져 한 폭의 그림같은 느낌이 들었다. 이러한 아름다운 정경을 카메라에 담으려고 여러 번 셔터를 눌렀는데 나중에 보니 마음에 드는 사진이 한 장도 없었다. 대원들이 편히 쉴 수 있을 만큼 평탄한 곳인 동암문 주변은 역사의 흔적이 남아 있었다.

그곳에서 온몸을 적신 땀을 시원한 바람과 손수건으로 말리면서 휴식도 하고 주변의 꽃들을 사진기에 담아 보았다. 평소에는 10여 명이 둘러앉아 점심을 먹을 수 있는 장소가 있으면 점심을 먹었는데 오늘은 도민 대표들이 참여한 탐사이기 때문에 인원이 많아 평소보다 넓은 장소를 택했다.

함박꽃나무(일명 산목련) 꽃이 하얗게 피었다. 촌색시가 다소곳이 고개를 숙인 것처럼 꽃잎이 지면을 향한 채 만개한 것도 있고 금방이라도 터질 것 같은 느낌을 주는 꽃봉오리도 있었다.

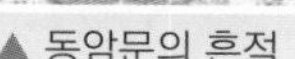
▲ 동암문의 흔적

▲ 활짝 핀 함박꽃나무 꽃

▲ 맛있는 점심시간

▲ 화무십일홍(떨어진 철쭉꽃)

북한의 국화가 진달래였는데, 김정일이 개화한 산목련이 고개를 숙이고 있어, 본인한테 고개를 숙여 맹종하는 것으로 착각하여 국화로 지정하였다는 이야기도 있다. 해발 960m 지점 하늘재와 주흘산(문경시를 대표 하는 산)으로 향하는 갈림길에서 잠시 휴식을 한 뒤 1시 20분경 탐사를 시작하였다.

▲ 자연과 어울리는 도계탐사

▲ 만개한 층층나무 꽃

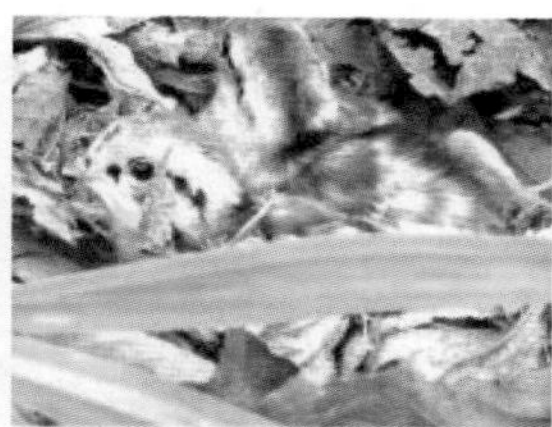
▲ 꿩 새끼들(꺼병이들)

▲ 꿩 새끼들(꺼병이들)

날씨가 쾌청할 땐 주변의 경관도 아름다워 사진을 여러 장 찍었는데 오늘은 구름이 끼고 약간 황사현상까지 있어 아름답고 멋있는 배경을 잡을 수가 없어 아쉬움이 남았다. 앞에 가던 대원들이 꿩 새끼(꺼병이)를 발견하고 '꿩 새끼다!'라고 큰 소리로 외쳤다. 땅바닥에 쌓인 낙엽 때문에 잘 도망가지 못할 것을 알고 내가 먼저 한 마리를 잡으니 다른 대원들은 왜 잡느냐고 물었다. 나는 대꾸도 하지 않고 대원들에게 구경을 시켜주었다. 이렇게 꿩 새끼를 잡은 것은 생전 처음이었다. 꾀가 많고 동작이 빠른 사람을 비유하여 꿩 새끼(꺼병이)라고 지칭한다. 몇 마리인지는 몰라도 낙엽이 바스락거리는 곳을 보면 꿩 새끼가 대원들 손에 잡히지 않으려고 도망치고 또 가까운 곳에서는 까투리(암꿩)가 이리저리 날면서 새끼가 잡힐까 몹시 당황하는 모습이었다. 대원들은 잡은 꿩 새끼 모습을 사진기에 담기 분주했고, 육 기자는 잡은 꿩 새끼를 땅바닥에 놓고 예쁜 모습을 연출하기에 바빴다.

탐사 길 주변에는 애기나리가 군락을 이루고, 산사나무 군락지와 신갈나무가 시듦병으로, 죽은 것도 발견하였다. 도청에 근무하는 이재국 대원에 의하면 1ha에 식재하는 양은 3천~4천 본인데 수확할 수 있는 양은 약 400그루 내외가 된다고 한다. 주변의 수종은 거의 신갈나무이고 침엽수는 가뭄에 콩나듯 드문드문 있고 금강송처럼 잘생긴 것은 찾아보기가 어렵다. 이리 비틀 저리 비틀 자연미가 넘치는 적송을 볼 때마다, 모든 산에 붉고 잘생긴 소나무로 꽉 차있으면 얼마나 아름답고 좋을까 하는 아쉬운 마음이 있었다.

탄항산(해발 859m, 산들 모임 산악회에서 2002년 11월에 건립)에 14시 50분 도착, 기념 촬영도 하고 주변경관도 감상하면서 잠시 숨을 돌렸다. 몇 개의 높고 낮은 능선을 넘어서 하늘재를 발 앞에 놓고 미륵리가 하산지점인데 오늘의 탐사로 중에 가장 경관이 빼어난 코스로 하산한다고 지난번 답사 때부터 이야기하였다.

등산로가 여러 곳으로 나 있어 출구 찾기가 쉽지 않았다. 몇 번을 오르락내리락 하면서 출구를 찾는데 30여 분을 소비하였다. 어느 때는 1시간 이상 도계를 찾는 데 소비한 적도 있었다. 이유는 숲이 우거지고 지도 판독도 어렵고 날씨는 더워서 어려움을 더하였기 때문이다.

16시경 아름다운 미륵리가 보이고 하산 길에 있는 노송과 바위는 한 폭의 그림과도 같았다. 하산길 양옆은 수십 미터의 낭떠러지이고, 바위와 바위 사이를 어렵게 통과하는 대원들은 등산의 묘미를 만끽할 수 있는 통로였다. 또 경사가 급한 바위는 밧줄을 이용하여 하산을 하기 때문에 더 큰 쾌감을 맛볼 수 있었다. 큰 적송 하단부에 날카로운 도구로 파놓은 V자 모양의 흔적을 오늘도 발견했다. 일제 말엽 송진 채취를 하느라 생긴 상처인데 우리 후손에게 이러한 아픈 상처를 남겨 주어서는 절대로 안 된다는 생각을 했다.

▲ 멀리 보이는 미륵리

▲ 아름다움에 도취된 대원들

▲ 아름다운 하산 길

경사지에서 잠시 쉬는 동안 정 사장한테 아침에 맡겼던 흰 떡 이야기를 하니 웃으면서 배낭에서 흰 떡을 꺼내어 주는데 그 모습이 너무나 좋아보였다. 양이 많지 않았지만 주변에 있는 대원들과 나누어 먹고, 배낭 속에 있는 바나나도 나누어 먹으니 그 맛이 꿀맛이다. 시장이 반찬이라는 속담이 딱 들어맞았다.

▲ 아픈 역사의 흔적

▲ 자연의 신비

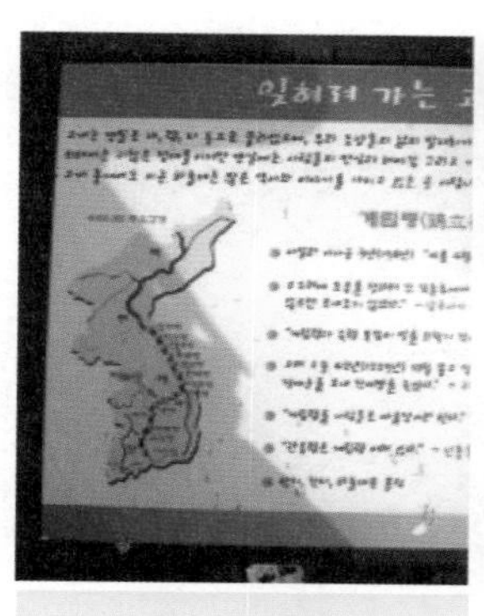

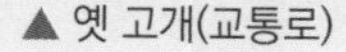

▲ 옛 고개(교통로)

▲ 끝까지 좋은 일을 하는 대원들

17시에 미륵사지에 도착하여 경건한 마음으로 사찰을 구경하고 입구에 있는 석간수로 시원하게 목을 축였다. 시간 여유가 있는 것 같아 등산화와 양말을 벗고 바가지로 물을 떠서 세수하고 발까지 씻으니 오늘의 피로가 모두 풀리는 것 같았다. 그리고 버스에 승차하기 위하여 발길을 옮겼다.

도로변에 모양새가 찔레꽃처럼 생긴 것을 윤 선생에게 물으니 고광나무라고 한다.

주차장 앞에는 관광객과 등산객들이 잠시 쉬었다 갈 수 있게 통나무 의자와 둥근 상을 만들어 놓았는데 지친 몸을 휴식 하는 데 제격인 것 같았다. 오늘은 도민이 참여하는 탐사라 도민과 환담을 나눌 수 있는 자리를 마련했다. 박대장이 시원한 막걸리와 도토리묵으로 목이나 축이자고 하여 모두 박수로 화답하였다. 18시에 청주로 출발.

○구　간 : 괴산군 연풍면 원풍리 조령삼관문~ 연풍면 행촌리 이화령
○일　시 : 2008년 6월 14일

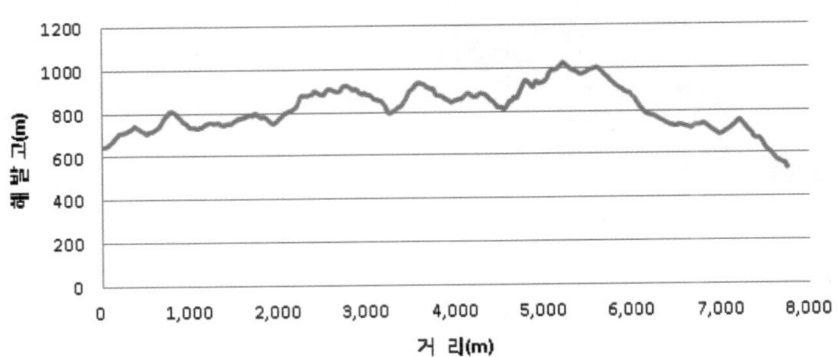

▣ 경계탐사

이번 도계 탐사는 3주 만에 가는 것이라 많은 휴식 시간을 가진 것 같았다. 그동안 왼쪽 정강이에 통증이 있어 한방병원에 가서 치료를 했지만, 효과가 없는 것 같아 대전까지 가서 진료를 했지만 차도가 없다. 도계 탐사를 시작했을 때에는 유종의 미를 거둘 수 있을 것이라고 자신만만하였는데, 막상 다리에 통증이 생기니 끝까지 동참할 수 있을까 걱정이 컸다. 부지런히 준비하고 배낭을 메고 대문을 나서니 05시 50분이었다. 대로에서 버스를 기다리고 있는데 김태경 씨로부터 현 위치를 묻는 전화가 왔다. 06시 20분에 승차하면서 반갑게 인사를 나누고 늘 자리를 잡았던 뒤 좌석에 배낭을 내려놓고 주변에 있는 대원들하고 눈으로 다시 인사를 하였다.

▲ 조령 3관문 입구

▲ 조령 3관문의 산신당

안개 때문에 차창 밖 시야가 흐렸다. 속도가 너무 빠른 느낌이 드는지 대원들이 빨리 갈 필요가 있느냐며 안전하게 가자고 기사에게 부탁했다. 옆에 앉은 정 사장이 웃음을 띠면서 검정비닐 봉지를 풀었다. 감자를 삶아왔는데 먹어보라고 대원들에게 그릇 채 돌렸다. 정 사장은 탐사 때마다 특별한 음식을 준비해오는 넉넉한 마음씨를 가지고 있다. 대화를 하는 동안 버스는 괴강 휴게소에 도착, 음성에서 출발한 대원이 올 때까지 대기해야 한다는 이야기를 듣고, 나를 제외한 대원들 모두 잠시 하차를 하였다. 나만 차에 있으니까 우리 대원들을 안전하게 수송해 주는 김기사 부인이 다가와 내려서 차라도 한잔하고 간식도 먹자면서 몇 번 권하였다. 마음속으로 고마운 생각이 들어 동참하는 것이 예의인 것 같았다. 식당 겸 매점에 들어가 자리를 잡으니 삶은 계란뿐만 아니라 방울토마토까지 준비해 와 식탁에 푸짐하게 차려 놓았다. 대원들이 둘러앉아 맛있게 먹으면서 새벽에 출발하여 늘 아침을 부실하게 먹고 나오니까 아침 간식은 더 맛있다고 입을 모았다.

07시가 넘어 출발하여 연풍 IC부근에서 대원 한 사람을 더 태우고 07시 반경 조령 제3관문 앞에서 장비를 정비하고 간단한 준비 운동과 오늘 일정의 안전한 마무리를 기원하면서 스틱을 모아 함성을 외쳤다.

07시 반경 관문을 통과하여 빈 병에 약수를 채우고 산신당-성황당을 카메라에 몇 장 담고 (GPS 해발 642m) 출발을 하였다.

백두대간에서는 등산객들이 부착해 놓은 띠가(어느 때는 이정표도 되지만 너무 많이 부착하여 환경오염의 소지도 있다.) 100m 간격으로 있기 때문에 탐사로를 잃는 일이 없을 것이라고 한다. 도계를 따라 언제 축성해 놓은 것인지 몰라도 성벽의 흔적이 견고하고 높게 쌓여져 있고 위치로 보아 북쪽에서 침략하는 적을 방어하기 위하여 축성한 것 같았다.

문경새재는 깊고 넓은 골짜기이고 백두대간에서 내려다보는 시야가 너무 좋아 남쪽에서 침공하는 적들을 독안에 든 쥐처럼 섬멸하기 좋은 지형인데 임진왜란 때 충주 달래강에서 신립 장군이 배수진을 쳐 역사에 큰 오점은 남겼는지 이해가 가지 않았다. 오늘 날씨는 바람이 시원하게 불고 안개와 구름이 끼어 시야는 좋은 편은 아니지만 힘들고 어려운 탐사로를 걷기에는 안성맞춤인 것 같았다. 9시 40분 해발 850m 지점에서 잠시 휴식하는 동안 동료 대원들이 준비한 과자(오예스)와 방울토마토의 맛은 꿀맛이었고, 목을 축이기 위해 준비한 알콜을 작은 병마개로 마실 때의 그 맛은 우리 대원들만 알 수 있을 것이다.

▲ 남쪽에도 남아 있는 성벽

▲ 안개속의 백두대간 연봉들

▲ 조령계곡을 내려다보면서

서경 36,47,341, 동경 128,03,91지점의 바위에(해발 930m) 앉아 문경 계곡을 내려다보니 임진왜란의 비애가 복받쳐 오르고, 한편으로 그 당시 내가 군을 지휘하는 사령관이었으면, 천군만마의 적도 섬멸할 수 있는 이 지형지물을 이용하여 대승을 거두면서 적을 괴멸시킬 수 있었을 텐데 생각하니 가슴에 분통이 터졌다.

810m까지 하산, 10시 50분경 잠시 휴식하는 동안 윤석주 대원이 주변에 있는 여린 나뭇잎으로 풀피리를 만들어 가곡과 동요를 연주했고 옆에 있는 대원들도 합창을 하니 아름다운 금수강산과 잘 어울리는 하모니였다. 또 다른 대원에게 풀피리를 만드는 방법까지 알려줘 직업은 못 속인다고 혼자 생각하였다.

신성암봉에 도착하는 것은 11시 20분경, 모나지 않은 돌에 앞면은 한자로, 뒷면은 한글로 정성 들여 새긴 글씨가 마음에 들었다. 자연석이 아닌 시멘트라 약간의 아쉬운 점은 있었다. 기념 촬영을 하고 다시 하산하는데 조령까지 40분이 소요된다는 이정표가 눈에 들어왔다. 일부 대원들이 시장하니 밥을 먹고 진행하자는 의견과, 조금 더 탐사하고 식사하는 것이 어떠냐는 의견으로 양분되었다. 결국 식사를 하기로 했는데, 모여앉아 밥을 먹을 수 있는 장소가 마땅치 않았고, 또 능선에는 바람이 강하게 불어 절골로 하산하는 등산로를 따라 내려갔지만 좋은 장소를 찾지 못하였다. 결국 등산로 여기저기 걸터앉아 식사를 하였다. 늦게 도착한 대원은 장소에 대한 불만이 있었고, 식사하는 동안 하산하는 등산객들에게 방해가 되어 미안한 생각이 들었다.

▲ 신성암봉에서 잠시 휴식

11시 50분경 식사를 시작하고, 12시 35분에 해발 799m 지점에서 출발하였는데 탐사로가 급경사라(90도 가까이 됨) 밧줄에 의존하면서 하산하는 게 쉬운 일이 아니었다.

우리와는 반대로 이화령에서 내려오는 등산객과 마주쳐서 어려움이 더 많았다. 오늘의 탐사로는 백두대간에서 제일 어려운 곳이고 바위가 제일 많아 자연경관이 빼어나고 위험하고 힘든 코스라고 백두대간 탐사에 참석했던 대원들이 이야기를 하였다.

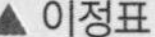
▲ 이정표

▲ 비탈진 곳에서 점심

▲ 한 폭의 동양화 같은 경관

오후에는 바람도 시원하게 불고 구름도 많이 걷혀서 시야가 트이고 주변의 경관을 조망하기 좋았다. 멀리 보이는 월악산 영봉과 구름 밑에 가물가물 보이는 뾰족한 봉우리가 소백산이 아닌가 반문하면서 문경을 상징하는 산을 바라보니 바위, 울창한 숲, 구름이 어울린 한 폭의 동양화처럼 보였다.

지도상에 이름도 없는 무명산 정상에는 등산객이 만든 돌탑이 있어 우리 탐사대원들도 하나씩 올려놓으면서 소원을 빌었다. 13시 40분 해발 980m 지점에서 출발 10여 분도 안 걸려 오늘 탐사의 최고봉인 1,025m 조령산에 도착하였다.

이곳에서 이화령까지는 대략 40여분 정도, 버스기사한테 전화를 하여 일찍 귀가하자고 하였다. 힘든 몸을 달래면서 땀도 식히고 피로도 풀면서 이야기를 나누었다.

▲ 조령산 정산에서

기념 촬영을 하면서 표지석을 살펴보니 문경 군청 등산회에서 건립한 것이었다. 잘 다듬어진 통나무로 만든 계단을 따라 하산하다가 하산길이 아닌 것 같아 잠시 대기하는 동안 풀섶에서 바스락거리는 소리를 듣고, 꺼벙이를 발견하고 즐거워하였다.

지난번 본 녀석들은 아주 어려 잘 도망 못했는데 오늘은 훨씬 큰 녀석들이었다. 8부 능선을 따라 올라갔던 윤태경 대장이 바른길을 찾았다면서 대원들을 유도하였다.

하산길 경북 쪽은 조림으로 잘 성장된 잣나무가 우거졌고, 충북 쪽은 잡목이 무성해 대조적이었다. 또 충북 지역엔 물풀레나무가 군락을 이루고 있었다. 그 물푸레로 옛날엔 도리깨를 만들어 농기구로 사용했는데, 그 시절을 회상하면서 대화를 나누기도 하였다.

▲ 등산안내 표시?

▲ 고추나무 씨앗 꼬투리

▲ 큰뱀무 꽃

▲ 원추리 꽃

하산하는 길 가운데 잘 정리된 헬기장을 발견하고 주변을 살펴보니 유사시에 필요한 교통로와 공용화기 진지가 잘 구축되어 있었다. 주변을 살펴보던 대원이 '야~! 딸기다 딸기~'를 외치면서 대원들에게 알려 주었다. 헬기장 밑, 능선은 붉은 딸기밭이었다. 처음엔 따서 나누어 주는 것을 먹다가 워낙 딸기가 많아 각자 따서 먹느라 정신이 없었다. 비닐봉지가 있었으면 딸기를 따서 새벽밥을 짓는 안식구에게 선물을 하였으면 좋아할 터인데……

하산할 때 본 헬기장은 잘 정돈이 되어있어, 요즘 사용하는 것 같았다. 또 헬기장을 적으로부터 방어하기 위한 교통로가 하단에 있었는데, 견고한 콘크리트로 구축되어 있었다. 그 교통로를 보고 있는 동안 60년대 후반 나의 군 생활이 떠올랐다.

시간이 없어 이화령 휴게소에 도착하여 기념사진을 몇 장 찍고, 3시 50분 버스에 올라, 청주에는 17시에 도착하였다.

▲ 산골무꽃

▲ 동물의 흔적

▲ 이화령의 교통망

▲ 대조를 보이는 도계의 상징

▲ 괴산군의 상징

○ 구　간 : 괴산군 연풍면 행촌리 이화령 – 연풍면 분지리 황악산 안부
○ 일　시 : 2008년 6월 28일

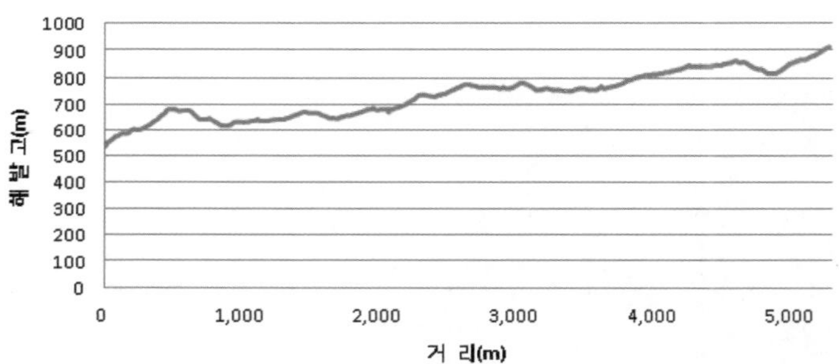

▣ 경계탐사

이화령은 국도 34번이며 해발 540m입니다. 이화령 휴게소 남쪽 능선에서 출발하며 전면 봉우리(563)가 도계이다. 이 구간은 완만하게 오르는 구간으로 출발 1.2km에 조봉(670m)--> 3km에 784m 봉-->4,2km에 862m 봉-->5km에 황악산(863m) -->6,5km 백화산(1,064m)에 도착한다.

백화산에서는 동쪽으로 1km 거리의 내려가는 길이며 해발 890m까지 내려온다. 해발 920m까지는(출발부터 8.5km 지점) 오르막길이나 해발 850~900m를 오르내리는 양편급경사를 이루는 능선상으로 계속 진행한다. 전방에 874m 봉우리에 당도하며 안부를 지나 800m 오르막길로 진행하면 금일 도착지점인 고사밭 등(953m)이다.

서쪽에 가까이 보이는 990m의 봉우리는 이만봉이며 서쪽 멀리 보이는 바위산은 희양산(999m)이다. 희양산 남쪽 아래 위치한 사찰이 봉암사이다.

○ 구　간 : 괴산군 연풍면 주진리 은티재~ 연풍면 분지리 사다리재
○ 일　시 : 2008년 7월 12일

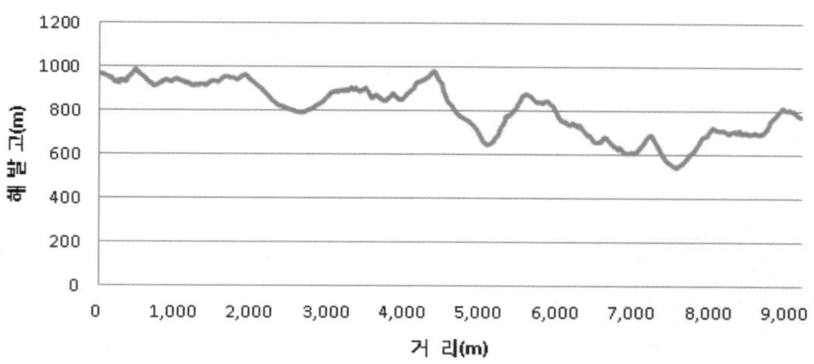

▣ 경계탐사

지난해부터 왼쪽 다리가 편하지 못하여 탐사 때마다 오른손에 스틱을 잡고 왼발을 디딜 때마다 힘을 덜 받게 하는 방법으로 답사에 참석을 하였다. 금년 5차 후 (용하계곡 10시간 정도의 탐사를 함) 몇 번 한방병원에서 침을 맞았지만 효과가 없어 대전 조카딸한테 치료를 받았지만 마찬가지였다. 동네 정형외과에서도 진료를 받았지만 동일하였다.'한 달 이상 쉬면 좀 낫겠지'하고 자위를 하였다. 동부유럽의 여행 (6월 25일~7월 7일)도 편안한 여행이 아닌 것이었다.

아침인데도 이마와 등에서는 벌써부터 땀이 줄줄 흐른다. 우거진 숲 터널에서 잠시 쉬었다가 (08시 30분경) 도계를 찾아 숨을 몰아쉬면서 산등성에 올라서니 경북과 충북의 도계 한 중앙에 묘지가 있는데 안동 권씨의 묘지이고 자손도 번성함을 알려주는 입석이 있다. 우리 대원들이 잠시 쉬는 동안 내가 준비 간 초코렛을 제일 젊은 이대원에게 나누어 줄 것을 부탁하였다. 벌써부터 먹어도 되느냐고 반문을 하면서 고맙다는 인사를 빼놓지 않았다.(해발 620m)

▲ 풍성한 사과와 큰 바위

▲ 명산을 알리는 표지 석

▲ 잘 개설된 임도의 배수로

마음을 단단히 먹고 5시에 일어나 엊저녁에 준비해 놓은 장비를 단단히 챙겨 배낭을 메고 나서니 안식구와 작은며느리가 전송해 발걸음이 가벼운 감이 들었다.

오늘은 평소보다 버스가 일찍 도착하였다. 한 달 만에 만나는 대원들과 김 기사 부인이 반갑게 인사를 하여 마음이 한층 홀가분하였다. 박 대장이 몇 번 전화하여 어디 다녀왔느냐고 물었지만, 흔쾌히 대답하지 않고 넘어갔다. 버스가 괴산휴게소에서 잠시 쉬는 동안 차를 한잔씩 마시면서 담소를 나누었다. 이재국 대원에게 탑승하는 장소가 늘 바뀐다고 하니 사는 집이 여러 곳에 있다면서 흐뭇한 웃음으로 답한다.

07시 30분경에 연풍초등학교에서 잠시 쉬는 동안 몇몇 대원들은 주변에 있는 풍광을 사진에 담고 운동장 한구석에 서 있는 개살구 씨를 모은다. 한 대원이 살구씨로 베개를 만들어 사용하면 건강에 좋다면서 하복대

▲ 초등학교의 역사

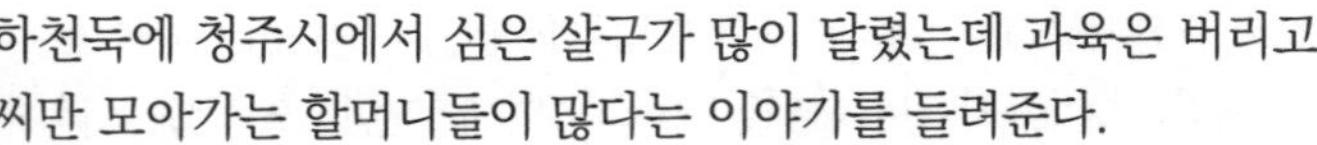

하천둑에 청주시에서 심은 살구가 많이 달렸는데 과육은 버리고 씨만 모아가는 할머니들이 많다는 이야기를 들려준다.

7시반경 더 이상 버스가 갈 수 없을 것이라고 하여, 신록이 우거지고 농작물이 무성하게 성장하는 포장된 도로를 따라 올라가니 주변에는 사과과수원과 현대식으로 잘 지은 가옥들이 눈에 들어왔다.

잠시 준비운동을 하고 안전무사 탐사를 합창을 하고 7시 55분경에 임도를 따라 탐사를 시작하였다. 수해 방지 배수시설이 잘된 임도사진 몇 장을담았다.(괴산군 연풍면 은티리)

▲ 구내에 있는 조선시대 관헌

오늘은 도계에 접근하기 용이한 곳을 기점으로 역으로 탐사하였다. 좌측은 충북이고 우측은 경북이다. 오늘은 희양산 입구에서 봉암사 스님들이 도계 탐사를 막느냐 막지 않느냐가 화제로 떠올랐다. 봉암사는 일 년에 하루, 부처님 오신 날에만 일반인에게 개방된다. 해발 750m 지점에서 잠시 쉬었다가 887m 지점에 있는 구왕봉에서 주변경관의 아름다움에 경탄을 하면서 땀도 식히고 사진도 여러 번 찍었다.

구름이라고 할까? 안개라고 할까? 기상학자가 아니라 똑바로 구별할 수 없지만 우리 대원들이 구름을 탄 것처럼 착각하여 아름다운 경관이 우리들 눈앞에 전개되었다. (9시 45분에 도착하여 자연에 심취되어 10시가 넘어서 이 장소에서 일어섰다.)

▲ 아름다운 자연 경관(희양산 주변)

▲ 자연의 섭리에 의한 생명력

▲ 가장 많이 눈에 띈 꽃 -돌양지꽃

멀리 보이는 봉암사, 주변 경관과 잘 어우러진 지붕, 안정감을 주는 구조가 언뜻 보아도 속세를 떠나 민생을 위한 기도의 장이요, 도량이라는 것을 나 같은 문외한도 알 수 있을 것 같다. 주변 경관도 아름답지만'봉암사'를 몇 번 내려다보면서 나도'언제쯤 그곳에 가서 부처님을 만날 수 있을까?'를 반문하면서 자리에서 일어섰다. 답사를 하다 보니 도계 2년 반 동안 처음 보는 울타리 아닌 울타리를 접하게 되었다.

대원들이 모여 있는 곳을 가까이 가보니 비닐 천막이 울타리 안에는 있고 그 울타리 옆에는 스님 세 분이 서서 박 대장과 대화를 나누고 있는 것을 알 수 있었다. 대화의 내용은 모르지만 내가 왜 이곳을 막고 있느냐 질문을 하니, 수행도량 관리를 위해 있어 통과시킬 수 없다고 한다.

▲ 구왕봉 정상에서(해발 887m)

▲ 구름에 싸인 준봉들

▲ 아름다운 충북도를 만끽하는 대원들

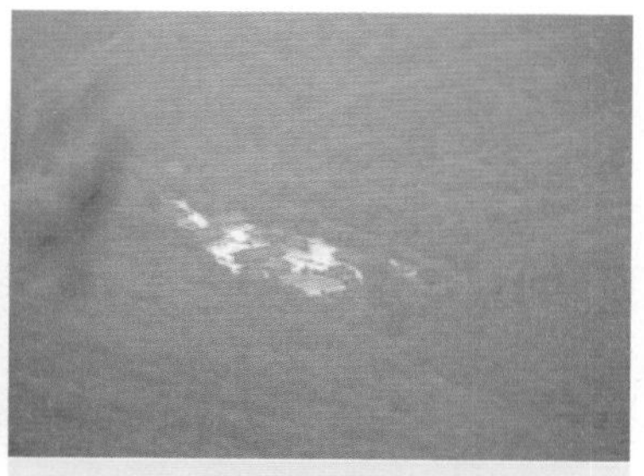

▲ 멀리보이는 봉암사

스님의 대답은 이렇다. 등산객이 최고봉에 도착하여 성취에 감격하여 메아리도 치고 심지어는 음주가무까지 하여 도량에 많은 지장을 초래하기 때문에 통제하고 있다고 답변을 하였다.

우리는 개인적으로 등산하는 것이 아니고 충북도계 탐사대원이라고 이야기 하니, 공무원이시면 통과 절차에 대하여 잘 알고 계실 텐데요 라고 했다.(사전 절차가 없어 불가하다고 하여 더 이상 할 말이 없었다.)

진행 방법은 우회하는 수밖에 없었다. 날씨는 덥고 짐은 무거운데 난감하였다. 2~30분을 하산하여 다시 답사하는 방법만 있을 뿐이었다. 박 대장이 앞장서서 힘들고 어려운 급경사를 선택하여 11시 55분경에 희양산에 접근할 수 있는 능선에 도착하였다.

10여 명이 넘는 대원들이 둘러앉아 맛있는 점심을 먹을 수 있고 시야까지 넓어 도계 탐사 중 점심을 먹는 장소치고 제일 명당이라고 대원들은 연 대원에 칭찬을 아끼지 않았다. 이 화백이 오늘 마을 탐사팀에 합류하여, 반주가 없으니 난 자리가 더욱 생각난다고 애주 대원들이 그리움을 표시한다. 점심을 먹고 난 뒤 2m가 모자란 1000m 정상에 갔다. 전 대원들은 다녀오라고 나에게 권하였다. 다리가 아파 갈까 말까 하고 망설이고 있는데 나까지 3명만 있었고 다른 대원들은 정상을 다녀왔다.10여년 전에 다사모(대학 동창모임 명칭)에서 희양산을 등정한 기억도 있어 망설였다. 다시 한번, 아니 이곳까지 와서 정상을 안 간다는 것은 말이 안 된다고 생각하며 부지런한 걸음으로 목적지 아닌 정상을 향하여 달렸다. 10분도 되지 않아 대원들이 사진을 찍고 주변의 명산들을 알려 주면서 담소를 나누고 있는 광경을 목격하였다.

▲ 회목나무 꽃

▲ 울타리와 발걸음을 멈추게 하는 스님

이 정상까지가 봉암사의 땅이라고 하니 우리나라 사찰 소유의 땅이 어느 정도인지 짐작이 간다. 13시 50분경 도착한 지점이 오늘의 탐사로의 반이라고 하니 평균 답사로 보다 멀고 험하다는 것을 알 수 있다. 한여름에 피는 꽃들이 많아 윤 대원이 사진기에 자연의 아름다움을 담기에 엄청 바빠 늘 뒤에 서 있다. 대원들에게 질문을 받으면 친절하게 알려 주지만 우리같이 머리가 노쇠한 사람은 1분도 되지 않아 망각하여 내 자신이 안쓰럽다. 오늘 가장 많이 본 식물은 바위채송화와 산수국이다. 내가 앞장서서 이 꽃들의 이름을 대니 학습 효과가 좋다고 하면서 미소짓는 모습이 천생 선생님이다.

희양산을 기점으로 동북 방향으로 산성의 흔적이 많은데 이 산성은 문경새재의 산성과 연관된 것이 아닌지 역사를 전공하지 않아 잘 모르지만, 북쪽에 돌을 구축한 것으로 보아 축조 연대가 조령관문과 깊은 관계가 있는 것 같다. (14시 20분)

점심 먹을 때 몇 방울의 비가 내렸고, 그 후에는 구름이 햇빛을 가려 답사하기에는 최상의 날씨였다. 또 가끔 부는 산들바람은 대원들에 힘과 의욕을 주었다. 우리가 답사를 중단하는 일이 있어도 단비가 100mm이상의 내려야 된다고 한마디씩 하는 말이 애국애족하는 것이 아닌가 생각된다. 전전번에 나를 필두로 하여 뒤에 처져 탐사하는 일행을 자칭'친정연대'라고 하면서 했다.(윤 선생, 이 교수, 김 사장) 가끔은 맨 뒤에서 전 대원을 보살피는 이재국씨도 들어간다. 화단에서 흔히 볼 수 있는 백일홍과 비슷한 동자꽃은 슬픈 전설을 가지고 있다. 먼 옛날에 강원도 오색약수터에 있는 암자에 동자승이 있었는데 한겨울 식량을 구하러 산 아래 내려간 큰스님이 눈이 내려 올라오지 못하자 산 아랫마을을 내려다보다가 얼어 죽었고, 그 자리에 붉은 꽃이 피어나 동자꽃이라 했다는 전설이다.

해발 800m 지점에 분지라고 쓰여 있는 이정표 부근에서 잠시 쉬는 동안 연 대원이 지금까지 배낭에 넣고 온 수박의 맛은 꿀맛이었다. 수박을 내놓으면서 부연하는 말도 꿀맛이다. 집에서는 냉장고에서 꺼내 왔지만 날씨가 더워 맛이 제대로 날지 모르겠다고. 대원들은 그 무거운 수박을 이곳까지 지고 온 마음씨에 감탄하면서 무더운 날씨와 목마름을 날려 보냈다.

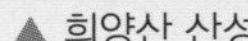

▲ 희양산 산성

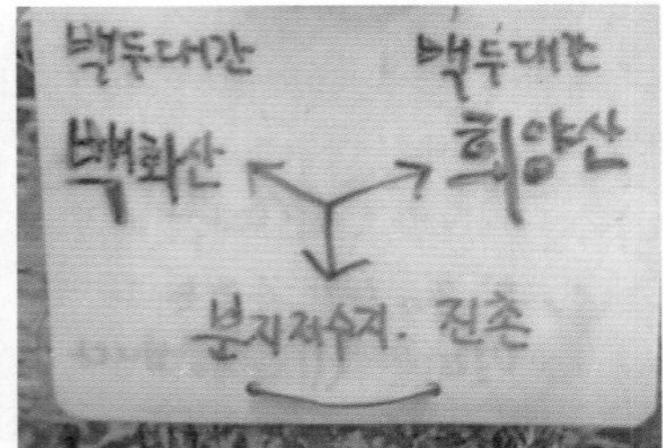

▲ 이정표와 명산의 정체성을 앗아간 꼬리표

높은 산지라는 것을 전혀 느끼지 못 할 정도로 평탄한 길을 걸었다. 돌 너덜지대를 지나 오늘 탐사에 처음 만난 조릿대군락을 지났다. 15시 45분경에 990m의 이만봉에서 잠시 쉬었다가 답사를 계속하였다. 도상분석은 되지 않았지만 오늘 답사도 만만치 않다.

16시 10분경에 표지석도 없는 곰틀봉에 잠깐 쉬었다가 16시 50분에 입간판으로 적어 놓은 '백두대간, 사다리재'에서 전열을 가다듬고 하산하는데, 돌너덜이라 발걸음을 옮기는 데 어려움이 많다. 잘못하면 낙상하기 쉽고 돌 틈에 끼면 다칠 우려가 많은 곳이다. 또 나뭇가지가 길을 막아 앞만 보고 하산하는 대원들의 머리 부딪칠 우려도 있어 앞에 가는 대원들이 '머리 조심' 외치면 뒤로 전달하여 서로 안전을 도모하는 대원들 간에 정감이 넘치는 하산길이다.

▲ 병조희풀

▲ 참배암차즈기

▲ 산수국

▲ 풀솜대

▲ 표지석도 없는 산봉우리

▲ 990m 이만봉

▲ 풍광은 아름답지만 탐사에는 난코스가 많았다.

17시 20분경에 돌너덜을 지나니 하늘에는 구름이 잔뜩 끼여 우중충한데 울창한 낙엽송이 하늘을 가리어, 마음까지도 답답하게 한다. 우거진 낙엽송 숲을 지나니 이번에는 시냇가 주변이라 잡초가 무성하고, 돌과 진흙으로 좁은 길을 형성하고 있어 미끄러지기 안성맞춤이다. 한 여름을 알리듯이 울창한 숲속에서 듣는 쓰름매미 울음소리는 듣는 이의 감정에 따라 다르게 들리겠지만 서글프다. 내가 초등학교 다닐 때 여름방학이면 으레 외갓집에 가 매미 울움 소리를 찾아다니면서 곤충채집하던 했다. 이런 생각 저런 생각을 하다가 눈을 높이 들어 앞을 바라보니 지붕이 노란색의 버스가 보여, 맘에 반가움이 스며들었다

먼저 도착한 대원들은 담소를 나누면서 늦은 대원들은 어디에 오느냐고 안전과 도착시간을 묻는 것 같았다. 도로에 있는 이정표를 사진기에 담고 농가에서 신발과 양말을 벗어 시원하게 씻었다. 버스가 시동을 걸고 출발하려하는데 윤 선생이 모자를 들고 주인을 찾는데 내 것 이었다. 18시 10분에 출발! 청주에 언제 도착 하느냐고 물으니 19시 30분경이란다. (연풍초등학교에 잠시 들렀다가, 내륙고속도로 휴게소에서 간단한 음료를 대원들에게 대접하고 즐거운 기분으로 귀가 함)

다음 주 중에 탐사 대원들의 단합 대회와 8월 넷째 주에 보강 탐사하는 것을 박 대장이 공지했다.

▲ 힘겨운 돌너덜의 귀가 길

▲ 도착마을 어구에 세워진 이정표와 괴산군의 홍보물

○ 구　간 : 괴산군 연풍분지리 분지리 사다리재~ 백화산 안부
○ 일　시 : 2008년 7월 26일(보강 탐사)

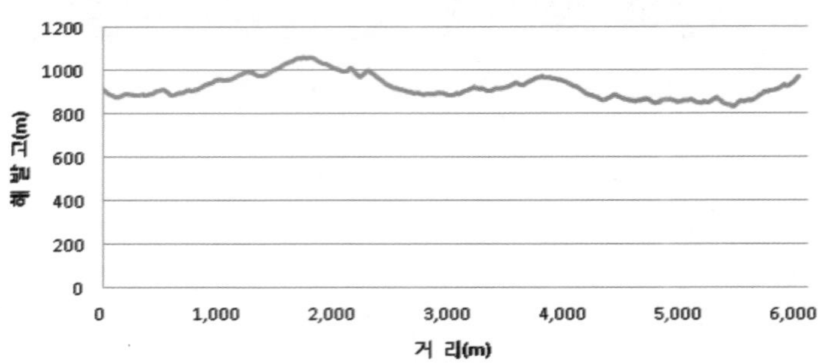

▣ 경계탐사

평년에 비하여 늦은 장마철이다. 지구 온난화 때문에 기상 이변이 생긴 것이 틀림없다. 예년 같으면 삼복더위라 비는 오지 않고 지나가는 비 혹은 천둥을 동반한 소나기가 한 줄금하여 오장육부를 시원하게 할 터인데, 오늘도 장마 비가 오락가락할 것이라고 기상청에서 예보를 한다. 어제는 오후 늦게 점심 준비를 하지 말고 도탐에 참석하자고 메시지가 오더니, 오늘은 새벽 5시에 우기니까 우비를 준비하고 참석하라는 박 대장으로 부터 메시지가 떴다.

▲ 마을입구의 등산로

▲ 고로쇠 수액 운반용 파이프

'도탐을 끝까지 할 수 있을까?' 오늘은 완주할 수 있을까? 하는 생각 때문에 머리가 복잡하다. 하늘은 먹구름이 있고 기온은 후덥지근하여 우리나라의 전형적인 여름 날씨다. 목적지에 도착하여 잠시 쉬는 동안 버스가 도청에 도착하였다. 오늘도 증평에서 김 대원이 승차하면서 반가운 미소를 띠면서 인사를 나누었다.

이 대원은 준비한 찐 옥수수를 자루째 내놓으면서 먹고 싶은 대로 집으라고, 웃으면서 자루를 돌렸다. 괴강 휴게소에서 잠시 쉬었다, 연풍면 분지리 은티(안말) 마을에 07시 45분경 도착하였다. 다리가 걱정되어 하차하자 마자 배낭을 내려놓고 준비운동을 열심히 하였다. 다른 대원들보다 더 많이 열과 성을 다하여 준비를 하였다.

주차장 위 도로변에 노부부가 외롭게 살고 있는데, 대원들한테 먼저 말을 걸고 인사를 나누면서 이것저것 물어보아(외로움과 적적함을 달래는 것 같았음) 성심성의껏 답을 하였다.

마을 탐사를 하는 윤 대표도 동참하였는데 경계 탐사의 목적지까지는 가지 않고 이곳에서 마을 탐사를 혼자 한다면서 방향을 잡는데 윤 대원이 동참하겠다고 따라나선다.

오늘 도탐 시 많은 초본식물들의 의문점을 어떻게 해결할지 걱정스러웠다.(윤 대원이 초본식물에 대하여 많은 지식을 소유하고 있다.)

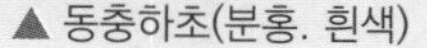
▲ 동충하초(분홍. 흰색)

▲ 신선초 군락지

▲ 조림한 헛개나무

지난번에 하산한 길이지만 숲이 우거지고 이슬까지 맺혀 겉옷이 이슬에 젖고, 땅바닥에 깔린 돌은 물에 젖어 우리 일행의 안전을 위협하였다.

소로길을 따라 흰 플라스틱 호스가 마을까지 연결되어 었는데, 이것은 마을 소득을 위한 고로쇠 물을 집약하는 것이다. 탐사로 주변에서 윤 대원이 발견한 동충하초를 보면서 그 특성을 이야기하는 시간을 가졌다. 나는 동충하초를 빈 종이컵에 안전하게 넣고 휴지로 잘 덮고 배낭 옆주머니에 보관하였다.(좋은 장소에서 연출할 마음을 먹고)

08시 30분경에 묘지가 있는 평평한 장소에서 오늘의 첫 휴식을 가졌다. 묘지 앞에는 헛개나무 한 그루가 서 있는데(간 질환에 좋고 숙취에 좋다고 함), 그 나무의 명칭과 용도를 알고 있는 대원은 없는 것 같았다.

지난번 하산 시에도 돌너덜 지대 때문에 위험하고 지루하고 힘들었는데, 오늘은 역으로 올라가기 때문에 더 어려운 것 같았다. 올라가는 도중에 전번에 보았던 신선초 군락지를 처음 보는 대원들이 이렇게 무성한 신선초 군락지는 드물다고 하면서 육 기자 사진기에 담을 것을 당부하였다.

대원들에게 신선초를 흔히 식당에서 먹는 것보다 자연의 신선초를 섭취하는 것이 몇 배 효과가 있다면서 한 대원이 여러 잎을 따서 대원들에게 나누어 주었다.

일찍 사다리재(해발 810m) 능선에 도착하여(09시 10분경) 오늘의 주행시간은 넉넉잡고 5시간이 소요될 것이라고 환담을 하면서 잠시 휴식을 하였다.(등정을 잘하는 연·김 대원은 4시간이면 족하다고 자랑삼아 이야기를...)

▲ 꽃며느리밥풀

▲ 솔나리

▲ 꿩의다리

▲ 하늘나리

오늘은 6월 28일 (9차 탐사)탐사 시, 비가 너무 많이 와, 목적지까지 완주를 못한 부분을 보강 탐사하는 구간이다. 10차 탐사 시에는 오늘보다 많은 야생화가 만개하였고 눈에 보이는 종류도 더 많은 것 같다.

처음에는 야생화에 관심을 두지 않았다가 기행문에 한 두 종류를 삽입하는 것이 모양새가 살아나는 것 같아 고운 야생화만 있으면 사진기에 담으니 대원들과 뒤떨어져서 따라가자니 힘에 겨웠다(야생화에 대한 지식이 없기 때문에 궁금하고 답답하다.)

▲ 백화산 정상에서

▲ 반가운 하산 이정표

10시 20분경에 능선을 올라서 잠시 쉬는 동안 정 사장이 주변에 있는 대원들에게 살짝 '포도 원액 쥬스'를 한 모금씩 돌렸다. 포도 맛이 아니고 꿀맛이었다.

11시경(GPS가 말하는 해발 1,004m)에 잠시 휴식하고 오늘의 최고봉인 백화산을 향하여 출발하였다. 하늘은 잔뜩 흐리고 안개까지 끼여 주변 경관을 100m 전방도 볼 수 없어 답답하였지만 천만다행인 것은 비가 오지 않아 탐사에는 지장이 없다.

우거진 숲속에서는 산새들의 울음소리가 그치지 않고 한두 마리가 아닌, 하모니를 이루고 있었다. 날씨 때문인지 전처럼 매미 울음소리는 들리지 않았다.

12시 40분경에 오늘의 최고봉 백화산(해발 1,064.5m)에 도착하니 도탐 대원은 아니지만 청주에서 온 등산객이 있었다.

연 대원이 준비해 온 간식, 떡과 수박 (무거운 간식을 이곳에서 대원들에게 나누어 주는 마음씨!) 우리 대원은 물론 등산객까지 나누어 주었다. 기념 사진을 찍고 주변 경관을 만끽하지 못하는 것을 아쉬움으로 남기고 부지런히 하산하여 맛있는 점심 만찬을 그리며 하산하기 시작하였다.(12시 50분경) 5분도 안되어 하산길에는 헬기장이 2곳이나 있었다. 이화령 주변에 관리가 잘된 헬기장을 본 후 처음이었다. 13시가 좀 넘어서 점심을 먹을 수 있다고 하였는데?

오래된 고목이 자연에 잘 적응한 것처럼 굳건함을 자랑하듯이 등산로에 있는데, 나무 이름을 아는 대원이 아무도 없어 나뭇잎이 몇 개 달린 줄기를 꺾어 주머니에 넣었다.('윤' 대원한테 알아보기 위하여 - 피나무 일종이라고 함)

▲ 등산로에 무성한 잡초

▲ 폐허가 된 산하촌

하산하는 길은 급경사이고, 돌이 빗물에 젖어 더 미끄러웠다. 몇 명의 대원들이 넘어졌지만 상처를 입지 않아 천만다행이다. 마을 가까운 산에는 두릅과 초피나무를 심어 기르고 있었다. 한 농가에서는 할머니께서 초피열매를 다듬고 있었다. 수입이 어떠냐고 물어보니 신통하지 않다고 한다. 13시 50분경에 맑은 시냇물에서 신발과 양말을 벗고 시원하게 손발을 씻고 승차하니 14시가 넘었다. 날궂이 겸 점심으로 맛있는 매운탕을 예약하였다면서 차를 움직였다.

차가 마을 어귀를 빠져나오니 소낙비 줄기가 차창을 소리 나도록 때린다. 차창 밖 풍경은 평화롭고 우거진 숲은 푸르름을 더해가고 있었다. 14시 40분이 넘어 식당에 도착하니 먹음직스러운 매운탕이 우리 일행을 반겨주었다.

○ 구　간 : 괴산군 연풍면 주진리 은티재~ 청천면 관평리 상관평
○ 일　시 : 2008년 8월 23일

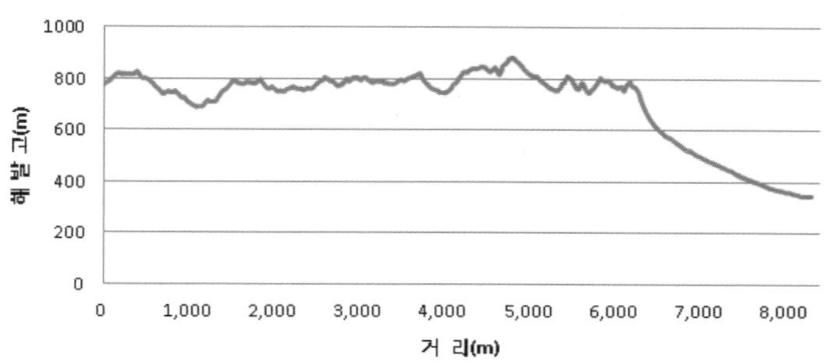

▣ 경계탐사

도계 탐사도 삼복 무더위는 피하고 9월부터 시작하였는데, 8월 23일에 탐사를 한다는 일정을 지난번 달에 예고했다. 날짜와 시간 메시지가 도착하고, 백두대간 탐사 대원들과 함께한다는 내용이라 도청에서 출발하면 자리가 부족할 것 같아 정 사장한테 전화로 자리 좀 잡아 달라고 부탁을 하였다. 일기예보에는 서해안부터 서서히 날씨가 갠다고 하였지만, 우중이라 우비와 우산을 준비하고 05시 45분에 대문을 나섰다. 무릎 때문에 충북대병원에서 MRI를 촬영하였으나, 큰 병은 아니고 관절의 물렁뼈가 파손되어 참을 수 없을 정도이면 소염제와 소화제를 먹으라는 처방을 받았다.

▲ 연풍에서 백두대간팀과 만남

▲ 마음씨 착한 김기사 만원사례

하늘은 구름이 잔뜩 끼어 거리는 어두침침하고 간혹 택시들만 오가는 조용한 청주의 아침이다. 대로에 도착하여 잠시 쉬는 동안 버스가 도착하여 올라타니 전과 같은 인원이었고 낯선 얼굴이 2~3명 보였다. 연 회장이 동참하여 백두대간 탐사팀과 동행하여 참석하는 것으로 생각이 들었다. 김 기사가 오늘 불참하는 것으로 알고 있는데 어떻게 가느냐며 인사를 하였다. 가는 도중 간간히 빗방울이 차창에 뿌려 맘 속으로 오늘 비 때문에 고생하겠다고 생각하며 밖을 내다보니 시야가 가려 답답하다.

괴산휴게소에서 잠시 쉬고 백두대간 탐사팀이 야영을 하고 연풍에 07시경에 도착하니 30~40여 명이 옹기종기 모여 장비를 점검하는 중이었다. 간단히 인사를 나누고 우리 버스에 최대한으로 승차했다. 나머지 인원은 승용차로 마을을 지나 차량이 갈 수 있는 곳까지 이동하기로 하였다.(08시경)

이곳은 최근에 사과 재배가 확대되고 사과 수령이 얼마 되지 않은 어린나무인데도 찢어질 정도로 탐스러운 사과가 달렸다. 길도 없는 논두렁 밭두렁의 풀섶을 헤치면서 도계를 찾아 올라가는 도중 탐사대원들이 모여 출발 의식을 할 수 있는 공간에 자리를 잡았다. (한 학생이 발을 접질려 도중에 차로 갔다고 하면서 참석자들이 감나무 밑으로 모이는 데 꽤 시간이 소요되었다.)

▲ 궂은 날씨에도 탐사에 동참한 대원들

▲ 풍성한 초가을 풍경

▲ 안전탐사를 위한 함성

오늘의 탐사 날씨가 나빠(비가 오기 때문에 바위가 미끄럽고, 탐사로에 있는 나무뿌리나 등걸이 미끄러워 다치기가 쉽다. 시야도 나빠서....) 안전에 각자 주의해야 한다는 말과, 안전 산행을 위하여 무운장구를 비는 다짐을 하고 출발을 하였다.

비 같은 비도 아닌 것이 오락가락하여 우비를 입었다 벗었다 하면서 도계를 찾아 부지런히 발걸음을 옮겼다.

08시 45분에 은티재에 도착하여 옛 정취가 나는 서낭당을 살피면서 주변의 수목들을 관찰했다. 오래된 엄나무 한 그루가 서낭당에 서 있다. 어려서는 가시가 줄기에 있는데(자신을 보호하기 위한 방책) 오래 묵으면 가시가 없어진다고 한다.

▲ 은티재에서 성황당에 대한 공부

▲ 무성한 숲을 통과하는 대원들

▲ 우리나라 고유 성황당

▲ 몽골의 성황당

학생들은 오래된 수종의 이름과 줄기의 둘레를 재면서 지도교수의 설명을 하나도 빠짐없이 듣고 메모하는 모습이, 40여 년 전의 내 모습을 보는 것 같다.

또 역사를 전공한 허원 교수는 성황당에 관하여 설명하면서 동북아지역에서 볼 수 있는 공통점이라고 한다. 고도원의 아침편지에서 주관한 몽골에서 말타기(08년 08월02~11일) 체험행사 때 촬영한 몽골의 성황당을 회상하면서, 우리나라의 성황당과 비교할 수 있었다. 내 경험으로는 우리나라 성황당은 돌과 오래된 고목이 있지만, 몽골은 나무가 성장할 수 있는 기후가 아니기 때문에 굵은 나무 기둥에 푸른 천, 붉은 천, 흰 천을 감아 놓고 주변에 돌을 쌓아 놓은 것이 보통이다.(해발 840m)

이곳에도 봉암사 접근을 막기 위하여 나무로 울타리를 쳐놓았다. 많은 인원이 탐사에 참가하여 평탄한 곳은 시간 소요가 덜 되지만, 줄을 타고 바위를 오를 때는 1분씩만 기다려도 1시간 이상 소요되기 때문에 시간이 그만큼 늦어진다. 백두대간팀보다 대체로 나이가 많은 도계탐사팀은 앞에서 부지런히 탐사를 하였다. 바람도 불지 않고 가랑비가 내려 아름다운 주위 경관을 못 보면서 탐사하는 것이 답답하고 지루해 피로가 빨리 오는 것 같다.

일기 예보에는 오후에는 좋은 날씨가 될 것이라고 예보하였지만, 그런 기색은 전혀 없다.

10시경에 휴식하고 있는데 박 대장이 크고 잘생긴 싸리버섯을 나에게 건네주면서 생태학적 탐사도 해야 되지 않느냐는 말을 덧붙였다.(육 기자가 바위 위에 올려놓고 촬영을 함) 해발 750m 지점은 바위와 수목이 잘 어우러지고 시계가 확 트여 날씨만 좋으면 주변 경관을 탐사하는 좋은 장소인데 시야가 나빠 안타깝다. 잘 다듬어진 돌판에 "08년 06월 16일 산을 좋아하다 간 사람이라고" 쓴 명문의 비가 바위에 붙어있어 맘이 숙연해졌다.

▲ 우정을 엿 볼 수 있는 비문

▲ 탐스러운 싸리버섯

▲ 구상난풀

구상난풀이 보였다. 엽록소가 없는 구상난풀은 색이 희다. 주변을 보니 다양한 버섯들이 있다. 백두대간 탐사 대원들은 주먹밥을 준비하였고, 도계 탐사 대원들은 평소와 같이 각자 준비해 온 점심을 우중에서도 맛있게 먹었다. 주먹밥을 먹는 대원들은 우리에게 김치나 다른 밑반찬을 주문하여 먹으면서 고맙다는 인사를 빼놓지 않았다. 대원 중 한 사람이 등산화가 헤졌는데 등산화가 조각조각 떨어져 도저히 걸을 수가 없을 정도였다. 연 대원이 끈을 구하여 밑바닥에서부터 잘 동여매 주는 모습이 보기에 좋았다.

▲ 아름다운 자연 경관 속에서 탐사에 임하는 대원들

▲ 도계는 아니나 승차하기 좋은 제수리재

먼저 오늘의 목적지에 도착한 선두에서 뒤처진 대원들 위치를 확인하는 전화가 한 두 번 온 것이 아니다. 얼마 남지 않았으니 안전하게 천천히 오라는 격려였다 18시 20분이 넘어 산 아래에서 인기척이 들리는데 연 회장 목소리다. 2시간 전에 만났다가 또 만나도 대원들은 반갑다는 인사를 하면서 고생 많이 했다는 위로까지 하니 그간 고통이 멀리 날아간 것 같았다. 또 노란 버스를 보니 더 반가웠다. 주변 경관을 사진기에 담고 버스에 오르니 연 회장이 괴산읍 고추 이벤트에 다녀왔다면서 대원들 입에 일일이 인절미를 넣어줬는데 그 맛이 꿀맛이다. 18시 30분이 넘어 제수리재를 출발했다.

▲ 맛있는 점심

왼쪽 무릎이 아프다고 하니 김주영 대원이 무릎이 좋지 않아 보호대를 가져왔다고 하면서 건네줘 고마움을 전하면서 착용하였다. 마주치는 등산객들은 서로 어디에서 왔고 어떤 통로를 이용했느냐고 서로 정보를 주고받았다.(이유는 국립공원이라 통제구역이 있기 때문에 감시 요원으로부터 피하기 위한 방책이다.) 충북도의 정책 일환으로 하는 행사이기 때문에, 도에서 국립공원 관리사무소에 공문 한 장만 발송하면 아무 문제가 없는데 왜 그것을 못 하는지 알 수가 없다. 13시 45분경에 막장봉에 도착하니 출입 금지 표시판 주변에는 제복을 입은 7~8명의 젊은 청

▲ 막장봉에서 필자와 출입금지 표시판

년들이 모여 환담을 나누고 있었는데, 나를 보고 미소를 지었다. 이유인즉 내 배낭에 매단 우비가 땅에 떨어질 정도로 질질 끌렸기 때문이었다.

그 사람들이 나를 보고 합창하듯이 '우비 떨어질 것 같습니다.' 라고 외쳐 고맙다는 인사를 하면서, 그들 모습을 사진기에 담았다. 막장봉 표지석과 주변에 있는 안내문을 사진기에 담고 기념촬영을 하였다. 워낙 통제가 심하기 때문에 일부 대원들은 중도에 포기하고 발길을 돌렸다.(14시에 잠시 휴식)오늘의 최고봉인 장성봉을(해발 915.3m) 향하여 탐사를 계속하였다.

시야가 나쁜 데도 눈에 들어오는 것은 적송이었다. 대원들은 적송에 대하여 예찬을 피력하는데 "아~!, 아름답다, 멋지다, 근사하다, 정말 잘 생겼다, 저런 적송에 우리 정원에 있으면, 아니 내가 사는 공원에 있으면 얼마나 좋을까?" 하는 탄성을 지른다. 14시 50분경에 최종 목적지! 막장봉(해발 868m) 에 도착하니 연 회장과 김 기사가 도착하여 우리 일행을 반갑게 맞이한다. 이곳에서 만나니 얼마나 반가운지 모르겠다면서 환하게 웃음 짓는 모습이 정겨웠다. 기념 촬영도 하고 주변경관을 보려고 했지만 허사였다. 한 대원이 날씨가 쾌청하면 정말로 좋은 장소인데 안타까움을 남기면서 지금부터는 하산길이라고 했다. 희망을 주는 이야기였다.

제수리재로 하산하는 것이 도계라고 하면서 백두 대간팀과 우리 일행 몇 명은(박 대장은 백두 대간 탐사팀을 안전하게 하산시켜야 된다고 짧은 거리로 동참) 50분 정도 소요되는 곳으로 이동하고, 도계 탐사팀은 연 대원이 앞장서서 제수리재로 향했다. 1시간 30분 정도면 도착할 것이라고 예상했다. 고생길이 시작되는 것도 모르고 하산을 시작하였다. 왼쪽 무릎이 아팠는데, 점심을 먹고 나서부터 오른쪽 무릎까지 아프기 시작하여 휴식 시간에 보호대를 오른쪽 무릎으로 옮겼다. 발짝을 떼면 뗄수록 통증이 심하였다. 아프다고 하면 꾀병을 부린다고 할까 두려워서 아무 말도 못하고 벙어리 냉가슴을 앓으면서 앞장을 섰다.

▲ 막장봉에서

무릎이 아픈 것도 문제지만 시야가 나빠 멀리서는 보이지 않아도 가까이 가면 큰 바위산이 나타나 내 마음까지 무겁게 하였다. 안전을 위하여 매놓은 줄이 한두 개가 아니다. 산 너머 산이요, 강 너머 강이라더니 정말로 그렇다. 더 답답한 것은 가랑비가 내리고 잔뜩 낀 구름 때문에 시야가 10m 앞도 보이지 않으니 속에서 울화통이 치밀어 온다. 날씨만 좋으면 기가 막힐 정도의 아름다운 주변 경관에 심취하여 어렵고 힘든 것을 잊고, 감탄사로 탐사에 임할 텐데……

▲ 우중의 탐사

오른쪽 무릎은 점점 더 아파오고 얼마나 더 가야할지 힘겹다. 그렇게 험하고 높은 바위산을 5~6능선을 넘으니 숲이 우거지고 잡목이 보이면서 '이제는 하산하는 것이구나!' 하는 마음이 들으니, 평온함이 찾아 들었다.

○ 구 간 : 괴산군 청천면 관평리 상관평~ 제비소~ 청천면 이평리 고모재
○ 일 시 : 2008년 9월 27일

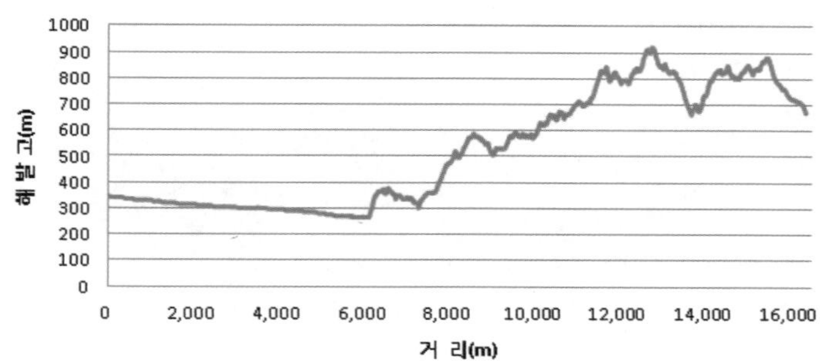

▣ 경계탐사

탐사를 쉬는 동안 충주 노은면 '고도원의 옹달샘 건축학교'에서 한 달 동안 봉사활동을 하고 끝맺음인 졸업식에 참석하지 못한 것이 마음에 걸렸고, 동고동락을 함께한 동료들이 꼭 참석하라는 당부에도 불구하고 어제 저녁(20시가 넘어) 짐보따리를 트렁크에 넣고 출발하는 순간까지 배웅 나온 정세운(전북 남원인)씨가 웬만하면 참석하라는 당부를 한 귀로 듣고 한 귀로 흘려버린 죄책감을 생각하면서 배낭을 메고 대문을 나섰다.(05시 45분경)

평소와 달리 오늘은 핸드폰의 전원을 켜고 싶었다. 스틱의 높이를 조절하고 보폭에 맞추면서 스틱을 옮기는 연습까지 하면서 대성고 앞에 도착하여 이때나 저때나 차가 오기만 기다렸다.

다른 날과 달리 핸드폰 벨이 울려 받아보니 정 사장이 박 대장을 연결하여 주었다.

오늘부터는 방향이 북쪽이 아니라 남쪽으로 향하니 이곳(도청 정문)으로 오라고 한다. 택시를 타고 도착하니 여느 때보다 대원들의 숫자가 많아 의아한 생각이 들었지만 내색하지 않고, 낯익은 얼굴들과 반갑게 인사를 나누고 승차하니 차가 출발하였다. 평소보다 인원이 많다. 마을 탐사팀과 오늘 처음 참석한 분이 더 있다.

미원을 지나 청천에서 잠시 쉬었다가, 차량으로 상관평까지 탐사를 한 후 되돌아와 목적지인 청천면 이평리 제비소에서 하차하였다.(07시 반경 해발220m) 준비운동도 하지 않고 등산하려는 것을 내가 (어제 영월 동강에서 준비운동도 하지 않고 발야구를 하여 지금까지도 발의 근육이 뻐근한 통증이 있다.) 제안하여 대원들은 간단하게 운동을 하고 07시 40분경에 탐사에 임하였다.

오늘은 차 안에서부터 이 고장에서 많이 생산되는 송이버섯 이야기로 꽃을 피웠다. 누가 얼마 전에 무슨 버섯을 얼마만큼 채취했느니, 어디서 무슨 버섯이 많이 나느니 등등…

탐사를 시작하면서 대원들은 푸른 하늘을 쳐다보고, 가을 날씨에 감탄하면서, 버섯 이야기로 화제를 돌렸다.

주변에서 흔히 볼 수 있는 잡버섯도 눈에 띄지 않고 있어, 올해는 늦 여름 가뭄이 심해 버섯이 흉년이고 과일은 풍년이라는 말을 직감할 수 있었다.

30분도 안되어 한 대원이 버섯을 들고 이름도 모르고 처음 보는 버섯이라면서 대원들에게 보이는데 그리 크지는 않지만 때가 지난 능이버섯이었다. 나도 버섯에 대하여 문외한이지만, 직장에 있을 때 선배 동료들과 같이 버섯을 채취하러 갔을 때, 송이버섯도 따 보고 능이버섯도 따 본 경험이 있다. 이 지역에서는 과거 광산업이 발달하였는데 채굴 흔적으로 2~3m 되는 웅덩이가 몇 군데 있었다. 도계인 능선 중앙에 묘가 있는데 잔디는 없고 황토와 마사토가 있어 탐사 대원들이 한마디씩 한다.(후손이 있는 묘인지, 풀 한 포기 없는 묘가 있을 수 있을까?)

능선에 점잖게 놓여있는 바위 3개를 3형제 바위라고 명명하며 대원들은 잠시 휴식을 하였다. (10시경에) 탐사로에는 가을 꽃들이 만개하였지만 꽃 이름을 아는 대원은 식물에 박식한 윤 선생 뿐이었다

고들빼기, 까치고들빼기, 삽주, 뚝갈, 민둥갈퀴, 하늘말나리, 중나리, 여로, 산구절초, 쑥부부쟁이, 꽃며느리밥풀, 정령엉겅퀴, 물봉선, 바위떡풀, 산오이풀, 투구꽃, 미역취등 윤박사가 몇 번씩 알려 주어도 몇 발자국 가다보면 잊어버린다.

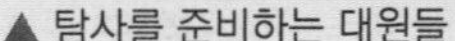
▲ 탐사를 준비하는 대원들

▲ 능이버섯

▲ 초가을 만끽하는 대원들

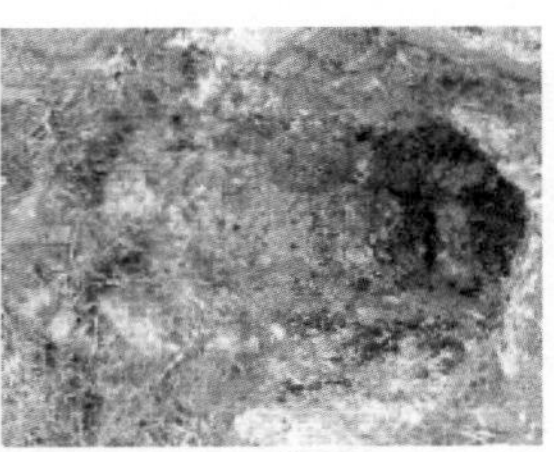
▲ 광산 흔적

오늘도 사진기에는 여러 종류의 야생화를 담았지만 이름을 알고 촬영하는 것은 한두 종류이다. 자연석이 대문처럼 형성되어 통천문이라는 이름이 붙여진 것 같다. 10시 50분경 중대봉(해발 864m)에서 잠시 쉬었다가 11시 40분 큰 바위의 생김이 꼭 벙어리장갑 같다. 먼저 발견한 박 교수가 벙어리 장갑바위로 명명했다.

▲ 풀 한포기 없는 묘지

▲ 삼형제 바위

대원들은 합창하는 것처럼 꼭 벙어리 장갑을 닮았다고 한 마디씩 하면서 사진기에 담았다. 점심시간은 되지 않았지만 대원들이 둘러 앉아 맛있는 점심을 먹을 장소를 찾았다. 10여분 거리의 대야산이 바라보이는 곳을 점심먹을 장소로 자리 잡았다. 대야산은 도계에 인접하여 있지만 경북이라고 하면서 그곳까지 답사할 필요가 있는지 반문하였다.

점심을 먹으면서 높고 푸른 하늘과 아름다운 경관에 흠뻑 젖으면서 환담까지 나누니 식사는 별미중에 별미였다.

어느 대원은 일찍 대야산을 다녀온 대원도 있지만 나는 식사 후 이동수 대원과 대야산에 올라 기념촬영도 하였다. 정상에는 발디딜 틈도 없을 정도로 등산객으로 붐볐다. 오늘 등산하면서 등산로에 산재하여 있는 쓰레기가 마음에 걸렸다. 산을 찾는 것만으로도 자연을 훼손하는 행위인데 각종 쓰레기를 버리는 행위는 용서할 수 없는 일이다.

▲ 상수리림과 송림이 대조를 이룬 수목

▲ 벙어리장갑바위

▲ 대야산 정상 등산객

여가를 선용하고 자연을 즐기는 생활을 하면서 어느 누구에게도 피해를 주는 행동을 해서는 안된다. 그렇게 하는 것은 선진 국민이 아니요, 성장하는 2세들에게 부끄럼을 남기는 행위이다.

12시 45분경에 장비를 정비하고 오후 탐사를 시작하였다. 오늘의 탐사도 쉬운 것이 아니다. 오르내리는 급경사와 로프를 잡는 코스도 많다. 등에서 땀은 흐르지만 쾌청한 가을 날씨 때문에 시야가 좋아 멀리 속리산 문장대와 월악산 영봉 단풍, 아름답다는 희양산까지 시야에 들어오니 주변 경관이 아름답다.

지난번 코스는 난 코스였고 일기까지 불순하여 시야가 답답하니 평소보다 몇 배 힘들었다. 거기다 무릎까지 아파, 지루함과 고통이 쌓여 심적 아픔이 컸었다.

▲ 묘한 바위의 위상

▲ 아름다운 자연의 미

15시 50분경에 고모치에 도착하여 잠시 쉬는 동안 대원중에 한 사람이 이 고개는 '고모가 치를 떨면서 넘었다'고 하여 고모치라 불렀다는 우스갯말로 대원들을 웃겼다. 고모치는 성황당의 옛 모습이 그대로 남아있다.

돌무더기와 오래된 나무가 있어 내가 어릴 때 보았던 그 모습이다. 그 시절에 성황당을 지나가면 왜 그렇게 무서웠던지 귀신이 나와 쫓아오는 것 같아 등골이 오싹하고 식은땀이 날 정도로 무서운 곳이었다.

하산하는 길 옆에는 맑은 물이 흐르는 냇가가 있어 대원들의 발길을 더욱 가볍게 하고, 들꽃이 만발하여 우리 강산의 아름다움을 보여준다. 30분 넘게 내려오니 어디에다 사용하는 것인지는 몰라도 큰 채석장이 있고, 장비들이 여기저기 어지럽게 널려있다. 일찍 채석한 곳은 잘 정리되어 있다. 육 기자, 윤 박사와 나는 대원들과 뒤떨어져 가을을 만끽하면서 향기 좋은 구철초꽃을 몇 송이 따 가슴에도 달고 배낭에도 꽂고 버스 있는 곳에 16시 55분경에 도착하였다.

○ 구　간 : 괴산군 청천면 삼송리 송면 장담말 송면초- 청천면 이평리 고모재
○ 일　시 : 2008년 10월 11일(역탐사)

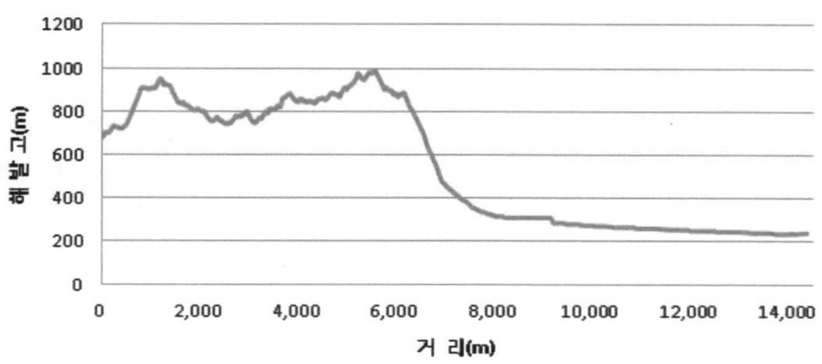

▣ 경계탐사

도계 탐사 전날은 일기 예보에 신경을 쓰고 내일은 몇 시간을 걸을지 궁금해 하여 잠자리에 든다. 아침에 일어나 가벼운 마음으로 집을 나설 수 있도록 준비를 하고 잠을 잤다. 05시 45분경 집을 나서는데 안식구가 따라 나오면서, 버스가 없으면 택시타고 시간에 늦지 않도록 하라면서 버스 승차장까지 나왔다. 차를 기다리는 사람은 한 분, 진입을 알리는 전자판을 보니 4분 후에 도착한다고 한다. 정확한 시간에 도청 정문에 다다를 수 있을 것 같다. 버스에 오르니 의외로 승객이 많았다. 아침 일찍 어느 일터로 가는지 몰라도 승객 대부분이 나이가 들어 보이는 사람들이고 젊은 사람은 없는 것 같다.

부지런히 도청 정문으로 들어가니 버스 시동을 걸어놓고 출발준비가 완료된 것 같았다.

연 회장이 반갑게 인사를 하며 오늘도 고생 좀 하라면서 위로를 한다. 지난 일요일에 병원에 갔던 이야기와 언제쯤 완쾌되어 탐사를 같이 할 수 있느냐고 환담을 나누고 출발하였다. 가덕에서 이 화백이 승차하고 청천 사거리에서 잠시 쉬는 동안 대원들이 활짝 핀 노란색 꽃나무에 모여 있는 것을 보고 하차하여 꽃 이름을 물어보니 아는 대원이 없어 사진만 찍고 출발하였다(06시 45분경). 청천면 삼송리(우아하고 수령이 600년이 넘은 노송이 장관이다. 붉은 줄기가 용트림하는 것처럼 보이고 주위에도 노송으로 둘러싸여있다. 이러한 노송이 3곳에 있었다고 삼송리라 한다.)

송면초등학교에서 차로 이동하여 송면저수지에 닿았다. 둑에 올라서니 임도 입구는 철책으로 잠겨있고. 물안개가 신비스럽게 피어오르고 있어 대원들은 감탄사를 내뱉으면서 주변 경관을 둘러본다. 청화산 안내판 앞에는 텐트가 있고 음식물이 이것저것 있는데 주인은 없고 20여개가 넘는 릴낚싯대가 놓여 있었다. 준비운동을 하고 구호를 '쑥구쟁이'로 외치고 탐사에 들어갔다(07시 45분 출발) .

▲ 초가을의 예쁜꽃(청천에서)

▲ 준비운동을 하는 대원들

▲ 안전답사를 위한 함성

▲ 쑥부쟁이

▲ 청화산 등산로 안내도

▲ 아침햇살과 물안개, 낚싯대의 어울림

저수지 주변에는 가을맞이하는 야생화들이 널부러지게 만발하여 우리 대원들을 환영하는 것처럼 예쁘게 보였다.

탐사가 도로가 끊어지고 등산로로 접어들면서 주변에는 우거진 잡목과 이름 모를 잡초들이 빼곡히 들어섰다. 급경사를 오르는 동안 숨이 차고 이마에는 땀방울이 송알송알 맺혔다.

초가을이지만 아직 단풍도 들지 않고 급경사에 들어서니 다른 곳보다 소나무가 많았다. 이런 곳에 송이가 없을까? 반문하는 대원들도 있었지만 잡버섯도 눈에 띄지 않았다. 한 대원이 쉬는 동안 가지버섯이 있다면서 몇 송이 채취하여 손에 잡고 있는 동안 다른 대원들도 한 두 송이 채취를 하였다. 버섯에 관심이 있는 이 화백이 어디에서 들었는지 몰라도 가지버섯이 항암 효과가 다른 버섯에 비하여 뛰어나고, 주변이 버섯밭이라고 하면서 대부분 대원들이 채취를 하였다. 나도 비닐봉지를 꺼내고 배낭과 스틱을 놓고 부지런히 채취하다 보니 다른 대원들은 출발하고 나만 남아 있었다. 배낭을 챙기고 대원들과 합류하려고 부지런히 따라가니 학구파들이 탐사로 주변에 풀꽃과 나무를 촬영하고 채집도 하면서 앞서고 있었다.

작살나무는 열매가 예뻐 요새는 정원수로도 각광을 받는다고 한다. 초가을 날씨가 좋아 앞으로 답사할 곳과 답사한 경로를 찾아보면서 아름다운 우리 고장의 자연경관을 만끽하면서 환하게 웃음 짓는 대원의 포즈를 한 폭에 담아 보았다.

9시에 잠시 쉬었다가 급경사에 먼저 도착한 대원들이 주변 경관과 해발 800m 주변에 아름다운 단풍과 예쁜 꽃에서 풍기는 향기를 맡으며 뒤쳐진 대원들을 기다리고 있었다.

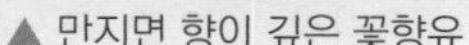
▲ 만지면 향이 깊은 꽃향유

▲ 회목나무 열매

▲ 동물의 변 너구리?

▲ 산국

아래에서 보니 선두 대원들이 있는 곳이 오늘의 첫번째 목적지인 청화산인 것 같아 땀을 뻘뻘 흘리면서 올라서니(10시 10분경) 정상이 아니다. 선두와 합류하여 청화산을 향하여 부지런히 걸음을 옮겼다.

청화산 정상에 도착한 것은 10시 35분경이다. 대원들과 기념사진을 찍고 잠시 환담을 나는 동안 도계가 잘못되어 있고 위치가 좋은 산봉우리들은 전부 경북에 속해 있다고 불평을 하였다. 백두대간을 중심으로 도계가 설정되었으면 이곳에서 용화(온천개발로 충북과 경북의 마찰이 있는 지역)로 만곡도지 않고 저 멀리 보이는 속리산 천왕봉에 있는 선이 도계가 되어야 올바른 도계라는 것을 강조하였다.

▲ 멀리 보이는 속리산 주변경관

▲ 청화산 정상에서

▲ 해발 970m

▲ 해발 984m

또한 문장대가 달랑 경북 땅에 속해있는 것도 이해되지 않는다. 등산객이라면 어느 누구도 잘못된 도계라는 것을 인정할 것이다. 예부터 우리 충청도민은 온순하고 자기주장을 강력하게 피력하는 행위를 하지 못하고 좋은 것이 좋다고, 슬그머니 꼬리를 감추는 경향이 짙다. 이정표에 있는 해발 높이와 정상 표지석에 각인되어 있는 높이가 같지 않아 등산객들이 혼란스러울 것 같다.(국립지원에서 발간한 지도에는 950m로 명시됨)

정상에서 보이는 동서남북 초가을 경관이 너무 좋아 대원들은 자연에 심취되고 주변의 높은 산과 산맥과 산맥 사이로 보이는 지명을 1:2만5천의 지도에서 확인하고 탄성을 지른다.(시계가 좋아 멀리까지 확인할 수 있다.)

이곳에서 점심 식사를 하면 좋겠지만 너무 이른 시간이라 11시 05분경에 다시 답사를 시작하였다. 발자국을 뗄 때마다 대원들은 입에서 감탄사가 연이어 나왔다.(너무 좋은 날씨와 넓은 시야 때문에). 나는 어제 TV에서 일기예보를 하는 것을 보고, 국가의 걱정거리를 전달하니(호남지방에서는 가뭄이 들어 밭작물 피해가 심하다고 함)가뭄 때문에 우리 고장에서 많이 생산되는 고급버섯(송이, 능이)전혀 나오지 않고 있어, 상인들은 중국산을 북한산이라고 속이면서 판매를 하고 있는 실정이다.

앞에 보이는 능선을 넘으면 오늘의 최고봉인 조항산이라고 하면서 12시가 임박하여 급경사를 내려가 대원들이 둥그렇게 앉아 먹을 수 있은 장소를 선택하고 식사를 하였다. 공기 맑고 낙엽이 쌓여 있는 이곳에서 오침을 하였으면 얼마나 좋을까? 희망사항을 뒤로하고 13시가 넘어 탐사를 시작하였다. 출발한 지 1시간도 안되어 성황당을 발견하였다. 이 고개는 송면 삼송리와 경북 용양면 궁구리를 연결하는 갓바위재이다.

▲ 아름다운 우리고장 산하

▲ 옛 정을 느끼게 하는 성황당

▲ 도계에 있는 이정표

조항산 정상을 바라보니 8~9부 능선에는 단풍나무와 단풍이 일찍 드는 수목들이 아름다운 산으로 단장을 하고 우리를 맞아준다. 조항산 표지석은 경북 산악연맹 '산들 모임산악회'에서 단기4332년 己卯년 11월에 세운 것이다. 표지석 뒤에 쓴 문구가 좋아 적어 본다.

"백두대간을 힘차게 걸어 땀 속에서 꿈과 희망을…야~아! 우리들의 산야"

기념사진을 몇 장 찍고 장소가 협소한데도 잠시 쉬자고 하니 조금만 가면 헬기장이 있어 쉬기도 좋다고 하여 따라가니 관리되지 않은 헬기장이 나타났다.

몇 명의 대원들이 눈 좀 부치고 가자면서 배낭을 내려놓았다. 또 들꽃에 조예가 깊은 윤선생은 주변을 두루 살핀다. 꽃은 졌지만 씨앗을 달고 있는 많은 식물들의 이름을 밝히면서 셔터를 눌렀다.

오늘은 일찍 귀가할 수 있을 것이라고 하며 1시간 정도 하산하면 차를 탈 수 있을 것이라고 김기사와 수시로 통화를 한다. 통화 내용은 제방 접근을 방지하기 위한 열쇠가 마을 이장 댁에 있으니 가져다 열고 올라오라는 것이다. 이장집 개가 사나우니 조심하라는 당부까지 한다.

능선에서 내려다보니 임도가 시야에 잘 들어와 직선으로 가면 용이하게 도착할 수 있을 것으로 생각하고 계곡을 따라 내려가니 돌너덜이 있어 안전하게 가는 것이 우선이었다. 물푸레나무가 쓰러져 있어 사진에 담으려는데 의도대로 잘되지 않는다.

16시가 넘어 임도에 도착하니 도로만 개설하고 사후관리를 하지 않아 어려움이 많았다. 이화백이 까도토리를(알이 작은 도토리)보더니 이것으로 묵을 하면 맛도 좋고 양도 많이 난다고 하면서 주웠다. 배낭까지 벗어놓고 부지런히 줍다가 나 때문에 기다리는 것 같아 배낭을 메고 뛰어서 버스에 도착하니 17시가 조금 넘었다. 출발하면서 버스기사는 차를 돌리기도 어렵고 잡목이 많아 흠집이 많이 날 것이라고 걱정을 한다.

오는 도중 三松里 소나무(용송)를 보고 가기로 했다.

○ 구　간 : 청천면 이평리 학골재~ 청천면 사담리 487m안부
○ 일　시 : 2008년 10월 25일

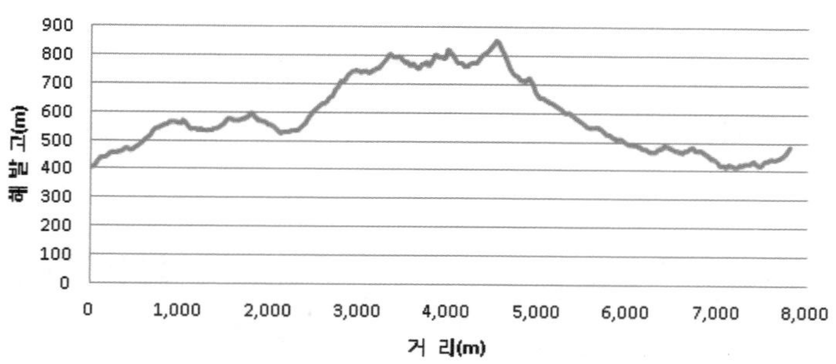

▣ 경계탐사

지난번 탐사 때는 날씨가 좋아 시야도 넓고 깊어 뒤로는 속리산 문장대 주변과 앞에는 멀리 희양산 군자산 등 우리가 지나온 충북의 명산을 눈으로 감상하는 시간과 긴 탐사 터널을 지나온 길을 되새겨 보는 시간이 되기도 하였다.

▲ 학골에서 답사 준비

▲ 건축폐자재에 벌집

오늘도 연회장이 반가워하면서 안전을 기원하여 준다. 버스는 가덕에서 이화백 미원에서 김대원을 태우고 청천에서 잠시 쉬었다가 이평에서 포장된 농로와 학골 골짜기를 따라 목적지를 향하여 달리었다. 좌측 능선이 도계인데 다음기회에 탐사할 것이라고 하면서 오늘은 차가 갈 수 있는 데까지 가서, 도계에 접근할 것이라고 설명을 한다.

지금까지 박대장이 대원들한테 한번도 이야기한 적이 없는 일을 메시지로 탐사기록과 옷 크기를 알려 달라고 하여, 14차 기행문을 복사하여 '삶결2500' 싸이트에 올리니 사진은 삭제되고 글만 복사되어 약간 서운하였고 궁금하였는데, 오늘 그에 대한 궁금증을 풀어 주었다.

어느 등산 장비를 생산하는 회사에서 대원들에게 몇 가지 등산복을 시범적으로 사용하게 하여 장단점을 알려주면, 광고 효과도 있고 좋은 제품을 생산하는데 큰 도움이 될 것이라고 한다.

나는 도계탐사를 지원하는 도에서 필요한 사항이 있어 올려 달라고 하는 것으로 알고 급하게 카페에 처음으로 올린 것이 잘했는지 못하였는지 몰라도, 내가 쓰는 글이 오자와 탈자, 문맥 흐름에 단점이 많아 늘 회피하여 왔다.

시원한 새벽 공기를 마시며 오늘도 시간 맞춰 버스에 오르니 몇몇 승객들이 지그시 눈을 감고 명상에 잠겨 있는 느낌을 주었다. 우리 대원들이 이평 학골에 07시 15분경에 도착하였다. 한 대원이 이 마을을 설명하기를 이곳에 사는 주민들은 종교 집단으로 구성되어 있으며 가구 수는 아홉 가구에 잘은 몰라도 기독교의 종파

인데 육식은 전혀 하지 않고 채식만 한다는 것이다. 차에서 하차하여 주민을 만나서 의문점을 물어 보려고 생각하고 있는 차에, 마을에 사는 부부를 만나 도계와 등산로를 알아본 결과 이 부부는 아침에 등산을 하고 하산하는 중이라며 지형에 대하여 대략적인 설명을 하였다.

일부는 설명을 듣고 일부는 각자가 준비운동을 하였다. 이 깊은 산골짜기에도 가정마다 자가용이 있고 농기계도 눈에 들어 왔다. 군데군데 폐건축자재를 보기 좋게 쌓아 놓은 것은 동절기에 화목으로 사용하기 위하여 마련한 것 같다.

7시 30분이 넘어 (해발 400m) 탐사를 시작하였다. 농로 주변에는 신선한 채소(배추, 무, 파, 당근, 인삼 등)와 작물들이 무성하게 자라고 있어 사진에 담았다. 이곳은 산골이라 무서리(일명 된내기)가 일찍 내려 등산로 주변 잡초에 서리가 하얗다.

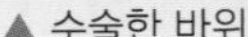

▲ 수술한 바위

▲ 탐사에 임하는 대원들

▲ 잡초 한포기 없는 묘

GPS에 나타나는 도계에 리본을 달고 등산로도 없는 잡목지대를 헤치면서 진행을 하였다. 08시 40분경 시야가 좋고 경관을 감상할 수 있는 (해발 564m)지점에서 박대장이 손수 쪄온 고구마를 대원들과 나누어 먹으면서 잠시 휴식을 하였다. 잠시 쉬는 시간은 시간을 보지 않아도 정확히 10분 내외가 되었다. 군 생활에서 배운 이론으로 처음에는 45분 행군하고 15분 휴식, 다음부터는 50분 행군에 10분 휴식을 하는 것이 원칙이다.

탐사로의 경계는 늘 오른쪽은 충북이요, 왼쪽은 타도였다. 이상한 것은 (대원 중 한 사람이 너구리라고 함.) 봉분에 구멍을 파고 그곳에 똥을 수북이 누었다. 넓은 지역에 충북과 경북의 경계에 관여하지 않고 심은 지 오래된 낙엽송이 하늘을 찌르듯이 잘 자란 것을 보니 든든하였고 또 한편으로 (소나무나 잣나무처럼 재질과 용도가 떨어진다고 함.) 안타까운 마음이 들었다. 수암재에서 잠시 휴식을 한 다음(09시 25분) 경관이 좋은 바위에서 쉬는 동안 내가 준비해 온 삶은 계란을 나누어 먹으면서 주변 경관을 감상하니 자연의 묘미를 느낄 것 같았다. 은박지에 준비해 온 소금이 바람에 날려 소금이 바위에 쏟아져 한 대원이 웃으며 소금바위라고 부르자고 했다. 바위 위에 있는 소금을 찍어 먹으면 더 맛이 있다고.... 주변에는 우리가 늘 다니던 속리산과 화양동 주변의 산들이 보이고 멀리 우리가 지나온 산들이 단풍이 들어 아름답게 보인다. 하여 연회장의 인사와 박대장의 건배로 戊子年 도계탐사를 아무 사고 없이 종료한 것을 자축하였다.

지난번에는 들꽃들이 많았는데 오늘은 눈을 씻고 보아도 꽃 한송이 없다. 가끔 경북 도계팀이 답사한 리본이 눈에 띈다. 우리가 일찍 도계 답사를 하는 것으로 착각한 것이 씁쓰름하였다. 윤 박사(내가 윤 대원이 초본뿐만 아니라 목본 곤충까지도 박식하여 붙여준 별명)가 준비해온 보은대추(일반 대추보다 두 배 정도 큼)를 맛있게 먹으면서, 멀지 않은 곳에 장군봉이 있다고 하여 목적지를 향하여 내가 제일 먼저 출발하였다

오늘의 탐사 코스 중에 말도 많고 탈도 많은 용화(용화온천개발지구)가 있다. 지형학자, 지리학자가 아닌 평민이 보아도 이곳은 경북이 아니고 충북이다. 왜, 어떻게 도계선을 설정하였는지 도저히 납득이 가지 않는다. 먼저도 지적했듯이 청화산에서 속리산 천왕봉까지 직선으로 도계를 설정되는 것이다. 대왕봉(해발

819m)에서 단체사진을 촬영하고 판자로 된 대왕봉의 봉자를 가리고 대왕이라는 글자가 나오도록 연출을 하고 기념사진도 찍었다.

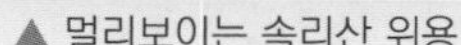

▲ 멀리보이는 속리산 위용

▲ 자연의 신비

▲ 동물의 변소

▲ 대왕봉에서 대원들

▲ 이정표

▲ 백악산 주변의 환경오염과 기차바위

탐사 중 돔형 바위에서 전 대원이 스틱을 앞세우고 횡대로 서서 가까이 보이는 용화 쪽으로 시선을 잡고 기념 촬영을 하였다. 가끔 내가 주장하는 것은 이름 없는 봉우리나 바위에는 우리 도민이나 기억에 남을 만한 이름을 명명하면 도계 탐사의 의의가 남지 않을까? 하는 의견을 제시 하였지만 실행되지 않은 점이 아쉬웠다. 11시 50분에 백악산 정상에 도착하여 대원들이 둘러앉을 수 있는 곳에 배낭을 풀고 점심을 먹었다. 둘러앉은 곳에 끼어들면 자세가 불편할 것 같아 대열 옆에 있으니까 박 대장이 굳이 들어오라 해도 들어가지 않고 혼자 편한 자리에서 식사를 하였다. 오늘도 시간적 여유가 있어 편안 자세로 잠시 휴식 시간을 갖는 것이 좋을 것으로 판단하여 깔판과 겉옷을 바위 위에 올려놓고 잠시 휴식 시간을 가졌다.

거의 급경사의 하산길이라 힘은 들지 않았지만 위험한 구간이 많았다. 10분도 채 되지 않아 앞에 선 대원들이 함성을 지르며 감탄하여 가보니 노송의 생김새가 너무나 멋지다. 가지는 이등변 삼각형이요, 밑둥은 아름드리인데, 크기는 2~3m로 분재를 모르는 사람도 정원에 있으면 얼마나 아름다울까? 하면서 탄성을 지르는 것이었다. 그 노송이 서있는 장소 또한 일품이다. 바위가 둘러싸고 있어 아름다움이 한층 더 돋보였다.

박대장은 대원들의 하산로를 어디로 잡을 것인지, 상의하고 기사와 전화 통화를 하면서 위치 파악을 하고 있었다.

백악산에서 내려오는 동안 도계 주변에는 흰 비닐 줄에 일정한 간격으로 흰 천에 붉은 글씨로 입산 금지와 그 이유를 적은 표가 상당히 오랫동안 눈에 띄었는데, 이것은 환경을 오염시키는 것은 물론이고 미관상 좋지 않게 보였다. 낙엽이 발목까지 덮고, 수십 년 동안 인적이 없는 원시림처럼 느껴지는 곳에 사유자산이란 이유로 자연을 훼손하는 일을 자제하여야 할 것이다. 오늘의 답사는 도계가 잘못된 점을 누구한테 이야기 하여야 해결할 수 있을까? 늘 고민하다 경상도 사투리를 사용하는 대원한테 분풀이 아닌 분풀이를 하였다. 국가나, 사회나, 개인이나 배우지 못하고 알지 못하면 늘 손해를 보는 것 같다. 조선시대에 영남학파가 우리나라를 좌지 우지한 것은 삼척동자도 알고 있다. 우리도의 아름다운 명산이 거의 경상북도에 속한 것도 경상도의 인맥과 무관할 수 없다고 생각한다.

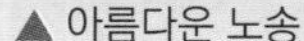

▲ 아름다운 노송

▲ 대원들의 이벤트

지구 온난화 현상을 사람들은 피부로 느낄 때는 극히 적지만, 지표면에 자생하는 식물들을 보면 느끼게 하는 것이 자주 눈에 뜨인다. 내가 생활하고 있는 흥덕사지 주변에는 서리가 내릴 때인데 개나리가 만개한 현상을 보았고, 과거에는 청주 주변에서 여름철에 만개한 배롱나무 꽃(일명-목백일홍)을 볼 수가 없었다. 오늘도 하산 길에서 진달래가 만개한 것을 보고 길조인지 아니면 기상 이변을 알려주는 신호인지를 놓고 이야기했다.

우리 선조들은 이런 현상을 거의 다 좋은 일이 있을 것이라고 기뻐하였는데 요새는 걱정을 앞세우는 마음이 더 많을 것으로 생각된다. 급경사를 지나 답사하기 편한 도계를 따라 진행을 하는데 괴산 37명산에 수록되어 있다는 돔형 바위를 등산객들이 올라갈 수 있도록 만들어 놓은 사다리를 타고 전 대원들이 잠시 휴식을 하였다. 연대원이 준비해 온 떡을 나누어 먹으면서 주변 경관과 오늘 하산한 백악산을 쳐다보면서 많이 내려왔다고 하는 대원과 저 높은 곳을 우리가 답사했느냐고 뿌듯해하는 대원들도 있다. 떡을 싼 얇은 비닐이 바람을 타고 멀리 날아가는 모양이 예뻐 보였다.

▲ 오늘 답사 주변경관

▲ 돔형 바위에서

▲ 망개나무 군락지

그러나 대부분 대원들은 계곡을 따라 차도에 접근하기 용이한 대방리로 향하자 하는 중론이 모아져 그 길을 택하였다. 이화백이 지나가는 말로 가끔 손짜장 먹는 것도 좋은데 오늘 어떠냐고 중론을 물으니 싫다는 대원은 한명도 없다. 가부는 결정이 나지 않고 시냇물을 따라 내려오는데 입산금지 표시에 장뇌삼과 버섯류의 채취를 금한다는 산 주인 이름으로 쓰여 있었다.

그러는 동안 희귀성 망개나무 군락지가 이곳에 있다면서 주변을 살펴보니 찾는 나무는 눈에 뜨이지 않고 누군가 식재한 주목이 많이 보였고, 노송에서는 송진 채취 흔적이 많이 있어 아름다운 삼천리금수강산 국토의 비운을 일깨워주는 느낌이 들었다.

도로 위 돌 너덜지대에 있는 망개나무의 명패를 발견하여 대원들은 만져보기도 하고 단풍으로 노랗게 물든 잎을 주워 모으기도 하였다. 다른 나무에 비하여 줄기가 회백색이고 생김새가 미끈하게 생기었다.(충북 괴산 일대에서 희귀 수종인 망개나무 집단 자생지가 발견돼 학계에 관심을 끌고 있다는 내용이 메스컴에 보도되었다. 나무 평균 높이는 11.8m, 가슴 높이 평균 직경은 22.6cm였다. 재질이 단단해 가구나 조각 재료, 땔감 등으로 사용했던 망개나무는 1종 1속의 희귀종으로 주로 바위산에 자란다. 대규모 망개나무 군락지가 발견된 것은 1980년 천연기념물 제266호로 지정된 괴산군 청천면 사담리 군락지(403그루) 이후 처음이다. 산림환경연구소는 '단위 면적으로 볼 때 전국 최대 규모 망개나무 군락지로 상태도 매우 좋다'며 '천연유전자원 보존림 또는 천연기념물 지정 등을 놓고 문화재청과 협의할 것'이라고 말했다(조선 유태종 기자 '2008년 11월 6일)

승차하며보니 김 기사는 화가 많이 났다. 박 대장과 기사 사이에 말이 잘 맞지 않아 1시간 동안 헤맸고, 도로 사정도 너무 나빴다고 한다.

일찍 도착한다는 것이 16시가 넘어 문의에서 저녁을 맛있게 짜장면과 탕수육, 소주 한잔을 곁들이니 더욱 기분이 좋았다. 집에 도착은 18시가 넘었다.

○ 구 간 : 보은군 산외면 신정리 활목재 - 신정리 묘봉
○ 일 시 : 2008년 11월 8일

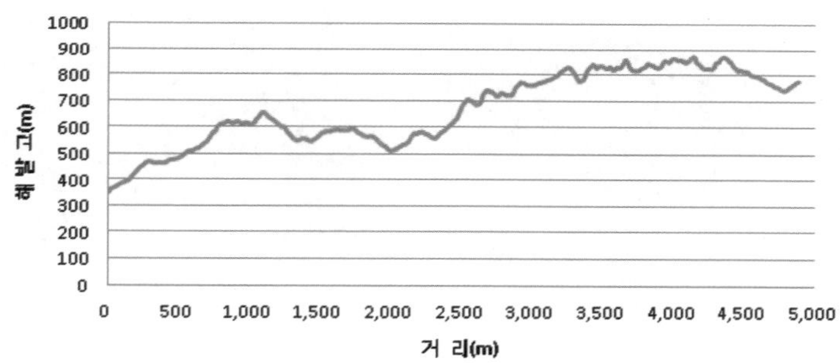

▣ 경계탐사

어제까지 전국적으로 적은 양이라도 비가 온다고 하여 천지신명에게 "올 가을은 너무 가물어 삼남지방에는 밭작물이 한해가 심할 뿐만 아니라 식수난까지 겹쳐 경제가 어려운 판국에 더욱 고충이 심하지만 내일만은 참아 달라고" 기원하였다. 배낭을 메고 06시 전에 대문을 나서며 하늘을 쳐다보니 구름만 끼였고, 일기예보에서도 비는 오지 않을 것이라 하여, 고마운 마음으로 버스 승강장으로 향하였다.

시간이 촉박하여 마음을 졸이고 있는데, 언제 따라왔는지 안식구가 미소를 지으며, 버스가 언제 도착하느냐고 반문하여 안내 시간이 없다고 하니 곧 도착할 것이라고 위로한다.

버스에서 하차하여 배낭을 메고 스틱을 손에 쥐고 신호 위반을 하면서 도청 버스에 승차하니 곧 바로 목적지를 향하여 출발하였다. 박 대장이 집에서 준비한 흰떡과 홍시를 대원들에게 권하여 흰떡을 먼저 먹고 후에 홍시를 먹자는 의견에 따라 출발하면서 흰떡을 먹었다. 또 김 기사가 연풍에 갈 일이 있어 대원들에게 나누어 주려고 사과를 가지고 왔는데 사과 알이 상당히 크고 싱싱해 보였다. 사과는 출발 전에 나누어 주었다. 안전산행을 위하여 배웅 나온 연 회장과 김 총무에게도 맛을 보라고 한 덩어리씩 주었다.

효촌 삼거리 이 대원을 태우고 청천에 도착하여(6시 50분경) 충주에서 동참하는 대원이 약간 늦어 잠시 휴식시간을 가졌다. 충북과 경북 사이에 말도 많고 탈도 많은 용화(온천 개발로 인하여 괴산군민과 충주시 일부

의 시민들은 용화온천이 개발되면 오염된 식수를 먹을 뿐만 아니라, 달천강이 오염되어 그 피해가 클 것을 염려하여)를 지나면서, 온천 개발을 예상할 때에는 한 평에 700만 원까지 하였다면서, 무엇 때문에 이 고장이 경북 상주냐고 반문을 한다. 이곳 주민들의 생활권과 경제권은 보은군이라고, 잘못된 도계를 한탄만 하였다. 1: 25,000지도를 보더라도 도계가 충북 쪽으로 U자 모양으로 만곡되어 있는 것을 확인할 수 있다. 집에서 대원들과 나누어 먹을 생각으로 사과는 품질이 좀 떨어지고 크기도 작고, 아침에 넣어둔 사과도 있어, 비닐봉지 채 차에 놓았다.

보은군과 용화의 경계인 활목고개에서 하차하여(07시 40분경) 준비운동을 하는 둥 마는 둥하고, 토사 방지를 위하여 설치한 콘크리트 옹벽을 넘어 답사를 시작하였다. 전번 때 보다 낙엽이 많이 떨어져 만추의 기분이 들어 가을의 쓸쓸한 정취를 느끼게 하였다. 지구 온난화 현상이라고 하지만 가을은 가을이다(평지에는 아직 서리가 내리지 않았다).

대원들은 평소보다 겉옷을 더 입고 출발하였는데 20여분도 지나지 않아 잠시 쉬는 동안 겉옷을 벗어 넣는 등 정리를 하였다. 08시 35분경 해발 623m인 민안봉에 도착하여 주변 경관을 살펴보니 첫 눈에 들어오는 경관은 산으로 둘러싸인 용화분지이다.

▲ 탐사준비를 하는 대원들

▲ 낙엽이 쌓인 도계

수확을 거의 다한 빈 밭이 가을의 쓸쓸함을 더해주고. 아름다운 단풍이 도계 탐사 대원들을 맞아주었다. 오늘의 답사는 급경사에 바위가 많고 밧줄도 여러 번 타야 한다고, 이 코스를 다녀온 대원들이 이야기를 한다. 오늘의 목적지는 묘봉(해발 874m), 관음봉, 토끼봉이다.

위험하고 힘든 코스를 올라가서는 대원들이 무겁게 지고 온 간식을 먹으면서 담소도 나누고, 아름다운 주변 경관에 만취하면서 기념 촬영을 하였다. 오늘의 첫 번째 간식은 충남 홍천에서 준비해온 감귤이다. 목마른 참에 그 맛과 향은 일품이다. 먹기 전에 고마움을 전하고 먹은 후에도 잘 먹었다는 인사를 빼놓지 않고 답례를 한다.

이러한 예절이 대원들 간에 정감이 넘치는 모습이다. 야생화에 조예가 깊은 윤 대원이 불참하였다. 뒤에 쳐지면서 야생화에 깊은 관심이 있고, 알고 있는 지식이 깊고 넓다. 그래서 후미에서 이것저것 살피면서 탐사에 임하는 대원들을 우리 스스로 학구파라 부른다.

평소에 대원들이 나누어 주는 간식을 많이 먹는 편이지만 오늘은 사양하겠다고 맘을 먹었는데 권 선생이 집에서 손수 만들어온 쿠키가 무척 맛있어 염치 불구하고 많이 먹었다. 그것만 먹은 것이 아니고 박 대장이 준비한 찐 계란과 사과까지 먹으니 배가 욕하는 것 같다.(10시 10분경)

오늘 답사 길에는 노송도 많았지만 바위틈에 뿌리를 내리고 꼿꼿하게 자란 것이 아니고 고교 시절에 배운 정비석 선생의 산정무한 첫 머리에 나오는 문장처럼 이리 비틀 저리 비틀한 소나무들이다. 이런 노송을 정원에 심어 놓고 감상하면 얼마나 좋을까? 하는 탄성이 절로 나오게 한다.

밧줄을 타고 급경사를 올라 바위틈 사이에 자연적으로 만들어진 통로를 통과하여 도착한 것이 상학봉(해발 680m.11시 40분경)이었다. 이곳 역시 주변에 보이는 경관과 (북쪽으로는 군자산, 남군자산, 희양산, 월악산 영봉, 등등 대원들이 답사한 도계를 회상하니 사람의 힘이 실로 크다는 것을 느끼게 되고 옛 속담에 '천리 길도 한 걸음부터'라는 말의 의미를 알게 해 준다)시야가 깊고 넓어 자연미에 감탄하지 않을 수 없다. 잠시 휴식을 하고 주변 경관을 사진기에 담고 둘러앉아 식사할 수 있는 곳에 자리를 잡았다.(11시 50분경에) 식사 후, 오늘은 시간적 여유가 있으니 잠시 오침하는 것이 어떠냐는 대원도 있었지만 12시 25분경에 오늘의 종착점인 묘봉을 향하여 출발하였다.

탐사로 주변 바위의 위용과 아름다운 노송은 제 3관문에서 이화령까지 구관에 못지 않다. 급경사에 매놓은 밧줄을 이용하여 산에 오르는 기분은 해본 사람이 아니고는 모른다. 특히 여자대원 2명은 너무나 산을 잘 등정한다. 특히 권 선생은 남자 못지않을 정도이다. 어느 장소는 90도 가까운 경사이고, 바위 위에 마사가 있어 발을 잘못 디디면 위험하다. 이렇게 위험한 탐사로를 아무 사고없이 진행하고 있는 것도 복으로 생각한다.

어느 도에서 만들어 놓았는지는 몰라도(국립공원 관리공단에서 설치한 것이 아닌지?) 견고하게 자연미를 살리면서 제작한 계단과 알루미늄을 이용하여 만든 사다리, 지금까지 볼 수 없었던 밧줄에 철사줄까지 마련해 놓은 것은 등산객들의 안전을 위하여 심혈을 기울인 흔적이 역력하다.

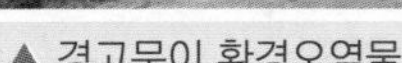
▲ 경고문이 환경오염물

▲ 이정표

묘봉 정상은 13시 20분경에 도착하였다. 이곳 역시 정상 표지석이 있던 흔적만 있어, 서운한 감이 들었다. 이곳도 이름난 등산로라 많은 등산객이 즐겨 찾는 목표지점인데, 표지석 하나 없는것이 이상하다. 기념촬영을 하고 내려오는 데 바위 옆에 우리나라에서 최초로 에베레스트 정상을 등정한 고 고상돈 추모비가 나무로 세워진 것을 보고 맘이 숙연해졌다. 고상돈 산악 인은 청주상고 출신으로, 북미에서 실종 후 장례식 때 전교생은 교실에서 묵념으로 추모하고 운동장 교단에서는 트럼펫으로 조곡을 연주하여 죽음을 애도했던 기억이 난다. 하산하는 길에 박 대장이 남은 일정에 대하여 이야기를 하여 내가 의견을 제시하였다.

2008년 마지막(12월 27일) 답사는 어렵고 힘들더라도 문장대에서 천왕봉까지 가는것이 어떠냐는 제의를 하여 다수의 대원들이 좋다고 하였다.

낙엽 쌓이고 가뭄 들고 급경사라 하산길이 더 위험하다. 잠시 쉬어 갔으면 하는 차에, 13시 50분경 평퍼짐한 곳에 휴식을 하면서 어디로 갈 것인가(윗길은 능선을 따라 아랫길은 하천을 따라 상의하는데 의견이 엇갈렸다. 잘 걷는 대원 3명은 힘든 곳을 선택하고 나머지는 쉬운 곳을 선택하여, 걸음을 재촉하니 14시 40분경 포장된 도로에 노란색 차가 눈에 들어 왔다.

생각지도 않게 박 대장이 순두부에 막걸리 한 잔이 어떠냐고 한다. 힘들고 피곤한데 싫다는 대원이 어디 있겠는가?

식당 주차장 한편에서 콩 타작을 하던 일꾼들도 우리가 들어가는 식당으로 동행을 하였다. 맛있게 먹고 나오면서 콩 타작하는 사람한테 서리태를 구입하려고 하니까 자기네도 부족하여 더 사다 쓴다고 한다. 콩 농사를 1만평 해서 7~80가마를 수확하는데 올해는 가뭄이 들어 적게 나왔다고 한다.(1가마니당 80kg에 가격은 70만원 정도, 식당에서 그것도 모자라 마을에서 농사진 것을 구입한다고 함) 17시에 귀가함.

○ 구　간 : 보은군 속리산면 사내리 문장대 ~ 보은군 산외면 신정리 묘봉
○ 일　시 : 2008년 11월 22일

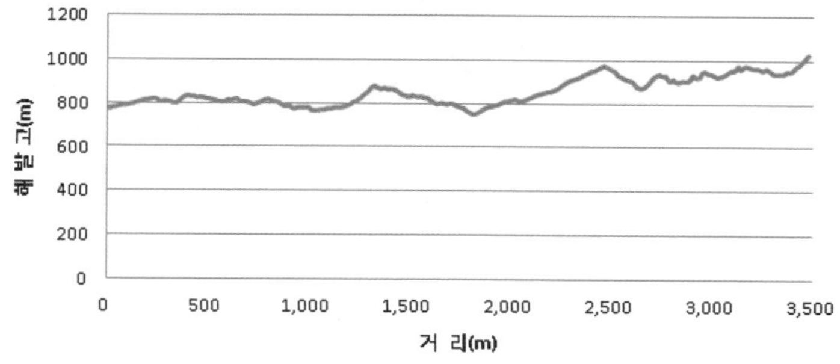

▣ 경계탐사

지난 목요일 18시 30분에 박 대장 주선으로 탐사단이 즐거운 시간을 가졌다. 이에 병이 나 얼굴까지 부어 올랐다.(나이 먹고 평소에 건강관리를 어떻게 하냐고 대원들이 속으로 그렇게 이야기하지 않을까 염려된다.) 대원들이 부은 부위가 동해를 입으면 위험하니 꼭 마스크를 쓰고 참석하라는 당부까지 받으니, 염려 해주는 대원들이 고마웠다.

일기 예보에는 오전에는 날씨가 좋다가 오후에 구름이 많이 끼는 하루가 될 것이라고 한다. 몸이 성치 않아 모든 것이 귀찮은 생각이 들어 잠자리에 들어 생각하고 있는데 안식구가 배낭을 준비하고 옷 가지를 챙기면서 사진기가 어디에 있냐고 하는데(사진기 생각은 전혀 하지 못하였다.) 마음속으로 고마웠다. 도계 탐사 준비에 3년이란 세월이 지나는 동안 꼼꼼하게 준비해 주는 안식구가 고마워 내 자신이 이런 생각을 하였다. 이것이 나이 먹어가며 부부간의 사랑이요, 가정의 행복의 원천이 아닌가?

배낭을 메고 대문을 나서면서 하늘을 쳐다보니 새벽 별들이 하늘에 총총하게 나와 있다. 6시가 다 되어 시내버스에 몸을 싣고 도청에 도착하니 대원들만 옹기종기 모여 있고, 차는 보이지 않았다. 야생화가 만개할 때 윤 선생이 없으면 답답하기가 맹인같을 것이라고 걱정을 하였는데 오늘의 탐사로가 위험성이 많은 곳이라 윤 박사가 갈등하다가 마을 탐사로 방향을 돌리었다..

지금은 계절이 晩秋라 수목은 낙엽지고 야생풀들은 생명력을 잃어, 특이한 꽃들이 눈에 띄는 것이 거의 없다. 그래도 가끔은 야생화 씨주머니가 줄기에 붙어있는 것을 발견하여, 물어 보면 정확하게 답해 주는 대원인데 내가 동행하자고 붙잡았으나 마을 탐사로 갔다.

가덕, 미원에서 대원들을 동행하고 오늘의 출발지인 용화를 향하여 부지런히 달렸다. 차창에는 습기가 서리어 밖의 풍경이 잘 보이지 않았다. 박 대장의 주선으로 대원들의 등산복과 모자를 얻게 되었는데 지난 모임에 불참한 대원들에게 나누어 주었다. 오늘의 탐사 지도도 분배하는 동안 7시가 조금 넘어 용화에 도착하였다. 앞좌석에 있는 대원들이 산 정상을 보더니 눈이 쌓여 정상적으로 도계탐사에 어려움이 많다면서, 역으로 속리산 문장대에서 전번에 하산한 북가치로 답사를 하는 것이 안전하고 쉬울 것이라고 했다.

▲ 출발을 준비하는 대원들

▲ 문장대를 향하여

▲ 자연훼손 광고물

경북 화북면 장암리에 있는 버스 주차장보다 더 안쪽에 있는(이른 아침이라 국립공원 관리인들이 출근을 하지 않아 승용차 주차장까지 갈 수 있었다.) 곳에서 문장대까지 거리는 이정표에 3.2km이라고 한다. 주차장에 도착한 07시 25분경에 하차하여 장비 점검과 준비운동을 각자가 하고 40분경에 출발하였다. 도로에 인접해 있는 감나무에 얼어서 홍시가 된 감이 주렁주렁 달려 있어 대원들은 감탄사를 연발하면서 산촌의 풍요로움을 만끽하면서 도계 탐사에 첫 발을 힘차게 내딛었다. 높은 정상에는 이른 봄에 볼 수 있는 잔설처럼 흰 눈이 보였지만 등산로 주변에는 눈이 없었다. 잔뜩 입었던 겉옷이 거추장스럽고 덥기 때문에, 잠시 쉬는 시간을 이용하여 벗어서 배낭에 챙기는 시간도 되었다.(08시 10분. 이곳은 자연경관이 아름다울 뿐만 아니라 자연과 잘 어우러지는 나무 목재의 다리가 놓아졌다. 문장대까지 1.8km) 동쪽에서 비추는 아침 햇살은 더 밝고 힘이 넘쳐흐르는 것 같고 대원들의 힘을 북돋아 주는 것 같았다. 태양을 향하여 기지개를 펴보는 일부 대원들도 있었다.

출발지에서 주변 경관을 사진기에 담으려고 전원을 켜는데, 카메라 화상에 전원이 없다는 메뉴가 떠 황당하였다. 전부터 건전지에 충전을 하면 처음부터 노란불이 들어와 전원이 충분한 것으로 알고, 사진을 찍으려고 작동하면 전원이 없다고 메뉴가 떠 평소에 충전을 해놓고 출발 전에 사진기를 준비하였는데 오늘도 그와 같은 현상이 있어, 이동수 대원에게 사진을 많이 찍으라고 당부를 하면서, 마음은 편하지 못하였다. 내가 느끼고 생각한 것을 사진기에 담지 못한 안타까움이 컸다. 기행문 작성에 차질이 있기 때문이다. 왜 그런 현상이 있느냐고 대원들한테 물어보니 건전지가 수명이 다 되어 그러한 현상이 있다면서, 디지털카메라의 단점이기도 하다고 육 기자가 알려 준다. 카메라를 들고 다니면 거추장스럽고 파괴될 염려가 있어 버스에 놓고 내렸다. 등산로 주변에서 평소에는 눈에 띄지 않은 기형의 나무가 보였다. 나무가 자라면서 큰 바위 때문에 둥굴게 자라지 못하고 밑 부분이(지면에서 2m) 넓적하게 성장한 모습이, 내 눈에는 애처롭게 보이기도 하여 주변과 더불어 생명체를 보존하는 자연의 법칙으로 생각하게도 하였다.

또 물푸레나무인데 지면에서 갈라져 성장하다가 3~4m에서는 가지가 다시 연결된 현상도 눈에 보였다.

주변에는 눈이 덮였고(해발 900m 주변에), 등산로 양편에는 조리대가 무성하게 성장하고 있었다. 여러 번 이곳을 등정하다 보니 문장대에 거의 도달하였다는 것을 직감하게 되었다. 9시 25분경에 정상에 도착하니 상가 건물에 붉은 글씨로 08년 11월 1일부로 폐쇄하고 11월 중순 이후에는 자연보호 차원에서 철거한다는 현수막이 붙어있어, 주인없는 나무 의자에서 잠시 쉬는 동안에 옛 추억을 더듬었다.

▲ 폐쇄 직전의 휴게소

▲ 안타까운 도경계 입석

어느 대원은 이곳 컵라면이 상당이 맛있었다고, 어떤 대원은 우리나라에서 가장 고가의 라면이라고 덧붙이기도 하였다. 하여간 땀을 흘리면서 힘들게 등정하면 시원한 음료수 혹은 막걸리, 소주 한잔을 마시게 한 휴게소가 아닌가? 이제는 옛 추억거리가 되었다.

문장대 철계단을 오를 적마다 몸과 맘이 달라지는 것을 알 수 있다. 60년대 중반에 첫 등정을 하였고 (내 인생에서 첫 등정! ROTC 후보생 때 나무로 만든 계단을 이용하여 등정하였는데 대원에서 이탈을 하였다고 훈계를 받았고, 많은 학생들을 인솔하여 등정하였을 때는 안전사고 예방을 위한 철저한 교육을 시켜야 했다.) 어느 해인지 잘 몰라도 꼬마들이 초등학교에 다닐 때(000년 8월 15일)법주사에서 문장대를 지나 경업대를 경유하여 다시 법주사로 가는 등산로를 택하였는데 장대같이 내리는 비를 다 맞으면서 등정한 기억도 있다. 날씨가 좋아 시야가 깊고 넓게 볼 수 있으면 멀리 월악산, 문경 주흘산, 휘양산등 우리 탐사대원들이 지나온 준봉들이 눈에 들어와 사람의 좁은 보폭이지만 길고 험한 곳을 탐사하는 것이 가슴에 와 닿는다. 등산금지 지역인 문장대에서 묘봉을 향한 첫 발길을 나무로 통제구역을 설정해 놓은 나무 사이를 통과하면서 눈덮힌 급경사를(경사도가 90도 가까운 것 같음) 하산하기 시작하였다.(09시 45분경)

겨울인데 등산 장비인 아이젠을 준비하지 않아 등정 전부터 준비의 미비함을 지탄하였다. 전문 산악인이 아니기 때문에 좋은 장비(안전한 산행을 하기 위하여 등산화, 스틱, 방한복, 장갑은 품질 좋은 것이 필요한 것 같다.)는 필요하지 않지만 안전을 위한 기본 장비는 있어야 한다는 결론을 얻었다.

평소에 등산을 즐기는 친구들한테 묘봉부터 문장대까지의 등산로는 전문 산악인이 아니면 힘도 들고 어려운 코스라고 몇 번 들은 적이 있다. 10시 25분경에 전망이 좋고 대원들이 휴식하기 편한 장소에서 준비해 온 간식도 먹으면서 잠시 쉬었다.

지도상에 표시된 983m 높이의 관음봉은 접근하기가 용이한 지점이 아니다. 위험하고 힘든 코스를 밧줄이 없이는 접근하기가 어려운 코스인 것을 직접 경험하지 않으면 알지 못할 것이다. 더 어렵게 만든 것은 지난밤에 내린 눈이 등산로에 쌓여 바위가 미끄러워 안전을 더 요하는 도계 탐사가 되었다.

관음봉 표지석은 크지는 않지만 워낙 산 전체가 바위로 형성되어 있고 정상은 오똑하여 그곳에 누가 세웠는지 몰라도 그 노고에 찬사를 보내고 싶다. 몇몇 대원이 그 곳까지 등정하여 기념 촬영을 하여 나도 등정하려고 올라가는데 다수의 대원들이 참으라고하여 대원들 중에 제일 연장자인 내가 올라갔다 만일 사고가 나면 대원들에게 누가 될까 염려되어 중지하였다.

오늘도 화창한 날씨 덕분으로 어디인지는 몰라도 첩첩으로 둘러싸인 이름 모를 준봉들을 보면서 우리나라는 정말로 산악 국가임을 확인하는 장소가 되었다. 정사장이 준비해온 곶감을 나누어 주면서 제일 연장자에게는 2개를 드린다면서, 생긋 웃음을 띠는 모습이 정겨워 보였다. 12시도 되지 않아 양지바른 장소에서 점심을 먹는 것이 어떠냐는 의견을 제시하였지만 전 대원이 둘러앉아 맛있는 점심을 먹을 장소가 마땅하지 않았다

평평한 바위를 찾아 앞선 대원들은 아래쪽에 나를 위시하여 늦게 도착한 대원들은 위쪽에 앉아 점심을 맛있게 먹었다.

▲ 관음봉 전경 ▲ 관음봉 정상 아래에서 휴식 ▲ 관음봉 정상

▲ 위태로운 관음봉 정상 ▲ 도계탐사에 임하는 대원들 ▲ 자연의 신비

식사 후 배도 든든하고 후식까지 잘 먹은 후 오늘의 목적지인 북가치를 향하여 오후 탐사의 첫발을 힘차게 내딛었다.

속리산 일대는 토양과 기후가 조릿대 성장에 최적지인지는 몰라도 사람 키보다 큰 군락지가 여러 곳에서 만날 수 있고, 오늘 답사코스에 조릿대가 왜 그렇게 많으냐고 반문하니 육기자는 지리산 어느 곳을 답사했는지는 몰라도 하루 종일 조릿대 코스를 통과하는데 상당히 지루한 감이 들었다고 회상하였다.

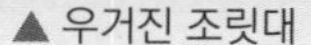
▲ 우거진 조릿대

▲ 아름다운 적송

▲ 위험한 탐사길

지난번에도 예쁜 소나무들이 많았는데(정원수로 최고의 명품이라고 생각이 됨) 오늘의 답사길에도 바위와 잘 어울리고 주변 경관을 더 아름답게 꾸미는 역할을 하는데 일조한 소나무들이 대원들을 반기는 것 같았다.
수리치(속리산 법주사, 여적암과 용화 대흥동을 넘는 고개)에서 잠시 휴식을 하고, 말도 많고 탈도 많았던 경북 용화(온천개발로 괴강과 달래강 오염으로 충북의 식수 문제뿐만 아니라 농공용수까지 염려가 된다는 문제 제기로) 분지가 한 눈에 보이는 장소에서 잠시 휴식(14시 35분경) 하였다. 14시 45분경에 이타사와 법주사 주차장, 여적암을 넘는 북가치에 도착하여 대원들의 중론이, 전번에는 용화 쪽으로 하산을 하였으니까 오늘은 여적암(대원 중 한 사람이 여승들만 있는 곳이 여적암이라 하여 웃음바다가 됨)방면으로 하산하는 것이 좋겠다고 하니, 박 대장이 김 기사한테 연락을 하여 여적암으로 올 수 있느냐고 의사 타진 겸 오라는 연락을 하고 하산을 하는 도중에 우리 고장에도 이렇게 잘 생긴 적송이 있는 것을 처음 보았다.

곧게 자란 노송들이 하늘을 찌를 듯 늠름하게 자라는 것을 보고 우리 국토에 이러한 노송들이 있으면 얼마나 좋겠는가 생각을 했다. 도계 답사 중 이런 소나무는 처음 접해본다.
북가치 주변에서는 볼 수 없었던 소나무의 상처가 밑으로 내려오면서 모든 소나무에서 송진을 채취한 흔적을 볼 때 민족의 비애를 다시 한 번 느끼게 되어 가슴이 아팠다. 또 많은 소나무들이 이리저리 넘어진 것을 보고 2000년 초에 우리 지방에 내린 대설로 인한 자연피해가 아닌가 생각이 들었다.

▲ 적송의 수난과 민족의 애환을 증명하는 현장

하산들 주변에는 과거에 숯을 만들던 숯 가마터가 몇 군데 흔적을 보면서 하산을 재촉하였다. 여적암 아래 무엇을 하려고 그러는지는 몰라도 흙을 실어 나르는 덤프트럭이 부지런히 왕래하고 있었다.

버스가 있는 장소에 도착하니 포크레인이 흙을 파 차에 싣고 있었으며 계곡에서 내려오는 하천에 아래 위 두 곳에 댐이 건설되었다. 15시 50분에 승차하여 계곡을 빠져 나오니 바로 법주사 입구에 있는 주차장이었다.

○ 구　간 : 보은군 산외면 신정리 활목재 ~ 괴산군 청천면 사담리 487봉 안부
○ 일　시 : 2008년 12월 13일

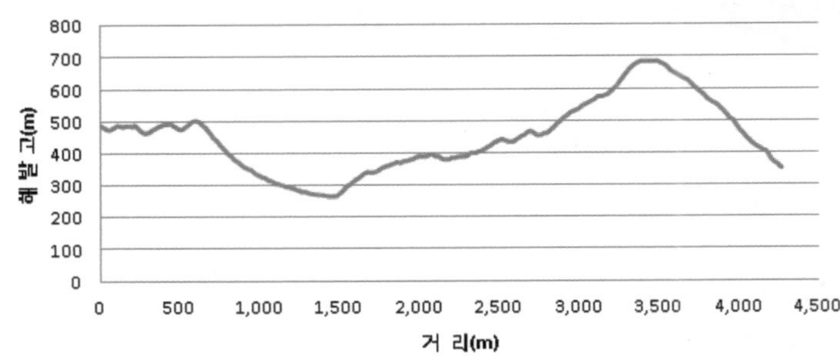

▣ 경계탐사

오늘은 지난번 15차(08. 10. 25일) 탐사시 용화리(하천과 도로가 맞닿는 지점까지)를 경계로 하는 지점까지 탐사해야 일정이 맞는 것인데 대다수의 대원들이 힘들어하고 일찍 끝냈으면 하는 생각이 중론이고, 다음 탐사 구간이 길고 힘들어 중간을 빼놓고 보강 탐사로 하는 것이 좋을 것 같다는 박 대장 의견을 따르는 것으로 결론을 내렸다.

오늘의 탐사는 활목재부터 식빵(대원들이 명명한 것으로 생김새가 식빵 같다.) 바위까지이다. 아침 일찍 출발하기 때문에 점심 전에 목적지에 도착할 것 같아 점심 문제를 제의하였다. 박 대장으로부터 점심 준비는 생략하고 간식만 준비하라는 문자가 왔다.

배낭을 메고 대문을 나서면서 하늘을 쳐다보니 별들이 반짝이고 있었다. 시내버스 주차장에서 전광판을 보니 전원만 들어와 있고 정보가 없어 지나간 것이 아닌가하고 불안하였다. 불안 초초한 마음으로 기다리면서 버스가 오지 않으면 택시라도 타고 간다는 마음으로 서성거리고 있는데 음악과 함께 정보판에 버스가 진입하는 시간이 명시되었다. 버스에서 하차하여 도청에 도착하니 대원들이 승차하여 있고 내가 제일 늦게 도착한 것 같았다. 연 회장의 배웅을 받으면서 목적지를 향하여 06시가 넘어 출발을 하였다. 처음 보는 남녀가 나란히 앉아있어 나 혼자 오누이 사이 아니면 연인사이 라고 혼자 생각하고 출발하였다. 버스 안에서 소개하는데 등산에 많은 관심이 있는 분이고 '조치원'에서 택배사업에 종사하고 있으며 삶결따라 2500의 카페에 신청을 하여 흔쾌히 동의하였고 '모자' 관계인데 아들은 명년에 군입대 할 예정이라고 하여 깜짝 놀랐다.(어두운 차 속이라 그런지 어머니되는 분이 너무 젊어 보였다.) 겨울이라 주변이 어디인지 알 수가 없었다. 효촌 삼거리에서 대원 한 명이 승차하고 청천에서 잠시 정차하여 충주에서 오는 대원을 동승하였다. 목적지인 충북 보은과 경북 화북 경계인 활재에서 임도로 진입하는데 통행을 금지하는 철재물이 있어 더 이상 진입할 수 없어 하차하여 장비를 점검하고 각자가 알아서 간단한 준비운동을 하고 오늘의 탐사를 시작하였다.(07시 25분)

▲ 활목재에서 답사준비

답사 시 늘 타도를 왼쪽으로 충북을 오른쪽에 두고 답사를 하였는데 오늘은 반대로 용화를 오른쪽으로 접하면서 탐사를 하였다.

답사를 시작하는데 산중에 있는 국립공원관리공단에서 안내 방송이 나와 대원들이 의아한 생각을 하면서 송신중개소 같은 철탑을 보면서 신기한 생각이 들었다. 전선은 없는데 어떻게 전파가 나오는지 제일 높은 곳에 태양열 집열판으로 보이는 기기가 있었다.) 우리나라의 과학 기술 발달에 찬사를 보내면서 답사에 임하였다.

윤 대원이 빨간 열매를 관찰하면서 대원들에게 설명을 하는데 나는 후미에 있어 무슨 말인지 알아듣지를 못하였다. "잠깐만"! 이라고 소리치며 다가가 무엇인지 물으니 배풍등 열매가 예쁘게 달려있다면서 사진기에 담고 있었다. 윤대원이 동행하지 않으면 왜 그리 모르는 것이 많은지 답답하다.

▲ 태양열 이용 방송과 삼림 감시카메라

기행문에는 주로 주변의 아름다운 경관과 동식물(동물은 주로 곤충류)을 사진으로 삽입하는데, 그런 것들이 생명력을 불어 넣는 것 같다.

노루발풀은 추운 한 겨울에도 푸른 잎이 있어 산짐승들의 먹이가 되는 것 같다. 호남지방에는 야생난이 우리 지방에서 이른 봄에 볼 수 있었던 가을보리 싹이 올라온 것처럼 무성한 것을 볼 수 있는데, 난을 채취하는 사람들은 이것을 토끼풀이라고 한다. 꽃이 떨어지지 않고 매달린 것을 가리키며, 삽주라고 알려 준다.

▲ 배풍등 열매

▲ 매화노루발풀

▲ 구실싸리

▲ 노루발풀

08시가 넘어 잠시 쉬는 동안 김기사가 준비해 온 간식을 내놓는데 찐 고구마다 따스하고 무척 달고 맛이 좋았다. 또 곶감과 커다란 사과까지 준비하여 대원들로부터 칭송을 받았다. 오늘의 최고봉에는 이름이 없고 주변의 봉우리들은 이름이 있는데 고도가 680m이라고 1:25000 지도에 명시되었다.

하산길에 접어들면서 산을 절대로 가볍게 보아서는 안 된다고 강조하였다.(도계에 쌓인 낙엽이 미끄럽고, 낙엽 때문에 바위가 보이지 않고, 마사가 바위 위에 있으면 더욱 미끄러워 위험하다.) 주변에 소나무는 한 그루도 없고 모두 활엽수(참나무)다.

이상한 것은 평지에 거의 도착할 무렵 소나무들이 너무 기형인 것이 많아 대원들이 의아해 했다. 보기 좋은 소나무가 있었는데, 줄기가 다듬어지고 뿌리 주변에 동그란 홈이 있는 것으로 보아 캐다가 정원수로 팔기 위한 것 같았다.

10시가 넘어 용화리에 도착하여 밭둑에 있는 산수유나무에 붉은 열매가 많이 달려 있다. 산수유 가격의 폭락으로 경제적 가치가 없어 수확하지 않은 것 같다. 산수유는 어린이나 성인들의 요실금에 좋고, 정자 수를 증가시킨다고 한다. 전남 구례군에서는 가로수로 산수유를 식재하였고 산수유 축제를 개최한다.

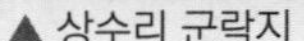
▲ 상수리 군락지

▲ 도계 중앙의 묘

▲ 기형의 상수리 군락

▲ 도계탐사 흔적

11월 말에 그곳을 다녀왔는데 도로변에 있는 산수유나무에 수확하지 않은 붉은 열매가 많이 달려 있어 아름다워 보였다. 용화천은 달래강(화북의 입석리에서 발원하는 하천과 청천에서 합류하여 괴산을 지나 충주 탄금대에서 남한강의 본류와 합류)의 발원지이다.

겨울인데 하천은 얼지 않고 깨끗하여 아름다웠다. 흐르는 하천 속에 처음 보는 식물이 있는데 귀화식물로 자주 볼 수 있는 것이라고 한다. 밭에는 한약재로 쓰이는 잇꽃(홍화)이 있어 사진기에 담았다.

하천 주변에는 경관과 잘 어울리게 통나무을 이용하여 방갈로를 자연석 위에 예쁘게 건축하였고, 돌로 조형물을 쌓기도 하였으며, 큰 건물을 짓고 있는데 용도는 음식점과 회의실을 겸한 건물이라고 한다. 잠시 쉬었다가 10시가 넘어 흉측하게 흔적이 남은 채석장(도계에 인접한 충북 땅임-한 대원은 이런 장소를 볼 때마다 사람의 갈비뼈를 연상하게 한다면서 한숨을 쉰다)을 좌로 하면서 낙엽 쌓인 급경사를 부지런히 올라 산 능선에 도착하니 주변 경관이 수려하였다.(멀리 보이는 법주사를 둘러싸고 있는 공룡 등처럼 보이는 접근하기 힘든 도계를 탐사한 것이 자랑스러웠다.)

▲ 누군가 관상수로 캐가려는 듯하다

▲ 기형적인 소나무

▲ 수확하지 않은 산수유

▲ 잇꽃(홍화)

또 북쪽으로는 송림과 바위가 잘 어우러진 공림사 뒷산과 전국에 이름이 알려진 화양계곡을 이루는 준봉들이 눈에 들어왔다.

이곳을 왜 많은 등산객들이 찾는지를 알 수 있었다. 11시경에 잠시 휴식을 하면서 환담도 하고 금년을 마무리할 경로도 확인하였다.

오늘은 탐사길이 평소에 비하여 상당히 짧기(11시 30분경) 때문에 도시락 준비도 하지 않고 간식만 준비하였다.

약간 구름이 끼었지만 시야가 좋고 깊은 바위에서 잠시 쉬는 동안 정 사장이 맛있는 감을 준비하여 대원들에게 나누어 주면서 필자한테는 2개를 먹으라고 하면서 권하는데 한편으로 고맙고 섭섭한 감도 들었다. 그러나 겨울 날씨답지 않게 포근하여 목도 마르고 땀도 흘린 터에 잘 먹었다.

12시 05분 경 우리 대원들이 명명한 카스트빵 바위를 내려다보면서 하산하기 시작하였다. 오늘도 구간은 짧으나 평평한 탐사는 아니었다. 고도는 700m 가까우면서 급경사가 많고 낙엽이 쌓여 미끄럽기가 한이 없었다.

▲ 도계를 표시한 이정표와 채석장의 보기 흉한 흔적

정사 장 배낭에 꽂힌 물병에 관심이 있어(약간 갈색이 나는 물병) 살그머니 빼서 먹어 보려고 몇 번 시도를 하였지만 성공하지 못하였다. 그러나 물이 먹고 싶다고 하니까 먹으라고 하면서 무엇인지 알아보라고 하여, 칡이라고 대답하니 호박이라고 답하여 고마움을 전했다. 주변에 인삼밭이 많고 하천주변은 억새가 만발하여 장관을 이루고 있다. 12시반경에 승차하여 김기사가 맛있고 저렴한 식당으로 안내하여 반주까지 한잔하니 시장이 반찬이라 잘 먹은 점심이었다.

▲ 야생동물들의 잠자리 흔적

▲ 경관 좋은 곳에서

○ 구　간 : 청천면 이평리 학골재~ 청천면 삼송리 장담말 송면초
○ 일　시 : 2008년 12월 27일 (보강 탐사)

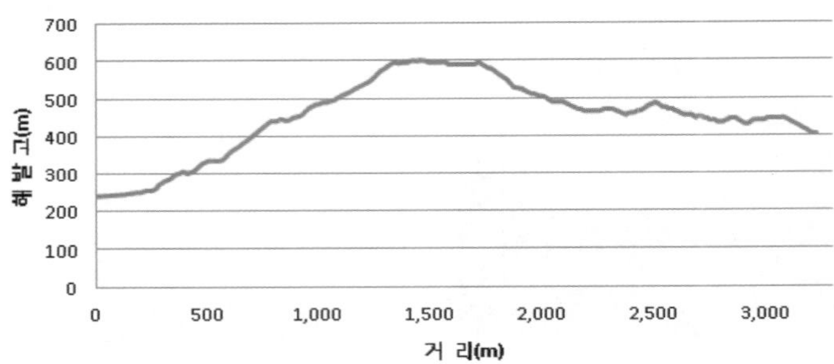

▣ 경계탐사

오늘은 2008년도 도계 탐사를 끝마치는 날이다. 지난번에 박 대장이 보강 탐사이고 아주 짧은 구간이라 일찍 답사를 끝내고 내수에서 맛있는 점심과 반주를 하면서 환담시간을 가질 것이라고 하였다. 기온이 겨울답지 않게 포근하여 서민들이 살기에는 좋지만 지구 온난화 때문에 염려가 된다. 눈은 오지 않았지만 겨울 산행이라 내복도 입고 털모자까지 준비하여 빈 배낭을 메고 대문을 나섰다. 버스에 승차하면서 요금 표시기를 갔다 대니 잔금 부족이라고 화면에 뜨니 운전기사가 다시 시도하라고 하여, 대보니 잔금이 220원 - 평소에 꼼꼼히 충전 못한 것이 원망스러웠다.

도청 앞에서 하차하여 발걸음을 재촉하여 목적지에 도착하니 우리가 이용하는 버스도 도청 정문에 들어오고 있었다. 금년 답사의 종무식 겸 점심을 맛있게 먹겠다는 예고 때문인지 평소보다 많은 대원들이 참석하였다. 김 대원은 오늘 아침에 감기 때문에 불참한다고 하면서 HP에서 심한 기침소리까지 들렸다고 박대장이 불참한 이유를 설명한다.

겨울이라 6시 반이 가까워도 차창밖에는 가로등만 을씨년스럽게 도로를 비추고 주변의 마을에 있는 가로등들이 눈에 들어올 뿐이다. 늘 그렇지만 오늘의 주행속도는 더 빠른 느낌을 주었다.

대원중에 간식으로 준비해 온 감귤을 나누어 전달하는 정 사장한테 고맙다는 인사를 하니 본인이 준비한 것이 아니라면서 미소를 짓는다. 어떤 대원이 준비한 것인지는 몰라도 나한테 주는 분이 착하고 복받을 것이라고 덕담하니 주위에 있던 대원들도 미소를 지었다. 청천에서 잠시 쉬었다가 오늘의 목적지인 송면 학골 마을에 07시 반이 넘어 도착하였다.

▲ 답사 전 준비운동

▲ 학골의 좁은 분지

▲ 바위틈의 강한 생명력

나는 도착 전에 신발끈과 무릎 인대를 단단히 매고 스틱도 사용하기 좋게 길이를 조정하고 하차할 때만 기다렸다. 학골은 몇 가구 되지 않은 마을이 있고 산으로 둘러싸인 골짜기이고 평지보다 일출 시간이 늦어서 그런지 한적한 시골의 아침이었다.

하차하여 장비 점검하는 대원들도 있고 간단한 준비 운동하는 대원들도 있다. 박 대장이 준비 운동하라는 말문을 한 후, 대원들을 원으로 모이게 하고 스틱 끝을 한가운데로 모으고, 2008년도 마지막 탐사이기 때문에 안전에 주의하고 무사히 금년 답사를 끝낼 수 있게 더 조심조심하라는 당부와 함께 안전이라는 함성을 조용히 외치면서 스틱을 하늘로 높이 들어올렸다.

도계가 하천을 따라 나뉘어져 있고 도로와 평행을 이루다 급경사를 오르기 때문에 이 구간을 보강 탐사하기로 한 구간이다. 박대장은 1시간 반이면 답사를 완료할 수 있다면서 여유를 갖고 임해달라고 몇 번씩 당부하였다. 그러나 지도를 판독해 본 결과 600m가 넘는 고지를 접근하려면 그리 쉬운 구간이 아니다. 우암산도 353m인데 상당구 수동에서 정상까지 갔다 오려면 한 시간 반 정도 소요된다. 그리 쉽지는 않을 것이라는 생각이 들었다. 또 지도에는 산의 고도만 표시 되어있고 산의 이름이 없어 마을 사람들은 알고 있을 것이라고 하면서 오늘 답사에 동참한 김 기사한테 부탁하였다.(김 기사는 정상에서 하산)

▲ 청화산의 일출

발목까지 쌓인 낙엽 때문에 상당히 미끄러웠다. 멀리 보이는 산 정상(청화산)에 햇살이 눈부셨다.

오늘의 일기는 하늘에 구름 한 점 없고 바람도 없어 따스한 봄날처럼 청명하지만 주변에는 잔설도 눈에 띄지 않았다. 이상하게도 발가락에 차가운 느낌이 들었다. 전망 좋은 바위라서 주변의 경관을 보며 기념 촬영을 하였다. (08시 30분경) 짧은 구간이라 나는 간식 준비는 하지 않고 내가 먹을 물만 달랑 한 병 준비하여 약간 미안한 감이 들었다. 뒤에서 따라가다가 대원들이 모여 있어 특종 기삿거리 있느냐고 물으니 대답은 하지 않고 나무를 쳐다보는데, 항암 효과가 있다는 겨우살이가 상수리나무에 평균 신장을 가진 사람도 채취할 수 있는 높이에 매달려 있다. 지금까지 본 겨우살이 중 제일 낮은 곳, 작은 상수리나무에 있는 것을 보았다. 사진촬영 후 기념으로 채취하자고 제의하였다.(08시 45분경 해발 475m 지점에서)

잠시 후 김 기사가 준비해 온 간식은 언제 먹느냐, 전망 좋은 곳에서 먹는 것이 어떠냐는 제의를 하여 대원들이 모여서 휴식도 하고 아름다운 경관도 만끽할 수 있는 장소를 선택하였다. 김 기사는 찐 계란, 찐 고구마, 감귤까지 준비를 해와서 대원들로부터 칭송을 받았다. 나한테는 연장자 어르신이라 칭하면서 제일 먼저 시식할 것을 청하여 미안하기도 하고 고맙다는 인사로 답하였다

9시 반경에 정상에 도착하여(해발 600m가 약간 넘는) 기념촬영을 하고 오늘 일과에 대하여 박 대장이 설명을 하였다.(12시 전에 내수에 도착하여 마을탐사 팀과 합류하여 점심 먹을 것이라고) 오늘의 답사도 용이한 것이 아니다. 산길은 급경사와 낙엽이 쌓여 위험한 경사로였다. 또 바위 위에는 마사가 많아 미끄럼에 주의하여야 할 코스였다.

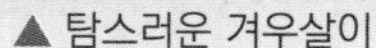

▲ 탐스러운 겨우살이

▲ 겨우살이 열매

▲ 자연을 흠모하는 대원들

산 아래에서 보이는 송면은 주변의 바위산과 송림으로 둘러 쌓인 아름다운 자연부락과 들판에는 비닐하우스가 눈에 많이 들어왔다. 좌측 깊은 골짜기에는 수마로 잘 다듬어진 바위가 있어, 한 여름에 이곳에서 맑은 물이 흐르는 소리를 들으면서 잠시 휴식을 한다면 신선이 따로 있는 것이 아닌 것 같다.(겨울이라 물이 얼었고, 가뭄에 물은 흐르지 않았다.)

▲ 흰곰 모양의 바위

▲ 깊은 바위계곡

▲ 등산 동호인의 추모비

송림을 빠져나와 실개천 둑 양옆에는 과수농가가 있다. 봄에 시비를 하려고 퇴비를 모아 놓았다. 김 기사에게 알아보라는 산 이름은 아는 사람이 없다면서 정상 부근에 학바위와 사랑바위가 있다 말만 하더라고 전하는데 어느 것이 학이고 사랑인지 모르겠다. 대원들이 백곰 같다는 바위가 학바위가 아닐까? 또 정상 아래에 산악회 회장을 추모하기 위하여 추모판을 붙여놓은 바위가 사랑바위가 아닐까?

청천에서 경북 화북으로 가는 도로 양편에 작은 도랑을 경계로 이정표가 어지럽게 세워져 있어 미관상 좋지 않았다.(10시 45분경 전 대원이 승차하여 청원군 내수로 출발)

장연을 거쳐 청안, 초정을 지나 대길리에 있는 블루베리 농장을 잠시 견학하고 12시가 넘어 식당에 도착하여 연 회장의 인사와 박 대장의 건배로 戊子年 도계 탐사를 아무 사고 없이 종료한 것을 자축하였다.

4차년도 탐사(2009년)

보은군 속리산면 사내리 속리산문장대 ~ 영동군 양산면 누교리 천태산

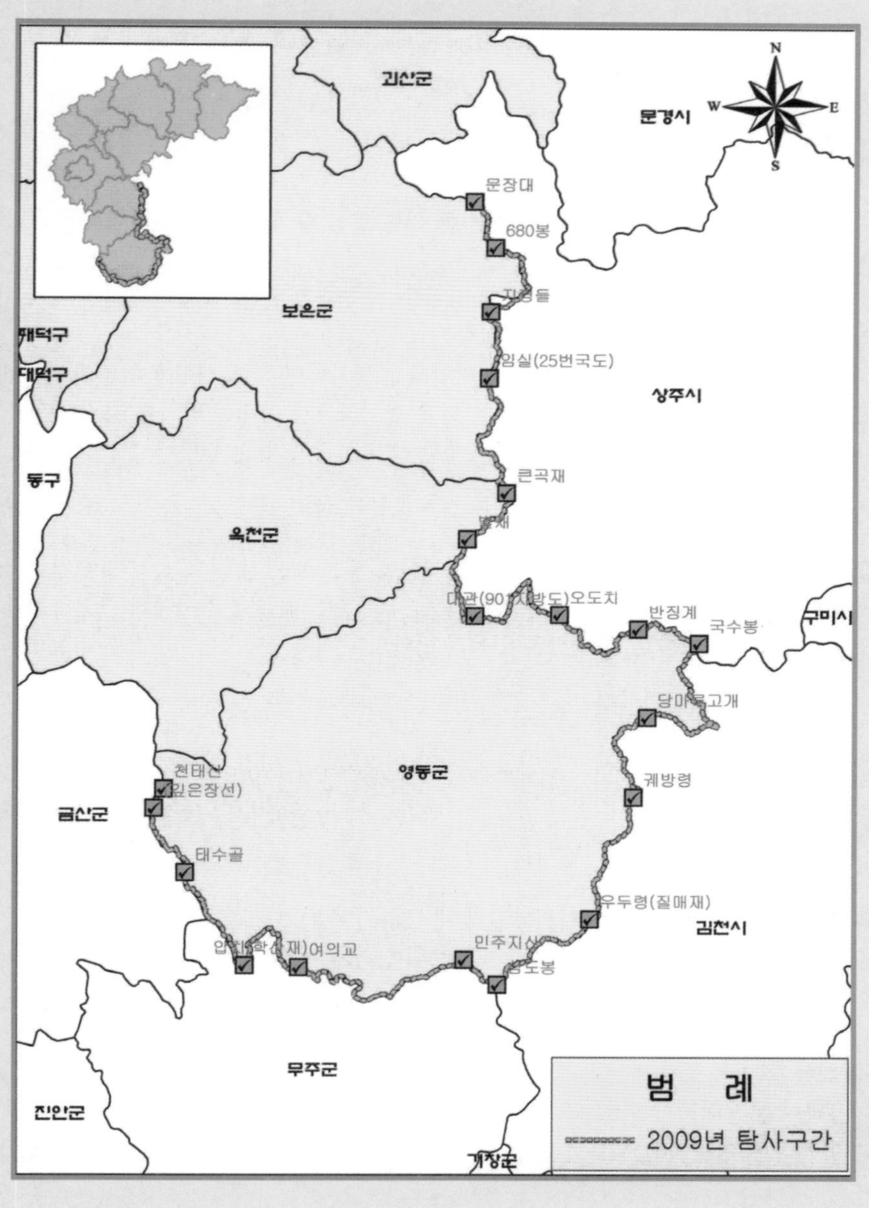

○ 구　간 : 보은군 속리산면 사내리 문장대 ~ 보은군 속리산면 대목리 680m봉
○ 일　시 : 2009년 2월 14일 - 기축년 첫 출발

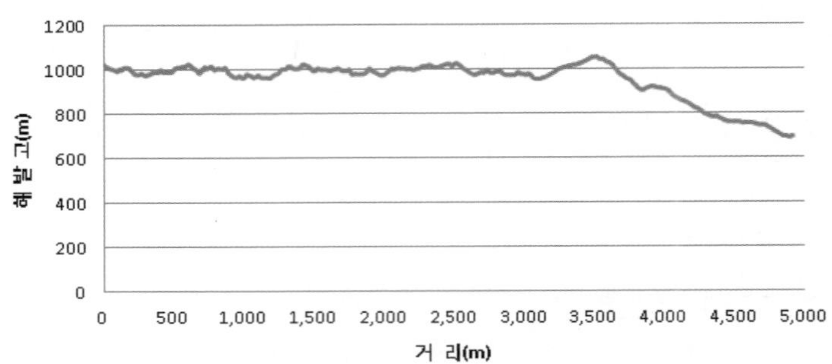

▣ 경계탐사

금년 첫 출발, 탐사의 안전과 충북 발전을 위하여 큰 획을 그을 수 있는 결과를 기대하면서 박 대장한테 몇 번 메시지가 날아왔다.

탐사 시 선두에서 대원들의 안전과 정확한 도계 탐사를 위하여 정신적, 육체적 고충을 감수하면서 올해도 무사히 마무리를 할 수 있도록 기원하는 모습을 접하는 것 같았다.

대원의 한 사람으로 고맙다는 회신을 못한 것을 미안하게 생각하면서, 올해도 빠짐없이 참석하고 향토지리를 많이 배우고 향토의 좋은 점과 발전시킬 수 있는 작은 것이라도 찾아내는 탐사를 기원한다. 어제까지는 간간히 흐리고 바람도 세차게 불어 탐사에 어려움을 예상하였다. 잠들기 전에 탐사에 필요한 장비를 점검하면서 아침 일찍 짐을 챙기기 용이하게 정리를 하고 잠자리에 들었다.

배낭을 메고 대문을 나서며 하늘을 쳐다보니 구름 때문에 별은 보이지 않으나 날씨가 쌀쌀하여 비는 오지 않을 것 같다. 첫차에 오르니 그 넓은 차에 승객은 나 한사람 뿐이다. 운전기사에게 수고하신다는 인사를 하면서 차에 올랐다. 도청에 도착할 무렵 핸드폰이 울려 받아보니 박대장이었다. 인사 겸 바로 도착한다고 전하면서 버스에서 내려 부지런히 발걸음을 재촉하였다.

오늘도 복사본 지도와 도상 분석표를 나누어 주면서 2008년도 보고서가 나왔다면서 돌아올 때 나누어 주겠다고 한다. 오늘의 탐사는 잘 알려진 구간이고 경관이 아름다운 곳이기 때문에 대원들은 최소한 2~3회 등산하지 않은 분들은 없을 것이라고...이야기 하면서 산신제 제물은 준비하지 않았지만, 경건한 맘으로 대원들 각자 소원도 빌고 안전도 빌어달라는 제안도 하였다.

청천 삼거리에서 20분 가까이 있다가(커피타임과 대원을 기다림) 07시 지나 출발하였다.

07시 40분에 차에서 내려 장비 점검을 하고 주변을 보니 산 정상에 있는 바위와 구름이 아름답게 어우러져 눈으로만 볼 수가 없어 사진기에 담았다. 참가 인원도 많고 첫 답사인데 어느 정도 대열을 갖추어 준비운동을 했으면 하는 아쉬운 생각이 들었지만, 내가 이야기하면 이것저것 다 참견한다는 소리를 들을 것 같아 서있는 장소에서 준비 운동을 하는 둥 마는 둥하고 출발의 구호는 스틱을 중앙에 모아 구호까지 멋지게 하였다.(07시50분)

등산로를 이용하여 문장대까지 오르는 길은 대다수의 대원들이 수차례 등정한 경험이 있으니까? 이번에는 아기자기하고 아름다운 경관을 만끽하는 길을 택하자고, 이 화백이 제의를 하여 모든 대원들이 따르기로 하였다.

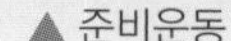
▲ 준비운동

▲ 아름다운 백두대간 속리산

▲ 기축년 새해 첫 탐사

화북 문장선원(구 성불사) 입구는 포장도 되어있고 잘 정비된 절이 눈에 들어와 경내 구경도 하였으면 생각을 하였는데, 선두에 선 대원들이 잘못가고 있다면서 이 화백이 올바른 답사로를 선정하여 후미에 있던 대원들이 선두에 서게 되었다.

등산로 입구에서는 많은 사람들이 다닌 흔적도 없고 한적한 오솔길로만 생각하고, 나 혼자 별 볼일 없는 탐사로를 택한 것이 아닌가 반문하면서 늘 다니던 등산로를 택하면 쉽게 문장대까지 갈 수 있을 것이라고 생각하였다. 8시 30분에 잠시 쉬는 동안 앞에 선 대원들이 탄성을 지르면서 무엇인가를 주시하고 있어, 후미에 있는 나는 무엇이 신기하냐고 질문하니, 2일 전에 내린 비가 나뭇가지 끝에 맺혀 보기 좋은 경관을 형성하고 있다길래, 사진기에 담고 있어 나도 동참하였다. 고도가 높을수록 나무에 맺힌 물방울은 서리로 변하고 바람에 의하여 머리를 빗는 빗살처럼 형성되어 있는 풍경을 보고 탄성을 지르는 대원들도 있었다. 북서풍을 막아주는 양지바른 큰 바위 밑에서 흐른 땀도 식힐 겸, 옷을 벗으면서 잠시 휴식하는 시간을 가졌다. 배낭의 무게도 줄일 겸, 내가 준비한 초콜릿을 나누어 주면서, 오늘은 사랑하는 사람에게 초콜릿을 주는 날인 발렌타인데이라고 하면서 간식으로 준비한 초콜릿 (발렌타인데이는 일본에서 초콜릿 매상을 올리기 위하여 시작하였다고 함)을 나누어 주었다.

▲ 수목에 맺힌 빗방울에 의해 형성된 아름다운 자연경관

10시가 넘어 산능선에 도달하니 멀리보이는 백두대간의 준봉과 눈 앞에 전개되는 눈꽃송이가 전개되었다. 천국이 따로 있는 것이 아니고 여기가 천국의 흰 꽃밭이다.

지난번 탐사 시 등정했던 문장대가 산봉우리에 가리여 시야에 들어오지 않아 아쉬움을 남기면서 천왕봉을 향하여 발걸음을 재촉하였다.

우리 일행보다도 앞서 가던 이동수 대원이 길도 험한 바위틈에서 나타나 우리와 합세하여, 나는 의아하게 생각하여 문장대 앞에 있던 가건물 철거후의 경관을 사진에 담아오는 것이 아니냐고 물으니 그렇다고 하였다. 나는 꼭 그 사진을 카페에 올리라는 부탁을 하였다.

▲ 문장대 휴게소의 변화-자연으로 돌아와 좋은 풍광을 기대합니다.

뒤쳐진 대원들이 잠시 쉬는 동안 윤 대표가 우리나라의 명산인 소금강에서 풍류에 걸맞게 명품 와인 한 잔하면, 더 생기도는 탐사가 될 것이라고 하면서 배낭에서 와인 병을 꺼내 대원들에게 한잔씩 권하였다. 1,000m를 넘나드는 높은 능선! 웅장한 바위와 숲이 잘 조화가 이루어져 아름다움이 극치를 이루고 있는 명산 중 명산! 한폭의 한국화로 변한 느낌을 주었다. 우리나라의 산에 울창한 수목만으로 구성되어 있는 것보다, 侵蝕(침식)과 풍화작용으로 형성된, 지표면의 고도의 차이는 암석과 무관하지 않다. 산은 큰 바위가 있어야 그 운치가 더 어울리는 것 같다. 특히 우리나라는 花崗巖(화강암)의 분포가 많은 나라여서 침식에 의해 드러난 바위의 아름다움이 한층 더 가미하고 있다. 일반적으로 風化作用(풍화작용) 그런 要因(요인)을 여러 가지로 생각할 수 있는 것이지만 보다 주요한 것은 암석의 조직,造巖(조암)광물의 安定度(안정도), 기후조건, 地形(지형)조건 또는 産物(산물)조건들이라고 생각된다. 이 조건들이 복합적으로 작용함으로써 이 과정에서, 가지각색의 모양이 형성되는 것이다. 특히 오늘 탐사는 날씨가 좋아 시계가 넓고 깊어 주변의 경관을 만끽할 수 있고, 활엽수목들이 낙엽이 져 시야를 가리는 장애물이 거의 없어 몸과 마음이 한층 더 시원하였다. 응달 바닥에 얼음이 녹지 않아 미끄럽고, 양지 쪽에는 얼음이 녹아 물이 흐르고, 땅 속은 얼어 조심하지 않으면 낙상하기가 안성맞춤이다. 신선대 휴게소에서 판매하는 당귀막걸리가 일품이라고 경험이 있는 대원이 이야기하여, 땀도 식히고 잠시 휴식도 할 겸 들렀다. 젊은 주인의 환대를 받으며 자리를 잡고, 빈대떡을 안주로 당귀막걸리 한 잔씩 하였는데, 그 맛이 정말로 일품이었다(시원하면서 달기도 하고 목마른 참이라 더 맛이 있는 것 같다. 11시경)

▲ 신선대휴게소 밖과 안

▲ 이정표에 천황과 천왕

신선대 휴게소에서 잠시 쉬는 동안 젊은 주인한테, 사장님이냐 물으니 부모님이 운영하시는 것을 방학 중에 잠시 도와드리는 것이라고 한다. 다른 대원이 이곳의 세금은 어디에 내느냐고 물으니 상주에 낸다고 하면서 지번은 충북으로 되어 있고, 본인의 거주지도 충북 보은이라고 하며 문제점을 제시하기에, 우리가 해결할 문제는 아니지만 뇌리에 아쉬움이 남았다. 휴게소 앞에 있는 바위에 올라서서 주변의 자연 경관이 너무도 아름다워 대원들은 사진 촬영에 여념이 없었다.

▲ 아름다운 속리산의 경관

해발 1,000m가 넘는 속리산 峻峰(준봉)은 화강암을 기반으로 하여 변성퇴적암이 군데군데 섞여있어 변성퇴적암 부분은 깊게 패이고 화강암 부분은 날카롭게 솟아올라 높은 봉우리와 깊은 계곡을 형성하고 있다.

峰(봉)자가 들어가는 8개의 산봉우리가 (천왕, 비로, 길상, 문수, 관음, 묘, 상학, 수정,)있고, 臺(대)자가 들어가는 곳이 8개가 있다(문장, 입석, 경업, 배석, 학소, 신선, 봉황, 산호). 산속에는 석문이 8곳에 있고,(내석, 외석, 상환, 상고, 상고외석, 비로, 금강, 추래) 또한 다리가 8개 있다고 하나 현재는 水晶(수정)교, 太平(태평)교 등 3개만 남아 있었다.

▲ 석문과 동물형상의 바위

대원들 중에는 석문을 몇 번씩 왔다 갔다 하면서 자연의 신비함을 만끽하고 땅과 하늘을 쳐다보면서 자연에 도취하기도 하였다.

속리산 능선은 다른 답사 길과 달리 등산로 양편에 많은 조릿대 군락이 형성되어 있고, 조릿대가 있는 길 바닥에는 습기가 다른 장소보다 많다. 오늘의 탐사 길에는 눈과 얼음이 녹아 길이 질퍽질퍽하고 상당히 미끄러웠다.

천왕봉 정상에는 우리 대원들이 둘러앉아서 담소를 나누면서 점심식사를 할 수 있는 장소가 마땅치 않아, 바람도 피하고 양지바른 좋은 장소가 있으면 점심을 먹자고 결정했다.

겨울 탐사에는 아름다운 꽃과 곤충들을 볼 수 없어 진행 속도가 빠른 것 같다. 하절기에는 지역과 장소에 따라 여러 가지 동식물을 발견할 수 있고, 처음 보는 것을 배우기도 하고 사진기에 담아야 하기 때문에, 보람도 있지만 육체는 힘들고 시간도 동절기 보다 소요된다. 4년째 접어드는 도계 탐사에서 아름다운 구간을 꼽자면, 소백산에서 죽령, 조령3관문에서 이화령, 활재에서 오늘의 목적지인 천왕봉까지가 가장 아름다운 풍광과 삶의 터전이라 그 이름도 청풍명월이라고 명성이 나있는 것 같다.

이곳을 자연 훼손 없이, 관광지로 활용할 수 있는 방안을 연구하여 개발이 아닌 삶의 공간으로 발전시키면 얼마나 좋을까? 하는 생각이 든다.

▲ 천국이 따로 있나 이곳이 천국이지!!!

▲ 아름다운 속리산 경관이라~! 어떤 경관을 잡을지 ~?

13시가 넘어 오늘의 최종 목적지인 천왕봉을 향하여 부지런히 발걸음을 옮겼다. 1972년도 청주상고 근무 때 생각이 불현듯 떠올랐다. 고교시절의 은사님인 김종우(우암 산악회라고 명명함, 국어전공, 공주사대 졸업-학생회장, 나는 결혼 전)선생님을 단장으로, 속리산 어느 산장인지는 모르지만 하루를 머무르고 일찍 천왕봉을 등정한 기억이 있다.

옛 답사 길은 전혀 생각나지 않지만, 분명한 것은 천왕봉은 충북에서 제일 높은 산이며, 잘 정비된 헬기장에서 많은 등산객들이 점심을 먹고 있었다.

주변 경관을 둘러보고 정상에 도착하니 표지석 하나 없고, 바위가 어지럽게 널려있다. 한 대원이 옛날에는 표지석이 있었는데 누가 치운 것이 아니냐고 반문하면서 이상하다고 한다. 기념 촬영을 하고 도계를 따라 하산하기 시작하였다(13:35)

주변에는 소나무가 없고 활엽수 중에서도 상수리나무 군락을 이루고 있는 것 같다.

하산길에는 눈은 없지만 급경사라 험난한 구역이 여러 곳 있었다. 13시 50분 경 이정표가 있는 지역에서 (해발 910m, 대목리-보은군, 장각동-경북상주) 파손된 헬기장에서 잠시 휴식을 한 뒤(해발 677m, 15시 00분) 능선을 따라 하산 하였다. 박대장이 정확한 하산길을 찾는 동안 연대원이 배낭을 열더니, 잘 익은 방울 토마토를 대원들에게 나눠줬다. 늘 연대원은 마지막 간식을 토마토로 대접하여 고마운 인사를 곱배기로 받는다. 그 이유는 무거운 짐이 되는 토마토를 초입동에 주지 않고, 힘들고 배고픔과 가장 피로를 느낄 때 나누어 주기 때문에 칭찬을 더 듣는다.(15시 30분경)

▲ 천황봉에서 기념촬영

▲ 경관의 환호! 오염

▲ 박피 흔적

▲ 자연의 신비

▲ 자연의 신비

16시 10분경 상주시 대목리에 도착하니 이 화백이 양말을 벗고 흐르는 맑은 시냇물에 족욕을 하였다. 시원하고 오늘의 피로가 완전히 풀리는 것 같다고 하여, 동참하니 몸과 맘이 상쾌하였다. 박 대장이 쫒아와 시간이 없다면서 빨리 가자고 재촉하여, 버스로 가는 도중에 눈에 들어온 자연과 잘 어우러진 정자와 비문(금난정 유래비와 기념비를 세우게 된 동기를 오석에 내 맘에 드는 문장으로 새겨져 있다)을 보고 그냥 지나칠 수가 없어, 내용도 읽어보고 경관도 사진기에 담았다. 언덕위에 보이는 석탑을 직접 보지 못하고 촬영한 것이 맘에 걸렸다. 다녀온 대원의 말에 의하면 밭에 있던 석탑을 잘 보존하기 위하여 현 위치로 이전하였다고 한다.

버스가 출발하면서 운전기사와 박 대장의 대화가 오갔는데, 내용은 국립공원 관리사무실에 인사를 할 것이냐, 말 것이냐 이다. 다음번 탐사 시 용이하게 들어가려면 고맙다는 인사를 해야 한다는 중론으로 결론을 얻고 경비실 앞에 차를 멈추면서 안을 보니 토요일이라 근무자가 벌써 퇴근하고 없다.(16시 30분에 출발)

▲ 금난정의 전경과 유래비

▲ 멀리 보이는 장각7층 석탑(보물693호)

○ 구　간 : 보은군 속리산면 대목리 680m봉~ 보은군 속리산면 삼가리
○ 일　시 : 2009년 2월 27일

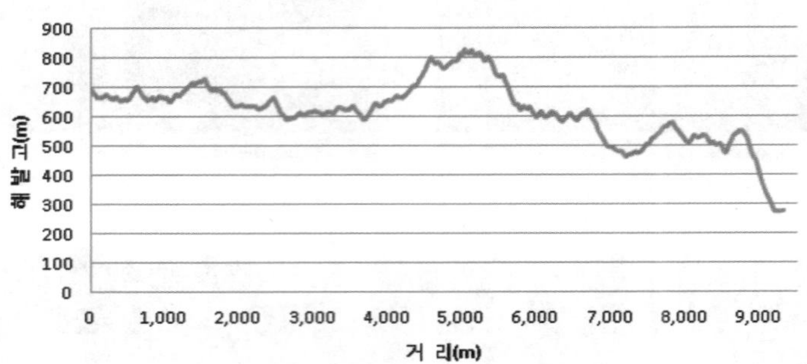

▣ 경계탐사

화창한 봄 날씨를 예고하여 가벼운 마음으로 배낭을 메고 05시 45분경에 대문을 나서면서 하늘을 쳐다보니 구름 한 점 없고 간혹 보이는 별빛만 반짝이고 있다.

전광판 버스 진입메세지가 울렸다. 운전기사한테 가볍게 인사를 하면서 둘러보니 승객은 3명! 도청 앞에서 하차하여 도청 구내에 도착하니 일찍 온 대원들은 승차하여 담소를 나누고 있었다.

처음 보는 얼굴들이 있어 '인사는 하겠지'라고 맘속으로 생각하면서 출발할 때를 기다려도 미동이 없었다. '늘 동참하던 윤선생과 정사장이 늦는구나'생각하였는데 윤 부장이 늦게 차에 타면서 미안함을 전한다.(06시 18분경). 효촌 삼거리에서 이 화백을 태우고 목적지를 향하여 달렸다. 오늘 처음 참석한 사람들은 숲 해설가라고 인사를 하는데 대다수 대원들은 전부터 알고 지내는 사람들 같고 나만 처음 대하는 것을 알 수 있었다.

차안에서 복사본 지도를 살피면서 박 대장이 오늘의 일정 설명을 하는 동안 차는 청천에 도착하여 잠시 휴식과 커피시간을 가졌다. 이른 아침이라 차안에서 주변경관이 잘 보이지 않아 눈을 감았다 떴다 하면서, 지나간 세월과 앞으로 다가올 일에 대하여 희망과 꿈을 설계 하면서 시간을 흘러보냈다.

지난번 하산 지점에 도착 하자마자(화북면 상오리) 배낭에서 사진기를 꺼내 가까이에서 찍지 못한 7층 석탑을 사진에 담고, 대원들이 간단하게 준비운동을 하였다. 장비를 재정비하고 오늘의 안전 탐사를 위하여 함성을 지르고 출발을 하였다.(07시 40분)

▲ 칠층석탑 이모저모

▲ 오늘의 안전한 탐사를 위하여

도계를 접근하기까지가 급경사이고 지표면에는 낙엽이 쌓이고 속에는 아직 얼음이 녹지 않아 미끄럽기 때문에 조심하여야 한다. 높은 산봉우리에는 아침 햇살이 비치지만 우리가 걷고 있는 도계에는 울창한 나무와 그늘이라 싸늘한 공기가 얼굴에 와 닿아 시원하기도 하고 찬기도 느껴졌다.

해발 520m(08시 15분경) 겉옷을 벗을 겸 잠시 휴식을 하였다. 구름 한 점 없는 쾌청한 봄 날씨이다. 백두대간과 속리산 국립공원 일원의 아름다운 이른 봄 경관을 만끽할 수 있는 탐사가 될 것이라고 기대를 하니 다른 때 보다 어려움이 없을 것 같다. 탐사 도중에 흔히 볼 수 없는 수종을 발견하여 대원들끼리 서로 물어보아도 정확한 답이 나오지 않았다. 윤선생이 불참하니 답답하다. 08시 35분에 잠시(해발680m) 휴식하였다

도계를 접어들어 등산로에는 많은 오색 댕기가(등산로 안내 리본) 매달려 있어, 미관상에도 안 좋은 것 같고 나뭇가지 성장에도 지장을 줄 뿐만 아니라 환경에도 영향을 미칠 것 같다. 요즘은 지방 자치단체에서 견고하고 올바른 이정표를 세워 등산객들에게 많은 편의를 제공하는 것 같다. 간혹 잘못 명시된 것도 있고, 국립지리원에서 발간한 1:25,000의 표시된 것과 상반되는 표식도 있지만, 많은 등산객들이 지방자치단체나 국가에 건의하여 올바른 표식(이정표)물을 설치할 수 있도록 국민의 의식구조가 변하기를 바란다.

▲ 재미있는 댕기

▲ 경북도계탐사

▲ 피앗재에서 잠시 휴식

▲ 피로회복을 위한 휴식

해발 593m의 피앗재까지는 급경사다. 이곳은 장소가 넓어 여러 대원들이 쉬기에도 좋고 바람도 잘 부는 곳이라 흘린 땀을 말리기에도 좋은 장소다. 아쉽게도 주변 경관과 잘 어울리는 노송이 건강해 보이지 않아(수명을 다 했는지? 병이 들었는지?) 맘에 걸렸다.

탐사로 음지에 간혹 잔설도 있고 조릿대도 보였다. 형제봉까지 가는 길은 급경사가 전개되어 힘들고 등에서 땀도 흘러 이런 현상이 탐사의 즐거움이 아닌가 생각된다.

권대원이 불참하였는데 부군 박 선생이 잠시 쉬는 동안 배낭에서 쿠키를 꺼내 대원들에게 나눠줬다. 간식의 맛도 맛이지만 손수 집에서 요리해 온다는 말을 듣고, 그 성의와 정성에 늘 고마움을 전하고 있다. 오늘은 더 감사하게 생각하면서 맛을 보니 입에서 감칠맛이 난다.(권 선생이 발을 삔 것 같다고 함)

10시 30분 형제봉(832m)에 도착하였다. 정상에는 아담하게 제작된 표지석이 있지만 많은 등산객이 정상에 오르며 흘린 땀을 여유있게 식힐 공간이 없어 아쉬웠고, 또한 한 여름에 그늘이 될 수 있는 멋있는, 아니 잘생긴 노송이 있으면 얼마나 좋을까? 하는 아쉬움도 있지만, 시야를 가리는 자연물이 없기 때문에 지금까지 탐사한 산야를 감상할 수 있었다.

가까이는 천왕봉과 속리산, 청화산 주변의 산줄기들이 눈아래 펼쳐지고, 더 아래로 농촌의 풍경과 많은 비닐하우스, 구불구불한 한강 낙동강 금강의 상류의 하천들이 보여 지리학상으로 중요한 발원지요 분수령임을 알 수 있는 고장이다.

좌측으로 보이는 협곡이 만수계곡(이곳은 보은의 자랑인 99칸 선씨 가옥이 있고 동학혁명의 유적이 산재하여 있는 곳이기도 하다)이고, 오른쪽은 경북 상주시의 일원이다.

오늘의 답사는 어렵지 않고 시간도 많이 소요되지 않다고 하였지만 1,000m에 근접한 봉우리를 탐사하는 것이 용이한 것은 아니다.

▲ 형제봉 정상에서........탐사대원들, 지금까지는 어렵지 않았지만~!

나는 12시도 안 되었는데 무슨 점심이냐고 반문하였지만 이만한 장소도 없고 오늘은 일찍 목적지에 도착하니 이곳에서 점심을 먹는 것이 좋다고 하니 동참할 수밖에 없었다.

점심을 먹는 동안 삶의 행복 지수에 대하여 논하였다. 지구상에서 행복지수가 가장 높은 곳은 아프리카라고 하지만 나는 현재 가장 행복한 생활을 하고 있다. 잘 먹고, 편리한 생활(자전거, 자동차, 심지어는 비행기까지 타고 다니니 얼마나 행복하냐고 반문하였다)하고 부족한 점이 없는 생활을 하는 것이 행복한 것이 아닌가? 대원들 각자 생각하는 행복의 지수를 이야기하면서 화제의 주제가 다양하고 담소까지 나누니, 좋다고 다들 한 마디씩 하였다.(11시 30분경에 점심을 먹고 출발)

하산하는 탐방로는 좋을 것이라면서, 속리산 국립공원 주변을 여러번 등산한 경험이 있는 연대원이 시야에 들어오는 산봉우리를 가리키며 여러가지 질문과 답을 하면서 즐거운 탐사가 진행되었다.

내가 중고등학교 시절에는 우리나라에서 제일 멋있는 소나무는 속리산에 있는 정2품송으로만 알고 있었는데 탐사하면서 아름다운 소나무가 많아 우리 국민정서에 맞는 소나무들이 정원과 공원에 있으면 국민정서 함양에 도움이 될 것이라고 혼자 생각하면서 카메라에 담았다. 남대문 복원에 사용될 적송을 베는 과정에서 천지신에게 고사를 드린 후 "왕명이요! 하여 어명을 내리는 장면을 TV에서 시청하면서 인간은 모든 생명의 존엄성을 중시하고, 인간도 하나의 생명체에 불과하다는 것을 느꼈다.

탐사하면서 절실히 느낀 점은 우리 고장의 산하에 오래된 적송이 현재보다 몇 배 더 많았으면 보기 좋을지 혼자 상상도 해보았다.

▲ 자연에 잘 적응한 소나무

박대장은 선두에 서서 등산에 베테랑인 연선생과 여러 번 논의하고 GPS와 지도를 번갈아 보면서 두 개의 능선을 놓고 어느 곳이 도계인지를 찾지 못하고 우왕좌왕하는 모습이 안타까웠다. 어느 능선을 택할 것인가를 논의하는 동안 잠시 쉬며 여유 있게 시간을 보냈다.

우리가 택한 탐사로에는 흔히 볼 수 있는 이정표가 하나도 없고 하산 길은 급경사에 바위가 많아 대원들의 안전한 하산이 걱정되었다. 선두에 선 연 선생과 박 대장이 받쳐주고 끌어줘서 전 대원이 무사하게 하산하게 되었다. 또 이 화백이 사전에 준비한 보조 로프의 덕도 보았다.

나는 처음 탐사에 참석할 때 다른 대원들이 화백, 화백 하여 그림 그리는 화가인 줄로만 알았는데 충북 명산뿐만 아니라, 우리나라의 이름난 산들을 등정한 전문 산악인임을 늦게 알았다. 늘 탐사대원 후미에서 스틱도 없이 양손을 배낭 밑에서 맞잡고, 허리는 약간 구부리고 탐사에 임하는데, 내가 보기에는 별로 힘이 들지 않은 것 같다.

예술을 하는 사람들 공통점은 음주와 흡연을 즐겨하는데 이 화백도 여기에 해당하는 것 같다.

형제봉까지는 순탄하게 진행하였는데, 형제봉에서 내려다보이는 두 줄기의 능선을 놓고 정확한 도계를 찾지 못하여 급경사에 바위가 있어 위험하였고 시간도 많이 소요되고 힘도 배 이상 들은 것 같다.

하산 능선에서 동물의 똥이 한군데 많이 모여 있는 것을 보았는데, 검은 색깔이 좀 길은 것은 너구리 똥이고, 회색을 띠고 굵은 것은 멧돼지 똥이라고 하면서, 한 대원이 이곳은 야생동물들의 화장실이라고 한다.

소나무 뿌리가 가로와 세로로 교체되어 있는 장면을 사진기에 담으려고 애를 썼지만 마음에 흡족한 장면이 담아지지 않아, 사진을 여러 번 찍으니까 숲 해설가인 대원이 연리목은 흔하지 않지만 연리근은 눈에 띄지 않을 뿐 땅속에는 많이 있다고 한다.

▲ 힘든 하산

▲ 산짐승의 화장실

▲ 만수계곡 도착

지도 판독의 오판으로 오늘 못한 탐사는 보강 탐사하기로 했다.

첫해 청원군과 연기군, 천안시와 진천군이 인접한 탐사는 고도는 낮았지만 우거진 잡목과 가시덤불을 헤쳐 나가느라 어렵고 힘들었다. 또 산불로 인하여 수목들이 숯검정으로 변한 지역을 통과 할 때는 손과 얼굴이 온통 숯가마에서 나온 사람들처럼 검어 대원들을 얼굴을 서로 쳐다보면서 웃음을 짓기도 하였다.

지금까지 사고 없이 무사히 진행해 온 것은 주최측의 주도면밀한 계획과 대원들의 협조하는 정신이 깃들어 있기 때문이라고 단정하고 싶다.

도계는 아니지만 급경사에서 내려다보이는 만수계곡의 아름다움을 보며 발아래 펼쳐진 바위에 뿌리를 내리고 성장하는 소나무의 끈기와 생명력은 우리 민족의 역사와도 같은 맥락을 하고 있는 것 같다. 반만년 동안 수많은 외적의 침략을 받으면서 민족문화의 꽃을 피워온 배달자손이 자랑스럽기만 하다. 산을 가볍게 보아서는 절대로 안 된다. 신문에 종종 기재되는 등산사고는 작은 부주의에서 오는 것이라고 단정할 수 있다. 다시 한 번 무사고로 도계 탐사 유종의 미를 거두고 소기의 목적을 달성할 수 있게 천지신명에게 기원한다. 15시경에 만수계곡에 도착하니 대원들이 이용하는 미니버스가 울창한 송림사이로 잘 포장된 도로를 따라 오고 있었다.

배낭을 가로수 옆에 내려놓고 등산화를 벗고 흐르는 시냇물에 발을 담그니 시원하기도하고 오늘의 피로가 완전히 풀리는 기분이었다. 다른 대원들도 동참하면서 상쾌함을 만끽하는 표정들이 매우 즐거운 탐사라는 것을 말로는 표현하지 않았지만 표정에 가득 담아있는 것 같이 느꼈다.

미식가로 이름난 이 화백이 형제봉 부근부터 만수계곡의 닭볶음탕이 일품이라면서 수십 번 강조하면서 탐사 종료 후 맛이나 보는 것이 어떠냐고 여러 차례 이야기하여 싫다는 대원들이 없었다. 결정권을 가진 박 대장이 어려움을 이야기하여 대원들은 수포로 돌아가는 것으로 생각하고 있는데 이번에는 문의에 맛있는 손짜장이 있다면서, 그냥 돌아가기는 섭섭한 모양인 것 같고, 대원들까지도 동조하여 '꿩 대신 닭'이라면서, 맛있는 수타면을 먹으면서 즐거운 시간을 끝으로 오늘 일과를 마쳤다.

○ 구　간 : 보은군 내속리면 삼가리~보은군 마로면 임실리
○ 일　시 : 2009년 3월 14일

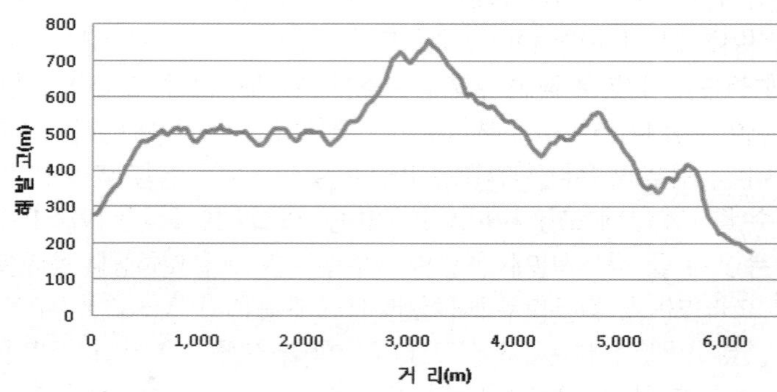

▣ 경계탐사

화창한 봄날이지만 황사 때문에 노약자나 기관지가 약한 사람들은 야외활동을 조심해야 하는 날씨라고 한다.

궂은 날씨만 아니면 탐사를 하는데 큰 지장이 없는 것 같다. 시내버스 정류장에 5시 50분경에 도착하여 화면을 보니 예고가 없어 약간 불안하였다. 나 하나 때문에 여러 대원들이 썰렁한 날씨에 지루하게 기다리면 어쩌나 하고 걱정을 하면서 북쪽을 향하여 시선을 떼지 못하였다. 건너편에 있는 정류장에서는 노래 소리와 함께 진입을 알리는 말소리가 들렸지만 06시 05분이 넘어도 아무런 소식이 없었다.

오늘 따라 배웅을 나온 안식구가 택시를 타고 가라고 종용을 하였지만 지금까지 기다린 시간이 아까워 좀 더 기다려 보자는 말로 답하였다. 내가 도착하여 승차하니 바로 출발하는 것을 보고 미안한 생각이 들었다.

박 대장이 사전에 지도와 도상연구를 한 일정표를 나누어 주면서 어려운 곳도 없고 거리도 짧아 일찍 목적지에 도착할 것이라고 예고를 하는 동안에(효촌 삼거리에서 김 대원과 문의 톨게이트 주변의 주요소에서 이 화백이 동승함) 버스는 청원-상주 간 고속도로에 진입하였다.

차 창밖은 습기 때문에 잘 보이지는 않았지만, 이른 봄 아침 햇살을 받아 가면서 시원스럽게 달리는 기분은 상쾌하였다. 도심 속의 공해와 소음을 멀리한 것이 마음의 여유를 갖게 되고 생활에 활력소를 불어 넣는 계기가 되는 것 같다. 대원들의 모습은 잠시 휴식을 하는 대원과 작은 목소리로 담소를 나누면서 목적지 도착을 기대하는 대원들도 있는 것 같다.

버스는 보은의 99간의 선씨 고택을 지나 만수계곡에서 구불구불한 도로를 따라 상주시 화남면 동관리와 내속리면 삼가리에 위치한 도계에 07시 20분경에 도착하였다. 오늘도 각자가 알아서 알맞은 준비운동을 하고 둥그렇게 서서 스틱 끝을 중앙에 모아 안전한 탐사를 위해 천지신명에 고하고 출발을 하였다.

도계표시가 서있는 이정표에서 GPS를 따라 올라가는 도계는 급경사이고 등산로도 없을 뿐만 아니라, 어린 잡목이 많아 어려움이 많았다.

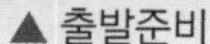
▲ 출발준비

▲ 도계에 도착

▲ 경북 상주의 상징기

또 주변이 산으로 둘러싸이고 고도도 높아서 그런지 탐사로에는 서릿발이 많고 땅속이 얼어서 미끄럽고, 찬바람은 세차게 몰아쳐 한기가 느껴졌다. 방한복에 부착된 모자를 쓰고 장갑까지 착용하여도 추웠다. 해발 482m 경계지점에는 이장한 묘지 흔적이 있는데, 주변에 있는 돌로 축대를 쌓고 크고 넓적한 돌은 상석으로 이용한 점으로 보아 조상숭배 정신이 컸던 것으로 생각되고, 선조의 묘소가 너무 높아 관리하기가 힘드니까 후손들이 이장한 것 같다.

잠시 쉬는 동안에 정사장이 준비한 곶감을 나누어 줘, 대원들은 이구동성으로 고맙다는 인사와 함께 맛있게 먹었다.(08시45분) 탐사하는 동안 바람과 함께 눈발이 날려서 한기가 한층 더한 것 같았다. 멀리 보이는 산들은 황사 때문에 아름다운 자태는 볼 수 없을 뿐더러, 마음의 답답함과 황사에 대한 피해망상까지 떠올라 불안한 마음까지 치솟았다.

도계 주변의 식생은 잡목이 주를 이루었는데, 상주시 쪽으로 식재한 잣나무 군락이 있다. 침엽수림은 한 겨울에도 푸른 잎을 자랑하고, 곧게 잘 성장한 수목은 인간에게 많은 혜택을 주어 사랑을 가장 많이 받는 수종으로 주목받고 있다. 잣 솔방울을 땅위에서 볼 수 있는 것으로 보아 산주인은 잣도 수확하여 경제적으로 보탬이 되는 것 같다. 능선을 따라 꽤 굵은 침엽수, 활엽수 구분 없이 지표면에서1.5~2m 높이로 흰 페인트를 줄기에 띠로 표시를 해 놓은 것이 있는데 이것은 도계를 표시한 것이라고 한다.(명확한 것인지는 알 수 없다.) 급경사를 오른 후 잠시 쉬는 동안에 김 사장이 준비해 온 초콜릿을 대원들에게 나누어 주었다. 그 맛의 진미는 도계 탐사대원들만이 느낄 수 있는 것 같다.

멀리서 보이는 구병산(해발 740m)은 호서의 소금강인 속리산에서 떨어져 경북도계에 인접한 명산으로 웅장하고 수려한 아홉 개 봉우리로 이루어진 산으로 구봉산이라고도 한다. 관기에서 바라보면 아홉 개의 봉우리가 동쪽에서 서쪽으로 마치 병풍을 두른 듯한 풍광이다. 예부터 속리산의 천왕봉은 지아비 산(夫山), 구병산은 지어미(婦山), 금적산은 아들 산(子山)이라 하여 이를 합쳐 삼산이라고 한다. 또 구병산 아래 고속도로 속리산 휴게소 옆에 위치한 위성지국은 태평양과 인도양 상공 인공위성에 전파를 발사·수신하는 국내 최대 위성지국이다. 거대한 접시 형 안테나 4개가 위풍당당하게 서 있어 볼거리를 제공하고 있다.

도계 탐사로 주변에는 근·원거리에 아름다운 주변 경관이 한 눈에 들어와 어느 곳을 사진기에 먼저 담을지 망설여지는 장소가 많다. 거의 동서로 확 뚫린 고속도로와 발아래 보이는 농경지, 실개천등은 우리 국토의 아름다움을 한층 더 더해주고 있다.

탐사 때 제일 많이 눈에 띄는 것이 너구리 똥으로 길고 검은색을 띤다.(대원들이 이구동성으로 이야기하는 것이 너구리들이 한 군데 변을 보는 습성이 있다고 함) 또 멧돼지 똥도 한 곳에 무더기로 있고, 대부분 회백색이고 굵은 편이다.

양지바른 묘소 주변에는 벌써 할미꽃 봉오리가 뾰족하게 돋아나 대원들의 발을 멈추게 하고, 주변에는 토끼똥까지 산재하여 있어, 어린 할미꽃 봉오리를 사진기에 담으면서 토끼 똥도 함께 담아보았다.

▲ 강한 생명력과 자연의 신비

▲ 너구리화장실

▲ 어린 할미꽃과 토끼똥

탐사를 계속하는 동안 햇볕은 따사롭고 바람도 어느 정도 잠을 자, 탐사에 더할 나위없는 좋은 날씨다. 황사 현상은 지속되었지만 시야는 처음보다 많이 좋아졌다. 11시경에 권 선생이 손수 준비해 온 수수부꾸미 같은 음식을(해발570m 지점에서)나누어 맛있게 먹었다.

옛날 명절 때 어머니께서 솥뚜껑을 엎어놓고 불을 때시면서 찹쌀을 반죽하여 빈대떡처럼 굽는 동안 맛있는 고물을 넣어 만드신 것처럼 찹쌀가루에 여러 가지 곡식을 넣고 만든 것이라고 하는데 너무 맛이 있어 나는 염치불구하고 다른 대원들보다 더 먹었다.

잠시 간식을 먹은 후에 탐사로는 큰 바위 사이로 등산로가 있는데 급경사이고 낙엽이 쌓여 조심하지 않으면 사고 위험성이 큰 곳이었다.

▲ 바위협곡

▲ 부처손

▲ 자연의 파괴현장

오늘도 해발 400m이상의 산 능선을 몇 번을 오르고 내려갔는지 몰라도 쉬운 탐사로는 아니었다. 간식을 맛있고 많이 먹어서 그런지 배고픈지도 모르고 부지런히 답사에 임하다보니 왼쪽 무릎이 아프기 시작하여, 스틱과 나무을 이용하여 대열에서 낙오되지 않으려고 조심하여, 팔과 다리에 힘을 고루 주었다.

11시 40분경 시루봉을 턱 앞에 놓고 시멘트 시설물이 있는 장소에서 잠시 쉬는 동안 주변을 살펴보니 과거에 군인들이 구축한 대공포 설치장소라는 것을 직감할 수 있었다.(위성지국을 방어하기 위한 군진지)

보은에서 마을 탐사팀과 합류하여 맛있는 돼지내장과 술 한잔하는 것이 어떠냐고 의견을 제시하니, 싫다는 대원은 한 명도 없었다. ROTC모임이 있는데 6시전에 도착할 수 있느냐 반문하니 걱정할 것 없다고 하였다.

나는 간식을 많이 먹어서 그런지 밥맛이 별로 없어 반 정도 먹고 주섬주섬 남은 도시락을 배낭에 넣고 박대장이 라면을 더 먹으라고 하여 빈 그릇에 담아 주어 대원들과 나누어 먹었다. 시루봉 정상에서 아래를 내려다보니 급경사이고 평택에서 상주까지 잇는 고속도로가 한 눈에 들어오고, 보은군 평야가 펼쳐 있는 풍광이 농한기라 한가롭게 느껴졌다. 표지석을 사진기에 담고 대원들과 함께 하산을 하는데 급경사이고 등산로도 없어 위험하고 힘이 들었다. 앞에서 연 선생과 박 대장이 대원들의 안전한 산행을 위하여 선두에서 안전한 곳을 선택하여 무사히 급경사를 통과하였다. 너덜지대는 위험성이 도사리고 있어 위험성은 크지만 오늘도 무사히 하산하였다.

고속도로를 횡단하여야 목적지까지 탐사를 완료할 수 있는데 지하도나 육교를 찾아 선두에 선 연 선생과 박 대장이 어떻게 결정을 내리는냐에 따라 소요시간이 결정되는 것이다. 고속도로 둑을 따라 일렬로 가던 대원들은 갑자기 급경사로 방향을 돌리더니 연 선생이 수신호를 하였다. 고속도로 밑으로 개설된 수로가 가뭄 때문에 물이 흐르지 않아 대원들이 도계에 접하기가 안성맞춤이었다.(13시 30분 정도에 통과함) 대원들은 한 줄로 수로를 통과하는데 후미에서는 빛이 들어오지 않아서 어려움이 컸다. 선두가 빛을 가려 어느 정도 통과했는지 알 수 없어, 이때 제일 뒤에 있는 대원이 몸을 좌측으로 붙이라고 하니 현 위치를 알 수 있고 잠시 숨을 돌릴 수 있었다.

▲ 과거 군 시설물

▲ 시루봉 표지석

▲ 너덜지대와 위성지국

▲ 생강나무꽃

▲ 사초

▲ 영지버섯

▲ 멀리보이는 구병산

농경지를 지나서 옛 국도에 도착하니 충북과 경북의 경계를 알리는 이정표와 우리 도의 상징인 표지물이 있어 도계임을 알 수 있었다.

하천을 건너 과거에는 소로였던 길을 중장비로 확장 공사을 하는 도로를 따라가니 오늘의 목적지 임곡리 임실 마을이 한 눈에 보이는 언덕이다.(13시 55분경) 언덕에는 맘에 드는 나무가 한 그루 서 있어 사진기에 담으려고 다가서니 생명력을 잃은 노송이었다.

처음 대하는 내 맘도 안 좋은데, 마을 사람들은 얼마나 안타까워했을까? 사진기에 담고 잠시 쉬는 동안 여자 대원들은 양지바른 밭에서 비닐봉지에 봄을 담느라 손을 바쁘게 움직이었다. 임실 마을이 내려다보이는 언덕에서 연 선생이 준비한 방울토마토를 나누어 먹으면서 '오늘의 일정도 종료되는구나'하는 생각이 들었다.

▲ 수로를 통과하는 대원

▲ 충북-경북 도계에서

▲ 충북-경북 도계에서

마을 입구에서 할머니를 만나 여기는 도경계가 어떻게 되느냐고 물어보니 내가 서 있는 도로가 도계이고 앞에 보이는 실개천이 도계라고 한다. 한 마을이 어떻게 도계로 나눠져 있을까. 행정상, 또 생활하는데 많은 불편이 있지 않느냐고 물어보니 불편한 점은 전혀 없고 각 도에서 지원 행정이 경쟁이 붙어 한층 더 이익을 보고 마을이 발전한다면서 자랑삼아 이야기를 하였다.

한 마을에 이장도 2명 마을회관도 둘이라, 작은 마을이 행정상 국민세금을 더 쓰게 되고, 불편함이 있을 것으로 생각된다. 주민 한 분이 과거에 있었던 불편한 점도 이야기 하였지만 현재는 교통과 통신이 발달하여 생활에 아무 지장이 없다고 한다.

14시 25분경에 승차하여 귀가하다 보니 충북 땅에 있는 임곡리 마을 입구에 느티나무 보호수와 음력 대보름에 마을의 안녕과 풍년을 기원하는 축제가(동제) 있었던 흔적을 보호수와 성황당 탑에서 볼 수가 있다.

15시에 보은에서 마을 탐사팀과 맛있는 찌개를 먹고 청주로 향하였다.

▲ 고사한 노송

▲ 마을입구 도경계

▲ 봄을 담는 대원들

▲ 보호수

▲ 임곡리 임실마을 전경

○ 구　간 : 보은군 마로면 임곡리 임실 – 옥천군 청산면 명치리 큰곡재리
○ 일　시 : 2009년 3월 28일

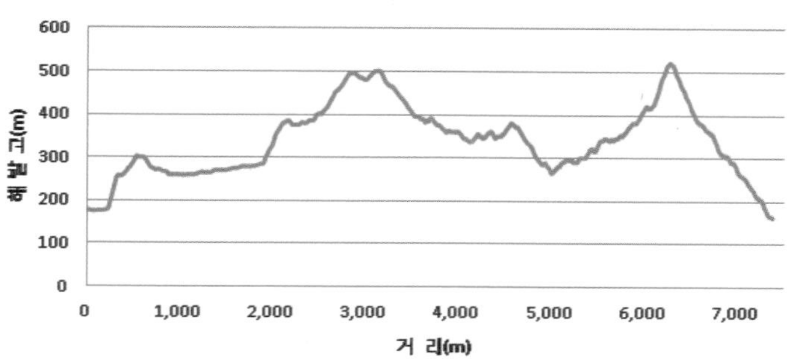

▣ 경계탐사

손자(태훈이 큰 아들)의 첫 생일이라 안식구는 서울에 가면서 내일 도계 답사에 필요한 여러 가지 준비물을 일러두고 떠났다.

늦잠이 들어 눈을 떠보니 06시가 넘어 주섬주섬 준비를 하고 대문을 박차고 박 대장한테 전화 연락을 하여 늦겠다고 전하였다.

택시를 잡았는데 너무 깨끗하고 하여 승객으로써 기분이 상쾌하였다. 또 기사가 중년 정도의 여성이었다. "등산가세요?" 물어 "네~! 놀토에 도계탐사를 하는데 시간이 늦었습니다. 부지런히 도청 정문까지 부탁합니다." 라고 해서 그런지 아니면 이른 아침이라 교통이 혼잡하지 않아서 그런지는 빨간불인데도 가끔은 질주하는 것을 보고 한편으로 고맙다는 생각이 들기도 하였다.

도청에 도착하니 다른 대원들은 승차하고 연 회장만 밖에서 나를 기다리고 있는 것 같았다. 반갑게 인사를 나누고 승차하니 오늘의 목적지를 향하여 출발하였다.

효촌삼거리(김대원)와 문의 입구 주유소에서(이 화백) 두 대원이 합류하여 상주를 거쳐 구미까지 연결된 고속도로로 속리산 톨게이트를(06시 50분경) 빠져 나왔다. 윤 대원이 아침 식사를 하지 못한 대원들을 위하여 준비한 김밥을 나누어 주었다.

박 대장 말에 의하면 오늘의 목적지인 보은군과 옥천군의 경계를 지나 청산면 명사리(상주 화동면 평사리) 탐사하면 시간이 많이 소요될 것 같아 마로면 한중리에서 종료할 예정이라고 하여 대원들로부터 환호를 받았다.(이런 날도 있어야지~!)

▲ 마을 한가운데 하천이 경계

▲ 지도를 읽은 대원들

▲ 안전한 도탐을 위하여

도·군·면은 다르지만 리(里)와 마을 이름이 같은 임실에 07시경에 도착하였다. 장비를 점검하는 사이에 경북 땅에 있는 마을회관 옥상에 올라 다시 마을 정경을 사진기에 담고 내려오니 박대장과 몇몇 대원들이 圖上(도상)과 실제의 道界(도계)를 찾고 이었다.

간단한 준비 운동을 하고 답사 전 오늘의 안전를 위하여 원으로 둘러서서 스틱을 중앙으로 모고 지면에서 하늘로 스틱을 올리면서 박 대장의 선창으로 함성과 함께 기원을 빌었다. 도계인 도랑을 따라 탐사를 시작하면서(07시10분경) 우리 주변에서 흔히 볼 수 없는 경관들을 사진기에 담으면서 대원들 간에 오고가는 대화에도 귀를 기울이기도 하였다.

아침 햇살이 비추어 웅장하게 나타나는 구병산의 위용과 발아래 보이는 농촌의 자연스러운 풍광이 한적함을 더해 주고 있다. 높지 않은 산으로 둘러싸인 임곡 마을이 있는지 알 수 없을 정도로 국도와 지방도로에서 멀리 떨어져 있어 한가로움과 한적함이 청주도 시끄럽고 공해에 시달리는 대도시는 아니지만 탐사 대원들의 마음을 평온하게 하고 여유가 있는 시간과 공간을 생각하게 하여, 평화로운 마음을 만끽하면서 한번 살아보고 싶은 고장이다.

도계를 알리는 수렵지역 표시판이 있고, 마을 안녕을 위하여 산신제를 지내는 건물이 있어 사진기에 담아 보았다.

▲ 도계(상주는 수렵지역)

▲ 금줄이 있는 산신제당

▲ 옛 정취의 담배건조실

마을 주변에는 감나무와 호두나무가 많이 식재되어 있고 林道(임도) 주변에는 호두나무가 특히 많았다.(나중에 알았지만 임도가 아니고 묘소 관리를 위하여 개인이 개설한 도로였다.) 바람이 없는 이른 아침, 햇살은 밝게 비추었지만 이른 봄이라 쌀쌀한 기온 때문에 대원들은 두툼한 방한복까지 입고 탐사를 시작하였는데, 탐사로 주변에서 봄을 알리는 봄꽃들이 우리를 반갑게 맞이해 주었다. 야생화에 대한 식견이 많은 윤 대원이 불참하여 답답한 점이 적이 많았지만. 숲 해설 교육을 받은 대원들이 있어 도움을 받았다.

▲ 노루귀

▲ 고깔제비꽃

▲ 미나리아재비과 식물

▲ 현호색

청주 주변 야산에는 진달래와 개나리가 만개를 하였는데, 탐사로 주변에는 작은 꽃 봉우리가 맺어 있었다 도시 근교에서 흔히 볼 수 없는 야생화들은 우리 민족 성격처럼 화려하지 않고, 뽐내지 않으며 청순한 시골 처녀처럼 다소곳하게 꽃잎까지 고개를 숙여 꽃샘추위를 견디어 내면서 자태를 자랑하는 것이 고난의 역사를 이겨내면서 문화 창조를 이어온 민족의 성격과도 같은 느낌을 준다. 산간 지역이라 해발 431m 답사로(08시경)에서 눈에 띈 꽃은 피지 않았지만 진한 초록색 잎이 봄을 맞이하는 것 같았고, 그 싱싱한 자태에서 꿈과 희망을 주는 느낌을 받았다.

도계 주변에는 인동 장씨 묘소가 대부분인데, 다른 고장에서는 전혀 볼 수 없는, 광경이 눈에 띄어 의구심을 자아내게 하였다. 오색으로 형성된(비닐 종류의 수술) 수술을 산소 주변의 나무에 달아 놓은 것이다.

따사로운 햇살과 바람도 거의 없고 시야도 넓고 깊어, 피로감을 느낄 수 없고, 활력이 불어 넣어주는 봄날씨다.

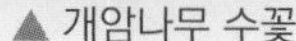
▲ 개암나무 수꽃

▲ 기형의 상수리나무

▲ 차돌의 군락지(광산흔적)

낙엽이 무릎까지 쌓인 급경사를 내려가는데 박 교수가 감태나무라고 하면서 그 특징은 다른 활엽수는 낙엽이 떨어지는데, 이 나무는 새싹이 돋아야 낙엽이 떨어진다고 하면서, 단양에서 많이 볼 수 있는 수종이라고 설명을 하였다. 또 앞에 가던 윤 선생이 똥색으로 수술처럼 생긴 수목을 개암나무라고 하면서 암꽃은 붉은색으로 아주 작아 눈에 잘 띄지 않는다고 한다.

해발 400m 이상이면 낮은 산은 아닌데, 자손의 발복을 위하여 높은 곳에 또 도계에 산소를 써 저승에서는 2개도를 왕래하면서 극락왕생을 하는것이 아닌가 하는 생각이 들기도 하였다. 제천이나 단양지방에서는 볼 수 없었던 기형의 나무들이 눈에 자주 띄었고, 밑둥에서 여러 가지가 올라온 참나무들이 많은데 그 이유를 알 수 없다. 나로서는 기후, 토양 등으로 상상 할 수밖에 없고 답을 찾을 수 없어 약간 답답할 뿐이다.

탐사 중 흰백색의 바위가 무더기로 산재한 것을 발견하고 주변을 살펴보기도 하였는데 흰 돌로 석축을 쌓은 흔적도 있고 식수를 한 흔적도 발견할 수 있었다.(잣나무, 새마을 운동 때 많이 식재한 은사시나무를 볼 수 있다) 학문적으로 무어라고 하는지는 몰라도 통상 차돌이라고 하는 바위줄기가 길게 뻗쳐 있었다. 용도도 모르고 언제 채광을 하였는지 몰라도 지도상에 광산 표시가 있는 것으로 보아, 과거에 명성이 있던 것이 분명하였다.

해발 276m 지점에 도착하니 바람도 거의 불지 않고, 따사로운 봄 햇살이 찾아드는 곳에 대원들이 잠시 쉴 수 있는 곳 옛 고갯마루에 도착 하였다.(지도에 표시된 소로길로 보아 마로면 소여리와 화남 송정마을로 연결되는 교통로임을 알 수 있다). 서낭당이라는 것을 증명해 주는 돌무덤 한 가운데는 오래된 벚나무가 서있다. 잠시 쉬는 동안 안식구가 준비해 준 찐 계란을 배낭에서 꺼내어 나누어 먹으면서, 환담도 나누고 피로도 푸는 시간을 가졌다.(09시 45분).

가파른 경사를 오르는데 탐사로에 쌓인 낙엽 때문에 걷기도 불편하고 낙엽 밑에 있는 작은 돌과 나무 등걸이 보이지 않아 넘어질 우려가 있고, 간혹 넘어지는 대원들도 있다 늘 선두에서 대원들의 안전을 위하여 수고하는 박 대장과 연 선생에게 고마움을 마음속으로 전하면서(선두에서 탐사로에 많은 장애물을 제거하면서 대원들의 안전 탐사에 만전을 기하고 있다.)

오늘도 무사히 목적을 달성할 수 있게 기원을 하면서 앞에 보이는 무명의 고지를 위하여 부지런히 발을 옮겼다.(지도상에는 무명산이지만, 한중리 마을의 유래비에 적혀 있는 것은 일자봉(一字峰)이라고 되어 있다) 10시 50분경에 해발 527m에 올라서니 시야가 확 트이고 날씨까지 좋아 피로가 확 풀리는 것 같았다. 권 선생이 준비한 간식을 먹으면서, 잠시 휴식도 하고 주변 경관도 사진기에 담았다.

11시 40분경에 도착하여 주변 경관도 살펴보고 우리가 답사한 도계를 뒤돌아보면서 잠시 쉬는 시간을 가졌다. 늘 많은 시간이 소요되는 구간을 탐사하다가 일찍 종결이 되니 한결 마음이 가벼운 것 같았다.(도계 탐사 시 대부분은 경계까지 접근하는 데 많은 시간이 소요되었고, 지금까지 답사 때마다 10시간 이상 탐사를 하여 지루한 적이 한두 번이 아니었다)

일찍 끝나고 날씨도 좋으니 그냥 귀가하기에는 좀 섭섭한 감이 있으니, 어디 가서 간단한 점심이나 나누면 어떻겠냐는 제의에, 탐사에 책임을 진 박 대장이 좋은 곳이 있으면 추천하라고 하여, 대원들은 만면에 미소를 지으며 칼국수집을 찾아 갔으나 오늘은 정기 휴일이라고 안내문이 붙어 있다. 김 기사는 핸들을 보은 쪽으로 돌렸다. 오는 도중 보은의 농특산물인 대추나무를 가로수로 심어 놓은 것이 특색이 있어 잠시 차를 멈추고 사진기에 담았다. 국수집에 도착한 시간은 12시 30분경이었다.

▲ 도경계를 알리는 이정표와 충북과 경북의 상징

○ 구　간 : 큰곡재- 별재 옥천 청산 삼방 / 상주 모서 정산리
○ 일　시 : 2009년 4월 11일

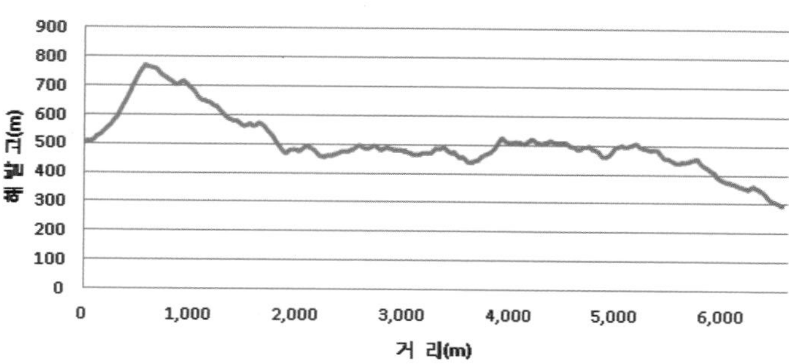

▣ 경계탐사

화창하고 평년보다 수은주가 10℃이상 올라가 초여름 날씨라고 한다. 지난 번 탐사 때 06시에 일어나 아침밥도 먹지 못하고 허둥지둥 택시 타고 집을 떠난 생각을 하면서 안식구가 준비한 밥상 앞에 앉으니 내조자의 힘이 얼마나 큰지를 알게 되었다.

탐사에는 참여하지 못하지만 늘 새벽에 나와 잘 다녀오라는 격려를 해 주던 연 회장이 안보였다. 06시 12분에 도청 정문을 출발하여 문의 주유소에서 이 화백과 김 대표가 승차하여 상주 간 고속도로를 따라 속리산톨게이트(06시 47분경)를 나가는 동안 박 대장이 옥천 산불 현장에 봉사활동 한 경험담으로 차 안이 떠들썩하였다. 어제 TV에서 영동군 청계산의 산불에 대하여 충북대 임학과 교수가 산불이 자연에 주는 피해 상황을 들은 것이 대화의 장에서 한마디 할 수 있는 계기가 되었다.(내용은'4년전에 산불이 났었는데 지금까지도 풀한포기 나지 않는 불모지로 되어 여름에 비가 많이 오면 산사태가 발생할 우려가 있다'라고 강조하면서 '절대로 산에서는 담배를 피워서는 안 된다'고 강조하였다.)

옥천 청산면 장누골을 찾아가는데 지도 판독을 잘못하여 도로확장 공사를 하는 사람들에게 물어보고, 차를 돌려 찾아가는 도중에 정확한 입구를 찾기 위하여 다시 주민한테 물어 보았다. 도로는 포장 되었지만 농로 같은 좁은 도로였다. 마을 입구에는 저수지 공사를 하는지 토목 공사가 한창이었다. 장누골 마을에서 차가 어디까지 갈 수 있느냐고 할머니에게 물어보니 산 능선까지 차가 갈 수 있다고 한다. 지도에는 도계까지 포장된 것으로 나타나 있지만 실제는 비포장이고 좁은 농로라 경운기 정도 다닐 수 있는 길이었다.

▲ 지도를 살펴보다

▲ 탄피

▲ 안전탐사를 기원하면서

장누골은 얕은 산으로 둘러 싸여 마을로 20여 가구가 시야에 들어왔다. (비포장이고 경사가 있는데도 김기사가 노련하여 어렵지 않게 목적지에 도착하였다.)

07시 55분경 오늘의 탐사를 역으로 한 이유를 끝나면서 알게 되었다. 도착지점 주변에는 진달래와 산벚꽃이 만발하여 탐사 대원들을 환영해 주는 느낌이 들었다. 지면에는 포수가 산짐승을 잡았는지 탄피가 어지럽게 흩어져 있어 사진기에 담아 보았다.(청주에서 약 80km) 장비를 점검하고 간단한 준비 운동 후 08시 20분경에 출발을 하였다.

밝은 햇살과 신선한 공기가 대원들의 맘과 몸에 닿으면서 느낀점을 한 마디씩 던졌다. 자연이 인간에게 주는 너무나 좋은 현상이다.

오늘의 탐사는 해발 268m에서 출발하여 700m 넘은 탐사를 할 예정이다. 오늘 탐사에는 윤 박사가 참가하여 각종 야생 식물에 대하여 많이 배우고 익히면서 좋은 탐사가 될 것 같았다. 봄에 싹트는 식물들을 사진기에 담기 위해서는 많은 시간과 노력이 필요하기 때문에 뜻있는 탐사가 될 것이다. 지금까지 탐사하는 동안에 윤 선생한테 물어보아서 답을 못하는 경우는 거의 없어 내가 붙인 별호가 윤 박사이다.

▲ 매화노루발풀

▲ 솜나물

▲ 노루발풀

▲ 개별꽃

선두에 있던 대원들이 쉬기 좋은 평탄한 곳에 자리를 잡고 있는데, 나무에 비닐봉지가 있어 다가가보니 권 선생이 준비해온 쿠키를 먹고 싶은 만큼 갔다 먹으라는 것 같았다. 다른 대원들이 준비해 온 과일까지 내놓았고, 정성들여 만든 매실 발효 음료까지 대원들이 나누어 먹게 되어, 내가 준비해온 찐 계란은 내놓을 틈을 주지 않았다.(09시경)

오늘은 탐사하는 동안 윤박사 곁에 바짝 따라붙기로 맘을 먹었다. 내 질문에 답하고 대원들에게도 알려 주면서 식물들의 특징까지도 자세히 설명하는 것이 초·중학교 때의 자상하고 꼼꼼한 선생님을 기억나게 했다.

탐사로 주변에 있는 활엽수들은 움 틀 생각도 하지 않는 것 같다. 내가 늘 운동하러 올라가는 고인쇄박물관 뒷산은 진달래, 개나리, 산벚, 조팝나무꽃이 만개하였고 참나무가지 끝에는 생동감이 넘치게 새싹이 뾰족뾰족하게 솟아나고 있는데, 여기는 아직 봄내음을 못 맡은 것 같다. 낙엽이 많이 쌓여 발이 미끄럽고 가뭄이 들어 먼지까지 날려 대원들을 힘들게 하였다.

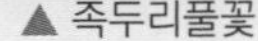
▲ 족두리풀꽃

▲ 잔대 싹

초여름 같은 고온(20℃가 넘는 날씨)에 바람도 거의 불지 않아 연무 현상까지 있어 시야도 좁아 눈이 더 피로했다.

첫해에 참석하던 김 대표가 운동하다 인대가 끊어져 불참하다가 오늘 처음 참석을 하였는데, 농촌 현실에 밝고 여러 방면에도 아는 것이 많은 박식한 대원이다. 잔대싹을 발견하여 내가 사진기에 담은 후 채취를 하였는데 뿌리가 상당히 굵은 것으로 약효가 있을 것이라고 하면서 본인 배낭에 넣을 것으로 생각하였는데 앞에 가던 윤박 사한테 준다. 잔대는 여성한테 아주 좋은 약초라고 하면서 건네주는 모습을 보니 농촌의 순박한 이웃집 아저씨처럼 보였다. 이런 풍경이 대원들 간에 끈끈한 정이 아닌가 하는 생각이 든다.

오늘 탐사로는 한여름에 답사를 하면 좋겠다는 생각이 들었다 산은 높지 않으나 (500m 내외의 능선을 따라 도계가 이어져 있어 탐사하기 아주 좋은 코스인 것 같다) 우거진 참나무들이 빼곡히 있어 시원한 숲 그늘이 좋을 것 같다. 산들바람을 맞으며 탐사하는 대원들을 그려보면서 부지런히 오늘의 목적지를 향하여 걸었다.

언덕을 올라가니 임도로 착한 정도로 넓은 길이 나와 의아한 생각이 들어 앞을 보니 비싼 철조망으로 견고하게 쳐놓은 것이다. 장뇌삼 재배지역일까 사슴농장일까 궁금해졌다.(도 경계선에서 경북 상주시 쪽으로 철조망이 쳐 있다.)

한 대원이 흰 꽃송이를 발견하고 진달래인지 철쭉인지 논하는데 윤 박사가 진달래와 철쭉의 차이점을 설명을 하였고 박 교수는 우리가 흔히 보는 분홍색 진달래꽃만 있는 것이 아니고 여러 가지 색의 진달래가 있다고 부연 설명을 하였다.

좀처럼 보기 어려운 흰 진달래꽃을 놔두면 누군가 채취해 갈 것이라고 염려하여, 우리 대원들만 흰색진달래를 감상하고 꽃잎을 전부 채취하였다.(11시10경)

▲ 흰진달래

▲ 흰진달래 구경

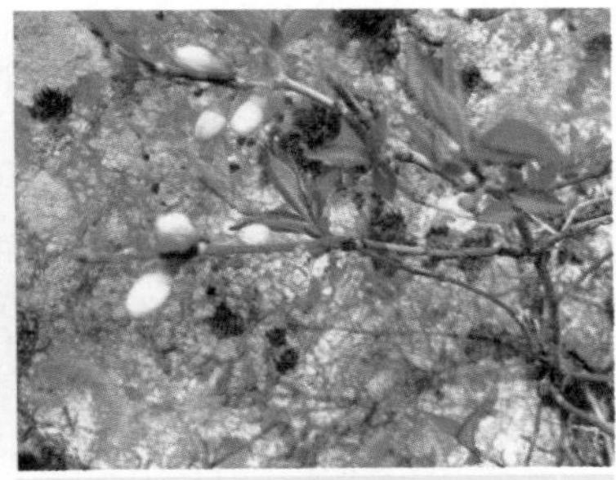
▲ 매화말발도리

옥천군 쪽에 벌채한 넓은 산지가 눈에 들어왔다. 수종 개량을 하려고 하는지 아니면 참나무를 이용하여 표고버섯 재배 또는 참숯을 만들려는지 벌목한 나무들을 여러 군데 모아 놓았다. 조림 사업의 견해는 이렇다. 일거리가 없는 인력을 봄, 가을에 국가에서 고용하여 경제림을 식수하는 것이 어떨까? 또 거리에서 휴지조각을 줍고 간단한 청소를 하는 사람들에게 주는 적은 임금보다 후세에 남겨 줄 산림녹화를 하는 것이 백번 나을 것이라고 이야기하여 왔다. 그러나 임업을 전공한 사람은 자연림이 더 좋은 점이 많다고 하면서 인공조림을 하면 자연과 생태계를 파괴하는 현상이 일어나 좋지 않다는 반론을 제기하여 전문가 말에 더 이상 반론을 제기 하지 않았다.

보은군 마로면에서는 70년대에 유류파동이 나기 전부터 약간의 석탄이 채광되었는데 현재는 폐광된 것으로 알고 있다. 도계가 지나는 산 능선에 여러 장의 묘지를 발견하였는데, 대부분 후손이 관리를 하지 않은 묵묘였다.

▲ 화사한 꽃동산에서

▲ 재미있는 모양

▲ 벌목 현장에서

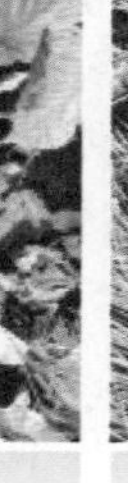

▲ 백선

▲ 노랑제비꽃

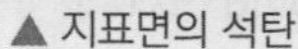

▲ 지표면의 석탄

▲ 낙엽과 활엽수의 면모

대원들 가정에서 각자 준비해 온 반찬을 나누어 먹으면서 이야기꽃을 피우면서 즐거운 시간을 가졌다.12시반경 오늘 탐사는 시간적 여유가 있다면서 평소 보다 점심시간도 길고 식사 후 잠시 오침 시간도 가졌다.(13시20분경에 출발) 오늘 탐사로인 도계 부근에는 소나무 한 그루 없는 활엽수 지대이다. 박교수가, 망쳐놓은 지역이라고 하면서 탄식을 한다.

오늘의 최종 목적지인 팔음산 해발 763m 고지를 오르면, 급경사로 하산하는 곳인데 그 하산 길도 도계이라고 한다. 아침에 지도를 잘못 읽어 충북 옥천군에서 도로확장공사를 하던 장소로 잠시 들렀던 곳이다.13시 50분경에 잠시 휴식을 한 뒤 땀을 흘리면서 목적지를 향하여 부지런히 발걸음을 옮겼다.

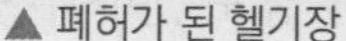

▲ 폐허가 된 헬기장

▲ 팔음봉

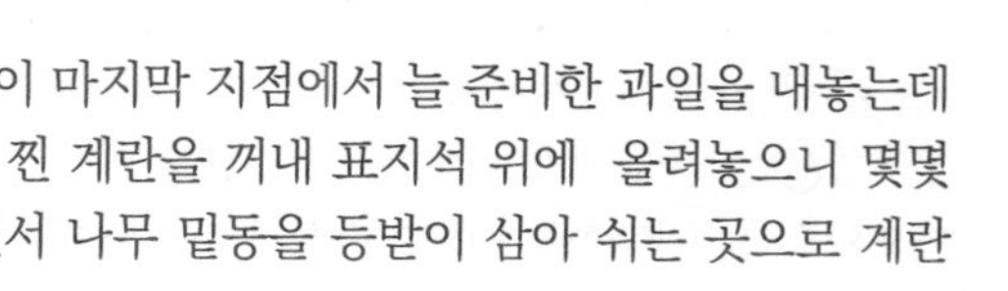

▲ 노루귀

14시 20분경에 오늘의 최고봉인 팔음봉에 도착하여 연대원이 마지막 지점에서 늘 준비한 과일을 내놓는데 오늘은 금귤이다. 덥고 목마른 참에 맛있게 먹고 내가 준비한 찐 계란을 꺼내 표지석 위에 올려놓으니 몇몇 대원들이 까먹고 있는데 여자 대원들은 점심을 많이 먹었다면서 나무 밑동을 등받이 삼아 쉬는 곳으로 계란과 소금을 집어다 주었다.

하산 길은 급경사에다 잔돌이 많아 대단히 위험한 길이었다. 서로 조심하자고 하면서 대원들 간에 사이를 띄우고 하산하는데 시간은 그리 많이 소요되지 않았다. 14시 40분경에 하산을 시작하여 15시 10분에 옥천군과 상주시를 연결하는 도로 확장공사 지역에 도착했다. 경북 상주는 모든 공사를 마무리 하였고, 충북 옥천도 아스팔트만 펴면 될 단계였다. 도경계선에는 차량통행을 막는 큰 돌을 쌓아 놓고 장애물도 설치를 하였다.

앞서서 내려간 대원들이 도로 옆에 졸졸 흐르는 물로 손도 씻고 물병에 담아 나누어 주면서 흙이 들어갔으니 조심하여 먹으라는 당부까지 한다. 착하고 고마운 대원들이다. 복 많이 받을 대원들이다. 도로를 부지런히 내려오는데 대원들을 태울 노랑색 버스가 올라오는 것이 눈에 띄었다. 자동차의 고마움을 느끼면서 차에 타니 김 사장이, 급한 환자가 생겨 들어가게 해 달라는 부탁을 하니 허락 하더라면서 너스레를 떤다. 15시 30분이 넘어 귀가 길에 올랐다.

▲ 도계 표식판

▲ 통행을 막은 돌들

▲ 확장된 도로로 하산

○ 구　간 : 옥천군 청산면 삼방리 별재 ~영동군 황간면 금계리 대관
○ 일　시 : 2009년 4월 25일 ※지도를 잘못 읽어보강탐사, 2009년 5월 9일

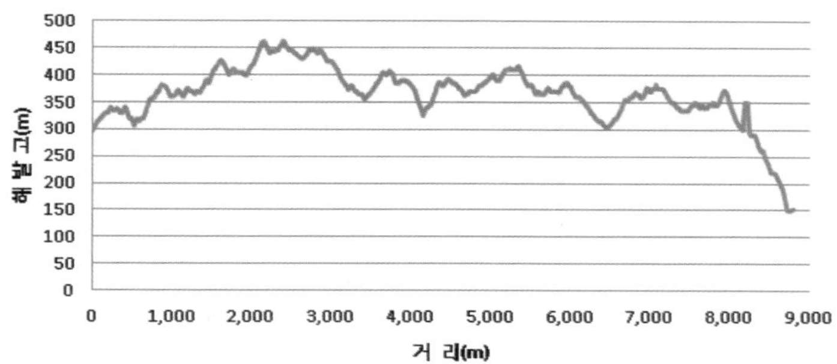

▣ 경계탐사

오늘 오전까지 날씨도 쌀쌀하고 적은 비가 내린다는 예보로 출발 전날 만반의 준비를 해 놓았다. 아침 시간은 하루 어느 때 보다 빠르게 초침이 돌아가는 느낌을 준다. 06시가 다 되여 배낭을 메고 집을 나서니 분침이 50분을 가르치고 있었다. 나 혼자 중얼거리는데 배웅 나온 안식구가 저것은 틀린다고 하면서 걱정할 것 없다면서 시간 내에 도착 할 것이라고 한다. 내 시계로는 정확히 05시 55분에 차를 타고 도착하니 06시 05분이였다. 버스에서 하차하여 잰 걸음으로 도청에 들어서니 대원들이 모여서 환담을 나누고 있었다.

06시가 넘어 출발하여 문의 톨게이트에서 이 화백 동승하고, 오늘 처음 나온 박 선생이 인사를 하였다. 윤 대원이 소개를 하는데 고등학교에서 근무하다 퇴직을 하였다고 하는데 얼굴은 동안이었다. 박 대장이 지도와 도상분석표를 나누어 주면서 오늘은 평이하고 시간도 많이 소요되지 않는 탐사라고 하면서 편하게 다녀오자고 한다. 오늘은 비가 내리고 비포장 도로라 도계까지 가지 못하고 벌재에서 하차하여(07시 15분경에 도착) 각자 간단한 준비 운동과 비옷을 입고 출발하였다. 전번에 출발한 장소에 도착하니 07시 30분이었다. 도중에 잘 꾸며놓은 가정묘소가 있어 사진기에 담았다. 농로 옆에 헌 냉장고가 있어 이곳에 버린 사람이 충북 사람일까 경북 사람일까 이곳이 경북 땅일까 충북 땅일까 얘기하며 걸었다.

▲ 목적지에 도착

▲ 잘 꾸며진 가족 묘

▲ 탐사대원들

가랑비가 약간 내렸지만 탐사하는데 큰 지장이 없었다. 흐린 날에는 시야가 좁고 마음까지 좁아지는 것 같아 몸과 맘이 지루함과 피곤함을 느끼게 한다. 지난번에는 먼지가 검은 바지를 뽀얗게 만들었다. 오늘은 비가 그리 많이 오지는 않았지만 먼지 하나 나지 않은 탐사라 좋은 점도 있다.

초입 동에서 도계 한 가운데는 묵묘가 여러 장 눈에 띄었다. 이분들은 저승에서도 충북과 경북에 오가며 살아 좋은 점은 무엇이고, 나쁜 점은 무엇이지 알고 싶었다.

우리가 어렸을 때에 어딜 가나 흔히 볼 수 있는 할미꽃이 피었다. 사진기에 담아 보았다. 또 병꽃나무도 화사하다. 우리나라 야생화의 공통점은 화려하지 않고 은은한 멋이 우리 내 어머니처럼 아니 청순한 시골처녀처럼 온화하면서 순박한 멋을 간직한 것이 특징이다.

07시 50분경 지도상에도 나타난 고개마루 도착하였다. 이곳에는 옛 정취를 느끼게 하는 성황당 돌무덤이 낙엽에 묻혀 보이지 않지만 우리나라에 전래하는 성황당이라는 흔적을 알 수 있었다. 인근 주민들한테 물어보면 고개 이름과 옛날부터 전해오는 전설이라도 들을 만한 고개인 것 같다. 가랑비는 오락가락하여 탐사하는데 큰 지장은 없었지만 시야가 가려서 답답했다. 특히 안개까지 대원들을 괴롭게 하였다. 08시 55분경에 권 대원과 정 대원이 한 쿠키와 사과를 나눠줘 피로를 덜어주고 대원들의 마음과 입을 즐겁게 해 주었다. 박 대장이 날씨가 흐려서 그런지 GPS가 이상하다고 하면서 지도에 나타난 고도와 GPS의 고도가 40~50m이상의 차이가 난다면서, 몇 번이고 GPS와 도상을 비교하였다. 지도상에 나타난 오늘의 최고봉인 천금산(해발 469.9m)이 520m로 나타난다고 하면서 이상한 점을 대원들에게 이야기했다. 천금산 정상에는 표지석도 없고 삼림이 우거졌을 뿐만 아니라 안개까지 겹쳐 대원들을 답답하게 하였다.(09시 20분경)

도계에는 경북 탐사의 리본이 가끔 눈에 띄었고, 옥천군계를 답사한 표지기가 보여 도계 탐사단을 안내해 주었다. 그 후에 탐사는 순조롭게 진행하는 듯하더니, 앞장선 박 대장이 GPS를 살펴보더니 이상하다고 하면서 완전히 GPS가 벗어났다고 하면서 대원들을 정지시키고, 몇몇 대원들이 도계를 찾아 이리저리 확인하는데 꽤 시간이 걸렸다. 이 교수가 지도 정치를 하는데 올바르게 배운 것 같았다. 지도와 나침반이 가리키는 방향이 일치하였다. 내 생각으로도 그 방향으로 진행하였으면 좋겠다는생각이 들었지만 여러 사람이 의견을 제시하면 진행자가 더 혼란할 것 같아 의견을 제시하지 않았다. 또 내가 ROTC후보생 때도 제일 싫어하고 어려워하던 군사학 중에 독도법이어서 지도를 읽는데 전혀 자신이 없다.

이곳에서 40분 이상 지체했다. 탐사로에는 있어야 할 경북 탐사단 리본은 보이지 않고, 옥천군계를 탐사한 리본만 눈에 띠었다.

특히 고사리밥이 많은 곳에는 철이 일러서 그런지 드문드문 고사리 순이 보였고, 어느 장소에는 꺽어간 흔적이 있었다. 이 화백이 하는 말이 재미있어 적어본다. 살아생전 덕을 많이 쌓으면 묘주변에는 고사리가 많다고 하면서 고사리가 없으면 적덕을 하지 않았다고 스스로 단정지면서 고사리를 채취하였다. 대원들도 눈에 띄는 고사리를 꺾어 이 화백한테 모아 주었다. 도상 연구를 한 결과 400m의 고지를 넘으면 구릉지가 전개된다면서 박 대장을 비롯한 대원들이 혹시 우리가 걷는 길이 도계가 아닌가 생각하였지만, 경북 도계 탐사단이 지나간 흔적이 없는 것으로 보아 도계가 아닌 것 같다.

▲ 도계탐사 중

▲ 옥천군계 리본과 도계리본

▲ 도상에 GPS를 대입하는 대원들

멀리 보이는 저수지(방죽)가 우리가 목적한 곳이 아닌가 하며 도착한 곳은 도계에서 그리 멀리 떨어지지 않은 영동군 용산면 미전리이다. 12시가 다 되어 도착하였다.

오늘 답사의 오차는 누구의 잘못도 아니고 날씨로 인해 GPS가 오작동을 하였고, 대원들이 지도를 읽는데 부족함을 일깨워 준 것이다.

비는 그리 많이 오지 않았지만 시야 때문에 고생을 하였고, 등산화가 젖어 발이 차고, 장갑 준비를 하지 못한 본인은 탐사기록을 쓰는데 애로가 있었다.

봄철의 쌀쌀한 날씨에 움츠러 든 대원들의 몸을 풀어준 박 대장에게 고마움을 전하면서 옥천 청산의 자랑거리인 생선국수를 맛있게 먹고 청주로 출발하였다.

◆ 5월 9일 보완탐사

지난번 도계 탐사를 다녀와서 기행문을 올린 후 이것저것 확인 하는데 금년2차 기행문이 없어 무척 고심을 하다가 옛 동료인 전산전담 교사한테까지 문의 하였으나 복원하기에는 많은 노력과 시간이 필요하다면서 부정적인 답을 주었다. 작은 며누리가 집에 있어, 한번 찾아보자고 이야기를 하여 컴퓨터에서 시도를 하였지만 헛일이었다. 최후로 전번에도 우리 집을 방문한 적이 있는 '김태경' 대원에게 전화로 사정 이야기를 하니, 가능하다고 답을 하였다. 그러나 약속한 날짜에 오지 않아, 나는 더 불안하다. 2차 탐사시 찍은 사진은 있는데, 일정을 기록한 메모지를 책상 정리하는 바람에 전부 찢어서 휴지통에 버린 기억이 났기 때문에 더 불안하다. 탐사한 기행문을 작성하려면 1~2시간에 되는 것도 아니고, 빨라야 2~3일이 소요되는데 어떻게 하면 좋을지 정답이 나오지 않아 늘 불안하였다. 김태경 대원한테 전화 올때만을 기다리고, 전화도 없고 메세지도 없어, 5

월 8일 늦게 전화를 하니 21시가 넘어 청주에 도착 할 것 같다면서, 잠시 시간을 내서 방문하겠다는 언약을 하면서 언제 잠을 자느냐고 물어, 시간에 구애받지 말고 방문하여 주면 고맙다고 하였다.

21시가 임박하여 전화벨이 울려 받아보니, 대청교회 앞에 있다고 하여 마중을 나가니 대문 앞에서 서 있어 반가이 맞이하여 방으로 안내 하였다. 김 대원이 언제쯤 2차 기행문을 작성하였느냐고 물어서 날짜를 알려주고 옆에서 화면을 보는데 메뉴판에 '도계 2차' 탐사라는 글자가 눈에 들어오는 순간 얼마나 반가운지 '찾았다'라고 나도 모르게 소리를 쳤다. 김 대원이 잠시 컴퓨터 폴더를 정리하고 떠나간 뒤에 내일 탐사에 필요한 준비를 하고 잠자리에 들었다.

평소와 다름없이 일찍 일어나 신문을 읽고 잠시 눈을 붙이고 있는 동안 안식구가 일어나라고 하여 눈을 떠보니 05시 15분 이였다. 다시 짐정리를 하면서 일주일 동안 작은 손자들이 내려왔고, 芝庸이가 이 세상에 태어난지 벌써 100일이라 양가 가족이 모여(09. 5. 7일) 간소하게 잔치를 하였다. 작은 아들이 요새는 바빠서 쉬는 날도 없이 출근해야 한다면서 식구들을 데리러 어제 내려왔다. 잠자는 모습이라도 보고 도탐에 가려고 마음을 먹고 있는데, 평소에는 큰 손자 놈이 (芝亨) 07시가 넘어야 일어나는데, 할아버지가 도탐에 가는 시간을 아는지 눈을 비비면서 거실로 나오는 모습이 평소보다 훨씬 예뻐 보였다. 간단하게 식사를 하고 대문을 나서는데 안식구가 손자를 업고 배웅하러 버스 정류장까지 가본다고 따라 나섰다. 마음속으로는 혼자 가는 것보다 마음이 흐뭇하였고, 아직 말은 못하지만 손자까지 동행하니 더욱 발걸음이 가벼웠다. 시내버스 정류장 앞에는 개인택시가 주차 되여 승객들이 버스에 승차하기 위하여 인도에서 승차 할 수 없고 도로까지 나가서 승차 하여야 하는 불편함을 제공하였다. 그런 운전수가 어떻게 개인택시를 몰 수 있는지 미운 생각이 들었다.

아침 첫 차가 05시 55분에 도착하여 서울에 가서 건강하게 무럭무럭 잘 자라라고 격려하면서 버스에 오르니 평소보다 승객들이 많았다. 날씨가 좋아 일찍이 일터로 나아가는 아낙네들인 것 같다. 즐거운 감정으로 탐사 버스를 타기위하여 출발을 하였는데 오늘은 버스 운전수가 창문을 열어놓고 수시로 가래침을 차창 밖으로 큰소리를 내면서 뱉은 것이 내 맘에 거슬렸다. 도청 앞에서 하차하면서 작은 소리로 운전사한테 한 마디 안할 수가 없었다. 공중위생 도덕이 의심스럽다고...

탐사 대원들을 실은 버스는 도청 정문을 06시 10분이 지나서였다. 박 대장이 인사 겸 선물을 하나씩 나누어 주는데 연 선생이 전번에 네팔에 다녀오면서 준비한 '컴퓨터 마우스 패드'와 금년 초에 내가 건의한 도계 탐사 표지판을 나누어 주었다.

오늘 처음 참석한 대원을 소개하면서 '본인'이 직접 인사하려고 하여 대원들은 박수로 환영을 하였다. (도청 산림과에 근무하는 것으로 직감하였다.) 오늘은 전번에 날씨 때문에 정상적인 탐사를 못하고 천금 산에서부터 도계가 아닌 영동군과 옥천군의 군계를 답사하였기 때문에 보강 탐사고 아니고 새로운 탐사도 아닌 순수한 우리말로 '어정쩡한 탐사'가 되었다.

▲ 도계에 도착하여 장비를 점검

▲ 가벼운 맘으로 첫 발을 내딛는 대원들

오늘 출발지는 연속하여 3번째(옥천 청산 별재)도착한 지점이다. 지난번에는 비가 내려 비포장 도로이고 길이 미끄러질 우려가 있어 '새터말'에서 출발 하였는데 별재까지 30여분이 소요되었다. 오늘은 날씨가 좋아 미니버스 통행에 큰 불편이 없을 것으로 생각되어 목적지까지 갈 것으로 생각하였는데, 기사가 마을 입구에 차를 대는 동시에 박 대장이 한마디 하여 도계까지 용이하게 접근할 수 있었다.(07시 30분) 장비 점검과 간단한 준비운동, 안전 산행을 위한 기도를 하고 출발을 하였다, 전번에 답사한 도계를 넘어 새로운 길을 선택하기 위하여 상주시 방면으로 넘어서는 데, 풀이 우거진 밭에 옻나무가 많이 심어져 있는 것을 발견하고, 옻에 대한 찬양론과 옻순에 대한 칭찬론도 거론하면서 발걸음을 옮기었다. 나는 뒤에 떨어져 옻 순을 따는데 김 대원이 상순을 따면 성장하는데 지장이 있으니까 곁순을 따는 것이 좋다고 하여, 한 주먹 정도를 채취하였다. 또 옻나무와 함께 식재되어 있는 것은 땅 두릅이었다. 나는 말을 들은 적이 있지만 처음 보는 것이다. 초기 성장 시 우리가 흔히 볼 수 있는 것은 두릅나무이고 땅 두릅은 초본이다.

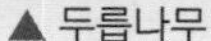

▲ 두릅나무

▲ 땅두릅

▲ 육상 플라나리아

우리 대원들이 도계로 접근하는 장소는 산사태가 났던 곳으로, 나무 가지를 이용하여 사방공사를 한 흔적이 있고, 급경사 지역이다. 이곳에서 밑거름으로 사용하는 왕겨가 발견되었는데 그 이유는 알 수 없었다. 오늘 화재는 고사리이다.

전번에는 대원들이 채취한 것을 이 화백한테 몰아 주었는데, 오늘은 나한테 몰아줄 것 같았다. 김 대원이 도계탐사 때마다 도시락 준비도 하지 않고 아침에 인사도 받지 못하는 본인이 고사리를 채취하여 집사람한테 점수를 따야겠다고 선언을 하는 바람에 대원들은 눈에 띄는 고사리를 꺾어 김 대원에게 주었다.

이 화백은 묘 주변에 고사리가 많은 것은 살아생전 이승에서 많은 적덕을 하면 고사리가 많이 난다고 우스갯 소리를 한다. 또 본인은 다른 산나물은 채취하지 않고 오직 고사리만 채취한다면서 고사리의 맛과 영양에 대한 찬사를 아끼지 않는다.

1시간 가까이 탐사를 하다가 대원들이 앉기 좋은 장소에 잠시 쉬는 동안 사탕과 오이를 준비한 대원이 나누어 주었다. 자리가 불편한지 바로 탐사를 임하다가, 도계를 한 가운데로 자리를 잡은 묘지에, 그늘도 지고 펑펑짐한 곳에 자리를 잡으면서 또 휴식시간을 가졌다.

이때는 이 화백이 해온 쑥떡과 도청에 근무하는 이 대원이 준비해온 삶은계란까지 내 놓아 푸짐한 간식이 되었다. (해발442m, 08시 30분경) 이곳에서 계절의 여왕 5월의 신록을 만끽 하면서 심신단련의 한 장이 된 것 같다. 오늘 도계에는 활엽수와 상록수가 잘 어우러진 경관을 보존하고 있고, 인공림이 하나도 없었다.

'구본형'의"낯선 곳에서 아침"에서

* 산이 왜 좋으냐고 묻는다면
그것은 매우 어수룩한 질문일 것입니다.

복잡한 도심을 벗어나 가까운 산이라도 가보십시오.
숲에서 나오는 피톤치드로 샤워를 하면, 몸과 마음이
상쾌해지고 새로운 활력이 솟아납니다. 1주일에
한두 번 만이라도 산에 오른다면 있던 병도
사라지고 허약한 사람은 강해집니다.

정말로 자연이 인간에게 주는 선물은 숫자로 논할 수 없을 정도로 즐겁고 상쾌하고 생활의 활력을 주는 것 같다. 그래서 나는 도계탐사를 늘 기다려진다.

오늘은 활엽수가 우거진 숲이 대원들을 시원하게 하고 바람까지 살랑살랑 불어 몸과 마음을 상쾌하고 가볍게 해 준다. 탐사 중 오늘의 이 시간이 가장 길게 휴식을 취한 것 같다. 30분 이상 쉬다 탐사를 계속하니 모든 것이 홀가분한 것 같다. (10시 10분에 출발)

능선을 따라 철사줄이 발견되었고 언제 설치하였던 흔적인지는 몰라도 굵은 나무줄기에 1/3이상 철사가 박힌 흔적이 있고 어느 나무는 전선줄에 사용하던 사기 질 기구도 발견되었다. 철조망을 설치하여 목장을 조성하였다면 벌목한 흔적도 있고 가축의 우리라도 있어야 하는데 그러한 것은 찾아 볼 수 없고 도계에서 우리도 쪽에 설치되어 있고 옥천군에서 처음 발견하였는데 영동군까지 연결되었다. 실무자에 의하면 공무원들이 탁상에서 구상하여 현장은 가보지도 않고 국가에서 지원하는 지원금만 타먹은 경우가 많다고 한다. 가축방목이나 초지 조성이 실패하였다면 시설물을 철거하여 자연환경을 파괴하는 행위는 하지 않아야 하는데? 그 피해가 너무 큰 것 같아, 대원들이 한마디씩 원망을 하고 그 현장을 카메라에 담아 보았다. 오늘의 탐사로는 해발 고도가 300m~600m를 넘지 않는 평이한 코스로 어렵고 힘들은 곳은 거의 없고 실록이 우거져 답사로에는 그늘이 져 있고 가끔 시원한 산들 바람이 불어 이마에 흐른 땀을 식혀주는 고마운 산들 바람이 대원들의 몸에서 힘이 넘쳐 흐르게 하였다. 답사 때 마다 느끼는 것은 도계가 대부분 능선으로 이어져 있어서 그런지는 몰라도 도계 한복판에 묘가 많이 있다는 것이다.

▲ 맛있는 간식과 휴식

▲ 도계답사리본

▲ 뻐국채

또 해발 300m 이상이면 낮은 지형이 아닌데, 후손의 발복을 위하여 이러한 곳에 묘를 쓰느냐고 그 후손들이 얼마나 고생을 했을지 의문점도 생기고, 근래에 사후 관리하기 편리한 곳으로 많이 이장한 흔적이 남아 있다.(아니면 현대식 납골당으로 합사를 하였는지?)

오늘도 지난번에 도계를 찾는데 고생을 한 지역에서 GPS와 지도 정치를 하여 몇 번 확인하고 도계를 찾아 헤매었다.(도계 탐사 시 늘 눈에 보였던 경북도계 리본이 보이지 않은 것으로 미루어 볼 때 그 사람들도 지도상에서 도계를 찾느냐고 고생을 한 것으로 생각된다. 바로 이 구간이 전문 산악이들이 이야기하는 "리반데롱" 구간이다.-한 장소에서 다른 장소로 이동하지 못하고 한 장소에서 빙글 빙글 돌게 되는 착시 현상이라고 할까?)

11시 50분경에 대원들이 둘러 앉아 맛있는 점심을 먹을 수 있는 장소를 잡았다. 오늘은 어느 때 보다 시간적 여유가 있고, 가랑잎 위에 쌓인 송화가루와 먼지만 없으면 답사하기가 금상첨화 인데 대원들이 입은 바지 색깔이 검정이라 노란 송화가루가 바짓가랑이에 흙먼지와 함께 뿌옇게 채색이 되었다. 자연의 혜택을 최상으로 누리면 잠시 오침하는 것이 어떠냐면서 여유로움도 보였다. (12시 50분에 출발)

▲ 자연의 파괴 현장 ▲ 개미귀신 ▲ 산개구리

▲ 굴피와신갈 ▲ 신갈나무의 연인목 현상

오늘의 답사에서는 같은 종의 연인목과 타종의 연인목이 눈에 뜨여 사진기에 담아 보았다. 14시 경 산 능선에서 구릉지로 내려 왔다. 이곳은 옛날에는 밭으로 이용하였던 것 같은데, 어린 감나무를 식재하여 감나무 과수원이 형성되었고 경사가 급하지 않은 곳까지 벌채하여 감나무를 심었다. 영동군하면 감나무라는 특성을 암시해 주는 것 같았다.

다른 곳에서 찾기 어려움 구절초 싹이 군데군데 싱싱하게 성장하여, 채취하여 화분에 심으면 가을에 향기도 좋고, 화려하지 않고 청순한 흰 꽃을 볼 수 있다하여, 줄기는 손으로 절단하고 뿌리와 몇 장의 잎을 남겨두고 몇 주먹 채취하여 비닐주머니에 물을 뿌려가면서 담아 배낭에 넣었다.

그러는 동안 대원들은 기념 촬영을 하고 도계를 따라 부지런히 발걸음을 옮기여 후미를 쫓아가는데, 날씨가 더워 모자의 창에 땀이 배고 이마에 구슬땀이 흘러 눈에 땀방울이 들어가 눈이 따가웠다.(14시)

▲ 여름같은 날씨에 탐사에 임한 대원들

▲ 땅 비싸리

선두에 선 연대원과 우리는 능선 하나를 사이에 두고 육성으로 위치를 확인하면서 탐사를 진행하였다. 산 아래 보이는 도로 양편에 푸른 이정표가 보이는 것으로 보아 도계임을 알 수 있다. 지금까지 경험으로 도로 도계에는 양도를 상징하는 상징물과 이정표 등이 한두 개 서 있는 것이 아니다. 우리 대원들이 도착한 지점은 지도상의 도계에서 벗어난 곳이었다. 산 밑에는 포도밭을 지나 시멘트로 만들어진 '보'를 건너서 도계의 이정표와 경북에서 세워 논, 한옥 구조의 쉼터와 이 고장의 유래 비위에 거대한 자연석을 올려놓고 목적지에 도착하여 기념 촬영을 하였다. 지난번 4월 25일에 탐사를 해야 할 코스인데 비와 안개 때문에 엉뚱한 곳으로 (영동군과 옥천군 경계) 도착하였다.

▲ 여름날씨 같은 더위를 이기고 도계에 도착한 대원들

○ 구　간 : 영동군 황간면 금계리 ~ 영동군 황간면 우매리 수정재
○ 일　시 : 2009년 5월 23일

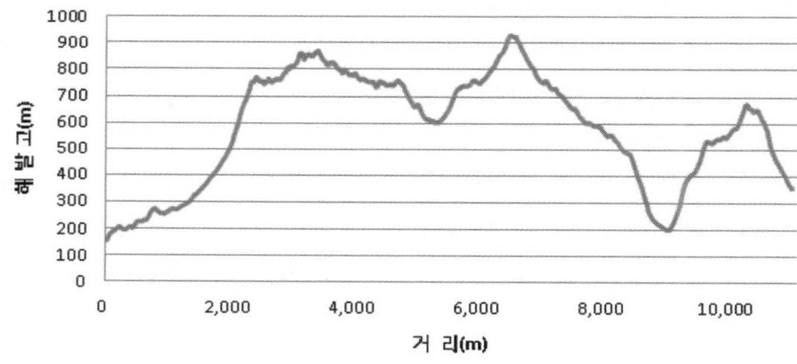

▣ 경계탐사

일기예보에 5mm 내외의 비가 내린다고 하여 걱정되었다. 탐사에 필요한 장비를 준비하고 일찍 잠자리에 들었다. 잠자리에서 눈을 떠보니 새벽 04시였다. 마당에 나가 하늘을 쳐다보니 잔뜩 찌푸린 날씨이고 얼굴과 살갗에 닿는 물기가 가랑비였다.

배낭을 짊어지고 대문을 나서면서 다녀오겠노라고 이야기를 하였는데, 대답이 없어 이상하다고 생각하였다. 버스정류장으로 발걸음을 옮겼다. 전광판을 쳐다보니 시내버스 시간을 예고하는 전광판을 점검하기 때문에 시민들에게 불편하게 해드려 미안하다는 전문을 띄워 놓았다.

어느새 안식구가 배웅을 나와 주워 마음이 흡족하였다. 6시가 다 되어 버스에 올라타니 오늘도 승객들은 전부 아주머니들이었다.

남자들은 한 명도 없어 이상하게 생각하면서 버스 안에서 손을 흔들면서 안식구에게 잘 다녀오겠노라 인사를 마음속으로 나누면서 도청에 도착하니 먼저 대원들이 모여 환담을 나누고 있었다. 효촌 삼거리에서 오랜만에 참여하는 김 대원이(1개월 이상 감기 기운이 있어 불참하였음) 동참하여 반가웠다. 박 대장이 복사본 지도와 도상 분석표를 나누어 주면서 오늘의 탐사는 접근로가 용이하지 않아 어려움이 크다고 하면서 능선 2~3개를 지나 접근하기 용이한 지점을 선택하여 탐사에 임하겠다는 예고를 하였다.

도계가 있는 수리재에 잠시 하차하여 수리재에 대하여 쓴 글도(상주시에서 제작)읽어보고 사진도 찍었다.

▲ 오래된 배롱나무

▲ 반야사 초파일 등

이곳에서 오늘의 첫 출발을 하여야 도계에 접근하기 용이하다면서, 난코스라 접근하기 쉬운 장소를 택하였다. 석천을 건너 삼림욕장 입구에 있는 등산로를 이용하여 도계로 접근한다는 계획으로 오늘의 탐사가 시작되었다.

영동 황간에 들어서면서 시간이 어떻게 되는지는 몰라도 자연경관이 아름답고 오래된 사찰이 있으니 관광도 하는 것이 어떠냐는 대원들의 의견에 따라 07시 30분이 넘어 아름다운 자연 경관을 만끽하면서 반야사일주문을 통과하여 사찰에 경내에 있는 넓은 주차장에 하차를 하였다. 겉보기는 오래된 사찰 같지는 않지만 안내문에는 신라시대에 창건되었다고 기록되어 있다.

가람의 배치가 맘에 들었고, 경내에는 불두화가 만개하여 있고, 대웅전 앞에 배롱나무 2주가 서 있는데 지금까지 본 배롱나무 중 가장 오래된(군 보호수, 수령이 500년) 나무로 기억된다. 앞장서 경내를 구경하던 대원들이 따라 오라는 말을 하고 뒷문이 있는 곳으로 사라져 부지런히 따라갔지만 대원들은 보이지 않고 길은 비포장이다. 한적한 석천을 따라 오솔길을 걸으니 시원하고 신선한 공기로 맘이 상쾌하고 육체에서 힘이 샘솟는다.

10여분 가다보니 박 대장이 넓은 바위와 강물이 맞닿는 곳에서 하늘을 쳐다보면서 자연경관에 심취하고 있었다. 다른 대원들은 어디 갔느냐고 물으니 하늘을 쳐다보면서 저기에 올라갔다면서 손가락으로 알려주었다. 시선가는 대로 따라 가보니 깎아내린듯한 절벽 위에 암자가 보이는데 그렇게 아름다울 수가 없었다. 강바닥에서부터 접근하기 쉽고 안전을 도모하기 위하여 나무 기둥을 밧줄로 연결하고 돌로 계단을 만들었다.

부지런히 올라가 경내를 둘러보니 콘크리트로 기초를 하여 실망을 했다. 위에서 내려다보는 금강의 상류인 석천은 아름다웠다. 봄, 여름, 가을, 겨울 어느 계절에도 이곳에 오면 신선이 따로 있는 것이 아니고 참배객이 곧 신선이 될 것이라고 생각하면서 내려왔다.

▲ 도계인 수리재

▲ 사람의 지혜

▲ 반야사 전경

여러 지역에서 아름다운 경관을 사진기에 담으려고 노력을 했지만 마음에 드는 장소(흐린 날씨까지 촬영에 방해하는 것 같았다)구도가 잡히지 않아 마음 한 구석이 빈 것 같았다. 하산길은 평탄하고 지름길 이었지만 위험하고 힘든 돌계단을 따라 되짚어 내려오면서 구도를 잡아 보았지만 헛일이었다.

부지런히 발걸음을 옮기는데 사찰 담장위에 우리 향토에 잘 어울리는 다람쥐가 왔다갔다 하면서 먹이를 찾는 것으로 생각하였는데, 좀 더 걷다보니 또 한 마리가 있어, 이놈들이 이른 아침에 사랑 놀음을 하는구나 생각하면서 카메라에 담아 보았다.

아름다운 자연을 간직하였다는 스위스에 못지않은 우리 국토가 있다는 것이 자랑스러웠다. 하천을 건너 대원들은 하차하고 도계 접근로를 찾느라 박 대장은 이리 갔다 저리 갔다 하면서 지도도 살펴보면서 분주한 시간을 보내고 있었다. 산림욕장 이정표가 있어 다시 승차하여 올라가는데 불과 몇 십미터 가지 못하고 앞차가 서 있어 주변을 살펴보니 그 곳에서 더 진입할 수 없는 곳이었다.

하차하여 각자 간단한 준비운동을 하고 오늘의 안전 탐사를 위하여 기도를 하였다.(08시 40분경) 잘 정비된 등산로를 따라 쉬엄쉬엄 올라가면서 대원들 간에 환담도 하고 여유로운 탐사를 시작하였다.

▲ 물참대

▲ 다람쥐

▲ 반야사의 전경

한 대원이 핸드폰를 꺼내 들면서 울상을 지으면서 정말이냐고 반문한다. "세상에 세상에"를 반복하였다. 대원들은 무슨 일이냐 물으니 자세한 것은 모르지만 노무현 전대통령이 자살을 했다는 비보라고 전화 받기 전에 필자하고 노정권 및 과거정치에 대한 이야기를 자기 나름대로 생각을 주고 받았다.(09시 10경) 別故(별고)를 들은 후 평소에 前 政權(정권)에 대하여 못마땅한 일들이 스쳐가면서 왜 정치인들이 그러는지를 모르겠다는 의문점이 해결이 되지 않는다. 나는 정치를 우리네 가정에 비유를 한다. 우리 집의 가장인 내가 우리 가정을 위하여 최선을 다하고 勤勉誠實(근면성실)하게 가정을 이끌어 나가는 것처럼 私利私慾(사리사욕)을 버리고 오직 민초와 민족을 위한 정치 國家安危(국가안위)를 위한 정치를 하지 못하는 국가 원수들이 원망스럽다. 중국의 堯舜(요순) 임금처럼은 못 하더라도 현대사에서 국가와 민족을 위한 정치인들처럼(영국의 대처수상, 프랑스의 드골, 인도의 간디, 베트남의 호치민 등) 우리나라에도 그러한 정신을 가진 사람들이 언제쯤 탄생할까 이런 저런 생각을 하면서 탐사에 임하는데 온몸에서 맥이 풀리고 힘아리가 없고 허전한 생각이 들어 한 동안 말없이 터벅터벅 발걸음을 옮기였다.

09시 55분경에 능선에 도착하여(해발 641m) 시원하고 신선한 자연풍에 이마에 흐른 땀을 말리면서 잠시 쉬는 시간을 가졌다.

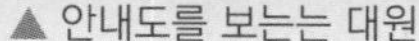
▲ 안내도를 보는는 대원

▲ 폭우대처 예고시설

▲ 첫발을 내딛는 대원들

오늘도 흐린 날씨 때문에 발아래 보이는 아름다운 강산을 만끽하기는 어려울 것이라고 짐작하면서 탐사에 임하였다. 연 회장이 圖上(도상)연구한 것에 의하면 오늘의 탐사는 어렵고 위험한 곳이 여러 곳에 있어 안전에 특히 유의하여야 한다고 강조하였다. 안개가 앞을 가리고 이슬이 내려 탐사로가 미끄럽고 특히 경사면과 바위에 습기가 있어 안전을 요하는 곳이 많았다. 이문인이 10시 반이 넘어 잠시 쉬는 동안 식혜 박스를 배낭에서 꺼내 놓고 대원들에게 나누어 주었다. 대원들을 위하여 냉장고에 넣었다가 그 무거운 것을 이곳까지 짊어지고 와서 대원들 목을 축이게 한다는 생각에 복 받을 사람이라고 혼자 생각을 하면서 고맙다고 몇 번 인사를 하였다.

정 사장은 간식으로 콩을 볶아 왔는데, 우리가 어릴 적 간식거리가 없어서 어머니가 가끔 볶아 주신 기억났다. 식혜와 함께 먹으니 그 맛이 별미였다. 날씨는 산들바람도 불고 먼 하늘에는 파란하늘이 보여 개일 듯 말 듯하면서 햇빛은 나지 않았다. 화창한 날씨가 전개되면 높은 바위산(해발 900m를 넘나드는 높은 곳에서 시야에 들어오는 자연 경관이 얼마나 아름다울까를 상상하면서) 능선과 맑은 하늘에 아래 전개되는 금수강산을 만끽할 수 있을 것이 아닌가 하는 아쉬움을 가지면서 탐사에 임하였다.

▲ 능선에서 잠시 휴식

▲ 쪽동백

▲ 달팽이

해발 860m의 주행봉에 11시가 넘어 도착하였다. 잠시 휴식을 취하고 기념 촬영을 하자고 제의하였다. 예전에는 정상 표지석이 있었는데 화강암으로 된 표지 둘레석만 있다. 전에 다녀간 대원이 표지석이 있었다고 하면서 의아한 표정을 지었다. 오늘의 탐사는 눈 오는 겨울에는 산악인이 아니면 접근하기 어려운 난코스이다. 경사도 급하고 칼날 같은 바위 위를 통과한다는 것이 쉬운 것이 아니다. 정상에서 내려다보이는 농촌의 풍광은 장관이다. 특히 비닐하우스는 시야가 흐려 강물처럼 보이고 잘 정리된 경지는 바둑판처럼 보였다. 11시가 넘어 잠시 쉬는 동안 이 높은 곳까지 오이를 짊어지고 온 대원이 있어 목이 마른 참에 그 맛과 향이 진미이다.

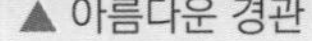
▲ 아름다운 경관

▲ 험난한 도계

▲ 세심한 자연보호

선두에서 탐사에 임하던 대원들이 12시 30분이 넘어 둘러앉을 만한 장소를 물색하여 자리를 잡고 각자 준비해 온 음식을 내놓고 뒤쳐진 우리를 기다리고 있었다.(13시 10분경에 출발)

대원들이 둘러 앉아 맛있게 점심을 먹고 김 대원이 준비한 커피까지 나누어 먹었다. 날씨가 좋으면 시간적 여유가 있고 녹음이 우거진 그늘 아래에서 잠시 눈을 붙이고 가는 것이 어떠냐고 누군가 말할 텐데 오늘은 날씨 관계로 점심을 먹고 배낭을 꾸려서 출발을 하였다. 정상에 오르면(백화산 일명 포성봉 해발 933m) 능선을 따라 하산하는 길이요, 평탄하고 좋은 길일 것이라고 박 대장이 힘을 돋구었다.

▲ 주행봉 정상

▲ 백화산(포성봉) 정상에서

정상 표지판은 충북과 상주시에서 설치한 것이 있는데, 충북에서 설립한 것은 오석으로 앙증스럽게 제작되어있고, 상주시에서 건립한 것은 우리 키보다 훨씬 큰 자연석으로 앞면에는 큰 글씨로 백화산이라고 쓰고 작은 글씨로 한성봉이라고 적었다. 뒷면에는 산 이름의 유래를 적어 놓았다. 필자의 생각으로는 도계라고 하여 양도가 표지석을 세우는 것보다, 양도에서 협의하여 설립하든지 국가에서 통일하여 건립하는 것이 어떨까 하는 생각을 하여 보았다. 이곳에는 국립지리원에서 국토관리 기준점에 대하여 명시하여 놓았는데 좋은 점도 있고 나쁜 점도 있는 것 같다. 잠시 휴식하고 기념 촬영한 후 고인이 된 노 대통령의 명복을 비는 묵념을 하였다.

하산길 옆에 오석으로 묘비가 있어 대원들이 내려가면서 시선을 한 곳으로 집중하여 보니 이 부근에서 운명을 달리한 동호인을 영원히 간직하기 위하여 건립한 기념비 같았다. 세상을 살아가면서 내 마음을 읽어주고 흉금을 털어놓을 수 있는 친구가 한 사람이라도 있으면 생을 성공한 사람이라고 말들을 하는데 나는 그러한 친구가 있는가 반문해 보았다. 시야가 좋은 곳에서 올려다보니 우리가 탐사한 탐사로는 하늘과 맞닿는 높은 곳이었다는 것을 알 수 있었다. 저 높은 곳에서는 이곳이 눈에 들어오지 않았지만, 이곳에서 전개되는 산천은 표현하기가 어려울 정도로 아름다운 금수강산이다. 잠시 머무는 동안 포성봉을 담아보기도 하고 반야사를 배경으로 한 폭의 동양화를 그려보기도 하였다.

▲ 위험하고 힘든 탐사

▲ 잠시 휴식을 하는 대원

하산길에 아름다운 석천과 멀리 보이는 반야사! 기암절벽에 건립된 문수사가 한 폭의 그림처럼 전개되어 탐사에 임하기 전에 어떻게 하면 이 아름다운 문수사를 사진기에 담을까 궁리한 것이 바로 눈앞에서 해결되니 허망한 느낌이었다.

▲ 정향나무

▲ 민백미꽃

▲ 큰꽃으아리

▲ 바위채송화

포성봉(일명 백화산) 정상에 오랜만에 보는 헬기장이 있다. 잘 정비된 헬기장은 흰 페인트로 선이 그려져 있는 것으로 보아 요사이도 이용되는 것으로 생각된다.

헬기장을 지나 앞에 전개되는 곳은 평탄한 지형에 잡목과 야생초가 무성하고, 대밭에는 죽순이 여기 저기 솟구쳐 나오고 폐허된 건물들이 있어 음산한 감을 주었다. 또 부처에서 나오는 분수도 있는데, 내가 정감을 느끼지 못하는 것은 인기척이 없는 경관인 것으로 생각이 들기 때문인 것 같다.

이곳이 오늘의 목적지라고 박대장이 이야기 하는데, 어디가 어디인지 영 알 수가 없었다.

▲ 자연의 아름다움

▲ 헬기장

▲ 산사람 묘비

▲ 깨끗하고 시원한 계곡물

(16시 경에 도착) 계곡에서 시원하게 흐르는 물에 배낭을 벗어 던지고 등산화와 양말을 벗고 계곡물에 발을 담그니 머리까지 시원하였다. 몇 분이 지나지 않아 발이 시려 바위 위에 올라서니 오늘의 피로가 다 풀린 느낌이 들었다. 세수를 하면서 손발까지 씻으니 더욱 몸이 가벼워졌다. 이런 것 때문에 도계탐사를 하는 것이 아닌가?

배낭을 챙기고 차가 있는 곳에 도착하니 오전에 도계를 찾아 올라간 등산로 입구가 나타나 현 장소를 인식하게 되었다. 다람쥐가 쳇바퀴를 돈 것처럼 아침에 출발장소였다.

○ 구　간 : 영동 황간 우매리 수정재(오도재)~ 영동궁 추풍령면 신안리 반징계
○ 일　시 : 2009년 6월 13일

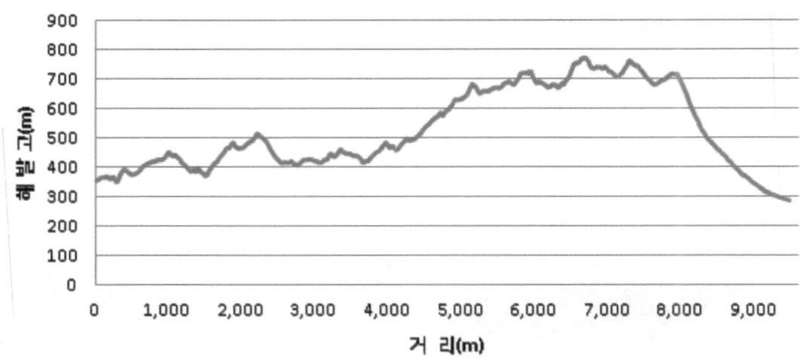

▣ 경계탐사

06시 10분이 넘어 출발하면서 오늘의 일정과 진행에 관하여 박 대장이 설명을 하면서 제일 단출한 인원이 탐사에 임한다고 하였다.

청주 - 상주 간 고속도로에 진입하기 전에 차창을 열고 맑고 시원한 공기를 마셔 가면서 버스는 목적지를 향하여 질주하였다.

아침을 설친 대원이 준비해 온 김밥을 나누면서 즐겁고 보람찬 산행을 기원하기도 하였다. 차창 밖으로 보이는 자연 경관은 푸르름을 자랑하는 산천과 일찍 심은 벼포기는 벌써 땅 내음새를 맡고 진한 녹색을 띠기 시작하였다. 이른 시간이라 고속도로에는 통행량도 적고 토목기술이 발달하여 도로 노면도 좋아 안전하고 편안한 승차감에 대원들은 자신도 모르게 단잠에 빠진 것 같았다.

지난번 탐사 때 잠시 들렀던 수봉재에서 하차하여(07시 30분 경) 장비를 점검하고 수봉재 비문에 있는 역사적 기록을 읽으면서 환담을 나누었다.

▲ 수봉재 표석

▲ 고도수치계산법을 알려주는 안내판

▲ 수준점 표석

인천 앞 바다를 0m로 하여 수봉재는 해발 350m이지만 버스를 타고 도착하였기 때문에 높은 것을 직감할 수 없었다. 표지석 앞면에는 상주 상맥회에서 건립하고, 落陽 金周東의 글과 글씨를 썼다고 되어있었다.(1990년12월 건립)

오늘의 탐사는 평이한 가운데서 진행될 것이고 소요시간은 8시간 전후로 예상될 것이라고, 연 회장이 도상연구에서 발표한 것처럼 첫 출발부터 쉽게 도계에 접근할 수 있었다.

수봉재 표지석을 뒤로하고 10m도 못 갔는데, 잘 정비된 공용화기 진지가 눈에 띄었다. 진지 가운데에는 낡은 타이어로 화기 받침을 하고 주변 공간에는 실탄을 보관 할 수 있는 탄약고까지 설치되어 있다. 이런 진지가 조금 떨어진 곳에 하나 더 있었다.

오늘의 탐사는 밝은 햇살이 우거진 신록 사이로 비치고 시원한 산들 바람까지 불어 더없는 좋은 산행인 것 같다. 작은 도시이지만 청주에서 맞는 바람과 공기와는 천양지차인 것 같다. 대원들은 자기도 모르게 자연에 대한 감탄사가 저절로 튀어 나왔다.'아~ 좋다! 아~시원하다!'라고.

07시 50분경 갑자기 급경사가 나타나더니 앞선 박 대장이 잘 보존된 고갯마루와 성황당이라고 대원들에게 전하였다. 도로가 개설되기 전에는 많은 사람들이 넘나들던 고개인 것 같다. 넓은 길과 쌓인 돌더미가 역사를 말해주는 것 같았다.(지도상에는 오도재로 해발 366.3m로 표기됨.)

▲ 시원한 그늘에서 도상 연구하는 대원들

▲ 살고 싶은 경북 상주 지장마을

탐사가 계속되는 동안 나는 방향 감각을 잃어 남쪽으로 가야만 도계인데 북쪽으로 가는 것 같아 대원들에게 물어 보면 해가 뜬 곳이 동쪽이라면서 웃음을 자아내기도 하였다.

멀리서 들리는 기계 소리에 귀를 기울이면서 어디서 무엇을 하길래 저런 소리가 들리는지 물으니 답하는 대원들이 없었다. 시원한 그늘 밑에서 오늘의 탐사로를 확인하면서 잠시 쉬는 동안에 한 대원이 준비해 온 시원한 오이를 나누어 주면서 즐겁고 좋은 답사가 되기를 기원한다고 했다. 오이맛이 달고 시원했다.

탐사 시 오른쪽은 충북 영동이요, 왼쪽은 경북 상주시이다. 아까부터 들리는 기계톱 소리는 영동군에서 간벌 작업을 하는 것으로 확인되었다. 오늘의 탐사로 주변에는 잡목이 우거져 있고 소나무는 아주 적은 편이다. 활엽수와 침엽수가 혼재하면 침엽수가 성장속도가 느려 종당에는 침엽수가 거의 고사한다는 것이다.

시야가 좋고 편히 쉴 수 있는 장소에서 잠시 휴식을 취하면서 주변의 경관에 심취하는 동안 산 아래 보이는 아담한 마을 발견하고 대원들은 복사한 지도에서 경북의 지장 마을이라고 확인했다. 평화스럽고 아담한 경관이 맘에 들어 저런 곳에서 살면 얼마나 좋을까? 사진에서는 보이지 않지만 1:25,000 지도에서는 마을 위에 소로까지 있어 살맛나는 마을로 인정하고 우리네 농촌의 진실 됨을 피부로 느껴 볼 만한 곳이라고 이야기를 나누면서 편안함을 찾았다.

오늘 탐사 코스에는 다른 날보다 능선에 묘가 많았는데 관리되는 묘는 몇 기 되지 않고 나머지는 묵묘였다. 오늘의 답사는 높다면 높은 지형인데(평균 고도가 400~500m) 이 지역에 묘를 쓴다는 것은 그리 용이한 일이 아니다. 현재와 같이 중장비가 있을 리 만무하고 모든 작업을 인력으로 했을 것인데 그 당시의 상주와 인척, 마을 사람들이 얼마나 많은 고생을 하였는지 알 수 있었다. 안타까운 것은 후손의 發福을 위하여 명당을 찾은 곳이 잡목과 잡초가 우거진 곳으로 변모하여 나그네 눈에는 흉물로 보여 인생의 무상함을 느끼게 한다. 그 주변을 짧은 시간 내에 벗어나고 싶은 생각이 들기도 한다.

또 답사 중에 야생동물들의 배설물이 한 곳에 많이 쌓인 것을 종종 볼 수 있는데, 대원들은 그것을 야생동물 공동변소라고 명명을 하였다.(해발 638m). 야생동물들도 다니는 길이 있어 그 길로 대개 다니면서 먹이를 찾거나 이동한다고 한다.

11시가 좀 넘어서 선두에서 탐사 대원을 인도하는 박 대장과 연 선생이 이곳에서 점심을 먹는 것이 좋을 것 같다고 하면서 시원한 바람이 불어오고 녹음이 우거져 그늘진 곳을 선택했다. (11시경) 오늘의 최고봉인 지장산(해발 772.4m)까지는 약 20~30분 소요된다고 한다. 소주 한 잔씩 순배하면서 피로를 풀기도 하고 컵라면을 준비해 오는 박대장은 따뜻하고 시원한 국물과 면을 대원들에게 나누어 주는 모습이 내가 어릴 적 논두렁 밭두렁에서 새참을 먹는 풍습과 같아서 동심으로 돌아가는 것 같았다. 12시경에 점심을 끝내고 출발하여 약간의 경사를 오르다보니 오늘의 정상이라고 하는데 표지석 하나 없고 잡목이 우거져 시야를 가렸다.

정상 표석이 어디 있느냐고 물어보니 삼각점이 있다고 알려줬지만 필자는 오늘의 최고봉인 지장산 삼각점 표석을 확인하지 못하고 지나쳤다.(12시 25분경) 평평한 지역에 잡초가 우거진 것으로 과거 헬기장인 것 같은데 관리가 전혀 되지 않았다.

지난번 탐사에는 도계에는 험준한 바위가 있어 위험한 탐사였는데 오늘은 잡목이 우거지고 시원한 산들바람까지 불어 탐사도 탐사이지만 심신 연마에 좋은 답사인 것 같다. 경사진 탐사길에는 낙엽이 쌓여 걷기에 지장을 주지만, 도심지에서는 환경오염 때문에 낙엽을 모아 놓아도 잘 썩지를 않는다고 한다. 또 환경오염과 강우량도 적어 이런 심산 유곡에서도 낙엽이 썩지 않아 부엽토 진행이 늦어지는 것이 아닌가 하는 생각이 들었다.

13시경에 GPS가 지정하는 도계가 우리 대원들이 생각하고 있는 방향과 틀려 우왕좌왕하게 만들었다. 연 선생이 대원들을 한 장소에 있으라고 하고 올바른 도계를 확인하겠다고 앞장을 섰다.

전전번에도 가랑비와 안개 때문에 GPS 작동이 잘 되지 않아 영동군과 옥천군 경계를 따라 탐사를 하였기 때문에 그 코스 답사를 다시 한 적이 있다.

지면에는 풀들이 지난주에 내린 비로 인하여 너울어지게 지표면을 덮고 있었다. 하산하기 좋은 등산로 옆에는 웬 철조망이 쳐있어 용도가 무엇인지 상당히 궁금하였다. 철조망 구조물이 지금까지 본 철조망과 달리 견고하고 철주의 지름이 5cm 이상 되는 것으로 보였다.

도계인 급경사를 내려오니 시원하게 닦아 놓은 임도, 아니면 산주가 임야를 개발하기 위하여 닦은 길이라고 생각하면서 오늘의 목적지를 향하여 발걸음을 옮겼다.

철조망은 골짜기에 흐르는 하천가까지 설치를 하였다. 급경사를 내려오는 동안 숨 돌릴 틈도 없었다. 비포장 도로 변에 대원들이 잠시 쉴 수 있는 공간에서 배낭을 내려놓고 목을 축였다.(14시 15분경)

연선생은 늘 마지막 쉬는 장소에서 대원들을 위하여 무거운 방울토마토를 배낭에서 내놓는다. 그 맛은 다른 간식과는 다른 의미가 있다. 오늘의 탐사가 무사히 끝나고 수고했다는 의미와 연대원이 대원들을 위하여 맘과 몸으로 봉사를 한다는 의미도 있다.

마을 입구에 들어서니 그 철조망에 대한 의문이 풀렸다. 대학에서 시험목장과 농장으로 활용하기 위하여 일반인 출입을 통제한다는 팻말이 붉은 글씨로 써 있다.

마을 한 가운데로 흐르는 실개천이 충북 추풍령면 신안리와 상주 모서면 반계리의 도계라니 정말 어색하기 짝이 없다.

도로변에 있는 농가에 들어가서 손발을 씻으면서 주인한테 고맙다는 인사를 하고, 살면서 불편한 점을 물어보니 불편한 점은 없고, 모든 면에서 도세가 차이가 나 서운하다면서 우리 마을 사람들은 상주시로 편입되는 것을 원한다고 하는 말을 듣고, 도계탐사를 하면서 수십 번 수백 번 입버릇처럼 불만을 털어 놓는 것도 바로 이것이다. 분명 도계가 잘못된 곳이 한두 곳이 아니다.

이것은 분명 충청북도에 인재가 없어 그런 서러움을 받고 살아왔고 앞으로도 그렇게 살 것이다. 혹자는 충북이면 어떻고 경북이면 어떠냐고 하지만 내 생각은 아니다. 한때 많이 읽혔던 책 이름이 떠오른다.'잘 사는 것이 복수다'

15시 05분에 출발하여 상주군에 있는 효자 '정재수'기념관에 잠시 들렀다 귀가하였다.

▲ 대자연을 만끽하면서 탐사하는대원

▲ 노루발풀

▲ 홀아비꽃대

○ 구　간 : 영동군 추풍령면 신안리 반징계~ 추풍령면 웅북리 국수봉
○ 일　시 : 2009년 6월 27일

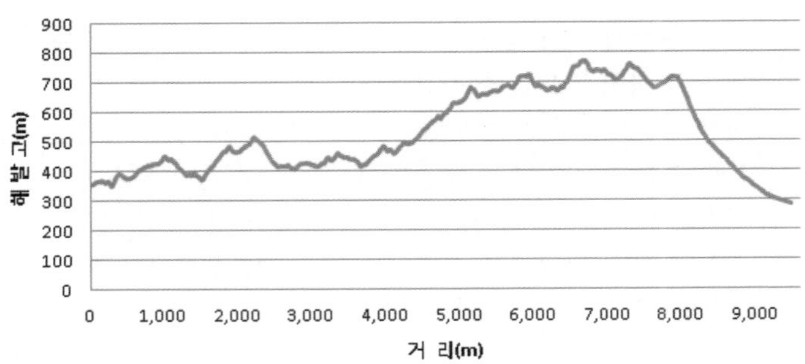

▣ 경계탐사

도청에 도착하여 인사를 나누면서 승차를 하였다.

06시가 넘어 도청 정문을 빠져 나오면서 평소에 효촌 삼거리에서 타던 김 사장이 동승하여 옆자리에 같이 앉았다. 반갑게 다시 한 번 인사를 나누면서 그동안 어떻게 지냈는지 정분을 나누면서 즐겁고 가벼운 맘으로 목적지를 향하여 달렸다.

박 대장이 오늘의 일정에 대하여 이것저것 설명하고, 대원들에게 밥먹을 때 지면에 여러 종류 깔개를 펴고 먹는 것보다 휴대하기 편한 비닐장판을 한 장씩 나누어 주었다.

또 배낭 덮개를 한 장씩 나누어 주면서 이화백이 답사 시 잠시 휴식시간을 이용하여 훌륭하고 뜻있는 작품을 배낭 커버에 그려줄 것이라는 반가운 예고를 하여 대원들이 큰 기대를 하는 것 같았다.

이 화백의 작품을 많이 접하지는 못하였지만 명성있는 작가라는 것을 제 3자를 통하여 간접적으로 여러 번 들었다.

오늘은 금년 들어 처음으로 20여명의 탐사대원이 도탐에 참석하여 버스 안이 꽉 차 만남의 정을 나누는 시간이 되었다.

07시 25분경에 마을 한 가운데로 흐르는 실개천이 도·군·면·리의 경계가 되는 도로에서 하차하여 장비를 정비·점검하고 하천을 건너 도계인 등산로도 없는 급경사에 접근하면서 선두에 선 연 선생이 숲과 잡목을 헤치면서 탐사를 시작하였다.

▲ 도상에서 탐사로 확인

▲ 아침햇살을 받으면서 출발하는 대원들

첫 산 능선의 지표는 348m이고 08시 10분에 도착하여 잠시 쉬는 동안에 겉옷을 벗어 배낭에 넣고 흐르는 땀을 (청주에서 84km) 씻었다.
하늘에는 구름 한 점 없는 맑은 날씨에 솔바람까지 불지 않아 더 더운 것 같았다.

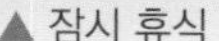
▲ 잠시 휴식

▲ 매화노루발

▲ 녹음이 우거진 도계

산 능선에는 등산객이 거의 없는 장소라 잡목이 우리의 탐사로를 어렵게 만들고, 특히 노간주나무가 많아 우리 대원들을 어렵게 만들었다. 노간주나무는 어릴 때는 별 지장이 없지만 어느 정도 성장하면 가지가 강하고 가시가 있어 접근하였을 때 상처를 입기가 쉽다.

기온의 상승으로 침엽수림이 줄어들고 활엽수와 온대기후에서 볼 수 있는 수종들을 많이 볼 수 있다. 신문 지상을 통하여 들어서 그런지 전보다 적송들이 적고 활엽수가 온 산을 덮고 있는 것 같았다. 날씨가 덥고 고도차이가 커서 대원들이 많이 힘들어 하는 것 같고, 선·후미가 많이 떨어져서 동행하기 위하여 오늘 답사 휴식시간은 간격이 짧은 것 같았다.

▲ 옛 고개와 성황당흔적

▲ 경북 땅의 산림 벌채

▲ 아름다운 주변경관

▲ 맛있는 점심시간

경북 쪽에는 수종을 개선하기 위한 벌채인지는 몰라도 넓은 지역에 붉은 황토가 보일 정도로 나무를 벌목했다. 해발 619m에서 쉬는 동안 떡과 토마토 쥬스를 나누어 먹었다.(9시 20분경) 탐사를 계속하는 동안 앞에 있는 대원들이 '경북 도계 탐사' 리본이 보이지 않고 GPS와 차이가 난다고 하면서 잠시 휴식 겸 지도 정치를 다시 하였다
이곳에서 약 20여분 지체하다 뒤돌아서서 도계를 찾았는데 그곳에서 '경북도탐' 리본을 볼 수 있었다. 경북도 우리와 같이 2006년에 도계 탐사를 시작한 것으로 짐작된다.(리본 끝부분에 년도가 기재)
한 여름인데도 낙엽이 썩지 않는 이유는 강우량도 적고 나뭇잎이 환경오염 때문에 옛날과 같이 썩지 않고 쌓인다고 한다. 도계를 찾아서 하산하는 길목에 얼마 전까지 고개로 이용되었던 흔적이 있었다. 고갯마루에 성황당을 볼 수가 있었다.(해발463m 11시40분) 급경사를 오른 후 55분경에 그늘지고 평탄한 장소를 선정하여 대원들이 둘러앉아 점심 식사를 하였다. 답사를 계속하는 동안 마을 인접한 곳에 과수원이 있는데, 규모는 크짓 않지만 자두, 복숭아가 열매를 맺어 수확을 기다리고 있는 주인의 기대에 어긋나지 않게 풍성한 결실을

안겨 주었으면 한다. 맛있는 간식을 정성껏 준비해 오는 권선생이 오늘도 쿠키를 제일 먼저 나에게 먹을 만큼 집으라고 하여 2~3개를 집으려고 맘을 먹었으나 더 많이 잡혀 안면 몰수하고 챙겼는데 미안한 생각(?)이 들었다. 오늘의 최고봉인 국수봉을 용이하게 접근하기 위하여 임도를 따라 간 것이 국수봉에서 멀어져 가던 길을 다시 되돌아서 접근하기 용이한 곳을 선택하였다. 최고봉을 향하여 땀을 뻘뻘 흘리면서 한발 한발 접근하여 15시가 가까워 국수봉(해발763~795m)에 도달하였다.

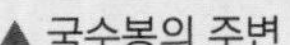
▲ 국수봉의 주변

▲ 오늘의 최고봉에서 기념

▲ 환경오염인가?
길안내 리본인가?

▲ 하산 길에 있는 이정표

정상의 이정표에 있는 해발고도와 지표석에 있는 해발고도의 차가 크고 국수봉 주변에 있는 나무들을 베어 시야가 넓게 해 놓은 것은 맘에 들었다.

그러나 잡목에 달아 놓은 리본은 보기에도 흉하고 환경 오염의 주범이요, 크게는 백두대간의 오염원이 되는 것 같아 거부감을 갖게 한다.

정상적으로 도경계를 선정하려면 속리산을 잇는 형제봉부터 국수봉까지 백두대간을 경계로 하는 것이 정상인 것으로 판단된다. 그렇게 도계를 정하면 마을 한 가운데에 흐르는 실개천을 두고 충북과 경북의 경계가 될 수가 없고 한적하고 살기 좋은 우리 고향 마을이 되지 않을까? 하는 생각이 든다. 그렇게 하면 상주시 화동, 화서, 화남과 묘동, 묘서가 경북이 아니고 충북으로 행정 구역이 편입되며, 누가 봐도 문장대 뒷편에 있는 용화땅도 자연 이치상 충북이 맞는 것이다.

이러한 아쉬움을 안고 15시가 넘어 하산하기 시작하였다. 하산하기 좋은 용문산 기도원(기독교 소속이라고 함)으로 선택을 하여 부지런히 발걸음을 옮겼다. 지금까지 도계 탐사를 하면서 백두대간으로 접근하기에는 경사에 차이는 있지만 수많은 등산객들이 넘나들어 순탄한 길을 선택하였다. 시원한 그늘! 간간히 불어오는 산들바람! 계곡에서 흐르는 실개천의 물소리! 오염되지 않은 신선한 태초의 공기, 정말로 도계 탐사 대원으로 참석한 것이 건강하게 살아가는 진미를 맛볼 수 있는 계기가 된 것을 고맙게 생각한다. 백두대간과 기도원의 갈림길에서 이 고장에 대하여 박식한 분을 만나 잠시 쉬는 동안 역사 지리에 관하여 잠시 경청하는 시간도 있어, 오늘의 탐사 의미를 더해 주었다.

경사가 급한 편인데 콘크리트로 포장된 도로가 나 있고, 도로에 병행하여 맑은 도랑물이 흐르고 불규칙하게 전형적이 우리나라 농촌의 가옥들이 있다. 이곳이 '기도원'이라고 하니 이해가 가지 않는다. 가옥 주변에는 오래된 감, 대추, 호두나무와 오래된 살구나무도 있다. 낙과한 살구들이 어지럽게 널려 있고, 누가 그랬는지는 몰라도 한군데 소복이 모아 놓았다, 살구 씨 구입 파종하여 매실과 접을 붙여 볼 생각을 하고 있었다, 잠시 발걸음을 멈추고 배낭에서 비닐봉지를 꺼내어 부지런히 씨를 발라 담았다.

마을 안길을 지나면서 이 골목 저 골목을 둘러보니 노인들이 화단 정리도 하고 도로 정비도 하는 것이 보였고, 빈집도 눈에 띄었다.

이 기도원에 대하여 이것저것 물어 보고 싶었지만 주민들이 어떻게 생각할지 몰라, 우리나라 독립문처럼 생긴 출입구를 향해 부지런히 발걸음을 옮기였다. 김 기사가 반가이 맞이하면서 젊은이같아 보인다면서 대단하다고 칭찬까지 해준다. 웃음으로 답례하면서 버스에 오르니 16시가 넘었다.

▲ 기도원의 출입구

▲ 차속에서'이'화백 작품 감상

출발하면서 박 대장이 나를 호명하면서 이 화백에게 특별히 부탁한 것이다, 배낭 커버에 이름까지 적어 주어서 다른 대원들에게 줄 수 없다면서, 내가 대원들에게 보여 주니 박수로 화답을 하였다. 다른 대원들은 박 대장이 커버그림을 보여 주면서 좋아하는 그림을 선택하라고 하면서 먼저 선택한 대원에게 그림을 주었다.

그림에 대하여 평가도 하고 받은 대원과의 어울림에 대하여 이야기도 하는 동안 차안은 화기애애한 분위기가 계속되었다. 덥고 땀도 많이 흘리고 힘들었던 도계 탐사에서 쌓인 피로가 차창 밖에서 불어오는 시원한 바람과 함께 멀리 사라지는 것 같았다.

이 화백의 좋은 그림을 받고 대원들은 고맙다는 인사로 함성과 함께 박수로 화답하였다. 다음 도계 탐사 시 우천과 관계없이 꼭 커버를 지참하여 도탐 대원들의 탐사하는 모습을 연출하기로 하였다.

○구　간 : 영동군 추풍령면 웅북리 국수봉~ 추풍령면 추풍령리 당마루고개(4변국도)
○일　시 : 2009년 7월 11일

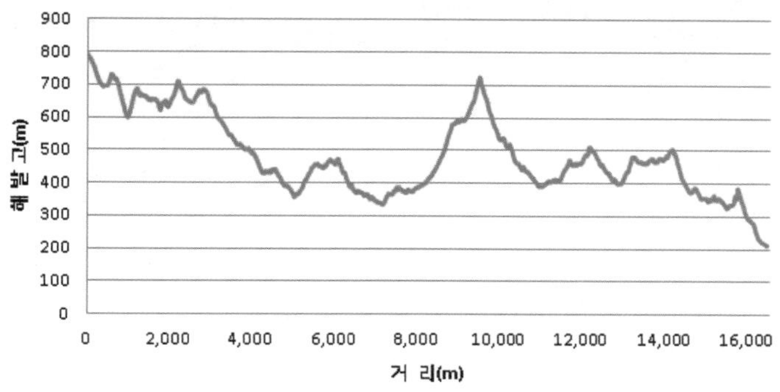

▣ 경계탐사

오늘도 평소와 달리 대원들이 많았다. 알고 보니 숲 해설 과정을 이수한 분들이 도계 탐사에 동참한 것이다. 6시 30분 청원 IC에서 이 화백이 동승하여 경부고속도로를 이용하여 추풍령 휴게소에 잠시 들렸다가 7시 40분경에 용문산 기도원 정문을 통하여 버스가 갈 수 있는데까지 최대로 접근하였다. 버스가 회전하여 나올 수 있는 곳에서 하차하여 장비 점검과 각자 간단하게 준비운동을 하였다. 주변에서 정원을 정리하던 여신도 한 분이 못마땅한 어조로 등산객을 환영하지 않는다고 하면서 쓰레기 사후처리를 간곡하게 부탁하였지만 대원중에 답하는 사람이 없었다. 다들 내 맘같이 우리는 껌 종이 한 장 담배꽁초 하나 버리지 않는 사람이라고 답을 하였는지 모른다.

지난번 탐사 시 하산했던 등산로를 이용하여 백두대간의 맷돌봉으로 출발을 하였다. 등산로 주변에는 산수국이 만개하여 우리 대원들을 환영하는 모습을 보니, 화사하지 않고 청·흰색을 띠고 있어 수줍은 시골 처녀의 자태처럼 보였다.

백두대간에 도착한 시간은 8시 15분경이었다. 급한 경사도 아니고 긴 접근로도 아닌데 대원들은 땀을 흘리면서 덥다는 말이 본인도 모르게 입에서 나왔다. 이정표가 있고 등산객이 잠시 휴식을 할 수 있도록 튼튼하고 예쁘게 만들어진 의자가 있어 잠시 휴식을 하였다. (GPS에는 610m)

▲ 장비점검과 안전 탐사를 위한 기원

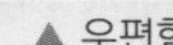

▲ 우편함

▲ 잠시 휴식하는 대원들

▲ 참개암나무와 열매

누구나 편하게 자연을 접할 수 있고 우리 국토의 아름다움을 몸과 마음으로 사랑할 수 있는 길이 되었다. 한편으로 그것은 너무 많은 국민들이 자연을 훼손하는 근거라고 할 수 있다. 또 안타까운 것은 이런 대로에 다녀간 증표로 나무에 묶어 놓은 수많은 댕기들~! 너무 많아 이정표가 아니고 환경 오염의 주범으로 보인다.

옥천군과 영동군에 접한 지역은 다른 곳 보다 수목갱신 한 곳을 거의 볼 수 없고 자연그대로 잡목이 많은 수목원이다. 또 북쪽에서 남쪽으로 내려올수록 침엽수인 소나무는 적고 노간주가 많은 것이 특징인 것 같다.

선두에서 향도(군에서 길 안내를 위하여 선두에 선 병사를 일컬음)처럼 연대원이 전면에는 그늘진 곳이 없다면서, 대원들이 장소는 비좁아 마땅치 않으나 전망이 괜찮고 바위가 있는 710m지점에서 잠시 쉬었다.(8시 55분), 쉬는 동안 주변에서 전래 동화에도 나오는 참개암나무에 많은 열매가 달린 것을 사진기에 담았다.

출발하여 300여m 정도 내려 왔는데 헬기장을 발견하고 서부유럽 가정 입구에 있는 우편함처럼 세워놓은 나무상자에 대원들이 모여서 웃으면 대화를 나누고 있었다. 이곳에 다녀간 기념으로 등산객이 소지하고 있는 책이나 노트 혹은 지도에 찍는 스탬프가 있었다.

내가 중학교 때 처음 기차를 천안역에서 타고 경주 수학여행을 갔던 시절에 사진첩을 구입하여 관광한 흔적을 남기기 위하여 기념 스탬프를 동일한 사진위에 찍은 기억이 난다. 대부분 학생들이 사진첩을 구입하여 서로 먼저 찍으려고 아우성을 친 기억이 난다. (1962년 5월경) 옛 추억을 되살리면서 복사본 지도에 스탬프를 찍고 상자 위에 지도를 올려놓고 사진기에 담아 보았다.

오늘은 비온 다음이라 시계도 좋고 구름한 점 없는 뜨거운 여름 햇살이라 헬기장에서 북쪽으로 보이는 백두대간의 준봉들이 눈에 들어왔다. 지형에 박식한 대원들이 멀리 속리산서부터 구병산-팔음산-주행봉-백화산-국수봉을 여러 대원들에게 설명하면서 답사한 코스를 회상 시간을 가졌다.

▲ 기념 스탬프를 찍은 지도

▲ 기념 스탬프 상자

▲ 주변의 경관에 감탄하는 대원들

▲ 딱지꽃

해발 600m가 넘은 백두대간 평탄한 지형에 인삼밭 차광막으로 사용하는 비닐로 씌워진 건물이 하나 있는데 용도를 알 수가 없었다. 산불감시 초소인지 초가을에 불법 송이 채취를 막기 위한 것인지는 알 수 없었다. 한 대원이 출입문을 열어보니 2~3명이 기거 할 수 있는 공간이었다.

탐사를 계속하는 동안 충남 계룡시에서 온 등산객을 만났는데, 백두대간을 주행하고 있는 중이라고 한다. 앞에 선 대원들이 반갑게 인사를 나누는 곳으로 시선을 돌리니 김 기사가 역으로 우리와 합류하기 위하여 올라온 것이다. 잠시 헤어진 일행인데, 사람은 정을 나누는 것이 공통적인 것 같다. 10시 20분경에(GPS 388m)에 도착하였다. 성황당 흔적인 돌더미가 있고 잡목이 들어 차있다.

갈현고개라고 종이에 쓴 글씨를 비에 젖지 않도록 비닐로 싸논것이 백두대간을 사랑하는 등산객이 좋은 일을 한 것 같았다.

▲ 용도를 알 수 없는 가건물

▲ 갈현고개의 경관

내가 준비해 온 찐 계란을 배낭에서 꺼내 놓으니 조금만 더 가면 대원들이 편히 쉴 정자가 있으니 그 곳에서 먹자면서 젊은 이 대원이 자기 배낭에 집어넣었다. 시간이 어정쩡하고 시간에 도계 도로변에 있는 정자에서 먹으면 안성맞춤인데 시간이 너무 일러 어떻게 했으면 좋냐는 결정을 짓지 못하고 11시에 작점고개(해발 343m)에 있는 정자에서 휴식 시간을 가졌다.

주변의 경관을 사진기에 담고 단체 기념사진도 촬영하고 환담도 나누다 보니 시간이 30분이 경과하여 대원들은 이곳에서 점심 식사를 하는 것이 좋다고 결정하였다.

장소의 차이가 있어 그런지는 몰라도 충북과 경북의 도세 차이가 이곳에서도 나타나고 있다. 충청북도는 경계 표지만 덩그렇게 서 있고, 한글 표지 밑에 영문 표식을 했다. '북'자 (영문 표기에 북자가 빠져 충청도가 되었다.)와 군자가 영문 표기를 하지 않았고, 추풍령면은 아예 영문을 쓰지 않았다.

김천시에서는 여러 가지 시설물과 주변에 잔디밭까지 조성해 나그네들이 잠시 쉬었다 갈 수 있게 편의를 전공하고 있다.

식사 후 정자에서 세상에서 가장 편안 자세로 휴식을 한 후 12시 30분에 장비를 정리하고 휴지까지 비닐봉지에 넣어 배낭 속에 담고 머물렀던 흔적을 남기지 않고 깨끗이 청소까지 하였다. 오후 탐사는 도계에 임도가 개설 포장되어 차량으로 이동할 수 있는 곳에 도착을 하였다.(527m 12시 50분에 하차)

오후에는 날씨가 흐리고 바람도 불지 않아 습도까지 높아 어려움을 더하였다. 백두대간이고 도계인 곳에 임도를 개설하여 자연훼손이 크다. 대간에 개설하는 임도의 길이는 2~3km가 되는 것 같았다.

▲ 백두대간길

▲ 잘 가꾸어진 김천시 경계의 시설물

▲ 작점고개 기념촬영

▲ 잘못된 이정표

오후의 답사는 급경사를 오르는 곳은 없지만 후덥지근한 날씨 탓에 대원들이 지쳐서 자주 쉬는 시간을 가졌다. 휴식하는 동안에 대원들이 준비한 자두와 요구르트를 이곳까지 배낭에 넣어 가지고 온 것이 서로의 정과 사랑으로 승화하여 결속력을 강화시키는 계기가 되었다.

오늘의 답사에서도 버섯과 야생화들을 사진에 담았다. 하산길에는 가시나무와 싸리나무가 많고 습한 지형을 통과하게 되었는데 앞에 가던 대원이 지면에서 영지버섯을 채취하여 정사장한테 건네주면서 집에 가져가 건조시켜 방안에 장식품으로 진열하면 보기가 좋다고 한다.

필자에게도 가져가라면서 영지를 내밀어 받아 가지고 배낭 겉주머니에 넣어 주니 미소로 답을 한다. 손에 들고 가면 넘어질 염려가 있어 배낭주머니 넣어주고 사진기에 담아 보았다.

15시 45분에 추풍령 고속도로 휴게소가 보이는 마을에 도착하니 대원들을 안전하게 이동시키는 노란 버스가 눈에 들어와 오늘의 답사가 끝났다고 생각하니 온몸에 맥이 풀려 피곤함을 느끼었다. 지금 생각하니 이곳은 아침에 지나간 마을이었다. 구름이 잔뜩 끼고 목적지에 도착하니 가는 빗방울까지 뿌려 대원들의 귀가를 독촉하는 것 같았다.(해발 237m)

아쉬운 것은 손발을 씻을 하천이 없다는 것이었다. 박대장이 앞에 보이는 높은 산을 가리키며 다음 탐사할 곳, 넘어야할 산, 백두대간이라고 지형 설명을 한다.

추풍령 I.C에서 경부고속도로로 진입하여 청주를 향하여 달리는 동안 가는 빗방울은 차창에 부딪쳐 산산이 흩어졌다. (15시 55분경)

○ 구　간 : 영동군 매곡면 공수리 괘방령 ~ 영동군 추풍령면 추풍령리 당마루고개
○ 일　시 : 2009년 7월 25일 (역탐사)

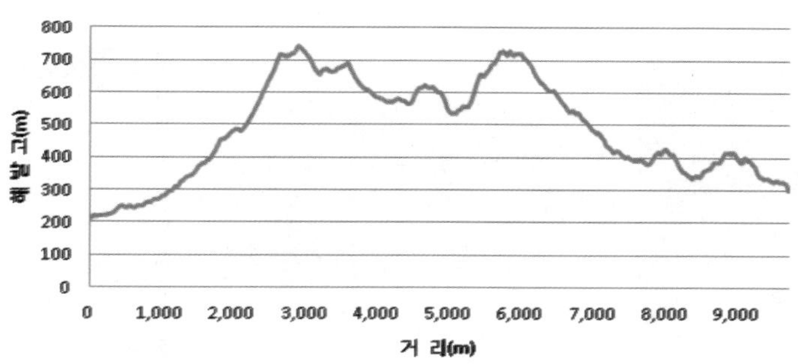

▣ 경계탐사

06시가 넘어 도청에 도착하니 평소와 달리 낯선 얼굴들이 보이고 인원도 많았다. 전번에 이야기한 간편하고 가벼운 의자를 대원들에게 분배하였다. 탐사 시 휴식 시간과 점심 시간에 이용하라고 준비한 것인데, 겨울에 눈 위나 습기가 많은 장소, 우천 시 땅바닥에 앉으면 불편할 때 이용하라고 준비한 선물이다. 연 회장의 배웅을 받으면서 6시 15분이 넘어 도청 정문을 빠져나와 목적지를 향하여 버스는 부지런히 달렸다.

청원IC에서 3명을 더 태우고 버스는 경부고속도로를 질주하였다. 가끔 차창에 가는 빗방울이 부딪치곤 하였지만 오늘만은 우리나라의 기상대를 믿고 싶은 생각이 평소와 달리 컸다. 달리는 차안에서 오늘 처음 참석하는 신입 대원의 인사도 있었고, 지도 복사본과 도상 연구를 한 자료를 나누어 주고, 오늘의 일정과 전반기 탐사가 무사히 끝날 수 있게 박 대장의 당부도 있었다.

오늘의 탐사는 추풍령에서 출발하면 해발 700m가 넘는 높은 산을 바로 올라가야 하기 때문에 掛榜고개(해발 300m)에서 역으로 출발한다고 예고를 한다. 금강 휴게소에 잠시 들렀다 7시 20분에 황간IC를 빠져나오는 동안 고속도로 주변에 펼쳐지는 자연경관과 농촌의 풍광은 평소보다 아름다움의 극치를 이루는 것 같다. 내가 운전대를 잡고 이곳을 지나면 안전 운행에 집중해야 하기 때문에 시야를 돌릴 여유가 없다. 엊그제 묘를 이앙하느라 바쁜 일손들을 본 것 같은데 벌써 논바닥이 보이지 않을 정도로 벼가 시커멓게(농촌에서는 싱싱하게 성장하는 벼를 보고 이렇게 표현을 한다.) 올라오고 있어 금년 농사도 풍년을 예약하는 것처럼 보였다.

먼 데 있는 높은 산허리에는 흰 구름이 연무를 형성하여 아름다움을 한 층 더 하였다. 차는 지방도 905번 도로를 따라 질주하다가 도로변에 이정표와 기념물이 많은 곳에 정차하였다. 첫 눈에 들어오는 것은 괘방고개라는 자연석 비문이었다.(07시 50분)

차에서 내리면서 배낭과 스틱을 내려놓고 주변 경관을 여러 장 사진기에 담았다. 박 대장이 준비 운동을 하자는 구령에 동참할 여유도 가지 못하고 사진을 찍느냐고 왔다 갔다 하다 보니, 오늘의 무사 탐사를 위하여 원을 그리면서 스틱을 중앙에 모으고 안전을 빌면서 함성을 질렀다

너무 간단하게 끝마친 준비 운동에 미련을 갖고 등산 장비를 점검하고 첫 발을 내디뎠다. 논두렁 옆 나뭇가지에 달린 도계 표지를 보는 순간 이곳이 백두대간이고, 김천시와 영동군의 경계인 동시에 도계라는 것이 실감났다.(해발 300m)

백두대간이고 도계인 掛榜嶺을 통과하는 국도에서 발을 산으로 옮겨 놓은 순간, 나는 깜짝 놀랐다. 늦은 장마철에 많이 내린 비 때문에 지표는 울창한 숲이 우거졌고, 지표면에는 이름 모를 버섯들이 지천이다. 내 마음을 안타깝게 하는 것은 이 많은 버섯 중에 이름을 아는 버섯이 없다는 것이다. 백두대간이라 그런지 어느 탐사 대원이 이야기한 것처럼 리어카를 끌어도 될 정도로 등산로가 나 있었다. 이런 탐사로에 눈에 거슬리는 것은 나뭇가지에 울긋불긋한 리본이다. 수십개씩 매달아 놓아 환경 오염과 미관상 주는 인상이 나빴다.

▲ 괘방령의 주변의 이정표

▲ 무사 탐사를 위한 준비운동

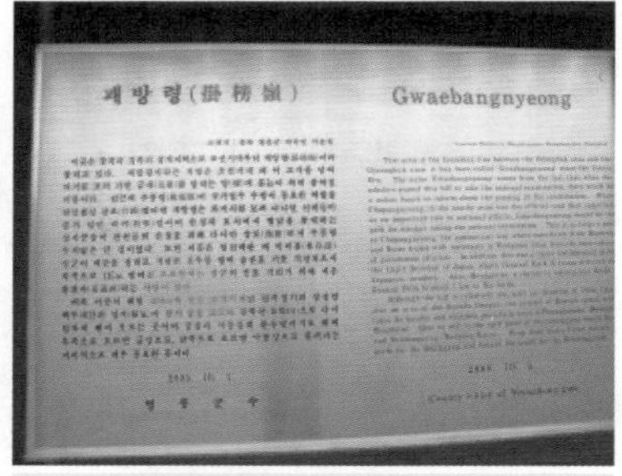

▲ 괘방령의 유래비

08시 40분경에 잠시 쉰 곳은 옛 고개 길의 흔적이 뚜렷이 남아있는 장소였다. 지도상에 고개명은 없지만 고갯길의 너비로 보아 옛날에는 많은 사람들이 이용한 것으로 생각이 든다. 하늘은 잔뜩 흐리지만 간간히 부는 바람은 흐르는 땀을 식혀주고 맘을 상쾌하게 하는데 큰 힘이 되었다. 09시 25분경에 김 대표가 손수 농사 짓은 쌀로 가래떡을 해와 대원들에게 나눠 주며 유기농으로 지은 것이라고 하니, 대원들은 고맙다는 인사를 하면서 맛있게 먹었다.(해발480m지점에서) 남쪽으로 내려오면서 수목은 침엽수는 거의 없고 활엽수인 참나무 종류가 밀집하여 낙엽이 많이 쌓였다. 비가 오지 않았으면 가랑잎 때문에 탐사로가 미끄러워 걷는데 낙성할 위험을 느꼈다 먼지도 나지 않고 바람까지 불어주니 오늘의 탐사는 최고의 기후 조건을 자연이 주고 있었다. 10시경에 (해발 711m)에서 잠시 쉬는 동안 오늘도 권 선생이 준비한 쿠키를 먹으면서 제조 과정에 들인 정성에 감복하면서 고마움의 인사를 나누었다. 떡 만드는 재료가 고급 과일이기 때문에 정성을 드리지 않으면 이러한 음식이 만들어 질 수 없다고 찬사을 아끼지 않았다.

▲ 지천으로 널려있는 버섯들

10시 30분경 해발 730m인 가성산에 도착하여 잠시 휴식을 하면서 주변 경관도 둘러보면서 충북 황간과 경북의 김천시에 관해 알고 있는 상식을 주고 받으면서 뜻있은 시간을 보냈다.

11시가 넘어 지도상에는 장군봉과 해발(624m)까지 표시되었는데 그 흔한 표지석 하나 없고 종이에 쓴 지명을 강우에 훼손되지 말라고 비닐에 싸 철사로 나무에 달아 놓은 것이 맘에 걸리었다. 또 비닐천에 칼라로 정성들여 제작한 것을 철사로 나무에 달아 놓았다. 표지석을 작게 만들어 장군봉 정상에 세우면 이곳을 찾는 등산객들에게 찬사를 받을 것인데? 아쉬움이 남는다.

눌의산을 바라보면서 해발 600m 부근에 대관령 정상에서 볼 수 있는 고위평탄면이 전개되어 이곳을 농경지로 개발하면은 좋은 경지가 될 것이라고 한마디씩 한다. 이곳에서 유기농업으로 신선한 농작물을 생산하면 신선도가 높고(기온이 낮아 병해충 발생이 적어)맛 좋은 농산물을 생산할 수 있을 것이라고 상상을 하면서 걸음을 재촉하였다. 속하는 상수리나무들이 빼곡히 들어섰고 키 작은 잡목과 침엽수림을 대표하는 소나무는 거의 없었다.

12시 20분경에 경사지를 오르니 잘 정비된 헬기장이 있고, 한쪽에는 기념 스탬프함이 있어 배낭에 씌웠던 커버를 벗겨서 이 화백이 그려준 그림 밑에 기념 스탬프를 이문인이 찍었다. 그 광경을 지켜보고 있던 한 대원이 말하는 투가 좋은 그림을 버리는 것 아니냐 하는 것 같았다. 내가 살아생전 이곳을 또 올 수 있을까 하는 생각이 들어 작은 기념이라도 남기고 싶은 생각이 들어 누가 뭐라고 하든 개의치 않았다. 이곳에서 보이는 주변은 산으로 둘러싸인 분지 지형이다. 그러므로 자연 경관이 더 아름다워 보인다. 멀리 보이는 김천시와 황간면 소재지, 남북으로 시원스럽게 뚫린 고속도로와 자동차 전용도로, KTX철로는 터널로 연결되어 있기 때문에 보이지 않고, 경부선 철로도 산과 산 사이를 통해서 짧게 보였다. 등산객이나 백두대간을 종주하는 사람들이 용이하게 접근하는 장소까지 연 대원이 설명을 하였다.

오늘 탐사 중 최고봉인 눌의산에 도착한 시간은 12시 20분이다. 오늘 예정 소요 시간은 약 7시간이지만 날씨도 좋고 대원들의 건강도 좋아 목적지인 추풍령에 도착할 것이라고 한다. 눌의산 정상 아래 있는 작은 언덕이 낙동강과 금강의 분수령이라 하면서 언어와 문화의 차이가 있는 것이 분수령에서 물이 어느 바다로 흘러가느냐에 따라 차이가 난다면서 대원들은 입가에 미소를 띠었다.

정상은 대원들이 넓게 둘러앉을 수 있는 평평한 지형이고 주변에 시계 청소를 하였는지 큰 나무들이 없어 시계가 넓어 상쾌 기분이 들었다. '쾌청한 날씨였다면 주변의 경관이 뚜렷하게 볼 수 있을 터인데'하는 아쉬움이 남기도 하였다. 기념 촬영도 하고 주변 경관을 다시 감상한 후에 13시 25분에 출발을 하였다.

▲ 눌의산 정상에서 내려다 보이는 김천시

하산길이 급경사이고 습기가 많아 넘어질 우려가 커, 안전 사고에 각별히 유의하면서 하산하기 시작하였다. 이 화백과 김 대표는 갓 올라온 싱싱한 버섯을 채취하면서 하산을 했다. 가을에 핀 들국화(필자는 그렇게 알고 있었는데 들국화가 아니고 구절초라고 한다) 꽃향기도 좋고 화사한 꽃이 맘에 들어 채취하여 화분에 심으면 좋겠다는 생각이 들었다. 집에서 비닐봉지를 준비하여 대원들이 알면 흉볼까봐 후미에서 대원들의 눈을 피해 튼튼한 놈을 선별 채취하여 봉지에 담았다.

또 버섯을 채취하는 대원들을 따라 새송이 버섯을 확실히 확인하고 채취하였다. 새송이 버섯은 색깔이 흰데 송이처럼 솔 냄새가 난다고 하였다.

▲ 눌의산 정상에서

▲ 그 유명한 추풍령 노래비

대원들은 내가 지니고 있는 비닐 가방에 관심이 많았다. 그 속에 무엇이 들어 있느냐고 물으면 각종 약초가 들어 있다면서 웃음으로 답하였다. 같이 내려오는 김대표는 작은 영지버섯을 여러 개 채취하였다. 날씨도 음산하고 빗방울이 간간히 뿌리는 데 오늘의 목적지인 추풍령에 다른 대원들보다 늦게 도착하니 미안한 생각이 들었다.

선두는 우리보다 10여분 먼저 도착했다고 하는데 궂은 날씨에 사람을 기다리는 것이 얼마나 지루한지를 알고 있다.

이 고장 대다수 주민들은 추풍령 노랫말 때문이지는 알 수 없지만, 부근에서 제일 높은 곳이 추풍령으로 알고 있다. 추풍령은 해발 200m가 넘는 곳이라고 한다. 예정 시간보다 1시간 이상 앞당겨 도착했다. 추풍령 노래비에 잠시 들렸다가 출발하였다.(14시55분경) 탐사를 위하여 출발할 때도 빗방울이 차창을 때리더니 고속도로를 진입한 후 비가 오기 시작하더니, 금방 굵은 빗줄기로 변하면서 사야가 가릴 정도로 쏟아졌다. 옥천을 통과할 때는 비가 오지 않았다.

○ 구 간 : 영동군 상촌면 흥덕리 우두령 ~ 매곡면 공수리 괘방령
○ 일 시 : 2009년 9월 12일(역탐사)

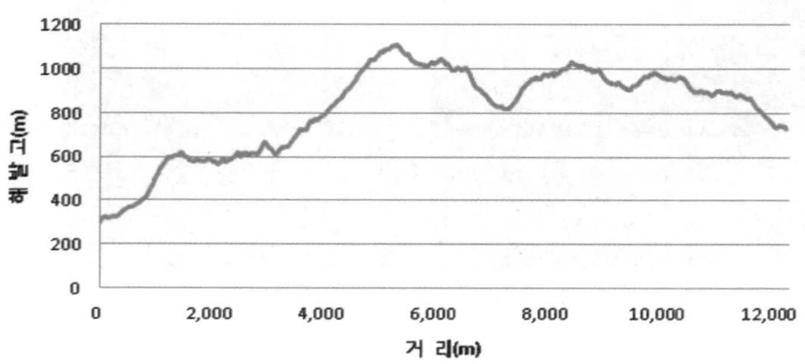

▣ 경계탐사

9월 9일 8시 55분 메시지에 - 12일 6시 도청에서는 도계 탐사 대원님들의 열정을 기다림 우두령-괘방령, 12일 5시 30분 "'헉'5시 일어나셔야지요. 도청에서 웃음꽃 피는 얼굴로.." 라는 메시지가 전달되었다.

지루한 장마와 무더운 여름이 가고 아침 저녁으로 제법 선선한 느낌을 주는 날씨가 전개되고 있다. 일기예보는 금요일 밤 늦게부터 토요일 새벽에 비가 조금 내리고, 야외 활동하기 좋은 날씨가 될 것이라고 하여 마음이 놓였다.

한 달 이상 쉬는 시간을 가졌다. 내일 탐사를 위한 마음에 준비와 장비를 점검하여 배낭을 거실에 내놓았다. 새벽에 일어나 현관에서 하늘을 쳐다보니 구름이 잔뜩 끼었고 비는 내리지 않았다. 아침을 먹는 동안 안식구가 배낭에 점심과 우비를 넣으면서 일기에 대하여 걱정을 한다. 일기예보에는 비가 조금 내린다고 하였는데 그래도 우비를 준비해야 한다면서 탐사에 꼼꼼하게 이것저것을 챙기는 모습이 정감을 느끼게 한다. 06시 직전에 버스가 도착하여 올라타니 운전수 빼고는 전부 여자 승객이 자리를 잡고 있었다. 나는 체크를 하면서 '수고하십니다.'라고 인사를 하는데 운전수는 들었는지 못 들었는지 아무 반응이 없다.

06시가 넘어 도청에 도착하니 대원들이 환담을 나누다 반갑게 환대하여 준다. 버스에 오르니 정사장이 봉투를 내게 건네주면서 많은 공부를 하라면서 미소를 짓는다. 직감은 하였지만 올해 초 박대장이 주관한 네팔의 안나푸르나에 갔다 온 기행문이었다.

내용은 읽어 보지 않았지만 함께 간 대원들이 소감을 썼다는데 의미가 있는 것 같았다. 정 사장과 나란히 앉은 대원을 알아보지 못하였는데 조심스럽게 살펴보니 윤 박사도 동행하는 것이다.

오늘 어떻게 참석했느냐고 물으니, 가을에는 많은 꽃들이 피어 그 광경을 상상하니 도저히 집에서 있을 수가 없었다면서 모든 일을 남편에게 부탁하고, 동참하게 되었다고 한다. 정말로 반가웠고 내 자신이 고달프게 생겼다. 동행하면서 내 눈에는 잘 띄지 않는 식물을 찾아내면서 설명도 하고 사진기에 담기도 하기 때문에 늘 후미에서 따라가자니 힘이 들 수밖에 없다. 그렇지만 보람있고 탐사 대원으로 긍지를 찾는 점이 행복하다. 연 회장이 머리를 단정하게 하고 다른 때보다 더 활기가 넘쳐흐르는 것 같이 보였다. 박 대장이 불참하여 오늘의 탐사 대장은 연 대원이 하는 것으로 알고 있었는데 연 회장이 복사본 지도와 도상 분석표를 나누어 주면서 오늘의 탐사는 백두대간이지만 접근하기 쉬운 우두령(이정표에는 720m로 표기되었음)부터 역으로 한다고 하면서 일정에 대하여 간단한 설명을 하였다. 06시가 넘어 출발하여 황간 톨게이트(07시경)를 지나 48분에 우두령에 도착하여 주변을 살펴보았다.

▲ 우두령 기념 촬영

▲ 우두령 상징

▲ 상세한 등산로 안내판

버스 안에서 보는 주변 경관은 참으로 아름다웠다. 올해는 일기도 좋아 각종 과일뿐만 아니라. 주식이 되는 벼농사까지 풍년이라고 농민들의 걱정이 많다고 한다. 멀리 보이는 산자락에는 안개까지 피어 오르고 구름사이로 내려 쪼이는 햇살은 학창 시절에 유행했던 종교영화의 한 장면처럼 보였다.

또 산허리를 감아 도는 흰구름은 자연의 아름다움을 한층 더 환상의 세계로 안내하는 느낌을 주었다. 안내판에는 잘 그려진 주변 경관과 산의 고도와 백두대간에 대한 설명이 내 마음을 감동시켰다. 2009년 후반기 탐사 첫출발의 중요성을 인식해서 그런지는 몰라도 준비 운동을 연 회장의 지시에 전 대원이 충분히 실시한 것 같다. 기념 촬영과 주변의 경관 사진은 김 기사한테 일임을 하였다.

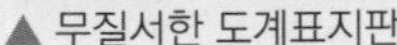
▲ 무질서한 도계표지판

▲ 가을 알리는 구절초 군락

▲ 잔대

지방도 위에는 가로지른 큰 다리가 있어, 위에도 도로가 있는 것으로 생각하였는데, 올라가보니 능선과 능선을 연결하는 임도였다.

요사이 청주 부근에서 못 본 구절초 꽃 (과거에는 들국화로 알고 있었던 꽃이 구절초임)이 만개하여 산들바람에 하늘거리는 모습이 우리 대원들을 반기는 것 같아 보였다. 지난번 친구들과 진천 만뢰산 산행 때에 초입에서 많이 핀 꽃을 물어보는 친구가 있었는데. 이름을 알지 못하여 답을 못 했는데, 오늘 답을 윤 박사에게서 알았다. 물봉선이다. 해발 960m의 무명고지에서(09시 05분) 잠시 쉬는 동안 주변에 있는 야생화를 감상하면서 윤 박사한테 설명도 듣고, 사진기에 담아 보기도 하였다.

▲ 만개한 물봉선 군락

▲ 기념 스탬프 보관함

▲ 일찍 동면하는 애기나리

오늘의 산행 길, 백두대간의 수목은 거의 활엽수이고 길바닥에는 도토리가 비로 쓸어 담을 정도로 많았다. 그 많은 도토리를 주워다가 묵을 만들어 먹으면 좋겠다고 하는 대원과, 겨울동안 다람쥐 먹이가 되도록 그대로 방치하라는 대원도 있었지만 줍는 대원은 없었다. 오늘의 탐사에 처음 만나는 바위 길 주변에서 처음보는 물푸레나무에 가지가 찢어질 정도로 많은 씨가 달린 것을 발견하였다. 윤 박사의 설명에 의하면 나무에 병이 생기면 이와 같이 많은 씨앗을 만들어 번식하려는 생리 현상이 있다고 한다. 이곳에서도 전망이 좋아 멀리 회백색의 건물들이 보이는데 그곳이 김천이라고 한다. 우리나라 최초로 인구 30만 정도인데 이곳에서 전국 체전이 개최되었다고 한다. 산 아래 보이는 마을을 가리키면서 저곳이 몇 년 전에 흥행에 크게 성공한 집으로라는 영화를 촬영한 곳이라고 한다. 이곳에서 내려다보는 주변 경관과 우거진 산림으로 둘러싸인 산들은 우리 국토의 아름다움을 대변하고 있는 것 같았다.

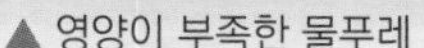
▲ 영양이 부족한 물푸레

▲ 초가을 만끽하는 대원들

▲ 영화"집으로"촬영마을

이런 아름다운 주변 경관과 계절을 대변하는 야생화를 사진기에 담으려고 사진기를 열었지만 전원이 연결되지 않아 내 속을 태웠다. 진천 백곡에 출발하기 전에 충전시켜 놓고 다녀왔는데 잘못 되었어도 크게 잘못된 것 같아, 사진기를 준비한 이문인에게 내가 찍고자 하는 경관과 야생화를 일러 주면서 부탁을 하였다.

▲ 산박하꽃

▲ 산비장이

▲ 권대원의 끝내주는 쿠키

▲ 수리취 꽃

발아래 있는 고개가 바람재인데 다른 장소보다 바람이 강하게 분다고 붙여진 이름이라고 한다. 이곳에는 헬기장이 있고 등산객들이 기념 스탬프을 찍을 수 있는 시설을 비치해 놓았다. 우리는 잠시 쉬는 동안 간식으로 준비한 음료 등을 나누어 먹었다.(10시 10분경) 오늘 탐사에도 권선생의 요리솜씨가 칭찬을 받았다. 참가 대원들도 많지 않아 나는 염치불구하고 많이 먹었다. 이문인은 과수원이라는 음료수를 이곳까지 배낭에 넣고 올라와 대원들의 목을 축이게 하였다. 참나무 종류가 6가지 있다는 것을 알고 있지만 정확한 이름을 몇 번 들어도 늘 잊어 오늘 또 물어보니 "상굴떡(상수리, 굴참, 떡갈), 졸갈신(졸참,갈참,신갈) "이라고 답하여 대원들의 웃음을 자아내기도 하였다.

11시반경 잠시 휴식을 하고 35분경에는 형제봉(1040m)에 도착하여 휴식 겸 기념 촬영도 하였다. 답사 입구에 라면, 막걸리, 아이스크림이라는 현수막이 있어 궁금했는데, 12시 황악산(1111m)에 도착하니 최고봉 아래 헬기장처럼 잘 정리된 곳이 천막이 쳐있고 들마루가 있고 박스가 쌓여 있는 것으로 보아 등산객을 위하여 판매하고 있는 것이 분명하였다. 이곳을 답사한 적이 있는 연대장이 주변 경관을 만끽할 수 있는 곳으로 안내하였다.

대원들 키를 넘는 억새를 헤치면서 찾아간 곳은 바위가 있는 장소였다. 오늘의 탐사로에는 전에 볼 수 없었던 억새가 우거져 터널을 통과하는 느낌을 주는 곳이 여러 곳 있었다. 침엽수림은 거의 없고 활엽수림이 울창하여 대부분의 탐사로는 그늘이 지고, 간혹 부는 바람은 흐르는 땀을 식혀주기도 하였다. 우리 대원이 둘러앉아 점심을 먹을 수 있는 장소가 마땅치 않아 일행 중 3명은 바위에 걸터앉아 점심을 먹었다.

식사를 거의 끝낼 무렵 전화기에 진동이 있어 받아보니 작은 며느리 전화였다. 안전에 주의하시라는 안부전화였다. 고마웠다. 두돌 지난 세 살박이 손자놈을 바꾸어 주었는데, 할아버지라고 부르기만 하고 자기 의사표현은 하지 않고 전화를 에미한테 주는 모양이었다. 전화줘서 고맙다는 답례를 하였다.

▲ 바람재 표지석

▲ 잘 정비된 이정표

▲ 황학산 정상에서

▲ 황학산 정상에서

13시 50분경에 출발하였다. 이제부터는 높은 산은 없지만 3~4봉우리를 넘어야 오늘의 목적지에 도착할 수 있다고 한다. 급경사가 많아 내리막 길은 위험한 곳이 많았다. 특히 금년에는 강우량이 많아 숲이 무성하여 바닥이 보이지 않고, 그곳에 통나무로 계단을 만들어 위험성이 도사리고 있었다. 14시가 넘어 운수봉(680m)에 도착하여 주변 경관도 살피고 사진도 찍었다. 운수봉이란 표지석은 자연석에 산이름과 표고를 새겼고, 받침은 주변에서 획득한 잔돌을 시멘트를 이용하여 붙인 곳에 세웠다. 다 좋은데 밑받침에 사용된 콘크리트가 맘에 걸렸다.

▲ 운수봉 표지석

▲ 여시골산 표지석

15시에 도착한 '여시골산'(620m)의 정상 표지석도 운수봉과 마찬가지로 자연석을 이용하였다. 오늘의 탐사에서 박교수가 알려 준 것은 바둑판의 진미라는 피나무를 처음 보았고, 다른 곳에서 볼 수 없는 비목나무를 알려 주면서 특징이 향이 좋다면서 잎을 따 대원들에게 나누어 주면서 향을 맡아보게 하였다. 어떤 대원은 잎을 세로로 입에 대면서 풀피리가 된다면서 불어 보기도 한다. 내가 어릴 때에는 장난감이 없어 이른 봄에 실개천에 일찍 피는 버들강아지는 간식으로 먹고, 줄기는 잘라서 피리를 만들기도 한 옛 추억을 상기하기도 하였다.

▲ 앉은좁쌀풀

▲ 네귀쓴풀

▲ 어수리

▲ 조밥나물

마지막 탐사로는 급경사였다. 대부분 대원들이 잠시 멈춰서 어떤 방법과 어떤 길을 선택 할 것인가 생각하다가 하산하기 시작하였다. 경사진 곳에는 무언가 담긴 포대가 놓여 있는 것을 발견하였는데, 내려오다 보니 계단을 만들기 위하여 나무 토막이 담겨 있는 것을 볼 수가 있었다.

1/3정도 내려오니 그곳부터는 계단이 설치되어 있어 안전하게 하산할 수 있었다. 윤 박사가 염려되어 같이 내려오던 젊은 이문인한테 살펴주라고 당부를 하였다 계단이 끝나는 부분에서는 임도처럼 평탄한 길이었다. 조금 내려오다 보니 시원한 농업용수가 시멘트 통로를 따라 깨끗하고 시원물이 흐르고 있었다.

▲ 괘방령의 등산 안내도

▲ 목적지에서 잠시 휴식(괘방령)

배낭을 벗어 던지고 신발끈을 풀고 물에 발을 담궜으나 생각한 것처럼 시원하지는 않았다. 잠시 쉬는 동안 윤 박사가 도착하여 발을 물에 담그면서 오늘의 답사에 대하여 담소를 나누면서 시간을 보냈다. 주섬주섬 배낭과 신발을 챙기고 괘방령에 도착하니 대원들이 잔디밭에 둘러앉아 시원한 막걸리에 번데기 안주로 피로를 풀면서 담소를 나누었다.

전번에 촬영을 하지 못한 곳을 이문인한데 부탁하고 버스에 올랐다. 15시 40분경 집으로 향하였다.

ㅇ 구　간 : 영동군 상촌면 흥덕리 우두령~ 상촌면 물한리 삼도봉
ㅇ 일　시 : 2009년 9월 26일

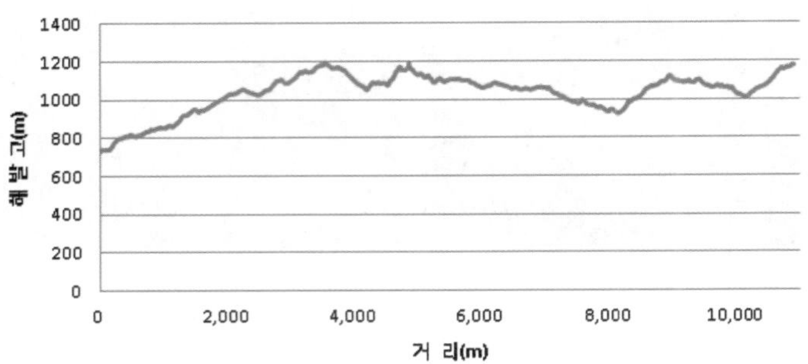

▣ 경계탐사

도계 탐사 때문에 놀토 낀 주말에는 일기 예보에 신경을 곤두세운다. 비올 때 탐사하면 제일 힘든 것은 시야가 나쁘고 안개까지 내리면 몸과 맘이 무거워 더욱 힘들고 어렵게 한다. 날씨 좋은날에 답사를 하면서 멀리 보이는 자연 경관에 심취하고 인간이 만들어 놓은 농경지와 시원하게 뚫린 도로 위로 달리는 차들을 보면 한결 가벼워진다. 또 종종 이런 생각도 든다. 끝이 보이지 않는 대지속에서 아귀다툼을 하고 사는 우리의 모습이 초라하게 느껴지기도 한다. 하느님이 보살펴 주시어 금년 전반기 도계탐사 때 가랑비는 한두 번 내렸지만 강풍과 폭우 속에서 탐사한 적은 없었다. 이것은 대원들이 평소에 덕적한 것을 천지신명께서 알고 계신 것이 아닌지?

일기예보가 주말부터 월요일까지 가뭄이 해갈할 정도의 비가 내린다고 하였지만 천만다행으로 토요일에는 흐린다는 것이다. 05시 50분에 배낭을 메고 대문을 나서니 짙은 안개가 시야를 가리고 하늘을 쳐다보니 구름이 잔뜩 끼었다.

시내버스 승강장에 도착하니 전광판에 첫차가 지나간 것을 알고 택시를 잡았다. 도계 탐사하는 동안 처음으로 버스를 놓치고 택시를 탄 것 같다. 운전사가 인사를 하면서 '체육관이지요.'라고 하여 도청 정문이라고 목적지를 알려주웠다. 날이 흐리고 안개까지 끼어 맘이 상쾌하지 않았다. 오늘도 처음 보는 젊은 사람들이 있어 마음 속으로 충북대 임학과 학생이라는 것을 직감하였다. 가끔 박교수가 제자들을 탐사에 동참시키는 경우가 종종 있었다.

▲ 보호수 느티나무와 효자 정자

▲ 우두령에서 탐사 준비운동

박 교수 때문에 동참하는 학생들은 지금은 어떻게 생각할지는 모르지만 먼 훗날 전문직에 진출하면 임산자원에 관여하는 사회인이 될 것을 확신한다.

학창 시절에 도계 탐사하면서 힘들고 어려웠던 경험과 우리도의 수목 보존과 발전 방향을 이야기하면서 우리 국토의 70% 이상의 산지를 현재보다 더 나은 국민의 재산으로 만드는 데 기여할 것이라고 긍정적 생각도 해 본다. 대원들은 동참하는 학생들에게 친절하게 대해주며, 준비한 간식도 더 챙겨주는 모습을 보면 인정이 넘치는 단체라는 것을 확인할 수 있다.

버스는 척산을 지나 청원IC을 통과하여 짙은 안개를 헤치며 경부고속도로를 질주하여 황간 톨게이트(07시 15분경)를 지났는데 밝은 햇살이 우리를 반겨주웠다.

영동 상촌면 매천리에서 잠시 쉬는 동안 몇몇 대원들은 준비 못한 간식을 구입하고 마을입구에 있는 느티나무와 정자를 둘러보는 시간을 가졌다. 느티나무는 군보호수로 수령 약600년이고 나무 하단부에는 마을의 안녕과 번영을 위하여 동제를 지낸 금줄이 지금까지 남아 있다.

효자 정자는 희귀성인 매씨 정자인데 마을에는 그 후손이 하나도 살지 않는다면서 마을주민에게 그 이유를 물어보았으나 알 수 없다고 한다.

우두령에 07시 55분에 도착하여 장비도 점검하고 준비 운동을 하는 동안 배낭에 든 사진기를 꺼내어 촬영했는데 작동이 되지 않아, 대원들에게 물어보아도 해결책이 나오지 않아 걱정이 되었다. 육 기자도 불참하였고 전번과 같이 이문인한데 부탁할 수밖에 없다. 내가 촬영하고 싶은 경관과 자료를 지정하여 촬영해 달라는 방법밖에 없다. 08시 10분경에 출발을 하였는데 간간히 내미는 햇살이 반갑고 시원한 산들바람까지 불어오니 오늘의 답사는 순조롭게 진행될 것을 예견하였다.

오늘의 목적지는 삼도봉 (충북. 경북, 전북이 만나는 지점. 매년 10월 10일에 영동. 김천, 무주군이 순번제로 국태미안을 위한 제사 행해짐.) 백두대간의 마지막 구간이다. 삼도봉을 지나면 백두대간처럼 많은 등산객이 다니는 탐사로가 그리 많지 않을 것이고, 많은 구간에서 확실한 도계를 찾기가 어려울 것이다. 해발 800m 지점에 묘를 보았는데 금초한 흔적이 있는 것으로 보아 후손이 관리하는 것으로 보인다. 도경계에 위치한 많은 묘를 보았는데 대부분 잡목과 숲이 우거지거나 봉분이 무너져 있는 것을 보았다.

▲ 석교산 표지석

▲ 용담 꽃

09시 15분경 따사로운 초가을 햇살이 대원들 이마에 땀을 흐르게 하지만 산골짜기에서 불어오는 오염되지 않은 신선한 바람은 시원함과 상쾌함을 만끽하게 한다. 잠시 쉬었다 발걸음을 재촉하였지만 대원들이 편하게 쉬고 사야가 확 트인 헬기장를 지나칠 수 없어, 선두에 선 대원들이 배낭을 벗어놓고 휴식을 취하는 동안 한 대원이 준비해 온 시원한 오이로 목을 축이게 한다. 그 맛은 여느 때 먹는 오이보다 수백 배 시원하고 달콤한 맛까지 주는 것 같았다. 관찰력이 있는 한 대원이 희고 앙증맞은 꽃을 가리키며 이름을 물으니 물매화라고 한다. 꽃잎의 생김새가 매화와 같았다. 대원들이 잠시 쉬는 동안 한 등산객을 만나 수인사를 나누면서 어디서 왔느냐고 물으니 등산객이 아니고 고조부 산소에 금초를 하러 왔다면서 사연을 이야기 하는데 흥미가 있었다. 조부께서 고조부 산소가 잘못 들어 집안에 재앙이 들고 가산이 탕진된다는 말을 듣고 3번 이장하였는데 지금은 후손들이 별 탈 없이 잘 산다고 했다. 구미에서 왔다고 한다.

10시경 석교산(해발 1207m) 오르니 산 중턱에는 안개구름이 산허리를 감고 눈앞에 와 멀리 보이는 산에는 맑은 햇살이 내리쬐어 시야가 넓고 깊게 보여 시원함을 느끼게 한다.

간간히 부는 바람은 힘들었던 몸을 가볍게 해주고 탐사에 적극적으로 임할 수 있는 용기까지 불어넣어 주고 있었다. 석교산 표지석은 자연석을 이용하여 세웠고, 뒷면에는 김천 산꾼들이라 쓰여 있다. 정상에서 잠시 쉬는 동안 동행했던 사람들이 보이지 않아 의아한 생각이 들었다. 내려오다 보니 정상 아래 도계 중앙(백두대간)에 봉분도 없는 장소에서 성묘를 하고 있는 것이 아닌가? 짐작하건데 산소를 건드리면 후손에게 재앙이 있을 것을 염려하여 한번도 사초(莎草: 오래되거나 허물어진 산소에 떼를 입히는 일)하지 않은 것 같다.

▲ 묘봉도 없는 산소에 성묘?

▲ 제초기로 금초를 하는 후손

▲ 여하튼! 환경오염

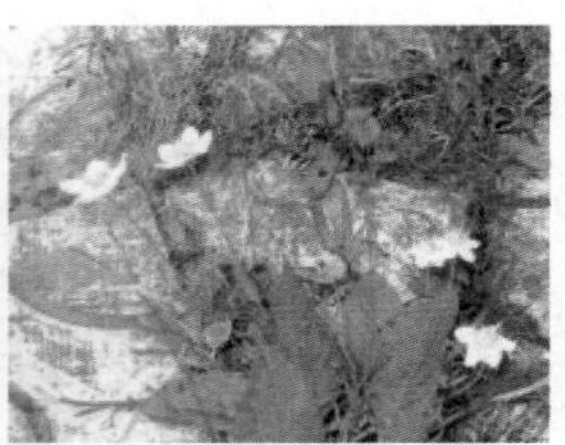
▲ 물매화

그 산소는 도계 중앙에 위치하여 있는데 누가 보아도 산소라고 할 수 없을 정도로 훼손되어 있었다. 젊은이 3명이 주과포와 예초기를 분리하여 배낭에 넣고 해발 1,000m넘는 곳까지 후손과 조상을 위하여 해마다 고생을 하는 것이다. 후손들은 낫질도 못하고 이곳까지 올라와 산소를 돌볼지 염려하면서 본인 기력이 쇠약해지면 화장하여 납골당으로 모실 예정이라고 하면서 환담을 나누었다.(예천 임씨라고 함)

오늘의 목적지인 삼도봉을 향하여 부지런히 발걸음을 옮겼다. 지금까지는 답사하기에 원만한 길이었는데 앞에 보이는 바위는 80도 가까운 급경사로 로프가 없으면 오르기 어려운 곳이다. 한사람이 완전히 올라간 후에 다음 사람이 올라가야 하는 곳이다. 이러한 급경사를 오른 후에는 다시 내려가는 것이 산의 이치이다. 잠시 쉬는 동안 맛있는 쿠키와 바나나를 먹으면서 주변을 살펴보니 개옻나무가 예쁘게 단풍이 들고 단풍나무도 가을을 알리는 듯하였다. 앞에 가던 대원들이 걸음을 멈추고 사진도 촬영하고 환담도 하는 것이 희귀의 동식물을 발견한 것을 직감으로 알 수 있었다. 자세히 보니 고슴도치가 공처럼 둥글게 말고 움직이지 않고 있었다.

▲ 급경사를 오르는 대원들

▲ 고슴도치

이 지역은 과거에 광산이 있던 곳으로 등산객은 지표면이 함몰할 수가 있기 때문에 개인 간 거리를 5m로 띄우고 등산에 임하라는 경고문을 적어 놓았다. 간간히 반주를 하는데 오늘은 마가주를 가져 온 대원이 있어 돌려가면서 맛을 보았는데 그 향이 아주 좋았다(11시반경). 점심을 맛있게 먹고 오늘 동참한 학생들에게 장기자랑을 할 장소와 시간을 제공하면서 여기에서 끼를 화끈하게 발휘하면 사회진출에 큰 도움이 되며, 상까지 주겠다고 약속을 하면서 오락시간을 가졌다. 4년 동안 탐사하는 동안 처음으로 자연을 벗 삼아 오락시간을 가졌다. 음악에 장단을 맞추고 박수까지 치면서 잠시 흥겨운 시간을 가졌다. 대원들에 비하여 어리고 발랄한 학생들과 시간을 같이하니 한층 젊어진 것 같았다. 상품은 초콜릿으로 대신하였다.

오늘의 탐사로도 전번과 같이 미역줄나무와 싸리, 억새가 어우러져 터널을 이루고 있어 주의하지 않으면 상처입기 십상이다. 이곳에는 활용도가 큰 피나무군락도 발견되고 학생들은 식생 표본 만들기 위하여 비닐주머니에 여러 종류의 잎과 가지를 채집하였다.

▲ 우거진 터널

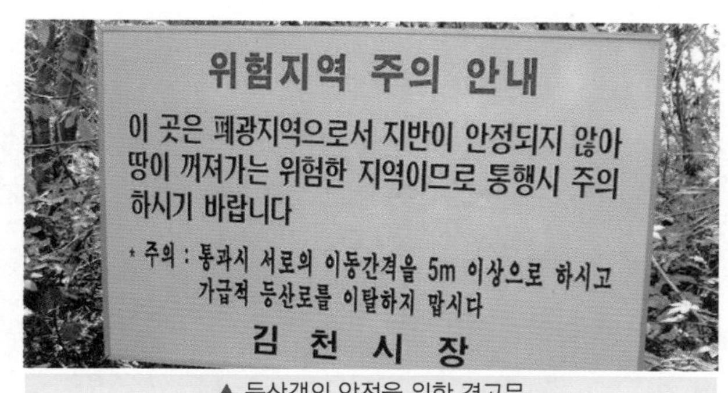

▲ 등산객의 안전을 위한 경고문

13시경 밀목령(해발 943m)애서 잠시 쉬는 동안에 옛 정취를 느낄 수 있는 성황당을 사진기에 담고 이 고개가 옛날에는 많은 사람들이 넘나들었다고 단정할 수 있는 돌덤미가 지금도 남아 있고, 으레 성황당에는 고목이 있는 것이 상례인데 죽은지 오래 되었는지 흔적조차 없어 아쉬움이 남는다.

오늘 답사에서도 구절초 꽃이 만개하여 탐사 대원들을 반겨주고 다른 풀꽃들도 함께 흐드러지게 피었다. 중추절이 지나고 10월 10일에는 높은 산봉우리에서부터 단풍이 물들기 시작하여 아름다운 경관이 전개될 것을 생각하니 금년 한해도 저물기 시작한 것이 아닌가 하는 아쉬움이 남는다.

2010년 7월이면 대단원의 막을 내리고, 부족하고 일기관계로 중단 했던 구간을 보강할 것으로 알고 있다. 14시 20분경에 삼마골재(해발1020m)도착하였다.

이곳은 3도 3군의 번영과 화합을 위하여 많은 관계자 및 관광객이 찾는 길목이기 때문에 지표면의 훼손방지를 위하여 나무로 정성스럽게 다리를 만들고 계단을 설치하였다. 또 잠시 휴식시간을 이용하여 체력단련까지 하라고 체육시설도 설치해 놓았다.

마지막 경사를 오르면서 남은 힘을 다하여 부지런히 삼도봉을 향하여 발걸음을 옮기었다. 다른 어느 곳 보다 축제가 뜻있고 많은 사람들이 참석하여 규모도 크다고 한다. TV나 신문지상을 통하여 그 광경을 여러 번 보았지만 처음으로 등정하는 곳이기 때문에 기대하는 것도 많고 크다.

14시 45분에 해발 1176m의 삼도봉을 연대장 다음으로 도착하였다. 중앙에는 기념탑이(1990년 10월 10일에 건립) 있고 주변에는 잘 정돈된 조형물들이 있다. 욕심 같으면 시야를 가리지 않을 정도에 예쁜 관상수 혹은 우리나라의 수목을 대표하는 소나무 몇 그루라도 심었으면 하는 생각이 들었다. 기념탑 앞에서 사진도 촬영하고 복사본 지도에 기념 스탬프도 찍었다.

버스가 접근하기 좋은(15시) 김천 부항 혜린리를 향하여 하산하기 시작하였다. 처음에는 급경사라 힘들고 위험하였지만 1/2정도 하산하니 임도가 나있고 포장까지 되어서 수월하였다.

16시 20분에 귀가하다가 그 유명한 나제통문(산라와 백제사이의 관문)을 잠시 둘러보고 17시가 넘어 귀갓길에 올랐다. 김기사에 의하면 왕복 300km가 넘는다고 한다.

▲ 삼아골재

▲ 삼도봉의 기념탑

▲ 구릿대꽃

▲ 나제통문의 경관

○ 구　간 : 영동군 상촌면 물한리 삼도봉~ 상촌면 물한리 민주지산
○ 일　시 : 2009년 10월 10일

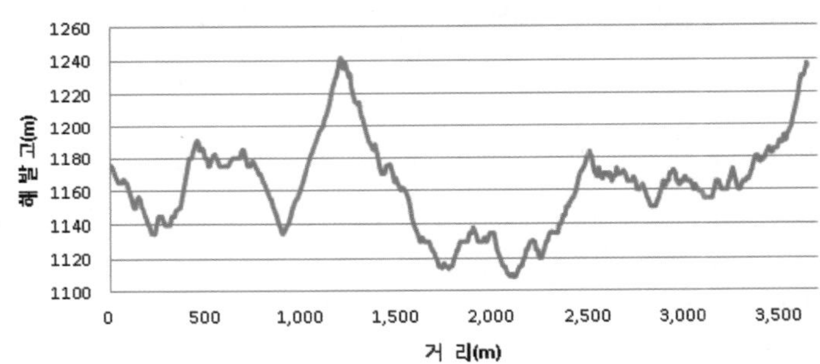

▣ 경계탐사

오늘은 삼도봉에서 3도의 3군수가 참석하여(매년 10월 10일) 천지신명에게 안녕과 번영을 위한 천도제를 지내는 날로 지난번 탐사 때 알게 되었다. 이문인은 놀토라 가족과 함께 축제에 참석하여 탐사에는 참석할 수 없지만 삼도봉에서 만날 수 있을 것이라고 전화가 왔다. 900원이면 도청에 도착하는데 전번에 택시비 2,600원이 나왔다. 약간 배가 아팠다. 06시가 넘어 정보판에 29분 후에 도착예정시간이 떴다. 동절기라 시간이 늦어진 것 같았다. 오늘도 택시 신세를 졌다.

오늘 탐사는 충북산악구조대 대원들이 히말라야 안나푸르나 히운출리(해발6441m)등정, 직지로 명명하기 위하여 산행 중 조난사고로 실종되어 침울한 분위기에 싸여 있을 것이라고 예상을 하였다.(민준영 36세 대장, 박종성 42세 대원) 도청에 도착하니 연회장이 나와 침울한 표정으로 오늘의 일정에 관하여 간단히 설명하고 지도와 도상 분석표를 분배 받았다.(06시가 넘어 출발)

분평 사거리에서 권 대원과 청원IC에서 이 화백이 동승하여(06시 35분경)경부고속도로에 진입하였다. 시원한 도로 들녘에는 황금빛의 벼가 고개를 숙여 대원들에게 만남과 이별의 인사를 하는 것 같았다. 국도에 핀 코스모스와 높은 산자락에 물들기 시작한 자연의 모습이 눈에 들어왔다. 대청댐 인근을 지날 때에는 옅은 안개가 버스의 진행을 방해하는 것 같은 느낌을 주었다. 버스 안에서는 직지원정대 조직과 사고 경위 등이 화제였다.

07시 15분경에 영동 톨게이트를 빠져나와 물한리를 향하는 동안 국도주변의 경관은 영동의 자랑인 감나무 가로수에 누렇게 익어가는 감이 풍년을 알리고, 산들바람에 하늘거리는 코스모스와 구철초의 흰 꽃은 소복을 입은 여인처럼 순박해 보이면서 다소곳이 고개 숙인 여인처럼 보였다. 황간을 지나는 동안 주민들이 심어 놓은 한 구철초 꽃은 장관을 이루었다.

08시가 넘어 널리 알려진 영동군의 자연관광지인 물한리 황룡사 입구에서 하차하였다. 새로운 탐사로와 아름다운 자연 경관을 만끽하는 것도 대원들을 위하여 좋은 것 같았다. 지난번에는 현 위치의 반대되는 김천시에서 도계에 접근 하였다. 준비 운동도 하지 않고 대원들의 안녕을 위한 기도도 없이 출발을 하였다. 계곡에 접근을 막기 위하여 설치한 철조망이 맘에 걸렸다. 임도로 개설한 주변에는 한 아름이 넘는 낙엽송이 하늘을 찌르는 듯이 곧고 울창한 숲을 이루고 있어 등산객들에게 칭송을 받고 있다.

▲ 탐사준비를 하는 대원들

▲ 나이테 같은주상절리(joint)

잠시 쉬는 동안 등산객들이 입구에서 모자와 점심을 나누어 주는데 받지 못했느냐고 물어, 우리는 일찍 등산을 시작하여 못 받았다고 답하였다(09시경). 삼마골재부터 도계구간이다. 선두가 이곳에서 잠시 휴식시간을 가질 줄 알았는데 그냥 지나쳐 조금 힘에 겨웠다. 10시 20분경에 삼도봉에 도착하니 많은 등산객이 있고 다른 등산객 배낭보다 큰 것을 메고 올라온 사람들은 배낭에서 천도제에 필요한 운반해 온 것이다. 태극기는 일찍 게양되어 있고 앰프와 마이크, 스피커를 설치하여 시험해보는데, 소음 때문에 맘에 걸리었다. 천도제를 12시에 올린다는 정보를 알았으면 역으로 민주지산으로 등정하여 삼도봉에서 하산하면 뽕도 따고 임도 볼 것인데 한 시간 반 정도를 기다려면 공식 행사도 구경하고 음복이라도 할 수 있는 기회를 가질 수 있는 아쉬움을 남기고 출발하였다.

지금까지 많은 여정에서 우리 대원들을 반겨준 준봉들은 우리나라의 백두대간으로 학창 시절에는 척추산맥 혹은 등줄기로 명명하였던 웅장함과 아름다움을 함께한 탐사대로를 떠났다. 앞으로는 지도에 명명되지 않은 무명고지와 잘 알려지지 않은 도계를 따라 탐색하기에 많은 어려움이 있을 것이다. 백두대간에 위치한 삼도봉을 뒤로하고(10시반경) 해발 1,000m에 가까운 곳에 등산객들이 잠시 쉴 수 있는 정자를 목재와 전통양식으로 정성들여 건립하였는데 맘에 들었다. 전망도 좋아 위치 선정을 잘한 것 같다. 아쉬움이 있다면 등산객들이 스틱으로 마루바닥을 찍어 곰보가 되어 미관상 흉하게 보일 뿐더러 수명도 짧아질 것 같아 아쉬움이 남았다.(11시)

오늘의 탐사로는 절벽에 가까운 급경사 때문에 힘도 들고 위험하였지만 그런대로 맛도 있는 코스였다. 오똑한 석기봉(해발1242m)을 오르는데 단단한 바위가 아닌 돌산이고 바위 위에 모래알이 있어 미끄러지기 십상이었다. 대원들은 조심조심하여 정상에 올랐는데 돌산이라 그런지 주변에 잡목이 없어 시야가 또한 넓고 날씨까지 쾌청하니 기분이 상쾌하였다. 이곳은 날씨가 좋으면 지리산의 천왕봉까지 보이고 무주 덕유산의 능선이 잘 보인다고 한다. 정상에 표지석도 없고 대원들이 잠시 편히 쉴만한 곳도 못되어 주변 경관을 둘러본 후에 기념 사진을 촬영하고 오늘의 목적지를 향하여 출발하였다.

11시가 넘어 점심때는 되지 않았지만 대원들이 둘러앉아 담소를 나누면서 즐거운 시간을 가질 수 있는 평탄한 장소에 자리를 잡았다. 점심을 먹는 동안 옆에 자리를 잡은 홍성에서 참석하는 이교수 아침식사가 궁금하여 해결 방법을 물으니 도청 주변에 있는 해장국집에서 콩나물 해장국으로 해결 한다고 한다. 듣는 내가 좀 안스러워서 청주 이름난 해장국을 소개하면서 다음 탐사 때 운천동 사거리에서 만나기로 약속을 했다. 12시가 좀 넘어 출발하였다. 오늘 탐사에 처음 참석한 충북대 임학과 학생이 발병이 나 이 화백이 맨 뒤에서 동행하면서 응급처지도 해주고 인생철학도 이야기하면서 잘 돌봐 주었다. 자주는 아니지만 충북대생들이 참석하는 이유를 오늘 알았다. 자발적으로 참석하는 것이 아니고, 박 교수가 강의하는 시간에는 탐사에 한번이라도 참석해야 학점을 준다는 것이다. 탐사로에는 잡목이 우거지고 싱싱한 조릿대군락이 형성되어 공기가 더 시원한 느낌을 주었다.

▲ 천도제 준비를 하는 삼도민

▲ 구름 아래 있는 민주지산

탐사로에 세워놓은 이정표를 훼손한 흔적이 맘을 아프게 하였다. 상수리나무 가지가 갈라져서 있는 신비스러운 모양이 아팠던 맘을 달래주기도 한다. 단풍이 드는 가을이라 해도 경사를 오르는데 땀도 나고 힘도 들고 다리까지 아파 더욱 어려움이 가중되는 것 같다.

▲ 석기봉 정상에서

▲ 조릿대 군락을 지나면서

▲ 싱거운 등산객의 소행

▲ 자연의 묘미 민주지산 표지석

▲ 영동군에서 건립한 대피소

오늘의 최종 목적지인 민주지산에 도착하니(해발 1241m. 13시 30분에 도착) 표지석은 잘 다듬어진 오석에 앞면에는 지명이 쓰여 있고 뒷면에는 2001년 산림청 헬기로 세웠다는 글이 있다.

민주지산에서 기념 촬영도 하고 시야에 들어오는 주변 경관도 살펴보았다. 아쉬움은 정상에 평면도라도 그려 처음 찾는 등산객에게 주변의 지명과 이름난 명승지라도 표기하면 많은 것을 얻고 가는 즐거움도 있고 견문도 넓히는 교육의 장이 될 것이 아닌가? 또 귀가하여 다녀간 고장 자랑도 하면 이 고장의 홍보대사 역할도 할 것이 아닌가 하는 아쉬움이 남았다. 하산하는 길은 그리 용이하지 않았다.

정상에서 10여분 남짓하게는 평탄한 등산로였는데, 그 후에는 급경사이고 너덜지대까지 나타나고 물은 흐르지 않았지만 크고 작은 돌이 낙엽에 쌓여 다칠 우려가 있는 탐사로다. 너덜지대에 먹을 것이 있는지 다람쥐가 넘나들고 있어 카메라에 담으려고 조심스럽게 다가갔지만 인기척을 알고 돌무덤 속으로 숨는 바람에 성공하지 못하였다.

▲ 참빗살나무 열매

▲ 자연의 신비

▲ 너덜지대

임도에 도착하여 잠시 쉬는 동안 반대 방향에서 등산복을 입은 사람들이 왁자지껄하여 보니 중년이 넘어 보이는 여성의 다리에 손수건으로 부목한 것으로 보아 다리가 골절된 것 같았다. 동행한 사람들이 핸드폰으로 수도 없이 통화를 시도하였는데 통화가 되지 않는다고 불평을 하면서 돌려가면서 업고 하산하는데 좋은 방법이 없는 것 같았다. 4년 동안 탐사 하면서 이런 광경은 처음 보았다. 인간은 자연에 순응하여야 하고 늘 조심하여야 한다는 생각을 가지고 있다.

탐사에 임하기 전에 철저한 준비 운동과 자연에 대한 기도는 꼭 필요하다고 생각한다. 15시반이 넘어 아침에 출발했던 물한계곡 황룡사 입구에 도착하여 잠시 휴식하는 동안 간식으로 생고구마를 가져온 대원이 남았다고 하면서 하나씩 나누어 주었다. 버스를 기다리니 합동 주차장으로 내려오라고 하여 기진맥진한 몸을 이끌고 내려가는데 길가에 표고버섯 시식이라는 간판이 천막에 붙어 있어 들어가 보니 후라이팬에 데치면서 맛보고 사가라는 것이었다.

시장이 반찬이라 맛도 있고 싱싱한 표고버섯을 맛있게 먹었다. 양심상 미안하지만 구입하지 않고 주차장으로 향하였다. 배낭과 신발을 차에 놓고 실개천에 맨발로 내려가 시원하게 잠시 족욕을 하고 승차하니 김기사 부인이 삶은 계란과 사과를 대원들에게 나누어 주어 맛있게 먹었다.

16시가 넘어 출발하면서 산을 좋아하는 사람! 충북 산악구조대원의 장례식장에 잠시 들러 조문하기로 의논이 되어 용암동 체육회관에 들러 맘과 육체의 고통이 큰 박 대장을 위로도 하고 조문 후 귀가하였다.

○ 구 간 : 영동군 상촌면 물한리 민주지산~ 용화면 여의리
○ 일 시 : 2009년 10월 24일

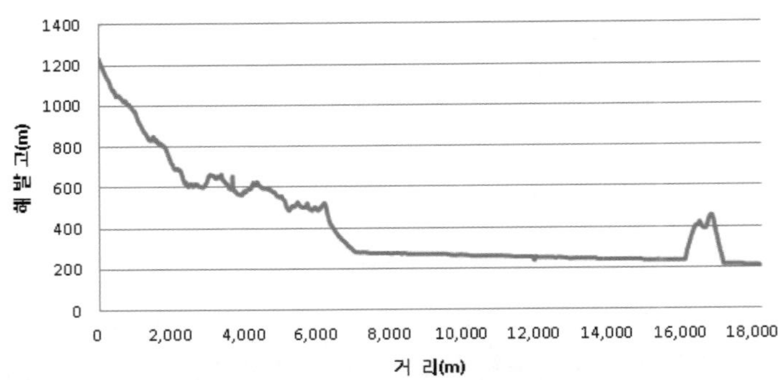

▣ 경계탐사

지난번 탐사 시 이교수와 05시반경 흥덕사거리에서 만나 청주에서 제일 맛있는 해장국을 먹기로 철석같이 약속하였다. 눈을 떠보니 시간이 다되어 황급하게 전화를 하니 결번이라는 메시지가 떠, 더 당황하여 어떻게 할 지 몰랐다. 아침 시간은 왜 그렇게 빨리 흐르는지, 어~하다 보니 40분이 넘어 밥 한 술을 뜨고 있는데 핸드폰 벨이 울려 받아보니 김기사였다. 이 교수가 나를 만나지 못하고 도청으로 향한다면서 전화가 왔다고 한다. 운천동에는 06시 임박하여 (구)현대부페 앞으로 나오면 동행할 수 있다고 하여 밥이 입으로 들어가는지 코로 들어가는지 모를 정도로 허둥대면서 먹고 장비를 주섬주섬 챙기고 부리나케 무심천을 향하여 뛰었다. 차량 통행이 많은 무심천 서로에 막 도착하니 김 기사가 나를 먼저 확인하고 라이트를 번쩍거렸다. 고맙고 반가워 인사를 나누면서 버스에 타고 전·후 이야기를 하는 동안 도청에 도착하니 몇몇 대원들이 환담을 나누고 있어 하차하여 인사를 나누었는데 화사한 분위기가 아니었다. 전번 히운출리에서 발생한 사고의 여운이 대원들의 맘을 아프게 하고 있었다.

분평동 사거리에서 연 대원이 승차하면서 봉투를 대원들에게 보이면서 권 대원이 불참한다면서 대원들을 위하여 만들어 왔다고 하여 차에 있던 대원들이 이구동성으로 그 정성된 맘에 고마움을 전하였다. 특히 나를 거명하면서 많이 드시라고 전한다고 하니 가만히 있을 수 없어 전화로 감사함을 전하였다.

쿠키를 어떻게 만들었는지는 잘 몰라도 이야기하는 것을 가만히 들어 보면 좋은 재료를 구입하여(신토불이) 정성들여 만든 것이라 더 맛있는 것 같다. 탐사에 참석한 이래 한 번도 빠지지 않고 만들어 오는 것은 대원들에게 사랑을 전하고 것이다.

06시 반경에 청원IC에서 이화백을 태우고 경부고속도로에 진입하면서 도탐 출발지를 향하여 달리었다. 대전을 지나 금강주변을 통과하는 동안 차창 밖에는 짙은 안개가 깔리었고, 간혹 산봉우리 위에서 내려 쪼이는 찬란한 햇살은 대원들에게 기를 불어넣어주는 것 같았다. 그 아름다운 광경을 차속에서 사진기에 담으려고 몇 번 시도를 하였지만 실패하여 아쉬움이 남았다. 황간 톨게이트를 빠져나와(07시 25분경) 국도주변에는 잘 익은 감이 늘어지게 매달려 가을을 재촉하는 것 같았다. 전번 탐사 시에 잠시 쉬었던 곳에서 간식도 구입하고 생리 현상도 해결한 후 용화면 황용사에 08시 경에 도착하여 장비점검과 간단한 준비운동을 하고 출발하였다.

지난번 하산 등산로를 선택하여 도계인 민주지산까지 등정하려면 급경사와 너덜지대가 있는 관계로 힘들 것이라고 예상을 하였다. 지난번보다 단풍이 더 짙게 들고 등산객이 없어 한산한 분위기였다.물한계곡 하면

충북뿐만 아니라 전국에도 명성이 있는 계곡인데 상수원 보호지역이란 미명 아래 접근하지 못하도록 철조망을 쳐놓아 미관상도 나쁘고 이곳을 찾는 관광객에게 주는 이미지도 안 좋을 것이다. 또 철조망에서 나오는 각종 오염 물질과 세월이 흐르면 부패되고 망가진 것은 사후처리에도 많은 경비가 들것이 아닌가? 필자는 '물한계곡! 물한계곡!'말은 많이 들었지만 생전 처음 찾는 곳이라 기대가 컸다. 여러 가지 자연 경관이 기대했던 것에 비하여 풍치가 마음에 들지 않고 가뭄이 때문에 흐르는 수량도 적었다. 또 물한계곡은 탐사 종착지점도 되고 시작 지점도 되어 오늘은 네 번째 지나가는 길이 되었다. 우리는 삼도봉과 민주지산 가는 갈림길에서 잠시 휴식을 한 후에 전번에 하산했던 길을 택하여 탐사를 시작하였다. 전번 돌너덜은 짧은 것 같았는데 오늘은 한도 끝도 없는 것 같았다. 이런 지형은 걷기가 무척 위험하고 힘들다. 미끄러지기 쉬워 조심하지 않으면 다치기가 용이하다. 이마와 등에서 땀이 나고 입까지 타 신경을 곤두세워야 한다.

▲ 안전한 탐사를 위한 기원

▲ 자연훼손인지 자연보호인지?

▲ 잠시 휴식시간

하여튼 구름으로 햇살을 가려주고 간간히 부는 산들바람이 이마에 흐른 땀을 닦아 주지만 간혹 흐르는 땀방울이 눈을 적시어 손수건을 꺼내 닦기도 하였다.

10시 5분경에 민주지산에 도착하니 주변 경관이 단풍에 물들어 아름다움을 자랑하고 있고 산허리에 둘러친 안개띠는 아리따운 여인들의 흰 치마폭처럼 느껴졌다. 정상에서는 지난번 탐사 시 주변 경관과 단체기념사진도 찍어 바람이 적은 산마루에서 간식을 나누어 먹으면서 환담도 나누고 주변의 지형에 박식한 대원으로부터 설명도 듣는 시간을 가졌다.

이제부터 전북과 충북의 도계 찾기가 용이하지 않을 것이라고 하면서 지도와 지형을 일치 시키면서 탐사로를 확인한 후 출발하였다.

▲ 만추를 느끼면서 주변의 경관을 살피고 있다.

전북은 우리보다 2~3년 앞서 도계를 탐사하였고, 전북일보에서 책까지 2005년에 발간하였다. 필자는 전북 도청에 문의하여 전북도계 탐사 책자를 얻는 행운도 얻었다. 탐사로에서 전북 탐사 흔적이 있는지 살펴보자는 건의를 한지 수분도 지나지 않았는데 이문인이 반가운 얼굴로 나를 불러 가보니 나뭇가지에 '전라북도 경계 밟기, 전라일보사'라는 글이 노란 비닐 천에 검정글씨로 쓰여 있었다. 우리도 표식기를 나란히 매달아! 연출하여 사진기에 담아 보았다.

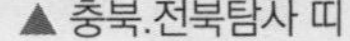

▲ 충북.전북탐사 띠

▲ 자연의 신비 바위 속에 돌

11시도 안 되었는데 점심 이야기를 하는 대원이 있어 너무 이르다고 하니 새벽에 나왔으니 일찍 먹어야 한단다. 앞장 선 대원들은 오늘의 탐사로가 올바른 도계인지 많은 의문점으로 불안해하는데 뒤에서는 점심 타령만 하고 있으니 맘에 안 든다. 그렇지만 선두의 리더를 믿으니 뒤에서는 태평한 것이 아닌가 하는 맘이 들었다. 선두에 선 대원들의 안전을 위하여 장애물도 제거하고(나무 등걸, 시야를 가리는 나뭇가지와 가시덤불 제거 등) 소리를 쳐 위험물을 알려주는 것 등 신경을 곤두세워야 한다.

11시가 넘어 현재 진행하고 있는 지점을 확인하면서 도계가 아니면 보강 탐사를 하여야 하지 않느냐는 제의까지 한다. 대원들이 둘러앉아 점심먹을 장소를 찾는데도 이구동성으로 말이 많았다. 늘 느끼는 점은 대장이 하자는 대로 하고 대원들은 가끔 의견을 제시하면 제일 좋은 것 같다. 영동군에 들어서니 산림의 군락은 거의 활엽수이고 침엽수는 드문드문 눈에 띄었다. 도계에 있는 것은 아니지만 노송이고 그 모양이 웅장하여 사진기에 담아 보았다. 이 노송도 송진 채취 흔적이 있어 내 맘을 아프게 하였다. 외롭게 서있는 노송에도 국토와 민족의 아픈 과거를 증명하는 표시가 있다는 것이 마음 한구석을 씁쓸하게 했다.

▲ 노송의 위용

▲ 만추에 탐사하는 대원들

12시가 넘어 안락하고 평평한 묘지 옆에서 중식을 했다. 대원들은 충대생인 정양에게 이것저것을 권하면서 다정스럽게 챙겨주는 모습이 정겨워보였다. 정양도 대원들에게 다정스럽게 답하는 것이 보기에도 좋다. 부모님 계신 곳이 평택이라는데 부모님과 통화하는 모습도 미운데가 없어 보인다. 부모가 자식을 염려하는 것이 천륜이지만 주말을 이용하여 충남 홍성 부근에서 정양 부모도 등산 중인 것 같았다.

하산 도중 등산로 주변에는 벌목한 흔적의 나무토막이 어지럽게 산재하였다. 내가 주장하는 것은, 도시에서 근로노동을 휴지를 줍거나 잡풀 제거에 활용하지 말고 신체검사라도 하여 건장한 노동력을 선별하여 수목관리에 투입하는 것이 어떨까하는 생각이다.

수년전 겨울에 일본을 방문한 적이 있는데 겨울인데도 긴 장대를 들고 가지치는 사람을 본 기억이 있다. 60년대 말부터 70년대에 산림 녹화를 했으니 이제는 산림 관리를 하여 국가 경제발전에 기여하는 국토를 조성했으면 하는 생각이 간절하다. 이런 의견을 청와대 자유게시판에 올렸지만 무반응이다.

민주지산에서 전북 도계 탐사단 리본을 발견할 때까지는 잘 온것 같은데 30~40분 후 갈림길에서 우측 능선을 타야 정확한 것인데 좌측능선을 타 도계와는 멀리 떨어진 곳으로 와서 허탈한 생각만 들었다. 90도에 가까운 급경사에서 도로는 보이는데 철조망은 쳐있고 왕래하는 차량은 눈에 띄지가 않았다.

어렵게 철조망에 다다르니 먼저 도착한 대원들이 철조망 너머로 배낭을 넘겨주고 대원들이 쉽게 탈출할 수 있는 장소로 인도하였다.(15시15분경) 도로에서 배낭을 찾아 메고 승차하여 마을회관에 도착하니 박대장이 시원한 막걸리와 안주를 준비하고 대원들을 기다리고 있었다.

이 마을에서 조금만 가면 영동 용화 여의리와 무주 장백 상백리을 가로지르는 남대천 중앙이 도계이다. 이곳이 충북의 최남단이고 앞으로는 북쪽을 향하여 도계가 나누어지며 출발점에 가까워질 것이다. 도계인 남대천을 따라 무주 쪽으로는 평야가 발달하여 벼농사와 각종 농작물들이 수확을 기다리고 있고, 영동 쪽으로 농지가 협소하여 농가도 많이 보이지 않았다. 청주에서 이곳까지의 거리는 약 200km이다.

하천변에 건설된 도로를 따라 서북방향으로 올라오면서 지도와 지형을 일치시키면서 탐사를 진행하였다. 어떤 대원은 하천중앙에도 도계탐사 표시기를 달아야 되는 것이 아니냐면서 지나가는 말까지 하였다. 최남단의 도계는 남대천이고 다른 곳과 달리 14.5km나 되는 하천의 중앙이 도계가 되는 특이한 지역이기도 하다. 지도와 지형과 차이가 있었는데, 그 이유는 하천의 범람으로 인하여 생긴 것이다. 무주군 설천면 청량리 도로 한편에 세워진 관광안내도는 이곳을 찾는 방문객이 주변의 관광지와 지형을 쉽게 이해할 수 있도록 정교하게 그려져 있어 마음속으로 관계자에게 칭찬을 하였다.

충북도 이런 점을 배워 아름다운 자연경관을 널리 알리도록 해야겠다. 남대천에 흐르는 물은 대청호의 상수원이라 지자체에서 많은 제약을 하겠지만 맑은 물이 흐르고 강바닥에는 웅장하고 넓은 바위들이 산재하여 좋은 휴식공간을 제공하는 장소인 것 같다. 좀 아쉬운 점은 하천 주변에 수목이 없어 한 여름에 쉴만한 그늘이 없는 것이다. 16시 25분경에 무주IC를 통과하여 청주로 향하였다.

○ 구　간 : 영동군 용화면 여의리 ~ 학산면 봉소리 압치
○ 일　시 : 2009년 11월 14일

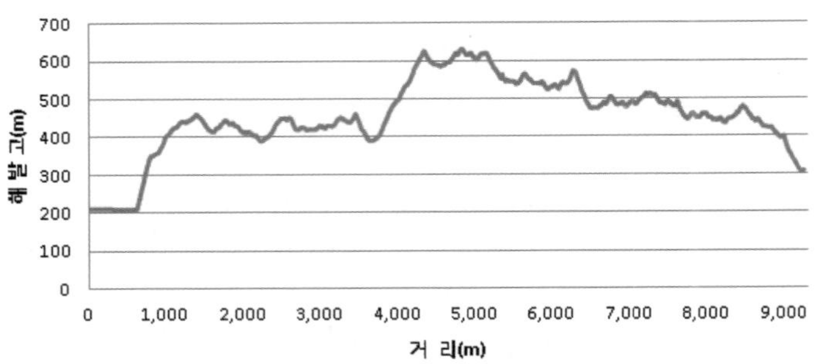

▣ 경계탐사

도계 탐사 전에 늘 걱정하는 것이 날씨이다. 오늘은 비와 눈 소식은 없어도 쾌청한 날씨라는 예보는 없다. 홍성에서 오는 이 교수한테 청주에서 제일 맛있는 해장국집을 소개해 준다고 철석같이 약속을 하고 내가 늦게 나가서 약속을 이행하지 못하여 무척 미안한 생각을 2주 동안 간직하고 있었다. 일찍 배달되는 조간 신문을 읽으면서 시계에서 눈을 떼지 못하고 조바심 속에서 큰 글자만 읽었다. 05시가 되어 전화를 하니 청주에 거의 다 온 것 같아 05시 20분에 전번에 약속한 장소에서 만나기로 하고 부지런히 장비를 점검하고 대문을 나섰다. 하늘을 쳐다보니 비는 오지 않지만 잔뜩 흐린 날씨이다. 운천동 사거리에서 전조등을 키면서 오는 자동차를 지루하게 기다렸다. 20분이 넘어 동승하고 내가 평소에 다니는 길을 알려주면서 남주동 해장국집에 갔다. 지난 금요일에 충북대 병원에서 건강검진에서 의사가 하는 말이 암은 아닌 것 같고 용종이 있어 제거하였다는 말을 들은 후, 마음이 개운하지 않아 그런 것 같았다. 이 교수한테 어떠냐고 물으니 맛있다고 하면서 군이 식대를 지불하는데 다음에는 내가 꼭 대접한다고 생각을 하면서 고마움을 전하였다.

오늘은 충북대 산림자원학과 학생들이 6명이나 참석하였다. 충북대 박교수가 탐사에 참석하기 때문에 관심있는 학생들에게 권장을 하는 것 같았다. 평소에는 10여명이 참석하였는데 오늘은 버스 안이 꽉 찼다. 대원들의 배낭이 크기 때문에 더 복잡한 느낌이 들었다.

▲ 하천 중앙이 도계/앞산 너머 하천이 도계

▲ 남대천 인접한 영동 땅 팬션

06시 10분이 넘어 도청을 빠져나와 분평동 사거리에서 연, 권 대원을 태우고 문의 톨게이트(06시 40분경)에서 이 화백을 태우고, 금산 고속도로 휴게소에 잠시 들렸다.(07시 15분경 윤 대원이 따뜻한 음료와 자유시간 초콜릿을 대원들에게 대접하였다.(지난번 애사에 대한 인사인 것으로 생각된다.) 무주톨게이트를 빠져나와(07시 40분경에) 남대천 중앙이 도계이기 때문에 도로를 따라 차안에서 도계를 확인하고 사진기에 주변 경관을 담았다. 지도상 5cm(실제거리 1.25km)는 지형이 U곡으로 돌출되었는데 도계는 돌출된 산허리를 도계로 선이 그어져 있기 때문에 강을 건너 임야지대로 접근했다. 다시 하천 중앙으로 도계가 이어지기 때문에 탐사에서 빼 놓았다.

용화면 여의교를 건너 도계를 어디에서 접근하는 것이 제일 용이할까(08시 10분경) 하는 생각으로 박 대장이 하차하면서 팬션을 보는 순간 웃음을 지으면서 맞아주는 사람이 있어 우리의 목적지를 알리는 동시에 이곳에서 도계에 접근하기가 가장 좋은 곳이라면서 안내를 시작하였다. 서울에서 귀농한지 10여년이 되고 청주 우암동에서도 몇 년 산적이 있다면서 1,000평 대지위에 농사도 짓고 팬션도 운영 한다면서 명함까지 대원들에게 나누어 주었다. 명함 전면에는 '지구별 여행' 이상원. 뒷면에는 찾아오는 길과 체험 활동을 홍보하는 글이 쓰여 있었다. 금년에 신축한 일층에는 단체손님을 맞이할 수 있는 공간과 이층 건조실에는 400접이 넘는 곶감을 말리고 이었다.

▲ 하천 주변경관을 살피는 대원들

▲ 오늘의 안전을 기원하는 대원들

아직 출하 때가 되지 않아 맛을 볼 수 없어 미안하다는 말까지 곁들인 인사까지 하면서 소개를 하였다. 넓은 공간에서 준비운동과 안전을 기원하는 기도를 한 후 팬션 건물들을 이곳저곳 살펴본 후 집 뒷뜰을 지나 도계에 접근하였다. 팬션주인이 도계를 알려 주었기 때문에 도상과 실제 지형을 용이하게 파악하여 출발하는데 어려움이 없었다. 낙엽이 쌓여 감촉이 좋고 지난밤에 내린 비 때문에 대지와 대기에 습기가 많아 기분도 상쾌하였다. 오늘은 젊은 대원들이 많아 나도 모르게 마음이 든든한 것을 느끼고, 앞에서 뒤를 바라보니 행군 행렬도 길어 큰일을 하는 단체처럼 느껴졌다. 탐사 시 처음에는 힘이 들어 09시경에 잠시 숨을 고른 다음 탐사를 계속하는데 앞에는 잡목도 없고 풀밭이 눈에 들어오는데 관리가 잘된 묘소들이 있다. 우암산보다 높은 해발 452m에 위치한 묘소 앞에 서있는 묘비는 크지 않았지만 정성을 들여 쓴 비문이 맘에 들었다. 또 후손들이 자손만대 발복을 위하여 노력한 흔적을 알 수 있고, 묘비에는 흔치않은 성씨 '제갈'이었다. (09시 20분경)

후손들이 잘 관리하는 묘도 있지만 봉분 위에 오래된 나무들이 무성하게 자라고 있는 묵묘들도 많았다. 탐사에 동참하는 대원들은 늘 권 선생의 정성을 높이 사고 맛에 대한 향수가 입에 늘 남아 있는 것 같다. 특히 필자는 그 맛에 반하여 한두 개씩 더 먹으면서 겉과 속으로 칭찬을 아끼지 않는다. 도계를 먼저 답사한 전북 도계탐사팀의 흔적이 가끔 눈에 띄었다.

우리도 최남단 경관을 만끽할 수 있는 조망대가 여러 곳이 있었는데 날씨 때문에 장애가 되었다. 봄을 알리는 매화, 온 산을 꽃분홍으로 물들이는 진달래가 초겨울에 피어 좋은 징조인지는 알 수 없지만 어느 장소보다 눈에 많이 띄었다. 어느 곳에서는 봄처럼 만개하여 대원들이 한마디씩 덕담을 하였다.

▲ 휴식도하고 묘비도 살피고 만추에 심취한 대원들

완만한 능선에서(10시 20분경 해발 450m) 숨을 돌린 후 급경사를 힘들게 올라 해발 627m에 도착하여 주변경관을 살펴보았다. 쾌청한 날씨면 정말로 아름다운 자연경관과 수확이 끝난 논밭, 비닐하우스가 그런대로 좋은 풍광을 이루고 있을 것이 아닌가 생각하면서 사진기에 담아 보았다.

이곳이 오늘의 최고봉인 줄 알았는데 아니라는 답변을 듣고 약간 실망을 하면서, 조금만 더 가면 된다는 희망의 답도 들었다.

백화산에 도착한 시간은 11시 25분경,(해발 634m) 표지석도 없고 국립지리원에서 세운 삼각점과 현재도 관리가 되는 묘지가 정상 중앙에 있다.

우리 대원들은 기념 촬영을 하고, 참석 인원들이 모여 앉아 점심먹을 장소가 이보다 더 좋은 곳은 없을 것이라고 단정하고 자리를 잡았다.

묘를 중앙으로 하고 둥그렇게 둘러앉아 맛있는 점심을 먹는 동안 오늘 처음 참석한 학생들에게 식사 후 음악시간이 있으니 맘에 준비를 하라고 예고를 하였지만 날씨가 쾌청하지 않아 실행하지 않았다.

대원의 제안으로 제자리에 둥그렇게 서서 이렇게 많은 사람들이 잠시 들렸다 가는 것은 처음일 것이라면서 묵념이나 하고 가자는 제안을 받아 들려 필자는 맘속으로 편히 쉬었다 잘 간다면서 고마움을 전하였다. 이런 마음의 양식이 좋은 미풍양속이 아닌가 생각한다.

▲ 백화산에서 기념촬영

▲ 백화산에서 점심시간

더 뜻있는 것은 젊은 학생들이 동참 했다는데 의미가 있는 것 같다. 오늘의 답사는 건강 때문에 불참한 박대장이 선두에서 진두지휘를 하여 진행 속도도 알맞고 정확한 도계를 따라 모든 것이 잘 진행되고 있는 것 같았다.

한 가지 흠이라면 탐사에 처음 참석한 학생들이 마음의 준비는 되어있을지는 모르지만 장비 준비가 전혀 되어 있지 않아 맘에 걸리었다. 지도 교수가 작은 것이라도 정확하게 사전 교육을 했으면 하는 아쉬움이 남기도 하였다.

몇 번 이야기 하였지만 날씨만 좋으면 우리도의 최남단에서 시작한 탐사가 뜻있는 것인데 아쉽게도 시야가 나빠서 맘 한구석까지 흐린 것 같았다. 도계를 따라 탐사할 오른쪽은 충북이요 왼쪽은 전북이다. 오늘의 도계에는 다른데서 볼 수 없는 작은 소나무가 군락을 이루고 있는데, 안타까운 것은 간벌을 하여 주면 수년 후에는 아름드리 소나무가 군락을 이루어 보기 좋은 경관을 형성할 것인데- 이런 생각을 제의하면 받아줄 이재국 씨가 불참한 것도 아쉬움을 남긴다.

오후에는 능선을 따라 내려오는 탐사로였는데 참석한 여학생들이 심신이 지쳐있는 것 같아 제일 앞에 세웠다. 또 날씨도 음산하고 진행 속도도 느려 오늘의 목적지인 칠봉산(해발520m)을 넘어 안애재까지 갈 수 없을 것이라고 하면서 2~3km를 남겨 놓고 압재(영동에서는 학산재)에서 귀가하기로 하였다.

지난 탐사시 대원들이 모아 준 도토리로 묵을 만들어 오겠다고 하였는데 양이 적어 미안하다면서 막걸리로 대원들을 즐겁게 하였다.

귀가길에 문의 문화재 단지에서 개인전을 여는 이 화백의 전시회에 잠시 들린다고 하면서 출발하였다. 오늘의 거리는 161km정도이며 앞으로는 청주 기점에서 점점 짧아질 것이다.(15시 20분)

▲ 도계를 알리는 도로상의 표식기!

○ 구　간 : 영동군 학산면 봉소리 압재 ~ 학산면 지내리 250m지점
○ 일　시 : 2009년 11월 28일

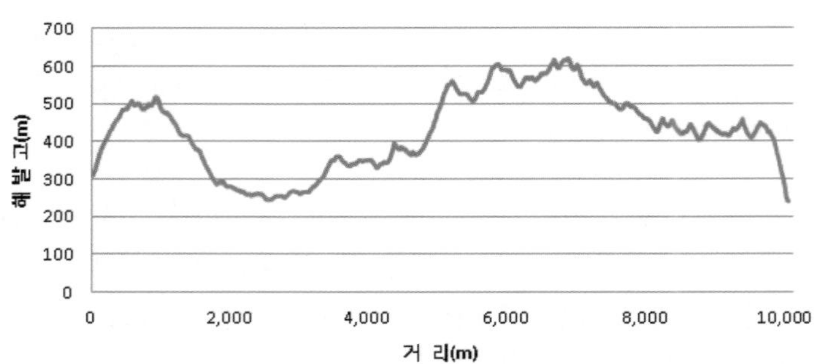

▣ 경계탐사

04시가 넘어 조간 신문을 읽으면서 이 교수와 아침을 함께 할 생각으로 조바심을 냈다. 50분경에 핸드폰이 울려 받아보니 청주에 도착하여 김밥을 사고 있는 중이라고 한다. 05시 10분경에 전번에 만났던 장소에서 만나기로 하고 안식구한테 도시락을 준비를 재촉하였다. 버스 안에서는 동절기라 주변 경관도 감상할 수 없을 것 같아, 묵주를 지참하고 배낭을 메고 대문을 나섰다. 처갓집은? 용인은? 반문하며 일찍 귀가할 것이라고 대답하였다. 큰 처남 49제가 더 무게가 있는 것이 아니냐고 반문하여 미안하다는 말을 하고"오금아, 날 살려라"(처남의 제사에 참석해야 되는 것이 도리인데) 대문을 나섰다.

비가 온다는 일기예보는 하지 않았지만 안개 때문에 시야가 좋지 않다. 흥덕사거리에 도착하니 벌써 이교수가 도로변에서 나를 기다리고 있었다. 충남 홍천에서 늘 도계 탐사에 참석하는 이 교수의 성의가 대단하다. 탐사 중에 청주에서 해장국으로 아침을 한다는 말을 듣고 청주 시민이라면 그 유명한 남주동 해장국을 소개해 주고 싶고, 한번 식사라도 하고 싶은 생각으로 이야기한 것이 실천에 옮기게 되었다.

식당에 도착하자마자 식대를 내고 해장국을 먹는데 전번보다 훨씬 맛이 좋은 것 같았다. 전번에는 감기 기운이 있고 종종 일 때문에 마음이 상하는 일이 있어 밥맛까지도 없었던 것 같았다. 버스가 도착하여 장비를 챙기고 차에 제일 먼저 오르니 다른 대원들도 그제야 도착하면서 반갑게 인사를 나누었다.

연회장이 버스에 타면서 박대장과 연락이 되지 않는다면서 다른 대원들한테 물어보니 알고 있는 대원들이 하나도 없었다. 기다리다 06시 20분경에 도청 정문을 빠져 나와 목적지를 향하여 달리기 시작하였다. 차는 교육대학을 지났는데 박 대장이 깜박 잠이 들었다고 하면서, 혼자라도 뒤따라 온다고 하여 대원들이 웃음을 자아냈다. 분평사거리에서 연, 권 대원과 교육청 앞에서 육기자, 청원 톨게이트에서 이 화백이 동참하였다.(06시 45분경) 차창을 내다보니 동절기이고 안개까지 끼여 시야가 나빴다. 주머니 속에서 묵주를 꺼내고 눈을 지그시 감고 묵주기도를 부지런히 하였다.

금산 인삼랜드 휴게소에 잠시 들렸다.(07시 15분경) 무주 톨게이트를 07시 40분경에 통과하여 오늘의 출발점인 압재에 50분경에 도착하였다.

포장되어 있는 도로이지만 2차선도 아닌 좁은 도로이다. 경사 진 도로 주변에는 사과 과수원이 있고 다른 도계보다 허술한 도계 표지판이 있다. 그래도 충북을 알리는 표지판은 크게 세워놓았다.

▲ 도계에 도착하여 출발지점을 확인

오늘은 정예 대원으로 구성되었고, 지도에 나타난 고도도 그리 높지 않아 답사에는 어려움이 없을 것으로 생각되었다. 지금까지 안개가 뿌옇게 시야를 가려 오늘의 답사도 상쾌한 기분으로 탐사할 수 없다는 것을 예측하였다.(08시 10분) 출발하면서도 연 대장한테 시간을 단축하여 내가 고시에 합격한 조카 축하연에 꼭 참석하고 싶다고 건의를 하였다. 사과 과수원을 지나는데 끝물 사과가 나무에 달려 있어 하나를 따서 한입 물어먹어보니 얼기도 하고 약간 상하였다. 답사길에는 낙엽이 많이 쌓여 땅바닥이 보이지 않아 돌과 나무 등걸 등 위험요소가 도사리고 있다. 선두에선 대원들이 "조심! 조심!"이라고 외치면 뒤따르던 대원들은 안전하게 지날 수 있다. 출발할 때는 약간 한기가 들어 잔뜩 껴입었는데 40여분이 경과한 후에는 겉옷을 벗어 배낭에 넣고 탐사하는 대원들이 대부분이었다.

9시경에 전망이 좋은 곳에 잠시 휴식시간을 가졌는데 안개가 끼었어도 시야에 들어오는 경관은 아름다웠다. 6~70년대 같으면 들녘에는 쓸쓸한 농경지였을 것인데 현재는 무엇을 재배하는지는 몰라도 흰 눈처럼 보이기도 하고, 광목천을 펼쳐 널은 것 같이 보이기도 한 비닐하우스가 들녘을 꽉 메우고 있었다. 과거 겨울철에는 농한기라고 하여 농촌에서는 할 일이 없어 세월만 낚았는데, 지금은 비닐하우스에서 채소, 야채 등 각종 농작물을 재배하고 있어 풍요로운 생활을 영위하고 있다.

탐사로에서 소나무 밑둥이 벗겨지고 송진이 흘러 회색으로 뒤덮인 소나무를 발견하고 멧돼지들이 놀고 간 곳이라고 이구동성으로 이야기를 나누었다. 이상한 점은 멧돼지들이 몸을 비비었으면 털이라도 묻어 있을 것인데 흔적이 없었다.

9시 35분경에 잡목이 우거진 삼도봉(해발 약600m)에 도착하여 잠시 휴식을 하면서 충북, 경북, 전북이 갈라지는 삼도봉과는 많은 비교가 되었다. 영동, 무주, 금산군이 만나는 이곳 삼도봉은 그 흔한 입석하나 없고 크지도 않은 초목만 무성하여 대원들이 한마디씩 하는 말이 이곳에 충북 탐사단에서 표지석이라도 하나 세우는 것이 어떠냐고 하였다.

오늘의 탐사는 해발 300~600m를 넘나드는 등고선을 오르락내리락 하였는데 쌀쌀한 바람에도 이마에는 땀방울이 맺히고 썼던 모자를 벗으면 김이 모락모락 피어올랐다. 탐사로에는 전북 도계 탐사와 충남 도계 탐사와 금산군 경계 탐사 흔적이 있었다. 우리가 도계 탐사를 제일 먼저 하는 것으로 알고 자부심과 긍지를 가졌는데 표식기를 보는 순간 우리 도가 말도 느리지만 행동도 느리다는 것을 입증하는 것을 확신하고 허탈한 생각이 들었다. 소나무 군락지를 통과하는 동안 나의 뇌리에는 이런 생각이 떠나지를 않았다.

기후의 온난화로 소나무가 몇십년 후에는 사라질 것이라는 예고를 접한 후 어릴 때 동네 야산에만 가면 대부분 어린 소나무가 우거지고, 초가을부터 겨울을 나는 동안 팔뚝 굵기의 소나무를 잘라 팽이도 만들고 앉아서 타는 썰매도 만들었는데, 이곳의 소나무들은 꼿꼿하게 자란 것이 별로 없고 이리 비틀 저리 비틀 구부러진 것이 대부분이었다. 더 서운한 것은 간벌을 하면 보기에도 좋고 아름다움이 한층 더할 것인데 하는 아쉬움도 남았다.

오늘의 최고봉인 성주산 정상(해발 624m)에는 아담한 표지석이 있는데 주변 정리가 되지 않아 한여름에는 잡초에 싸여 보이지 않을 것 같다. 오늘도 잠시 쉬는 동안 권선생이 정성을 다하여 손수 만들어 온 쿠키가 얼마나 맛이 있는지 먹어보지 못한 사람은 그 맛을 알 수가 없을 것이다. 또 다른 때와 달리 참석 인원도 적어 많이 먹었다.

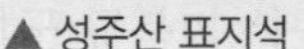

▲ 성주산 표지석

▲ 충남 군계 도계탐사단의 표지기

10시 50분 잠시 쉬는 동안 정사장이 간식으로 준비해 온 곶감을 대원들에게 나누어 주면서 대원들한테 칭찬을 받았다. 단 곶감과 시원한 물을 마시는 쾌감은 탐사 대원들만이 느끼는 특권인 것 같다.

11시반경에 벌써 점심 타령을 한다. 앞에 보이는 급경사를 오른 후에 먹는 것이 좋을 것 같아 의견을 말하니 동조하는 대원들이 다수였다. 급경사이고 낙엽이 발목까지 쌓여 어려움이 많았다.

눈에 보이는 정상이, 정상이 아니고 또 경사를 오를 능선이 있어 보통 힘이 드는 곳이 아니었다. 선두에 선 연 대원이 자리를 잡고 앉은 곳이 평평하여 점심 먹기에 좋은 장소였다. 쿠키를 맛있게 먹어 어떻게 밥을 먹을까 생각하다가 보온병의 물을 밥에 부어 말아 먹었다.

▲ 빽빽이 들어선 소나무

▲ 맛있는 점심시간

탐사 도중에도 외사촌 동생들한테 전화가 여러 번 왔다. 점심을 먹는데도 고모부한테서 꼭 참석하라는 전화가 또 왔다. 현재로서 잘하면 16시 전에 청주에 도착할 것 같았다. 12시반경에 식사를 끝내고 10여분 탐사를 하는데 우리가 가는 탐사로가 맞는지 틀리는지 알 수가 없었다. 앞에 내려가던 연 대장이 너무 급경사이라 대원들이 안전하게 하산할 수 있는 곳을 찾아 이리저리 탐사를 하는 동안 대원들은 따라 내려가지 않고 지도를 꺼내어 확인도 하고 어느 곳이 맞는지 확인하는 동안 연대장이 다시 올라와 대원들과 협의를 하였다.

그 결과 지형을 살펴보고 급경사 밑에 보이는 하천을 지도와 일치한 후 맞다는 결론을 내리고 하산하기 시작하였다. 90도 가까운 급경사를 대원들은 낙상하는 사람 없이 13시 30분경에 골짜기에 있는 하천 바닥에 도착하여 안도의 한숨을 쉬었다.

가뭄으로 물은 흐르지 않아 대원들이 통행하기가 안성맞춤이다. 연 대장은 대원들보다 늘 2~300m 앞에서 나무뿌리도 치우고 돌도 치우고 위험한 곳도 대원들에게 예고해준다. 도로가 완만하여 버스가 올 수 있는 곳까지 부지런히 걸음을 재촉하였다.

지내 마을에 거의 도착하니 앞에는 노란 버스가 뒤에는 보지 못한 자가용이 따라왔다. 차속을 보니 박 대장이 가족과 함께 이 먼 곳까지 온 것이다. 버스에 승차하여 14시 25분경에 귀가길에 올랐다.

○ 구　간 : 영동군 학산면 지내리 미전저수지 안부(250m지점) ~ 양산면 가선리 장선
○ 일　시 : 2009년 12월 12일

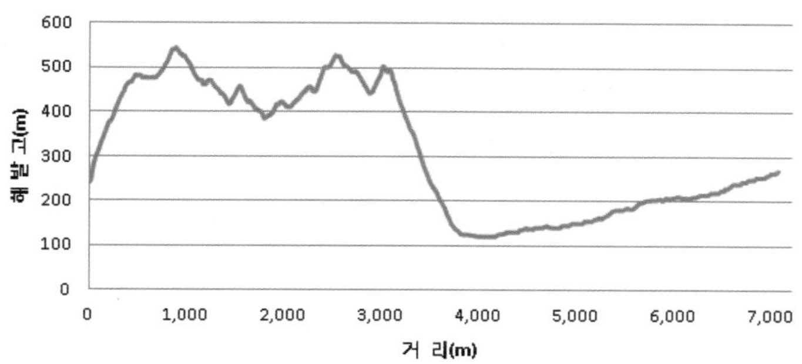

▣ 경계탐사

04시가 넘어 조간 신문을 읽으면서 이 교수와 아침을 함께 할 생각으로 조바심을 냈다. 50분경에 핸드폰이 울려 받아보니 청주에 도착하여 김밥을 사고 있는 중이라고 한다. 05시 10분경에 전번에 만났던 장소에서 만나기로 하고 안식구한테 도시락을 준비를 재촉하였다. 버스 안에서는 동절기라 주변 경관도 감상할 수 없을 것 같아, 묵주를 지참하고 배낭을 메고 대문을 나섰다. 처갓집은? 용인은? 반문하며 일찍 귀가할 것이라고 대답하였다. 큰 처남 49제가 더 무게가 있는 것이 아니냐고 반문하여 미안하다는 말을 하고 "오금아, 날 살려라"(처남의 제사에 참석해야 되는 것이 도리인데) 대문을 나섰다.

비가 온다는 일기예보는 하지 않았지만 안개 때문에 시야가 좋지 않다. 흥덕사거리에 도착하니 벌써 이 교수가 도로변에서 나를 기다리고 있었다. 충남 홍천에서 늘 도계 탐사에 참석하는 이 교수의 성의가 대단하다.

탐사 중에 청주에서 해장국으로 아침을 한다는 말을 듣고 청주 시민이라면 그 유명한 남주동 해장국을 소개해 주고 싶고, 한번 식사라도 하고 싶은 생각으로 이야기한 것이 실천에 옮기게 되었다.

식당에 도착하자마자 식대를 내고 해장국을 먹는데 전번보다 훨씬 맛이 좋은 것 같았다. 전번에는 감기 기운이 있고 종종 일 때문에 마음이 상하는 일이 있어 밥맛까지도 없었던 것 같았다. 버스가 도착하여 장비를 챙기고 차에 제일 먼저 오르니 다른 대원들도 그제야 도착하면서 반갑게 인사를 나누었다.

연 회장이 버스에 타면서 박 대장과 연락이 되지 않는다면서 다른 대원들한테 물어보니 알고 있는 대원들이 하나도 없었다. 기다리다 06시 20분경에 도청 정문을 빠져 나와 목적지를 향하여 달리기 시작하였다. 차는 교육 대학을 지났는데 박 대장이 깜박 잠이 들었다고 하면서, 혼자라도 뒤따라온다고 하여 대원들이 웃음을 자아냈다. 분평사거리에서 연, 권 대원과 교육청 앞에서 육기자, 청원 톨게이트에서 이화백이 동참하였다.(06시 45분경) 차창을 내다보니 동절기이고 안개까지 끼여 시야가 나빴다. 주머니 속에서 묵주를 꺼내고 눈을 지그시 감고 묵주기도를 부지런히 하였다.

금산 인삼랜드 휴게소에 잠시 들렸다.(07시 15분경) 무주 톨게이트를 07시 40분경에 통과하여 오늘의 출발점인 압재에 50분경에 도착하였다.

포장되어 있는 도로이지만 2차선도 아닌 좁은 도로이다. 경사 진 도로 주변에는 사과 과수원이 있고 다른 도계보다 허술한 도계 표지판이 있다. 그래도 충북을 알리는 표지판은 크게 세워놓았다.

홍성에서 참석하는 이 교수로부터 못 오겠다는 문자가 와 김 기사한테 6시전에 현대부페 앞에서 만날 것을 약속하고 잠자리에 들었다. 날씨 걱정을 하면서 하늘을 쳐다보니 별은 보이지 않지만 일기 예보에서 야외 활동하기 좋은 날씨가 될 것이라는 것을 상기하는 동안 노란 버스가 도착하였다. 차에서 하차하니 아들 때문에 불참했던 윤 선생이 보여 반갑게 인사를 나누면서, 어떻게 왔느냐 물으니 학기말 고사라 아들이 귀가하지 않았다고 한다.

오늘도 참석인원이 많지 않았다. 육 기자, 연·정 대원도 불참이라고 하면서 연 회장의 배웅을 받으면서 도청 정문을 빠져왔다. 분평동 사거리에서 권 대원이, 청원IC에서 이 대원이 (06시 30분)승차한 후 목적지를 향하여 달렸다.

오늘의 일정에 대하여 간단히 박 대장이 설명하고 이 화백이 送舊迎新하고 庚寅해에는 건강하고 복 많이 받으라고 대원들에게 호랑이가 그려진 연하장을 선물하여 대원들은 박수로 화답하였다.

간식을 준비해오지 못한 대원들이 있어 07시가 넘어 무주시내에 잠시 들렀다가 출발지인 압재에 08시 경에 도착하였다. 지난번에는 계곡에서 30분 정도 나와 마을 입구에서 승차하여 김 기사가 도로 사정을 잘 몰라, 앞에 앉은 이 화백이 도계에 접근하기 용이한 지점까지 안내를 하였다.

차에서 내려 박 대장이 배낭에서 곶감을 대원들에게 나누어 주었지만 김 기사가 차를 돌려 나갈 것을 이야기하면서 큰일났다고 걱정을 하였다. 맛있는 곶감 먹을 생각도 못하고 차를 돌릴 수 있다, 없다 의견이 양분되어 분위기가 어수선 하였다.

▲ 철저한 준비 운동

▲ 가시덤불을 헤치고

차를 회전하여 돌아 나가기가 쉽지 않았다. 여러 번 전진과 후퇴를 하여 차를 돌리고 난 후 대원들까지 안도의 한숨을 쉬니 미안함을 감추지 못하였다.

탐사 장비를 점검한 후 근래에 보기 드문 정도의 준비 운동을 철저히 하였지만 늘 하던 안전을 기원하는 함성은 빼 먹었다.(08시 20분경)

도착한 지점에서 도계에 근접하려면 급경사에 잔돌이 많고 나무가 우거진 곳이었다. 지난번에 비까지 내려 지표가 미끄러워 넘어져 다칠 위험성이 있기 때문에 대원들의 안전을 위하여 용이한 지역을 택하였다. 가랑잎을 밟고 지나간 자국이 있어 우리는 그 자국을 따라 앞에 보이는 곳이 틀림없이 도계임을 확증하고 탐사에 임했다. 주변에는 땅을 파놓은 곳이 여러 군데 눈에 띄었다. 멧돼지가 흙속에서 먹이를 구하기 위하여 한 것이다. 또 이상한 것은 크지도 않은 플라스틱 병에 구멍을 뚫고 나무에 매단 것을 여러 개 보았는데 산새 먹이를 준 것이지 알 수가 없어 대원들도 의구심을 갖게 하였다.

굵은 칡덩굴이 나무를 휘감아 보기도 흉하고 애처롭기도 하였지만 숫자가 많아 그냥 지나칠 수밖에 없었다. 산등성이 가까운 곳에 묵묘가 있었다. 석축까지 쌓은 묘지인데 후손이 관리를 하지 않아 여러 그루의 참나무들이 들어 서 있어 필자는 허전함과 쓸쓸함을 느끼었다. 또 양지 바른 곳에는 금초까지 한 묘가 있는데 묘봉을 산짐승들이 흉하게 파놓은 것도 볼 수 있었다. (해발 382m, 09시 45분) 잠시 쉬는 동안에 누가 가져왔는지는 몰라도 막걸리 한 병을 따 장유유서라면서 필자에게 권하여, 술을 먹으면 숨이 차 탐사에 힘이 든다고 사양하였다.

술안주로는 야콘과 쿠키, 이화백이 가져온 곶감까지 내놓았다. 권선생은 연말이라 회식이 잦다고 하면서 대원들을 위하여 어제 늦게까지 쿠키를 구워 만들어 왔다고 한다. 손수 만들어 온 쿠키 맛이 남 달랐다. 대원들을 위하여 좋은 재료와 정성이 깃들인 것이라 먹으면서 한 마디씩 칭찬을 아끼지 않는다.

▲ 처녀 머리처럼 정성들여 딴 풀 섶

▲ 야생동물이 파헤친 묘

▲ 이름도 없는 산 - 해발 545m

▲ 명성이 나 있는 천태산

오늘의 답사는 금강을 도강하는데 그냥 지나칠 수가 있는가? 참새가 방앗간을 지나칠 수가 없는 것처럼 금강산도 식후경이라는데 어죽이 어떠냐는 의견에 싫다는 대원은 한 사람도 없었다. 도계에서 백두대간을 제외하고는 용이한 곳이 한 곳도 없다.

지도상에는 확실하게 선이 이어져 있지만 지도와 지표를 일치하여 찾아가기란 쉬운 것이 아니다. 가시덤불과 잡목이 많고 초행이라 도계 찾기가 힘들었다. 불행 중 다행인 것은 충남, 전북, 경북이 우리도 보다 먼저 도계를 하여 표지기를 달아 놓아 참고가 된 점이다. 접근이 쉽지 않아 우회한 무명 산이(해발 545m) 뒤에서 자꾸 잡아당기는 것 같아 뒤를 돌아다보는 순간 자연의 아름다움과 그 웅장함을 남기고 싶어 사진기에 담아 보았다.

앞에 보는 산이 2010년 1월 1일에 해맞이하러 갈 천태산이다. 옥천을 거쳐 영국사에서 오를 때는 바위로 덮힌 험한 산이었는데 이곳에서 바라보니 산허리에는 듬성듬성 바위가 있고 정상에는 낙엽 진 잡목만 우거진 곳으로 보인다.

오늘의 탐사로에 팔을 뻗친 것처럼 연결된 것이 아니라 밑둥부터 꽈진 연리목이 많아 대원들이 이곳에는 왜 이런 나무들이 많으냐는 의구심을 가지면서 음기가 성하여 이런 형태의 수목들이 많다고 하여 웃음을 자아내기도 하였다.

지도상에 표시된 월영(月影)봉은(해발 523m) 이름이 아름다워 그 유래나 어떤 전설이라도 쓰여진 글을 기대하였지만 아무 표식도 없고 잡목만 있어 허탈함을 느끼었다. 곶감과 귤을 내놓아 맛있게 먹으며 쉬는 시간을 가졌다. 늘 점심시간을 언제쯤 갖는 것이 제일 좋으냐가 화제다.

오늘도 아침을 새벽에 먹었기 때문에 11시쯤 식사하는 것이 좋다는 의견을 제시하였지만 하산하여 도강하기 전에 이름난 어죽을 먹는 것으로 결론을 내렸다. 잘못 세운 표지석이 있는 곳이 둘러앉아 식사하기에는 아주 좋은 장소다.(GPS에는 해발 503m로 나타남 11시 30분 경) 오늘은 쉴 때마다 간식을 먹었다. 바나나를 이곳까지 배낭에 넣고 오느라 고생 많이 했다는 격려를 하면서 대원들은 즐거워했다. 발아래 보이는 금강 상류와 주변 경관의 아름다움을 만끽하면서 기념 촬영을 했다. 또 잘못 세운 표지석도 지적하면서 이곳까지 무거운 돌을 운반하여 세운 분들의 노고도 치하하고 잘못된 부분도 지적하였다.

도청에 근무하는 이대원이 어느 집이 맛있게 잘하는지 지인한테 알아보는 것 같다. 충청북도를 다 관할하는 도청 산림과에 근무하기 때문에 발이 넓다. 강 건너 보이는 천태산을 경인년 새해에 어떤 경로를 통하여 등정할 것이며, 행사는 어떻게 할 것인지 대원들은 박 대장한테 묻기도 하고 의견을 제시하기도 하였다. 지도상에서는 강까지 급경사라 대원들이 안전하게 하산할 수 있을지 걱정을 하였는데 박 대장이 선두에 섰다. 지난번과 마찬가지로 낙엽이 쌓인데다 비까지 내렸고 너덜지대라 많은 위험이 도사리고 있다. 대원들은 서로 안전을 외치면서 하산에 임하였다.

▲ 연인목

▲ 표식기인지 환경오염인지

▲ 잘못 세워진 표지석

지표면에는 칡덩굴이 얽혀 안전을 위협하였지만 선두에 선 박대장은 제일 안전한 곳으로 대원들을 유도하였고 하산길의 위험한 요소를 제거하면서도 대원들보다 수십m 앞에서 진두지휘를 하는 모습이 든든해보였다. 마을과 도로를 수십m 남겨 놓고 너덜지대가 끝나 위험한 고비를 넘기고 무사히 충북과 충남의 도계를 알리는 곳에 12시 50분경에 도착했다.

이대원이 수소문한 곳이 선희식당이었다. 식당 안으로 들어가니 시골이라고 할 수 없을 정도로 분위기도 깨끗하고 앉을 자리가 없을 정도로 손님이 많았다. 월영산에서 예약을 하여 우리 대원들은 2층으로 안내를 받았는데 이곳에도 손님들이 꽉 차고 골마루에 상을 길게 놓은 데 자리를 잡았다. 아르바이트하는 학생들이 분주히 음식을 나르고 주문도 받았다. 도리뱅뱅이와 어죽을 주문하였다. 잠시 후 술안주로 도리뱅뱅이가 나와 먹어보니 시장이 반찬이라 그런지 입에 쩍쩍 붙었다. 청주에 이름 난 경북식당 맛에 버금가는 느낌을 주었다. 소주 한잔을 곁들이니 일품이었다. 잠시 후 깨끗하지 않은 큰 양은냄비를 상에다 올려놓으면서 종업원이 11명분이라고 큰소리로 외친 순간 나는 배가 고파서 그런지 양이 작아 보였다. 음식이 남으면 손실이라고 하면서 젊은 대원들에게 더 먹기를 권할 정도로 풍족하였다. 식사를 끝내고 늦게 나오는데 대원들이 신발끈을 묶고 있어, 의아해하니 탐사가 끝난 것이 아니고 강 건너 답사할 곳이 더 있다면서 준비를 하라는 것이었다.(13시 50분) 버스에 승차하여 준비하는 동안 강 건너 편에 보이는 천태산 쪽으로 향하면서 박 대장은 연신 지도와 지형을 살피면서 포장은 되어 있지만 차 두 대가 교차하기 어려울 정도의 좁은 도로를 따라 진행하였다. 이 대원은 이곳 지형에 대하여 확실히 알지는 못하지만 윤곽을 알고 있는 것 같았다. 대원들이 위험을 느낄 정도의 산을 넘어 마을에 있는 정자 앞에 차를 정차 하는 순간 정자에 붙어 있는 장선리라는 글씨를 발견하고 전원이 하차하였다.

이곳 지형 설명을 듣기 위하여 주민을 찾아 10여 가구가 띄엄띄엄 있는 가정을 방문하였으나 한사람도 발견하지 못하여 난감하였다. 권 대원이 마을 어귀 밭에서 일하는 분이 있었다고 하여 몇몇 대원이 그분을 찾아 내려가면서 소리를 질렀지만 대답이 없어 권 대원이 잘못 보았나 의심을 하는 순간 촌로 한 분을 발견하였다. 우리가 찾아온 이유를 설명하면서 인사를 나누었다.(황인학 68세) 이 마을의 형성은 임진왜란 때 피난으로 시작되어 6.25때는 빨치산들에 의하여 수난을 겪은 오지 중 오지였다고 한다. 마을 한 가운데로 흐르는 소하천이 도계라고 한다. 주민들은 7~8명으로 노인들이 살고 있으면 농한기에는 금산이나 영동으로 나가 생활을 하고 농사철에 들어와 농사짓는 주민들이 있다고 하면서, 현재는 3~4명의 부녀자들이 있는데 어느 집에 모여 한가한 시간을 보내고 있을 것이라고 한다. 황 노인은 동절기에는 금산서 생활을 하고 있는데 경지 주변을 정리할 일이 있어 이틀 전에 들어와 일을 하고 있다고 하면서 대원들 질문에 소상하게 답하였다.

이 마을에서 강가까지는 약4 Km가 되며 주민들이 농로 포장을 원하여 경운기가 다닐 수 있게 했다고 하면서 끝까지는 못하였다고 한다. 도로가 개설되기 전에는 나룻배로 왕래한 적도 있단다. 또 재미있는 사실은 같은 마을에 살아도 다니는 초등학교가 같을 때도 있고 다를 때도 있다면서 농부의 순박한 미소를 짓기도 하였다. 우리가 환담하는 동안 앞에 선 대원들은 하천을 따라 탐사에 임하였고 우리는 박 대장과 3명이 뒤따라가는 동안, 하천 주변에 논은 없고 밭에는 인삼을 재배하기 위하여 준비해 놓은 시설물이 많았다.

하천 주변에는 잡초만 우거졌지만 과거에는 벼농사를 지었을 것이다. 수량은 풍족하지는 못했지만 국가에서는 식량이 모자라 농경지 확보를 위하여 많은 노력을 하였고, 잘살기 운동의 일환으로 새마을 운동을 전개하여 농촌의 근대화에 큰 획을 긋는 계기를 마련한 사실은 필자는 체험하고 눈으로 보았다. 하천에는 홍수를 방지하기 위하여 석축을 쌓은 흔적이 많이 보였다.(70년대에 식량증산과 새마을 운동으로 축성한 것으로 생각된다.) 선발대와 우리가 만난 지점은 콘크리트 포장이 끝나고 농로 정비도 잘 되지 않은 산 끝자락에 가려 강은 보이지 않았다.

이 대원이 강 건너 식당 주인이 소형 배를 소유하고 있는데 배 삯을 주고 도강하는 것도 도계 탐사에 의미가 있는 것이 아니냐는 의견을 제시하여 대원들의 전원 찬성으로 전화하여 도강하게 되었다.(15시 30분경에 도착) 김기사는 마을에 주차해 놓은 차를 몰고 강 건너로 가기 위하여 혼자 되돌아갔다. 대원들은 배를 기다리는 동안 동심으로 돌아가 강가에서 조약돌을 주워 물수제비뜨기 시합을 하였다.

어느 대원은 어릴 적 실력이 나와 수십 개의 수제비를 뜨는 대원도 있었지만 한 개도 뜨지 못하는 대원이 있어 웃음을 자아내기도 하였다. 10여분 기다리는 동안 강 건너에서는 지프차에 보트를 매달고 대원들이 있는 건너편으로 오는 것이 아니라 강을 따라 남쪽으로 내려가는 것이 아닌가? 몇 분 후에 모터보트가 강물을 거슬러 올라오고 있는 것을 보고 환호의 미소를 지었다.

보트가 작기 때문에 5명 타고 뱃사공한테 수심이 얼마나 되는지 물어보니 3m 정도라 한다. 5분도 안 되어 배에서 내리는데(15시 50분) 권대원과 윤대원이 도꼬마리를 가리키면서 비염에 좋다고 한다. 권 대원은 아들이 비염 때문에 고생을 하여 육거리 시장에서 구입하여 달여 복용시킨다고 하니 윤 박사가 볶아서 끓이면 구수하다면서 설명을 덧붙인다. 윤 박사다운 설명이다.

언뜻 작은 며느리 생각이 나서 도꼬마리를 채취하는데 권 대원이 협조해주겠다면서 함께 채취하였다. 어디에다 담을까 고민하다가 식당에 가서 비닐봉지를 얻어 왔는데 한 대원이 박스를 구해와 씨앗을 함께 따서 담았다. 여러 번 삶아 먹을 수 있을 정도의 양이 되었다. 이문인도 도꼬마리를 채취하러 간다면서 내가 얻어온 비닐봉지를 가지고 강가로 가 비닐봉지에 따왔다.

그 작업을 하는 동안 벌써 김 기사는 차를 주차장에 대고 우리가 있는 곳으로 와 무엇을 하느냐고 물었다. 대원들이 날아서 왔느냐 빠르기도 하다고 찬사를 보낸다. 평소에 마라톤을 하던 실력으로 강가에서 마을까지 뛰어가서 차를 몰고 온 것이다.

보트 주인이 운영하는 가선식당에서 민물새우 튀김과 매운탕으로 안주를 하여 소주 한잔으로 오늘의 피로를 풀면서 앞으로 계획과 일정에 대하여 환담을 하면서 뜻있고 좋은 일정을 끝냈다. (17시에 청주를 향하여 출발)

5차년도 탐사(2010년)

영동군 양산면 누교리 천태산 ~ 청원군 강외면 정죽리 조천교

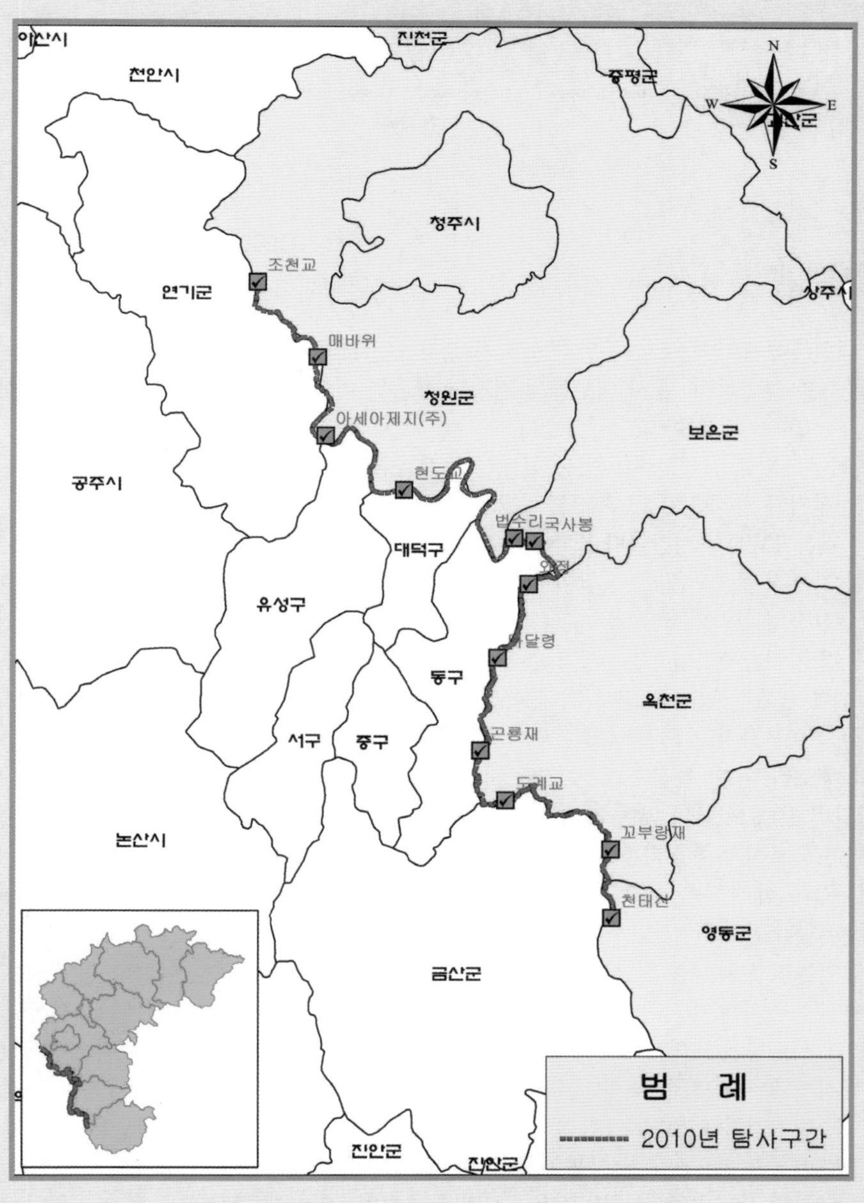

○ 구　간 : 천태산 정상을 향하여(장선리~천태산)
○ 일　시 : 2010년 1월 1일

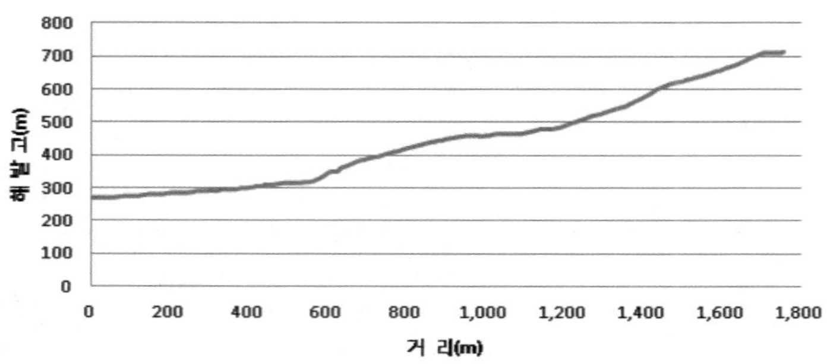

▣ 경계탐사

[2010년 첫 출발]

'박'대장은 대원들에게 넷째 주에는 탐사를 하지 않고 1월 1일 해맞이 행사를 한다는 예고가 있었다. 도계탐사의 마지막 해를 맞이하여 탐사 대원들의 건강과 유종의 미를 기원하는 행사를 도민과 함께하는 탐사를 겸한다는 뜻있는 행사가 될 것이라도 예고했다..

도민과 함께하는 1월 1일 해맞이는 영동 천태산 등정을 위하여 새벽4시 도청 출발 보고서 올려주세요, 라고 하는 문자 메시지가 박 대장으로 부터 12월 26일부터 수차례 수신되었다.

제일 겁나는 것은 TV에서 시간마다 강추위와 폭설 예고였다. 장비만 좋으면 별 걱정이 없는데. 겨울 산행에 좋은 장비를 갖추지 못하면 많은 위험이 따르기 때문에 집행부에서도 걱정이 크다. 모든 것이 경제적인 문제이다. 요새 등산장비 가격이 한두 푼 가는 것이 아니고 보통으로 장만한다 해도 백만 원 정도가 든다.

출발 전일에 김 기사한테 1월 1일 3시 50분경에 흥덕대교에서 만자자고 전화를 하니 기분 좋게 확답을 하였다. 추운 날씨에 필요한 장비를 전부 꺼내놓고 사진기는 점검하여 배낭 속에 넣고 날씨가 너무 추우면 건전지까지 얼어 작동을 하지 않으면 어떻게 하나? 걱정을 하면서 보온을 위하여 털목도리까지 준비를 하였다. 보신각 심야에 종소리, 송년 특집 TV프로그램 시청도 접고 일찍 잠을 청하였다. 한숨자고 시간을 보니 보신각 종을 칠 시간이 30초도 남지 않아 재빠르게 전원을 켜니 첫 번째 종을 치기위하여 줄을 잡아당기고 있는 것이 아닌가? 33회 보신각 종소리를 듣고 신년 음악회를 시청하다 잠이 들었다. 또 눈을 떠보니 03시 50분! 큰일났다싶어 주섬주섬 배낭을 챙기고 등산화를 신는 둥 마는 둥하고 대문을 박차고 부지런히 흥덕대교를 향하여 정신없이 뛰었다.

큰 도로에 접어들면서 북쪽을 쳐다보니 내가 타고 갈 차가 막 도착하는 순간이었다. 반갑고 고마워서 손으로 인사를 하면서 승차하니 김기사 부부가 새해 인사를 정겹게 한다.(2010년 1월 1일 03시 55분경)

새벽 4시가 넘어 도청에 도착하니 대원들이 보이지 않아 썰렁한 감이 들었다. 전 같으면 5~6명이 승차를 했을텐데 박 대장이 승차하면서 몇몇 대원은 큰 버스에 있다면서, 20여분 후에 출발하여 늦게 도착한 대원들과 합류하여 출발하기를 명하였다. 마지막으로 이문인이 승차한 후에 다른 대원들은 오지 않아 김 기사가 핸드폰으로 출발한다고 보고하였다. 분평동 사거리에서 윤 대표와 연 대장이 승차하여 운전기사까지 6명이 타고 목적지를 향하여 출발하였다. 청원IC을 5시경 통과하여 30분 후 금산IC을 빠져 나왔다. 일기예보에서는 구름사이로 일출을 볼 수 있는 날씨라고 하였지만 밤하늘에는 구름 한 점 없는 아주 좋은 날씨이고 어제가 음력 보름이라 둥근 달이 충북 도계 탐사 대원들을 환영하는 것처럼 밝게 비치고 높은 밤하늘에는 청주에서 볼 수 없었던 수많은 별들이 반짝이고 있었다. 나는 도청을 출발하면서 차창가에 앉아 묵주기도를 하면서 하느님께 도계 탐사가 잘 끝날 수 있게 기도도 하고 우리 가족의 건강과 평온을 빌었다

이고장의 지리에 밝은 주민을 초청하여 도민과 함께하는 경인년 해맞이를 안전하게 할 수 있게, 양산면 지장리 돌 광산에서부터 천태산 길안내를 부탁한 것이다. 먼저 도착한 우리는 지장리 장성교에서 큰 버스를 잠시 기다렸다가 산 능선에서 대형버스가 회전할 수 있는지 확인하러 올라갔으나, 25인도 어렵게 나오면서 이곳까지 걸어야 한다고 혼자말로 중얼거렸다. 차를 돌려 내려오면서 앞을 쳐다 보니 라이트가 밝게 비추고 해맞이에 동참한 도민들의 전등이 도깨비 불처럼 왔다 갔다 하는 경관이 장관이다.

▲ 무사히 해맞이를 위한 준비

▲ 경인년 새벽공기를 가르면서

박대장의 구령에 의하여 간단히 준비 운동을 하고 주의 사항을 들었다. 많은 사람이 밤에 등산을 하니 본인의 말에 잘 따라 줄 것과 안전에 주의하여 무사히 행사가 끝날 수 있게 협조해 줄 것을 거듭 당부를 하였다. 도청에서 이곳까지의 거리는 약 90km이다. 해맞이에 참석한 분들의 맘에는 각자의 소망과 기원하는 모든 것이 이루어지기를 바라면서 안전에 주의 하면서 천태산으로 발걸음을 옮기었다.

충북 영동과 충남 금산의 경계에 우뚝 선 아름다운 천태산! 바위와 노송이 잘 어우러진 714.7m의 산을 목표로 출발을 하였다.(2010년 1월 1일 06시 10분경) 충북 영동군 양산면에 위치한 영국사는 천년의 역사를 간직한 고찰이다. 경내에는 보물4점과 충북 유형문화재와 천연기념물인 은행나무가 그 자태를 자랑하고 있다. 특히 은행나무는 가지가 자면에 닿아 뿌리를 내린 곳에서 줄기가 하늘로 자란 것이 부처님의 조화라고 하면 지금도 격년으로 많은 은행이 달린다고 한다. 포장된 도로가 끝나는 과거에 돌 광산임을 증명하듯이 큰 돌덩이가 어지렵게 둥글고 있는 것을 희미한 달빛으로 확인할 수가 있다. 선두에 선 박대장은 참가자들의 안전을 위하여 격려하고 영동에서 동참해준 대원들과 상의하면서 안전한 길을 선택하여 진행을 하였다. 눈은 내리지 않았지만 전번에 내린 눈이 녹지 않아, 낙엽과 바위 위에 있는 눈 때문에 미끄러운 곳이 종종 있고. 계곡을 따라 올라가기 때문에 바위로 흐르는 물이 얼어 더 위험했다. 한시간 정도 등정을 하였는데 박 대장이 남문터 라고 가리키는 곳에 목판에 쓴 안내판이 비스듬하게 부착되어 있다. 창건 당시 사찰 이름은 滿月寺라고 하였으며 절을 중심으로 둘레 30여리, 높이8자, 두께 9자에 달하는 석성이었다 하나 지금은 흔적만을 엿볼 수 있으며 절 어귀에 성문터가 남아 있을 뿐이다.

남문터를 지나온지 몇 분되지 않아 평평한 길을 찾아 등산길에 접어들었다. 구름 한 점 없는 하늘에는 둥근 보름달까지 우리들을 비추고 있어 대원들은 하나 둘 전등불을 끄기 시작하였다. 주변 경관(07시 20분)을 넓고 깊게 볼 수 있는 자리에서 동쪽 하늘을 바라보니 붉은 빛이 온 천지를 비추고 있어 이글이글 타오르는 태양이 떠오를 듯한 감을 주고있었다.

그 장소는 참가자들이 한데 어우러져 해맞이하기에는 적당하지 않아 처음에 생각했던 헬기장으로 전 대원을 이동하게 하였다.

▲ 성문의 남문터 자리

▲ 밝은 달이 해맞이 길을 비추고성

▲ 경인년 새해 일출 전의 천태산 주변의 경관

헬기장(07시반경)에 도착하여 나는 촬영하기 좋은 곳에 자리를 잡고 배낭을 풀어 놓고 일출 광경을 담아보려고 동쪽 하늘을 주시하고 있는데 권선생이 오늘도 맛있는 쿠키를 만들어와 도탐 대원들 뿐만 아니라 참가자 전원들에게 나누어 주는 모습이 정감이 갔다. 어떤 여성은 어떻게 만들었기에 이렇게 맛이 좋으냐고 극찬까지 아끼지 않았다. 30분이 넘어서 광채가 눈뜨고 쳐다볼 수 없을 정도로 눈이 부시었다. 가족끼리 온 대원들은 가족과 함께 그 순간을 놓치기가 싫어 사진기에 담고 어느 참가자는 합장을 하면서 소원을 빌기도 하는 모습이 인간의 삶을 살아가는 정겨운 모습이요, 순간들인 것이다. 정 대원은 건장한 고교생 두 아들과 동참하여 뿌듯함과 믿음직한 모습을 보여주었다.

단체 기념사진을 촬영하고 해맞이에 여운이 남아 있지만 대부분 아침을 먹지 않고 참가하였기 때문에 시장하였다. 정상에 잠시 들렀다가 뜨끈뜨끈한 떡국으로 아침 식사를 준비한 식당으로 가자고 박대장이 선언하자, 모두 개인 장비를 챙기고 출발을 하였다.

남쪽에서 등정을 하여 그런지 어둠과 빙판길을 헤치고 발을 옮길 때를 빼놓고는 위험하고 힘든 등산길은 아니었다. 가장 염려한 것은 눈이 쌓여 있는 빙판길과 급경사이면 위험하고 힘들 것이라고 생각하였는데 오늘 선택한 코스는 안전하고 평탄한 등산로였다

08시가 넘어 천태산 정상을 향하여 출발하였다. 나는 08시반경에 도착하여 주변 경관과 발아래 보이는 영국사 경관에 심취하여 자신도 모르게 감탄을 하였다. 지금까지 해맞이 행사를 손가락으로 꼽을 정도로 참석하였지만 오늘 같은 맑은 날씨는 처음이다. 헬기장에서는 동쪽하늘 시야를 가리는 상수리 가지만 없었으면 해맞이 명당인데, 옥에도 티가 있다고 하는 것처럼 아쉬움이 남았다. 붉게 타오르는 햇살 아래 천태산 정상을 상징하는 석주를 배경으로 기념촬영을 하느냐고 분주한데, 박 대장은 안전하게 하산하기 위하여 꼭 아이젠을 착용하라고 당부에 당부를 거듭한다.

이곳에서 기념 촬영을 하고 영국사 주차장에 있는 식당에 도착하는 대로 떡국을 맛있게 먹으면 오늘의 일과가 종료된다고 한다. 단체 기념 촬영 후 하산길이 급경사이고 음달이라 눈이 쌓인 빙판길을 조심해야 한다고 몇 번씩 강조하였다.

▲ 천태산 정상에서

2010년 첫 도계탐사를 이곳부터 시작을 할 것인데 바위산이고 급경사라 어려움이 많을 것을 예견하였다.

밧줄을 수십 번 타고 영국사에 도착하니 오전 10시가 다 되었다. 사찰경관을 몇 장 사진기에 담고 부지런히 주차장을 향하여 발걸음을 옮기는데 눈에 거슬리는 광경이 눈에 들어왔다. 300m가 넘는 줄에 이곳을 다녀간 흔적을 남기기 위하여 등산로에 매어놓은 형형색색 끈을 부착하였다. 4년간 도계 탐사를 하는 동안 수많은 리본을 부착하였다.

특히 이 끈들은 이정표 역할도 못하고 자연환경 오염에 한 몫을 하는 것으로 생각된다. 이런 문제는 국가적인 차원에서 제재를 하고 각종 매스컴을 통하여 금지 활동으로 홍보하는 것이 좋을 것 같다.

도계 탐사 대원은 식당에서 11시반경에 청주를 향하여 출발하였다.

○ 구　간 : 영동군 양산면 누교리 천태산~옥천군 이원면 개심리 꼬부랑재
○ 일　시 : 2010년 2월27일

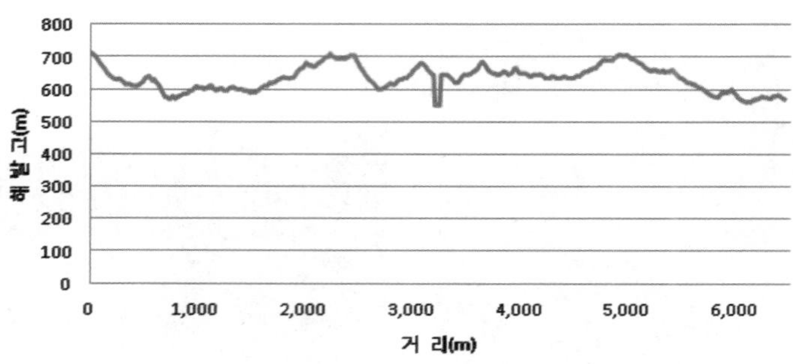

▣ 경계탐사

2월 19일부터 박대장이 도계 탐사에 참석하자는 문자 메시지가 3번이나 도착하였다.(첫 메시지 내용은 복 많이 받으세요. 충북도청 6시에 출발합니다. 꼭 뵙고싶습니다.) 금년이 대장정을 끝내는 해이므로 유종의 미를 거두어야 한다는 부담감을 갖고 있다. 무엇보다도 제일 중요한 것은 건강해야 빠지지 않고 참석할 수 있다는 것이다. 그러기 위하여 평소에 건강 관리도 해야 하고 마음에 준비도 단단히 해야될 것으로 생각된다.

탐사 때마다 제일 궁금한 것이 일기 예보이다. 지금까지 탐사 일에 비가 내린 경우는 손으로 꼽을 정도였다. 오늘도 배낭을 메고 대문을 나서며 하늘을 쳐다보니 밤하늘에는 별들이 반짝이고 있었다. 일기 예보에 의하면 탐사일에 비는 오지 않고 날씨가 흐리다는 예고에 하느님에게 감사할 따름이다.

충북 도계 탐사에서 처음 만난 이문인(이동수-젊음을 바탕으로 내가 생각하지 못한 진취적인 사고로 많은 분야에서 활동하여 본받을 점이 많은 대원)과 탐사 중 환담으로 친분을 쌓게 되었다.

이문인에 의하면 시민 일인일책 내기 사업으로 일주일에 1회 글짓기 공부를 하여 연말에 책을 발간하는 하는 것이다. 본인이 쓴 글을 발하면서 자문도 받고 의견도 제시하는 글짓기 공부 시간을 가져 지난해에 처음으로 내 이름으로 된 단행본을 발간하였다. 글공부를 하는 동안에 도계탐사의 목적과 일정을 틈나는 대로 자랑삼아 이야기하는 기회가 종종 있었다.

이런 생각 저런 생각을 하면서 05시 50분경에 흥덕대교 부근에서 대원들의 발이 되어 주는 버스에 몸을 실었다. 김 대원으로 부터 전화가 와 받아보니 인사 메시지도 잘 받고 고맙다면서, 집에서 일을 하다 다쳐 불참한다는 것이다. 동절기면 감기를 면치 못하여 늘 염려하는 대원인데 몸까지 다쳐 애석한 생각이 들었다. 도청에 도착하여 아무도 보이지 않아 하차하여 주변을 살피니, 날씨가 쌀쌀하여 대원들이 승용차 안에서 기다리고있었다.

햇수로는 일 년 만에 만나는 대원들 간에 덕담을 돌려가면서 하였다. 금년이 탐사 종결의 해로 모든 대원들이 건강하고 뜻있는 탐사가 되는 것이 소망인 것 같다. 빠르면 6월초까지 탐사를 끝내고 지금까지 미미하고 완결하지 못한 보강 탐사와 보고서 작성에 총력을 다 할 것이라고 박 대장이 일정에 대하여 상세하게 알려 주었다. 또 오늘 불참한 대원들의 근황도 일일이 알려 주어 궁금증이 풀렸다. 2009년도 탐사 보고서를 나눠주어 대략 읽어 보았는데 지난해 것 보다 잘 된 것 같았다.

07시경에 옥천IC를 지나 7시30분경에 영국사 주차장에 하차하여 장비 점검과 철저한 준비 운동하고 안전한 도계 탐사를 위한 기원을 함성과 함께 스틱을 하늘 높이 올리고 출발하였다.(7시45분)

1월1일 해맞이 때에는 온산이 흰 눈으로 덮였었는데 오늘은 잔설도 보이지 않고 소나무 잎의 푸르름이 더한 것 같다. 우수(雨水)경칩이 지나면 대동강 물도 풀린다고 하는 것은 만물이 생동하는 봄이 시작된다는 뜻이 있다. 산봉우리에는 밝은 햇살이 비추고 있고 빗물을 머금은 나뭇가지들은 생기가 넘친다. 지난번에 내린 봄비로 실개천에 흐르는 물소리가 한층 더 봄을 불러오는 것 같았다. 영국사 입구에 있는 3층 폭포수는 많은 물이 세차게 흘러 나그네의 발걸음을 멈추게 한다. 오늘의 탐사는 영국사 경내를 지나 바위로 덮힌 급경사를 밧줄을 이용하여 등정하기 때문에 어렵고 힘이 들겠다.

▲ 영국사 입구의 3단 폭포

▲ 시원한 아침 공기를 만끽하는 대원들

특히 이른 아침이라 바위에 내린 이슬 때문에 더 미끄럽고 풍화된 마사토가 있어 미끄러운 것을 경험으로 알 수 있다. 2달 정도 쉬었다하는 산행이기 때문에 마음이 불안하다.

9시 반경 급경사 바위 앞에서 흐르는 땀도 닦고 두툼한 겉옷도 벗어 배낭에 넣고 준비한 사과를 나누어 먹으면서 탐사준비를 하였다. 첫 번째 있는 밧줄을 이용하여 쉽게 올라가, 잠시 쉬는 동안 다른 대원들은 번개처럼 시야에서 사라졌다. 대원들은 보이지 않고 목소리만 들려 좁은 바위틈을 이용하여 있는 힘을 다하여 올라가려고 젖먹던 힘까지 다하는 데도 진전이 없다. 뒤에 오던 이대원이 언제 올라갔는지 내려다보면서 힘도 들지 않게 우측으로 돌아오라고 한다. 직전에 올라온 경사보다 급경사이고 밧줄 길이도 더 긴 것을 이용하여 올라가고 있었다. 경험이 많은 연, 송 대원이 제일 먼저 등정하여 다른 대원들이 용이하고 안전하게 올라 갈 수 있는 방법을 알려주고 있었다.

시작부터 힘을 빼서 등산화가 바위에 밀착되어야 하는데 다리에 힘이 없어 무릎이 바위에 닿는 순간 위에서 무릎이 바위에 닿아서는 절대로 안 된다고 한다. 어떻게 해야 하는지 방법은 알고 있었지만 마음대로 되지 않아 본인은 더 불안하고 초초하였다. 그러한 위험을 무릅쓰고 목적지에 도달하니 등에서 진땀이 나고 팔다리가 떨리는데, 이렇게 힘든 것이 처음이다. 산 정상을 쳐다보니 안개가 덮이고 이따금씩 빗방울까지 내려 내 마음을 어둡게 한다. 9시 반이 넘어 천태산 정상에 도착하여 숨도 돌리고 기념 촬영도 하였다. 잠시 쉬는 동안 금산군에서 설치한 등정 기념 방문록에 지난번에는 손이 곱아 쓰지 못했던 '자연의 신비를 만끽하면서'라는 문구와 충북 도계 탐사단이란 흔적을 남기었다.

육 기자가 힘들 때 먹으라면서 플라스틱병에 든 먹을거리를 대원들에게 돌렸다, 나에게도 권하여 받아먹으니 맛도 좋고 힘도 솟아나는 것 같았다. 오늘의 목적지인 대성산에 도착하여 더 탐사를 할 것인지 하산을 할 것인지 결정을 하겠다고 탐사 중에서도 몇 번 이야기를 하였다.

▲ 천태산 정상에서

▲ 소요시간을 알려주는 이정표

날씨는 잔뜩 흐리고 바람은 불지 않았지만 진눈깨비가 내리기도 하였다. 11시가 넘어 시야가 좋고 평평한 바위에서 대원들은 이곳에서 점심을 먹기를 원했다. 햇빛은 나지 않지만 시야(視野)가 좋아 멀리 금산의 아파트 단지가 보이고 옥천 이원면 의평저수지 수면과 주변의 비닐하우스가 잘 어울려 큰 강물처럼 보였다. 잠시 휴식을 한 다음 대원들이 편히 앉아 점심을 먹을 장소를 찾아가면서 탐사에 임하자고 하여 발걸음을 재촉하였다.

탐사 중 도계 꺾어진 줄기에서 하늘을 향하여 성장한 줄기가 신기하여 사진기에 담아 보았다. 박 대장은 대원들을 위하여 늘 컵라면을 여유있게 준비하고 젓가락까지 준비한다. 오늘같이 음산한 날씨에는 따뜻한 라면 국물이 제격이다. 또 피로 회복제로 가져오는 소주 한잔의 맛은 꿀맛이다. 오늘은 애주가가 불참하여 대원들이 한마디씩 한다. 이 좋은 것을 여기에다 두고 어디에서 그 맛을 그리워하고 있을까.

오늘의 탐사도 만만치가 않다. 경사가 급하고 둥근 바위도 아니고 뾰족뾰족한 돌들이 탐사로 주변에 있어 주의하지 않으면 낙상할 수 있는 곳이 많았다.

또 인접한 곳에 마을도 없는데 이 높은 곳에 묘지가 있고 몇 년 전까지도 관리한 흔적이 있어 보였다.(묘에는 큰 나무가 없고 가는 싸리나무가 몇 그루 있는 것으로 볼 때 후손이 최근까지도 관리한 것 같다.) 대원들은 잠시 휴식을 할 겸 묘 주위에 둘러서서 후손들이 발복하라고 기원까지도 한다.

청원, 진천, 음성, 충주, 제천을 탐사하는 중에 많은 고압선을 보았지만 속리산을 지나 영동 옥천에서 전에 본 적 없는 고압선을 발견하고 위치와 규모에 놀람을 표시한다.

▲ 도계에 있는 묘지

▲ 갈참나무와 층층나무공생

▲ 자연의 신비

잠시 쉬는 동안 이문인이 배낭에서 땅콩 두 봉지를 내 놓으면서 소리 없는 미소를 지으며 대원들에게 권한다. 대원들은 이구동성으로 부럼도 먹고 귀밝이술도 먹는 아름다운 풍습에 대하여 화제의 꽃을 피웠다.

이문인은 탐사를 같이 해오면서 모든 면이 마음에 들어 나하고 대화를 많이 하는 편이다. 오늘의 땅콩도 큰 의미가 있는 것으로 생각되며 내가 생각치 못한 것을 행동으로 실천하였다. 대성산 아래에서 더 탐사를 할 것인지 하산할 것인지를 상의하면서 잠시 휴식을 하였다. 나는 늘 오후 탐사에 힘이 나는 것 같았다.

다음 탐사에 일찍 끝마치기 위하여 조금만 더 탐사에 임하자는 의견을 제시하여 대원들로부터 웃음을 자아내기도 한다. 오늘도 그 말을 하여 대원들이 한바탕 웃었다.

대원들 중에 관절이 좋지 않아 뒤처진 대원이 있는 것을 알고 난 후 나는 대원들이 웃은 뜻을 알고 하산하면서 미안한 생각이 들었다.

15시에 꼬부랑고개의 이정표 밑에서 휴식하는 동안 다음 주에 일찍 종료하고 옥천 점심 먹고 이원 나무시장 견학을 하자고 했다. 오늘 참석하지 못한 대원들에게는 점심은 준비할 터이니 간식 준비를 충분히 하라고 연락 책임을 자진하였다. 평탄한 임도 입구에 시멘트로 만든 비를 발견하고 앞서 가던 대원들이 자세히 읽었다. 도 산림과에 근무하는 이대원이 읽어 보면서 이것은 역사적 가치가 있다면서 대원들에게 설명을 하였다.

글씨가 정교하고 정성을 다하여 쓴 것으로 현 위치, 산림의 면적, 수종, 나무그루 수, 책임자 실행년도, 실행자까지 훼손되지 않고 명확하게 적혀 있어 역사적 자료가 충분하다고 한다. 1960년대 말 43년 전 경제가 어려운 시절의 산림관리에 대한 증거이다. 15시반경에 승차하여 귀가하였다.

○ 구　간 : 옥천군 이원면 장찬리 상곡천~ 이원면 개심리 꼬부랑재으로)
○ 일　시 : 2010년 3월 13일 (역탐사)

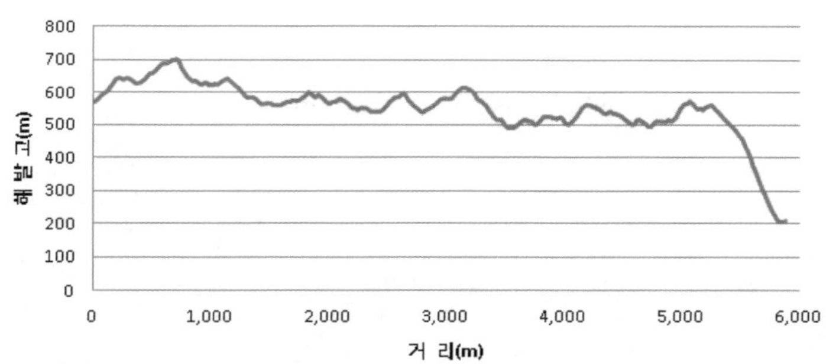

▣ 경계탐사

내 주변에는 좋은 분들만 있는 것 같다. 정 사장으로부터 내일 아침에 가는 길에 동승하자는 반가운 소식이었다. 이른 아침에 도청까지 가려면 교통 때문에 여러 가지 고민을 한다. 걸어가면 30여분이 소요되고 버스를 이용하자니 시간이 맞지 않고, 차를 가지고 가면 편한데 도청에다 하루 종일 주차를 해야 되며 (도청에 주차난도 있고, 공영 방송에서 늘 대중교통을 이용하자는) 이는 도청을 찾는 민원인들에게 민폐가 되는 것도 맘에 걸린다.

탐사 출발일에 잠에서 깨는 것부터 모든 준비를 해 주는 안식구가 아들 때문에 서울에 가 오늘은 스스로 모든 것을 해결해야 되기 때문에 부담감을 가지고 잠자리에 들었다. 눈을 떠보니 03시 30분, 잠을 청하면 늦을까 불안한 생각이 들어 새벽기도 후 신문을 읽으면서 시간을 보냈다.

아침을 먹을까 생각을 하였지만 어제 동문회 반찬에서 너무 과식하여 아침까지 든든한 것 같아 배낭을 메고 약속한 장소로 가면서 하늘을 쳐다보니 구름이 낀 하늘이었다. 도로 가에서 정사장을 기다렸는데 차가 보이지 않아 내가 일찍 왔는지 늦었는지 불안하였다. 잠시 후 전화벨이 울려 받아보니 주유소에서 주유 후 기다리고 있다는 전갈이었다. 부지런히 발걸음을 옮겨 고맙다는 인사를 하면서 차에 올랐다. 도청으로 달리는 차 속에서 늘 동승하던 김기사한테 다른 차를 이용하고 있다는 것을 알려주었다.

평소에는 10여명이 탐사에 참가하였는데 오늘은 차에 빈자리가 없을 정도로 만원이었다 참가하는 대원들이 너무 단출해도 대화의 장이 없어 분위기마저 썰렁한 것 같다. 6시가 넘어 도청 정문을 나와 분평사거리에서 대원들을 태우고 30분경 청원IC에서 이 화백이 동승하여 오늘의 목적지를 향하였다. 차안에서는 오늘의 일정과 도상 연구를 한분석표와 복사본 지도를 대원들에게 나누어 주었다.

정 사장이 준비한 흰떡을 대원들에게 나누어 주었다, 앞에서 먼저 받아든 대원들은 고마움을 전하면서 맛있게 먹으면서 찬사를 아끼기 않는다. 나는 뒷자리에 앉아서 떡을 받아보니 따뜻하고 여유도 있어 주변에 있는 대원들에게 더 나누어 주는 인심도 썼다. 차는 경부고속도로에서 대진 고속도로를 이용하여 07시경에 금산군 추부IC을 통과하여 목적지를 향하였다.

금산군 군북면 상곡리에 위치한 도계가는 길을 파악하지 못하여 잠시 차를 세우고 주민에게 물어 확인한 후 차를 돌려 출발하였다. 포장은 되어있고 도로 주변에는 농가와 농경지가 있는데 논은 적고 과수원과 밭농사를 주로 하는 山村(산촌)이었다. 우리나라의 전형적인 농촌의 풍경을 만끽하면서 오늘의 출발지에 도착한 시간은 7시 40분 이었다

도착 지점은 좁고 긴 계곡이고 도로 개설 작업이 진행 중이며(이원-추부), 이 도로 개설은 금산 군민들이 원해서 이루어지고 있다고 한다. 水源(수원)은 풍부하지 못하나 이곳에 댐을 만들면 자연 경관도 아름답고 수질 오염원도 없어 양질의 상수원이 될 것이라고 이 지역을 잘 아는 연, 송 대원이 의견을 제시하기도 하였다. 또 이 지역 역시 지형 상(시·군·도경계선의 원칙은 산맥과 수계에 따라 선정 하였다)옥천군으로 되어야 도계가 바르다고 한다.(거리도 금산보다 옥천이 가깝다.)

▲ 차안에서 일정을 알리는 박대장

▲ 출발 전 철저한 준비운동

주변 높은 산 정상에는 흰 눈이 보이는데 우리가 오르는 급경사에는 지난번에 내린 눈이 녹아 탐사로가 미끄러웠다. 출발지점은 해발250m에서 이름도 없는 첫 봉우리는 562m으로 등정하기가 어렵고 힘이 들어 잠시 쉬는 동안 겉옷을 벗어 배낭에 넣었다.(08시 50분경)

양지쪽 길은 지난번에 내린 눈도 녹고 낙엽이 쌓여 흙먼지도 나지 않아 걷기 좋았다. 그러나 주변의 음지에는 잔설이 많이 남아 있어 오래된 등산화에 눈이 녹아 물이 스며들어 양말까지 젖었다.

오늘의 탐사는 역으로 진행하였다. 평소 탐사 때는 대원들의 오른쪽은 충북이요 왼쪽은 다른 도인데 오늘은 반대이다. 도계까지 접근하는데 멀고 급경사라 힘이 적게 들고 안전한 탐사를 위하여 종종 이렇게 해 왔다.

도 산림과에 근무하는 이 대원에 의하면 우리나라 산악 지대의 평균 土深(토심)은 1m 이하가 대부분이고 1m 이상의 토양에서는 수목들이 무성하게 성장할 수 있다고 하면서 오늘의 탐사 지역은 큰 나무가 귀하고 잡목이 대부분이라 수목 외형으로 보아 30cm정도의 토양이 발달하였다고 한다.

自然林(자연림)형성에 영향을 주는 요소는 토양의 성분, 풍향, 樹種(수종) 등 여러 가지 조건에 따라 다르다고 한다.

▲ 안전한 산행을 위한 함성과 기도

보통 1시간 정도 탐사를 하고 잠시 쉬는 동안에 대원들이 준비한 간식을 나누어 먹으면서 정담도 나누고 상호의견 교환도 하는 뜻 깊은 시간을 갖기도 한다. 여성 대원들이 참석 할 때마다 간식으로 준비해온 곶감(정사장)과 쿠키(권선생)는 간식 중에서 제일 인기가 많다 모든 대원들이 기다리는 간식인데 지나 번 탐사에 참석하지 않아 서운한 감도 있고, 오늘의 점심은 내가 준비 할 터이니 간식을 충분하게 준비 해 오라는 傳喝(전갈)을 하기로 하여 또 한 번 웃음을 자아냈다.(오늘의 탐사구간이 짧아 12시경에 끝내고 점심은 옥천 부근에서 사먹기로 선약을 하여 지난번 탐사에 참석한 대원들은 .알고 있었지만....)

나는 주로 後尾(후미)서 탐사에 임하며 내 스스로 뒤 따라가는 대원들을 學究派(학구파)라고 칭하고 선두대원은 막가파라고 명명하였다. 윤선생은 자연식생에 造詣(조예)가 깊어 늘 후미에서 신비스러운 자연 현상을 사진기에 담는다.

오늘도 나와 함께 탐사를 하던 대원들이 매봉(11시 05분경에) 도착하니 권선생이 준비한 쿠키를 나누어 먹고 비닐봉지에 남은 것을 건네주면서 미소를 짓는다. 그 이유는 양이 적어 미안하다는 의미와 많이 준비 해왔는데 대원들이 많이 참석하여 각자에게 돌아가는 양이 적다는 뜻이 있는 것을 알았다.

나도 미소로 답하면서 같이 올라온 대원들에게 나누어 먹으니, 처음 참석한 대원들이 정말 맛이 있다고 극찬을 한다. 탐사 중에 반대편에서 오던 등산객들이 인사를 하면서 정상에서 운전기사가 우리를 기다린 다면서, 옥천에 살고, 산신제를 지내고 하산하는 길이라고 한다. 탐사 대원들을 위하여 막걸리와 돼지머리도 남겨놓고 가니 잘 드시라고까지 한다.

오늘의 최고봉인 대성산(해발704.8m)을 향하여 눈 덮인 급경사를 있는 힘을 다하여 부지런히 발걸음을 옮겼다. 정상 능선에 올라서니 탐사 길에서 볼 수 없던 등산로가 그려진 안내판과 방문록을 보관하는 스테인레스 상자를 이원 로타리클럽에서 설치해 놓았다. 정상에는 烏石(오석)으로 세워놓은 표지석이 있었다.

우리보다 일찍 정상에 도착한 김기사가 대원들을 환호하면서 맞이해 주었다. 대원들이 모여 담소를 나누고 기념사진을 촬영할 장소로는 마땅하지 않아 주변의 넓은 장소를 택하였다. 정사장이 준비한 곶감을 나누어 먹으면서 대원들은 나를 쳐다보면서 의미 있는 웃음으로 답을 한다. 또 옥천 산악인들이 산신제를 지내고 남겨 준 막걸리를 나누어 먹은 후 충북 도계 탐사 표지기를 나무에 달고 기념 촬영을 하였다.

오늘 처음부터 동행하던 윤 박사가 급경사에서 따라오지 못하였는데 그 곳에서 잠시 쉬는 동안 간식으로 먹었다면서 비닐봉지를 건너 주는데 사과가 담겨있었다. 어떤 대원이 준비했는지 아주 작은 귤(금귤)도 나누어 주었다.

정상에서는 30여분 동안 맘과 입이 즐거운 시간을 보내고, 맛있는 점심이 기다리는 이원을 향하여 출발 하였다. 등산 시 기후 변화에 경험이 많은 대원이 음지에 쌓인 눈 때문에 여성들과 하산에 자신이 없는 대원들은 아이젠을 착용하는 것이 좋을 것이라고 당부를 하였다. 등정할 때는 몰랐는데 급경사에 눈이 쌓여 낙상할 위험이 도사리고 있다.

이곳에 등정한 경험이 있는 대원은 폭포가 있다면서 선두에서 안내하였다. 내가 판단하기에는 급경사고 사람들이 다닌 흔적도 없는데, 이런 길로 가야만 하나 하는 의아심도 가지게 되었다. 모든 대원들을 안전하게 폭포에 접근시키기 위하여 맘고생이 많은 것 같다. 산행에 풍부한 지식과 경험 많은 대원들이 탐사 대원들을 안전하게 하산시키기 위해서 나뭇가지도 제거하고 때로는 계단을 만들기도 하였다.

▲ 소나무와 벚나무

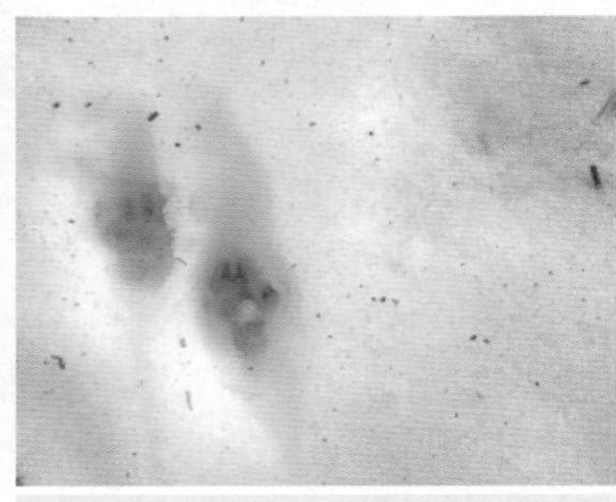

▲ 너구리 발자국

▲ 앙증맞은 이정표

폭포 앞에 도착하니 기대가 크면 실망도 크다는 속담이 있는 것처럼 아연 실색하였다. 이유는 바위와 낙하지점의 높이는 웅장한데 수량이 너무 적어,어떤 대원은 소 궁둥이에서 나오는 오줌만도 못하다고 하여 웃음을 자아내기도 하였다. 주변에는 작은 폭포수를 형성하는 지형이 많은데 그런 곳이 더 운치가 있고 등산객들에게 시원함을 주고 있다.

▲ 대성산 정상

▲ 방명록상자

▲ 대성산 등산 안내도

산 정상은 눈이 발목까지 빠질 만큼 쌓였는데 산 아래는 실개천 물소리와 버들가지가 봄소식을 전한다. 의평저수지 주변 과수원에서는 농부들의 일손을 바쁘게 움직이고 주말을 찾는 도시민은 논두렁 밭두렁에서 봄을 캐는데 여념이 없어 보인다. 13시 30분이 넘어 맛있는 양곱창이 기다리고 있는 식당으로 출발하였다.

○ 구 간 : 진천군 문백면 구곡리 농다리 앞산
○ 일 시 : 2010년 3월 27일

▣ 경계탐사

도계 탐사 대원들이 식목일 행사 참가를 묻는 문자와 가부에 답을 하라는 내용이다. 찬성한 인원이 11명으로 전폭적인 지지를 얻어 충청북도에서 주관하는 행사에 참석하게 되었다. 행사에 필요한 장비와 심을 나무는 물론 점심·가정에 심을 묘목도 3주씩 준다고 한다.

나는 평소 나무에 관하여 관심이 많은 편이다. 감, 매실, 반송 등 묘목을 옥천 이원의 나무 시장에서 구입하여 심었다. 주목은 초가을에 씨를 채취하여 묘판에서 싹을 티워 2~3년 후에 본밭에 이식하였다. 지금은 1,000주가 예쁘게 성장하고 있어 몇 년 후에는 상품가치가 있을 것으로 판단된다. 특히 과실 나무는 3~4년 전부터 해마다 고향의 밭둑과 논두렁에 10여 주 이상을 심어 지난해에는 처음으로 매실을 1kg 넘게 수확하였다.

심어 놓은 묘목을 분실하고 말라죽는 경우가 간간히 있어 안타까웠다.

오늘 날씨는 우리나라 봄철 특유의 봄 날씨, 일기불순이다. 흐리고 쌀쌀하며 바람까지 부는 날씨가 될 것이라고 하여 등산복 차림에 잠바까지 입으라는 안내의 권유로 비둔할 정도로 입고 08시30분경에 정 사장과 약속한 장소로 발걸음을 옮기었다.

문자에는 08시50분까지 도청에 모여 대형버스로 진천 농다리 주변에서 나무를 심는 행사를 한다는 전갈이었다.

도청에 도착하니 대형버스가 10여대 이상 있고 많은 시민들이 옹기종기 모여 출발을 기다리고 있고 일부는 승차하여 출발을 시작하고 있다. 우리 도계 탐사 대원들은 8호 차에 승차를 하였다.

어린 학생들도 있고 엄마 아빠 손을 잡고 행사에 참석한 가족도 있는 것 같다. 도에서 주관하는 행사는 매년 있는 것을 오늘 처음 알았고 도 홈페이지에서 신청을 받는 것도 오늘 처음 알았다.

행사장으로 가는 도중에 숲해설가라고 인사를 하면서 준비해온 인쇄물을 나누어 주면서 식목일의 역사와 소나무에 대하여 설명하였다. 사전에 공부는 많이 한 것 같은데 차안이 소란하고 어린학생들이 이해하기에 적합하지 않은 것 같았다.

행사장으로 모이는 도민▲

▲ 따스한 커피 한잔

문백면 구곡리(우리가 평소에 부르는 마을 이름 굴테)입구에 들어서니 주차 안내하는 사람들이 깃발을 들고 도로 주변에서 수고를 한다. 농다리 백사장에는 일찍 도착한 주민들과 진천군내에의 여러 단체들이 피켓을 들고 우왕좌왕하는 모습이 눈에 들어 왔다. 우리 일행은 버스에서 내려 안내자를 따라 이동하는 동안 식수통 앞에 사람들이 모여 물을 마시는 광경을 목격하였다.

▲ 도민과 함께 하는 식목일 :진천 농다리 전경

그곳에 다가보니 진천 산림조합에 근무하는 애제자가 종이컵에 커피를 따스한 물에 타서 나누어 주고 있다가 나를 보고 반갑게 인사하면서 어떻게 이곳 까지 왔느냐 한다. 쌀쌀한 날씨에 수고하는 장혜선양의 노고에 찬사를 보내면서 커피 한 잔을 받아먹으니 향과 맛이 어느 차보다 좋았다.

문헌에 의하면 식목일 역사는 1,300여 년 전 신라 문무왕 17년 2월 25일(양력 4월 5일)을 기념해 나무를 심었던 것이 식목일의 처음 유래라 할 수 있다.

한편 고려시대에는 풍수사상의 영향 아래 수도가 있는 개성 송악산의 땅기운을 보호하기 위해 소나무를 심었다는 기록이 있다. 조선시대 이전까지는 주로 바람의 피해를 예방하거나 땅기운이 약한 곳에 나무를 심어 보호해 주려는 비보(裨補)조림①을 통해 숲을 만들었다고 한다.

조선시대에 들어서는 경국대전②이라는 법에 나무를 심고 가꾸는 조항을 넣어 백성들의 나무 가꾸기를 강조하고 산림 관리를 강화했는데 이렇게 나무심기를 강조한 이유는 바다 쪽으로 침입하는 외적을 물리칠 병선과 당시 국가경영에 필요한 세금이었던 쌀 등 곡물의 운반에 필요한 선박을 만들기 위한 재료를 확보하고자 한 것이다.

조선 왕조는 가구 도료로서 옻나무 종이를 만드는데 쓰이는 닥나무와, 누에를 치는 데 쓰이는 뽕나무 및 유실수 등 생활에 필요한 유용 수종을 심고 관리하는데 많은 노력을 했다. 이밖에도 흉년의 식량 부족을 대비하기 위해 상수리나무와 밤나무 등을 심고 가꾸었다.

우리 선조들의 나무심기는 선박, 건축재, 연료 재, 도구재료, 구황작물③등 경제적으로 유용한 목재 및 산림 부산물의 지속적인 확보라는 측면에서뿐만 아니라 자연과 인간의 조화를 추구하기 위해 많은 노력을 쏟았다. 즉 나무를 심어 자연력을 복원함으로써 인간 생활에 유익하고 윤택한 환경을 조성하려 했던 것이다.

조선 시대에는 성종(성종 24년 3월 10일)때에도 이와 유사한 행사가 있었는데 세자와 문무백관을 거느리고 선농단④에 제사를 올리고 뽕나무밭을 직접 가꾸기도 한 날로, 우리나라의 농업과 임업 사상 매우 중요한 날이며 청명과 한식날이 이날과 겹치거나 전후해 있어 조상에게 성묘하고 주변의 산이나 들에 나무를 심었다고 한다.

이와 같이 식목일은 민족사적으로는 통일 성업을 완수하고 임금이 몸소 친경의 성전을 거행한 날로 농림사적으로도 매우 뜻 있는 날일뿐만 아니라 전국적으로도 나무 심기에 좋은 계절이기에 식목일로 정하게 된 것이다.

오래 전부터 치산치수가 근본임을 우리 조상들은 잘 알고 이를 실천해온 역사가 뚜렷이 남아 있다.

제1회 식목일 행사는 1946년 4월5일 서울시의 주관으로 사직공원에서 거행됐으며 산림청은 1975년 제30회 식목일부터 상징성과 역사성을 고려해 종전대로 4월5일을 식목일로 정했으며, 지역별로는 3월 21일부터 4월 20일까지 한 달 동안의 "국민 나무 심기 기간"을 지켰다.

최근에는 3월 1일부터 4월말까지 두 달 동안을 식목기간으로 정해 전국 각 지역별로 지키고 있는데 산림청이 정한 지역별 식목기간은 ▲남부지역(제주, 광주, 부산, 울산, 전남, 경남)은 3월 1일부터 4월 10일 ▲중부지역(대전, 충남, 충북, 전북, 경북, 대구)은 3월 10일부터 4월 20일 ▲북부지역(서울, 인천, 경기, 강원, 북한)은 3월 20일부터 4월말까지이다.

이렇듯 나무 심는 시기를 앞당긴 것은 기후 온난화의 영향으로 2~3월 평균기온이 예년보다 2~3도 높아졌기 때문이다.

[나무의 좋은 점]

생활에 필요한 여러 재료가 된다는 점 외에도 나무로 인해 우리가 일상에서 누릴 수 있는 장점들은 다양합니다.

1. 나무는 '친환경 에어컨'
2. 산사태 예방과 자연 댐 역할
3. 천연 해충방지제 및 악취제거제
4. 자연 공기정화기 및 자연 비료

① 裨補조림: 도와서 더함. 더하여서 채움,
② 經國大典: 조선 건국전후부터 1484년(성종15)에 이르기까지 약100년 간 왕명, 교지, 조례 중 영구히 준수 할 것을 모아 엮은 법전
③ 구황작물: 흉년이 든 해에 재배하기 적합한 작물. 고구마, 감자, 피 따위 농작물
④ 先農壇: 농사를 처음 가르쳤다는 신농씨(神農氏)와 후직씨(后稷氏)를 제사지내기 위하여 단을 쌓아놓은 곳. 지방유형문화재 제15호. 면이 1,729㎡, 단의 규모는 4×4m이다. 서울특별시 동대문구 용두동 138번지에 있다.

진천 농다리 역사와 이 다리를 놓게 된 동기를 기록문은 없으나 구전으로 내려오고 있는데, 많은 학자들이 추론하고 있는 것으로는 고려 시대에 장군이 놓았다는 설과 시아버지가 버선을 벗고 물을 건너가는 며느리가 안쓰러워 놓았다는 설이 구전으로 전해지고 있다

▲ 식목일 기념행사

▲ 행사장의 소음 공해

다리발의 구조가 지네 다리처럼 여러 개로 구성되어 있어 비가 많이 내려 수량이 늘어도 유실되지 않는 특징이 있어 토목을 공부하는 학자들이 연구의 대상이 되기도 한다. 구곡리 쪽에서 다리를 건너 산으로 가다보면 바위에 말발굽 흔적이 있다고 하는 데 그 형체가 정확하게 나타나지 않는다.

많은 사람들이 식목일 행사에 참석하기 위하여 (몇 백 명) 백사장에 운집하여 있는데, 산림청 헬기가 공중에서 순회하면서 산불예방을 위하여 "산에서는 담배를 피우지 맙시다." 방송을 하는데 보기도 그렇고 소음 때문에 참석한 대다수의 사람들이 싫어하는 것 같았다. 기름 한 방울 나지 않는 국가에서 30여분 회전 하면서 산불예방 홍보를 하는 것이 효과가 있는지 의문이 가기도 하였다.

하천의 물을 이용하여 인공폭포를 만들었는데 높이와 규모가 장관이었다. 특이한 점은 이곳의 지표면이 대부분 바위라 위에서 물만 흘러내리게 하면 폭포가 될 수 있는 장점을 지니고 있다. 앞으로 우리가 심은 나무가 숲을 이루면 아름다운 경관을 조성하여 백사장위에 있는 농다리와 조화를 이루어 좋은 휴식처가 될 것이다.

이곳에 흐르는 물은 내가 초·중학교에 다닐 때만해도 목이 마르면 바지를 걷어 올리고 허리를 구부려 물을 마신 기억이 난다. 지금은 육상 교통의 발달로 진천, 음성 주변에 중소기업이 산재해 있어 환경 오염이 심각하다.
현재는 농업 용수에도 부적합할 정도로 오염되어 있고 수질 오염 때문에 여러 번 논란의 대상이 되기도 하였다. 주변에 사는 주민들의 고기 잡는 모습을 볼 수가 없다.
관계 기관에서 나온 사회자 안내로 식목일 행사가 10시가 넘어 진행 되었다. 도지사 치사와 나무 심는 방법을 간단하게 설명한 후에 행사에 참석한 단체를 호명하면 박수로 회답했다

농다리를 건너 넓은 산에는 묘목을 심을 수 있도록 잡목을 제거하고 오와 열을 맞추어 구덩이를 미리 파놓고 묘목도 구덩이 주변에 놓았다. 삽과 곡괭이를 여러 군데 모아 놓아 지나가면서 한 자루씩 가지고 가 묘목을 심었다.곧게 세우고 흙으로 뿌리를 잘 덮어 주고 밟아 주면 나무 심는 작업이 끝나는 것이다. 혼자 심는 것보다 2인 1조가 되어 한사람은 묘목을 세우고 한 사람은 흙을 뿌리에 모아 주면 공기가 들어가지 않게 잘 밟아주면 활착이 잘된다. 나는 정 사장과 한조가 되어 제일 높은 곳에서부터 심으면서 내려왔다. 차안에서 한 장씩 나눠준 명패에 미리 품명과 이름을 써 갔는데, 관계직원이 명패를 수십 장씩 들고 다니면서 나누어 주었다.

▲ 나무 심을 장소로 이동

우리나라 산이 황폐화 된 것은 8.15광복과 6.25를 전후하여 무분별한 산림의 훼손에서 온 국토가 붉은 산으로 변하였다. 우기 때 홍수가 나고 산사태가 발생하여 자연재해로 인한 경제적 손실이 컸다.
내가 초등학교 시절 때 국가 정책으로 마을 주변에서 나무 심기를 대대적으로 권장한 기억이 난다. 묘 줄을 이용하여 오와 열을 맞추고, 구덩이를 파는 조, 묘목을 놓는 조, 심는 조로 나누어 나무를 심었다.

부역이라는 명목 아래 주민을 동원하여 노동력이 있는 가정에 한 사람씩 무조건 참가해야 하며 불참자는 노동의 대가로 현금을 면사무소에 납부하는 것으로 알고 있다.

나는 초등학생이라 가마니를 등에 질 수 있도록 배낭으로 변형하여 묘목을 지고 다니면서 구덩이에 한 주씩 놓는 것을 담당하였었다. 나무 심는 장면을 사진기로 찍으면서 묘목을 놓는 어린 학생들을 모아 놓고 이사진은 미국으로 보낸다면서 예쁘게 자세까지 잡으라고 한 기억이 난다. 그 때 심은 나무는 리기다소나무와 오리나무가 주종인데, 오리나무는 성장 속도가 빨라 어느 정도 성장하면 화목으로 이용하고 소나무는 국토를 살찌게 하는 근본이 되는 것으로 알고 있다.

전국으로 명성이 있는 농다리를 건너 수백 명이 산 정상에서부터 一絲不亂하게 나무를 심는 광경이 참가하는 도민들의 애향심과 애국심의 원천으로 보였다.

▲ 정성을 다하여 나무 심는 비구니 스님

12시전에 식목일 행사를 끝내고 오솔길을 내려오는데 길 옆에서 비구니 한 분이 행사에 참석하여 나무 심는 모습이 아름다워 보여 사진기에 담아 보았다.

올라 갈 때 들고 간 작업 도구를 한곳에 모아 놓고 앞을 보니 행사에 참석한 사람들이 한 줄로 서서 점심을 받는 것 같았다.

많은 사람들이 검정비닐 봉투를 들고 동행한 팀별로 밥 먹기 좋은 장소를 찾아 옹기종기 모여 즐거운 식사시간을 갖는 모습이 무척 평화스럽게 보였다.

우리는 제일 높은 봉우리에서부터 심으면서 내려와 늦게 도시락을 받았다 먹을 곳이 마땅하지 않아 능선을 넘어 초평저수지가 눈에 들어오고 정성드려 만들어 놓은 나무 계단을 따라 내려가니 먼저 온 일행들이 환담을 나누면서 맛있는 점심을 먹고 있었다.

눈치가 빠르면 절간에 가서도 새우젓을 얻어먹을 수 있다는 속담처럼 동작 빠른 대원이 막걸리와 따뜻한 찌개까지 얻어와 대원들로부터 찬사를 받았다.

식사를 끝내고 다리를 건너오니 검은 비닐봉지에 소나무, 주목, 연산홍을 넣어 묘목을 나누어 주고 있었다.

오늘의 행사 참석은 40여년 만에 고향인 생거진천에서 뜻깊고 의미있는 날로 기억된다. 대학교 때 교내 행사에 참석한 후 처음인 것 같다. 13시가 넘어 백사장에 주차된 버스를 이용하여 귀가하였다.

○ 구　간 : 옥천군 군서면 상지리 도계교 ~ 이원면 장찬리 상곡천
○ 일　시 : 2010년 4월10일 (역탐사)

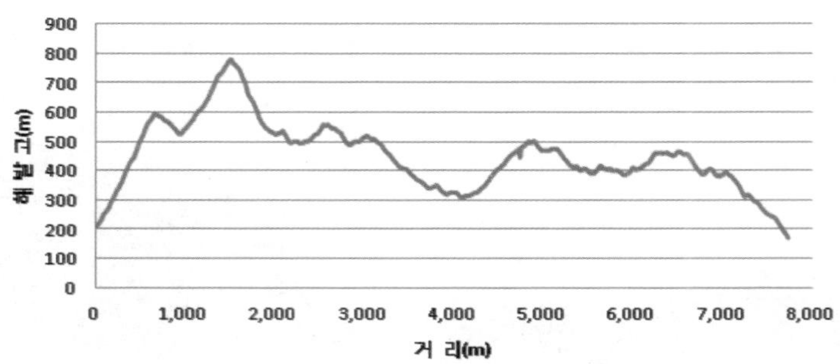

▣ 경계탐사

일기예보에서 천만다행으로 일요일 저녁까지는 비가 내리지 않고 밤늦은 시간 후부터 월요일에 걸쳐 많은 비가 내리는 곳이 있다고 한다.

정 사장에게 문자를 보내니 일이 바빠 불참하니 안전하게 잘 다녀오라는 회답이 왔다. 김 기사한테 부탁하니 친절한 부인이 받는다. 흥덕대교에서 05시 50분경에 만나기로 하고 부지런히 발걸음을 옮기는데, 우리 집에 신문을 넣어 주는 분을 만나 12일부터 한 달 동안 부재중이니 넣지 말라는 부탁을 하였다.

오늘도 많은 대원들이 불참하였고 작년에 아들과 함께 참석한 적이 있는 한 여사가 참여하였다. 청원 IC를 6시반에 경유하여 대진 고속도로를 지나 금산군 추부IC를 7시에 빠져나와 도계는 7시 05분경에 도착하였다.

금강 지류인 다리를 건너 하차하니 도로변에는 어지럽게 세워놓은 도계의 이정표들이 눈에 들어왔다. 산을 절개하여 개설한 도로라 산사태를 방지하기 위하여 사방 공사도 하고 망까지 씌워 안전을 도모하였다. 자연의 생명력이 얼마나 강한지 산사태 방지를 위하여 씌워 놓은 망 속에 진달래가 화사하게 봄을 알리고 있다.

▲ 충북과 충남의 도계를 알리는 이정표

도상에서 다음에 탐사할 곳을 확인하고 장비를 점검한 후 준비 운동을 하고 급경사를 10분 올라가니 말만 듣던 수목장이 눈에 들어 왔다(해발 266m) 처음부터 수목장을 한 것이 아니고 처음에는 매장을 하였다가 묘소 관리가 어려우니까 후손들이 수목장을 한것 같다. 수목장한 주변에는 과거의 묘 자리 흔적이 남아 있는 것으로 보아 그렇게 짐작이 간다.

날씨가 쌀쌀하고 구름까지 끼어 아침 햇살을 받지 못하여 더 음산한 날이라 출발 할 때는 외투까지 입었다. 잡목과 가시 덩굴을 헤치면서 급경사를 오르니 이마에서 땀까지 났다. 또 주변에 만개는 하지 않았지만 생강나무와 진달래의 꽃을 보니 봄이 나비 등을 타고 온 것이 틀림없는 것 같았다.

지도상에는 이곳 명칭은 표시되지 않았지만 이곳에 사는 주민들은 생갱이 고개라고 호칭 한 것을 알 수 있고 후손들이 조상님들을 흠모하는 글 내용도 맘에 들었다. 아쉬움 점은 잣나무에 못을 박았다는 점이다. 겉옷을 벗어 배낭에 넣고 땀도 닦으면서 잠시 심호흡을 한 후에 발걸음을 채촉 하였다.

한 시간 이상 탐사를 한 후 8시 40분경에 경사를 오르고 잠시 쉬는 동안 오랜만에 참석한 한 여사가 준비한 방울토마토를 나누어 주면서 미소지으니 마음씨까지 아름다워 보였다. 오늘은 홍성에서 늘 참석하는 이 교수와 고등학교에 다니는 아들 때문에 불참 횟수가 많은 윤 박사와 함께 후미에서 탐사에 임하였다.

▲ 급경사를 오르는 대원들

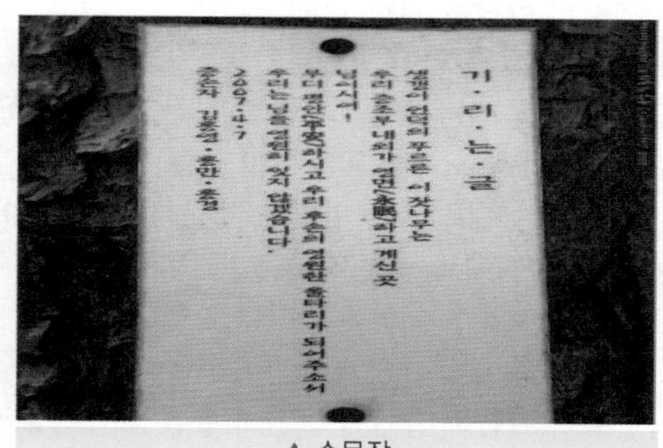

▲ 수목장

금년에는 흐린 날이 많고 기온도 낮은 날이 많다. 농사를 짓는 사람들이 연료비가 많이 들고 생산량이 적어 피해가 크고, 소비자들은 채소와 봄 과일 가격이 비싸 신선하고 맛 좋은 자연식품을 구입하기가 부담스러운 계절이 되었다

청명한 날씨면 시야가 넓고 깊어 주변의 아름다운 경관에 심취되면 힘이 적게 든다. 또 다소곳 하고 화사한 야생화들이 한 층 더 아름다워 보이고, 탐사하는 대원들도 마음이 가벼워 발걸음도 사뿐하다. 날씨가 나쁘면 힘은 힘대로 들고 더 피로한 것 같다. 주변의 경관은 산뜻하지 못하고 먼지가 낀 것처럼 보인다. 천만다행인 것은 황사가 나타나지 않아 자연과 인간에 피해를 주지 않는 점이다.

▲ 선명하지 못한 주변경관

▲ 수목장을 확인하는 대원들

500m 넘는 산봉우리에 선발대가 쉬고 있는 우리가 도착하니 늘 쿠키를 준비 해오는 권대 원이 오늘도 맛 좋고 영양가 높은 간식을 준비하여 대원들에게 입과 맘을 즐겁게 하고 있었다. 오늘은 참가 인원이 적어 비닐 봉지를 지면에 펴놓고 먹고 싶은대로 양껏 먹으라고 하는 것 같았다. 또 이문인은 무거운 토마토 주스를 이곳 까지 지고와 대원들에게 한 컵씩 따라 주면서 더 먹고 싶은 사람은 더 드시라고 권한다. 마흔이 넘었지만 대원들 중에 제일 젊음을 자랑하는 대원이다. 도계 탐사의 흔적을 남기는 끈을 처음부터 지금까지 도계에 매어 놓고 깃발도 지니고 다니면서 단체 기념 촬영을 할 때 꺼내서 촬영을 할 수 있게 하는 일꾼이다. 우리가 간식도 먹고 환담도 나누는 곳에 용도를 알 수 없는 쇠밧줄이 있어 사진기에 담아 보았다. 오늘의 탐사길에는 진달래가 많았는데 만개한 진달래는 보기가 어렵고 봉우리 맺힌 것도 그리 많지 않다.

오늘은 충남에서 제일 높은 서대산(해발 904m)을 끼고 빙 도는 탐사이다. 처음부터 끝날 때까지 대원들 눈에서 서대산이 사라진 적이 없다. 정상에는 웅장한 바위가 있고 서대산의 식생은 잡목과 활엽수가 대부분이고 적송은 눈을 크게 뜨고 찾아보아도 없었다. 탐사로 주변에도 대부분 잡목이 우거지고 도계를 이루는 경계에 아름답고 굵고 소나무들이 늠름하게 산천을 지키고 있다.

오늘의 탐사에서 도계를 약간 벗어나는 일이 발생하여 급경사로 내려가지 않아도 될 곳으로 하산하였다. 시멘트로 포장된 좁을 길을 따라 도계를 찾아 올라가는 길 양편에는 유휴지 논과 밭이 있고 마을도 있던 곳이었다. 농경 사회에서 산업 사회로 변모하면서 移村向都 형상이 두드러지면서 농촌 인구가 급감하면서 마을 전체가 없어지는 경우가 종종 나타나고 있다.

11시반경 부지런히 걸어서 그런지 온몸에 땀이 흐르고 이마에서 흐르는 땀이 눈에 들어가 따가웠다. 수건을 찾아보니 없어, 소매 자락으로 땀을 닦다가 주머니에서 일회용 마스크를 꺼내어 닦았지만 시원찮았다. 잠시 쉬는 것이 최상의 방법인데 나만 홀로 쉬는 것은 선두를 좇아가기가 더 힘들다는 것을 알기 때문에 휴식을 못하고 때로는 길은 잘못 들어 도계가 아닌 다른 데로 갈 위험이 있기 때문에 혼자 휴식을 하는 것은 위험천만한 행동이다.

▲ 용도를 알 수 없는 쇠사슬

▲ 만개한 진달래

대원들이 둥글게 앉아 맛있는 점심을 먹을 장소를 물색하였다.(12시 10분경 해발 546m지점에서) 대원들 간에 친화력을 증진시키는 시간과 각자 가정에서 준비한 특색있는 반찬을 나누어 먹는 친교 시간이 되기도 한다. 오늘은 싱싱하고 푸짐한 청양고추와 비싼 가격을 주고 구입한 오이가 최고의 인기이다. 또 고정 메뉴인 컵라면은 박 대장의 특허품이다. 여유 있게 준비하여 따끈따끈한 라면 국물은 오늘같은 음산한 날씨에는 제격이다. 애주가 대원들이 작은 잔으로 순배하면서 나누어 먹는 모습은 정감있어 보인다.

앞에 보이는 높은 산이 서대산의 제일 높은 봉은 아니지만 서대산의 한줄기라고 하면서 저곳까지 가면 오늘의 목적을 달성하고 하산하는 데 약 30여분이 소요될 것이라고 한다.

탐사로에는 낙엽이 많이 쌓이고 급경사라 미끄럽고 나뭇가지와 돌덩이가 보이지 않아 걸려 넘어질 우려가 있어 조심하여야 한다.

오늘의 마지막 경사는 길고 가파르기 때문에 올라가기가 매우 힘들고 어려운 난코스이다. 등정에 어려운 곳에 밧줄을 매여 놓았는데 너무 가늘고 튼튼하지 못하여 불안감을 더 주는 것 같았다.(해발 707m) 이곳에서 숨도 돌리고 몸도 식힐 겸 잠시 쉬었다, 함께 가자면서 이제는 다 올라왔다고 위로 겸 마음의 여유를 찾게 한다. 배낭을 벗어 놓고 빈 몸으로 오늘의 최고봉에 올라서니 동서남북에 가리는 것이 없고 지금까지 걸어온 대성산이 눈 아래보이고 멀리 옥천시내와 장용산 휴양림과 서대산 휴양지, 금산 추부분지가 보인다. 한 눈에 들어오는 자연 경관은 등산의 진미를 알게 해 준다.
이 맛이 등산의 진가이고 묘미이면서 건강 유지에 첫 걸음이 되는 것 같다. 장용산 휴양림 뒤에 보이는 꼬부랑길은 옛 정취를 알려주는 느낌을 주지만 산을 넘고 강을 건너면서 세워진 송전탑은 내 맘에 양면성을 주어 가치 판단에 혼선을 빚게 한다.(내가 어릴 때는 구경도 못하였지만 산업사회로 발전하면서 전 국토에 철탑이 얼기설기 세워져 있어 잦은 민원이 발생하기도 한다. 이 아름다운 경관에 철탑이 없었으면 하는 생각도 든다.

박 대원이 좋은 사진기로 기념사진을 한 장 찍어 주었다. 같이 올라온 대원들과 포즈를 잡고 시원한 봄바람에 마음의 문을 풀어 헤치고 충북의 남쪽 하늘을 안아보았다.

▲ 느티나무 아래에서

▲ 마을 흔적은 없고 고목감나무

▲ 장령산 휴양림과 멀리 보이는 꼬부랑길, 산업화의 상징인 철탑

오늘의 최고봉에서 잠시 휴식을 한 후 도계를 따라 하산하기 시작하였다. 하루 종일 탐사 길에는 금산군의 둘레길 탐사 리본이 수도 없이 매달려 있고 이곳의 아름다움을 어디에서 찾았는지 전국 각지의 산악인들이 찾았다는 흔적을 많이 남기고 떠났다.

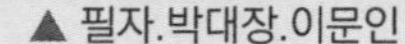
▲ 필자.박대장.이문인

▲ 마

▲ 길마가지나무

▲ 현호색

도계 탐사 기행문에서 수차례 이야기하였지만 오늘도 도계 중앙에 조상을 모신 묵묘가 눈에 띄었다. 후손의 발복과 망인의 왕생극락을 위하여 많은 용역 들여 이 높은 곳에 안장하였을 것을 생각하면서 사람이 죽으면 잡초만도 못한 것 같아 허전함과 쓸쓸함을 느끼게 한다.

나이가 들어 갈수록 지금까지 살아온 길을 뒤돌아보게 하고 남은 여생을 어떻게 살아갈 것인가 재충전하는 기회로 삼기도 한다.

엊그제 푸른 제복을 입고 철조망 안과 밖에서 국토방위에 심혈을 기울인 것 같은 데 40년이란 세월 흘렀다 온 국민을 눈물바다로 만든 백령도 근해에서 침몰한 해군 장병을 생각하면서 나도 모르게 고개를 숙여 명복을 비는 시간이 종종 있다.

연대장이 앞에 있는 높은 봉우리를 가리키면서 오늘의 마지막으로 등정할 곳이고 저기를 넘으면 하산하는 길이며 급경사라고 한다.

정상에서 내려다 본 장령산 휴양림은 발아래 보이는데 마지막 봉우리에서 출발하여 급경사를 무사히 빠져나와 하천변에 있는 양호한 길을 따라 목적지 향하여 발걸음을 옮기었다. 하천변에 도착하니 길도 없고 가시덤불과 바위와 나무 등걸이 산재하여 있어 대원들에게는 긴 여정과 고통의 길이었다.

아침에 15시면 휴양림에 도착하여 출발할 것이라고 하였는데, 휴양림에 도착하기까지 위험하고 험한 길이었다. 오늘의 최종 목적지에 도착하니 김기사가 수고하였다면서 반갑게 맞이한다.

멀리 떨어져 있는 수돗가에서 손발을 씻고 승차하니 17시였다. 오늘은 진구회가 있는 날이다. 부지런히 청주에 도착하면 보고 싶고 반가운 친구들을 만날 수 있을 것이다.

○ 구 간 : 옥천군 군서면 상지리 도계교 ~ 군서면 사양리 곤룡재
○ 일 시 : 2010년 5월 22일

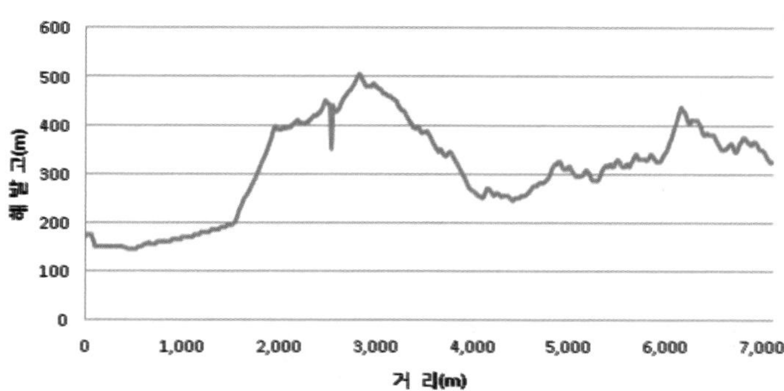

▣ 경계탐사

신록의 계절! 계절의 여왕! 만물에 생동감을 주는 따사로운 햇살이 길을 걷는 행인들 이마에 땀방울 맺히게 한다. 일기 예보에 의하면 오후 늦게부터 비가 내리기 시작하여 일요일까지 많은 비가 내린다는 예고다

며칠 전부터 박 대장으로부터 5월 달의 도계탐사 예고 문자가 왔다. 도계 탐사를 계획하는 책임자에게 나의 개인 사정을 이야기 하여 내가 불참하는 동안은 보강 탐사로 대체하겠다는 답을 얻었다. 4년 동안 내가 써온 기행문이 탐사 결과에 얼마나 이바지를 했는지 몰라도 첫 해에 3번을 제외하고 지금까지 탐사의 애환과 아주 미미하지만 지리적 의견을 제시해 왔다.

그 노력을 주최측에서 인정하여 보강 탐사로 대체한 것 같다. 출발 전일에 김 기사한테 전화를 하여 05시 50분경에 현대부페 앞에서 만나면 좋겠다고 하니 잘 다녀왔느냐 인사까지 하면서 쾌히 답을 주었다.

아침에 눈을 떠보니 05시가 넘어 엊저녁에 주섬주섬 내놓은 장비를 점검하면서 배낭까지도 정리 하였다. 나보다 먼저 일어나 아침과 도시락을 준비한 아내 정성을 생각하면서 입맛은 없지만 어렵게 한 그릇을 다 비웠다.

시간을 보니 여유가 없다. 부지런히 짐을 꾸려 대문을 나섰다. 하늘을 쳐다보니 잔뜩 흐린 날씨가 금방이라도 비가 내릴 것 같았다. 도로에 서서 차를 기다리는데 승용차가 멈추더니 누구를 기다리고 있느냐 하면서 얼굴을 차창 밖으로 내미는 사람은 오랫동안 탐사를 함께 한 윤 대원이다. 반갑게 인사를 나누고 동승했다. 도청 가까이에서 어린이들을 등하교시키는 노란 차가 우리 앞을 지나는 모습이 김기사가 운행하는 버스 같다면서 눈을 마주쳤다.

도청 광장에 도착하니 등산복 차림의 낯선 사람들이 있고 눈에 익은 대원들은 보이지 않았다. 잠시 후 대원들이 승차하는데 그 사람들도 동승하였다. 06시 10분경 연 회장의 배웅을 받으면서 도청 정문을 빠져 나왔다. 분평동 사거리에서 권대원이 동승한 후 오늘의 일정과 처음 동참한 사람들의 인사소개를 받고 박수로 환영하였다.(시사랑 단체에서 활동을 하는 부부와 김여사)

박 대장은 한 달 동안 불참한 나에게 아들을 만나고 온 소감과 근황을 물었다. 출발 전에도 간단히 이야기 하였지만 이번 여행은 아들이 미국에서 6년 동안 여러가지 어려운 가운데서도 인내와 끈기로 좋은 결실을 맺고 9월초에 귀국하여 본인은 물론 지역 사회와 국가 발전에 이바지하는 학자로 성장하기를 바란다고 부모의 욕심까지 덧붙였다.

청원 인터체인지를 지나 옥천IC를 06시 50분경에 통과하여 오늘의 첫 출발지인 금산군 추부면 성당리 도로에서 하차하였다. 하늘은 두터운 구름으로 덮히고 간혹 빗방울까지 떨어져 맘을 불안하게 하였다. 궂은 날

의 탐사는 힘들고 시야가 나빠 정신적 육체적 피곤함을 더 해주고 있다. 또 사진기에 물이 들어갈까 염려도 되고 선명하지 못한 경관을 담게 되면 더 아쉬움을 남는다. 하차하니 제일 먼저 눈에 들어오는 광경은 도로를 주행하는 차량에 구제역 방제를 위한 시설과 차량이 통과하면 안개처럼 뿜어 나오는 방제 약품의 분사 광경이었다. 간단히 준비 운동을 하고 실개천 중앙이 도계라면서 서쪽을 가리키면서 앞에 보이는 능선으로 이어진다고 한다.

오토바이를 타고 일터로 나가는 주민에게 이 고장의 과거와 현재의 모습과 변화한 것을 물으니 친절하게 여러 가지 설명을 해 주었다. 대원들이 서 있는 이 다리가 몇 년 전까지만 해도 중요한 교통로였다고 한다. 인적도 없고 등산로도 없는 가시덤불과 잡목이 우거진 계곡을 따라 탐사를 하는 중 지금까지 보지 못한 광경을 보았다. 잡목을 베고 5~6m 넓이에 3줄로 잣나무를 심고 견고한 지주목까지 설치하였다. 바닥에는 기계로 엮은 짚까지 깔았다. 이것은 잣나무가 활착하여 잘 성장할 수 있도록 잡풀이 나지 않게 하는 멀칭효과가 있다. 앞에 선 박대장은 가시덤불을 헤치고 대원들이 안전하고 탐사에 임하도록 나뭇가지도 꺾어 가면서 탐사로를 찾다 보니 다른 대원들 보다 배 이상 힘도 들고 어려움이 많을 것이다.

▲ 하천 경계에 대한 주민의 설명

▲ 잣나무 조림지

주변에는 싱그러움을 자랑하는 싱싱한 소나무 줄기가 20~30㎝로 성장하였다 이것을 따다가 효소를 만들어 음식을 만들 때 조금씩 넣으면 잡냄새가 하나도 나지 않는다면서 여성대원들이 따서 나도 함께했다.

임도로 보이는 이곳에 왜 멀칭까지 하면서 나무를 심었는지 알 수 없는 것이 안타까웠다. 산림에 전문 지식을 가지고 있는 이재국 대원이 참석했으면 그 답을 알 수 있지 않을까? 오늘의 탐사는 숲이 우거져 주변 경관을 보이지 않지만 푸르름을 자랑하는 능선을 따라 탐사에 임하니 큰 어려움이 없다. 햇살이 비치고 간간히 부는 산들바람이 이마에 흐른 땀을 씻어주니 고맙다. 우암산 보다 높은 400m에 견고한 의자가 여러 곳에 설치되었고 급경사의 계단도 다른 곳 보다 잘 만들어져있다. 명지봉은(412m)충북 충남 대전광역시가 만나는 삼도봉이다. 이곳에 이정표도 없고 표지석도 없어서 아쉬움이 남았다. 답사로 주변에는 여러 가지 야생초가 있고 야생화에 박식한 윤 박사가 불참하여 아쉬움이 많았다. 그런 와중에 숲 해설가 교육을 받은 대원이 있어 정확한 것은 알 수 없지만 꽃 이름을 알려 주었다.

봉화터의 흔적이 남은 돌무덤 주변에서 잠시 쉬는 동안 대원들이 간식으로 준비해 온 포도, 오이, 빵을 나누어 먹으면서 탐사의 피로도 풀고 답사의 즐거움을 만끽하는 시간을 가졌다.(506m)

오늘 처음 참석한 여성대원이 앞에서 대화하는 것을 언뜻 들었는데, 진천 이야기가 나와 의아한 생각이 들어, 왜 진천이야기를 하느냐고 물으니 친정이 진천이고 시집도 진천이라 하여 고향의 까마귀만 보아도 반갑다고 하면서 인사를 청하였다. 알고 보니 초등학교 후배요 같은 면 사람이다. 반가워하면서 이야기하는 동안 3번이나 악수를 청하였다.(이월 사곡리 수평재 김 여사)

급경사를 내려와 도착한 곳은 닭재. 옛 정취는 멀리가고 늙은 노목 아래 작은 돌무더기가 있고 시멘트로 붙인 돌탑과 공을 들여 지은 정자와 이정표가 있다.

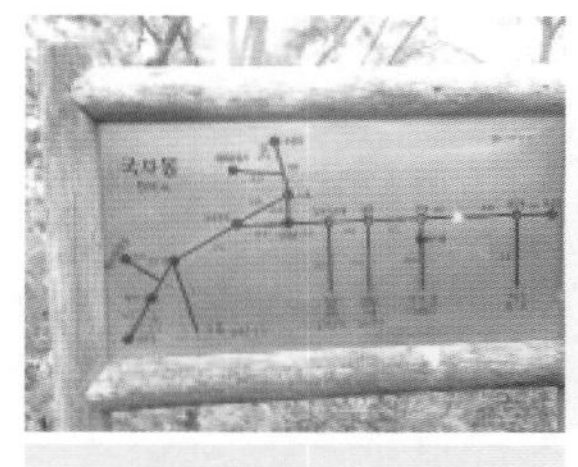

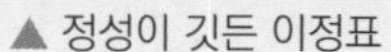

▲ 정성이 깃든 이정표

▲ 과거와 현재가 공존하는 성황당

▲ 맛있게 점심을 먹는 대원들

▲ 멀칭한 위에 식재한 잣나무

고개는 옛날에 대전과 옥천을 다니던 지름길이지만 현재는 도시의 고달픈 삶을 달래주는 쉼터로 변했다. 많은 도시인들이 이곳에 와 자연의 정기를 흠뻑 받고 힘찬 삶의 희망을 주는 장소가 되기를 빌면서 자리를 떴다.

도계 탐사하기에는 날씨도 흐리고 이따금씩 내리는 가는 빗방울은 신록이 우거진 나뭇잎들을 더욱 푸르게 한다. 닭재에서 올려다 보이는 망덕봉 경사는 급경사로 보이지만 실제로 접하니 쉽게 등정할 수 있는 곳이다.

정상에 도착하니 대원들이 둘러 앉아 담소를 나누면서 점심을 먹을 장소가 적당치 않아 수십미터 앞으로 가니 두 줄로 길게 자리를 잡을 수 있는 곳이 있었다. 시계를 보니 11시 50분이 좀 지났다. 쉬는 동안 대원들이 각자 준비해 온 간식을 먹어 배고픈지 모르겠다. 그래도 점심 보따리를 풀었다. 탐사 때 점심시간은 약 40분이면 족하다 오늘도 12시 40분이 안되어 출발을 하였다. 오늘 하산 장소는 곤룡재이다.

이곳 역시 대전과 옥천을 다니는 고개였는데 육상 교통의 발달로 이곳에 터널을 만들어 많은 차량들이 왕래하는 것을 내려다 볼 수 있다. 옥천 쪽으로 하산하자니 급경사이고 땅이 젖어 위험하니 대전 쪽으로 하산하기로 하였다.

곤룡재에 도착하여 이정표에 쓰여진 유래를 읽다가 아픈 역사가 있는 것을 알았다. 6.25때 많은 양민이 살해 된 곳으로 지금도 유골이 나온다는 것이다.

우리 역사는 5,000년의 찬란한 문화를 간직한 민족이라고 배웠지만, 현재도 천안함 같은 동족상쟁의 아픔을 겪고 있는 한 많은 민족이다. 이러한 비통함이 언제쯤 이 강산에서 사라질까? 원망스럽고 비참한 현실이다

○ 구 간 : 옥천군 군서면 사양리 ~ 군북면 증약리 마달령
○ 일 시 : 2010년 6월 12일

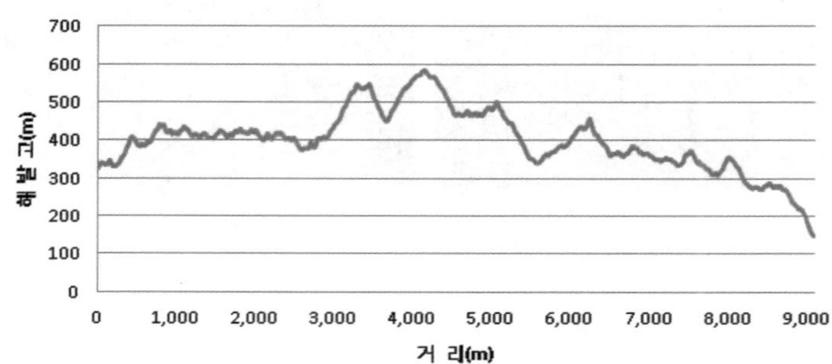

▣ 경계탐사

전국적으로 기온이 초여름 날씨가 계속되고 가뭄이 계속 된지가 한 달 넘은 것 같다. 논농사는 수리 시설이 잘되어 있어 이양에는 별 문제가 없지만 강우량 적어 밭농사는 한해(旱害)가 있는 것 같다. 일기예보에는 월드컵개막식이 거행되는 (남아프리카 수도 요하네스버그) 저녁때부터 비가 내려기 시작하여 토요일에는 전국적으로 확산된다는 예고가 있다.

비가 오면 산행하기에 많은 애로점이 있다. 시야가 나쁘고 우비를 입어야 한기 때문에 거추장스럽고 나무나 돌부리에 걸어 다칠 위험성이 있다 또 환기가 되지 않아 덥고 땀도 더 많이 난다.

도계 답사 때문에 박 대장으로부터 주중에 몇 번씩 문자가 와 마음의 준비를 하였지만 비가 온다는 예고 때문에 신경이 많이 쓰인다. 새벽에 눈을 떠보니 양은 많지 않지만 비오는 소리가 화단에 있는 나뭇잎을 때리고 있다.

배낭을 주섬주섬 쌓는 동안 안식구는 도시락과 아침밥 준비에 분주한 것 같다. 배낭을 짊어지고 대문을 나서면서 비를 맞아보니 새벽보다는 적게 내리고 차를 기다리는 동안 비를 맞아도 괜찮을 것 같아 우산도 쓰지 않고 부지런히 발걸음을 옮겼다. 버스에 승차하니 김사장이 반갑게 인사를 하면서 축하한다는 말까지 건낸다.(당선된 이 교육감 친구라는 것을 여러 번 이야기 하고 선거운동도 부탁하였다. 05시 50분경 내 속마음까지 이야기하면서 낙선된 정지사에 대하여 이야기하는 동안 차는 도청정문을 들어섰다.

06시가 넘었는데 탐사에 참석하는 인원이 너무 적다. 많은 대원들이 참석하기로 약속하였는데 우천 관계로 불참한다는 대원들이 많다고 하면서 출발을 명하였다. 비가 오는데도 대원들의 안전한 탐사를 기원하기 위하여 배웅나온 연 회장을 작별하였다. 도청 정문을 빠져나와 분평동 4거리에서 박 대원 부부를 태우고 오늘의 출발지를 향하였다.(총 9명) 6시 50분경에 청원 IC를 지나 옥천IC를 07시에 지나 오늘의 도탐 출발지에는 07시 15분경에 도착하였다. 양은 적지만 비는 계속 내려 내 맘까지도 흐린 것 같았다. 오늘 같은 날에는 준비 운동을 더 철저히 하여 안전에 만전을 기한다는 생각이 들었다. 배낭과 장비도 내려놓고 내 나름대로 철저하게 운동을 하니 다른 대원들도 평소와 같이 원을 그려 각자 자기 몸에 알맞은 준비 운동을 하는 것을 알았다.

강우량도 많지 않아 우비를 입고 탐사하면 불편한 점이 많아 우산을 쓰고 출발하는 데, 옆에 있는 이 문인이 우비가 하나 더 있다고 하면서 배낭에서 꺼냈다. 우산은 접어 배낭에 찔러 넣고 고마움을 미소로 답한다. 우비를 입으니 덥고 바람에 날리어 불편하였다.

도로가 개설되기 전에는 이곳이 옥천과 대전을 잇는 공룡재이었는데 지금은 터널이 개통되어 많은 차량들이 분주하게 왕래를 하고 있다. 도계 접근을 위하여 길도 없고 숲이 우거진 곳을 헤치면서 산능선을 향하여

무조건 전진하였다. 10여분 올라갔는데 약초 백선 잎이 널부러진 것으로 보아 오래된 것 같았다. 몇 발짝 더 올라서니 임도로 착각한 길이 있고 주변에는 개복숭아나무에 열매가 많이 달려다. 어떤 대원은 채취하여 술을 담으면 약이 된다고 하지만 날씨 때문에 채취하는 대원은 없다.

앞에는 터널이 보이는데 숲이 우거져 폐광된 광산으로 착각을 하였다. 가까이 다가서 보니 사양터널이라고 새겨져 있는 것으로 보아 옛 도로가 폐쇄된 것을 알 수가 있다.(해발 301m. 07시 50분경)

주변에는 엉겅퀴 인동초 청미래덩굴 열매 등이 눈에 많이 띄었다 .어떤 대원은 청미래덩굴 열매를 먹을 수 있다고 하니 몇 알 따서 먹어보기도 한다.

도계에 도착하니 비도 그치고 산들바람도 불어 산행하기에 좋은 날씨인데 아쉬움을 주는 것은 주변지역에 안개가 끼여 시야가 좁아 답답함을 주는 것이다. 해발 327m지점에서 잠시 쉬는 동안 일기 때문에 대원들이 느끼는 아쉬움과 앞으로의 일정에 대하여 환담을 나누면서 여유로움과 즐거운 시간을 보냈다.

▲ 초여름에 만개한 산야초들

눈앞에 전개되는 산 능선, 붉은 빛으로 변한 나무들! 작년 봄에 산불이 나서 소나무는 대부분 죽었다. 녹음이 우거져 활엽수가 산야를 덮고 있기 때문에 그 피해 지역이 넓게 보이지 않을 뿐이다. 박대장은 이곳 산불 진화에 참여 하였다. 발화지점을 찾지 못하고 대전시와 옥천군에서 서로가 아니라면서 산불 발원지를 밝혀내지 못했다고 한다. 우스갯말로 불이 집채처럼 타오르고 있는데 법당에서는 스님 한 분이 목탁만 두드리면서 진화를 부처님께 빌고 있다고 하여 박장대소를 하였다.

오늘도 권대원이 손수 만들어온 쿠키를 내놓은 장소는 대전시에서 시민들이 등산을 왔다 잠시 쉬어 갈 수 있게 정성 들여 만든 정자이다. 아침도 변변치 않게 드시고 왔을 터이니 드시라면서 배낭 안에서 꺼내는 모습과 말이 공손하고 순박하게 보였다. 몇 번 참석하지도 않은 어떤 대원은 이 맛에 중독이 되어 있다는 말로 극찬을 하였다.

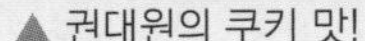
▲ 권대원의 쿠키 맛!

▲ 산불의 참상1

▲ 산불의 참상 2

충북의 최남단에서는 등산 기념으로 스탬프을 찍어 가라고 하더니 이곳에는 찰과상을 입었을 때 간단한 응급 조치를 하라고 예쁜 구급 상자를 설치한 것이 눈에 들어 왔다. 섬세한 대원이 그 속에 어떤 것이 들어 있는지 열어 보라고 하여 속을 들여다보니 빈 곽뿐이다. 소독액인 과산화수소수만 가득이 들어있다. 오늘 답사에서 느낀 것은 대도시 주변에 위치하여 산을 사랑하는 시민들이 너무 많이 등정을 하여 천연자원을 훼손한다는 것이다. 등산로에는 잡초하나 없이 반질반질하게 윤이 나고 비가 오는 날이면 낙상하기 십상이다. 또 곳곳에 잠시 휴식을 할 수 있는 정자와 길을 안내해주는 이정표가 잘 만들어 있고, 구급상자라도 설치하여 안도감을 주게한 시정에 감사하는 맘도 생기었다.

짤막한 급경사를 쳐다보니 많은 등산객이 모여 환담을 나누는 팀과 3~5명씩 짝을 지어 몸을 푸는 사람들도 있었다. 이곳이 독수리봉이다.(10시 45분 해발 586m)

평평한 지형이 형성되어있고 정교하게 만들어진 의자도 주변에 설치되어 있다. 숲속에는 허름한 텐트에서 간단한 음료수를 판매하고 있다. 시원한 막걸리 한 병과 5~6가지 안주를 사가지고 와 목을 축이니 그 맛이 꿀맛이라고 한마디씩 칭찬까지 아끼지 않는다.

▲ 갈참나무와 소나무

▲ 독수리봉에서

▲ 산악구급함

가본 적이 없는 충북 땅에 있는 구절사에 대하여 화제의 꽃을 피우면서 탐사를 계속하다가 도계가 아닌 곳으로 발걸음을 재촉하고 있는 것을 알고 구절사 이정표가 있는 곳까지 돌아오는데 20분 이상이 소요되었다.

젊은 등산객한테 국사봉과 충남북 도계를 물어보니 친절하게 안내 해주어 국사봉(12시 10분, 511m) 아래에서 대원들이 둘러 앉아 점심을 먹을 수 있는 장소에 자리를 잡았다.

하늘에는 금방 비가 내릴 것 같이 구름이 잔뜩 끼여 있고 날씨도 더운 편이라 이마에는 땀방울이 송송 맺혀 흐르는 땀방울이 눈으로 들어가 따가웠다. 오늘 따라 수건도 챙기지 못하여 소매 자락과 주머니에 있는 화장지로 땀을 닦으면서 점심을 먹었다. 옆자리에 있던 박 대장이 쌈을 싸 입에다 넣어주는 것이 지금까지 도탐을 하면서 맺은 정이라 생각하니 더 맛있고 인간미가 넘친다.

식사가 끝날 무렵 굵은 빗방울이 떨어져 우리를 위하여 하느님이 10여분만 참아 주시면 얼마나 고마울까라고 속으로 중얼 거리면서 밥그릇과 물통, 깔판을 주섬주섬 쌓아 배낭에 넣고 출발을 하였다. 국사봉은 지도에도 표시되어 있는데 표지석 하나 없고 나무에 달린 국사봉 이름표가 맘에 걸리었다. 날씨가 불순하면 걸음속도가 더 빨라지는 것이 통례이다. 오늘도 날씨 때문에 주변 경관에 만끽하지 못하고 앞만보고 부지런히 탐사 하는 동안에 또 도계를 잘못 파악하고 헤매는 일이 또 발생하였다.

우리가 도계 탐사하였다는 흔적을 남기기 위하여 표식띠를 지참하였는데 오늘은 띠가 부족하여 내 배낭에 달린 탐사단 기를 떼여 나무 가지에 정성스럽게 달았다. 눈앞에 전개되는 경관은 안개 속에서도 대청호반이 명확하게 보이고 최종 목적지가 얼마 남지 않았다는 생각이 드니, 강외면 낙건정에서 출정식을 한 일이 엊그제 같은데 벌써 4년이란 세월 속에서 도탐을 끝내고 마지막 해에 도달하게 되었으니 감회가 새로워진다. 그동안 많은 애환을 남기고 내가 태어 나고 성장·발달한 우리 고장의 둘레길 2,500리을 걸어 봤다는 것만으로도 의미가 큰 것으로 자랑 할 수 있다.

이번에도 30분 이상 데 돌아가 올바른 도계를 찾아 하산하기 시작하였다. 대청봉에서(해발 478m. 13시 30분경)에서 잠시 쉬었다.

늘 느끼는 것은 탐사라는 것이 절대로 용이한 것이 아니다. 출발 전에 15시 경이면 종료되고 평이한 산행이 될 것이라고 하였지만 여러 개의 능선을 오르고 내려야 하면 비가 내리는 길과 숲은 위험이 도사리고 있다. 눈앞에 보이는 노란 버스가 반가워 한 눈을 파는 바람에 필자는 낙성을 하고 말았다. 뒤에 따라오던 대원이 소리치며 어떠냐고 물어, 일어서면서 옷에 묻은 가랑잎을 툭툭 털고 나니 아픈 데가 없어 고맙다는 인사를 하였다.(15시 10분 승차)

▲ 안개 속의 대청호

▲ 외로운 국사봉 표지

○ 구 간 : 옥천군 군북면 증약리 마달령 ~ 군북면 항곡리 의정마을
○ 일 시 : 2010년 6월 26일

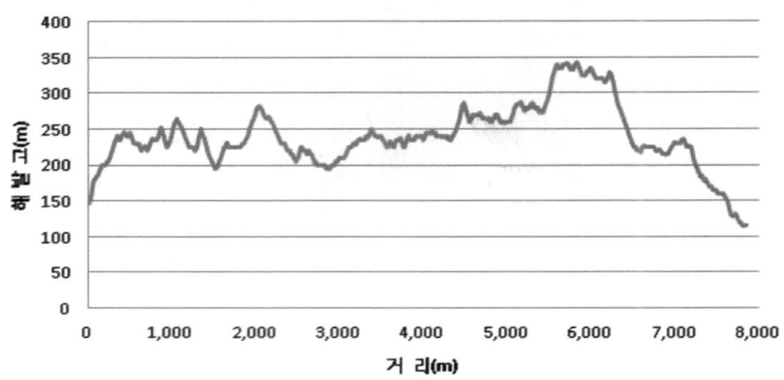

▣ 경계탐사

연일 TV에서 많은 비가 내린다고 떠들어 대는데 시골에 가보면 가뭄이 심하여 밭작물에 피해를 주고 있다. 박 대장으로 부터 날아온 메시지 내용은 놀토에 우선 탐사에 참여할 것을 강조하고 있다. 금년 들어 탐사에 참석하는 인원이 25인승 버스가 텅텅 비는 느낌을 줄 정도로 적다.

금년에는 도계 탐사의 일정을 마무리하는 해로 그 동안 심혈을 기울여 탐사 분석한 산경분과, 생태분과, 역사·문화 분과에서 우리 고장 발전에 기여할 수 있는 결과를 산출하는 장이 되었으면 하는 기대감이 크다.

남아공에서 벌어지는 월드컵 경기를 시청하면서 탐사에 필요한 장비를 배낭에 넣고 김기사한테 전화하니 반갑게 화답을 한다. 배낭을 메고 대문을 나서며 양손을 허공에 뻗어 보니 가는 빗방울이 떨어져 우비와 우산이 필요없는 것 같았다. 부지런히 발걸음을 옮기면서 손에 든 묵주로 안전한 탐사를 기원하는 기도를 하였다.

버스에 승차하면서 날씨 걱정을 하면서 많은 비만 오지 않으면 지난번처럼 흐린 날씨에 탐사를 하였으면 좋겠다는 생각에 잠겨 보았다. 달리는 차창에는 가는 빗방울이 맺히고 한산한 도심지 거리를 관통하여 도청에 도착하니 오늘도 아주 적은 인원이 승차를 하였다. 멀리 홍성의 이 교수가 모처럼 참여하여 반갑게 인사를 나누었다. 종강을 하여 여유있는 시간을 갖게된 것을 축하한다고 답례를 하였다. 분평사거리에서 권, 연대원이 승차하고 7시 30분경에 청원IC를 통과하여 경부고속도로를 시원스럽게 달렸다. 박 대장이 오늘 일정표와 복사본 지도를 깜박 잊고 지참하지 않아 미안하다는 인사와 불참하는 대원들이 늘어 쓸쓸함을 덧붙였다.

청원IC에서 옥천IC까지 30분 가까이 소요되고 오늘의 출발지인 대전~옥천간을 연결하는 4번 국도에 위치한 마달령(해발 150m) 앞에서 하차하였다. 구름은 잔뜩 끼고 가랑비가 내려 장비를 점검한 후 준비운동을 하는 둥 마는 둥 하는 동안 어떤 대원은 우비를 꺼내 입고 출발을 하였다. 전번에 내려온 산 능선을 쳐다보면서 비에 젖은 초목을 헤치고 탐사할 생각을 하니 난감했다.

오늘은 궂은 날씨이라 경관사진만 몇 장 담고 꽃은 찍지 않으려고 맘을 먹었다. 사진기에 빗물이 들어가면 고장이 날 염려도 있고 우비 속에서 꺼냈다 넣다 하다보면 놓칠 우려도 있고, 쾌적한 자연 경관을 담을 수 없다. 무성한 숲을 헤치면서 나아가니 내가 어릴 적에 잎을 따서 씹으면 신맛이 나 입안에 침이 가득히 고이게 하는 큰까치수영이 군락을 이루고 피어있다. 흰 꽃이 만개하여 나의 발목을 잡아 사진기에 담아 보았다. 능선에 덮힌 낙엽도 젖지 않을 정도로 비가 내렸지만 나뭇잎과 풀에 매달린 빗방울이 등산화와 바지가랑이를 적셔 오고 있다.

지난번 탐사 날과 같이 간간히 비를 뿌리고 산들 바람까지 불어 시원한 느낌을 주지만 하늘을 쳐다보면 금방이라도 햇빛이 날 것 같다. 오늘같은 날씨는 산행하기가 힘도 들고 낙상할 위험도 크다. 그리고 안개까지 끼어 시야가 좁아 답답함을 준다. 나를 더 힘들게 하는 것은 우비를 입어 나뭇가지에 걸리게 하고 몸에서 나는 열이 발산이 되지 않아 더 덥고 답답하며 거추장스럽다. 다행인 것은 표고가 2~3백m 정도이고 위험성이 많은 급경사나 바위가 없는 것이다.

대도시 주변이라 그러한지 다른 도계 부근보다 많은 묘를 볼 수 있으며 묵묘도 있지만 잘 정돈되고 조경까지 많은 돈을 들여 조상을 섬기는 맘을 엿볼 수 있는 산소들이 대부분이다.

우리가 탐사하는 도경계 주변에는 여름에 피는 꽃들이 만개하여 잠시나마 대원들을 환하게 맞이 해주어 발걸음을 가볍게 하고 힘도 불어넣어 주는 것 같았다. 앞에 가던 대원들이 나무에 달리 열매를 따먹으면서 환담을 나누고 있어 다가가보니 시골에서 부르던 이름으로 뻐루뚝 열매(뜰보리수)가 탐스럽게 열리고 붉게 잘 익어 먹음직스럽게 보였다. 몇 알 따서 입에 넣다보니 집에 있는 집사람에게도 갔다주었으면 좋겠다는 생각이 들어 물병에 있는 물을 쏟아 버리고 따서 담으니 옆에 있던 이문인도 동참을 해 주어 짧은 시간에 가득 채워 넣고 빠른 걸음으로 대원들 기다리고 있는 곳으로 다가갔다.

산 능선에 올라서 숨도 돌릴 겸 잠시 쉬는 동안 오늘도 권선생이 정성껏 만들어 온 쿠키를 내 놓으면서 살며시 웃는다. 그 웃음 속에는 맛있게 먹어 보라는 의미가 담겨있다.

권 선생이 탐사에 참석한 후에 한 번도 빠지지 않고 만들어 오는 정성에 찬사를 보내고 싶다. 또 대원들을 안전하게 목적지까지 데려다 주고 데려오는 김 기사 몫도 꼭 챙기는 것 같아 그 선한 마음씨를 짐작할 수 있다.

장맛비는 오락가락하는데 오늘 대원들이 어느 정도 더 가야하고 얼마나 탐사를 했는지 알려 주는 이정표가 있어 사진기에 담았다.(10시 30경 이정표 주위에서 잠시 휴식을 하였다.) 1번 경부고속도로에 위치한 터널을(해발 270m에 위치 한 종약터널) 지나왔어도 도계에서는 경부고속도로가 보이지도 않고 어디쯤인지 짐작도 가지 않는다. 오늘의 탐사에서 지도의 필요성을 절실하게 느꼈다. 비오는 날씨라 집에서 이것저것 준비 하다 보니 잊었다고 하였다.

대원들은 아침에 일찍 일어나 부실하게 식사를 하거나 거르기 때문에 점심을 일찍 먹자는 대원들이 있다. 오늘도 11시반 밖에 되지 않았는데 점심을 운운하고 마침 비도 오지 않아 그러기로 했다. 대원들이 둘러 앉아 먹을 수 있는 장소가 마땅치 않아 앞으로 가면서 장소를 잡기로 하였다.

▲ 뜰보리수 열매

▲ 과거와 미래을 알려주는 이정표

비가 언제 쏟아질지 모를 구름 잔뜩 낀 하늘을 쳐다보면서 길고 둥그렇게 자리를 잡고 깔판을 깔고 점심을 먹기 시작하였다. 대원들은 맛있는 반찬을 서로 나누어 먹으면서 오찬을 즐기었다. 점심 먹는 시간은 장소가 좋고 분위기가 좋으면 1시간정도 날씨가 눈보라가 치거나 비바람이 불면 30여분도 되지 않는 짧은 시간이다. 오늘도 짧은 시간에 식사를 마치고 나니 이 문인이 어디에서 구해 왔는지 군인들 간식으로 먹는 건빵을 대원들에게 나누어 주었다. 6.25때에는 군에서 중요한 식사대용으로 많이 먹고 내가 초등학교 때 휴가 나온 이웃 집 아저씨에게 2~3개 얻어먹는 그 맛은 영원히 잊지 못할 추억이다.

도상연구를 한 박 대장이 넓은 밤농장을 지나면 오늘의 답사는 끝난다고 하면서 선두에 섰다. 멀리 보이는 대청댐만 쳐다보아도 충청북도 도계 탐사가 종료된 기분이 든다. 등산화와 양말이 비에 젖고 바짓가랑이가 흙 범벅이 되어 보기에도 흉하고 발짝을 뗄 때마다 살에 닿아서 불편하다.

잠시 휴식을 한다면 양말을 벗어 짜고 싶지만 대원들의 걸음 속도가 빨라 따라 갈 수가 없고 나 하나 때문에 시간을 지체할 수 없어 묵묵히 동행하였다. 경사지고 넓은 골짜기에 밤꽃 향기가 대원들의 코를 즐겁게 해 주었다. 밤나무 굵기가 장정의 한 아름이 넘을 것 같아 보였다. 밤꽃의 암꽃은 아주 작고 수꽃은 길고 커서 암꽃이 있다는 사실을 아는 사람들은 그리 많지 않다.

만개한 밤꽃의 향기를 맡으면서 멀리 보이는 대청댐 강줄기를 바라보면서 부지런히 발걸음을 옮겼다. 오늘의 목적지에 도착하니 13시가 안 되었다. 도로변에 있는 수생 식물원에 잠시 들러 견문도 넓히고 대청호반의 아름다움을 관광하는 것도 탐사의 의미가 있다고 중론을 모았다. 차에 타기 전에 등산화를 벗고 양말을 짜니 빗물이 끝도 없이 흐르는 것 같았다.

○ 구 간 : 옥천군 군북면 항곡리 의정마을~보은군 회남면 법수 1리 대청호
○ 일 시 : 2010년 7월 10일

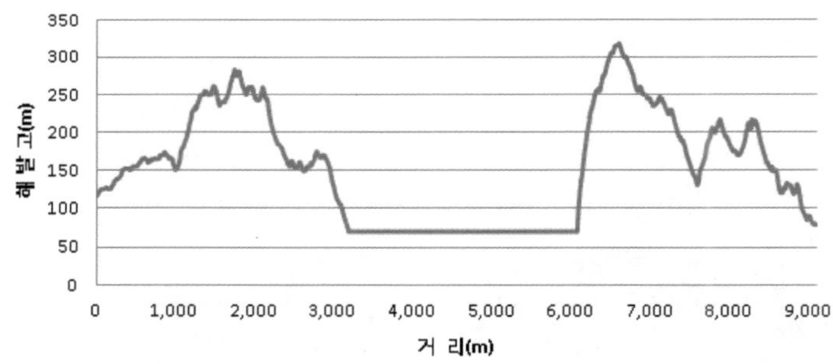

▣ 경계탐사

7월 7일 박대장으로 부터 문자가 날아왔다. "요번 토요일 도계 탐사는 꽃봉 입니다. 도청 6시 출발 참 점심은 싸오지 마세요." "ㅎㅎㅎ, 점심은 가볍게 국수로 하고 돌아오려 합니다. 따라서 점심은 집에 두고 오세요." 7월 9일에도 연거푸 문자가 날아오는데 필자는 일기가 걱정이 되었다. 일기예보에서는 장마기 북상하여 탐사날도 비가 많이 올 것이라고 시간마다 예보를 하고 있다. 전번에도 많은 비는 오지 않았지만 등산화를 허공에 뿌리면 물이 나올 정도로 신발이 젖어 어려움을 더 했다.

우비와 우산, 물병을 챙기고 대문을 나서면 하늘은 쳐다보니 구름이 많이 끼지 않아 탐사하는 오전 중에는 비가 내릴 것 같지 않았다. 출발 시간 정각에 도청에 도착하니 대원들이 보이지 않아 의아한 생각이 들었다.

잠시 후 대원들이 승차하는 데 여러 번 불참한 윤, 육, 이 대원들이 승차하는데 반가웠다. 특히 숲해설가로 활동하고 있는 윤 박사가 해맞이에 참석한 후 처음 참석하여 오늘은 동식물에 관한 공부를 많이 하겠다는 생각이 들었다.

분평사거리에서 대원들을 태우고 문의를 거쳐 국도로 달리는데 그 이유를 몰랐다. 나중에 알고 보니 청원군 마동에서 이 화백을 태우느라 30분이면 목적지에 도착할 수 있는데 7시가 넘어 탐사 출발지점에 도착하여 준비운동 을 하고 07시 40분에 출발을 하였다. 가는 도중 차안에서의 화제는 오늘 일찍 종료하고 점심은 어떤 국수를 먹느냐였다. 미식가인 이화백이 몇 군데 이야기를 하였다.

▲ 방아실 삼거리에서 준비운동

▲ 산불 흔적과 리기다소나무

도로에 인접한 도계에는 언제 산불이 났는지 많은 나무줄기가 검게 그을려 있고 앙상한 나무 등걸만 여기저기 서 있고 싸리나무가 군락을 형성하고 있다. 도청 산림과에 근무하는 이대원에 의하면 산불로 인하여 수목이 황폐화되면 인공적으로 나무를 심지 않아도 자연스럽게 싸리나무가 제일 먼저 자리를 잡는다고 한다. 전국토가 황폐화 된 山野에 砂防工事때 제일 많이 심은 싸리나무에 대하여 많은 것을 알게 되었다. 싸리나무는 양지식물이고 척박한 수분이 없는 마사토에서도 잘 성장을 하며 토양을 고정시키고 안정시켜 토사 유출을 방지하고 토양에 영양분을 공급하는 원천이 되어 산림녹화에 기여하는 점이 크다고 한다. 요즘은 싸리나무 씨의 가격이 높아 외국에서도 많이 수입을 하여 파종한다고 한다.

▲ 산불 후 군락을 이룬 싸리숲

▲ 탐사의 흔적들

우리 소나무는 불에 타 다 죽었는데 외래종인 리기다소나무는 죽지 않고 싱싱한 줄기와 잎이 자라고 있어 사진기에 담았다. 겉은 살아 있어도 속은 죽었을 것이라고 하면서 리기다소나무 밑둥을 가리키면서 썩어가는 속을 대원들에게 보여주었다.

잠시 쉬는 동안에 권 대원이 배낭에서 잘 익은 노란 살구를 대원들에게 나누어 주면서 벌레가 들어 있으니 조심해서 먹기를 권하였다. 탐사 길에는 대청호 둘레 탐사와 대전시 경계 탐사 표지기가 눈에 띄었다. 대청호 둘레 탐사는 '청주삼백리'에서 하고 있다고 이대원으로부터 들은 적이 있다.

▲ 영지버섯 군락지

▲ 발아래 보이는 대청호반

오늘 탐사도 숲은 우거졌어도 짧고 험하지 않은 산행이라 일찍 종결되고 어렵지 않을 것 같았다. GPS를 준비 하지 않아 한 차례 도계가 아닌 곳으로 진행하다가 올바른 도계를 찾느라 고생이 많았다. 오늘의 최고봉인 꽂봉(해발284.1m)까지 산을 좋아하는 김 기사도 동행하였다. 불이 난 지역을 지나 숲이 우거진 탐사로 주변에는 새끼 손가락보다 가는 것에서부터 손바닥만한 크기의 영지버섯이 눈에 띄어 대원들은 따서 늘 안전하게 목적지까지 실어다 주는 김기사에게 몰아주었다.

꽂봉에서 쉬는 동안 오늘도 권대원이 준비한 쿠키를 맛있게 먹고 오랜만에 참석한 이 대원이 준비한 육포와 좋은 술을 권하였지만 대청호 湖畔에서 먹는 것이 운치도 있고 맛도 더 좋을 것이 아니냐는 중론에 의하여 먹지 않았다. 꽂봉에서 대청호에 접한 도계까지 가는 길은 험준하고 열대우림의 정글과 같은 위험하고 험한 길이었다. 수몰이 된 후 지금까지 어느 누구도 이곳을 다녀간 사람이 없는 것 같았다. 몇 아름되는 오동나무와 뽕나무들이 많은 것으로 보아 수몰 전 이곳은 마을이었던 곳으로 짐작할 수 있다. 장애물을 제거하고 가시덤불이 우거지고 숲과 사람 발짝 흔적도 없는 곳을 개척하느라 선두에서 고생한 연대원과 박대장에게 찬사를 보낸다.

▲ 열대우림을 彷佛(방불)케 하는 숲

▲ 싸리나무 군락지

대청호 호반에 도착하여(10시 40분경에) 잠시 쉬는 동안 연대원은 버스가 기다리고 있는 곳으로 가기 하여 접근하기 용이한 통로를 찾아 나섰다. 대원들이 쉬고 있는 장소에서 좌측으로 접근을 시도하였지만 위험이 도사리고 있어 우측으로 이동하여 접근을 시도 하려고 길을 찾았지만 그 곳도 용이하지 않다고 하면서 대전시 경계탐사 끈이 붙어 있다고 한다.

호수에는 낚시를 하는 배인지 목적을 알 수 없는 모터보트가 왕래하여 대원들은 손을 흔들고 함성을 지르면서 계획에도 없는 호수 가운데로 이어지는 도계를 탐사하기를 隱然 中 기대하는 것으로 생각되었다. 호숫가에 있는 바위에서 삼십 여분 쉬는 동안, 대원들의 목소리가 애달프게 들렸는지 아니면 대원들이 하고 있는 탐사 목적을 하느님이 보트를 운전하는 사람들에게 알려 주었는지는 몰라도 우리에게 접근해왔다(박종복 도청공보실). 이름도 모르고 성도 모르는 모자 쓴 대원, 육기자를 알아보는 순간, 일이 잘 될 것 같았다. 우리들의 의사를 전달하니 목적지까지 태워 준다는 약속을 하고 떠났다.

▲ 호숫가에서 지루함을 달래면서

▲ 2시간 후 승선하는 대원들의 기쁨

호숫가에서 배를 기다리는 것이 지루하여 대원들은 등산화를 벗고 물에 발을 담그기도 하고 숲의 그늘을 찾기도 하였다. 등산화를 벗고 대청호에 발을 담아 보았지만 계곡에서 흐르는 물처럼 시원하고 깨끗한 맛과 멋이 없어 넓적한 돌 위에 깔판과 수건을 올려놓고 좌정을 하고 따가운 햇살 아래서 주머니에 있는 묵주를 꺼내어 기도를 하면서 시간을 보냈다.

책임을 두 어깨에 진 박 대장은 이러 저리 전화를 하면서 언제쯤 배가 도착할 것인지 수소문을 하고 있는 모습이 애처롭게 보였다. 30분 정도만 더 기다리면 된다는 반가운 소식이 대원들의 귓가에 들렸다.

대원들은 2시간 넘게 지루한 시간을 보내면서 불평 한마디 하지 않고 배가 오기만 기다렸다. 꽃봉에서 호반까지 너무 힘들고 위험하였고 지루한 시간을 기다렸기 때문에 오늘 점심은 칼국수로는 부적합하다면서 여러 가지 메뉴로 화제의 꽃을 피웠다.

▲ 한 여름의 시원한 물살

솔나물과 개망초▲

▲ 주홍날개꽃매미 약충

12시 55분경 모터보트 한척이 도착하였는데 승선인원이 6~7명이라면서 8명까지 탈 수 있다고 보트를 운전하고 온 기사하고 환담을 나누고 있는데 멀리서 또 한척이 시야에 들어 왔다.

내가 먼저 승선하니 다른 대원들도 뒤따라 승선하여 옛날부터 유명한 어부동으로 향하고 다른 한 척은 지난번 탐사 때 들렀던 수생 식물원 쪽 방아실로 거의 동시에 출발 하였다. 오늘 탄 배의 의미가 크다. 대청댐을 건설한 후 댐과 주변의 관광지는 수차례 돌아보았지만 대청호 수면을 모터보트로 이동하면서 구경한다는 것을 꿈에도 생각해 본 적이 없다.

충남북 경계를 10여분도 안 되는 짧은 시간이지만 아름다운 강산, 자연의 미를 만끽한 것은 도계탐사 일원으로 활동하고 있는 덕분으로 감사하는 맘을 깊이 간직하고 싶다.

배를 운행하는 젊은 친구는 이곳에서 세 살까지 살다가 수몰이 되면서 대전으로 이사를 했다면서 어릴 때 일이라 기억나는 것이 없다고 한다. 배에서 내리면서 우리 대원들을 이곳까지 실어다 준 젊은 친구들에게 고맙다는 인사를 몇 차례 하면서 도로로 이동하였다.

댐 건설 직후에는 어부동에서 고기도 많이 잡히고 주변 상가들이 호황을 누렸다고 하는데 지금은 장사가 되지 않아 음식점 두 곳만 남아있다고 한다. 13시2 0분경 버스를 타고 맛있는 점심이 기다리는 식당으로 출발을 하였다.

○ 구　간 : 보은군 회남면법수1리 국사봉~ 법수분교 ~ 법수리 대청호반
○ 일　시 : 2010년 7월 24일 (도민과 함께하는 도계탐사)

▣ 경계탐사

'도계 탐사 대원님 주위에 도민과 함께하는 탐사 참여할 분 추천하여 산악연맹(297-8848)에 연락요망-보험 처리 때문.(7월 17일) 도민과 함께하는 도계탐사-회남 국사봉--출발8시 도청 정문-100%참석 요망(7월 24일)

박 대장으로부터 문자가 와 주변 친구들한테 홍보를 하였지만 말할 때마다 지금까지 동참한 지인들이 없다. 충북에 살면서 도계를 밟아 보는 것도 삶에 의미가 있는 것이라고 홍보를 해 왔지만 허사였다. 도계 탐사가 금년에 종결되므로 나에게는 큰 의미가 있다. 오늘도 일기예보에서는 구름이 끼고 날씨가 좋지 않을 것을 예고하여 우산과 우비를 준비하여 평소보다 늦게 출발하여 시간적 여유가 있다.

잔뜩 흐린 날! 언제 비가 내릴지 모를 날씨였다. 정 사장 차를 타고 도청에 도착하니 대형버스가 2대 있고 늘 우리가 이용하는 노란 버스는 보이지 않아 대형버스에 승차하니, 평상시 이용한 중형버스가 늦게 도착하여 도계 탐사 단원들은 노란 버스에 몸을 실었다.(08시 10분경에 출발) 도민과 함께하는 답사라 평소보다 많이 참석하였다. 그동안 10여명 안팎의 대원들이 참석하였는데 오늘은 버스가 꼭 찰 정도였다. 몸이 불편하여 불참했던 연 회장을 비롯하여 정 사장, 김 대표가 참석하여 반갑게 인사를 나누면서 차안은 화기애애한 분위기다.

대형버스에는 박 대장이 인솔책임을 맡고 오늘의 일정과 도계 탐사의 의의를 설명하는 시간을 가졌다.특히 지난번 탐사 때부터는 교단에 서 있을 때 늘 강조하던 댐이 인간에게 주는 득실을 강조한 기억을 더듬으면서 탐사에 임하였다. 우리 도의 남단에서부터 도청 소재지에 인접해 있는 대청댐에(꽃봉에서 부터) 대하여 알아보자.

기록에 의하면 금강 중류에서는 일제강점기인 1934년 세척 지역에 취수장이 설치하여 생활 용수로 이용한 기록이 있다. 1975년 3월에 착공하여 81년 6월에 완공된 복합댐(콘크리트와 사력으로 건설)이고 저수량은 소양댐, 충주댐에 이어 세 번째로 큰 다목적(각종 생활용수. 수해예방. 발전과 관광 명소 등) 인공 호수이고 발전량은 9만KW이다. 이와 같은 좋은 점도 있으나 반면에는 26,000여명의 주민들이 고향을 떠나는 아픔과 상수원 보호 구역으로 지정되어 여러 가지 경제 활동에 제약을 받고 있다. 또 안개가 많이 끼고, 가뭄 시에는 적조가 발생하는 등 자연 재해가 발생하여 숫자로 따질 수 없는 피해를 보고 있다.

▲ 국사봉 정상에서(해발 319m)

회남면 어부동에 09시가 넘어 도착하였다. 오늘의 예정 소요시간은 4시간 정도지만 등산로가 없어 다른 때보다도 안전한 산행을 위하여 여러 가지 조심할 것이 많다는 주의 사항을 박 대장이 주지시켰다. 차량 통행에 방해가 되지 않은 도로변에서 자연스럽게 서서 우리 고장의 지리와 역사에 박식한 송대원의 고장의 해설을 듣는 시간을 가졌다. 설명 중에 맘에 와 닿는 부분이 있었다.(행정구역상으로는 충북 회남이지만 정서적으로는 대전시이다) 그 말은 모든 생활권이 대전이고 대전 시내버스가 이곳까지 왕래를 하고 대전 시민들이 이곳에 와 여가 생활을 하는 것으로 짐작을 하였다. 준비운동을 하고 국사봉을 향하여 출발하였다. 50여명이 참가한 탐사는 평소와 달리 제일 중요한 것이 안전이다. 흐린 날이고 바람도 불지 않아 우리나라의 여름철 기후의 특성이 나타나고 있다. 이러한 기후를 선조들은 후덥지근 하다면서 숲이 우거지고 맑은 물이 흐르는 계곡과 물가를 많이 찾았다.

오늘의 최고봉! 해발 310m에 위치한 국사봉에 도착하여 주변 경관을 만끽하였다. 현재도 음력 정월달에 마을 주민의 안녕과 풍년을 기원하는 제사를 올린 흔적이 있었다. 서낭나무(상수리나무)에 홍·청·백색의 천이 둘러져 있는 것으로 보아 금년에도 인근 마을에서 제사를 올린 것으로 잠작할 수 있다. 한 가지 아쉬움이 있는 것은 국사봉(절재)주변에 있는 잡목을 제거하여 시야를 넓게 하면 더 좋을 것인데 하는 아쉬움이 있다.

▲ 지형과 지도를 일치

이곳에서 목도 축이고 발아래 전개되는 대청호반의 자연 경관을 만끽하면서 나무 그늘 아래서 흘린 땀도 닦는 시간을 가졌다.

성황당 고목 옆에는 벼락을 맞은 듯한 굵은 상수리나무 밑둥이 있는데 가운데가 썩어 톱밥처럼 부식된 곳에서 어린 상수리나무가 자라고 있었다.

또 정상에 세운 표지석은 관공서에서 세운 것이 아니고 산을 좋아하는 이단우가 전국명산 300개라고 쓴 오석을 세웠다.

정상에서 밑으로 내려와 대청호반과 주변 경관이 더 잘 보이는 곳에서 지도와 현 위치를 비교하고 인간의 힘과 자연 경관을 비교 하면서 도민과 함께하는 탐사의 의미를 짚어보는 시간을 가졌다. 잘 가꾸어진 숲을 탐사하면서 자연이 준 혜택을 최대로 느끼면서 발걸음을 재촉하였다. 대원들 중에는 탐사로에 쌓인 낙엽을 밟으면서 탐사길에 양탄자같은 도계가 전개된다면 얼마나 좋을까? 맨 발로 걷고 싶다. 시끄럽고 복잡한 일상으로 돌아가기 싫다는 말을 하면서 지금까지 살아오면서 자연이 인간에게 준 혜택을 다시 생각하는 시간이 된 것 같이 보였다.

그런 이야기를 들을 때마다, 내가 도계 탐사단에 동참하여 충청북도의 둘레길을 걸어 보는 것으로만 흡족하게 생각지 않는다. 우리 고장의 자연 지리적 특성을 몸으로 접해보고 교과서에서 혹은 각종 매스컴을 통해서 습득한 지식보다 더 높이 더 깊게 더 많이 터득하여 글로 남기게 된 것을 큰 보람으로 생각하게 되었다. 탐사 출발지가 가까워질수록 허전하고 지나간 발자취를 돌이켜 보는 시간이 점점 더 길어지는 것 같다. 다음 탐사 시에는 대청호반을 가로 지르는 도계를 배로 탐사하면서 청원군 문의면 부강, 강외면에 접하면 5개년 도계 탐사 대장정의 막을 내리게 된다. 잠시 휴식을 하는 동안 정대원의 곶감과 권 대원의 쿠키가 오늘도 준비되어 대원들 입을 즐겁게 한다. 또 오랜만에 참석한 윤 박사가 준비한 시원한 오이가 내 맘을 한 여름의 아이스크림처럼 녹인다. 이것이 다 그 동안 동고동락을 하면서 쌓인 정이 아닌가싶다.

11시가 넘어 회남과 대전의 경계를 이르는 도계에 도착하여 맛있는 점심을 먹을 장소를 우무동 마을로 정하였다. 큰 느티나무 아래에는 정자도 있고 주변에 시원한 그늘이 있어 옹기종기 자리를 잡고 점심을 맛있게 먹었다. 휴식과 점심을 1시간 정도 가진 후 왼쪽 산 능선에 있는 도계를 바라보면서 골짜기에 있는 논두렁 밭두렁을 따라 탐사를 시작했다. 뜨거운 태양은 대원들을 어렵고 힘들게 만들었지만 논밭에서 풍성하게 성장하는 농작물은 가을에 농부들을 살찌게 하겠지. 좌측에는 대청호, 우측에는 전답이 있어 도시에서 느껴보지 못한 농촌의 냄새를 맡으며 걷는 것도 생활에 활력을 불어 넣는 느낌을 주었다.

主食인 벼농사 대신 소득이 많은지 취미로 짓는 것인지는 몰라도 과거에는 논인 것이 틀림없는데 여러 종류의 蓮(연)을 심어 탐사 대원들이 喚呼(환호)하면서 연꽃을 구경도 하고 향도 맡아 보고 어떤 대원은 넓은 연잎을 따 뜨거운 햇빛을 가리면서 즐거워하는 모습이 너무나 낭만적이다.

▲ 환담을 나누면서 먹는 맛있는 점심

▲ 도민과 함께한 탐사

버스가 있는 곳으로 가는 길은 두갈래 길인데, 하나는 직선 도로이고 다른 길은 연방죽을 끼고 활짝 핀 연꽃 향을 맡으면서 가는 길이다. 오늘 참석한 탐사 대원들은 각기 다른 향과 느낌을 가지고 걷고 있다. 폐교된 법수초등학교에서 잠시 쉬는 동안 한차례 소나기가 내려 몇몇은 연잎우산을 만들어 쓰고 즐거워했다.

도계인 능선을 따라 가면 대청호반에 도착하는데 그 곳에서는 배를 이용하여야 도로에 접근할 수 있기 때문에 농로로 우회하는 것을 선 하였다. 다음 탐사는 도계에 접근하기 용이한 지점을 선정하여 배로 발전소까지 가는 것이 아닌가 생각이 든다.(13시 50분에 승차하여 귀가함)

▲ 양산을 대신한 연잎

▲ 좌측능선은 도계 농로로

○ 구　간 : 청원군 현도면 양지리 현도교~부용면 노호리 아시아 제지입구
○ 일　시 : 2010년 9월 11일

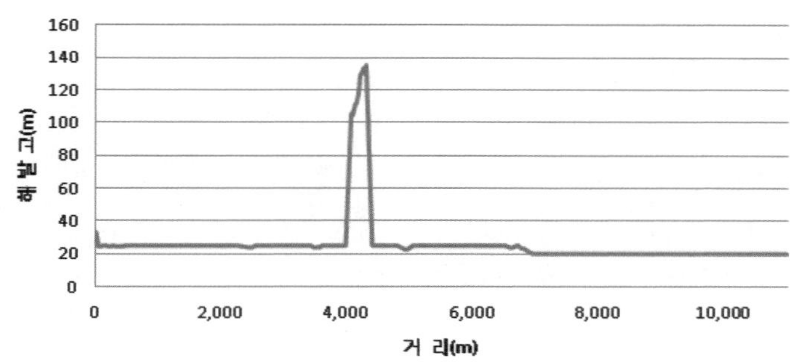

▣ 경계탐사

연일 30도가 넘는 무더운 날씨가 계속되더니, 태풍 콘파스가 지나가 경기도 일원과 서해 연안에 많은 피해를 주었다. 또 도계 탐사일 전부터 태풍 말로가 온다는 일기 예보 때문에 전국적으로 많은 강우량을 예고하면서 농작물에 많은 피해가 있을 것이라고 시간마다 일기 예보를 하면서 각종 피해를 최대로 줄이자는 방송을 한다.

지금까지 불순한 일기 때문에 예정된 탐사일을 연기한 적이 없다. 일주일 전부터 박 대장이 문자를 보내면서 많은 대원이 참석할 것을 독려하였다. "탐사 전일에 내일 도계 탐사 아시죠 6시 도청입니다. 그간 문가 격조했습니다. 밤늦게 죄송합니다. 비가 와도 내일 출발하는 거 아시죠, 6시 도청에서 뵙겠습니다." 이와 같이 책임감이 강한 박 대장이 문자를 보내왔다. 강우량은 지역에 따라 차이가 크다고 하면서 많이 내리는 곳은 200mm가 넘게 내린다는 예고이었다. 60평생을 살면서 9월(우리나라의 년 평균 강수량은 6.7.8월에 60%) 까지 이렇게 많은 비가 내리는 것은 처음이고 무더위도 처음인 것 같다. 가장 풍요롭고 풍성한 계절인데 풍수재해가 커서 수확을 앞둔 과일은 낙과로 인하여 피해가 많고 특히 채소는 천정부지 높은 줄 모르고 치솟아 물가 앙등을 부추기고 있다.

출발 전날 배낭에 강우에 대비하여 우비와 우산을 준비하여 평소와 같이 일찍 일어나 창밖을 보니 적은 비가 내리고 있고 잔뜩 흐린 날씨라 어둠이 걷히지 않고 가로등이 길을 밝히고 있다. 한 달이 넘게 잘 쉬고 출발하는 탐사라 가벼운 마음으로 부지런히 발걸음을 무심천 西路(서로)을 향하였다. 밝은 불빛을 보니 늘 대원들을 안전하게 실어다 주고 실어오는 김기사가 차를 세우면서 반겨 준다. 도청에 도착하여 차문을 열어도 승차하는 대원들이 없어 의아하게 생각하였다. 잠시 후 6~7명의 대원들이 승차하고 제일 늦게 박대장이 오늘의 일정을 간단하게 설명하고 중요한 선약이 있어 불참한다는 것이다. 복사본 지도도 사전에 도상 연구한 프린트도 주지 않아 허전하였다.

반가운 것은 윤 박사가 동참한 것이고 언제 만들었는지 따뜻한 바람떡(우리집에서는 개피떡이라고 호칭함)을 나누어 주면서 먹어 보라고 하는데 처음에는 사양을 했다. 나이 먹어서 주는데로 덥석 덥석 먹으면 흉볼까봐, 망설이다 받아 먹어보니 맛도 일품이고, 정성이 깃들어 그런지 말랑말랑하여 나처럼 치아가 틀니인 사람은 먹기도 좋았다. 맛있고 잘 먹었다고 몇 번 인사를 하였다.

도청을 출발하여 분평동 사거리에서 연·권 대원이 승차하고 오늘의 출발지인 금강 중류인 현도교(17번 국도, 고속도로가 보이고 금강 강가에서 하차를 하였다.) (07시 20분경) 금강이 흐르는 한 가운데가 도계이고, 강가에는 무성한 잡초와 버드나무가 군락을 이루고 있다. 많은 비는 아니지만 계속해서 내려 대원들은 우산과 우비를 입고 탐사에 임하였다.

▲ 여기는 충북 강 건너는 충남 통계적으로는 장마철이 아닌데

제방을 이용하여 새로운 도로를 개설하려고 잔자갈을 깔아놓은 넓은 도로가 포장을 기다리고 있는 것 같았다. 많은 비가 내려 수량도 많고 유속도 빠르다. 대원들은 도계에서는 접하지 못하지만 손이라도 담가볼 의양으로 강가로 내려갔다. 길옆에는 복숭아 과수원이 있는데 메스컴에서 듣던 것처럼 많이 과일이 바닥에 떨어져 있어 농민의 안타까운 마음을 헤아릴 수 있을 것 같았다. 낙과한 복숭아를 주어 맛을 보니 먹을만 하였다.

강물을 따라 30여분 걷다 더 이상 앞으로 갈 수가 없어 다시 원위치로 돌아와 버스를 타고 제방을 따라 탐사를 하였다. 지난번 까지는 평탄한 도계를 답사한 기억은 거의 없고 주로 산악지대의 위험하고 험난한 도계이었는데 오늘은 금강을 따라 청원군의 현도면과 부용면의 농로 길을 따라 탐사를 하니 중요한 것이 빠진 것 같고, 허전함이 감돌았다. 10여분도 안되게 버스로 이동하다가 비도 적게 내리고 우산을 쓰고 탐사를 하는 것도 낭만이 있지 않느냐? 중론에 의하여 김 기사한테 만날 장소를 약속하고 대원들은 버스에서 내려 걷기 시작하였다. 농로 주변의 전답에는 풍성한 수학의 계절, 가을을 약속하는 농작물을 감상도 하고 한 달 이상 못 만났던 반가움도 나누면서 탐사를 진행하였다. 논두렁 밭두렁은 말할 것도 없고 강가에 서있는 나무까지 두덮은 외래종(60~70년대에 외국에서 들어온 잡풀)가시박이 온 산야를 덮고 있어, 대원들은 이구동성으로 그 피해에 대한 걱정과 해결 방안에 대하여 의견을 제시하기도 한다.

대원들은 배낭을 차에 놓고 우산과 사진기만 들고 탐사에 임하니 몸과 마음이 홀가분하고 숲이 우거지고 높은 능선만 탐사하다 평야를 걸으니 무엇인가를 놓고 답사하는 것같은 느낌을 주었다.

▲ 생태계를 물란 시키는 가시박

▲ 폭우를 피하면서 잠시 농활

탐사하는 중에 또 소낙비가 내리기 시작하는 데 앞이 안보일 정도로 내려 더 이상 걸을 수가 없어 길가에 있는 비닐하우스에 들어가니 노파가 수학을 끝낸 상추 줄기를 걷어내고 있어 그냥 서서 비를 피하는 것 보다 일손을 도아주자는 말이 떨어지자 상추대를 짧은 시간에 뽑아주고 잠시 휴식을 하였다.(현도면 다발꽃-마을 이름 07시 40분경)

대청댐을 건설하기 전에 비만 좀 내리면 이곳은 침수가 되어 많은 수해를 입어 어려움이 많았다고 한다. 지금은 수량 조절이 되고(수해가 거의 없다고 함) 용수도 풍부하고 토양도 비옥하여(명개 흙-장마 후에 강가에 쌓인 검고 부드러운 토양-이런 형상이 수천이 반복되면 충적평야가 형성되어 지구상에 가장 비옥한 토양이 형성되어 이곳에 고대 문명이 발생했다.) 또 도로교통이 발달되고 근거리에는 대전광역시와 청주시가 발달하여 시설농업의 발달(비닐하우스)로 신선한 농산물의 공급원이 되고 있다.

장마비가 오지 않으면 탐사대원들은 걸어서 오늘의 목적지인 부용면소재지까지 10여km를 답사 하려면 2~3시간이 소요될 것이면 그늘도 없는 농로를 따라 걷게 되면 피로는 더 많이 올 것인데 날씨 핑계를 대며 대부분 버스로 답사를 하였다. 하늘에는 구름한 점 없고 햇빛이 쨍쨍 내려 쪼이는 초가을이면 굉장히 더운 날일 터인데, 그래도 온 국민들은 그런 날씨를 학수고대하고 있다.

밭에는 평소 못 본 우엉과 마 농사를 짓는 곳과 늦가을과 초겨울에 수학할 오이 묘를(오이는 비타민 덩어리, 피로 할 때, 피부보호는 물론이고 구두광택에도 효과가 있고, 실내 냄새제거에도 활용할 있다)비닐하우스에 심어 놓은 곳도 있다. 비가 너무 내려 농로가 도랑으로 변하여 많은 물이 흘러 더 이상 걸어가기가 어려울 정도로 비가 내리고 있어 전화로 대원들이 있는 하우스로 버스를 오라고 하였다.(08시 경)

청원군 부용면에 위치한 실개천이 충북과 대전광역시의 경계이다. 오늘 점심 예약은 연기군 남면 금강 변에 있는 매운탕 집으로 11시가 넘으면 도착할 것이라고 약속을 했다고 연 대원이 걱정을 하였다.

이 시간에 가면 식당 문도 열지 않을 것이라고 하면서 부근에 관광할 장소를 말하라고 하는데 적당한 곳이 없는 것 같다.

▲ 앞이 안 보일정도 폭우 속에서 도계탐사대원들

여기까지 왔으니 금강과 우리도 음성군 감곡면에서 발원하여 오창, 청주, 조치원을 지나 금강본류와 만나는 합수머리까지 가보자는 중론으로 결론을 내렸다. 비포장도로에 오가는 차량이 피할 수 없을 정도의 좁은 길을 따라 함수머리를 향하였다.

우리 일행이 지나가는 도로 아래에도 차들이 왕래하는 것을 보니 그 도로가 널고 평탄하여 차가 다니기에 더 좋은 신작로이다. 몇몇 대원들은 우리 도를 안 가본데가 없는 것 같았다. 이곳 지형과 도계에 관하여 이야기를 하면서 금남면 합수머리에 아침 9시가 넘어 도착하였다. 가랑비가 내리는데도 잘 정돈된 제방 주변에 조경 사업을 하는지 트럭에는 나무가 실려 있고 인부들이 작업하는 모습이 눈에 들어왔다.

▲ 금강과 미호천의 합수머리 이곳이 도계야 맞는데? 하상작업과 도로개설

대원들은 하차하여 주면 경관도 살펴보고 새로 건설된 교량도 바라 보면서 앞으로 이곳이 어떻게 변화할 것인지 상상도 해보는 시간을 가졌다.

인부들에게 행정구역을 물어 보니 느닷없이 하는 말이 “4대강 개발 사업에 반대하러온 사람들이냐?” 면서 투명한 말로 동문서답을 한다.

우리 대원중에서 도, 현 정부가 실행하는 모든 일에 대하여 불평불만을 표시하고 대통령을 '쥐박'이라고 부르면서 흔 단하는 말이 귀에 거슬렸다. 공직자로 근무하면서 대통령이 본인한테 어떤 형태로 불이익을 주었는지 의문이 간다. 30여분 지체하다 승차하여 차안에서 환담의 시간을 가지면서 식당으로 향하였다.

진정 도계는 부용리에 위치한 소하천이 아니고 이곳까지 충북 땅이라 맞는 것이다. 이곳이 미호천과 금강 본류가 만나는 합수머리에서 도계로 나누어져야 정상적인 것 같았다. 준비한 도시락은 배낭에 놓고 오늘도 권선생이 준비한 쿠키를 먹으니 도계탐사 하는 분위기가 있다.

대원들에게 먹으라고 권한 다음 옆에 있는 나에게는 얼마나 많이 준비를 해 왔는지 집에 가서 안식구하고 함께 먹으라면서 포장지에 싸 주기까지 한다.

12시가 넘어 귀가 길에 박대장이 책임자로 오늘 개설하는 유방놀이(산남동 법원 청사 앞 건물) 방에 잠시 들려 차 한 잔을 먹고 귀가하였다.

○ 구 간 : 청원군 부용면 노호리 아시아 제지입구~ 청원군 강내면 당곡리
○ 일 시 : 2010년 10월 23일

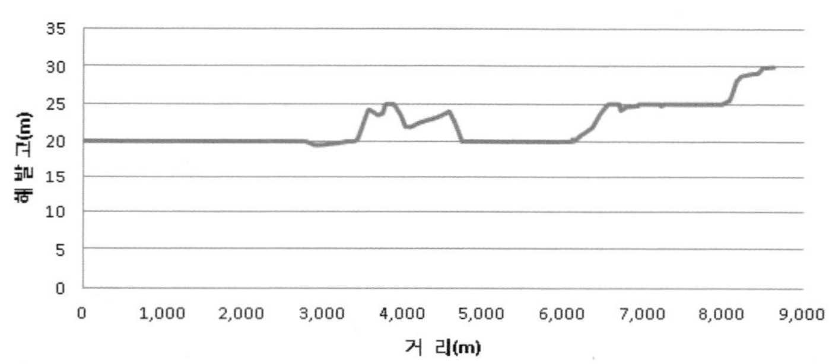

▣ 경계탐사

내가 도계 탐사를 하는 이유는 자연의 힘을 알고 자연의 고마움을 알기 위하여 이 仲秋佳節(중추가절)에 結實(결실)의 고마움을 마음과 피부로 전하는 것이다. 자연이 사람에게 보내는 에너지는 감미롭고 평화롭고 힘이 나는 에너지이다. 그러기 때문에 도계 탐사가 기다려지고 탐사의 즐거움을 전한다.

이번 주가 도계 탐사인데 주중인데도 연락이 없어 궁금하였다. 지금까지 예정일을 미루거나 탐사를 하지 않은 일이 없는데 박 대장이 출장을 다녀왔는지 다른 일이 있는지 궁금하던 차에 21일 11시 52분에 문자가 왔다. 내용은 “도계 탐사 지속됩니다. 토요일 06시 도청에서 뵙겠습니다.”이라는 내용이다. 일기예보에서는 주말부터 많은 양의 비가 내린다고 하는데 걱정이다.

내가 가장 아끼고 사랑하고 자부와 긍지로 사회 생활하는데 적극적인 생각으로 참여하고 있는 충북대학 동문 체육대회에 단체의 일원으로 전직 회장을 맡았던 ROTC팀도 참석한다는 연락을 수도 없이 받았다. 어떠한 일이 있어도 꼭 참석하고 후배들과 노소동락하는 흥겨운 잔치 마당을 만들겠다고 나 혼자 생각을 하면서 탐사가 일찍 끝났으면 하는 생각이 내 머리에 꽉 차다. 김 기사한테 동참할 것을 문자를 부탁을 하니 답신이 왔다. 출발 전일에 모든 준비를 하고 한 일도 없는데 피곤하여 일찍 잠자리에 들었다. 눈을 떠보니 5시 50분이다 세수도 하는 둥 마는 둥하고 등산복을 입는 동안 안식구는 점심 준비를 하여 배낭에 넣으면서 대문을 나섰다. 부지런히 뛰어 무심천 서로에 도착하니 버스는 도착하여 비상등을 켜고 나를 기다리고 있었다. 구름과 안개 낀 새벽 공기를 가르면서 도청에 들어서니 대원들이 승차하였다. 홍천에서 참석하는 이 교수가 오랜

만에 동참하여 반갑게 인사를 나누면서 그동안 안부를 전하였다. 박 대장이 복사본 지도와 GPS를 주면서 오늘 피치 못할 사정이 있어 불참하니 잘 다녀오라면서 출발지와 목적지를 몇 번 각인시켰다. 또 오늘의 탐사로는 도로와 야산이라 어려운 점이 없을 것이라면서 일찍 종료될 것이라고 하여 나 혼자 잘 되었구나 하고 쾌재를 불렀다. 분평동 사거리에서 권대 원이 동참하고 목적지인 부용면 출발지를 향하였다. 07시에 목적지에 도착하면서 내 생각을 이야기하였다. 첫 출발지에서는 잠시 도보로 시작하고 하천 가운데가 도계이며 도로와 평행하면 꼭 걸어서 탐사에 임하지 않아도 되지 않느냐며 차를 타고 가자고 하였다.

또 확실하게 지도를 읽지 못하여 도계를 판단 할 수 없으면 주민한테 물어 보면서 답사하는 것이 정확할 것이 아니냐고 반문도 하였다. 7시 반경 지도를 잘못 읽어 우왕좌왕하는 사이에 주민한테 물어보니 앞에 있는 소하천의 작은 다리가 도계이라고 면서 부강역 좌측을 통과하면서 메바위까지 실개천을 도계로 한다는 주민의 설명을 들었다. 대원들은 고속철도와 고가도로 지방도가 교차하는 곳까지 도보로 답사하였다.

주민에게 부용면이 세종시에 편입되는 것을 어떻게 생각하느냐고 물으니 세종시 편입에 반대하는 사람들은 관에서 주도하는 것이고 면민대부분은 편입을 원하고 있다면서 이곳에서 세종시까지 가는데는 10여분 거리고 청주시까지는 30분 이상 소요되고, 제일 문제가 되는 것은 좋은 교육 환경에서 2세들이 교육을 받으려면 세종시에 백번 편입해야 한다면서 물어보는 필자가 미안할 정도로 답을 하면서 목청까지 높인다.

왜 그런 질문을 하였나 후회를 하면서 실개천에 건설된 아주 오래된 다리 현재로써는 보잘 것 없는 다리를 사진기에 담아 보고, 멀리 보이는 부강역을 목적지로 삼고 부지런히 발걸음을 옮기였다. 驛舍(역사)에서 수십 m 떨어진 곳에 백천교가 있는데 경부선고속철도 교량과 경부고속도로 밑으로 국도와 지방 도로가 교차되고 있어 보행자들의 안전이 위험할 정도로 혼잡하였다.

▲ 오늘의 첫 출발

▲ 주민과의 대화

도계의 각종 이정표와 시설물들은 탐사 대원들의 마음까지도 혼잡하게 하였다. 도로 주변에는 수확을 기다리는 벼가 황금색을 띠고 있고 밭작물도 결실을 맺어 농부들의 몸과 마음을 바쁘게 하고 기품을 한 아름 주는 것처럼 느끼었다. 그러나 결과는 정반대이다. 지루한 장마 때문에 보기보다 소출이 적게 나고 있어 채소를 제외하고 각종 농산물 가격이 저렴하기 때문에 생산자의 아픔을 달래 줄 길이 없다.

특히 主食(주식)인 쌀의 소비가 점점 줄어 잉여농산물 때문에 가격이 폭락하고 있어 그 대책이 시급한 실정이다.

대원들은 이곳에서부터(08시 00분) 매바위까지(08시 15분경) 실개천과 병행하는 도로를 따라 차량으로 이동하였다. 해발 100m도 안 되는 야산에는 잡목들이 우거지고 평탄한 소로길이 나있어 큰 어려움이 없어 답사하기가 편하였다. 답사로에는 구절초 꽃이 만개하여 가을을 알려주고 주변의 전답에는 황금빛으로 변하는 모습이 대원들을 발걸음을 가볍게 하였다.

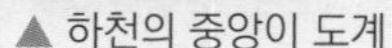
▲ 하천의 중앙이 도계

▲ 도로위에 복잡한 시설물들

▲ 도계를 알리는 이정표의 군락

윤 박사가 답사로에서 붉나무을 발견하고 열매를 따 대원들에게 나누어 주면서 맛을 보라고 한다. 그 열매 맛은 짜고 시큼털털하였다. 야생 동물들은 소금끼가 있는 것을 알고 염분이 필요할 때 소금을 대용한다고 설명을 곁들였다.

야산이라 그런지 많은 묘가 눈에 들어왔다. 이 광경을 보고 대원들의 생각은 이분되어 조상의 숭배 정신을 찬양하는 대원들과 한편은 본인이 저승에 가게 된다면 후손들에게 자연으로 돌아가게 한다면서 수목장을 운운하는 대원들이 많았다.

각종 생활 폐기물들이 높은 산보다 더 많아 자연에 대한 아픔을 느끼면서 사진기에 그 현장을 담아 보았다. 당곡리 도로에 인접한 곳에 돼지감자 싹을 발견하고(뚱딴지) 처음 보는 대원들을 위하여 오늘의 산악 대장으로 임명받은 박종웅 대장이 스틱을 이용하여 몇 알을 채취하여 대원들에 나누어주었다.

나는 앞에 보이는 노란 버스를 향하여 부지런히 발걸음을 옮기면서 정말로 오늘의 일정이 일찍 끝나, 대학 동문 체육대회에 참석한 후배들 격려할 수 있어 좋다고 혼자 생각하면서 발걸음을 부지런히 옮겼다.

우리가 도착한 지점에 이정표가 서 있는데, 도계임을 알려주는 이정표이었다.(오전 10시 경) 버스에 승차 했는데 다른 대원들이 승차하지 않고 무슨 말을 하는지 알 수 없어 궁금하였다. 멀리서 모처럼 참석한 이 교수가 오늘의 목적지는 이곳이 아니고 강외면 사곡리에 위한 蛾眉山(아미산) 경위하여 미호천이 인접한 당곡리까지 가야한다면서 승차를 하지 않고 있었다.

박 대장이 복사본 지도를 2장 주었는데, 대원들에게는 한 장씩만 나누어 준데서 착오가 있다면서 어떻게 할 것이냐고 대원들에게 의사 타진을 하였다.

목적지 까지 소요되는 시간은 넉넉잡고 한 시간 반 내지는 두 시간이 걸릴 것이라고 예상을 하였다. 다른 대원들에게 의사 타진도 하지 않고 배낭을 메고 복사본 지도에 노란색 칠한 지도를 읽으면서 앞장섰다.(10시 반경)

예상 시간보다 일찍 끝나게 되어 동문 체육대회에 몇년만에 참석하게 된 것을 생각하니 그 기쁨과 즐거움을 상상하면서, 후배들에게 꼭 참석하게노라 약속한 것을 이행하게 되어 더 좋았다.

출발하면서 준비해 온 점심은 어떻게 하느냐고 하는 대원이 있어 내 욕심만 생각하면서(동문 체육대회에 참석할 의양으로) 각자가 해결하는 것이 좋다고 곱지 못하게 답하였다. 아미산에 11시가 넘어 도착하였는데 한 대원이 또 점심을 먹자고 하니 나를 빼고 다들 찬성하여 못들은 척 하면서 동참을 하였다. 아미산(해발 139.8m)에 올라가는 데는 잘 정돈된 계단과 정상에는 視界(시계)위하여 잡목을 제거하고 간단한 운동기구와 쉴 수 있는 의자까지 비치 하였고 주변에는 벚나무도 심어놓아 주변의 주민들의 휴식처로 안성맞춤이라고 생각이 들었다.

필자는 운동장에 가면 후배들이 준비한 점심을 먹을 수 있어, 배낭을 풀지 않고 다른 대원들의 준비한 김밥을 먹고 과일도 얻어먹으면서 환담을 하였다. 오늘도 권 대원이 준비한 쿠키를 먹고 배고프지 않아 도시락을 열지 않았다. 즐거운 점심 시간에도 빨리 먹고 출발하였으면 하는 생각 뿐이었다.

11시 반이 넘어 버스가 주차된 인접의 주유소로 출발하였다. 12시가 넘어 승차하니 마음이 홀가분하였다. 김 기사보고 충북대 병원에서 하차하게 해달라고 하니 박 교수도 동참하였다. 운동장에 도착하니 후배들이 환호로 환영을 하여 기쁨이 두 배였다. 참석한 31단체에서 ROTC가 종합우승을 하여 우승기와 많은 부상을 받고 관계자로부터 칭송을 받았다.

○ 구　간 : 청원군 부용면 양지리 현도교~대청댐~ 보은군 회남면 법수1리
○ 일　시 : 2010년 11월 13일 (역탐사, 대청호반탐사)

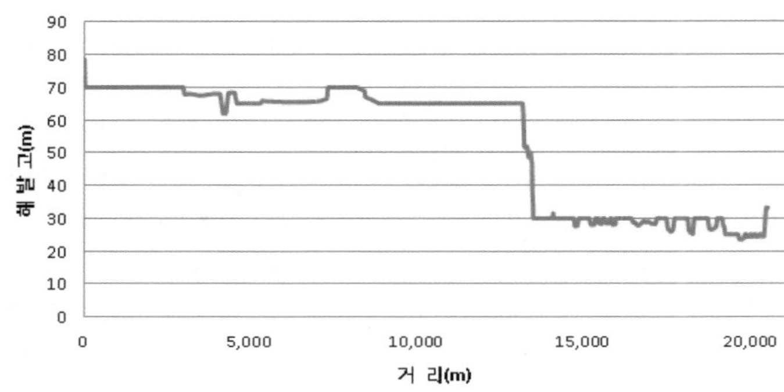

▣ 경계탐사

박 대장으로 부터 도탐에 참석하자고 몇 번 문자가 왔다. 출발 전날 탐사에 필요한 장비와 마음의 준비를 하고 일찍 잠자리에 들었다. TV에서는 G20 개최 취지와 앞으로 전망까지 상세하게 필력하고 있고, 각종 매스컴에서 연일 보도하고 있어 많은 것을 알게 되었다.

G20회를 우리가 주체한다는 사실만으로도 국민의 한사람으로 자부와 긍지를 갖게 되었다. 6.25로 초토화가 된 빈민국가가 온 국민이 혼혈일체가 되어 국가 발전에 매진한 결과로 지구상에 전무후무한 경제 발전을 이룩하였다. 그 결과 지구상에서 잘 사는 나라로 진일보 하여 빈민국을 도와 주는 국민의 한 사람이라는 것을 자부하게 되어 가슴이 뿌듯하다.

눈을 떠 창문을 열고 하늘을 보니 근래에 보지 못한 별들이 밤하늘을 아름답게 수를 놓고 있었다. 간단히 요기를 하고 주섬주섬 장비를 정리하면서 핸드폰을 열어보니 점심을 준비하지 않아도 된다는 문자가 와 있다. 안식구가 준비한 도시락을 다시 꺼내노면서 이유를 이야기하고 배낭을 메고 대문을 나섰다. 시원한 새벽공기가 피부를 스치니 상쾌함이 몸에서 활력으로 변하여 힘이 솟아오는 느낌을 강하게 주었다. 5년 동안 탐사 대원을 무사히 실어 나른 김 기사와 차량에 대하여 감사하는 마음을 간직하면서 버스에 올랐다. 오늘은 김 기사 부인이 수고할 것을 사전에 알았다. 도청에서 대원들을 승차시키고 분평동 사거리에서 박선생 부부도 오늘 탐사에 동참하였다. 06시 40분경 신탄진다리 부근에서 하차하니 강에서 피어오르는 물안개가 장관이다. 대원들은 강가에 더 가까이 접근하기 위하여 소로를 찾아보았지만 급경사라 제 2장소로 이동하였다. 신탄진 시내에서 승차하여 조정지 댐을 건너 현도면 노산리에서 하차하니 바람 한 점 없고 물안개가 피어오르는 모습이 장관이다.

이 아름다운 자연 경관을 사진기에 담으면서 대원들은 경탄을 하였다. 사진에 조예가 있는 송 대원은 이런 아름답게 오르는 물안개를 사진기에 담는 방법을 알려 주기도 하였다.

▲ 금강에 피어오르는 물안개를 감상하는 대원들

▲ 만추의 아름다운 대청호

10시까지 대청댐에 도착하여 충청북도에서 운영하는 순시선으로 어부동(회남대교)까지 가면 오늘의 탐사는 종료 된다면서 발걸음을 재촉하지 않았다. 제방 따라 서쪽으로 발걸음을 옮기는데 이곳을 다녀간 대원들이 주변의 경관을 설명을 한다. 앞에 보이는 소나무 숲은 한 여름에 피서지로 제격이라면서 적송이 아니고 리기다소나무라 정감이 가지도 않고 볼품도 없어 관리자한테 의견을 제시하였다고 한다.

한여름에 잘 놀고 간 흔적이 쌓여 눈살을 찌푸리게 하였다. 늦가을이라 솔잎을 수북이 모아 놓고 모닥불을 지피는 사이에 옛날이야기를 꽃피우면서 환담의 시간을 가졌다. 조정지 댐 부근에(현도면 하석2리 08시반경)까지 버스로 이동하여 시간적 여유가 많이 있으니 강변로를 따라 답사하기로 하였다. 오늘의 답사는 언덕 하나 넘지 않고 금강 본류와 도로를 따라 대청댐까지 걸으면 종료된다. 강가에는 억새가 피어 장관을 이루고 주변의 산과 강이 조화를 이루어 우리 고장의 아름다움을 더 해주고 있다. 억새밭을 자세히 들여다보면 각종 생활 쓰레기와 낚시꾼들이 설치해 놓은 천막들이 산재하여 있어 눈살을 찌푸리게 한다. 도로와 금강 줄기 사이에 주변의 농민들이 마구잡이로 일구어 놓은 농토가 있어 미관상 좋지 않았다. 필자의 생각으로는 정성들여 정리를 하며 주변의 자연경관과 잘 어울리는 한 폭의 한국화와 같지 않을까? 하는 생각이 들었다.

문의 오가리에서부터 도로변이 급경사라 낙석을 방지하는 방어벽 작업이 진행되고 있었다. 멀리서 보는 대청댐은 주변의 수목에 가려 회색의 콘크리트 부분은 보이지 않고 댐 위에 있는 난관과 시설물이 자연 관과 조화를 이루어 아름다움이 한층 돋보였다.

▲ 솔밭에서 낙엽을 태우며

▲ 강가를 탐사하는 대원들

순시선을 탐승하기 위하여 대전 관할지역의 광장에서 잠시 휴식도 하면서 늦게 도착하는 대원들과 합류하기 위하여 시간을 가졌다.(09시가 넘어) 예약한 시간이 임박해서 강물을 가르면서 다가 오는 작은 배 한척이 나타나 대원들은 우리를 회남 대교까지 실어다 줄 선박이라는 것을 직감하고 승선 준비를 하였다. 승선 인원이 5~6명이라 반씩 나누어서 승선하였다. 나는 승선하여 우리가 순시선을 이용하게 된 사유를 알게 되었다. 육기자가 도청관계자에 부탁을 하여 이루어진 것을 늦게 알았다.

이 배의 소속은 자치 행정과이고 (충북자치 행정과에 근무하는 이규만)휴일인데도 불구하고 도탐 대원들을 위하여 수고하는 것이었다. 대청댐 몽유면적 중 4/5가 충청북도 지역이 수몰 되었고 댐 중앙로부터 25km가 충북과 대전광역시의 경계선이고 회남 법수리와 대전 동구오동이 행정구역이라고 설명까지 하였다.

이곳에서 잠시 정지하여 단원들의 기념 촬영까지 하는 시간을 갖게 하였다. 순시선에서 눈에 들어오는 자연의 경관이 무척 아름다웠다. 울긋불긋 짙게 물들은 단풍과 순시선에 의해 부서지는 하얀 물결! 구름 한 점 없는 만추의 가을 하늘이 대원들을 반기고 환호하는 모습으로 보였다.

▲ 아름다운 조정기 댐의 물안개

▲ 아름다운 조정기 댐의 물안개

회남 대교 부근에는 선착장이 없어 하선하는데 주의해야 한다면서 하선하는 방법을 알려 주고(배 지붕에 부착되어 있는 스텐레스를 잡고 양쪽으로 두명이 동시에 하선하고 함) 안전하게 접근하여 하선을 하였다. 승선 시간은 약 25분이다. 선발대를 내려주고 푸른 강물을 가르면서 2진을 실러 출발하였다. 11시 30분경 회남 대교위에서 승차하여 맛있는 점심 식사를 위하여 출발하였다.

○ 구　간 : 청원군 강내면 당곡리(594지방도)~ 강외면 조천교 ~ 낙건정
○ 일　시 : 2010년 12월 11일

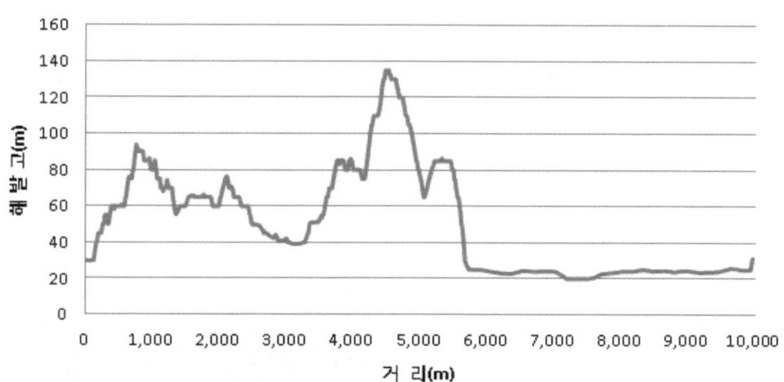

▣ 경계탐사

▶ 2010년 대장정 종료

충청북도 도계 탐사 마지막 구간을 도민과 함께 한다면서 박 대장으로부터 많은 분들이 참석할 수 있도록 홍보를 당부하는 문자가 여러 차례 왔다. 필자는 동창회 등 각종 모임에서 도계 탐사에 대하여 홍보를 하였지만 참석하겠다고 하는 지인들은 한 명도 없다. 최종적으로 홍보한 모임은 천주교에서 무료로 강의를 하는 사진교실이었다. 수녀 한 분이 확고한 답은 하지 않고 의양이 있다고 하여 반신반의하면서 그날을 기다렸다.

충청북도 체육회에서 실시한 의미 있고 보람된 문화 사업에 동참한 것을 자부와 긍지를 새기면서 보람된 5년을 되짚어보는 시간을 가져 보기도 하였다. 그동안 새벽에 도시락준비와 장비를 챙겨 준 안식구에게도 고마움을 전하면서 동참 할 것을 몇 번 이야기 하였다. 날씨는 청명하고 바람이 약간 부는 쌀쌀한 날씨가 될 것이라고 예고하였다 오늘의 탐사로는 미호천 제방을 주로 걸을 것이고, 강바람이 찬 것을 대비하여 방한복과 모자까지 준비하자고 안식구와 상의하였다.

아침 일찍 전화를 받아보니 수녀님이 참석하겠다고 했다. 반가운 답이었다. 날씨가 쌀쌀하니 방한복을 준비하고 08시 전까지 도청 정문으로 오시면 된다는 답과 도시락 준비는 하지 말라고 전하였다.

안식구와 도청에 도착하니 대형버스와 미니버스가 대기하고 있고 집행부 관계자들이 분주하게 준비하고 있는 광경이 눈에 들어 왔다.

▲ 도청 출발에 분주한 모습

▲ 안전을 위한 준비운동

오늘의 출발지에 09시경에 도착하는 곳은 도로 공사와 미호천의 개발공사로 차량 통행이 많은 곳이기 때문에 안전에 특히 주의해야 한다는 것이다. 오늘의 출발지에 도착하여 오늘 일정을 박 대장이 간단히 설명하였다. 주유소 광장에서 시원한 아침 공기를 마음껏 마시면서 참석한 도민의 안전을 위한 준비운동을 하였다.

금강 지류인 미호천 주변에는 4대강 정비 사업 때문에 많은 차량이 통행하고 있고 먼지가 많이 발생하여 도로변을 걷기에 위험이 따라다. 내가 초등학교 저학년 때 조치원을 지나 부여를 관광한 기억이 난다. 미호평야가 경지정리가 되고(일명 강외뜰? 조치원뜰?) 청주에서 조치원까지 포장이 된 유일한 도로이고 주변에는 띄엄띄엄 농가가 있는 것으로 기억된다.

▲ 4대강 사업의 현장

▲ 잠시 담소를 나누는 도민

지금은 청주와 오송 조치원이 각종 시설물과 확장 포장된 도로가 관통하고 있어 격세지감을 느낀다. 오늘 참석한 탐사대원들은 도계에 더 가까이 접근하기 위하여 선두선 박대장이 길도 없는 철다리 아래를 지나 충북 쪽에 있는 제방을 선택하였다.

▲ 복잡한 도로 이곳이 도계

▲ 잘 정비된 미호천에서 잠시

미호천 하상에는 무엇을 파종하였는지 몰라도 검정 비닐 망으로 멀칭을(잡초를 낳지 않게 과거에는 볏짚이나 나뭇잎 등으로 덮어주는 것을 말함)하여 미관상으로도 깨끗하게 보였다.

오늘의 답사는 5년 동안에 가장 걷기 좋고 사고 위험성이 전혀 없는 구간이다. 통행량이 많은 도로를 벗어나 제방을 걸으니 산책하는 기분이 들고 특히 도계탐사에 처음 참석한 도민은 살아생전 도계를 걸어보는 것도 큰 뜻이 있지 않느냐고 반문을 한다. 서두에서 도 이야기하였지만 강바람이 쌀쌀하기보다 시원한 느낌을 주고 날씨까지 쾌청하여 발걸음이 더 가벼웠다.

주변에 보이는 산과들의 아름다움과 잘 어울리지는 않지만 빼곡이 들어선 아파트 단지들이 우리 삶을 보여주고 있는 것이 아닌가? 미호천에는 추위를 무릅쓰고 철새들이 자맥질하는 모습이 정겨워 보이기도 하였다. 남한강에서 본 희귀조류 백조같으면 사진기에 담아 볼만도 하였지만 무심천에도 많은 청둥오리라 담지를 않았다.

도계 탐사에 소요되는 시간은 2시간 남짓 한 것으로 생각된다. 조치원읍에서 주민들의 건강을 위하여 하상도로에 자전거 도로와 편안하고 안전하게 걸을 수고 체력단련 시설도 잘 만들어 놓았다. 보조를 맞추기 위하여 하상도로에서 2번의 휴식시간을 가져는데, 환담의 내용은 종료하는 도계 탐사의 아쉬움이 큰 것 같았다. 지금까지 끈끈하게 연결한 정을 어떻게 더 유지·발전 시킬 것인가 하는 것도 관권이었다. 오늘의 목적지인 조천교가 가까울수록 아쉬움이 가슴에 차 서운함을 느끼게 하였다. 조천교에서 단체기념 촬영하고 버스가 주차하여 있는 곳으로 이동하였다

11시 30분에 해단식이 예정된 낙건정으로 이동하면서 격세지감(2006년 5월 13일 발대식 때는 주변은 전형적이 농업지역으로 잘 정리된 농경지가 지금은 오송 전철역이 웅장하게 들어섰고 많은 건물이들 자리를 차지하고 있다.)을 느낄 수 있다면서 환담을 나누기도 하였다. 박 대장의 경과 보고와 부지사, 관계 기관에서 동참하여 축하의 인사로 대장정 마무리를 지었다.

▲ 대장정의 종무식을 위한 현수막...어딘지 모르게 쓸쓸함이.....

▲ 끝까지 고생하는 박대장

▲ 오늘의 홍일점과 필자의 내조자(如蘭)

Ⅲ 도계탐사 후기

함께했던 대원들이 벌써 그리워집니다.

윤 희 경

뜻깊은 탐사였습니다. 마치고 나니 참 많은 시간을 걸었다는게 느껴집니다.
함께 했던 대원들이 벌써 그리워집니다. 제가 기록했던 탐사기를 보면서 그 때의 행복감에 젖어봅니다.

〉〉〉 겨울탐사(2007년 2차)

겨울 탐사는 눈 밝은 전문가가 아니면 참 답답하고 힘겹습니다. 보이는 건 그냥 나무! 가랑잎! 뿐입니다. 이번 2차 탐사도 다르지 않았습니다. 새벽 얼어붙은 산길에서 참나무들이 우리를 맞이합니다. 오늘 산행에서도 참나무들을 종류대로 다 만난 듯 합니다.(상수리, 굴참, 갈참, 떡갈, 신갈나무) . 외촌이 고개로 향하다가 자작나무들을 만났습니다. 조림을 한 듯 아주 많은 어린 자작나무들이 아침 햇살에 희고 붉은 수피를 반짝이고 섰습니다. 수피가 얼룩덜룩하여 금방 눈에 띄는 물푸레나무도 군락을 이룹니다. 흰 페인트칠을 방금 한 것처럼 수피가 선명하여 멀리서도 희뜩희뜩하였습니다. 박달나무가 드문드문, 물박달나무가 빈번히 눈에 띕니다

〉〉〉 봄탐사(2009년 5차)

별재로 가는 길이 멀다. 큰곡재 도로공사 현장까지 갔다가 되돌아 내려왔다. 겨우겨우 장누골까지 찾아들어가 동네 할머니께 길을 물어 벌재 가까이까지 갔다. 장누골, 동네가 제법 크다. 수영이 여기저기 자라고 있어 한 잎씩 따먹으며 시작했다. 새콤한 맛이 신선하다. 새콤한 맛의 수영은 겉절이로 샐러드로도 그만이다. 입맛없는 봄철의 훌륭한 한끼 반찬이 된다.

골이 깊어서인지 진달래가 아직 한창이다. 숲이 수런수런 깨어나고 있다. 숲바닥은 지난 가을 낙엽들이 수북수북한데. 꽃이 피고 잎이 벌어져 산색이 노란 연두빛이다.

부지런한 올괴불나무는 꽃이 지고 열매를 매달고 있다. 꽃이 워낙 작아 잘안보인다. 벌채한 산등성이로 봄볕이 쏟아지니 햇빛에 목마르던 노랑제비꽃들이 다투어 피어나고 있다. 어쩜 그리 샛노란지 눈이 부시다. 족두리풀꽃도 피고, 개별꽃도 피고, 솜나물, 현호색, 산괴불주머니도 피었다. 여기저기 원추리싹이 뾰족하게 올라와 식욕을 자극하고 회잎나무(홑잎나무) 어린잎도 푸르다. 바위에 뿌리를 내린 매화말발도리가 개화준비완료. 주변을 보니 온통 매화말발도리네! 꽃잎 5장의 흰색 꽃이 지난해 묵은 가지 끝에서 피어난다. 다음 주쯤이면 개화하여 환하게 주위를 밝힐 것 같다. 정상에 이르러 애호랑나비와 놀다가 하산!

〉〉〉 여름탐사(2007년 8차)

진초록으로 물드는 산빛이 탐사 단원을 여름길로 이끌었던 하루.

산에 들어 나물을 뜯고, 풀뿌리를 캐고, 열매를 따 배고픔을 해결하고 아픔을 치료하던 옛 사람들의 발걸음 같지는 않았어도 산신세를 지는 마음으로, 감사하는 마음으로 꽃도 보고 더덕도 캐면서 산뜻하게 탐사했던 하루!

산딸기의 계절답게 초입부터 붉게 익은 줄딸기가 눈길을 잡고, 산딸기, 멍석딸기, 곰딸기..... 종류가 많네요. 점심먹고 내려오면서 만난 산앵도! 그 작고 예쁜 꽃. 보는 순간 행복감 전염됨. 사슬치에 다 내려서서 나무 밑에 다소곳하게 핀 큰꽃으아리 발견. 으아, 으아리!

소색의 한지로 잘 오려 만든 것 같은 품위있는 큰꽃으아리는 어디서 보나 감탄사가 절로 나옵니다.

》》 가을탐사(2007년 15차)

단양 쪽에서 자생한다는 줄댕강나무도 계속 보인다. 정말 많다. 산팽나무로 보이는 어린 개체들도 참 많다. 참나무들은 종류대로 다 보인다. 노란색부터 붉은색까지 갖가지 색으로 단풍들어 온산을 가을로 물들여 놓았다. 이처럼 아름다운 참나무단풍은 처음 본다. 진짜 단풍나무도 붉게 물들었다. 당단풍이다. 복자기단풍, 붉나무단풍은 모두 붉고, 생강나무, 개옻나무, 싸리나무 노랗다.

도계를 걸으며 우리나라의 더 많은 산길과 들길을 따라가고 싶었습니다. 이제는 그 길을 따라 걷고 있는 나를 보고 싶습니다.

삶결따라 이천오백리 충청북도계탐사대원 화이팅!

윤 석 주

지난 5년간 저는 오른발로 디디는 고향 땅으로 해서 행복했습니다.

구절양장 기나긴 길을 오래도록 걸었습니다. 여럿이 함께 걸었습니다. 몸은 몇 번 빠졌지만

마음은 늘 도계 길 위에 있었습니다. 진드기처럼 달라 붙어 떼어내기 힘들던 새벽 잠, 멀리서 출발하는 부지런한 한 사람을 생각하며 일어나 신발끈을 졸라매고는 문을 박차고 나섰습니다. 그가 있었기에 그 길은 가볼만한 길, 따뜻한 길이 되었습니다. 출발지가 다시 오년 뒤 도착지, 돌다리방축 앞, 이름마저 경쾌하고 통쾌한 낙건정(樂健亭). 그 위에 섰습니다.

사람도 많이 만났지만 멧돼지, 고라니, 도슴도치, 풍뎅이, 노린재, 까마귀, 뻐꾸기, 할미새, 곤줄박이는 물론 바람꽃, 바위채송화, 하늘말나리, 족도리풀, 처녀치마, 달맞이꽃, 솔나리진달래, 병꽃나무, 버들, 층층나무, 노린재나무, 미역줄나무, 신갈나무, 떡갈나무, 졸참나무, 갈참나무, 상수리와 굴참나무, 정향나무, 잎갈나무 등 수없이 많은 풀꽃들과 나무도 만났습니다.

바람과 바위, 멀리 겹쳐지는 산마루금과 피어 올라오는 안개, 계절 앞에 매달린 상고대와 우수수 떨어지는 단풍잎 강바람과 피하기 어려웠던 빗줄기, 비탈에 쭈그려 차렸던 소박한 점심 밥상, '어어 이게 무슨 일?' 하며 나도 모르게 돌아가던

링반데룽, 우리가 간 길 뒤에 대롱대롱 매달려 흐느낄 노란 끄내끼들, 동림산, 솔림산, 만뢰산, 마이산, 오갑산, 백운산, 태화산, 형제봉, 비로봉, 도솔봉, 문수봉, 대미산, 조령산, 희양산, 조항산, 묘봉, 관음봉, 문장대, 비로봉, 천왕봉, 천금산, 국수봉, 눌의산, 가성산, 황학산, 삼도봉, 석기봉, 민주지산, 성주산, 천태산 산산산 봉봉봉. 따라 넘던 할머니 옷고름 같던 고갯길 자명골, 덜미고개, 지장골 고개, 질고개, 들목이고개, 싸리재, 엽돈재, 배티고개, 옥정치, 노란터고개, 완장고개, 닭이머리고개, 외촌이고개, 배재, 오두재, 구렁재, 새목재, 느릅재, 조을재, 노루목, 곱돌재, 마당재, 싸리재, 저수치, 모녀재, 하늘재, 조령, 은티재, 밀재, 활목고개, 속사치, 큰곡재, 별재, 오도재, 장동고개, 추풍령, 괘방령, 질마재, 압재, 안압재, 꼬부랑재, 곤룡재, 닭재, 마달령……고개도 많지요

배도 타야지요. 충북이라는 육지 속의 섬으로 들어가려면 배를 타야 하는데……단암삼합 창암나루, 덕은용암 덕은나루, 회남문의 대청호, 부용부강 용당나루 그리운 나루터, 냉이꽃 꽃다지 펴나는 봄날에 건너고 싶어집니다.

먼저 지난 5년 내 발을 살려 준 오금에게 고마운 인사를 건넵니다.
삶결따라 이천오백리 충청북도계탐사대원 화이팅! 2010년 아듀 아듀!

〈바람은 남으로 불다가 북으로 돌이키며 이리 돌고 저리 돌아 불던 곳으로 돌아가고 모든 강물은 다 바다로 흐르되 바다를 다 채우지 못하며 어느 곳으로 흐르든지 그리로 연하여 흐르느니라.〉

충청북도 도계탐사를 종료하면서(마무리)하면서

정동주

우리 고장 행정구역 역사는 조선 태종13년(1413년)에 경기, 강원, 경상, 전라, 평안, 함경, 황해, 충청도로 행정구역을 개편하였다. 충청도의 清은 清州의 상징이요, 忠州의 상징인 忠자를 따 忠清道라 명명하였다. 그 후 高宗 33년(1896년)에 8도를 13도로 나누는데, 忠清左道를 북도로 右道를 南道로 하였다.

역사적으로 우리 고장은 효자와 효부가 많고, 국난에 처 했을 때 국가와 민족을 위하여 몸과 마음을 산화시켜 나라의 위기를 승리로 이끈 先烈들의 産室이었다. 그 證票로 고을마다 정자와 충신들의 넋을 추모하는 발자취가 산재하여 있다. 孝와 忠은 國家의 위기를 극복하고 민족 발전을 꾀하는 원동력으로 작용하였다.

이번 도계탐사는 바다와 접하지 않은 유일한 내륙도로서 隣接道와 자연적, 인문적 상이한 점을 재발견하고, 우리 도의 독특한 부분을 찾아내는 데 主眼點을 두고 있다. 즉, 우리 도의 장점을 발굴·육성하므로써 한층 살맛나는 고장, 살고 싶은 마을로 승화시키는데 그 목적이 있다.

우리 도는 국토의 중앙에 위치하여 육상 교통의 발달로 시간·공간의 접근성이 용이한 지역이다. 峻峰으로 형성된 소백산맥과 구릉성 산지가 발달한 차령산맥 주변의 침식평야는 우리 지방의 곡창지대를 이루고 있다. 과거 내륙 수로 교통로로 각광을 받던 금강과 한강 주변의 아름다운 자연경관을 보존 활용하여 쾌적한 환경에서 행복한 삶을 영유할 수 있는 기반을 확인하고자 하였다. 경제발전과 더불어, 삶의 질적 향상을 추구하는 도시민에게 고향의 향수를 느끼게 하고, 심신을 달랠 수 있는 자연친화적 환경을 조성할 수 있을 것이라 생각하고 도계탐사를 시작한 것이다.

2006년 5월13일 도계탐사 결성식을 가졌다. 청원군 강외면 연제리 낙건정에서 500여명이 참가하였고, 많은 축하를 받으며 출정식과 더불어 충청북도 도계탐사 5개년 계획 선포식을 하였다.

충청북도 도계탐사단이 결성된 후, 충북 산악연맹, 충청리뷰, 충북 숲 해설협회, 충북학연구원이 동참하게 되었다. 도계탐사 대장정은 청원군→진천군→음성군→충주시→제천시→단양→충주→제천→충주→괴산→보은→옥천→영동→옥천→다시 청원 출발지로 이어지는 힘든 여정이었다.

힘든 탐사였으나 서적으로만 접해왔던 우리나라의 東高西低 지형을 탐사를 통하여 實測을 하니 감탄사가 저절로 나왔다. 청원, 진천, 음성군에서는 해발700m가 넘는 산지가 없고, 차별침식에 의하여 형성된 구릉선 저산지(200m이하 산)가 눈에 들어오고, 하천이 합류하는 지점에는 지방중심지로 성장한 도시가 발달된 모습, 또 도시 주변의 침식평야 지대는 主食을 생산하는 논농사가 발달된 모습 등도 확인할 수 있었다. 低山性山地(해발 1,000m 이하의 산지를 말함)에서는 과거에는 蠶業이 盛行했지만, 화학섬유의 발달로 쇠퇴 하였다. 지금은 대표적인 환금작물인 과수농업, 인삼, 담배농사가 주를 이루는 모습이었다.

충주, 제천, 단양은 高山지역으로 백두대간으로 둘러싸인 산간이지만 아름다운 자연경관과 육상교통의 발달로 환경오염에 시달린 도시민들의 휴식공간으로 최근 각광을 받고 있다. 자연친화적인 농업의 발달과 각종 위락시설, 휴양지의 건설이 추가로 이루어지면 낙후된 북부지방이 발전될 것이라고 확신도 해보았다.

도계탐사를 하면서 느낀 점은 자연이 준 금수강산을 잘 보존하고 최소의 개발로 최대의 행복을 추구할 수 있는 고장으로 육성·발전시켜야 한다는 것이다. 또 우리 후손에게 빌려 쓰고 있는 아름다운 자연을 훼손하지 말고 돌려줄 의무가 있는 것을 명심해야 한다는 것이다. 짧다면 짧고 길다면 긴 5년 동안, 혹한(酷寒)기와 혹서(酷暑)기를 피하여 둘째 넷째 토요일에 내가 출생하여 몸과 마음이 성장한 고장! 충청북도의 도경계 2,500리를 답사한 것이 일생에 기억에 남을 일이며, 이 자리를 빌려 도계탐사단을 기획한 연방희 회장과 선두에서 고생한 박연수 대장의 노고에 감사의 마음을 전합니다. 또한 아무 사고 없이 대 장정을 마치게 된 것을 자축하면서 김기사 내외에게도 고마움을 전합니다.

가장 큰 결과물로 생각되는 것은 '충청북도 도계탐사 기록문'이다. 이 기록문이 기초 자료로 활용되어 자손만대에 자연과 더불어 평화롭고 행복한 삶을 영위할 수 있는 고장을 만들어지기를 기대하며, 관계자 모두에게 다시 머리 숙여 인사합니다. 고맙습니다.

芝庵 鄭東珠

놀토에 생긴 이상증상

윤 석 위

햇수로 5년이 새로 습관을 만든 것 같다.

놀토마다 새벽에 일어나 도청으로 가야한다는 생각, 노란색 버스를 타고 어딘가 떠나야 한다는 생각, 어느 산길을 만나도 "도계"같이 보이는 착각,

함께 걷던 대원들의 얼굴과 마을에서 만났던 오지에 사는 이들의 얼굴이 겹쳐 떠오른다.

나는 지난 몇주동안 오년전 지나갔었던 청원군과 진천의 몇몇마을을 돌아보았는데 그때 정정했던 마을의 노인께선 노환으로 입원중이라하고

마을마다 농가는 더 많이 허물어져가고 있었다. 오년전의 삼성면 상일리, 100년 넘은 성서와 대한신지지를 발견했던 낡은 집은 흔적도없이 사라지고 없었다.

또 오년이 지나면 도계는 어떻게 변할까?

변하면서 사라져가고 또 다른 모습들이 생겨나겠지

누군가 이 길을 다시 걸어 갈테고……

달령……고개도 많지요

어느 산길에서 환한 웃음으로 만나게 되길……

박 종 익

2007년 2월 박연수 대장의 권유로 도계탐사에 합류하게 되어 북부 지역인 충주와 원주의 경계지역인 소태재에서부터 탐사대와 걸음을 함께하게 되었습니다.

사진을 찍는다는 이유로 기록을 담당하기 위해 나선 길이었지만 2008년부터는 개인적인 여러 가지 일에 매달리느라 많이 빠지게 되었고 여건이 되는 날만 참석하다보니 소홀함이 많았는데 어느새 마지막 구간에 와 있었습니다.

매운 아침 공기를 가르며 참가했던 마지막 구간의 탐사는 그간의 게으름에 책임을 묻는 듯 매서운 바람으로 시작해 공사 중인 구간과 하천 뚝방길, 철길 밑을 어렵게 통과하여 조치원으로 들어가 도계탐사의 첫걸음을 내딛었던 낙건정까지 함께 했습니다.

시작이 반이라지만 5년여에 걸친 도계탐사는 쉽지 않은 걸음이었을 것입니다.

그 먼 길을 두 다리에 의지하여 걷고 또 걸으며 느꼈던 많은 마음들을 기억에 새기며 마무리의 아쉬움을 달랩니다. 함께 했던 많은 대원들의 건강과 행복을 기원하며 또 어느 산길에서 환한 웃음으로 만나게 되길…

배워가는 기쁨도 컷던 시간들이었습니다.

권 현 진

2008년 9월 27일 옆지기의 권유로 괴산 구간의 대야산부터 합류하게 되어 처음 발을 디디게 되었습니다.

이른 새벽 모두 잠든 이른 시간에 열심히 아침밥 챙겨먹고 도시락까지 싸서 어두운 기운을 가르며 문을 나섭니다. 전체 구간의 딱 절반을 참여했으나 개인적인 사정으로 몇 차례 결석을 하면서도 늘 마음은 도계 능선 위에 있었습니다.

늘 일상에서 부딪히며 함께하던 분위기와는 다른 새로운 분들을 만나며 또 다른 선생님을 발견하고 하나 하나 배워가는 기쁨도 컷던 시간들 이었습니다.

살아 가면서 나도 누군가에게 그런 역할을 할 수 있을까 하는 걱정을 하며 자신을 담금질하는 시간이기도 했구요. 무언가 습관이 된다는 것이 참 무섭다는 생각을 합니다. 막상 마지막 구간을 마치니 다음부터 그 시간에 무엇을 해야 할까 궁리를 하게 됩니다.

물론 저만의 생각을 아닐거라 믿으며 또 다른 시작을 꿈꿉니다.

그런 기회가 다시 주어진다면 또 다시 반가운 얼굴, 환한 웃음으로 함께 했으면 좋겠습니다. 저무는 한 해 마무리 잘하시고 다시 맞는 새해에도 늘 건강과 웃음 가득한 날들 되시길 기원하며.

마음만 분주한 12월의 마지막에 새로운 만남을 기대하며……

충청북도 도 경계 탐사를 마무리 하면서

이 진 이

『삶결 이천오백리』라는 가슴 벅찬 프로젝트의 첫발을 디딘지 어느덧 5년 이라는 짧지 않은 세월이 흘렀다. 산이 좋아 산을 찾고, 아름다운 금수강산 우리나라를 아끼고 사랑하는 마음에 백두대간 보존시민연대에 몸을 담고 활동하면서 운 좋게 충북도계탐사를 시작하게 된 것을 내 일생의 큰 복이라 생각한다. 충북은 우리나라 8도 중에서 유일하게 내륙을 도경계로 하고 있으며, 백두대간의 소백산 구간과 속리산 구간이 지나고, 우리 인간으로 치면 허리부분에 해당한다. 사람이 움직이는 모든 힘은 허리에서 나오는 것은 말할 필요가 없을 것이다. 이렇듯 우리나라 산천의 기운을 지탱해 주는 충북도의 도경계를 따라 걸으며 과거와 현재를 보고, 느끼고, 생각하는 참 좋은 시간이었다. 너무나 좋은 기회라는 것을 아는 터라 빠지지 않고 참석하리리라 각오를 하였지만, 우둔하여 가치의 혼돈을 느껴 많이 빠진 것이 한스럽기만 하다. 언제 또 다시 그 길을 갈 수 있을까. 걸을 수 있게 튼튼한 다리를 주신 부모님께 감사드리며 대장정을 마무리 하는 시점에서 몇 가지 기억에 남는 것을 적습니다.

우리나라 중심 도인 충청북도의 도 경계를 걸어서 시계방향으로 한바퀴 돌은 셈입니다. 삶결 2500리, 도상거리는 약 1000km, 실제 걸은 거리는 더 되겠지요. 약 5년정도 걸렸습니다. 무사히 대장정을 마무리할 수 있게 되어 모든 대원님들과 함께 자축하고, 감사 드리고 싶습니다. 그 동안 함께 했던 우리 탐사대원님들, 연방희 단장님을 비롯하여 박연수 대장님, 윤석주 대원인, 윤희경 대원님, 정동주 대원님, 이동수 대원님, 이홍원 대원님, 정경숙대원님, 박종익내외 대원님. 그 외 바쁘신 가운데도 가끔씩 같이 했던 대원님들 특히 비가 오나 눈이 오나 항상 탐사 시작점까지 데려다 주고, 탐사 끝 지점에서 기다려 주신 김정식 기사님께 심심한 고마움을 표하고 싶습니다. 복 받으실 겁니다. 탐사일정을 계획하고 자료를 준비하여 나누어준 연방희 단장님과 박연수 대장님께 감사드립니다.

긴 여정를 뒤돌아 보면 탐사를 시작한 시점이 어제인 듯합니다. 그 동안의 소중한 기억들을 어찌 다 글로 나타낼 수 있을까마는 그래도 기억에 남는 몇 가지만 쓰려고 합니다.

제일 먼저 생각이 나는 것은 새벽 3 시경에 일어나 채비를 차리고 충북도청을 향해 운전을 하고 가는 그 시간이 그렇게 행복할 수가 없었습니다. 이른 새벽 어떤 때는 반짝이는 별들을 보기도 하고, 어떤 때는 동이 트는 붉은 동녘을 보기도 하고, 그믐때는 칠흙 같은 어두움도 있었습니다. 어떤 때는 너무나 짙은 안개로 운전이 불가능한 적도 있었지만 도계탐사의 기운을 꺾지는 못했습니다.

두 번째는 진천 만뢰산 구간에서 목격한 올무에 걸려 죽은 작은 4발 달린 짐승에 대한 이야기입니다. 언제나 그랬듯이 윤석주 대원님이 먼저 발견하고 설명을 해 주었습니다. 올무에 걸려 죽은 지 오래되어 털과 앙상한 뼈만 올무에 걸려 있었습니다. 많이 생각하게 한 것은 그 옆에는 또 한 마리가 더 있었고 이놈은 올무에 걸리지 않았습니다. 어미인지 자식인지 먼저 올무에 걸려 생사를 헤멜때 어미인지 자식인지 그 옆에 있어주었고, 끝내 같이 생을 마감한 것이 아닌가 싶습니다. 찡했습니다. 우리도 이렇게 살 수는 없을까?

세 번째는 윤희경대원님으로부터 나무와 야생화 등의 이름을 많이 알게 된 것입니다. 평소 이름을 알고 싶었지만 그냥 지나치기 일쑤였습니다. 며느리 밥풀이 생각납니다. 항상 맛있는 곶감으로 피로를 달래주신 정경숙 대원님, 사진작가이며 암벽등반가 이신 박종익 대원님, 한번도 거른적 없이 손수 만든 찰떡 케익을 나눠주신 권현진 대원님, 두만강 물을 떠서 고 이승만 대통령에게 바친 백골부대 3사단 애기를 비롯하여 한국전쟁사에 해박한 지식을 소유한 정동주 대원님, 감사합니다. 국군의 날도 백골부대가 처음 38선을 넘은 날을 기념하여 정했다고 하지요. 또 하나 있습니다. 남주동 해장국집, 선생님으로부터 지나온 세월을 들었습니다. 오늘을 사는 우리는 그분들을 잊지 말아야 할 것입니다. 이홍원 화백님이 마동 전시회에 초대해 주신 것에 대해 감사드립니다. 이동수 대원님, 산 정상에서 웬 수박, 세상에 그 무거운 수박을 산꼭대기 까지 짊어지고 온 것이었습니다. 주행봉에서 식혜 맛도 잊을 수 없습니다. 복 많이 받을 겁니다.

네 번째는 과도한 석조물로 장식한 장묘문화는 개선될 필요가 있습니다. 진천 상록수 골프장 이었던 같습니다.

다섯 번째는 도랑을 사이에 두고 하루에도 몇 번씩 단양 영춘과 영월을 드나드는 마을이 있었고, 마당과 안채가 각각 충북과 이천에 속하는 집도 있었습니다.

여섯 번째는 사유지의 경계를 표시하기 위한 듯한데, 소나무에 깊이 박힌 철조망입니다. 그 나무는 철조망을 자기 살에 묻고 자랍니다.

일곱 번째는 훈훈한 농촌의 인심입니다. 어느 동네에서는 찐 고구마 대접을 받기도 하고, 아주머니는 김치를 내어 놓기도 했습니다. 광산김씨 집성촌이었던것 같습니다. 일곱 번째는 고치령에는 태백산신과 소백산신을 함께 모시고 있었습니다. 단종은 태백산신이 되었다고 하지요.

여덟 번째는 솔미산 지나 주천강 변 관란정은 단종에게 드릴 음식을 소꾸리에 담아 띄워 보내던 원호의 사연이 깃든 곳이 었습니다.

아홉 번째 조령산 구간의 마패봉에 깃든 사연과 조령산에서의 전망은 소나무와 암릉이 어우려져 아름다운 분재를 감상하는 듯합니다. 마패봉은 장원급제하고 회향하던 경상도 도령이 마패를 잃어버렸다가 찾았던 곳이랍니다. 아홉 번째 조령 3문에서 이화령구간은 백두대간 구간으로서 평소 많은 산행인들이 함께하는 곳. 주 능선이 암반으로 이루어져 미끄러지면 실족사 위험이 크고, 특히 이곳은 바람이 세게 불어 더욱 위험한 구간입니다. 약간의 안전시설물이 요구되며, 설치된 로프가 낡아 재설치가 필요합니다.

열 번째 수안재-백악산 구간은 청화산, 조항산, 대야산의 백두대간의 웅장한 모습을 감상할 수 있는 최고의 view 포인트를 갖고 있습니다. 이곳에 딱 하나만 도계탐사 기념 표지석을 세웠으면 합니다. 그 외 소백산 구간의 도솔봉 입석 표지석의 글씨체가 아름답고, 이 곳 도솔봉에서 바라보는 비로봉, 연화봉, 국망봉 신선봉 등의 연봉을 바라본 것이야 말로 가히 미륵보살이 머무는 지상의 정토인듯 합니다. "다자구야 들자구야" 할머니의 지혜가 생각납니다. 어부동 마을에서 국사봉가는 구간에는 광산김씨 집성촌이 있습니다, 자손을 걱정하고 부모님을 공경하는 귀중한 글귀를 얻었습니다. 路雲開九萬天, 雨順風調. 堂上父母千年壽. 負三災天外去. 어르신 건강하게 오래오래 사세요. 잘난 놈들은 다 도회지로 출사하고, 못난 놈만 이곳을 떠나지 못하고 고향산천을 지키며 선산을 가꾼답니다. 못난 놈이 효자라 십니다. 백하산-압재구간에는 도둑질 하려고 미리 가지를 쳐 모양을 내 놓은 아담한 어린 소나무 한그루가 위태롭게 암벽에 뿌리를 내리고 있습니다. 지금도 그대로 있을까. 압재-3 도봉-성주산구간에서 3도 경계지점(충남금산, 충북영동, 전북무주)에 작은 표지석 하나 있으면 좋을 것 같습니다.

모두들 높은 곳만 표지석을 세우기를 좋아하지요. 밀재-고모재 구간을 마치고 삼송리로 내려오는 계곡에서는 이상기 대원님의 안내로 귀중한 음각글귀를 발견하였습니다.

수안재를 거쳐 백악산에서 도계를 따라 하산하면 곧 사각형 바위위에 뿌리내린 기풍도 당당하고 잘 생긴 장정의 소나무를 만나게 되는데, 이 소나무를 보호수로 지정했으면 합니다. 속리산 천황봉은 천왕봉을 고침이 옳고 작은 입석의 자연석으로 표지석이 있으면 좋을 것 같습니다. 영춘면 하원리-태화산 구간에는 하늘아래 첫 동네인듯한 해발 600m 에 영월흥교 마을이 있습니다. 온 세상이 발아래 있습니다.

촌로께서는 영월의 초등학교를 걸어서 다녔다고 하십니다. 반나절은 족히 걸릴 것 같았습니다. 별재-천금산 구간에서는 링반데룽을 경험하기도 하였습니다. 짙은 안개와 완만한 구릉지에서 능선길을 찾지 못하고 왔던 길을 다시 돌아가기를 반복하였습니다.

산행에서 발생하는 사고는 크고 험한 산에서만 발생하는 것이 아님을 경험하였습니다. 닭이머리 고개에서 덕은나루 구간에서는 마을 어부의 나룻배를 이용 도경계를 지나기도 하였고, 덕은 나루-안골구간에서는 황산천변을 걸으면서 도계를 확인하였습니다. 비선골 보탑사에서 장고개를 거쳐 먹골 탐사구간에서는 이장근 진천 부군수님과 김찬기 향토사학자 등 몇 분이 탐사팀을 격려차 아침을 제공하셨고, 일본의 조선지배 전략 중 첫 번째 정책이 조선의 문화, 풍수지리를 조사하여 자신들의 정부에 보고하고, 지명을 바꾸어 놓는 것이었다는 말씀을 들었습니다.

어찌, 그동안 도계를 걸으면서 느끼고 깨닫고 배우고 듣고, 그리고 다시 새겨진 각오를 다 피력할 수 있겠습니까? 가슴 한 구석에 고이 간직할 따름입니다.

인생은 걷는 것이다.

이 동 수

인생은 걷는 것이다.
가야만 한다. 걷지 않고 떠나지 않으면 올수도 없는 것이다.
소백산, 월악산, 속리산 이산, 저산 다니는 것도 좋지만 3구간 이상을 연결하여 종주산행을 해 보셨나요?
산에서는 목적지에 도착하는 것보다도 이정표 없는 충청북도경계 능선 숲속에서 도로에 하산했을 때 충북의 경계선에 도착할 수 있는 방향을 잡는 능력이었으리라.

산을 끌고 가는 사람, 산에 끌려가는 사람 그러나 산에 가지 않는 사람은 아니었습니다.
『삶결따라 이천오백리』 장도의 산길 충북도계탐사 5개년 계획 일정을 마무리 하며 청주를 안고 충북을 품은 청풍명월 산사람이었다.

충북도계탐사 연방희 단장님, 박연수 대장님 ,연제환 선배 산악인님, 정동주 선배 산악인님, 윤석주 선배 산악인님, 송태호 선배 산악인님, 박종익 선배 산악인님, 김정식 선배 산악인님 충주의 대표 이상기 교수님, 충남의 대표 이진이 교수님, 박재인 교수님,이홍원 화백님, 윤석위 시인님, 이동수 시인님, 윤희경 숲해설가님, 정경숙 대표님, 육성준 기자님 그리고 고행의 산길을 오르고 내리신 대원 여러분 또한 도민과 함께하는 도계탐사에 참여하신 도민여러분 모든 산악인 산우 여러분 동토의 겨울날 새벽 미명에 길 없는 산길 입산 하산 하신 대원 여러분 수고 많으셨습니다.

부끄럼 없는 표정

육성준 충청리뷰 사진기자

마을 탐사를 위해 제천시 백운면의 한 시골마을 터줏대감 댁을 찾은 일이 있다. 70평생을 그 곳에서 일가를 이루며 산 조경행(71) 할아버지는 단기연도를 사용하며 문맹 퇴치와 농촌 계몽활동 등을 했던 것을 기억했고 낯설 법도 한 우리 일행들에게 따뜻한 화로와 술상을 대접하고 사연 많은 이야기를 들려주었다.

세월의 흔적만큼이나 깊게 파인 주름에 하나 밖에 없는 아랫니, 거기에 콩깎는 기계에 잘린 손 마디까지 할아버지의 사연 많은 삶의 흔적을 엿볼 수 있었다. 이야기를 마친 뒤 할아버지는 일행들에게 문 앞까지 나와 반가운 인사를 건넸다. 해맑은 어린 아이 같은 할아버지의 환한 미소가 보는 이들의 마음을 풋풋하게 해주었다.

남들 앞에서 감추고 싶을 수도 있는 것에 대해 전혀 거리낌 없이 보여주시는 할아버지의 부끄럼 없는 표정이 개성이 잘 표현된 포트레이트가 된 셈이다. 비록 이가 없고 손마디가 없지만 할아버지의 환한 '웃는 주름'을 누구 하나 무표정하게 볼 사람은 아무도 없을 것이다.

최근에는 일명 '뽀샵'(포토샵)으로 얼굴의 눈, 코, 입만 보여주는 사진이 주를 이룬다. 그 영역은 아기 사진에서부터 영정 사진에 이르기까지 다양하다. 누구나 젊고 예뻐지고 싶은 마음은 있겠지만 원래 얼굴과 분간할 수 없을 정도의 완벽함으로 수정하는 것은 외모 지상주의가 만들어낸 산물이다. 결코 아름답다고 할 수 없다. 조경행 할아버지의 이 부끄럼 없는 천진난만한 표정에서 인간의 희로애락을 느낄 수 있었던 것처럼 세월에 맞게 나이든 얼굴이 정말로 아름다워 보이는 법이다.

원래 잘 웃지만 카메라만 들이대면 순간 근엄한 무표정의 얼굴로 변해 버리는 사람들도 훈련을 통해 표정을 변화시킬 수 있다고 한다. 이제부터 사진을 찍을 때 "와이키키~~" 하는 소리를 내며 입꼬리를 올려보자.

충북도계 마을탐사를 위해 충주시 엄정면 소림마을을 찾았다. 이곳에 별· 달·해 라는 농장이름을 짓고 유기농 밭작물을 재배하는 김백상(60)·이정의(54세)씨 부부를 만나게 되었다. 서울에서 귀농한 부부였다. 두 내외는 탐사단을 반갑게 맞이하며 후한 대접과 함께 살아가는 이야기를 들려주었다. 기자도 부부의 행복한 모습을 꼼꼼히 카메라에 담았고 이들의 사는 이야기는 본보에도 실었다.

누군가 찍어준 사진이 소중한 추억이 된다

얼마 전 남편 김백상씨로부터 전화가 왔다. 부인이 자전거를 타다 사고로 현재 뇌사 상태에 있다며 그때 찍었던 사진 좀 보내달라고 했다. 기자가 찍은 사진이 생애 마지막 찍은 사진이라며…믿어지지 않았지만 이내 사진 여러 장을 뽑아 우편으로 보냈다. 그리고 며칠 뒤 울먹이는 목소리의 전화가 왔다. "사진을 보니 마치 아내가 살아 돌아 온 것 같아 너무 기쁘다" 그는 이어 탐사단을 만난 게 잊지 못할 소중한 추억이었다고 꼭 한번 찾아오라며 인사를 마쳤다.

직업 사진가로서 이들을 하나의 피사체로 보고 작업에 임했던 기자는, 비록 그 얘기에 마음은 무겁고 슬펐지만 이 사람에게는 기쁨이 되고 추억이었다는 사실로 새삼 위안을 삼았다. 안타까운 사연의 사진이지만 한 장의 사진이 역사가 되고 사람에게 행복을 만들어줄 수 있다는 사실을 느끼게 했던 일이었다.

인물 사진은 외면을 통해 내면을 표현하는 것이 좋은 사진이라고 한다. 그러기 위해서는 인물과 많은 대화의 시간이 필요하다. 하지만 잠시 지나가는 사람이 사진을 부탁하고 거기에 선뜻 응한다면 그들은 이미 마음이 열려 있다는 뜻이다. 누군가 사진을 부탁할 때 주저하지 말고 찍어주면 어떨까? 그 사람은 평생 잊지 못할 추억을 간직하게 되는 것이다.

충청북도 도계탐사를 마치며

박 재 인
(청주시 개신동 거주, 충북대 산림학과 교수)

충청북도는 바다를 면하지 않은 유일한 도이다. 그래서 사방이 다른 도와 접해 있다. 우리네 삶에서 주변을 돌아보는 일은 매우 중요하고 기본적인 일이다. 한 집에서 그 집이 온전하려면 울타리가 튼튼해야 하듯이 하나의 행정단위인 광역지방자치단체도 마찬가지이리라. 지방자치가 실행되면서 각 자치단체는 나름대로의 결정권을 갖고 행정이 이루어지기 때문에 주변을 이해하는 것은 매우 중요하다. 하지만 국가와 국가 사이인 국경보다는 훨씬 낮은 의미를 지닌다. 국경은 각 나라의 정책에 따라 서로 다른 기준으로 출입을 제한하고 있는 반면 이의 필요성은 국방과 외교문제가 있기 때문이다.

충북은 국가의 흥망과 정치변동에 따라 국가의 소속이나 경계에서 매우 변동이 심했던 것으로 알려져 있다. 이는 고구려 백제 신라가 각축을 벌이던 삼국시대 때가 제일 심했다고 보인다. 통일신라 고려 조선을 거치면서는 국경이 아니고 행정구역변경에 의한 변동이 있었다. 도계가 현재의 상태로 된 것은 다른 원고에서 언급될 것으로 알고 있다. 백두대간을 탐사하고 도계를 탐사하면서 느끼는 것은 도계의 설정이 자연스럽지 못하고 인위적이라는 것이다. 수계나 능선, 하천을 따라 도계가 이루어지지 못하고 있다는 것이다. 그것도 충북의 경우는 좀 손해나는, 즉 타도가 충북 쪽에 속해야할 곳을 차지하고 있는 것을 흔히 보게 된다. 동쪽이 특히 그러한데 이런 현상을 접할 때는 기분이 좋지 않아 지는 것이 인지상정인 것 같다. 나와 남을 따져야 하는 것은 생존법칙이기 때문이리라.

본인은 도계탐사 초기부터 참여한 것은 아니다. 진천을 지나 음성부터 참여한 것이 기억난다. 그때는 현 충주시장이신 우건도 당시 음성 부군수가 격려차 참여했던 것이 기억난다.

탐사는 학교가 쉬는 토요일(놀토라고 불려진다)인 월 2째주 4째주 토요일에 이루어졌기 때문에 참가하는데 무리는 없었지만 개인적으로나 공적으로 가끔 일이 생겨 참여가 어려웠던 때도 있었다.

식물 탐사는 줄을 지어 가다가 일정구간 가면 돌아오는 식이라서 충분한 조사가 이루어 질 수 없었다. 원칙적으로 표본을 채집하고 그에 근거해서 이루어져야 하기 때문이다. 학생들의 참여도 일부 이루어졌다. 인도에서 한 달간 와 있다간 바르티다산대 자야발란교수가 같이 참여한 것이 생각난다. 배가 좀 나온 관계로 또 산에 가본 경험이 거의 없어서 무척 힘들어 하던 것이 생각난다. 그분이 최근에 그때 갔던 지역은 제천시로 매우 험준한 구간이었다.

도계탐사를 하면서 여러분들과 알게 된 것도 소중한 인연으로 생각된다. 연방희 단장님 박연수대장님은 물론이고 정동주 선생님, 윤석주선생님, 윤석위대표님, 산에 대해 너무도 훤하게 아셔서 늘 놀라움으로 대하게 되는 연재환선생님, 특히 홍성에서 새벽 4시에 출발하여 참여하기를 계속한 이진이교수님, 충주의 이상기교수님, 식물에 해박하여 식물박사별칭을 얻으신 윤희경선생님, 사업을 하신다는 정경숙님 등 박종익·정현진 부부교사님, 김주영선생님 등이 계속 기억될 것이다. 충청리뷰 육성준기자도 새로이 알게 되었다. 이동수 시인의 시낭송도 기억에 남는다.

도계탐사는 5년동안 수행되었고 특성상 조사범위가 광범위하고 4계절에 걸쳐 이루어져 계절에 따른 특징을 일률적으로 적용하기가 불가능한 형편이었다. 이를 보고서로 만드는 일은 매우 어려운 일임은 분명한데 게다가 예산 뒷받침도 빈약하고 인쇄비마저 부족한데다 분량은 커서 더욱 어려운데 이와 같은 보고서가 발행된 적이 없어 매우 유용한 것이 될 것이라고 의심하지 않는다. 탐사에 참여하며 이루어진 운동은 부차적인 효과라고 하겠다.

이제 걷기운동이 붐을 이룸에 따라서 걷기길 만들기에 여러 기관 단체에서 열성이다. 제주올레길, 지리산둘레길, 괴산산막이산길 등등 청주삼백리에서도 몇 년 동안의 활동을 기반으로 청주 주요산의 등산로를 안내하는 책자를 발행하였다.

이제는 청원청주 통합이후를 생각하여 청원군계를 돌아보는 것이 소망이다.

忠北道界探査

삶결따라 이천오백리

2024년 8월 30일 인쇄
2024년 9월 10일 발행

지은이 / 芝庵 **鄭東珠**
펴낸곳 / 대한출판
등록번호 / 2007년 6월 15일 제 3호
주　소 / 충북 청주시 청원구 북이면 내수로 796-68
전　화 / 043) 213-6761

값 20,000원